藕州全書

乙 编

《苏州全书》编纂出版委员会 编

· 古史辨自序（外三种）

苏州大学出版社
古吴轩出版社

图书在版编目（CIP）数据

古史辨自序：外三种 / 顾颉刚著. —— 苏州：苏州
大学出版社：古吴轩出版社, 2023.12
（苏州全书）
ISBN 978-7-5672-4686-7

Ⅰ.①古… Ⅱ.①顾… Ⅲ.①史评—中国—古代
Ⅳ.①K220.7

中国国家版本馆CIP数据核字(2023)第239639号

顾颉刚作品经中华书局授权许可使用

责任编辑 刘　冉
助理编辑 朱雪斐
装帧设计 周　晨　李　璇
责任校对 冯　云

书　　名 古史辨自序（外三种）
著　　者 顾颉刚
出版发行 苏州大学出版社
　　　　　地址：苏州市十梓街1号　电话：0512-67480030
　　　　　古吴轩出版社
　　　　　地址：苏州市八达街118号苏州新闻大厦30F　电话：0512-65233679
印　　刷 苏州工业园区美柯乐制版印务有限责任公司
开　　本 718×1000　1/16
印　　张 49.5
版　　次 2023 年 12 月第 1 版
印　　次 2023 年 12 月第 1 次印刷
书　　号 ISBN 978-7-5672-4686-7
定　　价 280.00 元

《苏州全书》编纂工程

总主编

刘小涛　吴庆文

学术顾问

（按姓名笔画为序）

马亚中	王卫平	王为松	王　尧	王华宝	王红蕾
王　芳	王余光	王　宏	王　锷	王锺陵	韦　力
叶继元	朱诚如	朱栋霖	乔治忠	任　平	华人德
全　勤	邬书林	刘　石	刘跃进	江庆柏	江澄波
汝　信	阮仪三	严佐之	杜泽逊	李　捷	吴永发
吴　格	何建明	言恭达	沈坤荣	沈燮元	张乃格
张志清	张伯伟	张海鹏	陆俭明	陆振岳	陈广宏
陈子善	陈正宏	陈红彦	陈尚君	武秀成	范小青
范金民	茅家琦	周少川	周国林	周勋初	周　秦
周新国	单霁翔	赵生群	胡可先	胡晓明	姜小青
姜　涛	姚伯岳	贺云翱	袁行霈	莫砺锋	顾　芗
钱小萍	徐兴无	徐　俊	徐　海	徐惠泉	徐　雁
唐力行	黄显功	黄爱平	崔之清	阎晓宏	葛剑雄
韩天衡	程章灿	程毅中	詹福瑞	廖可斌	熊月之
樊和平	戴　逸				

《苏州全书》编纂出版委员会

主　任

金　洁　查颖冬

副主任

黄锡明　张建雄　王国平　罗时进

编　委

（按姓名笔画为序）

丁成明	王乐飞	王　宁	王伟林	王忠良	王　炜
王稼句	尤建丰	卞浩宇	田芝健	朱从兵	朱光磊
朱　江	齐向英	汤哲声	孙中旺	孙　宽	李　军
李志军	李　忠	李　峰	吴建华	吴恩培	余同元
沈　鸣	沈慧瑛	张蓓蓓	陈大亮	陈卫兵	陈兴昌
陈其弟	陈　洁	欧阳八四	周生杰	查　焱	洪　晔
袁小良	钱万里	铁爱花	徐红霞	卿朝晖	凌郁之
高　峰	接　晔	黄启兵	黄鸿山	曹　炜	曹培根
程水龙	谢晓婷	蔡晓荣	臧知非	管傲新	潘志嘉
戴　丹					

前　言

　　中华文明源远流长，文献典籍浩如烟海。这些世代累积传承的文献典籍，是中华民族生生不息的文脉和根基。苏州作为首批国家历史文化名城，素有"人间天堂"之美誉。自古以来，这里的人民凭借勤劳和才智，创造了极为丰厚的物质财富和精神文化财富，使苏州不仅成为令人向往的"鱼米之乡"，更是实至名归的"文献之邦"，为中华文明的传承和发展作出了重要贡献。

　　苏州被称为"文献之邦"由来已久，早在南宋时期，就有"吴门文献之邦"的记载。宋代朱熹云："文，典籍也；献，贤也。"苏州文献之邦的地位，是历代先贤积学修养、劬勤著述的结果。明人归有光《送王汝康会试序》云："吴为人材渊薮，文字之盛，甲于天下。"朱希周《长洲县重修儒学记》亦云："吴中素称文献之邦，盖子游之遗风在焉，士之向学，固其所也。"《江苏艺文志·苏州卷》收录自先秦至民国苏州作者一万余人，著述达三万二千余种，均占江苏全省三分之一强。古往今来，苏州曾引来无数文人墨客驻足流连，留下了大量与苏州相关的文献。时至今日，苏州仍有约百万册的古籍留存，入选"国家珍贵古籍名录"的善本已达三百一十九种，位居全国同类城市前列。其中的苏州乡邦文献，历宋元明清，涵经史子集，写本刻本，交相辉映。此外，散见于海内外公私藏家的苏州文献更是不可胜数。它们载录了数千年传统文化的精华，也见证了苏州曾经作为中国文化中心城市的辉煌。

苏州文献之盛得益于崇文重教的社会风尚。春秋时代，常熟人言偃就北上问学，成为孔子唯一的南方弟子。归来之后，言偃讲学授道，文开吴会，道启东南，被后人尊为"南方夫子"。西汉时期，苏州人朱买臣负薪读书，穹窿山中至今留有其"读书台"遗迹。两晋六朝，以"顾陆朱张"为代表的吴郡四姓涌现出大批文士，在不少学科领域都贡献卓著。及至隋唐，苏州大儒辈出，《隋书·儒林传》十四人入传，其中籍贯吴郡者二人；《旧唐书·儒学传》三十四人入正传，其中籍贯吴郡（苏州）者五人，文风之盛可见一斑。北宋时期，范仲淹在家乡苏州首创州学，并延名师胡瑗等人教授生徒，此后县学、书院、社学、义学等不断兴建，苏州文化教育日益发展。故明人徐有贞云："论者谓吾苏也，郡甲天下之郡，学甲天下之学，人才甲天下之人才，伟哉！"在科举考试方面，苏州以鼎甲萃集为世人瞩目，清初汪琬曾自豪地将状元称为苏州的土产之一，有清一代苏州状元多达二十六位，占全国的近四分之一，由此而被誉为"状元之乡"。近现代以来，苏州在全国较早开办新学，发展现代教育，涌现出顾颉刚、叶圣陶、费孝通等一批大师巨匠。中华人民共和国成立后，社会主义文化教育事业蓬勃发展，苏州英才辈出、人文昌盛，文献著述之富更胜于前。

苏州文献之盛受益于藏书文化的发达。苏州藏书之风举世闻名，千百年来盛行不衰，具有传承历史长、收藏品质高、学术贡献大的特点，无论是卷帙浩繁的图书还是各具特色的藏书楼，以及延绵不绝的藏书传统，都成为中国文化重要的组成部分。据统计，苏州历代藏书家的总数，高居全国城市之首。南朝时期，苏州就出现了藏书家陆澄，藏书多达万余卷。明清两代，苏州藏书鼎盛，绛云楼、汲古阁、传是楼、百宋一廛、艺芸书舍、铁琴铜剑楼、过云楼等藏书楼誉满海内外，汇聚了大量的珍贵文献，对古代典籍的收藏保护厥功至伟，亦于文献校勘、整理裨益甚巨。《旧唐书》自宋至明四百多年间已难以考觅，直至明嘉靖十七年（一五三八），闻人诠在苏州为官，搜讨旧籍，方从吴县王延喆家得《旧唐书》"纪"和"志"部分，从长洲张汴家得《旧唐书》"列传"部分，"遗籍俱出宋时模板，旬月之间，二美璧合"，于是在苏州府学中椠刊，《旧唐书》自此得以汇而成帙，复行于世。清代嘉道年间，苏州黄丕烈和顾广圻均为当时藏书名家，且善校书，"黄跋顾校"在中国文献史上影响深远。

苏州文献之盛也获益于刻书业的繁荣。苏州是我国刻书业的发祥地之一，早在宋代，苏州的刻书业已经发展到了相当高的水平，至今流传的杜甫、李白、韦应物等文学大家的诗文集均以宋代苏州官刻本为祖本。宋元之际，苏州碛砂延圣院还主持刊刻了中国佛教史上著名的《碛砂藏》。明清时期，苏州成为全国的刻书中心，所刻典籍以精善享誉四海，明人胡应麟有言："凡刻之地有三，吴也、越也、闽也。"他认为"其精，吴为最"，"其直重，吴为最"。又云："余所见当今刻本，苏常为上，金陵次之，杭又次之。"清人金埴论及刻书，仍以胡氏所言三地为主，则谓"吴门为上，西泠次之，白门为下"。明代私家刻书最多的汲古阁、清代坊间刻书最多的扫叶山房均为苏州人创办，晚清时期颇有影响的江苏官书局也设于苏州。据清人朱彝尊记述，汲古阁主人毛晋"力搜秘册，经史而外，百家九流，下至传奇小说，广为镂版，由是毛氏锓本走天下"。由于书坊众多，苏州还产生了书坊业的行会组织崇德公所。明清时期，苏州刻书数量庞大，品质最优，装帧最为精良，为世所公认，国内其他地区不少刊本也都冠以"姑苏原本"，其传播远及海外。

苏州传世文献既积淀着深厚的历史文化底蕴，又具有穿越时空的永恒魅力。从范仲淹的"先天下之忧而忧，后天下之乐而乐"，到顾炎武的"天下兴亡，匹夫有责"，这种胸怀天下的家国情怀，早已成为中华民族精神的重要组成部分，传世留芳，激励后人。南朝顾野王的《玉篇》、隋唐陆德明的《经典释文》、陆淳的《春秋集传纂例》等均以实证明辨著称，对后世影响深远。明清时期，冯梦龙的《喻世明言》《警世通言》《醒世恒言》，在中国文学史上掀起市民文学的热潮，具有开创之功。吴有性的《温疫论》、叶桂的《温热论》，开温病学研究之先河。苏州文献中蕴含的求真求实的严谨学风、勇开风气之先的创新精神，已经成为一种文化基因，融入了苏州城市的血脉。不少苏州文献仍具有鲜明的现实意义。明代费信的《星槎胜览》，是记载历史上中国和海上丝绸之路相关国家交往的重要文献。郑若曾的《筹海图编》和徐葆光的《中山传信录》，为钓鱼岛及其附属岛屿属于中国固有领土提供了有力证据。魏良辅的《南词引正》，严澂的《松弦馆琴谱》，计成的《园冶》，分别是昆曲、古琴及园林营造的标志性成果，这些艺术形式如今得以名列世界文化遗产，与上述名著的嘉惠滋养密不可分。

维桑与梓，必恭敬止；文献流传，后生之责。苏州先贤向有重视乡邦文献整理保护的传统。方志编修方面，范成大《吴郡志》为方志创体，其后名志迭出，苏州府县志、乡镇志、山水志、寺观志、人物志等数量庞大，构成相对完备的志书系统。地方总集方面，南宋郑虎臣辑《吴都文粹》、明钱谷辑《吴都文粹续集》、清顾沅辑《吴郡文编》先后相继，收罗宏富，皇皇可观。常熟、太仓、昆山、吴江诸邑，周庄、支塘、木渎、甪直、沙溪、平望、盛泽等镇，均有地方总集之编。及至近现代，丁祖荫汇辑《虞山丛刻》《虞阳说苑》，柳亚子等组织"吴江文献保存会"，为搜集乡邦文献不遗余力。江苏省立苏州图书馆于一九三七年二月举行的"吴中文献展览会"规模空前，展品达四千多件，并汇编出版吴中文献丛书。然而，由于时代沧桑，图书保藏不易，苏州乡邦文献中"有目无书"者不在少数。同时，囿于多重因素，苏州尚未开展过整体性、系统性的文献整理编纂工作，许多文献典籍仍处于尘封或散落状态，没有得到应有的保护与利用，不免令人引以为憾。

进入新时代，党和国家大力推动中华优秀传统文化的创造性转化和创新性发展。习近平总书记强调，要让收藏在博物馆里的文物、陈列在广阔大地上的遗产、书写在古籍里的文字都活起来。二〇二二年四月，中共中央办公厅、国务院办公厅印发《关于推进新时代古籍工作的意见》，确定了新时代古籍工作的目标方向和主要任务，其中明确要求"加强传世文献系统性整理出版"。盛世修典，赓续文脉，苏州文献典籍整理编纂正逢其时。二〇二二年七月，中共苏州市委、苏州市人民政府作出编纂《苏州全书》的重大决策，拟通过持续不断努力，全面系统整理苏州传世典籍，着力开拓研究江南历史文化，编纂出版大型文献丛书，同步建设全文数据库及共享平台，将其打造为彰显苏州优秀传统文化精神的新阵地，传承苏州文明的新标识，展示苏州形象的新窗口。

"睹乔木而思故家，考文献而爱旧邦"。编纂出版《苏州全书》，是苏州前所未有的大规模文献整理工程，是不负先贤、泽惠后世的文化盛事。希望藉此系统保存苏州历史记忆，让散落在海内外的苏州文献得到挖掘利用，让珍稀典籍化身千百，成为认识和了解苏州发展变迁的津梁，并使其中蕴含的积极精神得到传承弘扬。

观照历史，明鉴未来。我们沿着来自历史的川流，承荷各方的期待，自应负起使命，砥砺前行，至诚奉献，让文化薪火代代相传，并在守正创新中发扬光大，为推进文化自信自强、丰富中国式现代化文化内涵贡献苏州力量。

《苏州全书》编纂出版委员会
二〇二二年十二月

凡　例

一、《苏州全书》（以下简称"全书"）旨在全面系统收集整理和保护利用苏州地方文献典籍，传播弘扬苏州历史文化，推动中华优秀传统文化传承发展。

二、全书收录文献地域范围依据苏州市现有行政区划，包含苏州市各区及张家港市、常熟市、太仓市、昆山市。

三、全书着重收录历代苏州籍作者的代表性著述，同时适当收录流寓苏州的人物著述，以及其他以苏州为研究对象的专门著述。

四、全书按收录文献内容分甲、乙、丙三编。每编酌分细类，按类编排。

（一）甲编收录一九一一年及以前的著述。一九一二年至一九四九年间具有传统装帧形式的文献，亦收入此编。按经、史、子、集四部分类编排。

（二）乙编收录一九一二年至二○二一年间的著述。按哲学社会科学、自然科学、综合三类编排。

（三）丙编收录就苏州特定选题而研究编著的原创书籍。按专题研究、文献辑编、书目整理三类编排。

五、全书出版形式分影印、排印两种。甲编书籍全部采用繁体竖排；乙编影印类书籍，字体版式与原书一致；乙编排印类书籍和丙编书籍，均采用简体横排。

六、全书影印文献每种均撰写提要或出版说明一篇，介绍作者生平、文献内容、版本源流、文献价值等情况。影印底本原有批校、题跋、印鉴等，均予保留。底本有漫漶不清或缺页者，酌情予以配补。

七、全书所收文献根据篇幅编排分册，篇幅适中者单独成册，篇幅较大者分为序号相连的若干册，篇幅较小者按类型相近原则数种合编一册。数种文献合编一册以及一种文献分成若干册的，页码均连排。各册按所在各编下属细类及全书编目顺序编排序号。

古史辨自序（外三种）

顾颉刚　著

出版说明

　　顾颉刚（1893—1980），名诵坤，字铭坚，号颉刚，以号行。江苏苏州人。1920 年毕业于北京大学，1923 年提出著名的"层累地造成的中国古史"说，引起当时学界对古代史料真伪的考辨，形成"古史辨学派"。20 世纪 20 年代，倡导以民俗材料印证古史，拓展民俗学研究领域，奠定了中国民俗学研究基础。30 年代，重视沿革地理、边疆地理与民族史的研究，成为我国历史地理学重要奠基人和开拓者。中华人民共和国成立后，历任中国科学院历史研究所研究员、中国社会科学院历史研究所学术委员等，曾主持《资治通鉴》和二十四史的点校工作。深入研究《尚书》，将《尚书》整理研究水平推至新高度。

　　《古史辨》共出版七册，是 20 世纪 20—40 年代顾颉刚等学者研究、考辨中国古代史的论文集。除第六册外，其他各册顾颉刚均亲自撰写序言，本次将这些序言予以汇集。其中，《古史辨》第一册序言带有自传性质，顾颉刚从时势、个性、境遇等方面畅言"古史是层累地造成"这一见解的成因以及研究古史的方法，对研究顾颉刚学术思想尤为重要。

　　《我是怎样编写古史辨的？》写作于"古史辨学派"兴起之后半个世纪，由王煦华协助整理，发表于《中国哲学》第二辑和第六辑，后作为 1982 年汇编出版的《古史辨》总序，概述了《古史辨》的来龙去脉。

《秦汉的方士与儒生》是顾颉刚根据 20 世纪 30 年代在燕京大学讲授秦汉史课程的讲义整理而成。主旨在于说明秦汉的方士与儒生在大一统社会背景下，如何运用阴阳五行思想创立政治学说、影响政治制度，为秦汉时期各个历史阶段的统治阶级服务，被誉为一部叙述"层累地造成的中国古史"形成过程的重要史著。

《周公东征史事考证》系列论文写于 60 年代，史料翔实、论证严密、考证精审，重视对考古资料的运用，将传世文献、古文字资料和民俗材料有机结合，彰显出其学术思想由破向立的重大变化。

上述顾颉刚著作四种，均已收入中华书局 2010 年出版的《顾颉刚全集·顾颉刚古史论文集》，今即以此为底本，改繁体横排为简体横排。

目　录

古史辨自序

我是怎样编写古史辨的？

秦汉的方士与儒生

周公东征史事考证

古史辨自序

古史辨第一册自序①

两年前，我在《努力周报》附刊的《读书杂志》里发表辨论古史的文字时，朴社同人就嘱我编辑成书，由社中出版。我当时答应了，但老没有动手。所以然之故，只因里面有一篇主要的辨论文字没有做完，不能得到一个结束；我总想把它做完了才付印。可是我的生活实在太忙了，要想定心研究几个较大的题目，做成一篇篇幅较长的文字，绝不易找到时间，这是使我永远怅恨着的。

去年夏间，上海某书肆中把我们辨论古史的文字编成了《古史讨论集》出版了。社中同人都来埋怨我，说："为什么你要一再迁延，以致给别人家抢了去。"我对于这事，当然对社中抱歉，并且看上海印本错字很多，印刷很粗劣，也不爽快，就答应道："我立刻编印就是了！"哪知一经着手编纂，材料又苦于太多了，只得分册出版。现在第一册业已印刷就绪，我很快乐，我几年来的工作得到一度的整理了。

这第一册分作三编。上编是在《读书杂志》中作辨论以前与适之、玄同两先生往返讨论的信札，是全没有发表过的。这些信札只就手头保存的写录，当然遗失的还有许多。在这一编里，可以知道《杂志》中文字的由来和我对于怀疑古史一件事所以有明了的意识的缘故。中编所

---

① 原载《古史辨》第一册，朴社，1926年6月。

录全是在《读书杂志》中发表的。其中许多问题虽都没有讨论出结果来，但是我们将来继续研究的骨干却已在这几篇文字中建立起来了。下编除首二编外全是《读书杂志》停刊以后的通信及论文，有一部分是没有发表过的。在这一编里，可以见出我现在对于研究古史所走的路途的趋向。

第二册的稿子约略辑成，也分作三编。上编是讨论古代史实及传说的。中编是说明经书真相及批评注解得失的。下编是辨伪者的传记和评论。这些文字都是数年来在各种刊物上零碎发表的，其中待讨论修正的地方很多。只要第一册出版后有销场，社中同人容许我继续出版，我就可写定付印。

以后我的环境如果不至迫逼我废学，我的胸中所积蓄而且渴望解决的问题正多，自当陆续研究，作文发表，第三册以下也尽有出版的希望。但不知道我的为生活而奋斗的能力能打出一个境界，完成这个志愿与否。

现在辑成的两册，范围并不限于古史。所以仍用古史署名之故，只因我的研究的目的总在古史一方面，一切的研究都是要归结于古史的。（例如辨论《诗经》与歌谣的文字虽与古史无直接关系，但此文既为辨明《诗经》之性质，而《诗经》中有古史材料，《诗经》的考定即可辅助古史的考定，故仍收入。）没有枝叶固然可以把本干看得清楚，但有了枝叶也更可以把本干的地位衬托出来，所以我不想把枝叶删芟了。

这几年中，常有人问我："你们讨论古史的结果怎样？"我屡次老实答道："现在没有结果。因为这是一个大问题，它的事实在二三千年以前，又经了二三千年来的乱说和伪造，哪里是一次的辨论所能弄清楚的！我们现在的讨论只是一个研究的开头呢，说不定我们一生的讨论也只是一个研究的开头咧！"

也有人对我说："你为什么不把几年来的讨论的文字重做一番系统的整理，作成一篇齐整的论文呢？"这话固然是好意，但我决不敢答应。我现在在研究上所走的路途的短，成绩的少，是大家看得见的，实在没有把这种一目可尽的东西再做一番系统的整理的必要。况且我所提出的论题全没有讨论出结果来，也无从加以断定。我并不是没有把我的研究构成一个系统的野心；如果我的境遇真能允许我作继续不断的研究，我到老年时一定要把自己的创见和考定的他人之说建立一个清楚的系统。但现在还谈不到此，还只能见到一点写一点，做零碎的发表和溷杂的编集。

我非常地感谢适之、玄同两先生，他们给我各方面的启发和鼓励，使我敢于把违背旧说的种种意见发表出来，引起许多同志的讨论。这个讨论无论如何没有结果，总算已向学术界提了出来，成为学术界上的共同的问题了。我又非常地感谢刘楚贤（掞藜）、胡堇人、柳翼谋（诒徵）诸先生，他们肯尽情地驳诘我，逼得我愈进愈深，不停歇于浮浅的想像之下就算是满足了。我永远要求得到的幸运，就是常有人出来把我痛驳，使得我无论哪个小地方都会亲自走到，使得我常感到自己的学力不足而勉力寻求知识。我在生活上虽是祈祷着安定，但在学问上则深知道这是没有止境的，如果得到了止境即是自己的堕落，所以愿意终身在彷徨觅路之中，不希望有一天高兴地呼喊道："真理已给我找到了，从此没有事了！"

我自在《读书杂志》中发表了推翻相传的古史系统的文字之后，一时奖誉我的人称我"烛照千载之前，发前人之所未发"；反对我的人便骂我"想入非非，任情臆造"；对我怀疑的人也就笑我抨击古人只不过为的趋时成名。也有爱我的前辈肫挚地劝告道："你是一个很谨厚的人，何苦跟随了胡适之、钱玄同们，做这种不值得做的事情！"我听了这种种的议论，禁不住在腹中暗好笑。我自己知道，我是一个平常的人，决不会比二千年来的人特别聪明，把他们看不清楚的疑窦由我一起看出。我也知道，我是一个很胆小的人，苟非确有所见，也决不敢猖狂地冒了大不韪，自己提出一种主张来疑经蔑古。至于成名之心，我固然不能说没有，但总可以说是很淡薄的，我也决不愿无故凌辱古圣先贤来造成自己的名誉。适之、玄同两先生固是我最企服的师，但我正因为没有崇拜偶像的成见，所以能真实地企服他们；若把他们当作偶像一般而去崇拜，跟了他们的脚步而作应声虫，那么，我用了同样的方式去读古书时，我也是古人的奴隶了，我还哪里能做推翻古代偶像的事业呢。老实说，我所以有这种主张之故，原是由于我的时势，我的个性，我的境遇的凑合而来。我的大胆的破坏，在报纸上的发表固然是近数年的事，但伏流是与生命俱来的，想像与假设的构造是一点一滴地积起来的。我若能把这个问题研究得好，也只算得没有辜负了我的个性和环境，没有什么了不得。若是弄得不好，不消说得是我的罪戾，或是社会给与我的损害了。因为我对于自己的地位有了这种的了解，所以我对于自己的见解（给一般人诧为新奇的）常以为是极平常的，势所必然的，我只顺着自然的引导，自己无力于其间，誉我和毁我的话都是废话而已。但誉我与毁我的人，我也不嫌怪，因为他们只见到我的主张的断面，而不能深知道我的个性和环境，也是当然如此。

我读别人做的书籍时，最喜欢看他们带有传记性的序跋，因为看了可以了解这一部书和这一种主张的由来，从此可以判定它们在历史上占有的地位。现在我自己有了主张了，有了出版的书籍了，我当然也愿意这样做，好使读者了解我，不致惊诧我的主张的断面。

因为这样，所以现在就借了这一册的自序，约略做成一部分的自传。我很惭愧，我的学问还没有成熟，就贸贸然来做这种自传性的序文，实在免不了狂妄之罪。但社会上已经等不到我的学问的成熟而逼迫我发表学术上的主张了，已经等不到我的主张的讨论出结果来而逼迫我出书了，我为求得读者对于我的出版物的了解，还顾忌着什么呢。

我是一八九三年生的。当我出生的时候，我的家中已经久不听见小孩子的声息了，我是我的祖父母的长孙，受到他们极浓挚的慈爱。我家是一个很老的读书人家，他们酷望我从读书上求上进。在提抱中的我，我的祖父就教令识字。听说我坐在"连台交椅"（未能步行的小孩所坐）里已经识得许多字了，老妈子抱上街去，我尽指着招牌认字，店铺中人诧异道："这怕是前世带来的字吧！"因为如此，所以我了解书义甚早，六七岁时已能读些唱本小说和简明的古书。但也因为如此，弄得我游戏的事情太少，手足很不灵敏，言语非常钝拙，一切的技能我都不会。这种的状态，从前固然可以加上"弱不好弄"的美名，但在现在看来，只是遏抑性灵，逼作畸形的发展而已。

在这种沉闷和呆滞的空气之中，有一件事足以打破这寂寥而直到近数年来才从回忆中认识的，就是民间的故事传说的接近。我的本生祖父和嗣祖母都是极能讲故事的：祖父所讲大都属于滑稽一方面，如"诸福宝（苏州的徐文长）"之类；祖母所讲则大都属于神话一方面，如"老虎外婆"之类。除了我的祖父母之外，我家的几个老仆和老女仆也都擅长这种讲话，我坐在门槛上听他们讲"山海经"的趣味，到现在还是一种很可眷恋的温煦。我虽因言语的钝拙，从未复述过，到后来几乎完全忘记了，但那种风趣却永远保存着，有人提起时总觉得是很亲切的。祖父带我上街，或和我扫墓，看见了一块匾额，一个牌楼，一座桥梁，必把它的历史讲给我听，回家后再按着看见的次序写成一个单子。因此，我的意识中发生了历史的意味，我得到了最低的历史的认识：知道凡是眼前所见的东西都是慢慢儿地积起来的，不是在古代已尽有，也不是到了现在刚有。这是使我毕生受用的。

当我读《论语》的时候，《孟子》已买在旁边，我随手翻看。我在《论语》中虽已知道了许多古人的名字，但这是很零碎的，不容易连接。自从看了《孟子》，便从他叙述道统的说话中分出了他们的先后。我初得到这一个历史的系统，高兴极了，很想替它做一个清楚的叙述。以前曾在祖父的讲话中，知道有盘古氏拿了斧头开天辟地的故事，有老妪和犬生出人类的故事；到这时就把这些故事和书本上的尧、舜、禹的记载联串了起来了。我记得那时先着一家起了几个早晨，在朝暾初照的窗下写成一篇古史，起自开辟，讫于《滕文公》篇的"孔子没，子夏、子张、子游以有若似圣人，欲以所事孔子事之；强曾子，曾子不可"的一段事。孟子叙述道统到孔子为止，我作历史也到孔子没后为止，这是很分明的承受了孟子的历史观了。这篇古史约有五页，那时还没有练习过小楷，衬了红格纸写得蝇头般的细字，写好了放在母亲的镜匣里。从我所读的书和母亲的病状推来，那时我是七岁（依旧法算应是八岁）。可惜后来母亲死了，这篇东西就失去了。

就是这一年的冬天，我读完了《孟子》。我的父亲命我读《左传》，取其文理在五经中最易解，要我先打好了根柢然后再读深的。我读着非常感兴趣，仿佛已置身于春秋时的社会中了。从此鲁隐公和郑庄公一班人的影子长在我的脑海里活跃。但我的祖父不以为然，他说："经书是要从难的读起的；《诗经》和《礼记》中生字最多，若不把这两部书先读，将来大了就要记不清了。"所以在一九〇一年的春天，命我改从一位老先生读《诗经》。《左传》只读了一册，就搁下了。

我读《国风》时，虽是减少了历史的趣味，但句子的轻妙，态度的温柔，这种美感也深深地打入了心坎。后来读到《小雅》时，堆砌和严重的字句多了，文学的情感减少了，便很有些儿怕念。读到《大雅》和《颂》时，句子更难念了，意义愈不能懂得了。我想不出我为什么要读它，读书的兴味实在一点也没有了。这位老先生对付学生本来已很严厉，因为我的祖父是他的朋友，所以对我尤为严厉。我越怕读，他越要逼着我读。我念不出时，他把戒尺在桌上乱碰；背不出时，戒尺便在我的头上乱打。在这种的威吓和迫击之下，长使我战栗恐怖，结果竟把我逼成了口吃，害得我的一生永不能在言语中自由发表思想。我耐不住了，大着胆子向先生请求道："我读《左传》时很能明白书义，让我改读了《左传》罢！"先生听了，鼻子里哧的一声，做出很傲慢的脸子回答我道："小孩子哪里懂得《左传》！"好容易把一部《诗经》挨完，总算他们顺了我的请求，没读《礼记》而接读《左传》。这位老先生要试一试我以前类于夸口的请求，令我讲解华督杀孔父的一段。我一句句地讲了。他很诧异，对我的祖父说道："这个小孩子记性虽不好，悟性却好。"我虽承蒙他奖赞，但已做了他的教育法的牺牲了！

我的生性是非常桀骜不驯的。虽是受了很严厉的家庭教育和私塾教育的压抑，把我的外貌变得十分柔和卑下，但终不能摧折我的内心的分毫。所以我的行事专喜自作主张，不听人家的指挥。翻出幼时所读的四书，经文和注文上就有许多批抹。例如《告子上》篇"天爵"章末有"终亦必亡而已矣"句，"仁之胜不仁"章末又有"亦终必亡而已矣"句，我便剔去了中间"欲贵"章首的"〇"号，批道："不应有〇，下文有'亦终必亡而已矣'之语，可见两段相连。"又如《离娄下》篇"逢蒙学射"章"孟子曰'是亦羿有罪焉'，公明仪曰'宜若无罪焉'"，我疑心"羿"与"宜"因同音而致误，就批道："宜，当作羿。"这一类的批抹，在现在看来确是极度的武断，但我幼年读书就不肯盲从前人之说，也觉得是不该妄自菲薄的。

约在十一岁时，我初读《纲鉴易知录》，对于历史的系统更能明白认识。那时，我便自立义法，加上许多圈点和批评。我最厌恶《纲目》的地方，就是它的势利。例如张良和荆轲一样的谋刺秦始皇，也一样的没有成功，但张良书为"韩人张良"，荆轲便书为"盗"。推它的原因，只因荆轲的主人燕太子丹是斩首的，而张良的主人刘邦乃是做成皇帝的。我对于这种不公平的记载非常痛恨，要用我自己的意见把它改了。可惜我读的一部《易知录》是石印小字本，上边写不多字，只得写上小纸，夹在书里。前年理书时检得一纸条，是那时的笔迹，写道：

> 书"秋，秦王稷薨，太子柱立"。至明年冬，又书"秦王
> 薨，子楚立"。下《目》书曰："孝文王即位，三日而薨。"夫
> 秋立而至明冬薨，亦十七八月矣，何《目》书"三日而薨"

耶？此其史官之讹也。

现在知道，这个批评错了，因为孝文王的即位在他的除丧之后，和上一年秋的"立"是不冲突的。只是我敢于写出疑问，也算值得纪念。

儿时的佚事，现在还记得几桩。有一次，我看见一个饭碗，上面画着许多小孩，有的放纸鸢，有的舞龙灯，有的点爆竹，题为"百子图"。我知道文王是有一百个儿子的，以为这一幅图一定是画的文王的家庭了，就想把文王的儿子考上一考。可是很失望，从习见的书中只得到武王、周公、管叔、蔡叔、康叔数人；《左传》上较多些，但也只有"文昭"十六国。我在那时很奇怪：为什么这样一个大名人的儿子竟如此的难考？后来知道文王百子之说是从《诗经》的"太姒嗣徽音，则百斯男"来的，而"百斯男"的话正与"千秋万岁""千仓万箱"相类，只是一种谀颂之词，并非实事；心始释然。

又有一次，不知在什么地方见到孔子有师七人的话，替他一考居然如数得到。但现在想得起的只有老聃、师襄、苌弘、郯子、项橐五人，尚有二人反而查不出了。又因谥法的解释不同，想做一种《谥法考》，把《左传》上的谥法钞集起来，比较看着。结果，使我知道"灵、幽、厉"诸谥未必是恶谥，孟子所说"孝子顺孙百世不能改"的话并不十分可靠。有一回偶然在《汉书》上看到汉高祖为赤帝子，斩白帝子，心想赤帝、白帝不是和黄帝一样的吗，为什么黄帝为人而赤帝、白帝为神？又在某书上看见三皇、五帝的名号和《易知录》上所载的不一致，考查之后，始知三皇、五帝的次序原来有好几种不同的说法。那时见到的书甚少，这种考据之业现在竟想不起是怎样地做成的。

我们顾家是吴中的著姓，自汉以下的世系大都可以稽考。但我们一支的家谱只始于明代成化中，又标上维亭的地名。我的十一世伯祖大来公（其蕴）序道：

> 人各有所自，必自其所自而后即安。苟忽其所自而妄萌一
> 焜耀之思，指前之一二显人曰："吾所自者某某也。"则世之

人亦因其所自而自之矣。然反之心究有所不安。以己之不安而知祖先之必不安，且念子孙之亦未必安也，何可以焜耀之思累先后之不安乎！……此尼备从侄（嗣曾）之近谱所以不宗鹿城（昆山）而宗维亭也。维亭距鹿城不数十里，有农家者流繁衍于上二十一都之乡，地名顾港，此吾支之所自。乡之先达已蒙称述，信为文康公（顾鼎臣）之支矣。而尼备以宗其所疑不若宗其所信，宗其所信而苟有一毫之可疑无庸宗也，所以宁维亭而不敢曰鹿城，重原本也。

这种信信疑疑的态度，在现在看来固是非常正当，但幼年的我哪里能懂得呢。我只觉得他们的胸襟太窄隘了：我们和昆山一支既经是一族，为什么定要分成两族？偶然见到一部别宗的谱牒，以西汉封顾余侯的定为始祖；又列一世系表，起于禹、启、少康，中经无馀、勾践，讫于东海王摇和他的儿子顾余侯期视，约有三十余代（这个表不知道从哪里钞来的，现在遍查各种古书竟查不到）。我快乐极了，心想我家的谱牒可以自禹讫身写成一个清楚整齐的系统来了！又想禹不是祖黄帝的吗，黄帝又不是少典氏之子吗，那么，岂不是又可以推算自己是少典氏的几百几十世孙了！我真高兴，对着我的同学夸口道："我要刻三方图章，一是'勾践后人'，一是'大禹子孙'，一是'少典云礽'。"这位同学也赞叹道："你家真是一个古远的世家！"于是我援笔在谱上批道：

> 甚哉谱必以大宗言也！不以之言，则昧于得姓传递之迹而徒见十数世而已。吾族之谱始自允斋公，遂谓允斋公为始祖。夫公非始得顾姓者，而曰始祖，亦太隘矣！

一个人的思想真是会得变迁的：想不到从前喜欢夸大的我现在竟变得这般严谨，要把甘心认为祖先的禹回复到他的神话中的地位，要把尼备公创立家谱的法子来重修国史了！

在私塾中最可纪念的，是有两年没有正式的教师。起先，我的父亲在城北姚家教馆，我随着读书。去了不久，我父考取了京师大学堂，到北京去，馆事请人代着。可是代馆的总不得长久，代者又请代，前后换了七八人，有几个月简直连接着没有先生。只因姚家待我很厚，他们的小主人和我的交情也很挚，所以我家并不逼我换学塾。这两年中，为了功课的松，由得我要怎样做就怎样做。我要读书，便自己到书铺里选着买；买了来，便自己选着读。我看了报纸，便自己发挥议论。有什么地方开会，我便前去听讲。要游戏，要胡闹，要闲谈遣日，当然也随我的便。这两年中的进境真像飞一般的快，我过去的三十年中吸收智识从没有这样顺利的：我看无论哪种书都可以懂得一点了，天地之大我也识得一个约略了。这时候，正是国内革新运动勃发的时候，要开学校，要放足，要造铁路，要抵制美国华工禁约，要请求政府公布宪法开国会，梁任公先生的言论披靡了一世。我受了这个潮流的涌荡，也是自己感到救国的责任，常常慷慨激昂地议论时事。《中国魂》中的《呵旁观者文》和《中国之武士道》的长序一类文字是我的最爱好的读物，和学塾中的屈原《卜居》、李华《吊古战场文》、胡铨《请斩王伦秦桧封事》等篇读得同样的淋漓痛快。在这种热情的包裹之中，只觉得杀身救人是志士的唯一的目的，为政济世是学者的唯一的责任。塾师出了经义史论的题目，我往往借此发挥时论，受他们的申斥；但做时务策论时，他们便不由得不来赏赞我了。

一九〇六年，地方上开办第一班高等小学，考题是"征兵论"，我竟考取了第一。我刚进去时，真是踏到了一个新世界。我在私塾中虽是一个新人物，自己已看了些科学方面的教科书，但没有实物的参证，所谓科学也正与经义策论相同。到了新式学校中，固然设备还是贫乏得很，总算有了些仪器和标本了，能做些实验和采集的工夫了。我在学校里最喜欢做的事情是"修学旅行"，因为史地教员对于经过的名胜和古迹有详细的说明，理科教员又能伴我们采集动植物作标本；回来之后，国文教员要我们作游记，图画教员要我们作记忆画；使我感到这种趣味的活动，各科材料的联络，我所受的教育的亲切。但除了这一件事之外，我的桀骜不驯的本性又忍不住要发展了，我渐渐地对于教员不信任了。我觉得这些教员对于所教的功课并没有心得，他们只会随顺了教科书的字句而敷衍。教科书的字句我既已看得懂，又何劳他们费力解释！况且教科书上错误的地方，他们也不能加以修正。例如地理教科书中说教主出于半岛，举孔、佛、耶为证，理由是半岛的海岸线长，吸收文明容易；地理教员也顺着说。我听得时就很疑惑，以为道教的张道陵就很明白不是从半岛上起来的，孔、佛、耶的出在半岛不过是偶然的巧合。海岸线的吸收文明应当在海上交通便利之后，在古时则未必便可增进新知（至少在中国是这般）。即如孔子时，江、淮、河、济的交通胜于海洋，江、淮、河、济的吸收文明也应当过于海洋；孔子所以能够特出，或者就靠在河、济的交通上，和半岛及海岸线有何关系。但地理教员就咬定了这句话，大张其半岛出教主论了。这种的教员满眼皆是，他们都只会食人家的唾余，毫没有自己的真知灼见，都只想编辑了一种讲义作终身的衣食，毫不希望研究的进展，使得我一想到时就很鄙薄。

在小学时曾经生了两个月的病，病中以石印本《二十二子》和《汉魏丛书》自遣，使我对于古书得到一个浮浅的印象。又在报纸上见到《国粹学报》的目录，里面有许多新奇可喜的文题；要去买时可惜苏州的书肆里没有。直到进了中学堂，始托人到上海去买了一个全分。翻读之下，颇惊骇刘申叔、章太炎诸先生的博洽；但是他们的专门色彩太浓重了，有许多地方是看不懂的。在这个报里，除了种族革命的意义以外，它给与我一个清楚的提示，就是：过去的中国学问界里是有这许多纷歧的派别的。

十六岁那一年，我在中学二年级，我的祖父对我说："五经是总该读全的。你因进了新法学堂，只读得《诗经》《左传》和半部《礼记》。我现在自己来教你罢。"于是我每晚从学校里归来，便向祖父受课。他先教我《尚书》，再教我《周易》。《周易》我不感到什么趣味。《尚书》的文句虽古奥，但我已经有了理解力，能毂勉强读懂，对于春秋以前的社会状况得到了一点粗疏的认识，非常高兴。祖父教我时，是今古文一起读的。我本不知道今古文是怎样一个重大的讼案，也就随着读。后来感到古文很平顺，它的文字自成一派，不免引起了些微的怀疑。偶然翻览《先正事略》，从阎若璩的传状里知道他已把《古文尚书》辨得很明白，是魏、晋间人伪造的。一时就想读他所作的《尚书古文疏证》，但觅不到。为安慰自己的渴望计，即从各家书说中辑出驳辨伪古文的议论若干条，寻绎他们的说法。哪知一经寻绎之后，不但魏、晋间的古文成问题，就是汉代的古文也成了问题了。那年上海开江苏学校成绩展览会，我和许多同学前往参观，就独到国学保存会的藏书楼上看了两种书：一是龚自珍的《泰誓答问》，一是胡秉虔的《尚书叙录》。

我既约略知道了这一些问题，我的勇往的兴致又要逼迫我佚出前人的论辨之外了。我感到《今文尚书》中《尧典》《皋陶谟》诸篇的平易的程度并不比《伪古文》差了多少，我又感到汉人《尚书》注的不通，都想由我辨去。十七岁时，江苏存古学堂招生，我知道里面很有几位博学的教员，也报名应考。出的题目是《尧典》上的，现在已记不起了，只记得我的文字中把郑玄的注痛驳了一回。发榜不取；领落卷出来，签条上面批着"斥郑说，谬"四个大字。我得到了这回教训，方始知道学术上的权威是惹不得的。

要是我能毂从此继续用功，到现在也许可以做成一个专门的经学家了。但我的祖父逝世之后，经学方面既少了一个诱导的人，文学方面的吸引力又很大，我不自觉的对于经书渐渐地疏远了下去。

我的祖父一生欢喜金石和小学，终日的工作只是钩模古铭，椎拓古器，或替人家书写篆隶的屏联。我父和我叔则喜治文学和史学。所以我幼时看见的书籍，接近的作品，都是多方面的，使我在学问上也有多方面的认识。可是我对于语言文字之学是不近情的，我的祖父的工作虽给我瞧见了许多，总没有引起我的模仿的热忱。我自己最感兴味的是文学，其次是经学（直到后来才知道我所爱好的经学也即是史学），我购买书籍就向那两方面进行。买书这一件事，在我十一二岁时已成了习惯，但那时只买新书；自从进了中学，交到了几个爱收旧书的朋友，就把这个兴致转向旧书方面去了。每天一下课，立刻向书肆里跑。这时的苏州还保留着一个文化中心的残状，观前街一带新旧书肆约有二十余家，旧书的价钱很便宜。我虽是一个学生，只能向祖母和父亲乞得几个钱，但也有力量常日和他们往来。我去了，不是翻看他们架上的书，便是向掌柜们讨教版本的知识。所见的书籍既多，自然引诱我去研究目录学。《四库总目》《汇刻书目》《书目答问》一类书那时都翻得熟极了。到现在，虽已荒废了十余年，但随便拿起一册书来，何时何地刻的还可以估得一个约略。

我对于学问上的野心的收不住，自幼就是这般。十二岁时曾作一册自述，题为"恨不能"：第一篇是"恨不能战死沙场，马革裹尸"，第二篇是"恨不能游尽天下名山大川"，其三便是"恨不能读尽天下图书"。到这时，天天游逛书肆，就恨不能把什么学问都装进了我的肚子。我的痴心妄想，以为要尽通各种学问，只须把各种书籍都买了来，放在架上，随心翻览，久而久之自然会得明白通晓。我的父亲戒我买书不必像买菜一般的求益，我的祖母笑我买书好像瞎猫拖死鸡一般的不拣择，但我的心中坚强的执拗，总以为宁可不精，不可不博。只为翻书太多了，所以各种书很少从第一字看到末一字的。这样的读书，为老辈所最忌，他们以为这是短寿促命的征象。我也很想改过来，但是求实效的意志终抵抗不过欣赏的趣味。我曾对友人说："我是读不好书的了！拿到一部书想读下去时，不由得不牵引到第二部上去，以至于第三部，第四部。读第二第三部书时，又要牵引到别的书上去了。试想这第一部书怎样可以读得完？"这种情形，在当时确是很惆怅的，但在现在看来也可以说由此得到了一点益处。因为这是读书时寻题目，从题目上更去寻材料，而不是读死书。不过那时既只随着欣赏的趣味而活动，并没有研究的自觉心，就是见到了可以研究的题目，也没有实作研究的忍耐心，所以不曾留下什么成绩。

中学校时代，实在是我的情感最放纵的时代，书籍的嗜好在我的生活中虽占着很重要的一部分，但并不能制伏我的其他方面的生活。我爱好山水，爱好文学，爱好政治活动。

游览的嗜好似乎在我很幼的时候已经发端，记得那时看扫墓是一件趣味最丰富的乐事。我家的坟墓不在一处，有的地方要三天才来回，我坐在船里，只觉得望见的东西都新鲜得可爱。有时候走近一座山，要拉了老妈子一同上去，哪知山基还远着，久久走不到，船已将开了。自从进了中学，旅行的地方远了一点，有时出府境，有时出省境，我高兴极了，无论到什么地方总要尽了我的脚力走。别人厌倦思归了，我还是精神奋发，痛骂他们阻住了我的兴致。每星期日，几乎必约了同学到郊外远足去，苏州城外的山径都给我们踏遍了。我在那时，爱好自然，为自然的美所吸引的一种情趣，在现在的回忆中更觉得可以珍重。

叶圣陶先生（绍钧）是我的老朋友，从私塾到小学和中学都是同学。他是一个富于文艺天才的人，诗词篆刻无一不能；没有一件艺术用过苦功，但没有一种作品不饶于天趣。我在中学里颇受到他的同化，想致力于文学，请他教我作诗填词。我们的同志三四人又立了一个诗社，推他做盟主。我起先做不好，只以为自己的工夫浅。后来永远不得进步，无论我的情感像火一般的旺烈，像浪一般的激涌，但是表现出来的作品终是软弱无力的。有时也偶然得到几句佳句，但要全篇的力量足以相副就很困难。有许多形式，我已学像了，但自省到底没有"烟士披里纯"——文艺品的魂灵。怀了创作的迷梦约有十年，经过了多少次的失败，方始认识了自己的才性，恍然知道我的思想是很质直的，描写力是极薄弱的，轻蒨美妙的篇章和钦奇豪壮的作品本来都没有我的分儿，从此不再妄想"吃天鹅肉"了。

我在中学校时，正是立宪请愿未得清廷允可，国民思想渐渐倾向到革命的时候，使得我也成了这个倾向下的群众的一个。看着徐锡麟、熊成基、温生才等人的慷慨牺牲生命，真觉得可歌可泣。辛亥革命后，意气更高张，以为天下无难事，最美善的境界只要有人去提倡就立刻会得实现。种族的革命算得了什么！要达到无政府、无家庭、无金钱的境界时方才尽了我们革命的任务呢。因为我醉心于这种最高的理想，所以那时有人发起社会党，我就加入了。在这一年半之中，我是一个最热心的党员，往往为了办理公务，到深夜不眠。很有许多亲戚长者劝我，说："这班人都是流氓，你何苦与他们为伍呢！这不是你的事呵！"这种势利的见解我是早已不承认了，我正以为流氓和绅士不过是恶制度之下分出来的两种阶级，我正嫌恶绅士们做种种革新运动的阻碍，要把这个阶级划除了才快意。但入党多时之后，我瞧着一班同党渐渐的不像样了。他们没有主义，开会演说时固然悲壮得很，但会散之后就把这些热情丢入无何有之乡了。他们说的话，永远是几句照例话，谁也不想把口头的主义作事实的研究。他们闲空时，只会围聚了长桌子坐着谈天，讲笑话，对于事业的进行毫没有计画。再不然，便是赌钱、喝酒、逛窑子。我是一个极热烈的人，同时也是一个极不懂世事的人，对于他们屡屡有所规诫，有所希望，但是他们几乎没有一个能承受的。我对于事业虽有极澈底的目标，但我自己知道我的学识是很浅薄的，远够不上把主义发挥；然而在同党中间，他们已经把我看作博学的文豪，凡有发表的文字都要拉我动笔了。在这到处不如意的境界之中，使我得到了一个极清楚的觉悟，知道这班人是只能给人家用作喽啰小卒的，要他们抱着主义当生命般看待，计画了事业的步骤而进行是不可能的。我先前真把他们看得太高了！我自己知道，我既不愿做别人的喽啰小卒，也不会用了别人做我的喽啰小卒，那么我永在党中混日子也没有什么益处，所以我就脱党了。可喜这一年半中乱掷的光阴，竟换得了对于人世和自己才性的认识。从此以后，我再不敢轻易加入哪个党会。这并不是我对于政治和社会的改造的希望歇绝了，我知道这种改造的职责是应当由政治家、教育家和社会运动家去担负的，我是一个没有这方面的发动的才力的人。我没有这方面的才力也不觉得有什么可耻，因为我本有我自己能做的工作，一个人原不必件件事情都会干的。

在热心党会的时候，早把书籍的嗜好抛弃了。这时又把党会抛弃之后，精神上不免感到空虚。民国二年（1913 年），我考进了北京大学的豫科。我在南方，常听得北京戏剧的美妙，酷好文艺的圣陶又常向我称道戏剧的功用。我们偶然凑得了几天旅费，到上海去看了几次戏，回来后便要作上几个月的咬嚼。这时我竟有这般福分，得居戏剧渊海的北京，如何忍得住不大看而特看。于是我变成了一个"戏迷"了！别人看戏必有所主，我固然也有几个极爱看的伶人，但戒不掉的好博的毛病，无论哪一种腔调，哪一个班子，都要去听上几次。全北京的伶人大约都给我见到了。每天上课，到第二堂退堂时，知道东安门外广告版上各戏园的戏报已经贴出，便在休息的十分钟内从译学馆（豫科所在）跑去一瞧，选定了下午应看的戏。学校中的功课下午本来较少，就是有课我也不去请假。在这戏迷的生活中二年有余，我个人的荒唐和学校课业的成绩的恶劣自不消说；万想不到我竟会在这荒唐的生活中得到一注学问上的收获（这注收获直到了近数年方因辨论古史而明白承受）。上面说的，我曾在祖父母和婢仆的口中饱听故事，但这原是十岁以前的事情。十岁以后，我读书多了，对于这种传说便看作悠谬无稽之谈，和它断绝了关系。我虽曾恨过绅士，但自己的沾染绅士气确是不能抵赖的事实。我鄙薄说书场的卑俗，不屑去。我鄙薄小说书的淫俚，不屑读。在十五岁的时候，有一种赛会，唤作现圣会，从乡间出发到省城，这会要二十年一举，非常的繁华，苏州人倾城出观，学校中也无形的停了课，但我以为这是无聊的迷信，不屑随着同学们去凑热闹。到人家贺喜，席间有妓女侍坐唱曲，我又厌恶她们声调的淫荡，唱到我一桌时，往往把她谢去。从现在回想从前，真觉得那时的面目太板方了，板方得没有人的气味了。因为如此，我对于社会的情形隔膜得很；就是故事方面，也只记得书本上的典故而忘却了民间流行的传说。自从到了北京，成了戏迷，于是只得抑住了读书人的高傲去和民众思想接近，戏剧中的许多基本故事也须随时留意了。但一经留意之后，自然地生出许多问题来。现在随便举出数条于下（久不看戏，所记恐有错误，请读者指正）：

（1）薛仁贵和薛平贵的姓名和事迹都极相像。仁贵见于史；平贵不见，而其遇合更为奇诡，直从叫化子做到皇帝。可见平贵的故事是从仁贵的故事中分化出来的，因为仁贵的故事还不淋漓尽致，所以造出一个平贵来，替他弥补了。

（2）戏剧的本事取于小说，但很有许多是和小说不相应的。例如《黄鹤楼》是"三国"戏，但不见于《三国演义》；《打渔杀家》是"水浒"戏（萧恩即是阮小五），但不见于《水浒传》；《盗魂铃》是"西游"戏，但不见于《西游记》。可见戏剧除小说之外必另有取材的地方，或者戏剧与小说同是直接取材于民间的传说而各不相谋。

（3）《宇宙疯》又名《一口剑》，什么缘故，大家不知道。有人说，赵高的女儿装疯时说要上天，要入地，宇宙即天地之谓。但戏中凡是遇到装疯时总要说这两句，未必此戏独据了此句命题。后来看见梆子班中演的全本，方知戏名应是《宇宙锋》，宇宙锋就是一口剑的名字。戏中情节，是赵高之女嫁与邝洪之子；邝洪嫉恶如仇，不为赵高所容；赵高就与李斯同谋害他，派刺客到邝家盗取了他们世传的宝剑，投入秦皇宫中；邝家既破，赵高之女遂大归（尚有下半本，未见）。这出戏不知道根据的是什么小说，也许并没有小说。皮黄班中不演全本，只截取了装疯的一段，于是戏名的解释就变成了猜谜了。

（4）《小上坟》中的刘禄敬夫妇在剧本里原是很贞洁的，情节亦与《雪杯圆》相同，应当由老生与青衣串演。不知何故，改用小丑与花旦演了，作尽了淫荡的态度，但唱的依旧是贞洁的字句。唱的字句给演的态度遮掩了，听客对于戏中人的观念也就变成了小丑与花旦的调情了。

（5）《草桥关》与《上天台》同是姚刚击死国丈的事，又同是皮黄班中的戏。但《草桥关》是光武命斩姚期父子，马武闻信，强迫光武赦免的；《上天台》是姚期请罪时，光武自动的赦免，并没有马武救援之事。

（6）《杨家将》小说中只有八妹，并无八郎。但戏剧中的《雁门关》则系八郎之事，八郎亦是辽国驸马，尚二公主。其他表述杨门功绩的戏词也都以"四、八郎"并称。看来八郎是从四郎分化的。

（7）《辕门斩子》一剧，在皮黄班中，一挂斩杀剑，佘太君即出帐；一斩马蹄，八贤王亦即出帐。在梆子班中，则挂剑后佘太君跪在帐前，六郎出而陪礼；及将斩马蹄，八贤王与之争辨，六郎献印求免官，始无精打彩而去。在这种地方，可见编戏者看描写人物的个性比保存故事的原状为重要。因为各就想像中描写，所以各班的戏本不必一律。

（8）司马懿在《逍遥津》中是老生，因为他的一方面的人，曹操是净，华歆是小丑；且他在三人中比较是好人。但到了《空城计》中，与老生诸葛亮对阵时，他便是净了。曹操在别的戏中都是净，但在谋刺董卓的《献剑》中却是生。可见戏中人的面目不但表示其个性，亦且表示其地位。

这种事情，简单说来，只是"乱"和"妄"。在我的中学校时代，一定不屑齿及，不愿一顾的。但在这时正是心爱着戏剧，不忍把它拒绝，翻要替它深思。深思的结果，忽然认识了故事的格局，知道故事是会得变迁的，从史书到小说已不知改动了多少（例如诸葛亮不斩马谡而小说中有挥泪斩谡的事，杨继业绝食而死而小说中有撞死李陵碑的事），从小说到戏剧又不知改动了多少，甲种戏与乙种戏同样写一件故事也不知道有多少点的不同。一件故事的本来面目如何，或者当时有没有这件事实，我们已不能知道了；我们只能知道在后人想像中的这件故事是如此的纷歧的。推原编戏的人所以要把古人的事实迁就于他们的想像的缘故，只因作者要求情感上的满足，使得这件故事可以和自己的情感所豫期的步骤和结果相符合。作者的豫期，常常在始则欲其危险，至终则欲其美满；所以实在的事情虽并没有这样的危险，而终使人有"不如意事什八九"的感叹，但这件事成为故事的时候就会从无可挽回的危险中得到天外飞来的幸运了。危险和幸运是由得人想像的，所以故事的节目会得各各不同。这是一桩；其余无意的讹变，形式的限制，点缀的过分，来历的异统，都是可以详细研究的。我看了两年多的戏，惟一的成绩便是认识了这些故事的性质和格局，知道虽是无稽之谈原也有它的无稽的法则。当时很想搜集材料，做一部《戏剧本事录》，把各出戏的根据加以考证，并评骘其异同之点；可惜没有成书。这不得不希望于将来了。

在北京大学的同学中，毛子水先生（准）是我最敬爱的。他是一个严正的学者，处处依了秩序而读书；又服膺太炎先生的学说，受了他的指导而读书。我每次到他斋舍里去，他的书桌上总只放着一种书，这一种书或是《毛诗》和《仪礼》的注疏，或是数学和物理的课本。我是向来只知道翻书的，桌子上什么书都乱放。"汗漫掇拾，茫无所归"，这八个字是我的最确当的评语。那时看见了这种严正的态度，心中不住地说着惭愧。我很想学他；适在读《庄子》，就用红圈的戳子打着断句，想勉力把这部书圈完。可是我再不能按着篇次读下，高兴圈那一篇或那一页时便圈到那篇那页。经过了多少天的努力，总算把《庄子》的白文圈完了。这是我做有始有终的工作的第一次，实在是子水在无形中给我的恩惠。白文圈完之后，又想把郭象《注》和陆德明《音义》继续点读。但这个工作太繁重了，仅仅点得《逍遥游》的半篇已经不胜任了。

民国二年（1913 年）的冬天，太炎先生在化石桥共和党本部开国学会讲学，子水邀我同往报名听讲。我领受了他的好意，与他同冒了雪夜的寒风而去。讲学次序，星期一至三讲文科的小学，星期四讲文科的文学，星期五讲史科，星期六讲玄科。我从蒙学到大学，一向是把教师瞧不上眼的，所以上了一二百个教师的课，总没有一个能彀完全摄住我的心神。到这时听了太炎先生的演讲，觉得他的话既是渊博，又有系统，又有宗旨和批评，我从来没有碰见过这样的教师，我佩服极了。子水对我说："他这种话只是给初学的人说的，是最浅近的一个门径呢。"这便使我更醉心了。我自愿实心实意地做他的学徒，从他的言论中认识学问的伟大。

那时袁世凯存心做皇帝，很奖励复古思想，孔教的声势浩大得很。有一夜，我们到会时看见壁上粘着一张通告，上面写道：

> 余主讲国学会，踵门来学之士亦云不少。本会本以开通智
> 识，昌大国性为宗，与宗教绝对不能相混。其已入孔教会而复
> 愿入本会者，须先脱离孔教会，庶免薰莸杂糅之病。

章炳麟白

我初见这个通告，一时摸不着头路，心想太炎先生既讲国学，孔教原是国学中的一部分，他为什么竟要这样的深恶痛绝？停了一刻，他演讲了：先说宗教和学问的地位的冲突，又说现在提倡孔教的人是别有用心的；又举了王闿运、廖平、康有为等今文家所发的种种怪诞不经之说，他们如何解"耶稣"为父亲复生，如何解"墨者巨子"即十字架，如何解"君子之道斯为美"为俄罗斯一变至美利坚；他们的思想如何起原于董仲舒，如何想通经致用，又如何妄造了孔子的奇迹，硬捧他做教主。我听了这些话真气极了，想不到今文家竟是这类的妄人！我以前在书本里虽已晓得经学上有今古文之争，但总以为这是过去的事情，哪里知道这个问题依然活跃于当世的学术界上！我真不明白，为什么到了现

在科学昌明的时代，还有这一班无聊的今文家敢出来兴妖作怪？古文家主张六经皆史，把孔子当作哲学家和史学家看待，我深信这是极合理的。我愿意随从太炎先生之风，用了看史书的眼光去认识六经，用了看哲人和学者的眼光去认识孔子。

很不幸的，国学会开讲还没有满一个月，太炎先生就给袁政府逮捕下狱。我失掉了这一个良师，自然十分痛惜；但从此以后，我在学问上已经认清了几条大路，知道我要走哪一条路时是应当怎样走去了。我以前对于读书固极爱好，但这种兴味只是被动的，我只懂得陶醉在里边，想不到书籍里的东西可以由我的意志驱遣着，把我的意志做它们的主宰。现在忽然有了这样一个觉悟，知道只要我认清了路头，自有我自己的建设，书籍是可备参考而不必作准绳的，我顿觉得旧时陶醉的东西都变成了我的腕下的材料。于是我有了烦恼了：对于这许多材料如何去处置呢？处置之后作什么用呢？处置这些材料的大目的是什么呢？这些问题时时盲目地侵袭我的心，我一时作不出解答来，很感着烦闷。不知是哪一天，这些模糊的观念忽然变成了几个清楚的题目："（1）何者为学？（2）何以当有学？（3）何以有今日之学？（4）今日之学当如何？"我有了这四个问题，每在暇闲中加以思索，并且搜辑他人的答案而施以批评：大约民国三年至六年（1914年—1917年），这四载中的闲工夫都耗费在这上面了。当我初下"学"的界说的时候，以为它是指导人生的。"学了没有用，那么费了气力去学为的是什么！"普通人都这样想，我也这样想。但经过了长期的考虑，始感到学的范围原比人生的范围大得多，如果我们要求真知，我们便不能不离开了人生的约束而前进。所以在应用上虽是该作有用与无用的区别，但在学问上则只当问真不真，不当问用不用。学问固然可以应用，但应用只是学问的自然的结果，而不是着手做学问时的目的。从此以后，我敢于大胆作无用的研究，不为一班人的势利观念所笼罩了。这一个觉悟，真是我的生命中最可纪念的；我将来如能在学问上有所建树，这一个觉悟决是成功的根源。追寻最有力的启发，就在太炎先生攻击今文家的"通经致用"上。

我当时愿意在经学上做一个古文家，只因听了太炎先生的话，以为古文家是合理的，今文家则全是些妄人。但我改不掉的博览的习性总想寻找今文家的著述，看它如何坏法。果然，《新学伪经考》买到了。翻览一过，知道它的论辨的基础完全建立于历史的证据上，要是古文的来历确有可疑之点，那么，康长素先生把这些疑点列举出来也是应有之事。因此，使我对于今文家平心了不少。后来又从《不忍杂志》上读到《孔子改制考》，第一篇论上古事茫昧无稽，说孔子时夏、殷的文献已苦于不足，何况三皇、五帝的史事，此说即极惬心餍理。下面汇集诸子托古改制的事实，很清楚地把战国时的学风叙述出来，更是一部绝好的学术史。虽则他所说的孔子作六经的话我永不能信服，但六经中参杂了许多儒家的托古改制的思想是不容否认的。我对于长素先生这般的锐敏的观察力，不禁表示十分的敬意。我始知道古文家的诋毁今文家大都不过为了党见，这种事情原是经师做的而不是学者做的。我觉得在我没有能力去判断他们的是非之前，最好对于任何一方面也不要帮助。于是我把今古文的问题暂时搁起了。

又过了数年，我对于太炎先生的爱敬之心更低落了。他薄致用而重求是，这个主义我始终信守，但他自己却不胜正统观念的压迫而屡屡动摇了这个基本信念。他在经学上，是一个纯粹的古文家，所以有许多在现在已经站不住的汉代古文家之说，也还要替他们弥缝。他在历史上，宁可相信《世本》的《居》篇、《作》篇，却鄙薄彝器钱物诸谱为琐屑短书；更一笔抹摋殷墟甲骨文字，说全是刘鹗假造的。他说汉、唐的衣服车驾的制度都无可考了，不知道这些东西在图画与明器中还保存得不少。在文学上，他虽是标明"修辞立诚"，但一定要把魏、晋文作为文体的正宗。在小学上，他虽是看言语重于文字，但声音却要把唐韵为主。在这许多地方，都可证明他的信古之情比较求是的信念强烈得多，所以他看家派重于真理，看书本重于实物。他只是一个从经师改装的学者！

我的幼年，最没有恒心。十余岁时即想记日记，但每次写不到五六天就丢了。笔记亦然，总没有一册笔记簿是写完的。自从看戏成了癖好，作《论剧记》，居然有始有终地写了好几册。后来读书方面的兴致渐渐超过了看戏的兴致了，又在《论剧记》外立《读书记》。《读书记》的第一册上有这样一段小叙：

> 余读书最恶附会；更恶胸无所见，作吠声之犬。而古今书籍犯此非鲜，每怫然有所非议。苟自见于同辈，或将诮我为狂。……吾今有宏愿在：他日读书通博，必举一切附会影响之谈悉揭破之，使无遁形，庶几为学术之豸。……

这是民国三年（1914 年）的下半年。这一年的国文教师是马幼渔先生（裕藻），文字学教师是沈兼士先生，他们都是太炎先生的弟子，使我在听了太炎先生的演讲之后更得到一回切实的指导。因此，我自己规定了八种书，依了次序，按日圈点诵读。这一年，是我有生以来正式用功的第一年。可是做得太勇了，常常弄到上午二时就寝，以至不易入眠，豫伏了后来失眠症的根基。我的读书总欢喜把自己的主张批抹在书上，虽是极佩服的人像太炎先生，也禁不住我的抨击。（别人读《国故论衡》时，每以为《文学总略》是最好的一篇，我却以为其中除了"经、传、论、业"一段考证以外几乎完全是废话，既不能自坚其说，即攻击别人的地方也反覆自陷。例如萧统《文选》本为自成一家之选文，不必要求完备，其序中亦只说选文体例，不是立文学界说，而太炎先生斥其不以文笔区分而登无韵之文，又说他遗落汉、晋乐府为失韵文之本。曾国藩的《经史百家杂钞》要完备各方面的体制了，他从经史中寻出各类篇章的根源，可谓得文之本矣，但又斥他"经典成文布在方策，不虞溃散，钞将何为！"）这等读书时的感想，逢到书端上写不下，便写入笔记簿里。写的时候也只大胆顺着意见，不管这意见是怎样的浅薄。到现在翻开看时，不由得不一阵阵地流汗，因为里边几乎满幅是空话，有些竟是荒谬话；又很多是攻击他人的话，全没有自己学问上的建设。但一册一册地翻下去时，空虚的渐渐变成质实了，散乱的也渐渐理出系统来了，又渐渐倾向到专门的建设的方面了，这便使我把惭愧之情轻减了不少。因此使我知道，学问是必须一天一天地实做的，空虚和荒谬乃是避免不了的一个阶段；惟其肯在空虚和荒谬之后作继续不断的努力，方有充实的希望。又使我知道，我现在所承认为满意的，只要我肯努力下去，过了十年再看也还是一样的羞惭流汗。所以我对于我的笔记簿，始终看作千金的敝帚。

以前我弄目录学时，很不满意前人目录书的分类，例如《四库全书总目》为要整齐书籍的量，把篇帙无多的墨家和纵横家一起并入了杂家。我的意思，很想先分时代，再分部类，因为书籍的部类是依着各时代的风尚走的。换句话说，我就是想用了学术史的分类来定书籍的分类。大概的分法，是周、秦为一时代，两汉为一时代，六朝又为一时代……；再从周、秦的时代中分为经（如《诗》《书》）、传（如《易传》）、记（如《礼记》）、纬（如《乾凿度》）、别经（如《仪礼》）、别传（如《子夏易传》）、别记（如《孔子家语》）、别纬（如《乾坤凿度》）等。又分别白文于注释之外，使得白文与注释可以各从其时，不相牵累，例如《诗经》就可不必因为有了毛《传》而称为《毛诗》。这些见解固然到现在已经迁变了许多（各时代的中心虽各有显著的差异，至于各时代的两端乃是互相衔接的，必不能划分清楚），但中国的学问是向来只有一尊观念而没有分科观念的，用历史上的趋势来分似乎比较定了一种划一的门类而使古今观点不同的书籍悉受同一的轨范的可以好一点。

民国四年（1915 年），我病了，休学回家。用时代分目录的计画到这时很想把它实现，就先从材料最丰富的清代做起。《书目答问》的《国朝著述诸家姓名略》是一个很好的底子，又补加了若干家，依学术的派别分作者，在作者的名下列著述，按著述的版本见存佚，并集录作者的自序及他人的批评，名为《清代著述考》（即本册上编第一篇中所说的《清籍考》）。弄了几个月，粗粗地成了二十册。同时在《著述考》外列表五种：（1）《年表》，（2）《师友表》，（3）《籍望表》，（4）《出处表》，（5）《著述分类表》，用来说明清代学者的自然环境和社会环境；但编成的只有《籍望表》一种。从这种种的辑录里，使我对于清代的学术得有深入的领会。我爱好他们的治学方法的精密，爱好他们的搜寻证据的勤苦，爱好他们的实事求是而不想致用的精神。以前我曾经听得几个今文家的说话，以为清代的经学是"支离、琐屑、饾饤"的，是"束发就傅，皓首难穷"的，到这时明白知道，学问必须在繁乱中求得的简单才是真实的纲领；若没有许多繁乱的材料作基本，所定的简单的纲领便终是靠不住的东西。今文家要从简单中寻见学问的真相，徒然成其浅陋而已。

那几年中读书，很感受没有学术史的痛苦，因此在我的野心中又发了一个弘愿：要编纂《国学志》，把《著述考》列为志的一种。当时定的计画，《国学志》共分七种：（1）仿《太平御览》例，分类钞录材料，为《学览》；（2）仿《经世文编》例，分类钞录成篇的文字，为《学术文钞》；（3）仿《宋元学案》例，编录学者传状，节钞其主要的著述，为《学人传》；（4）仿《经义考》例，详列书籍的作者、存佚、序跋、评论，为《著述考》；（5）仿《群书治要》例，将各书中关于学术的话按书钞出，为《群书学录》；（6）仿《北溪字义》例，将学术名词详释其原义及变迁之义，为《学术名词解诂》；（7）集合各史的纪传、年表，以及各种学者年谱，为《学术年表》。这个计画，在现在看来，依旧是很该有的工作，但已知道这是学术团体中的工作，应当有许多人分工做的，不是我一个人可以担当的责任了。可是那时意气高张，哪里有这等耐性去等待不知何年的他人去做：既已见到，便即动手。《学览》的长编，每天立一题目，钉成一册，有得即钞。《学术文钞》也雇人钞写了百余篇。《著述考》则清代方面较有成稿，《目录书目》和《伪书疑书目》也集得了许多材料。其余诸种，至今还没有着手。

那时的笔记中写有几段《学览》的序意，钞录于此，以见我当日治学的态度：

此书拟名《学览》。凡名览者，如《吕览》《皇览》《御览》，皆汇集众言以为一书，非自成者也。其义则在博学明辨，故不以家派限。章先生曰："史之于美恶，若镜之照形，不因美而显，因恶而隐。"吾辑此书，比于学术之史，故是非兼收，争论并列。老子曰："善人者不善人之师；不善人者善人之资。"故有害求是，正可为求是之资，况是与非有难以遽断者乎！古来诸学，大都崇经而黜子，崇儒学而黜八家，以至今古文有争，汉、宋学有争，此亦一是非，彼亦一是非。欲为调人，终于朋党。盖不明统系而争，则争之者无有底，解之者无可借。使其明之，则经者古史耳，儒者九流之一家耳，今古文者立学官异耳，汉、宋学者立观点异耳，各有其心思，各有其面目，不必己学而外无他学也，不必尊则如天帝而黜则如罪囚也。韩愈之《原道》，苏轼之《荀卿论》，一人倡之，千万人和之，虽绝无根据，反若极有力之学说，不可磨灭之铁案。圣哲复生，亦不敢昌言驳斥。盖事理之害，莫甚于习非胜是矣。章先生曰："古之学者观世文质而已矣；今之学者必有规矩绳墨，模形惟肖，审谛如帝，用弥天地而不求是则绝之。"予谓虽绝之于心，必存之于书；绝之为是非也，存之为所以是非也。故虽韩、苏之谬说，亦在写录。

有友人过我，见案头文庙典礼之书，叱嗟曰："乌用此！是与人生无关系者，而前代学者斤斤然奉之以为大宝，不可解甚也！"予谓不然。前代学者之误在执旧说为演绎之资，以新为不可知，以旧为不可易，称述圣贤而徒得其影响，依附前人而不能有所抉择，所以起人厌恶。苟其不有主奴之见，长立于第三者之地位，则虽在矢溺，亦资妙观；况典礼之制为宗法所存，可考见社会心象者乎！予前称为学，始观终化；观者，任物自形而我知之，为内籀之法；化者，我有所主而以择物，为外籀之法。本此以治学，虽委巷小说极鄙滥者亦不能绝去之矣。

旧时士夫之学，动称经史词章。此其所谓统系乃经籍之统系，非科学之统系也。惟其不明于科学之统系，故鄙视比较会合之事，以为浅人之见，各守其家学之壁垒而不肯察事物之会通。夫学术者与天下共之，不可以一国一家自私。凡以国与家标识其学者，止可谓之学史，不可谓之学。执学史而以为学，则其心志囚拘于古书，古书不变，学亦不进矣。为家学者未尝不曰家学所以求一贯，为学而不一贯是滋其纷乱也。然一贯者当于事实求之，不当于一家之言求之。今以家学相高，有化而无观，徒令后生择学莫知所从，以为师之所言即理之所在，至于宁违理而不敢背师。是故，学术之不明，经籍之不理，皆家学为之也。今既有科学之成法矣，则此后之学术应直接取材于事物，岂犹有家学为之障乎！敢告为家学者，学所以辨于然否也，既知其非理而仍坚守其家说，则狂妄之流耳；若家说为当理，则虽舍其家派而仍必为不可夺之公言，又何必自缚而不肯观其通也。

是书之辑，意在止无谓之争，舍主奴之见，屏家学之习，使前人之所谓学皆成为学史，自今以后不复以学史之问题为及身之问题，而一归于科学。此则余之志也。

这几段文字的意思，我至今还觉得大体不错。因为我有了这一种见解，所以我常常自以为我的观物是很平恕的。

我在那时，虽是要做这种大而无当的整理国学的工作，但我的中心思想却不在此，我只想研究哲学。我所以有这种要求，发端乃在辛亥革命。那时的社会变动得太剧烈了，使我摸不着一个人生的头路。革命的潮流既退，又长日处于袁世凯的暴虐和遗老们的复古的空气之中，数年前蕴积的快感和热望到此只剩了悲哀的回忆，我的精神时时刺促不宁，得不到安慰，只想在哲学中求解决。但我是一个热烈的人，不会向消极方面走而至于信佛求寂灭的，我总想以心理学和社会学为基础而解决人生问题。加以年岁渐长，见事稍多，感到世界上事物的繁杂离奇，酷想明了它们的关系，得到一个简单的纲领，把所见的东西理出一个头绪来：这只有研究哲学是可以办到的。因此，我进大学本科时就选定了哲学系。

我的野心真太高了，要整理国学就想用我一个人的力量去整理清楚，要认识宇宙和人生就想凭了一时的勇气去寻得最高的原理。现在想来，我真成了"夸大狂"了！但在那时何曾有这种觉悟，只觉得我必须把宇宙和人生一起弄明白，把前人未解决的问题由我的手中一起解决，方才可以解除我的馋渴。我挟了吸吞河、岳的豪气而向前奔驰，血管也几乎迸裂了。曾于笔记中记道："明知夸父道渴而死，然犹有一杖邓林之力，非蜩蟟鷽鸠所知已。"又云："学海虽无涯，苟大其体如龙伯，亦一钓贯六鳌耳。"这样卤莽地奔驰了许久，我认识了宇宙的神秘了，知道最高的原理原是藏在上帝的柜子里，永不会公布给人类瞧的。人之所以为人，本只要发展他的内心的情感，理智不过是要求达到情感的需要时的一种帮助，并没有独立的地位。不幸人类没有求知的力量而有求知的欲望，要勉强做不能做的事情，于是离了情感而言理智。但是这仅是一种妄想而已，仅是聊以自慰而已，实际上何曾真能探得宇宙的神秘。用尽了人类的理智，固然足以知道许多事物的真相，可是知道的只有很浅近的一点，决不是全宇宙。神学家和哲学家傲然对科学家说："你们的眼光是囿于象内的，哪能及得到我们'与造物者游'的洞见理极呢！"话虽说得痛快，但试问他们的识解是从什么地方来的？不是全由于他们的幻想吗？幻想的与造物者游，还不及科学家的凭了实证，以穷年累月之力知道些懔截的真事物。所以我们不做学问则已，如其要做学问，便应当从最小的地方做起。研究的工作仿佛是堆土皁，要高度愈加增先要使得底层的容积愈扩大。固然堆得无论怎样高总不会有扪星摘斗的一天，但是我们要天天去加高一点却是做得到的。想到这里，我的野心又平息了许多。我知道最高的原理是不必白费气力去探求的了，只有一粒一粒地播种，一篑一篑地畚土，把自己看作一个农夫或土工而勤慎将事，才是我的本分的事业。

我有了这一个觉悟，知道过去的哲学的基础是建设于玄想上的，其中虽有许多精美的言论，但实际上只是解颐之语而已，终不成以此为论定。科学的哲学，现在正在发端，也无从豫测它的结果。我们要有真实的哲学，只有先从科学做起，大家择取了一小部分的学问而努力；等到各科平均发展之后，自然会有人出来从事于会通的工作而建设新的哲学的。所以我们在现在时候，再不当宣传玄想的哲学，以致阻碍了纯正科学的发展。

那时大学中宋代理学的空气极重。我对于它向来不感兴味，这时略略得了一些心理、伦理的常识之后再去看它，更觉得触处都是误谬。例如他们既说性善情恶，又说性未发情已发，那么，照着他们的话讲，善只在未发，等到发出来时就成了恶了，天下哪里有见诸行事的善呢！又如他们既说喜怒哀乐之情要在已发后求其中，但是又说动而未形曰几，几是适善适恶的分点，已形则有善恶，有善恶就有过不及，不是中，那么，照着他们的话讲，所谓中者又只能在未发中去求了，天下又哪里有得其中的喜怒哀乐之情呢！称他们的心，求至于圣人的一境，必有性而无情，有未发而无已发，养其几而不见其形。如此，非不作一事，如白云观桥洞中跌坐的老道士，未见其可。但若竟如槁木死灰，他们便又可以用了"虚冥流入仙释"的话相诋了。他们要把必不可能之事归之于圣人，见得圣人的可望而不可即；更用迷离惝恍的字句来摇乱学者的眼光，使得他们捉摸不着可走的道路，只以为高妙的境界必不是庸愚之质所可企及：这真是骗人的伎俩了！我对于这种昏乱的思想，可以不神秘而竟神秘的滑头话，因课业的必修而憎恨到了极点，一心想打破它。

即在这个时候，蔡孑民先生任了北京大学校长，努力破除学校中的陈腐空气。陈独秀先生办的《新青年》杂志以思想革命为宗旨，也渐渐地得到国民的注意。又有黄远庸先生在《东方杂志》上发表《国人之公毒》一文，指斥中国思想界、学术界的病根非常痛切。我的一向隐藏着的傲慢的见解屡屡得到了不期而遇的同调，使我胆壮了不少。以前我虽敢作批评，但不胜传统思想的压迫，心想前人的话或者没有我所见的简单，或者我的观察也确有误谬。即如以前考存古学堂时，给试官批了"斥郑说，谬"四字，我虽在读书时依旧只见到郑玄的谬处，但总想以清代学者治学的精密，而对于他还是如此恭敬，或者他自有可以佩服之点，不过这一点尚不曾给我发见罢了。到这时，大家提倡思想革新，我始有打破旧思想的明了的意识，知道清代学者正因束缚于信古尊闻的旧思想之下，所以他们的学问虽比郑玄好了千百倍，但终究不敢打破他的偶像，以致为他的偶像所牵绊而妨碍了自己的求真的工作。于是我更敢作大胆的批评了。

哲学系中讲"中国哲学史"一课的，第一年是陈伯弢先生（汉章）。他是一个极博洽的学者，供给我们无数材料，使得我们的眼光日益开拓，知道研究一种学问应该参考的书是多至不可计的。他从伏羲讲起；讲了一年，只到得商朝的"洪范"。我虽是早受了《孔子改制考》的暗示，知道这些材料大都是靠不住的，但到底爱敬他的渊博，不忍有所非议。第二年，改请胡适之先生来教。"他是一个美国新回来的留学生，如何能到北京大学里来讲中国的东西？"许多同学都这样怀疑，我也未能免俗。他来了，他不管以前的课业，重编讲义，辟头一章是"中国哲学结胎的时代"，用《诗经》作时代的说明，丢开唐、虞、夏、商，径从周宣王以后讲起。这一改把我们一班人充满着三皇、五帝的脑筋骤然作一个重大的打击，骇得一堂中舌挢而不能下。许多同学都不以为然；只因班中没有激烈分子，还没有闹风潮。我听了几堂，听出一个道理来了，对同学说："他虽没有伯弢先生读书多，但在裁断上是足以自立的。"那时傅孟真先生（斯年）正和我同住在一间屋内，他是最敢放言高论的，从他的言论中常常增加我批评的勇气，我对他说："胡先生讲得的确不差，他有眼光，有胆量，有断制，确是一个有能力的历史家。他的议论处处合于我的理性，都是我想说而不知道怎样说才好的。你虽不是哲学系，何妨去听一听呢？"他去旁听了，也是满意。从此以后，我们对于适之先生非常信服；我的上古史靠不住的观念在读了《改制考》之后又经过这样地一温。但如何可以推翻靠不住的上古史，这个问题在当时绝对没有想到。

很不幸的，就是这一年［民国六年（1917 年）］，先妻吴夫人得了肺病；我的心绪不好，也成了极度的神经衰弱，彻夜不眠。明年，我休学回家；不久她就死了。以前我对于学问何等的猛进，但到了这时候，既困于疾病，复伤于悲哀，读书和寻思的工作一时完全停止，坐候着一天一天的昼夜的推移，就是不愿意颓废也只得颓废了。恰巧那时北京大学中搜集歌谣，由刘半农先生（复）主持其事，每天在《北大日刊》上发表一二首。《日刊》天天寄来，我看着很感受趣味，心想这种东西是我幼时很多听得的，但哪里想得到可以形诸笔墨呢。因想，我现在既不能读书，何妨弄弄这些玩意儿，聊以遣日。想得高兴，就从家中的小孩的口中搜集起，渐渐推到别人。很奇怪的，搜集的结果使我知道歌谣和小说戏剧中的故事一样，会得随时随地变化。同是一首歌，两个人唱着便有不同。就是一个人唱的歌，也许有把一首分成大同小异的两首的。有的歌，因为形式的改变以至连意义也随着改变了。试举一例：

（一）

忽然想起皱眉头，自叹青春枉少年。

"想前世拆散双飞鸟，断头香点在佛门前。

今世夫妻成何比，细丝白发垂绵绵。

怨爹娘得了花银子，可恨大娘凶似虎。

日间弗有真心话；夜间寂寞到五更天。

推开纱窗只看得凄凉月；拨转头来只看得一盏孤灯陪我眠。

今日大娘到了娘家去，结发偷情此刻间。"

急忙移步进房门，只见老相公盖了红绫被，花花被褥香微微。

还叫三声："老相公！你心中记着奴情意？"

抬起头来点三点，"吾终记着你情意"。

拔金钗，掠鬓边，三寸弓鞋脱床边。

"吾是紫藤花盘缠你枯树上；秋海棠斜插在你老人头。

花开花落年年有；陈老之人呒不吾再少年！"

（二）

佳人姐妮锁眉尖，自叹青春枉少年。

"想起前生修不得，断头香点在佛门前，

故此姻缘来作配，派奴奴正身作偏配。

上不怨天来下不怨地，只怨爹娘贪了钱。

可恨大娘多利害，不许冤家一刻见。

□□□□□□□，梦里偷情此刻间。"

抬转身，到床檐：只听丈夫昏昏能，背脊呼呼向里眠。

三寸金莲登拉踏板上颤。

抬转身，到窗前：手托香腮眼看天。

抬头只见清凉月；夜来只怕静房间。

好比那木犀花种在冷坑边；好比那紫藤花盘缠在枯树中；

狮子抛球无着落，□□□□□□□。

这二首都是小老婆怨命的歌，都是从一个地方采集来的；又都以皱眉起，而自叹青春，而推想前生，而埋怨爹娘，而咒诅大娘，而伺得偷情的机会，末尾也都以紫藤花盘缠枯树作比喻：可见是从一首歌词分化的。但中间主要的一段便不同了：上首是老相公承受了她的情意而她登床；下首是丈夫酣睡未醒而她孤身独立，看月自悲。究竟这首歌的原词是得恋呢，还是失恋呢，我们哪里能知道。我们只能从许多类似的字句里知道这两歌是一歌的分化，我们只能从两歌的不同境界里知道这是分化的改变意义。

我为要搜集歌谣，并明了它的意义，自然地把范围扩张得很大：方言、谚语、谜语、唱本、风俗、宗教各种材料都着手搜集起来。我对于民众的东西，除了戏剧之外，向来没有注意过，总以为是极简单的；到了这时，竟愈弄愈觉得里面有复杂的情状，非经过长期的研究不易知道得清楚了。这种的搜集和研究，差不多全是开创的事业，无论哪条路都是新路，使我在寂寞独征之中更激起拓地万里的雄心。

那数年中，适之先生发表的论文很多，在这些论文中他时常给我以研究历史的方法，我都能深挚地了解而承受；并使我发生一种自觉心，知道最合我的性情的学问乃是史学。九年（1920 年）秋间，亚东图书馆新式标点本《水浒》出版，上面有适之先生的长序，我真想不到一部小说中的著作和版本的问题会得这样的复杂，它所本的故事的来历和演变又有这许多的层次的。若不经他的考证，这件故事的变迁状况只在若有若无之间，我们便将因它的模糊而猜想其简单，哪能知道得如此清楚。自从有了这个暗示，我更回想起以前做戏迷时所受的教训，觉得用了这样的方法可以讨究的故事真不知道有多少。例如"蝴蝶梦"，它的来历是《庄子》上的"庄子妻死，鼓盆而歌"；这原是他的旷达，何以后来竟变成了庄子诈死，化了楚王孙去引诱他的妻子的心，以至田氏演出劈棺的恶剧来呢？又如"桑园会"，《列女传》上原说秋胡久宦初归，路上不认识他的妻，献金求合，其妻羞其行，投水而死，何以到了戏剧中就变成了秋胡明知采桑妇是自己的妻，却有意要试她的心而加以调戏，后来他屈膝求恕，她就一笑而团圆呢？这些故事的转变，都有它的层次，绝不是一朝一夕之故。若能像适之先生考《水浒》故事一般，把这些层次寻究了出来，更加以有条不紊的贯穿，看它们是怎样地变化的，岂不是一件最有趣味的工作。同时又想起本年春间适之先生在《建设》上发表的辨论井田的文字，方法正和《水浒》的考证一样，可见研究古史也尽可以应用研究故事的方法。因此，又使我想起以前看戏时所受的教训。薛平贵的历尽了穷困和陷害的艰难，从乞丐而将官，而外国驸马，以至做到皇帝，不是和舜的历尽了顽父嚚母傲弟的艰难，从匹夫而登庸，而尚帝女，以至受了禅让而做皇帝一样吗？匡人围孔子，子路奋戟将与战，孔子止之曰："歌！予和汝。"子路弹琴而歌，孔子和之；曲三终，匡人解甲而罢：这不是诸葛亮"空城计"的先型吗？这些事情，我们用了史实的眼光去看，实是无一处不谬；但若用了故事的眼光看时，便无一处不合了。又如戏中人的好坏是最容易知道的，因为只要看他们的脸子和鼻子就行；然实际上要把自己的亲戚朋友分出好坏来便极困难，因为一个人决不会全好或全坏；只有从古书中分别好人坏人却和看戏一样的容易，因为它是处处从好坏上着眼描写的。它把世界上的人物统分成几种格式，因此只看见人的格式而看不见人的个性。它虽没有开生净丑的脸相，但自有生净丑的类别。戏园中楹联上写的"尧、舜生，汤、武净，五霸、七雄丑末耳"，确是得到了古人言谈中的方式。我们只要用了角色的眼光去看古史中的人物，便可以明白尧、舜们和桀、纣们所以成了两极端的品性，做出两极端的行为的缘故，也就可以领略他们所受的颂誉和诋毁的积累的层次。只因我触了这一个机，所以骤然得到一种新的眼光，对于古史有了特殊的了解。但是那时正在毕业之后，初到母校图书馆服务，很想整理书目，对于此事只是一个空浮的想像而已。

就在这时候，适之先生以积劳得病，病中翻览旧籍，屡次写信给我，讨论书中的问题。十一月中，他来信询问姚际恒的著述。姚际恒这人，我在十年前读《古今伪书考》时就知道，那时并因他辨《孝经》为伪书说得极痛快而立了一册《读孝经日钞》，去搜寻它的伪证。后来草《清代著述考》时，找不到他的传状，他的著述除了一册很简单的《伪书考》之外也见不到别的，所以不曾列入。这时适之先生询问及之，我就在图书馆中翻检了几部书，前后写了两封回信。他看了很高兴，嘱我标点《伪书考》。这一来是顺从我的兴趣，二来也是知道我的生计不宽裕，希望我标点书籍出版，得到一点酬报。《伪书疑书目》本是我已经着手的工作，这件事我当然愿意。标点的事是很容易的，薄薄的一本书费了一二天工夫已可完工。但我觉得这样做去未免太草率了，总该替它加上注解才是。这书篇帙既少，加上注解也算不得困难，大约有了二十天工夫也可蒇事了。不料一经着手，便发生了许多问题，有的是查不到，有的虽是查到了，然而根上还有根，不容易追出一个究竟来。到了这时候，一本薄极的书就牵引到无数书上，不但我自己的书不够用，连北京大学图书馆的书也不够用了，我就天天上京师图书馆去。做了一二个月，注解依然没有做成，但古今来造伪和辨伪的人物事迹倒弄得很清楚了，知道在现代以前，学术界上已经断断续续地起了多少次攻击伪书的运动，只因从前人的信古的观念太强，不是置之不理，便是用了强力去压服它，因此若无其事而已。现在我们既知道辨伪的必要，正可接收了他们的遗产，就他们的脚步所终止的地方再走下去。因为这样，我便想把前人的辨伪的成绩算一个总账。我不愿意单单注释《伪书考》了，我发起编辑《辨伪丛刊》。

从伪书引渡到伪史，原很顺利。有许多伪史是用伪书作基础的，如《帝王世纪》《通鉴外纪》《路史》《绎史》所录；有许多伪书是用伪史作基础的，如《伪古文尚书》《古三坟书》《今本竹书纪年》等。中国的历史，普通都知道有五千年（依了纬书所说已有二百二十七万六千年了），但把伪史和依据了伪书而成立的伪史除去，实在只有二千余年，只算得打了一个"对折"！想到这里，不由得不激起了我的推翻伪史的壮志。起先仅想推翻伪书中的伪史，到这时连真书中的伪史也要推翻了。自从读了《孔子改制考》的第一篇之后，经过了五六年的酝酿，到这时始有推翻古史的明了的意识和清楚的计画。计画如何？是分了三项事情着手做去。第一，要一件一件地去考伪史中的事实是从哪里起来的，又是怎样地变迁的。第二，要一件一件地去考伪史中的事实，这人怎样说，那人又怎样说，把他们的话条列起来，比较看着，同审官司一样，使得他们的谎话无可逃遁。第三，造伪的人虽彼此说得不同，但终有他们共同遵守的方式，正如戏中的故事虽各各不同，但戏的规律却是一致的，我们也可以寻出他们的造伪的义例来。我为要做这三项工作，所以立了三册笔记簿，标题"伪史源""伪史对鞫""伪史例"，总题为"伪史考"，下手搜集材料。

　　我的推翻古史的动机固是受了《孔子改制考》的明白指出上古茫昧无稽的启发，到这时而更倾心于长素先生的卓识，但我对于今文家的态度总不能佩服。我觉得他们拿辨伪做手段，把改制做目的，是为运用政策而非研究学问。他们的政策，是：第一步先推翻了上古，然后第二步说孔子托古作六经以改制，更进而为第三步把自己的改制引援孔子为先例。因为他们的目的只在运用政策作自己的方便，所以虽是极鄙陋的谶纬也要假借了做自己的武器而不能丢去。因为他们把政策与学问混而为一，所以在学问上也就肯轻易地屈抑自己的理性于怪妄之说的下面。例如夏穗卿先生（曾佑）在《中国历史教科书》的正文中说："孔子母徵在，游于大泽之陂，梦黑帝使请己，已往，梦交，语曰'汝乳必于空桑之中'；觉则若感，生丘于空桑之中，故曰玄圣。"注中说明道："案此文学者毋以为怪，因古人谓受天命之神圣人必为上帝之所生，孔子虽不有天下，然实受天命，比于文王，故亦以王者之瑞归之；虽其事之信否不烦言而喻，然古义实如此，改之则六经之说不可通矣；凡解经者必兼纬，非纬则无以明经，此汉学所以胜于宋学也。"他明知道"其事之信否不烦言而喻"，但为要顺从汉人之说解释六经，便不得不依了纬书中的怪诞之说，这真是自欺欺人了！这班自欺欺人的人，说来也可怜。他们并不是不要明白古代的事实，只为汉学是如此说的，所以宁取其不信者。他们并不是没有常识，只为汉学是如此说的，所以虽是应怪而终于不敢怪。究竟汉学为什么有这样大的权力，可以改变古代的事实而屈抑今人的理性？这个答案当然没有第二句话：是为有了几个没出息的人甘心屈抑了自己的理性而做汉人的奴隶，更想从做奴隶中得到些利益的缘故。我们惭愧没有这种受欺的度量，但我们也很欣快没有这种奴隶的根性；我们正有我们自己的工作在，我们的手段与目的是一致的！

那时我排列过几个表。一个是依了从前人的方法编排史目，看书上说的什么时代就放在什么时代，例如置《三五历年记》《春秋命历序》于太古，置《尧典》《舜典》《皋陶谟》于唐、虞，置《逸周书》《穆天子传》于西周。一个是依了我们现在的眼光编排史目，看它们在什么时代起来的就放在什么时代，例如置《虞》《夏书》于东周，置《易传》、《竹书纪年》、《胠箧》篇于战国、秦、汉间，置《命历序》《五帝德》于汉，置《帝王世纪》《伪古文尚书》于晋，置《路史》《三坟》于南宋。这两个表实在是平平无奇，但比较看时，便立刻显出冲突的剧烈和渐次增高的可惊了。这使我明白，以前人看古史是平面的，无论在哪个时候发生的故事，他们总一例的看待，所以会得愈积愈多；现在我们看古史是垂线的，起初一条线，后来分成几条，更后又分成若干条，高低错落，累累如贯珠垂旒，只要细心看去就分得出清楚的层次。因为我见到了这一层，所以我对于古史的来源有了较清楚的认识。

那时又起了一个问题：上古史既茫昧无征，这些相传的四千或五千的年数是从什么地方出来的呢？光复时，不是大街小巷中都张贴着"黄帝纪元四千六百零九年"的告示吗，这个历历可数的年岁是依据的什么书？我很想考出它的来历，可惜这方面的工作至今没有做完，不能把结果发表。就钞出来的看，例如夏代的年数，最长的是《路史》，凡四百九十年；最短的是《今本竹书纪年》，只有三百六十五年多（内有未详的数年）；最普通的是《古今纪要》，为四百三十九年。其余四百七十一年、四百四十一年、四百三十二年的都有。各个编纂古史的人的闭着眼睛的杜造，到此完全证实。

崔述的《东壁遗书》整理古代史实，刊落百家谬妄，这是我以前读《先正事略》时知道的，但这部书却没有见过。十年（1921 年）一月中，适之先生买到了，送给我看。我读了大痛快。尤其使我惊诧的，是他在《提要》中引的"打碎沙锅纹到底"一句谚语。"你又要'打碎乌盆问到底'了！"这是我的祖母常常用来禁止我发言的一句话；想不到这种"过细而问多"的毛病，我竟与崔先生同样地犯着。我弄了几时辨伪的工作，很有许多是自以为创获的，但他的书里已经辨证得明明白白了，我真想不到有这样一部规模弘大而议论精锐的辨伪的大著作已先我而存在！我高兴极了，立志把它标点印行。可是我们对于崔述，见了他的伟大，同时也见到他的缺陷。他信仰经书和孔、孟的气味都嫌太重，糅杂了许多先入为主的成见。这也难怪他，他生长在理学的家庭里，他的著书的目的在于驱除妨碍圣道的东西，辨伪也只是他的手段。但我们现在要比他进一步，推翻他的目的，作彻底的整理，是不很难的；所难的只在许多制度名物及细碎的事迹的研究上。在这上面，他已经给与我们许多精详的考证了，我们对于他应该是怎样地感谢呢！

即在十年（1921 年）初春，我的祖母骤然病了偏中，饮食扶掖一切需人。我是她的最爱的孙儿，使我不忍远离，但北京的学问环境也使我割舍不得；这一年中南北道途往返了六七回，每回都携带了许多书，生活不安定极了。但除了继续点读辨伪的书籍之外，也做了两件专门的工作：其一，是讨论《红楼梦》的本子问题和搜集曹雪芹的家庭事实；其二，是辑录《诗辨妄》连带研究《诗经》和郑樵的事实。《红楼梦》

问题是适之先生引起的。十年（1921 年）三月中，北京国立学校为了索薪罢课，而他即在此时草成《红楼梦考证》，我最先得读。《红楼梦》这部书虽是近代的作品，只因读者不明悉曹家的事实，兼以书中描写得太侈丽了，常有过分的揣测，仿佛这书真是叙述帝王家的秘闻似的。但也因各说各的，考索出来的本事终至互相抵牾。适之先生第一个从曹家的事实上断定这书是作者的自述，使人把秘奇的观念变成了平凡；又从版本上考定这书是未完之作而经后人补缀的，使人把向来看作一贯的东西忽地打成了两橛。我读完之后，又深切地领受研究历史的方法。他感到搜集的史实的不足，嘱我补充一点。那时正在无期的罢课之中，我便天天上京师图书馆，从各种志书及清初人诗文集里寻觅曹家的故实。果然，从我的设计之下检得了许多材料。把这许多材料联贯起来，曹家的情形更清楚了。我的同学俞平伯先生正在京闲着，他也感染了这个风气，精心研读《红楼梦》。我归家后，他们不断的来信讨论，我也相与应和，或者彼此驳辨。这件事弄了半年多，成就了适之先生的《红楼梦考证》改定稿和平伯的《红楼梦辨》。我从他们和我往来的信札里，深感到研究学问的乐趣。我从曹家的故实和《红楼梦》的本子里，又深感到史实与传说的变迁情状的复杂。《诗辨妄》本是豫备放在《辨伪丛刊》里的，最早从周孚《非诗辨妄》里见到他所引的碎语，就惊讶郑樵立论的勇敢；后来又从《图书集成》内搜到一卷。但两种书中的话冲突的很多，《集成》中的几篇有许多议论竟成了"诗护妄"，使我很疑惑。后来才知道《集成》中标为《诗辨妄》的原即《六经奥论》里的《诗经》一部分，《奥论》这书就是靠不住的。再用各书中记述的郑樵事实与《宋史·郑樵传》合看，《宋史》中的话便几乎没有一句可信。这种向不会发生问题的事情，经过一番审查之后，竟随处发生了问题（《红楼梦》的本子和《随园诗话》所记曹雪芹事也是如此），这不得不使我骇诧了。想我幼年时，看着书中的话，虽也常常引起怀疑，但总以为这是经过前代学者论定的，当不致有大错；常说考证之业到清儒而极，他们已经考证清楚了，我们正可坐享其成，从此前进探求事理之极则，不必再走他们的老路了。后来怀疑了古书古史，也只以为惟有古书古史是充满着靠不住的成分的。哪知这年做了几个小题目的研究，竟发见近代的史籍，近人的传记也莫不是和古书古史一样的糊涂；再看清代人的考证时，才知道他们只是做了一个考证的开头！从此以后，我对于无论哪种高文典册，一例地看它们的基础建筑在沙滩上，里面的漏洞和朽柱不知道有多少，只要我们何时去研究它就可以在何时发生问题，把它攻倒。学海无涯，到这时更望洋兴叹了！

因为辑集《诗辨妄》，所以翻读宋以后人的经解很多，对于汉儒的坏处也见到了不少。接着又点读汉儒的《诗》说和《诗经》的本文。到了这个时候再读汉儒的《诗》说，自然触处感到他们的误谬，我更敢作大胆的批抹了。到了这个时候再读《诗经》的本文，我也敢用了数年来在歌谣中得到的见解作比较的研究了。我真大胆，我要把汉学和宋学一起推翻，赤裸裸地看出它的真相来。这半年中所得的新见解甚多，今试举分化的两例，作为上面征引的小老婆怨命之歌的印证。《邶风》中的《谷风》，是向来说为"夫妇失道"的；《小雅》中的《谷风》，是向来说为"朋友道绝"的。其实，这两首在起兴上都是说"习习谷风"，在写情上都是说在穷苦的时候如何相依（《小雅》"将恐将惧，惟予与女"，《邶风》"昔育恐育鞠，及尔颠覆"），安乐的时候如何见弃（《小雅》"将安将乐，女转弃予"，《邶风》"既生既育，比予于毒"），末了又都以人我的命运终于类同作慨叹的自慰（《小雅》"无草不死，无木不萎"，《邶风》"我躬不阅，遑恤我后"），遣词命意十分相同，当亦由于一首的分化。《邶风》的《谷风》既为弃妇之词，《小雅》的一篇就不会写的是朋友（《小雅》诗中有"置予于怀"之语，更不是朋友的行径）。至于所以一在《邶风》，一在《小雅》之故，乃是由于声调的不同而分列，正如《玉堂春》的歌曲，京腔中既有，秦腔中也有，大鼓书中也有。《诗经》既是集合各种乐调的歌词而成，它有这种现象绝不足奇。又如《小雅》的《白驹》和《周颂》的《有客》，都是说客人骑了一匹白马来（《小雅》"皎皎白驹，食我场苗"，《周颂》"有客有客，亦白其马"），主人替他系上，留他住下（《小雅》"絷之维之，以永今朝；所谓伊人，于焉逍遥"，《周颂》"有客宿宿，有客信信，言授之絷，以絷其马"），他不肯住，逃走了（《小雅》"勉尔遁思"，"毋金玉尔音而有遐心"，《周颂》"薄言追之"），主人去追他，唤他道："您回来，我们有给您的好处呢！"（《小雅》"皎皎白驹，贲然来思；尔公尔侯，逸豫无期"，《周颂》"薄言追之，左右绥之；既有淫威，降福孔夷"。）这明明都是留客的诗，或是宴客而表示好意的诗。《小雅》说"尔公尔侯"，《周颂》说"既有淫威"，当是周天子款待诸侯的诗。此等诗或是由于一首的分化，或是由于习用留客的照例话，都未可知。其所以一在《小雅》，一在《周颂》，亦因声调不同之故。但说《诗》的人总给诗篇的地位缚死了：他们认定《小雅》的后半部为刺诗，所以说《白驹》是刺宣王的不能用贤；他们认定《周颂》为宗庙中所用的诗，而宗庙中的客人只有胜国的诸侯，所以说《有客》是微子来见祖庙。这真是闭着眼睛的胡说！但这些东西若没有歌谣和乐曲作比较时，便很不易看出它们的实际来，很容易给善作曲解的儒者瞒过了。

玄同先生，我虽在《新青年》上久读他的文字，又同处在一校，可是没有认识；自与适之先生计画《辨伪丛刊》之后，始因他的表示赞同而相见面。在九年（1920 年）冬间，我初作辨伪工作的时候，原是专注目于伪史和伪书上；玄同先生却屡屡说起经书的本身和注解中有许多应辨的地方，使我感到经部方面也有可以扩充的境界。但我虽读过几部经书，也略略知道些经学的历史，并且痛恨经师的曲解已历多年，只因从来没有把经书专心研究过一种，所以对于他所说的话终有些隔膜。到这时，在《诗经》上用力了半年多，灼然知道从前人所作的经解真是昏乱割裂到了万分，在现在时候决不能再让这班经学上的偶像占据着地位和威权，因此，我立志要澄清谬妄的经说。数年来，对于《诗经》的注解方面作了几篇批评，对于《诗经》的真相方面也提出了几个原则。现在都编集在本书第二册里。

我本来专在母校图书馆任编目之职；十年（1921年）春间，校中设立研究所国学门，幼渔、兼士二先生招我兼任助教；秋间又兼任大学豫科国文讲师。在学问兴趣极浓厚的时候，我怎能再为他人分去时间。勉强上了几堂，改了几本卷子，头便像刀劈一样的痛。我耐不住了，只得辞职。惟有研究所却是很有兴味的：四壁排满了书架，看书比图书馆还要方便些；校中旧存的古物和新集的歌谣也都汇集到一处来了。我这也弄弄，那也翻翻，不觉夜色已深，在黑暗的巨厦中往往扶墙摸壁而出。人家说我办公认真，哪知我只是为了自己！在这翻弄之中，最得到益处的是罗叔蕴先生（振玉）和王静安先生（国维）的著述。叔蕴先生在日本编印的图谱，静安先生在广仓学宭发表的篇章，为了价钱的昂贵，传布的寡少，我都没有见过。到这时，研究所中备齐了他们的著述的全分，我始见到商代的甲骨文字和他们的考释，我始见到这二十年中新发见的北邙明器、敦煌佚籍、新疆木简的图像，我始知道他们对于古史已在实物上作过种种的研究。我的眼界从此又得一广，更明白自己知识的浅陋。我知道要建设真实的古史，只有从实物上着手的一条路是大路，我的现在的研究仅仅在破坏伪古史的系统上面致力罢了。我很愿意向这一方面做些工作，使得破坏之后得有新建设，同时也可以用了建设的材料做破坏的工具。我读了他们的书，固然不满意于他们的不能大胆辨伪，以致真史中杂有伪史（例如静安先生《殷周制度论》据了《帝系姓》的话而说"尧、舜之禅天下以舜、禹之功，然舜、禹皆颛顼后，本可以有天下；汤、武之代夏、商固以其功与德，然汤、武皆帝喾后，亦本可以有天下"，全本于秦、汉间的伪史），但我原谅他们比我长了二三十年，受这一点传统学说的包围是不应苛责的；至于他们的求真的精神，客观的态度，丰富的材料，博洽的论辩，这是以前的史学家所梦想不到的，他们正为我们开出一条研究的大路，我们只应对他们表示尊敬和感谢。只恨我的学问的根柢打得太差了，考古学的素养也太缺乏了，我怎能把他们的研究的结果都亲切地承受了呢！从此以后，我的心头永远顿着一笔债，觉得在考古学方面必须好好读几部书。但境遇的困厄，使得我只有摩挲了这些图籍而惆怅而已！

我的祖母的病态渐渐地沉重，我再不能留在北京了，便于十一年（1922 年）春间乞假归家，作久居之计。生计方面，由适之先生的介绍，为商务印书馆编纂《中学本国史教科书》，预支些酬金。我的根性是不能为他人做事的，所以就是编纂教科书也要使得它成为一家著述。我想了许多法子，要把这部教科书做成一部活的历史，使得读书的人确能认识全部历史的整个的活动，得到真实的历史观念和研究兴味。上古史方面怎样办呢？三皇、五帝的系统，当然是推翻的了。考古学上的中国上古史，现在刚才动头，远不能得到一个简单的结论。思索了好久，以为只有把《诗》、《书》和《论语》中的上古史传说整理出来，草成一篇《最早的上古史的传说》为宜。我便把这三部书中的古史观念比较看着，忽然发见了一个大疑窦——尧、舜、禹的地位的问题！《尧典》和《皋陶谟》我是向来不信的，但我总以为是春秋时的东西；哪知和《论语》中的古史观念一比较之下，竟觉得还在《论语》之后。我就将这三部书中说到禹的语句钞录出来，寻绎古代对于禹的观念，知道可以分作四层：最早的是《商颂·长发》的"禹敷下土方，……帝立子生商"，把他看作一个开天辟地的神；其次是《鲁颂·閟宫》的"后稷……奄有下土，缵禹之绪"，把他看作一个最早的人王；其次是《论语》上的"禹、稷躬稼"和"禹……尽力乎沟洫"，把他看作一个耕稼的人王；最后乃为《尧典》的"禹拜稽首，让于稷、契"，把后生的人和缵绪的人都改成了他的同寅。尧、舜的事迹也是照了这个次序：《诗经》和《尚书》（除首数篇）中全没有说到尧、舜，似乎不曾知道有他们似的；《论语》中有他们了，但还没有清楚的事实；到《尧典》中，他们的德行政事才灿然大备了。因为得到了这一个指示，所以在我的意想中觉得禹是西周时就有的，尧、舜是到春秋末年才起来的。越是起得后，越是排在前面。等到有了伏羲、神农之后，尧、舜又成了晚辈，更不必说禹了。我就建立了一个假设：古史是层累地造成的，发生的次序和排列的系统恰是一个反背。

我立了这个假设而尚未作文的时候，我的祖母去世了。心中既极悲痛，办理丧事又甚烦忙，逼发了失眠的旧病，把半年的光阴白白地丢掉。编辑教科书的限期已迫，成稿却没有多少，不得已去函辞职。承馆中史地部主任朱经农先生的盛情，邀我到馆任职，许由同事人帮助编纂。年底到沪后，和旧友王伯祥先生（钟麒）同居；他也是喜欢历史的，谈论间常常说到古史，颇有商榷之乐。馆课每日六小时，在沪杂务亦少，又获得些余闲，我便温了几遍《尚书》，把里面关于古史的话摘出比较，由此知道西周人的古史观念实在只是神道观念，这种神道观念和后出的《尧典》等篇的人治观念是迥不相同的。又知道那时所说的"帝"都指上帝，《吕刑》中的"皇帝"即是"上帝"的互文；《尧典》等篇以"帝"为活人的阶位之称，是一个最显明的漏洞。又如"苗"，《尚书》中说到他们的共有七处，可以分作三个时期。第一个时期是《吕刑》，它说蚩尤作乱之后，这个坏品性传染给平民，弄得苗民成了残忍的民族，动不动就要杀人；被杀的人到上帝前控告，上帝哀怜他们的冤枉，就降下他的威灵，把苗民绝灭了。在这一时期之中，苗的结果是何等的不幸。第二时期是《尧典》的"窜三苗于三危"和"分北三苗"，《皋陶谟》的"何迁乎有苗"和"苗顽弗即工"，《禹贡》的"三危既宅，三苗丕叙"，说舜时三苗顽强不服，舜把他们搬到三危，分开住着，他们也就很安定了。在这时期中，他们虽失掉了居住的自由，还无妨于生活，这个刑罚就轻松得多。第三时期是《伪古文》的《大禹谟》，说有苗昏迷不恭，以致民怨天怒，舜令禹往征，打了一个月还不服；益劝禹修德感之，禹听了他就班师回去；舜于是大布德教，两阶上舞着干羽；过了七十天，有苗就自来降服了。在这个时期中，舜和苗两方面都是极美满的，没有一些儿火辣气了。这种变迁，很可以看出古人的政治观念：在做《吕刑》的时候，他们决想不到有这样精微的德化，在做《大禹谟》的时候，他们也忘却了那个威灵显赫的上帝了。这种政治观念的变迁，就是政治现象从神权移到人治的进步。拿了这个变迁的例来看古史的结构的层次，便可以得到一个亲切的理解。我们何以感到一班圣君贤相竟会好到这般地步？只为现在承认的古史，在它凝结的时候恰是德化观念最有力的当儿。我们若把这凝结的一层打破时，下面的样子就决不是如此的了。

十二年（1923年）二月中，玄同先生给我一封长信，论经部的辨伪。我和他已经一年不相通问了，忽然接读这一封痛快淋漓的长信，很使我精神上得着一种兴奋。我就抽出一个星期日的整天工夫，写了一通覆书，除讲《诗经》的工作之外，又把一年来所积的古史见解写出了一个大概。想不到这一个概要就成了后来种种讨论的骨干！四月中，适之先生到上海来，他编辑的《读书杂志》需要稿件，嘱我赶作一文。我想我答玄同先生的信已经寄了两个月，还没有得到回音，不知道他对于我的意见究竟作何批评，很想借此逼上一逼，就把讨论古史的一段文字钞出寄去。这文在《杂志》第九期中发表之后，果然第十期上就有他的很长的回答：他赞同我的对于古史的意见，更把六经的真相和孔子与六经的关系说了许多从来未有的实话。

十二年（1923年）春夏间是我的身体最坏的时候。因为我久居北方，受不住上海的潮湿的空气，生了一身湿疮，痛痒交作，瘭血沾濡。兼以服务的地方即在工厂里面，邻近也都是工厂，这充满着烟煤的空气使得我精神疲倦，食量减少，又患咳嗽，几乎成了肺病。假使我没有学问上的安慰，我真要颓废了。于是我请了长假，回家养了四个多月的病。在这四个多月之中，我对于我的生活真是见情到了万分。庭中的绿草，园中的小树，花坛上的杂花，都成了有情的伴侣。妻女们的相亲相依，使我触处感到家庭的温存的乐趣。向来厌恶为闭塞的苏州，这时也变作了清静安逸的福地了。我在家读书，轻易不出门；别人知道我有病，也不来勉强我做什么事。我安闲地读了好些书，写了好些笔记。本来我对于学问虽是深嗜笃好，但因所好太多，看书太纷乱，精神容易旁逸斜出，所以笔记上什么东西都有得记录。到了这时候，我的笔记几乎成了"古史清一色"了。这个问题，自从与玄同先生信中把数年来的庞杂的见解汇聚了一下，成了一个系统，我就再从这个系统上生出若干题目，依了这些题目着手搜集材料。向时所要求而未得实现的"由博返约""执简御繁"的境界到这时竟实现了，有了一种新的眼光再去看书时就满目是新材料了：我真是想不尽的喜乐，把身上的疾苦一起丢向九霄云外去了！

自从《读书杂志》上发表了我和玄同先生两篇文字之后，刘楚贤、胡堇人二先生就来书痛驳。我很高兴地收受；我觉得这是给与我修正自己思想和增进自己学问的一个好机会，只当作好意的商榷而不当以盛气相胜的。因为在家养病，所以容我徐徐草答。可惜文字未完，四个月的生计负担已压迫我回复馆职了，一篇答覆的长文只作成了一半。

我是一个生性倔强的人，只能做自己愿意做的事情而不能听从任何人的指挥的。商务印书馆中固然待我并不苛刻，但我总觉得一天的主要的时间为馆务牺牲掉了未免可惜。我不是教育家，便不应编教科书；馆中未尝许我作专门的研究，又如何教我作无本的著述：精神上既有这般苦痛，所以在这年的冬间又辞了出来，回复北京大学研究所的职务。在研究所中，虽是还不能让我称心适意地把所有的时间给我自己支配，但比较了他种职务，我可以自己支配的时间实在是多一点了。过去的二年里头，我的惟一的大工作是标点《东壁遗书》。因为它牵涉的古书太多，古书的解诂有许多地方是极难捉摸的，所以费去了我的很多的时间。

我自民国六年（1917 年）先妻得疾，中经先妻的丧，自身的续娶，祖母的病，祖母的殁，自身的职业的变更，居住地的迁移，到十三年（1924 年）接眷到京，这七年中的生活完全脱去了轨道：精神的安定既不可求，影响到身体上就起了种种病症。他种病症虽痛苦，尚是一时的，只有失眠症无法治愈，深夜的煎熬竟成了家常便饭！因此面目尩瘠，二十余岁时见者即疑为四十岁人。我一意的奋斗，一意的忍耐，到这时刚才勉强回复到轨道上。我所以一定要到北京的缘故，只因北京的学问空气较为浓厚，旧书和古物荟萃于此，要研究中国历史上的问题这确是最适宜的居住地；并且各方面的专家惟有在北京还能找到，要质疑请益也是方便。我自己有书二万册，以前分散在京、苏两处；后来到了上海，又分做三处。无论住什么地方，为了一个问题要去参考时，往往是觅一个空。自己有书而不能用，这是何等的烦闷！加以数年中每上行程，书籍总占了行李的大部分，不知道整理了多少次，费去了多少精神，花去了多少运费。这把我磨折得苦极了！自从十二年（1923 年）冬间到京，下了决心，一起搬走。又以寓舍未定，迁移了几回；每搬动一回便作上十数天的整理，弄得口苦舌干，筋骨疼痛。我真劳倦了，急要得到一个安心立命的境界，从事于按日程功的专门的工作。妻女既北来，寓中事有人主持，不再纷心杂务，精神上亦得有安慰，这两年中，失眠渐渐地成为例外，夜中也稍稍可以工作了。只是熟人日众，人事日繁，大家以为我是能做些文章的，纷纷以作文见嘱。固然有许多是随我自己选择题目的，尽不妨把胸中积着的问题借来作些研究，但现烧热卖的东西终究挣不得较高的价值，而且此去彼来，勒迫限期，连很小的问题也不能从容预备，更哪里说得到大问题的讨论。因为这样，所以前年养病时遗下的半篇文债至今还没有动手清偿。这种牵掣的生活，我想到时就怨恨。

二年以来，我对于古史研究的进行可以分了三方面作叙述。

其一，是考古学方面。十二年（1923 年）秋间，我到北京来，地质调查所的陈列室已经开放；我进去参观，始见石器时代的遗物，使我知道古代的玉器和铜器原是由石器时代的东西演化而成的：圭和璋就是石刀的变相，璧和瑗就是石环的变相，铜鼎和铜鬲也就是陶鼎和陶鬲的变相。那时河南仰韶村新石器时代的遗物发见不久，灿然陈列，更使我对于周代以前的中国文化作了许多冥想。

就在这年八月，河南新郑县发见大批古物，江苏教育厅委托我和陈万里先生前往调查。我们在开封见到出土古物的全分。器物的丰富，雕镂的精工，使我看了十分惊诧，心想掘到一个古墓就有这许多，若能再发见若干，从器物的铭文里漏出古代的事迹，从器物的图画里漏出古人的想像，在古史的研究上真不知道可以获得多少的裨益。我们又顺道游洛阳，到魏故城（通称金墉城）中，随便用脚踢着，就可以拾得古代的瓦当。心想自周代建了东都以后，累代宅京于此，如果能作大规模的发掘，当可分出清楚的层次，发见整批的古物。去年，万里游敦煌归来，说起陕西、甘肃一带有许多整个埋在地下的古城，正待我们去发掘，使我更为神往。

近数年来，国立学校经费愈窘；研究所中考古学会在十分困难里勉强进行，时有创获，孟津出土的车饰数百种尤为巨观。我虽没有余力加入研究，但向往之情是极热烈的，倘使在五六年前见了，我一定要沈溺在里边了。现在既深感研究学问的困难，又甚悲人生寿命的短促，知道自己在研究古史上原有专门的一小部分工作——辨伪史——可做，不该把范围屡屡放宽，以致一无所成。至于许多实物，自当有人作全力的研究，我只希望从他们的研究的结果里得到些常识而已。在研究古代实物的人，我也希望他们肯涉猎到辨伪方面。例如章演群先生（鸿钊）所著的《石雅》，不愧为近年的一部大著作，但里边对于伪书伪史不加别择，实是一个大缺点。他据了《拾遗记》的"神农采峻镵之铜以为器"，《史记》的"黄帝采首山铜铸鼎"，说中国在神农、黄帝时已入铜器时代；又据了《禹贡》的"厥贡璆铁银镂"，《山海经》的"禹曰，出铁之山三千六百九十"，说三代之初已知用铁。这种见解，很能妨碍真确的史实的领受。若能知道神农、黄帝不过是想像中的人物，《禹贡》和《山海经》都是战国时的著作，那么，在实证上就可以剔出许多伪妄的证据，不使它迷乱了真确的史实的地位了。

其二，是辨证伪古史方面。这二年中，除了承受崔述的辨证以外，这方面的工作做得很少。就发表的说，曾经考了商王纣和宋王偃的故事，略见积毁之下的恶人模样和诋毁恶人的方式；又用了白话翻译了几篇《尚书》，使人把商、周间的圣君贤相的真面目瞧一下，知道后世儒者想像中的古圣贤原不是那一回事。没有发表的，就笔记上归并起来，有以下许多题目：

春秋、战国时的神祇和宗教活动（如郊祀、祈望、封禅等）。

古代的智识阶级（如巫、史、士大夫）的实况。

秦、汉以后的智识阶级的古史（承认的古代传说）和非智识阶级的古史（民间自由发展的传说）。

春秋、战国间的人才（如圣贤、游侠、说客、儒生等）和因了这班人才而生出来的古史。

春秋、战国、秦、汉间的中心问题（如王霸、帝王、五行、德化等）和因了这种中心问题而生出来的古史。

春秋、战国、秦、汉间的制度（如尊号、官名、正朔、服色、宗法、阶级等）和因了这种制度而生出来的古史。

春秋时各民族的祖先的传说和战国以后归并为一系的记载。

春秋、战国、秦、汉人想像中的太古（如开辟、洪水及各种神话）。

战国、秦、汉时开拓的疆土和想像的地域（如昆仑、弱水及《山海经》所记)。

战国、秦、汉人造伪的供状。

汉代人为了"整齐故事"而造出的古史。

春秋、战国时的书籍(著作、典藏、传布、格式等)。

汉初的经书和经师。

《尚书》各篇的著作时代和著作背景。

孔子何以成为圣人和何以不成为神人。

古史中人物的张扬的等次。

古史与故事的比较。

以上许多题目,有的是已经聚集了许多材料,有的还不过刚立起几条假设。如果让我从容地做去,想来平均每个题目经过半年的研究总可以得到一些结果。我对于这项研究有一个清楚的自觉,就是:我们要辨明伪古史必须先认识真古史。我的目的既在辨论东周、秦、汉间发生的伪史,所以对于东周、秦、汉间的时势、思想、制度、史迹等等急要研究出一个真相来。前年作的《研究古史的计画》要在这六年中细读《左传》、《史记》、两《汉书》等,就为了这个原因。但是很可悲的,荏苒两载,《左传》还没有好好地点读过一页,虽则为了作文的参考每星期总要翻上几回。这种不切实的读书,我一想着便心痛!我很知道,以前开首发表主张的时候尽不妨大刀阔斧,作粗疏的裁断;但一层一层地逼进去时,便不得不作细针密缕的工作,写一个字也应该想几遍了。为我自己的学问计,为对于学问界作真实的供献计,最好暂时只读书,不作文;等到将来读出了结果之后,再"水到渠成"般写出来。但这个境界哪里许我踏到呢,社会上正要把我使用得筋疲力尽咧!

前年作的计画,大致的意思,是一方面增进常识,一方面从事研究。在研究上,要先弄明白了古代的史实,然后再考各种书籍的时代和地域,考明之后便在里面抽出那时那地的传说中的古史,加以系统的整理;更研究了考古学去审定实物,研究了民俗学去认识传说中的古史的意义。这确是一条最切实的道路，必须把这条道路按部就班地走完了之后，始可把我的研究古史的责任脱卸。但我一来感于境遇的不如意，觉得以有涯之生长日飘荡于牵掣的生活中，希望作严守秩序的研究终是做不到的事情，二来又是感于学问领域的广漠和个人力量的渺小，知道要由我一个人把一种学问作全部的整理是无望的，所以不由得不把当时的野心一步一步地收缩了下来。去年春间答李玄伯先生时，说自己愿意担任的工作有两项：一是用故事的眼光解释古史的构成的原因，二是把古今的神话与传说作为系统的叙述。这自然是在研究所中多接近民俗学方面的材料之故，但我收缩范围的苦心亦已可见。在以上所列的题目中，如神祇、神话、巫史、宗教活动，非智识阶级的古史，故事与古史的比较等题，都是进行这方面的研究的。所苦的，研究学问不能孤立，如果得不到研究他种学问的人的帮助，自己着手的一部分必然研究不好。在现在这般的民穷兵乱的国家之中，许多有希望的人都逼向浅薄浮嚣中讨生活，研究学问的事又如何提倡得起来。我虽在这困苦的境界中竭尽挣扎之力，也不过发出数声孤寂的呻吟，留几滴眼泪在昏黄大漠中而已！所以我即使把研究的范围损之又损，损到只研究一个问题，也怕未必能达到我的愿望。何况我的心中原有无数问题，总想把一种学问研究得好好的，那么，恐怕我的一生只有在愤悱怅惘之中度尽了！

这二年中，继续搜得的材料颇发见我前半文中的讹误，但也颇增加我前半文中的证据。试举禹为社神的一例。我前因《尚书·吕刑》说禹"主名山川"，疑禹是穆王时的山川之神。又因《小雅·甫田》与《大雅·云汉》皆言祀社，《大》《小雅》为宣王前后时诗，疑社祀是西周后期起来的。《鲁语》说"后土能平九土，故祀以为社。"禹绩正与之同，疑禹是社神。综合以上三说，下一假设云："西周中期，禹为山川之神；后来有了社祭，又为社神。"这句话在去年发见了错误了。《召诰》云：

> 越翼日乙卯，周公朝至于洛，则达观于新邑营。越三日丁

巳，用牲于郊，牛二。越翼日戊午，乃社于新邑，牛一，羊
一，豕一。

如果我不能发见《召诰》在时代上的疑窦，则社祀起于西周后期之说
当然由我自己推翻。至禹为社神之说，当时因古书中常以"禹、稷"
连称，疑与"社、稷"的连称有关系；又《周语》把共工氏放在伯禹
的上面，和《鲁语》把烈山氏放在周弃的上面正同，那么《鲁语》说
后土是共工氏之子，后土当即是禹。刘楚贤先生看了，斥为"少见多
怪而臆测的牵强附会"。但近来收得的几条新证据则颇足以助成我的
主张：

> 今世之祭井、灶、门、户、箕、帚、臼、杵者，非以其神
> 为能飨之也，恃赖其德烦苦之无已也。是以时见其德，所以不
> 忘其功也。……故炎帝于火而死为灶，禹劳天下而死为社，后
> 稷作稼穑而死为稷，羿除天下之害而死为宗布。此鬼神之所以
> 立（《淮南子·泛论训》）。

> 自禹兴而修社祀，后稷稼穑故有稷祠，郊社所从来尚矣
> （《史记·封禅书》）。

> 圣汉兴，礼仪稍定，已有官社，未立官稷；遂于官社后立
> 官稷。以夏禹配食官社；后稷配食官稷（《汉书·郊祀志》引
> 王莽奏文）。

> 汉初，除秦社稷，立汉社稷。其后又立官社，配以夏禹
> （《三辅黄图》卷五）。

上面所举，前二条明白说禹为社，后二条又说禹配食官社，可见汉代人
确以禹为社神。读者不要以为这些话全是后起之说，须知越是配享越见
得是先前的正祀。《左传》上不说吗：

> 共工氏有子曰勾龙，为后土；……后土为社。……周
> 弃……为稷（《昭二十九年》）。

可是到了后来就不然了：

后魏天兴二年（399 年），置太社、太稷；……勾龙配社，周弃配稷（《通典》卷四十五）。

仲春仲秋上戊，祀太社、太稷，配以后土勾龙氏、后稷氏，以祈报（《大清会典》卷五十三）。

太社、太稷姓甚名谁，没有人能回答；但以前正任社稷的勾龙和周弃却退而为配享了，这是很显著的。所以如此之故，只因旧说旧祀到没有权威的时候自然大家忘怀了，一个新朝起来，就随顺了民众的新偶像而建立国家的新祀典；可是旧说旧祀在书本上还瞧得见，于是只得屈抑已倒的偶像作为配享。这种"新鬼大而故鬼小"的现象，实亦适用古史系统的成例，是积薪般层累起来的。禹既在汉配社，当然是汉以前的正社神（说不定即是勾龙）。惟其他是社神，所以土地所在就是他的权力所在：南山梁山是他所甸，丰水是他所注，洪水是他所湮，宋国人说下土是他所敷，秦国人说宅居所在是他的迹，鲁国人说后稷奄有下土是缵他的绪，齐国人说成汤咸有九州是处在他的堵，王朝人说方行天下至于海表都是陟他的迹。

刘先生在文中说："纵或祀禹为社，亦是后人尊功报德之举，加之之名，岂为神职?"近日冯芝生先生（友兰）在《大人物之分析》一文中也说："大人物到了最大的时候，一般人把许多与他本无直接关系的事也归附于他，于是此大人物即成一个神秘，成为一串事物的象征。如大禹之于治水，释迦之于佛教等皆是。有人疑释迦之果否有其人；顾颉刚先生疑大禹之果否有其人。我以为此等人诚已变为一串事物的象征，但未可因此即谓其人之不存在。近来中山亦渐成中国革命之象征，但中山之人之存在固吾人之所知也。"（《现代评论》三卷六十七期）类于这样的批评，我听见得很多，大致都以为禹的历史上的地位不当因其神化而便推翻。我觉得他们对于我的态度颇有误解，现在趁此简略地一辨。禹之是否实有其人，我们已无从知道。就现存的最早的材料看，禹确是一个富于神性的人物，他的故事也因各地的崇奉而传布得很远。至于我们现在所以知道他是一个历史上的人物，乃是由于他的神话性的故事经过了一番历史的安排以后的种种记载而来。我们只要把《诗》《书》和彝器铭辞的话放在一边，把战国诸子和史书的话放在另一边，比较看着，自可明白这些历史性质的故事乃是后起的。所以我说禹由神变人，是顺着传说的次序说的；刘、冯诸先生说禹由人变神，乃是先承认了后起的传说而更把它解释以前的传说的。再有一层，在实际上无论禹是人是神，但在那时人的心目中则他确是一个神性的人物。例如现在民间大都祀关帝和灶神，我们固然知道灶神是纯粹的神，关帝是由人变神的，但在这一班奉祀的人的心目中原没有这个分别。他们只觉得神是全知全能而又具有人格的，（玉皇也姓着张呢！）神如要下凡做人也随着他的意念。因为神人不分，所以神人可以互变。我们知道，关羽、华陀、包拯、张三丰、卜将军是由人变神的。我们又知道，文昌本是北斗旁的星，但到后来变成了晋将蜀人张恶子了；湘君、湘夫人本是湘水的神，但后来也变成了尧的二女了。可见从神变人和从人变神是同样的通行，我们不能取了人的一方面就丢了神的一方面，我们只能就当时人的心目中的观念断说他的地位而已。禹尽可以是一个历史上的人物，但从春秋上溯到西周，就所见的材料而论，他确是一个神性的人物。更古的材料，我们大家见不到，如何可以断说他的究竟。至于春秋以下的材料，我早已说过，他确是人了。

这数年中，又有人批评我，说我所做的文字不过像从前人的翻案文章一样，翻来覆去总是这几句书。这个责备自然是该有的：我的学力既不充足，发表的文字也不曾把见到的理由完全写出，而且没有得到实物上的帮助，要拿出证据确只有书上的几句。但我所以敢于这样做，自有我的坚定的立足点——在客观上真实认识的古史，——并不是仅仅要做翻案文章，这是我敢作诚信的自白的。我的惟一的宗旨，是要依据了各时代的时势来解释各时代的传说中的古史。上边写的题目，如疆域、信仰、学派、人才、时代的中心问题等，都是解决那时候的古史观念的最好的工具。举一个例罢。譬如伯夷，他的人究竟如何，是否孤竹君的儿子，我们已无从知道。但我们知道春秋时人是欢喜讲修养的，人格的陶冶以君子为标的，所以《论语》中讲到他，便说不念旧恶，不肯降志辱身。我们又知道战国时的君相是专讲养士的，士人都是汲汲皇皇地寻求主人而为之用，所以《孟子》上说他听得文王有了势力，就兴起道："盍归乎来，吾闻西伯善养老者！"我们又知道，自秦皇一统之后，君臣之义无所逃于天地之间，忠君的观念大盛，所以《史记》上也就说他叩马谏武王，义不食周粟，饿死于首阳山了。汉以后，向来流动的故事因书籍的普及而凝固了，他的人格才没有因时势的迁流而改变。（上面举的《尚书》上的苗，也是这样的一例。）所以我们对于那时的古史应当和现在的故事同等看待，因为这些东西都是在口耳之间流传的。我们在这上，不但可以理出那时人的古史观念，并且可以用了那时人的古史观念去看出它的背景——那时的社会制度和思想潮流。这样的研究有两种用处，一是推翻伪史，二是帮助明了真史。至于我在上面所说的《伪史源》《伪史例》《伪史对鞫》三种书如果都能著成，大家自会明白认识我的主张，不致笑为翻案文章了。

总之，我在辨证伪古史上，有很清楚的自觉心，有极坚强的自信力，我的眼底有许多可走的道路，我的心中常悬着许多待解的问题；我深信这一方面如能容我发展，我自能餍人之心而不但胜人之口。至于现在这一点已发表的东西，本来不算什么。画家作画，自有见不得人的"粉本"。"良工不示人以朴"，也是一句可以玩味的古话。我现在在学力未充足时发表这种新创的主张，有许多错误浅薄的地方乃是当然的，只要读者用了粉本的眼光看而不用名画的眼光看，用了朴的眼光看而不用精品的眼光看，就可以看出这本书的实际。至于将来能否使它成为名画和精品，这是全赖于我自己的努力和社会上给与我的帮助，现在是不能豫断的。

其三，是民俗学方面。以前我爱听戏，又曾搜集过歌谣，又曾从戏剧和歌谣中得到研究古史的方法,这都已在上面说过了。但我原来单想用了民俗学的材料去印证古史,并不希望即向这一方面着手研究。事有出于意料之外的,十年(1921年)冬间,我辑集郑樵的《诗》说,在《通志乐略》中读到他论《琴操》的一段话:

> 《琴操》所言者何尝有是事!琴之始也,有声无辞,但善音之人欲写其幽怀隐思而无所凭依,故取古之人悲忧不遇之事而以命操:或有其人而无其事,或有其事而非其人,或得古人之影响从而滋蔓之。君子之所取者但取其声而已。……又如稗官之流,其理只在唇舌间,而其事亦有记载。虞舜之父,杞梁之妻,于经传所言者不过数十言耳,彼则演成万千言。……

杞梁之妻即孟姜女,孟姜女有送寒衣和哭长城的故事,这是我一向听得的,但没有想到从经传的数十言中会得演成了稗官的万千言。我读了这一段,使我对于她的故事起了一回注意。过了一年多,点读姚际恒的《诗经通论》,在《郑风·有女同车》篇下见到他的一段注释:

> 《序》……谓"孟姜"为文姜。文姜淫乱杀夫,几亡鲁国,何以赞其"德音不忘"乎!……诗人之辞有相同者,如《采唐》曰"美孟姜矣",岂亦文姜乎!是必当时齐国有长女美而贤,故诗人多以"孟姜"称之耳。

这几句话又给与我一个暗示,就在简端批道:"今又有哭长城之孟姜。"经了这一回的提醒,使我知道在未有杞梁之妻的故事时,孟姜一名早已成为美女的通名了。我惊讶其历年的久远,引动了搜辑这件故事的好奇心。事情真奇怪,我一动了这个念头,许多材料便历落地奔赴到我的眼前来。我把这些材料略略整理,很自然地排出了一个变迁的线索。十三年(1924年)冬间,研究所中歌谣研究会出版的《歌谣周刊》要出歌谣和故事的研究文字的专号,嘱我撰文,我就选定了《孟姜女故事的转变》一题;费了三天工夫,写成一万二千字,一期的《周刊》撑满了,但故事还只叙述到南宋的初叶。我正因事务的忙冗未得续做下去时，许多同志投寄来的唱本、宝卷、小说、传说、戏剧、歌谣、诗文……已接叠而至，使我目迷耳乱，感到世界的大，就是一件故事也不是我一个人的力量所能穷其涯际的，于是我把作成一篇完整文字的勇气打消了。我愿意先把一个一个的小问题作上研究，等到这许多小问题都研究完了时再整理出一篇大论文来。（以下本将两年来搜集到的孟姜女故事分时分地开一篇总账，为研究古史方法举一旁证的例，但材料太多了，竭力节缩，终有三万余言。文成，自己觉得仿佛犯了腹蛊之疾，把前后文隔断了；只因费了两星期的工夫所整理，不忍删芟。后来陈通伯先生（源）看了，力劝我删去，我听了他的劝告，便把这一部分独立为一文。）

研究孟姜女故事的结果，使我亲切知道一件故事虽是微小，但一样地随顺了文化中心而迁流，承受了各地的时势和风俗而改变，凭借了民众的情感和想像而发展。又使我亲切知道，它变成的各种不同的面目，有的是单纯地随着说者的意念的，有的是随着说者的解释故事节目的要求的。更就这件故事的意义上看去，又使我明了它的背景和替它立出主张的各种社会。

上面一段话，没有举出证据，说得太空洞了。现在我试把这件故事比拟传说中的古史。江、浙人说孟姜女生在葫芦、冬瓜或南瓜中，这不像伊尹的生于空桑中吗？广西唱本说范杞郎是火德星转世，死后复归仙班，这不像傅说的"乘东维骑箕尾而比于列星"吗？厦门唱本说孟姜女升天后把秦始皇骂得两脚浮浮，落在东海里做春牛，这不像"尧殛鲧于羽山，其神化为黄熊以入于羽渊，实为夏郊"吗？厦门唱本说范杞郎死后化为凤凰，这也不像女娃溺死而化为精卫（帝女雀）吗？广西唱本说孟姜女寻夫经过饿虎、毒蛇、雨雪诸村，这也不像《山海经》上有食人的窫窳的少咸之山，有攫人的孰湖的崦嵫之山，冬夏有雪的申首之山吗？（用《楚辞》中的《招魂》和《大招》看更像。）读者不要疑惑我专就神话方面说，以为古史中原没有神话的意味，神话乃是小说不经之言；须知现在没有神话意味的古史却是从神话的古史中筛滤出来的。我们试退让一百步，把流行于民众间的孟姜女故事的唱本小说等抛开，只就士人的著述中看这件故事的情状：

> 杞梁之妻……就其夫之尸于城下而哭之。内诚感人，道路过者莫不为之陨涕。十日而城为之崩（汉刘向《列女传》）。

> 良已死，并筑城中。仲姿既知，悲咽而往，向城号哭，其城当面一时崩倒。死人白骨交横，莫知孰是。仲姿乃刺指血以滴白骨，云："若是杞良骨者，血可流入！"……果至良骸，血径流入（唐人《雕玉集》引《同贤记》）。

> 姜女……归三日而范郎赴长城之役；其后赍寒衣至城所，寻问范郎，已埋版筑中矣。女乃绕城哭，城隅为𬱟。𬱟所，范郎见像；女即其处求骸，……遂负之归。……夫长白其事，主将命追之。女至宜君山同官界所，登山，渴甚，痛哭，地涌甘泉；今其地名曰哭泉。时女倦甚，不能奔，而追将及，忽山峰转移，若无径然；追者乃返（明马理《姜女诗序》）。

以上数则，神话的意味何等丰富。但试看清刘开的《广列女传》：

> 杞植之妻孟姜。植婚三日，即被调至长城；久役而死。姜往哭之，城为之崩。遂负骨归葬而死。

这不但把民间的种种有趣味的传说删去了，就是刘向、马理一班士大夫承认的一小部分神话性的故事也删去了，剩下来的只有一个无关痛痒的轮廓，除了"崩城"——这件故事的中心——之外确是毫没有神话的意味了。更进一步，就是崩城的神话也何尝不可作为非神话的解释，有如王充所云"或时城适自崩，杞梁妻适哭下"（《论衡·感虚篇》）呢。所以若把《广列女传》叙述的看作孟姜的真事实，把唱本、小说、戏本……中所说的看作怪诞不经之谈，固然是去伪存真的一团好意，但在实际上却本末倒置了。我们若能了解这一个意思，就可历历看出传说中的古史的真相，而不至再为学者们编定的古史所迷误。

我很想俟孟姜女故事考明之后，再着手考舜的故事。这一件故事是战国时的最大的故事（战国以前以禹的故事为最大，可惜材料太少，无从详考），许多古史上的故事都以它为中心而联结起来了。后世儒者把其中的神话部分删去，把人事部分保存，就成了极盛的唐、虞之治。这件故事又是古代最有趣味的故事。宋芸子先生（育仁）在《虞初小说序例》上说：

> 帝舜之贤，则行为大孝，德为圣人；帝舜之才，则自耕稼陶渔，所在成都成邑。其初遭遇之厄，则不得于亲，至于捐阶掩井；其后遭遇之隆，则先得于君，至于登庸在位。妃匹之爱，则二妃皆帝女；风云之会，则五臣皆圣贤。成治水之大功；狩苍梧而仙去。实古今中外环球五洲空前绝后所绝无仅有，说部家所穷思极想而万难虚构者，乃于帝之实事得之！

他虽不知道帝舜的故事所以能成为"古今中外环球五洲空前绝后所绝无仅有"的故事原由于"说部家所穷思极想"的"虚构"，但他对于它发生惊怖之情确是不错。这件故事如果能研究明白，一方面必可对于故事的性质更得许多了解，一方面也可以对于伪古史作一个大体的整理。本书第二册中的《虞初小说回目考释》一篇，就是想把它作一回鸟瞰的。

民俗学方面，除了故事以外，这两年中着手的工作又有三事：神道、社会和歌谣。我在《研究古史的计画》中，把民俗学的研究放在最后，希望先辨明了外表，然后再去探求内部的意义。现在我的环境是适于研究民俗学的，我只得先从此入手了。

研究神道的兴趣，是给东岳庙引起的。我游了苏州和北京两处的东岳庙，见到许多不同的神名，知道各地方的神道虽同属于道教之下，但并没有统一。从这种不统一的神道上，可以窥见各地方的民众的信仰。更看道教里受进的佛教的影响，以至佛教自身所受的影响，也可以明白宗教的激荡的势力。例如东岳，本来是齐国的上帝（《汉书·郊祀志》

云："八神，或云太公以来作之齐。"又云："天主祀天齐。"），只因齐国的文化发达，声望甚高，没有被别国的上帝压倒；汉以后，他的势力依旧存在，掌管生杀之权。自佛教侵入，它自有一个东岳——阎罗王。因为中国人并不抵抗佛教，所以东岳大帝与阎罗王可以并存，死人受着二重的管束。浸假而道教的东岳庙中也雕塑十殿阎罗，把他们压做了岳帝的属吏。但阎罗王也不是印度所固有，乃是受的埃及的影响。阎罗王大约即是尼罗河（Nile）之神乌悉立斯（Osiris）。看"阎罗"与"尼罗"的声音相合，甚为可信。埃及人承认一个人死了之后，须受尼罗河神的裁判，随着生前行事的善恶判定赏罚，坏人就罚变为畜类，愈坏的便变得愈低下，等到罚尽之后再变做人。这些原则到了中国阎罗王法典《玉历钞传》里还没有变。我们如果能搜集许多材料作研究，一定可以得着许多想不到的创见。（一部《道藏》，用实用的眼光看固然十之八九都是荒谬话，但若拿它作研究时，便是一个无尽的宝藏；我们如果要知道我们民族的信仰与思想，这种书比了儒学正统的十三经重要得多。）

　　我对于这方面研究的步骤，拟先从《楚辞》、《国语》（包《左传》）、《山海经》、《汉书·郊祀志》等书入手，认识道教未起时的各地的神道。更把佛教的神和道教的神作比较，将受了佛教影响而成立的道教的神道认识了。再把各地的神道互相比较，认识在不统一的道教之下的各种地方性的神道。这种事情，不说出时似乎没有问题，但一加思考之后它们变迁的情形便很显著。例如碧霞元君为北方的女神，她的势力由于泰山的分化；天妃为南方的女神，她的势力由于海神的结合：这是含有地方性的。道教中本来只应崇奉玉帝（即《诗》《书》中的上帝）为最高无上的主宰，但因佛教中有三世佛，所以又摹拟了它而建立三清天尊，他们的地位与玉帝不相上下：这是承受佛教的影响的。古代的神有生有死，有嗜欲，有攻伐（看《山海经》等书可知），和希腊的神话差不多。那时的女神几乎全为爱情颠倒，所以《楚辞·九歌》

对于湘夫人等所致之辞多是相思惆怅之言,《高唐》《神女》两赋又说巫山神女荐枕席,《洛神赋》写宓妃又极绸缪缱绻之致。固然这些都是文人的托言,但至少在当时民众的意想之中是许得如此的。(试问现在谁会对于碧霞元君作荐枕之想?)自从佛教流入,看神道成了超绝的人格,一切的嗜欲都染不到,生死更说不上,爱情变成了猥亵,于是女神和男神就同具了严正的性格,风流艳冶之事全付与狐精花怪们了(看《聊斋志异》等书可知)。这是道教未成立时的神道和后世的神道的不同的样子。我深信这一方面的研究如可有些结果,必能使古史的考证得到许多的便利。只是这一方面研究必须亲到各地搜集材料,不能单靠书籍;像我这样的拮据,调查考察的事业又从何说起?二年来,我到过的庙宇只有东岳庙、白云观、财神庙、碧霞元君庙等处。

社会的研究,是论禹为社神引起的。社会(祀社神之集会)的旧仪,现在差不多已经停止;但实际上,乡村祭神的结会,迎神送祟的赛会,朝顶进香的香会,都是社会的变相。我见到了这一层,所以很想领略现在的社会的风味,希望在里边得到一些古代的社祀的暗示。北京城西北八十里的妙峰山是一个北方的有名的香主,每年阴历四月初一至十五为进香之期。去年会期中,我就和研究所风俗调查会同人前往调查了三天,对于香会的情形知道了一个大概。他们都是就一种职业或一处居住的地方联络结会,除了祀神之外更布施一切用具食物,如茶、盐、面、粥、馒头、路灯、拜垫、掸帚、茶瓢、膏药等;或尽了自己的技能去娱乐神灵,帮助香客,如五虎棍、自行车、杠子、秧歌、音乐、舞狮、戏剧、修路、补碗、缝绽等。到了那里,一切有人招呼,仿佛进了另一个世界,崎岖的山岭便化成了理想的乐国了。这些香会的经费,在乡下的是按亩抽捐,同皇粮一般的缴纳;在城里的是就本业捐输,或向人募化。这些会名,我只就刊有会启(进香时的招贴)的钞,已钞到了九十余个,其余没有会启的恐还不止四五百呢。他们的香会的组织是极有秩序的:先设立了会所,议定了会规,排好了守晚、起程、上山、朝顶、回香的日期，又分配了引善、催粮、请驾、钱粮、司库、哨子、车把、厨房、茶房等都管，所以人数虽多而不致紊乱。进香的人诚心极了，有的是一步一拜的，有的是提着臂炉的，听说还有跳涧的（他们以为只要诚心便可由神灵护送回家，成其心愿，其实只有活活地跌死）。到了这种地方，迷眼的是香烟，震耳的是鼓乐，身受的是款待，只觉得神秘、壮健、亲善的可爱，却忘记了他们所崇奉的乃是一种浅薄的宗教。这使我对于春秋时的"祈望"，战国后的"封禅"得到一种了解。我很愿意把各地方的社会的仪式和目的弄明白了，把春秋以来的社祀的历史也弄清楚了，使得二者可以衔接起来。

　　社是土地之神。从天子到庶民立有各等的社。但看春秋、战国间人的称述，社神的权力甚大；大水、大旱不用说，日食亦用牲于社，决狱和处罚亦在社，祈求年谷和年寿也都在社，军旅中又有军社，似乎社是宗庙以外的一个总庙。后来总务与土地分开了：总务方面有道观和佛寺，它们也可以做祈雨、祈年的法事；土地方面有社坛、城隍庙和土地堂。社坛所祭没有指实的神人。城隍神有省、府、县之别，有指实姓名的，也有不指实的。土地神或一村落一个，或一城市多少个，指实与否也与城隍神同。这些神人就很可以研究一下。例如我在清代是江苏省苏州府元和县人，江苏省城隍和苏州府城隍我都不知道是谁，听说是三年一任，由龙虎山天师府札委的。元和县城隍我知道是张老爷，不知其名，听说是永远不换的；看他的封号是"敕封显应王北极驱邪司"，又号"武安君"。我家在苏州的东城，依道士所定的地名唤作道义乡；这一乡的土地是任大明王，说是梁朝的任昉，也是永远不换的。任昉既非苏州人，又未做过苏州的官（他做过义兴太守，义兴即今江苏宜兴），不知道为什么会得做苏州东城的土地神。苏州城中约有三十余个土地神，道士们也记不清楚，因为东城的道士观只做东城的生意，西城的又专做西城，并无完全知道的必要。据我所知，尚有凤凰乡的春申君、大云乡的安齐王、永定乡的茅亭司等。这些神是如何成立的，是否由于天师的委派，还是由于民众的拥戴，实在很有研究的价值。倘使由于天师的委派，这不过是道士们的弄鬼，只要寻到了他们的簿册便可完事。若出于民众们的拥戴，那么，这里边自有复杂的因缘，不是可以急遽了解的了。依我的推想，似乎后说合理，因为听说山东、湖北等省的土地神统统是韩愈，与江苏的办法不同，如果由天师委派，这制度料想不致如此参差。或者江苏的文化发达，民众要求奉祀的神复杂了，所以一城中就有许多名人做土地神。我很愿意把城隍神和土地神的人物历史弄明白，上接春秋以来有功而祀的人物，并看出民众的信仰的旨趣。

歌谣方面，因《歌谣周刊》的撰稿的要求，研究《诗经》的比较的需要，以及搜集孟姜女故事的联带关系，曾发表了多少篇文字。七八年前笔受的苏州歌谣，也先写定了一百首，加上了注释，编成《吴歌甲集》一种。只因校中经费支绌，至今尚未出版。我很感谢玄同先生和魏建功先生，他们为了这一本歌谣集，用精密的方法整理出苏州方音的声韵的部类，在方音的研究上开了一个新纪元。

老实说，我对于歌谣的本身并没有多大的兴趣，我的研究歌谣是有所为而为的：我想借此窥见民歌和儿歌的真相，知道历史上所谓童谣的性质究竟是怎样的，《诗经》上所载的诗篇是否有一部分确为民间流行的徒歌。关于下一问题，我已于《论诗经所录全为乐歌》一文中作一个约略的解答，就歌词的复沓，方面的铺张，乐曲的采集，民歌的保存上说明《诗经》所录悉为乐曲；又从典礼所用与非典礼所用的歌曲上证明程大昌和顾炎武依据了《仪礼》所载的乐章而定诸国诗为徒歌的谬误。关于上一问题，我们可以知道历史上所谓应验的童谣一半是有意的造作，一半是无意的误会。所谓有意的造作，如宋明帝疑忌王景文和张永，自造谣言道："一士不可亲，弓长射杀人。"（《宋书·王景文传》）唐董昌称帝越州时，山阴老人献谣道："欲识圣人姓，千里草青青；欲知天子名，日从日上生。"（《新唐书·董昌传》）从这种种伪造的童谣上可以反映出许多不曾破露的号称应验的童谣。《左传》所记，如"丙之晨，龙尾伏辰，均服振振，取虢之旂；鹑之贲贲，天策焞焞，火中成军，虢公其奔"等童谣，无论史官所记不可靠，就使所记确有其事，这童谣的来历也还可疑。所谓无意的误会，如王莽末天水童谣云："出吴门，望缇群，见一蹇人，言欲上天；今天可上，地上安得民！"（《续汉书·五行志》）吴天纪中童谣云："阿童复阿童，衔刀游渡江；不畏岸上兽，但畏水中龙。"（《晋书·五行志》）晋太宁初童谣云："恻恻力力，放马山侧；大马死，小马饿；高山崩，石自破。"（《晋书·五行志》）这些歌词都是很单纯的民歌或是无意义的儿歌。但给深信童谣为有关休咎的人听得了，便解释"蹇人"是隗嚣，"欲上天"是欲为天子；"大马小马"是司马氏，"高山"是苏峻，"石"是苏硕，苏峻逼成帝，死后其弟硕被杀；甚至因王濬小字阿童，晋武帝特加为龙骧将军，以符"水中龙"的谶语。这都是庸人的自欺。若要附会，哪里不可附会；正如求签测字，无论何人得到一签或一字，详签测字的人总可以从他的身份遭际上解释得相像。我很想就用了这个方法，将现在流行的儿歌和民歌解释各时各种的不同的事实，打破这种历史上的迷信。

因为我在歌谣方面发表的文字较多，所以知道我研究歌谣的人也最多，常有人称我为歌谣专家。这种不期之誉我很不愿承受。我的搜集歌谣的动机是由于养病的消遣，其后作了些研究是为了读《诗经》的比较；至于我搜集苏州歌谣而编刊出来，乃是正要供给歌谣专家以研究的材料，并不是公布我的研究歌谣的结果。数年以来，北京大学的歌谣研究会收到了各地的歌谣、谚语、谜语等二万余首，真是一个民众文艺的宝库；可是我诸事乱忙，也没有翻览过多少。我自己知道，我的研究文学的兴味远不及我的研究历史的兴味来得浓厚；我也不能在文学上有所主张，使得歌谣在文学的领土里占得它应有的地位；我只想把歌谣作我的历史的研究的辅助。这个态度，希望大家能彀了解，不要敦促我做非分的工作。

我这几年中的工作范围和将来的进行计画，大致如此。

从以上所写的看来，我的时势、个性、境遇，都可以得到一个结论了。

先从时势说。清代的学风和以前各时代不同的地方，就是：以前必要把学问归结于政治的应用。而清代学者则敢于脱离应用的束缚；以前总好规定崇奉的一尊，而清代学者为要回复古代的各种家派，无意中把一尊的束缚也解除了。清末的古文家依然照了旧日的途径而进行；今文家便因时势的激荡而独标新义，提出了孔子托古改制的问题做自己的托古改制的护符。这两派冲突时，各各尽力揭破对方的弱点，使得观战的人消歇了信从家派的迷梦。同时，西洋的科学传了进来，中国学者受到它的影响，对于治学的方法有了根本的觉悟，要把中国古今的学术整理清楚，认识它们的历史的价值。整理国故的呼声倡始于太炎先生，而上轨道的进行则发轫于适之先生的具体的计画。我生当其顷，亲炙他们的言论，又从学校的科学教育中略略认识科学的面目，又因性喜博览而对于古今学术有些知晓，所以能觳自觉地承受。古史古书之伪，自唐以后书籍流通，学者闻见广博，早已致疑；如唐之刘知几、柳宗元，宋之司马光、欧阳修、郑樵、朱熹、叶适，明之宋濂、梅鷟、胡应麟，清之顾炎武、胡渭、毛奇龄、姚际恒、阎若璩、万斯大、万斯同、袁枚、崔述等人都是。不过那些时代的学术社会处于积威的迷信之下，不能容受怀疑的批评，以致许多精心的创见不甚能提起社会的注意，就是注意了也只有反射着厌恶之情。到了现在，理性不受宗教的约束，批评之风大盛，昔时信守的藩篱都很不费力地撤除了，许多学问思想上的偶像都不攻而自倒了。加以古物出土愈多，时常透露一点古代文化的真相，反映出书籍中所写的幻相，更使人对于古书增高不信任的意念。长素先生受了西洋历史家考定的上古史的影响，知道中国古史的不可信，就揭出了战国诸子和新代经师的作伪的原因，使人读了不但不信任古史，而且要看出伪史的背景，就从伪史上去研究，实在比较以前的辨伪者深进了一层。适之先生带了西洋的史学方法回来，把传说中的古代制度和小说中的故事举了几个演变的例，使人读了不但要去辨伪，要去研究伪史的背景，而且要去寻出它的渐渐演变的线索，就从演变的线索上去研究，这比了长素先生的方法又深进了一层了。我生当其顷，历历受到这三层教训，加上无意中得到的故事的暗示，再来看古史时便触处见出它的经历的痕迹。我固然说不上有什么学问，但我敢说我有了新方法了。在这新方法支配之下的材料，陡然呈露了一种新样子，使得我又欣快，又惊诧，终至放大了胆子而叫喊出来，成就了两年前的古史讨论。这个讨论何尝是我的力量呢，原是在现在的时势中所应有的产物！

再从个性上看。我是一个桀骜不驯的人，不肯随便听信他人的话，受他人的管束。我又是一个历史兴味极浓重的人，欢喜把一件事情考证得明明白白，看出它的来踪和去迹。我又是一个好奇心极发达的人，会得随处生出了问题而要求解答，在不曾得到解答的时候只觉得胸中烦闷的不可耐。因为有了这几项基本的性质，所以我敢于怀疑古书古史而把它作深入的研究，敢于推倒数千年的偶像而不稍吝惜，敢于在向来不发生问题的地方发生出问题而不丧气于他人的攻击。倘使我早生了若干年，处于不许批评又没有研究方法的学术社会中，或者竟要成了一个公认的妄人，如以前人对于刘知几、郑樵们的看法。但现在是不必过虑的了！

更从境遇上看。要是我不生在科举未废的时候，我的幼年就不会读经书。要是我的祖父不给我随处讲故事，也许我的历史兴味不会这样的深厚。要是我不进新式学校，我也未必会承受这一点浅近的科学观念。要是我在幼年没有书籍的嗜好，苏州又没有许多书铺供我闲游，我也不会对于古今的学术知道一点大概，储藏着许多考证的材料。要是我到北京后不看两年戏，我也不会对于民间的传说得到一个大体的领略。要是我不爱好文学哲学和政治运动，在这种方面碰到多少次的失败，我也不会认识自己的才性，把我的精力集中于考证的学问上。要是不遇见子水和太炎先生，我就是好学，也不会发生自觉的治学的意志。要是不遇见孟真和适之先生，不逢到《新青年》的思想革命的鼓吹，我的胸中积着的许多打破传统学说的见解也不敢大胆宣布。要是北京大学中不征集歌谣，我也不会因写录歌谣而联带得到许多的风俗材料而加以注意。要是我没有亲见太炎先生对于今文家的痛恨，激动我寻求今文学著述的好奇心，我也不会搜读《孔子改制考》，引起我对于古史的不信任的观念。要是我不亲从适之先生受学，了解他的研究的方法，我也不会认识自己最近情的学问乃是史学。要是适之、玄同两先生不提起我的编集辨伪材料的兴趣，奖励我的大胆的假设，我对于研究古史的进行也不会这般的快速。要是我发表了第一篇文字之后没有刘楚贤先生等把我痛驳，我也不会定了周密的计画而豫备作毕生的研究。要是我不到北京大学研究所国学门服务，没有《歌谣周刊》等刊物替我作征求的机关，我要接近民众的材料也不会这样的容易。总括一句，若是我不到北京大学来，或是子民先生等不为学术界开风气，我的脑髓中虽已播下了辨论古史的种子，但这册书是决不会有的。

我能承受我的时势，我敢随顺我的个性，我肯不错过我的境遇：由这三者的凑合，所以我会得建立这一种主张。

我自己知道，我是一个初进学问界的人。初进学问界的人固然免不了浅陋，但也自有他的骄傲。第一，他能在别人不注意的地方注意，在别人不审量的地方审量。好像一个旅行的人，刚到一处地方，满目是新境界，就容易随处激起兴味，生出问题来。至于那地的土著，他们对于一切的东西都接触惯了，仿佛见闻所及尽是天造地设的一般，什么也引不起他的思索力了。第二，他敢于用直觉作判断而不受传统学说的命令。他因为对于所见的东西感到兴味，所以要随处讨一个了断；不像学术湛深的人，他知道了种种难处，不敢为了立一异议，害得自己成了众矢之的。初生之犊为什么不畏虎？正因它初生，还没有养成畏虎的观念之故。这固然是不量力，但这一点童稚的勇气终究是可爱的。我真快乐：我成了一个旅行的人，一头初生之犊，有我的新鲜的见解和天真的胆量。我希望自己时时磨炼，使得这一点锐猛的精神可以永久保留下去。如果将来我有了丰富的学问之后，还有许多新问题在我的胸中鼓荡，还有独立的勇气做我的判断力的后盾，那么我才是一个真有成功的人了！

我的心目中没有一个偶像，由得我用了活泼的理性作公平的裁断，这是使我极高兴的。我固然有许多佩服的人，但我所以佩服他们，原为他们有许多长处，我的理性指导我去效法；并不是愿把我的灵魂送给他们，随他们去摆布。对今人如此，对古人亦然。惟其没有偶像，所以也不会用了势利的眼光去看不占势力的人物。我在学问上不肯加入任何一家派，不肯用了习惯上的毁誉去压抑许多说良心话的分子，就是为此。固然有人说，一个人的思想总是偏的，不偏于甲派便偏于乙派，但我觉得要保持客观的态度，用平等的眼光去观察种种不同的派别，也不是不可能的事。即使不能完全不偏，总可以勉力使它少偏一点。也有人说，为学不能不投入家派，正如不能不施用假设，有了假设才有入手的路，所以家派是终该选定的，尽不妨俟将来深入之后而弃去。这种话在以前是可以说的，因为那时各种学问都不发达，学问的基础既不建筑于事实上，研究学问又苦于没有好方法，除了投入家派之外得不到一点引路的微光，为寻求一个下手处计，也有选择家派的需要。例如你要非薄《诗》毛氏学，便当从齐、鲁、韩三家或其中的一家研钻下去；等到自己的学问足以自树了，再脱离家派而独立。但到了现在，学问潮流已经很明白地诏示我们，应该跳出这个圈子了。我们自有古文字学、古文法学、古器物学、古历史学等等直接去整理《诗经》，毛《传》固要不得，就是三家《诗》也是毛《传》的"一丘之貉"，又何尝要得！至于我们为要了解各家派在历史上的地位，不免要对于家派有所寻绎，但这是研究，不是服从。我很怕别人看了我表章郑樵、崔述诸人的文字，就说我做了他们的信徒而来反对毛公、郑玄，所以现在在此附带声明一句：我对于郑樵、崔述诸人决无私爱；倘若他们的荒谬有类于毛公、郑玄，我的攻击他们也要和对于毛公、郑玄一样。希望读者诸君看了我的文字也作这等的批判，千万不要说"承你考辨得很精细，我有所遵循了"这一类话！

《老子》说"自知者明"，希腊的哲学家多劝人知道自己：在这一方面，我"当仁不让"，自认为无愧的。我既不把别人看作神秘，也同样的不把自己看作神秘。我知道我是一个有二重人格的人：在一切世务上，只显得我的平庸、疲乏、急躁、慌张、优柔寡断，可以说是完全无用的；但到了研究学问的时候，我的人格便非常强固，有兴趣，有宗旨，有鉴别力，有自信力，有镇定力，有虚心和忍耐：所以我为发展我的特长计，愿意把我的全生命倾注于学问生活之内，不再旁及他种事务。我知道固有的是非之心的可贵，所以不受习惯的束缚，不怕社会的威吓，只凭了搜集到的证据而说话。我知道自己的凭借，故不愿没却他人的功绩；也知道自己的缺点，故不愿徇着一时的意气。我知道学问是一点一滴地积起来的，一步不走便一步不到，决没有顿悟的奇迹，所以肯用我的全力在细磨的功夫上，毫不存徼倖取巧之心。我知道学问是只应问然否而不应问善恶的，所以我要竭力破除功利的成见，用平等的眼光去观察一切的好东西和坏东西。我知道我所发表的主张大部分是没有证实的臆测，所以只要以后发见的证据足以变更我的臆测时，我便肯把先前的主张加以修改或推翻，决不勉强回护。因为我有了以上种种的自觉，所以我以为我现在固然学力浅薄，不足以解决多少问题，但我的研究的方法和态度是不错的，我的假设虽大胆而绝不是轻举妄动，只要能从此深入，自可驯致于解决之途。

说了上面一段话，或者读者诸君要疑我是一个傲睨万状的人，自满到极度的。其实我的心中只压着沉重的痛苦和悲哀。我的个性固然适于研究学问，我的环境固然已经指给我一个研究的新方向，但个性和环境原只是学问的凭借而不即是学问的实质。譬如造屋，个性是基础，环境是梁柱，实质是砖石。虽则有了基础和梁柱可说具备了屋子的规模，但尤要紧的是砌成墙壁的砖石。倘使四壁洞然，这空架子要它干么，翻不如穴居巢处的可以得到简陋的实用了！我对于实质的要求渴热已极，可是数年以来只有得到失望。每一回失望之后，心中便留着刀刺一般的痛苦；日子愈久创伤也愈深。我自己知道，我没有辜负我的个性，只是我的环境太不帮助我了。它只替我开了一个头，给了我一点鲜味，从此便任我流浪了，饥饿了！

　　我的学问生活，近年和以前不同的地方，是：以前常有把范围放得极大的要求，现在则毕意把它收缩，希望集中我的全副精神到几个问题上面去。但痛苦即由这方面起来了！其一，许多学问没有平均发展时，一种学问也要因为得不到帮助而不能研究好。在现今这般民不聊生的中国，谁能安心从事研究；就是能安心研究也苦于研究的设备的不完全，终于废然而返。我就是万分的努力，想在一种学问上创造出一个基础来，但可以由他种学问帮助的地方也须仍归自己动手。正如到蛮荒垦殖的人，他的"筚路蓝缕以启山林"的劳力不必说，就是通常的农人可以随便使用的一切东西他也都得不到。要喝水只得自己掘井；要穿衣只得自己织布；要睡觉只得自己盖屋。比了住在都市中的人，要什么有什么的，固然差得天高地远，就是比了掘井盖屋的土木匠，织布制衣的织工缝工，他们因机械的进步而能得到各种便利的，也是可望而不可即。所以我的研究，我自己料到是要事倍功半的。我只得废弃可以不必废弃的时间到他种研究上，这也做一点，那也做一点，终至造成一个又乱又浅的局面，远难和理想中的期望相符合。其二，从前人对于学问，眼光太短，道路太窄，只以为信守高文典册便是惟一的学问方法。现在知道学问的基础是要建筑于事实上的了，治学的方法是不要信守而要研究的了，骤然把眼光放开，只觉得新材料的繁多乱目，向来不成为问题的一时都起了问题了。好像久囚于高墙狭弄中的犯人，到处撞头碰鼻，心境本是很静谧的，忽然一旦墙垣倒塌，枷锁也解除，站起一望，只见万户千门的游览不尽，奇花异兽的赏玩无穷，翻要不知道自己的生活该怎样办才好，新境界的喜悦与手足无措的烦闷一时俱来到了。我是一个极富于好奇心的人，一方面固是要振作意志，勉力把范围缩小，作深入的研究，一方面又禁不住新材料的眩惑，总想去瞧它一瞧。等到一瞧之后，问题就来了；正在试作这个问题的研究时，别种问题又接二连三的引起来了。不去瞧则实为难熬，一去瞧又苦无办法。这真是使我最感痛苦的一件事。要是研究学问的人多了，我感得到的问题别人也感得到，大家分工去做，我的本分以外的问题就可由他人去解决，我只要把他人研究的结果用来安慰我自己的好奇心就够了。但在现在这样的生活之下，又哪里可以盼望这种境界的实现呢！

上条所述的不能分工治学的烦闷，原是现在中国许多有志学问的人所公同受到的。至于在生活上，我所受的痛苦也特多，约略可作下列的叙述。

我生平最可悲的事情是时间的浪费和社会上对于我的不了解的责望。但这应加上一个说明：我随顺了自己的兴味而费去的时间并不在浪费之内，因为这是多少得到益处的。例如买书、看戏、听鼓词等等嗜好，当时固然完全为的是欣赏，但到了现在，在研究上都受用了。就是赌博、喝酒、逛窑子、坐茶馆等等，我也都犯过，但这只使我知道大家认为嗜好的不过是这么一回事，使我知道这些事情是不足以激起我的兴味的，从此再不会受它们的引诱，时间的破费也不是徒然。一个人自幼年到成长原只在彷徨觅路之中：走的路通，就可以永远走下去；走的路不通，也可以不再费力去走。惟其当时肯耗废觅路的功夫，才能在日后得到该走的大道。所以只要自己有兴味去尝试，总与自己有益。我在这些事上耗废的时间，是决不怨的。只有十余年来在新式学校中过的上课生涯，使得我一想着就要叫屈。学校教员的智识大都是不确实的，他们自己对于学问也没有什么乐趣，使我看着他们十分的不信任，几乎没有在课业中得到什么。中小学时代，我尚未发生爱惜时间的观念，随班上课，只是坐待钟点的完毕。在这熬耐钟点的时候，逢着放任的教员我就看课外的书，逢着严厉的教员我就端坐冥想，上天下地般瞎想。这样的生活过了多少年，造成了我的神经衰弱的病症，除了极专心读书作文之外，随时随地会得生出许多杂念，精神上永远没有安静。进了大学之后，因为爱好学问，不由得不爱惜时间。但是教员仍不容我，我恨极了！看我民国初年的笔记，满幅是这等的牢骚话。我以为我们所以要有学问，原要顺遂自己的情性，审察外界的事物；现在所学的只有一些模糊影响之谈，内既非情，外亦非物，为的只是教员的薪金和学生的文凭，大家假借利用，挨延过多少岁月。他们各有所为而挨延，却害苦了真正愿意自己寻求学问的我，把我最主要的光阴在无聊的课堂上消磨掉了！固然我也在学校教育中得到些粗疏的科学观念，但要得到这一点粗疏的观念只消自己看几本科学书，做上几次实验也就够了。何必化去十余年的大功夫呢！他们在那里杀青年真可恨，青年们甘心给他们杀也可鄙！

自从出了学生界，免去了无聊的上课，我总以为可以由我自己支配时间了，哪知道又不然。现在中国的做事的人不知道为什么会得这样少，在社会上跳动的老是这几个人；这几个人似乎是万能的，样样事情都须他们经手。我因为屡屡受了他人的邀约而发表些文字，姓名为世所知，所以一般人也以为我是有意活动的；结合什么团体，每承招致。我尝把和我发生关系的团体（不管是实际的或名义的）写出一看，竟有了二十余个；分起类来，有历史、古物、文学、图书馆、教育、哲学、政治、社会、商业、编辑十种。这真使我惊骇极了！我一个人如何有这么多的技能，又如何有这么强的精力！在社会上活动固然有出锋头的乐趣，但我哪里爱出这种的锋头呢。要是我永久这样的做下去，我的将来的能力至多不过像现在一样罢了，我的一生也就完了！再想我在社会上是到处退避的，尚有这许多牵掣，那么，这些自告奋勇的人，他们名下的团体又要有多少？社会上多的是团体，有了团体的名目再从事于分头拉人。无论拉进的人必不能实心实意地做，就是愿意做切实的工作的也要不胜别方面的拉拢，做了一点就停止了。这样做去，是永久活动而永久得不到结果的。

我感到生命的迫促，人智的短浅，自己在学问上已竭力节缩欲望，更何能为他人夺去时间，所以要极力摆脱这种漩涡，开会常不到，会费常不缴，祈求别人的见舍。可是时代的袭击到底避免不尽，我的肩膀上永远担负着许多不情愿的工作。我只得取一点巧，凡是和我有关的事情总使它和自己愿意研究的学问发生些联络：例如文学方面的要求，我就借此作些民众艺术的文字应付过去；政治方面的要求，我又作了些历史的文字应付了。这样干去，颇有些成效。这二年中，我所以和民俗学特别接近，发表的东西也最多之故，正因我把它与研究所的职务发生关系。研究所中有风俗调查会和歌谣研究会，我便借此自隐了。这当然是很不该的，但我深知道研究与事务的不相容，终不愿为了生计的压迫而把自己的愿望随人牺牲。只是这样做去，虽不致完全埋没了自己，而所做的工作总是"鸡零狗碎"的，得到的成绩决不是我的意想中的成功。我心中有许多范围较广的问题，要研究出一个结果来，须放下几个月或几年的整功夫的，它们老在我的胸膈间乱撞，仿佛发出一种呼声道："你把我们闷闭了好久了，为什么还不放我们出来呢？"我真是难过极了。所以我常对人说："你们可怜了我吧！你们再不要教我做事情吧！我就是没有一丝一毫的职务，我自己的事情已经是忙不过来的了！"

我记得幼时常见人圈点一部书（如《史记》《汉书》《文选》等），圈完了一遍之后买一部新的再圈下去。我很瞧不起这班人的迂拘和迟缓，以为读书只要翻翻就是了，照这样的读法，一生能觳读得几部。那时我的胸中既没有宗旨，也没有问题，所以看书虽多，时间依然是宽裕的；因时间的宽裕而把学问看得更轻易。现在有了宗旨，许多问题都引起来了，无论看哪种薄薄的书，只觉得里面有许多是可供旧有问题的研究材料的，有许多是可以发生新问题的。因为都是有用的材料，都不忍弃去，钞出既没有空闲，不钞出又似乎负上了一笔债，所以我到现在，真不敢随便翻动哪一本书，除了我要把它自首至尾读一遍的。我始回忆先辈的读书方法，很想拣出几部必须精熟的基本书籍，一字一字地读去，细细咀嚼，消化成自己的血肉。可恨现在的时势只许人发议论而不许人读书，所谓读书也只是浮光掠影地翻览，像我幼年的行径一般，我怀了正式读书的愿望久久无法使它实现。岂但是读书呢！我的袖珍笔记册积了一抽屉了，里面有许多是见闻所及的钞撮，有许多是偶然会悟的见解，很有誊入红格本笔记簿的价值。但是铅笔的影子已经渐渐地澌灭了，急写的字体也有许多认不清了，却还没有动手钞写。我真悲伤，难道我的过去的努力竟不由得我留下一些残影来吗？

这几年，社会上知道我有志研究历史的很多，对于这方面的期求也特别重，许多人属望我编成一部中国通史。我虽没有研究普通史的志愿，只因没有普通史，无论什么历史问题的研究都不易得到一种凭借，为自己研究的便利计，也愿意从我的手中整理出一个大概来。我的心中一向有一个历史问题，渴想借此得一解决，即把这个问题作为编纂通史的骨干。这个问题是：中国民族是否确为衰老，抑尚在少壮？这是很难解决的。中国民族的衰老，似乎早已成为公认的事实。战国时，我国的文化固然为了许多民族的新结合而非常壮健，但到了汉以后便因君主的专制和儒教的垄断，把它弄得死气沈沈了。国民的身体大都是很柔弱的；智识的浅陋，感情的淡薄，志气的卑怯，那一处不足以证明民族的衰老。假使没有五胡、契丹、女真、蒙古的侵入，使得汉族人得到一点新血液，恐怕汉族也不能苟延到今日了。现在世界各强国剧烈地压迫我们，他们的文化比我们高，他们再不会像以前的邻族一般给我们同化；经济侵略又日益加甚，逼得我们人民的生计困苦到了极端，又因他们的经济侵略诱起我们许多无谓的内争，人民死于锋镝之下的不计其数：眼看一二百年之中我们便将因穷困和残杀而灭种了！在这一方面着眼，我们民族真是衰老已甚，灭亡之期迫在目前，我们只有悲观，只有坐而待亡。但若换了一种乐观的眼光看去，原还有许多生路可寻。满、蒙、回、藏诸族现在还在度渔猎畜牧的生活，可以看作上古时代的人民。就是号称文明最早的汉族所居的十八省中，苗、猺、獞、僰等未开化的种族依然很多，明、清两代"改土归流"至今未尽。这许多的种族还说不到壮盛，更哪里说得上衰老。就是汉族，它的文化虽是衰老，但托了专制时代"礼不下庶人"的福，教育没有普及，这衰老的文化并没有和民众发生多大的关系。所以我们若单就汉族中的智识阶级看，他们的思想与生活确免不了衰老的批评，但合了全中国的民族而观，还只可说幼稚。现在国势如此贫弱，实在仅是病的状态而不是老的状态。只要教育家的手腕高超，正可利用了病的状态来唤起国民的健康的要求。生计固然困苦，但未经开发的富源正多，要增加生产，享用数千年来遗弃的地利，并不是件难事。内争固然继续不已，但或反足以激动人民参预政治的自觉心，使得他们因切身的利害而起作内部的团结。（例如四川的民团因军阀的残暴而发生，现已力足抵制军阀。河南、山东的红枪会也是由于自卫的要求而起，可惜智识太低，以至流于义和团一类的行径，这是须教育家补救的。）体质固然衰弱，但教育方法和生育观念的改变也足以渐渐造成强壮的青年，或者过了几代之后可以一改旧观。因此，在这一方面着眼，只要各民族能彀得到相当的教育，能彀发生自觉的努力，中国的前途终究是有望的。这真是关系我们的生死存亡的一个最重大的历史问题。这个问题究竟如何，非费多年的功夫去研究决不能清楚知道。我生丁离乱之际，感触所及，自然和他人一样地有志救国；但是我既没有政治的兴趣，又没有社会活动的才能，我不能和他人合作，我很想就用了这个问题的研究做我的惟一的救国事业，尽我国民一分子的责任。我在研究别种问题时，都不愿与实用发生关系；惟有这一个问题，却希望供给政治家、教育家、社会改造家的参考，而获得一点效果。至于研究的方法，我很想先就史书，府县志和家谱中寻取记载的材料，再作各地的旅行，搜集风俗民情的实际的材料。可是我的生活如不能使我作安定的研究，这个计画是无从进行的；社会上固然期望我，但空空地期望而不给我以实现的境遇，也是望不出结果来的。（前年承沈尹默先生的好意，嘱为孔德学校编纂历史讲义，我即想向着这一方面走去；只因诸务忙冗，到今没有编了多少，很使我怅恨不安。）

我的第二种痛苦是常识的不充足和方法的不熟练。我幼年在翻书中过日子，以为书多自然学富，心中很自满。二十岁后读章学诚的《文史通义》，在《横通》篇中见到以下一节议论：

> 老贾善于贩书，旧家富于藏书，好事勇于刻书，皆博雅名流所与把臂入林者也。……然其人不过琴工碑匠，艺术之得接于文雅者耳；所接名流既多，习闻清言名论，而胸无智珠，则道听涂说，根底之浅陋亦不难窥。周学士长发以此辈人谓之"横通"，其言奇而确也。……学者陋于见闻，接横通之议论，已如疾雷之破山，遂使鱼目混珠，清浊无别，而其人亦嚣然自命，不知其通之出于横也！……

读了这一段，自想我的学问正是横通之流，不觉得汗流浃背。从此想好好地读书，但我这时只把目录平议一类书算作我的学问的标的。过了几年，又使我羞愧了。民国五年（1916年）的笔记中有一则道：

> 自章实斋以来，学者好言校雠，以为为学始于目录，故家派流变，区以别矣。然目录者，为学之途径，非其向往之地也。今得其途径而止，遂谓纲目条最之事足以尽学，而忘其原本，此则犹诵食谱而废庖厨矣。太炎先生与人书云："往见乡先生谭仲修，有子已冠，未通文义，遽以《文史》《校雠》二种教之。其后抵掌说《庄子·天下》篇，刘歆《诸子略》；然不知其义云何。"按此即任目录而废学之弊也。予初诵实斋《通义》，即奋力求目录书；得其一勺，以为知味。自受业于

> 伯弢先生，颇愿为根本之学，以执简御繁，不因陋就简。乃校
>
> 课逼迫，不得专攻；所可致力，仍继前轨。思之辄汗颜不止。

到这时，我才真想读原本书而不再满足于目录平议所载的纲要了。但我的心中还没有生出问题，以为整理国故只要专读故书好了，若与世界学问打通研究，恐有"古今中外派"的附会的危险。直到近数年，胸中有了无数问题，并且有了研究问题的工作，方始知道学问是没有界限的，实物和书籍，新学和故书，外国著作和中国撰述，在研究上是不能不打通的。无论研究的问题怎样微细，总须到浑茫的学海里去捞摸，而不是浮沈于断港绝潢之中所可穷其究竟。于是我需要的基本的知识和应用的方法乃大感不足！

我自小学到大学，为了对于教员的不信任，大都没有用过功。犹记在中学时初学几何，我不懂得它的用处，问同学，问教员，都说不出一个所以然来。我以为这不过是算学上的一套把戏而已，并没有实际的需要，就不去注意。到了现在，除了书首的几条定义还有些影子之外，其余完全模糊了。他种科学也都这样，翻开来时有些面善，要去应用时便觉得隔膜。我很想得到二三年工夫，把以前所受的课业统统温理一遍，因为这些都是不可减少的常识，要在现在时代研究学问是不应不熟习的。外国文我虽读过四种，只因都不曾出力去读，也没有一种读好。近数年来，我用了极度的勉力，从没有空闲中硬抽出些时间来自修，结果却总是"一曝十寒"，没有多大的效验。我也想得到二三年工夫，把它读好两种。所以我惟一的想望，便是如何可以获得五六年的闲暇，让我打好一个学问的根底，然后再作研究，再在文坛上说话。我相信社会上如要用我，也是让我在现在时候多读书比较多做书为更有益。如果我能毅打好了这个根底，我的研究和主张才可达到学问界的水平线上，我的学问才可成为有本的源泉。像现在这样，固然也可以发表些研究的成绩，但这是唐花簏中烘开来的花，提早的开放只换得顷刻的萎谢罢了。

我虽有这样的渴望，可是我很明白，这仅仅是我的"单相思"，社

会上是不能容许我的。他们只有勒逼我出货，并不希望我进货。更质直地说，他们并不是有爱于我，乃是有利于我。他们觉得我到了大学毕业，已经教养得很足够了，可以供他们的驱使了。一头骡子，到它成长的时候，就可由蓄养它的主人把它驾到大车上，拖煤、拖米、拖砖石，不管有多少重量，只是死命地堆积上去。堆积得太多到拖不动了，也惟有尽力鞭扑；至于它的毛尽见皮，皮开见血，这是使用它的人不瞧见的。直到用尽了它的气力而倒毙时，才算完了它的任务。啊！现在的我真成了一头拖大车的骡子了吗？就是不要说得这样的惨酷，只说社会上推重我，切望我做出些成绩来，也好有一比。好比我要从西比利亚铁道到欧洲去，在海参崴起程时，长途万里，满怀的高兴，只觉得层云积雪的壮观，巴黎、伦敦的繁华，都将直奔我的眼底来了。车到赤塔，忽然有许多人蜂拥上车，乱嚷乱挽道："你的目的地已达到了，请下车罢!"我正要分辨我的行程发轫不久时，已经七手八脚地拖我下去了。我向他们陈述旅行的目的和打断兴趣的烦闷，大家笑道："你已经出了国了，路走得很远了，很劳顿了，还是将就些罢!"在这时，试问我的心要悲苦到怎样？

年来称我为"学者"的很多。我对于这个称谓决不辞让，因为它可以用来称有学的人，也可以用来称初学的人：初学是我的现在，有学是我的希望中的将来，他们用了这个名词来称我，确是我的知己（纵然在现今看学者与名流、政客等字样同为含有贬意的时候）。但他们称赞我的学问已经成就，这便使我起了芒刺在背的不安，身被文绣而牵入太庙的觳觫。我知道，若把我与汉代经师相较，我的学问确已比了他们高出了若干倍。可是小学的及格不即是大学的及格，我们正要把一时代的人物还给一时代，犹之应把某等学校的学生还给某等学校，不该摊平了看。汉代的刘向、郑玄一流人，现在看来固甚浅陋，而在当时的极浅陋的学术社会中确可以算做成就了。至于在二十世纪的学问界上，则自有二十世纪的成就的水平线，决不是像我这样的人所能滥竽充数。惟其我要努力达到水平线上，所以我希望打好我的智识的根底而从事于正式的研究。若在现在时候即说我已经成就，固然是一番奖励的好意，但阻止我的发展，其结果将与使用我拖大车的相同，所以这个好意我是不愿领受的。

我常说我们要用科学方法去整理国故，人家也就称许我用了科学方法而整理国故。倘使问我科学方法究竟怎样，恐怕我所实知的远不及我所标榜的。我屡次问自己："你所得到的科学方法到底有多少条基本信条？"静中温寻旧事，就现出二十年来所积下的几个不可磨灭的印象。十二三岁时，我曾买了几部动物、植物的表解，觉得它们分别种类的清楚，举出特征和形象的细密，都是很可爱的。进了小学，读博物理化混合编纂的理科教科书，转嫌它的凌乱。时有友人肄业中学，在他那边见到中学的矿物学讲义，分别矿物的硬度十分明白，我虽想不出硬度的数目字是如何算出来的，但颇爱它排列材料的齐整，就借来钞录了。进了中学，在化学堂上，知道要辨别一种东西的原质，须用他种原质去试验它的反应，然后从各种不同的反应上去判定它。后来进了大学，读名学教科书，知道惟有用归纳的方法可以增进新知；又知道科学的基础完全建设于假设上，只要从假设去寻求证据，更从证据去修改假设，日益演进，自可日益近真。后来听了适之先生的课，知道研究历史的方法在于寻求一件事情的前后左右的关系，不把它看作突然出现的。老实说，我的脑筋中印象最深的科学方法不过如此而已。我先把世界上的事物看成许多散乱的材料，再用了这些零碎的科学方法实施于各种散乱的材料上，就喜欢分析、分类、比较、试验，寻求因果，更敢于作归纳，立假设，搜集证成假设的证据而发表新主张。如果傲慢地说，这些新主张也可以算得受过科学的洗礼了。但是我常常自己疑惑：科学方法是这般简单的吗？只消有几个零碎的印象就不妨到处应用的吗？在这种种疑问之下，我总没有作肯定的回答的自信力。因此，我很想得到些闲暇，把现代科学家所用的方法，弘纲细则，根本地审量一下，更将这审量的结果把自己的思想和作品加以严格的批判，使得我真能用了科学方法去作研究而不仅仅是标榜一句空话。

我在幼时，读了孔、孟书和《新民丛报》一类文字，很期望自己作一个政治家；后来又因兴趣的扩张和变迁而想治文学和哲学。哪里知道到了近数年，会得发见我的性情竟与科学最近！我最是自己奇怪的，是我的爱好真理的热心和对于工作的不厌不倦的兴味。中国的学问虽说积了二三千年没有断，可是梦乱万状，要得到确实的认识非常困难。我今日从事研究整理，好似到了造纸厂中做拣理破布败纸的工作，又多，又臭，又脏，又乱，又因拣理的家伙不完备，到处劳着一双手。但是我决不厌恶，也决不灰心，我只照准了我的理想的计画而进行。所吃亏的，只是自己的技能不充足，才力受限制，常感到眼高手低的痛苦。如果我的技术能彀修习得好，使得它可以和我的才力相应合，我自信我的成就是决不会浅薄的。

我的第三件痛苦是生计的艰窘。我没有金钱的癖好，薪金的数目本来不放在我的心上。我到北京来任事，也明知在欠薪局面之下，生计是不安的；只为要满足我的学问的嗜好，所以宁可投入淡泊的生活。但近年以来，中央政府的财政已陷绝境，政费屡屡数月不发，就是发出也是"一成二、二成三"这般敷衍，连淡泊的生活也维持不下了。以前学生时代，我向祖母和父亲乞得些钱钞，常常到书肆里翻弄；哪知道现在自己有了职业，反而失去了这个福分。在研究上，有许多应备的参考书，但没有法子可以得到。例如二十四史，是研究历史的人何等切要的工具，以前我不能买全部，尚可搜罗些零种，现在连零种也不许问津了。有许多急需的书，熬到不可熬时，也只有托人去买，因为免得见了他种可爱的书而不能买时，害苦了我的心。有许多地方，在研究上是应该去的，但也没有旅行的能力。不必说辽远的长安、敦煌、于阗诸处，就是我研究孟姜女故事，山海关和徐水县两处都是近畿的这件故事的中心，并且是京奉、京汉两线经过的，大约有了四五十元也尽够作调查费了，可怜想了一年半，还只是一个空想！

为了生计的不安定，要什么没有什么，一方面又受家人的谴谪，逼得极好学的我也不能安心治学。有时到了十分困苦之境，不免想作了文稿出卖，因为我年来得了些虚名，稿子确也卖得出去，在这一方面未始不可救一点急。但一动笔时，又使我懊丧了：我觉得学问原是我的嗜好，我应当尊重它，不该把它压做了我的生计的奴仆，以至有不忠实的倾向而生内疚。然而学问的忠实谈何容易，哪能限定了一天写几千字，把生计靠在上面。与其对于学问负疚，还不如熬着困苦：这是我的意志的最后的决定。所以我虽困穷到了极端，卖稿的事情却始终没有做过几回。卖稿且如此，要我去讲敷衍应酬，钻营职务，当然益发没有这种的兴会了。来日大难，或者要"索我于枯鱼之肆"吧？

我记得我的幼年，因顽强而为长者所斥责，他们常说："你现在的脾气这等不好，将来大了，看你如何可以吃人家的饭！"到二十岁左右时，我初见到社会上种种阢陧不安的现象，初知道个人的适存于社会的艰难，又读了些老、庄的书，知道天真与人事的不相容，就很肯屈抑自己，对人装像一个乡愿。向来说我固执的亲族长者一时也称誉道："颉刚很随俗了！"哪知道现在又抑不住我的本性了，只觉得必须从我的才性上建设的事业才是我的真实的事业，我只应当受自己的支配于事业的工作上，若迁就了别人就是自己的堕落。无论怎样受生计的逼迫，只是不能溶解我的坚硬的癖性。看来我的长者斥责我的话是要应验的了！

我的第四件痛苦是生活的枯燥。我在社会里面，自己知道是一个很枯燥的人，既不能和人敷衍，也不能和人争斗。又感到人事的复杂，自己知识的渺小，觉得对于任何事件都不配作批评，因此我处处不敢发表自己的主张。要我呼斥一个仆人，和强迫我信从一个古人一样的困难。到了交际场中，又因与日常的生活不同，感到四围空气的紧张，自己既局促若辕下之驹，又怕他人因了我的局促而有杀风景之感。看着许多人在我的面前活动，只觉得他们的漂亮、伶俐、劈脱、强健、豪爽的可羡，更感到自己的干枯、寂寞、沈郁、拘谨的可厌，像一枚烂柿子的可厌。我自己知道，我的处世的才能是愈弄愈薄弱了。这种在旧教育之下和长日的书房生活之中压迫而成的习惯，恐怕已是改不掉的；并且这种习惯和我的学问事业不生关系，也没有立志痛改的必要。我所悲感的，是我的内心生活也渐渐地有干涸的倾向了。

许多人看了我的外表，以为我是一个没有嗜欲的人，每每戏以"道学家"相呼。但我自己认识自己，我是一个多欲的人，而且是一个敢于纵欲的人。我对于自然之美和人为之美没有一种不爱好，我的工作跟着我的兴味走，我的兴味又跟着我所受的美感走。我所以特别爱好学问，只因学问中有真实的美感，可以生出我的丰富的兴味之故。反过来说，我的不信任教师和古代的偶像，也就因为他们的本身不能给我以美感，从真理的爱好上不觉地激发了我的攻击的勇气。但一株树木的荣茂，须有蔓延广远的根荄。以前我对于山水、书画、文辞、音乐、戏剧、屋宇的装饰等等的嗜好，就是许多条根荄，滋养着我的学问生活的本干的。我对于民俗的理解力固然甚浅，但在向来没有人理会之中能毂辟出这一条新路，实在就是无意中培养出来的一点成绩。我说这句话，并不是说凡是我所欣赏的都要在里边得到实效，我很知道挟了受用的心思而作的欣赏决不能成为真的欣赏。我的意思，不过要借此说明不求实效的结果自能酝酿出一些成绩来，这些成绩便不是在实效的目标之下所能得到的而已。所以我们若要有伟大精美的创造，必须任着作者随了自己的嗜欲和兴会而发展，愈不求实效愈可得着料想不到的实效。

但是我很可怜，从前的嗜欲现在一件一件地衰落了。去年一年中，我没有到过一个新地方；音乐场和戏园子总共不过去了四五次，又是受着友人的邀约的。家里挂的书画，以前一星期总要换一次，现在挂了两年还没有更动，成了照例文章，把欣赏美术的意味完全失去了。从前喜欢随便翻书，每于无意中得到会心之乐，近来不是为了研究的参考竟不触手了。要说好，也是好，因为我的精力集中到学问上，在学问上又集中到那几科，以至那几个问题。但我敢说嗜好的衰落决不是我的幸福。再用树来比喻。我们要使得一株树木增高，自然削去旁逸斜出的枝条是惟一的办法；但稍加芟削则可，若统统斩去，把它削成了电杆一般细长的东西，无论在事实上不会生存，就使生存了也是何等可怕的一件东西呵！我自己知道，我并不是一个没有情趣的人，我年纪虽过了三十，但还保存得青年的豪兴，向日徘徊留恋的美感也没有丧失分毫。只是事情忙了，胸中的问题既驱迫我走遥远的程途，社会上又把许多负担压积到我的肩上。以前没有目的的人生忽地指出目的来了，以前优游自得的身子又猛被社会拉去做苦工了，愈走愈难，愈担愈重，我除了我的职务之外再不能分出余力到我所爱好的东西上去了。于是我的生趣日趋于枯燥遂成为不可避免的事实！

我现在忙得真苦！我也知道，我的事务的种类并不比别人多，只是做成一件事情要求惬心的不容易。别人半天可以做完的事情，我往往迁延到五六天。要草写一篇文字，总得作多少日子的酝酿。朋友们探望的不答，来信的不覆，以至过了一年半载而作覆，成了很平常的事。我的大女儿住在校里，屡屡写信归来，说："请爹爹给我一封信罢！"我虽是心中很不忍，但到底没有依她的请求。二女儿写好一张字帖，要我加上几圈，我连忙摇手道："送给你的母亲去罢！"我的忙甚至使我对于子女的疼爱之心也丢了，这真太可怜了！记得以前与友人下五子棋，十局中输了九局。他道："我看准了你的短处了！你不肯下一个闲空的棋子，所以常常走入死路，不能作灵活的运用。"我自想我的现在的生活颇有些像我的下棋了，因为一些时间不肯轻易让它空过，过于务实，以至生活的趣味尽失。文化原是在闲暇中养成的，像我这种迫不及待的生活，只配做一个机械性的工匠，如何可以在学林艺海之中啸吟容与，认识宇宙的伟大呢。精神方面既因此而受损害，使得我的思想渐窒实，眼光渐钝短，身体方面也是同样的伤坏。我现在除了读书作文颇能镇定之外，无论做什么事情，仿佛背后有人追赶着，越做越要快，以至心跳心悸。照这样下去，或者草书可以不用练习而自然名家，长途竞走也可以考上第一。假使我能彀准了钟点做事，此心原可安定得多；无如别人没有定时做事的观念，遂害得我不能画出做事的定时。我正在从事工作时，忽然人事来了，别人看得时间是很轻的，他们把我的时间随便浪费了。我只要一起了爱惜光阴之念，立刻心宕。回到工作时，就刺促不宁了。因为这样，所以几乎没有一天的日子不短，没有一天的工作不欠，没有一天的心情不悲伤。但这有什么法子可以得到别人的原谅呢？没有法子，只得把应该游息的时间也改隶到工作之下。从此以后，我就终年没有空闲了。有时在室内蜷伏了数天，走到街上，只觉得太阳亮得耀眼，空气的清新仿佛到了山顶。这类境界，在做专门研究的时候固然是逃不了的，但永久处于这种生活之下终不是个办法。我很想得到一种秩序的生活，一天总是工作几小时，游息几小时，不多也不少，像小孩子的食物一样的调匀，使得我可以作顺适的成长。但在现在的社会之下，这个希望能超过了空想吗！

以上几种痛苦，时时侵袭我的心，掣住我的肘，我真是十分的怨望。我要忠实于自己的生命，则为社会所不容；若要改作委蛇的生存，又为内心所不许：这真是无可奈何的了！我自己觉得，我有这一点粗略的科学观念，有这一点坚定的志愿和不畏难的勇气，我的眼下有许多新问题，我的胸中没有一个偶像，在现在轻忽学问的中国社会上，我已是一个很难得的人，我所负的责任是很重的。社会上固然给我以种种的挫折，但是我竟不能用了我的热情打出一个学问的地位来吗！我将用尽我的力量于挣扎奋斗之中，为后来人开出一条大道！就是用尽了我的力量而到底打不出一条小径，也要终其身于呼号之中，希望激起后来人的同情而有奋斗的继续者！

我的作文本来就有"下笔不能自休"的毛病，近数年尤甚。我读别人做的文字虽也觉得含蓄的有味，但自己作文总须说尽了才痛快。这篇序文的起草，适在北方军事紧张之际，北京长日处于恐怖的空气之中：上午看飞机投弹，晚上则饱听炮声。我的寓所在北海与景山之间，高耸的峰和塔平时颇喜其风景的秀美，到这时竟成了飞机投弹的目标。当弹丸落到北海的时候，池中碧水激涌得像白塔一般的高，我家的窗棂也像地震一般的振动了。每天飞机来到时，大家只觉得死神在自己的头上盘旋不去。家人惊恐之余，连水缸盖和门户的开阖的声浪也变成了弹声炮声的幻觉。等到炮声停止之后，市上更加寂静了，普通铺户都是"清理账目"，饭店酒馆又是"修理炉灶"，阔气一点的铺子则是"铁门有电"，比了阴历元旦的歇业还要整齐。北京大学的薪金，这两个多月之中只领到一个月的一成五厘，而且不知道再领几成时要在哪一月了。友朋相见，大家只有皱眉嗟叹，或者竟要泪随声下。在这又危险又困穷的境界里，和我有关系的活动一时都停止了；就是印刷所中，也因交通阻绝，纸张缺乏，不来向我催稿子。我乐得其所，终日埋头在书房里，一天一天的从容不迫地做下去，心中想到什么就写什么，实足写了两个月，成了这篇长文——我有生以来的最长最畅的文。胸中郁勃之气借此一吐，很使我高兴。我妻在旁边笑道："你这篇文字不成为序文了！一篇《古史辨》的序，如何海阔天空，说得这样的远？"但我的意思，原要借了这篇序文说明我的研究古史的方法和我所以有这种主张的原因，一件事实是不会孤立的，要明了各方面的关系不得不牵涉到无数事实上去；至于体裁上像不像序，这是不成问题的，因为我原不想作文学的文章。（其实就是文学的文章，也何尝不可随了作者的意念而改变体裁。）

这册书于去年九月中付印。本来在一二个月内可以出版，只为临时增加了些篇幅，延至本年二月中方将本文印完。又因等待这篇序文，再延了两个月，假使没有朴社同人的宽容，是决不会听我如此纡徐的。我敬对于社中同人致谢！

末了，我再向读者诸君唠叨几句话。第一，这书的性质是讨论的而不是论定的，里面尽多错误的议论（例如《古今伪书考跋》中说清代无疑《仪礼》者，又如与玄同先生信中讥今文家，谓依了章学诚《易教》的话，孔子若制礼便为僭窃王章）。现在为保存讨论的真相计，不加改正。希望出版之后，大家切切实实地给以批判，不要轻易见信。第二，古史的研究现在刚才开头，要得到一个总结论不知在何年。我个人的工作，不过在辨证伪古史方面有些主张，并不是把古史作全盘的整理，更不是已把古史讨论出结果来。希望大家对于我，能彀知道我的学问的实际，不要作过度的责望。第三，我这本书和这篇序文中提出了多少待解决的问题。像我这般事忙学浅的人，不知道什么时候才可把这些问题得到一个约略的解决，说不定到我的生命终止时还有许多现在提出的问题不曾着手。读者诸君中如有和我表同情，感到这些问题确有研究的价值的，请便自己动手做去。总结一句话，我不愿意在一种学问主张草创的时候收得许多盲从的信徒，我只愿意因了这书的出版而得到许多忠实于自己的思想，敢用自力去进展的净友。

十五年（1926年）一月十二日始草，四月二十日草毕。

古史辨第二册自序①

《古史辨》第一册出版了足四年了。在这四年中，朋友们看见我，常常问道："第二册出版了吗？"我只是惭恨，无以回答。实在近数年来，我的生活太忙乱了。四年以前的生活，我已嫌它不适宜于研究学问；哪知近数年来的生活更不适宜于研究学问。自从民国十五年（1926年）的秋天，受了衣食的逼迫，浮海到厦门（不到一年，又被学校的风潮驱到了广州），从此终日为教书忙，为办公忙，为开会及交际等事忙，于是我的生命史开了新纪录了，向来平庸不过的生活中也居然激起波浪来了，拥戴的有人了，攻击的也有人了；结果逼得我成了对付别人的人而丧失了自己。我常想：照这样子流转下去，我至多只有做成一个教育行政家（给人骂起来就是所谓学阀），这是我能做的吗？这是我心愿的吗？唉，我十几年来所为排万难以求的是什么，我能为衣食的不生问题就忘记了那个目的吗？年纪一天比一天大，心情一天比一天乱，学问一天比一天退步，这怎么办？难道我就这样地完了吗？想到这里，真是痛苦极了；回忆数年前在生计压迫之下还有空闲读书的生活，只觉其可歆羡了。于是我立定主意，逃出了南方。逃出来一年之后，这《古史辨》第二册就出版了，朋友们再问我时我就可以回答了。这真该谢

---

① 原载《古史辨》第二册，朴社，1930年9月。

天谢地的呵！

这一册的内容，四年前早拟定了，曾在第一册的后面附了一个目录：上编是古史问题，中编是经学问题，下编是前代辨伪者的传记。后来在厦门在广州又编过几次，因为搜集的材料多了，一册容不下，决定分为两册，所以这一册的内容和豫告的有些不同：上编仍为古史问题，中编则改为孔子和儒家问题，下编又改为关于《读书杂志》中古史论文和《古史辨》第一册的批评。

因为前几年的生活太忙乱了，所以不能有新的作品给大家看。这一册所搜集的，我的还是几篇老文章，别人作的则有很新的，可以弥补我久不继续努力的缺憾。本册下编，全是别人对于我的批评，在这些矛盾的论调中，读者大可看出这个时代的人们对于古史的观念有怎样的不同，我们将来工作的进行应当拣取什么方法。这是很好的思想史的材料，又是很好的史学方法论的材料。许多指正我的地方，我铭感地领受。其有不能同意而不按篇答覆者，一因没有时间，二因有许多已不成问题了，三因我现在的生活较为安定，如果能让我在这种生活中过上几年，我必可有进一步的事实作为解释，正不必在这没有成绩的现在作断断之辨。（我现在自信已捉得了伪古史的中心，只要有时间给我作研究工夫，我的身体又支持得下，将来发表的论文多着呢。）这些批评的文字，只就我所看见的或我的朋友们寄给我的收录进去，其他失载的想来还很多，只得待以后续补了。（有几篇是和别种书一起批评的，现在不加删削，因为借此可以看出近年来史学界的风气。）

自从本书第一册出版之后，不能说没有影响，但不了解我的态度的人依然很多。现在趁这作序的机会，略略答述如下。

最使我惆怅的，是有许多人只记得我的"禹为动物，出于九鼎"的话，称赞我的就用这句话来称赞我，讥笑我的也就用这句话来讥笑我：似乎我辨论古史只提出了这一个问题，而这个问题是已经给我这样地解决了的。其实，这个假设，我早已自己放弃。就使不放弃，也是我的辨论的枝叶而不是本干；这一说的成立与否和我的辨论的本干是没有什么大关系的。这是对我最浅的认识。其他较为深刻的，有下列四项：

第一，说我没有结论。我以为一种学问的完成，有待于长期的研究，决不能轻易便捷像民意测验及学生的考试答案一样。如果我随便举出几句话作为我的结论，那么，我就是伪史的造作家了，我如何可以辨别别人所作的伪呢！我要求结论之心，或者比了说这句话的人还要热切，但我不敢自己欺骗自己，更不敢欺骗别人。责备我的人们，请息了这个想念罢！我是不能满足你们的要求了！这不是我的不争气，使得你们的要求不能满足，实在这个时代还不容我满足你们的要求呵！千万个小问题的解决，足以促进几个中问题的解决；千万个中问题的解决，足以促进几个大问题的解决。只要我们努力从事于小问题的研究而得其结论，则将来不怕没有一个总结论出来。可是在我们这几十年的寿命里是一定看不见的了！

第二，说我没有系统。他们的理由和上条一样，我的答覆也和上条一样。系统的完成不是一朝一夕的事，哪里可以像木架般一搭就搭起来的。不过，有一个你们愿意听的消息报告给你们知道。数年前，我专作小问题的研究，原没有组织系统的觊望。这几年不同了，因为在学校里教授上古史，逼得我不能不在短时期内建设一个假定的古史系统。现在我很想在《古史辨》之外更作两部书，一是《古史材料集》，一是《古史考》。《材料集》是把所有的材料搜集拢来，分类分时编辑，见出各类和各时代中包孕的问题；《古史考》则提出若干较大的问题，作为系统的研究。这是足以使得古史的材料及辨论都系统化的；不过这两部书的完工很不容易，恐怕要迁延到我的垂老之年吧！至于《古史辨》，本是辑录近人著作，用意在于使大家知道现在的古史学界中提出的问题是些什么，讨论的情形是怎样，以及他们走到的境界有多么远而已，正不须使它有系统。

第三，说我只有破坏，没有建设。我以为学术界中应当分工，和机械工业有相同的需要。古史的破坏和建设，事情何等多，哪里可由我一手包办。就是这破坏一方面，可做的工作也太多了，竭尽了我个人的力量做上一世，也怕未必做得完，我专做这一方面也尽够忙了。而且中国的考古学已经有了深长的历史，近年从事此项工作的人着实不少，丰富的出土器物又足以鼓起学者们向建设的路上走的勇气，我不参加这个工作决不会使这个工作有所损失。至于辨伪方面，还没有许多人参加，头脑陈腐的人又正在施展他们的压力（请恕我暂不将事实陈述），如果我不以此自任，则两千数百年来造作的伪史将永远阻碍了建设的成就。所以即使就时代需要上着想，我也不得不专向这方面做去。

第四，说书本上的材料不足为研究古史之用。书本上的材料诚然不足建设真实的古史，但伪古史的发展十之八九在已有了书本之后。用了书本上的话来考定尧、舜、禹的实有其人与否固然感觉材料的不够用，但若要考明尧、舜、禹的故事在战国、秦、汉间的发展的情状，书本上的材料还算得直接的材料，惟一的材料呢。我们先把书籍上的材料考明，徐待考古学上的发现，这不是应当有的事情吗？再有一个理由：有许多古史是考古学上无法证明的，例如三皇、五帝，我敢豫言到将来考古学十分发达的时候也寻不出这种人的痕迹来。大家既无法在考古学上得到承认的根据，也无法在考古学上得到否认的根据，那么，希望在考古学上证明古史的人将怎么办呢？难道可以永远"存而不论"吗？但是在书本上，我们若加意一考，则其来踪去迹甚为明白，固不烦考古学的反证而已足推翻了。

以上四项，都是对于我的"求全之毁"。还有一项，是"不虞之誉"。我出了一册《古史辨》，在这学术饥荒的中国，一般人看我已经是一个成功的学问家了，于是称我为历史专家，说到历史似乎全部的历史我都知道的，说到上古史似乎全部的上古史我都知道的。唉，这岂不是我想望中的最大成就，不过想望只是想望，哪里能够如愿呢！学问的范围太大了，一个人就是从幼到壮永在学问上作顺遂的进展，然而到了老迈亦无法完全领略，因为我们人类的生命太短促了，有涯之生是逐不了无涯之知的。何况我对于古史只有十年的功力，对于这方面的知识的浅薄是当然的事呢！我决不是三头六臂的神人，也决不是"造逡巡酒、开顷刻花"的术士。我只是一个平常人，只能按部就班地走，只能在汪洋大海中挹得一勺水呵！所以这种不虞之誉，实在还是求全之毁的变相。这种非分的颂扬，实在即是惨酷的裁制。

我现在诚挚地自白：我不是一个历史的全能者，因为我管不了这许多历史上的问题；我也不是一个上古史专家，因为真实的上古史自有别人担任。我的理想中的成就，只是作成一个战国、秦、汉史家；但我所自任的也不是普通的战国、秦、汉史，乃是战国、秦、汉的思想史和学术史，要在这一时期的人们的思想和学术中寻出他们的上古史观念及其所造作的历史来。我希望真能作成一个"中古期的上古史说"的专门家，破坏假的上古史，建设真的中古史。所以，我的研究的范围大略如下：

　　（1）战国、秦、汉人的思想及这些思想的前因后果；

　　（2）战国、秦、汉间的制度及这些制度的前因后果；

　　（3）战国、秦、汉间的古史和故事的变迁；

　　（4）战国以前的书籍的真面目的推测；

　　（5）战国、秦、汉间出来的书及古书在那时的本子；

　　（6）战国、秦、汉人讲古籍讲错了的地方及在此错解之

下所造成的史事。

我承认我的工作是清代学者把今古文问题讨论了百余年后所应有的工作，就是说，我们现在的工作应比清代的今文家更进一步。从前叶德辉（他是一个东汉训诂学的信徒）很痛心地说：

　　　　有汉学之攘宋，必有西汉之攘东汉。吾恐异日必更有以战

　　国诸子之学攘西汉者矣！（《与戴宣翘校官书》，《翼教丛编》

卷七）

想不到他的话竟实现在我的身上了！我真想拿了战国之学来打破西汉之学，还拿了战国以前的材料来打破战国之学：攻进这最后两道防线，完成清代学者所未完之工。这可以说是想从圣道王功的空气中夺出真正的古文籍，也可说是想用了文籍考订学的工具冲进圣道王功的秘密窟里去。

其次，在古文籍中不少民族的信仰，民众的生活，但是一向为圣道王功所包蒙了，大家看不见。我又很想回复这些材料的本来面目，剥去它们的乔装。

所以我的工作，在消极方面说，是希望替考古学家做扫除的工作，使得他们的新系统不致受旧系统的纠缠；在积极方面说，是希望替文籍考订学家恢复许多旧产业，替民俗学家辟出许多新园地。

这是我的大愿，但这个大愿能达到与否我不敢说，我只敢说我将向此目的而永远致力。谢谢许多人：你们不要对于这个未成功者作成功的称誉，替他欺世盗名，害得他实受欺世盗名的罪戾；你们也不要对于这个未成功者作成功的攻击，把全国家之力所不能成事者而责备于他一人之身，把二千数百年来所层累地构成且有坚固的基础者而责望他在短时期内完成破坏的工作，逼得他无以自免于罪戾。你们如果同情他的工作，应自己起来，从工作中证明他的是；你们如果反对他的工作，亦应自己起来，从工作中证明他的不是。只要大家肯这样，古史问题的解决自然一天比一天接近，他也不致因包办而失败了！

十九（1930 年），八，十，于燕京大学。

古史辨第三册自序①

　　这第三册《古史辨》分为上下两编：上编是讨论《周易》的，下编是讨论《诗三百篇》的；多数是这十年来的作品，可以见出近年的人们对于这二书的态度。其编纂的次序，以性质属于破坏的居前，属于建设的居后。于《易》则破坏其伏羲、神农的圣经的地位而建设其卜筮的地位；于《诗》则破坏其文、武、周公的圣经的地位而建设其乐歌的地位。但此处说建设，请读者莫误会为我们自己的创造。《易》本来是卜筮，《诗》本来是乐歌，我们不过为它们洗刷出原来的面目而已；所以这里所云建设的意义只是"恢复"，而所谓破坏也只等于扫除尘障。此等见解都是发端于宋代的，在朱熹的文集和语录里常有这类的话。我们用了现代的智识引而伸之，就觉得新意义是很多的了。

　　我们知道：我们的功力不但远逊于清代学者，亦且远逊于宋代学者。不过我们所处的时代太好，它给予我们以自由批评的勇气，许我们比宋代学者作进一步的探索——解除了道统的束缚；也许我们比清代学者作进一步的探索——解除了学派的束缚。它又给予我们许多崭新的材料，使我们不仅看到书本，还有很多书本以外的东西，可以作种种比较的研究，可以开出想不到的新天地。我们不敢辜负这时代，所以起来提

----

① 原载《古史辨》第三册，朴社，1931 年 11 月。

出这些问题，激励将来的工作。

这一册书的根本意义，是打破汉人的经说。故于《易》则辨明《易·十翼》的不合于《易》上下经；于《诗》则辨明齐、鲁、韩、毛、郑诸家《诗》说及《诗序》的不合于《三百篇》。它们解释的错误和把自己主张渲染到不相关的经书上，许多许多是证据明确，无可作辨护的。我们的打破它们，只是我们的服从真理，并不是标新立异。

倘有人视经书为神圣，因视汉人的解释为同等的神圣，加我们以"狎侮圣言"的罪名，则我们将说：神圣的东西是"真金不怕火"的，如果汉人的解释确是神圣，则我们这些非传统的言论固嫌激烈，但终无伤于日月之明。如其不然，则即使我们不做这番工作，而时代是不饶人的，它们在这个时代里依然维持不了这一个神圣的虚架子。经久的岁月足以证明真实的是非，请你们等着瞧罢！

可是，我们在这些工作里证明了一件事，就是：我们要打破旧说甚易而要建立新的解释则大难。这因为该破坏的有坚强的错误的证据存在，而该建设的则一个小问题往往牵涉到无数大问题上，在古文字学、古文法学、宗教学、社会学、民俗学……没有甚发达的今日，竟不能作得好。例如《邶风·静女》篇是多么简单的一篇诗，可是摧毁毛、郑之说丝毫不费力，也不发生异议，而要建立现代的解释时，则"荑"呵，"彤管"呵，"爱"呵，触处是问题，七八个人讨论了五六年方得有近真的结论。照这样看起来，讨论一篇问题复杂的文字要费多少时候呢？要把一部书整个讨论停当又要费多少时候呢？这几部经书已经这样够困难，尽了我们几个人的一生精力未必能有十分之一的整理，何况经书以外，古史的天地还大得很，我们是决不能作"及身成功"的梦了！

近来有些人主张不破坏而建设。话自然好听，但可惜只是一种空想。我们真不知道，倘使不破坏《易·十翼》，如何可把《易经》从伏羲们的手里取出来而还之于周代？倘使不破坏汉人的《诗》说，又如何脱去《诗序》《诗谱》等的柳锁而还之于各诗人？如不还之于周代及各诗人，则《易》与《诗》的新建设又如何建设得起来？所以，这只是一句好听的话而已，决不能适用于实际的工作。

许多人看书，为的是获得智识，所以常喜在短时间内即见结论。但《古史辨》中提出的问题多数是没有结论的，这很足以致人烦闷。我希望大家知道《古史辨》只是一部材料书，是搜集一时代的人们的见解的，它不是一部著作。譬如货物，它只是装箱的原料而不是工厂里的制造品。所以如此之故，我实在想改变学术界的不动思想和"暖暖姝姝于一先生之说"的旧习惯，另造成一个讨论学术的风气，造成学者们的容受商榷的度量，更造成学者们的自己感到烦闷而要求解决的欲望。我希望大家都能用了他自己的智慧对于一切问题发表意见，同时又真能接受他人的切磋。一个人的议论就使武断，只要有人肯出来矫正，便可令他发生自觉的评判，不致误人。就使提出问题的人不武断而反对他的人武断，这也不妨，因为它正可因人们的驳诘而愈显其不可动摇的理由。所以人们见解的冲突与凌乱，读者心理的彷徨无所适从，都不是坏事，必须如此才可逼得许多人用了自己的理智作审择的功夫而定出一个真是非来。

数年前，曾有人笑说《古史辨》杂集各人信札发表，其性质等于《昭代名人尺牍》。但我以为这个编纂法自有用处，凡是一件事情可以发生疑窦的地方，这人会想到，别人也会想到；不过想到的程度或深或浅，或求解答或不求解答。若单把论文给人看，固然能给人一个答案，但读者们对于这个答案的印象决不能很深。换言之，即不能印合读者们在无意之间自起的怀疑，因为他们的注意力不深，没有求这答案的需要，不能恰好承受这个答案。现在我们把讨论的函件发表，固然是一堆材料，但我们的疑窦即是大家公有的疑窦，我们渐渐引出的答案即是大家由注意力之渐深而要求得到的答案。这样才可使我们提出的问题成为世间公有的问题，付诸学者共同的解决。从前人有两句诗："鸳鸯绣出凭君看，不把金针度与人。"我们正要反其道而行之，先把金针度与人，为的是希望别人绣出更美的鸳鸯。试看阎若璩的《尚书古文疏证》，每篇正文之后有附录若干条，录其自己的札记及和他人的讨论，有时自行驳诘而不割弃以前的议论。固然是零碎和支蔓，被人讥为著书体例不谨严；但若没有此附录，这正文是多么枯燥呵？现在他把这些结论的来源发表出来，我们正可就此寻出其论证的阶段而批评之，他的几十年研究的苦心就不致埋没，我们继续加功也易为力了。所以我们现在处于这研究古史的过程中，正应借着《古史辨》的不谨严的体例来提出问题，讨论问题，搜集材料，酝酿为有条有理的"古史考"，使得将来真有一部像样的著作。

这一册里，十分之九都是讨论《易》和《诗》的本身问题的，关于古史的极少。也许有人看了要说："这分明是'古书辨'了，哪里可以叫做'古史辨'？"如果有此质问，我将答说：古书是古史材料的一部分，必须把古书的本身问题弄明白，始可把这一部分的材料供古史的采用而无谬误；所以这是研究古史的初步工作。我敢重言以申明之：这是研究古史的初步工作！譬如《周易》和《三百篇》，大家都知道它们是古书，以前也曾把这里面所载的材料充分收入古史。但因它们的自身问题不曾弄明白，所以《易·十翼》和《易经》会得看成同样的意义，《系辞传》中的庖牺氏画卦，黄帝作衣裳、舟楫等故事遂成为典型的古史；而《三百篇》的真相也纠缠于汉人的《诗》说，遂使《商颂》成了商代人的作品，有"平王之孙"的《二南》也成了周初人的作品，为商代和周初添上了一笔伪史。我们现在要把这些材料加以分析，看哪些是先出的，哪些是后出的；春秋以上有多少，战国以下有多少。再看春秋以上的材料，在战国时是怎样讲，在秦、汉时是怎样讲，在汉以后又是怎样讲；而这些材料的真实意义究竟是怎样，以前人的解释对的若干，错的若干。这些工作做完的时候，古史材料在书籍里的已经整理完工了。那时的史学家就可根据了这些结论，再加上考古学上的许多发见，写出一部正确的中国上古史了。

所以我编这一册书，目的不在直接整理古史。凡是分析这二经中材料的先后的，或是讨论这二经的真实意义的，全部收入。希望秦、汉以前的几部书都能经过这样的讨论，使古书问题的解决得以促进古史问题的解决。

十余年前，初喊出"整理国故"的口号时，好像这是一件不难的工作，不干则已，一干则就可以干了的。我在此种空气之下，踊跃用命，也想一口气把中国古史弄个明白，便开始从几部古书里直接证明尧、舜、禹等的真相。现在看来，真是太幼稚，太汗漫了！近年每逢别人询问"你的研究古史的工作怎样了"时，我即答说："我不敢普泛的研究古史了，我只敢用我的全力到几部古书上。"实在，这并非胆怯；如果不自认定了一个小范围去做深入的工作，便没有前进的可能了！我自信，这一种觉悟是有益的。

我敢正告青年们：这若干部古书本是一种专门学问而不是常识，不是现代的人们所必有的智识；如果你们毫不顾问，也没有大关系。但是你们如果对于它发生了研究的兴趣，要向这方面得到些智识时，则一定要干苦工，要肯牺牲很多的时间去获得那很少的智识。以前的人，束发受经，有信仰而无思考，所以儒家统一了两千年的教育，连这几部经书也没有研究好；岂但没有研究好，且为它增加了许多葛藤，使它益发浑乱。现在我们第一次开垦这个园地，当然要费很大的力气为后来人作方便。我们处于今日，只有做苦工的义务而没有吃现成饭的权利。

数年来不满意于我的工作的人很多，看他们的意见大都以为我所用的材料不是古史的材料，所用的方法不是研究古史的方法。我以为这未免是一种误解。就表面看，我诚然是专研究古书，诚然是只打倒伪史而不建设真史。但是，我岂不知古书之外的古史的种类正多着，范围正大着；又岂不知建设真史的事比打倒伪史为重要。我何尝不想研究人类学、社会学、唯物史观等等，走在建设的路上。可是学问之大像一个海，个人之小像一粒粟，我虽具有"长鲸吸百川"的野心，究竟我是一个人，我的寿命未必有异于常人，我决不能把这一科学问内的事项一手包办。我不但自己只能束身在一个小范围里做深入的工作，而且希望许多人也都束身在一个小范围里做深入的工作。有了许多的专门研究，再有几个人出来承受其结论而会通之，自然可以补偏救弊，把后来的人引上一条大道。《荀子·解蔽》篇云："垂作弓，浮游作矢，而羿精于射。奚仲作车，乘杜作乘马，而造父精于御。"只要我们各个人能把根柢打好，把工具制好，将来精于射御的人就自然会起来了。要是痴想"一步跨上天"，把许多的需要责望到几个人的身上，要他们在一个短时期内得到大成就，那么只有逼得他们作八股文章：大家会说那一套，但大家对于那一套都不能有真实的了解。试问到了这步田地，还有什么益处？那不是自欺欺人吗？总之，处于现在时代，研究学问除了分工之外再没有别的办法；分工的职业是无贵贱之别的，超人的奢望是不可能的。

至于我所研究的材料，说它不是古史的全部材料固可，说它不完全为真材料亦可，说它不是古史的材料则不可。为什么？因为这些明明是古代流传下来的，足以表现古代的史事、制度、风俗和思想。如《周易》，是西周的著作，《诗三百篇》，是西周至东周的著作，你能不承认吗？既承认了，何以不能算是古史材料呢？从前人讲古史，只取经书而不取遗物，就是遗物明明可以补史而亦不睬，因为经里有圣人之道而遗物里没有。这个态度当然不对，不能复存在于今日。但现在人若阳违而阴袭之，讲古史时惟取遗物而不取经书，说是因为遗物是直接史料而经书不是，这个态度也何尝为今日所宜有的呢。学术界的专制，现在是该打破的了。我们研究史学的人，应当看一切东西都成史料，不管它是直接的或间接的；只要间接的经过精密的审查，舍伪而存真，何尝不与直接的同其价值。况且既有间接的史料存在，而我们懒于收拾，搁置不谈，无法把它使用，也何尝是史学界的光荣。现在经书中既存有许多待解决的问题，我们正不该错过此好时光而不工作呵！

于是有人说："古书中的真材料，我们自然应当取出应用；至于伪材料，既已知道它伪了，又何必枉费气力去研究！"这个见解也是错的。许多伪材料，置之于所伪的时代固不合，但置之于伪作的时代则仍是绝好的史料：我们得了这些史料，便可了解那个时代的思想和学术。例如《易传》，放在孔子时代自然错误，我们自然称它为伪材料；但放在汉初就可以见出那时人对于《周易》的见解及其对于古史的观念了。又如《诗三百篇》，齐、鲁、韩、毛四家把它讲得完全失去了原样：本是民间的抒情诗成了这篇美后妃，那篇刺某王，甚至城隅幽会的淫诗也说成了女史彤管的大法，在《诗经》的本身上当然毫无价值；可是我们要知道《三百篇》成为经典时被一般经师穿上了哪样的服装，他们为什么要把那些不合适的服装给它穿上，那么，四家诗的胡说便是极好的汉代伦理史料和学术史料，保存之不暇，如何可以丢弃呢。荒谬如谶纬，我们只要善于使用，正是最宝贵的汉代宗教史料。逞口而谈古事如诸子，我们只要善于使用，正是最宝贵的战国社会史料和思想史料。不读谶纬，对于史书上记载的高帝斩白帝子，哀帝再受命，及光武帝以《赤伏符》受命等事的"天人相与"的背景是决不能明白的。不读诸子，则对于舜自耕稼陶渔而为天子，傅说举于版筑之间的传说，以及高帝以一布衣五载而成帝业的事实的社会组织的变迁的背景也是不会看清楚的。所以伪史的出现，即是真史的反映。我们破坏它，并不是要把它销毁，只是把它的时代移后，使它脱离了所托的时代而与出现的时代相应而已。实在，这与其说是破坏，不如称为"移置"的适宜。一般人以为伪的材料便可不要，这未免缺乏了历史的观念。

一种学问的研究方法必不能以一端限，但一个人的研究方法则尽不妨以一端限，为的是在分工的学术界中自有他人用了别种研究方法以补充之。我深知我所用的方法（历史演进的方法）必不足以解决全部的古史问题；但我亦深信我所用的方法自有其适当的领域，可以解决一部分的古史问题，这一部分的问题是不能用他种方法来解决的。

基于上述诸种理由，所以我有几句话诚恳地祈求于人们之前：第一，从此舍弃正统和偏统等陈腐的传统思想，不必以正统望人，也不必以偏统责人；大家既生在现时代，既在现时代研究学问，则必须承认"分工"是必要的，应当各寻各的路，不要群趋一个问题而以自己所见为天经地义，必使天下"道一风同"。第二，我们又要知道所谓学者本是做"苦工"的人而不是享受的人，只要有问题发生处便是学者工作的区域；这种工作虽可自由取舍，但不应用功利的眼光去定问题的取舍，更不应因其困难复杂而贪懒不干。第三，我们一方面要急进，一方面又要缓进；急进的是问题的提出，缓进的是问题的解决：在我们的学力上，在时代的限制上，如不容我们得到充分的证据作明确的断案时，我们只该存疑以待他日的论定。凡是一件有价值的工作必须由于长期的努力，一个人的生命不过数十寒暑，固然可以有伟大的创获，但必不能有全部的成功，所以我们只能把自己看作一个阶段，在这个阶段中必须比前人进一步，也容许后一世的人更比自己进一步。能彀这样，学术界才可有继续前进的希望，而我们这辈人也不致做后来人的绊脚石了。

我们虽只讨论古书和古史，但这个态度如果像浪花般渐渐地扩大出去，可以影响于他种学术上，更影响于一般社会上，大家不想速成，不想不劳而获，不想一个人包揽精力不能顾注的地盘，而惟终身孜孜于几件工作，切实地负责，真实地有成就，那么，这个可怜的中国，虽日在狂风怒涛的打击之中，自然渐渐地显现光明而有获救的希望了！倘使有这一天，那真是我们的莫大之幸，也是国家的无疆之休！

二十（1931 年），十一，一。

古史辨第四册序①

　　宇之广，宙之久，材料是找不尽的，问题是提不完的。何况一种学问已有了两千余年的积聚，现在刚把传统的态度彻底改变，开手作全盘的清理之时，其困难烦乱之状岂是想像得出的。我编印了三册《古史辨》，每每有人问我："《古史辨》出齐了吗？"我只得笑应之曰："这书没有出齐的日子，希望到我死后还有人继续编下去呢。"因想起三年前在广东时，有一位青年选修了我的课，耐不住了，焦躁地喊道："我对于古史愈疑愈多，更碰更繁，越深入越不见底了！我看你找了无数材料，引了无数证据，预料定有断然的结论在后头，但末了仍是黑漆一团。如何你十年前的怀疑，到此刻仍未确定呢？我等待不及了！"他说的话是真心话，定然代表一部分人对我的感想。我惭愧我没有法子使他们满意，因为我的工作本来不是一服急效的药剂，供应不了他们的需要。

　　秦、汉间的方士常说海上三神山可望而不可即。我们对于古史，正有同样的感觉。在许多条件没有比较完备的时候，要找得一个系统也是可望而不可即的。条件是什么？许多现存材料，应当依着现在的历史观念和分类法去整理一过，此其一。许多缺着的材料，要考古学家多多发

---

①　原载《古史辨》第四册，朴社，1933 年 3 月。

见，由他们的手里给与我们去补缀，此其二。以前学者提出的问题，哪些是已解决的，哪些是待解决的，哪些是不能解决的，应当审查一下，结一清账，此其三。现在应当提出的新问题是什么，这些新问题应当怎样去谋解决，应当计画一下，此其四。这旧材料和旧问题的整理已经够许多人的忙了，何况加以新材料和新问题的出现，更哪里是少数人的力量所能包办的！至少的限度，必须对于旧的有了过半数的认识，对于新的有了大体的预测，才可勉强搭起一座架子来，称之为假设的系统。这件事，现在能做吗？数年以来，一般人不耐没有系统，但也不耐费了大功夫去搜集材料和推敲问题，于是只在传统的文献里兜圈子，真的不足，把伪的续，只要给渺茫的古人穿上了一身自己想像中的衣服，就自以为找到新系统了。唉，除了自欺欺人之外，世界上还哪里有这样容易的事情！我尽可以给他们同情心，因为"慰情聊胜于无"是人类的通性。但我的治学的责任心不许我这样干：它只愿我一块砖一块瓦地造起屋子来，不愿海市蜃楼在弹指之顷立现，也在弹指之顷消失。如果青年们因此而唾骂我为落伍者，那也只得听之。

可是系统和结论，我虽不急急地寻求，究竟它们也常在我的心底盘旋，酝酿了好几年了。今就作这序文的方便，略述所酝酿的如下：

我的研究古史的经历甚简单。幼年读过几部经书；那时适值思想解放的运动，使得我感到经书中有不少可疑的地方。其后又值整理国故的运动，使得我感到这方面尽有工作可做。因为年轻喜事，所以一部分的材料尚未整理完工，而议论已先发表。遭逢时会，我所发表的议论想不到竟激起了很多人的注意，盗取了超过实际的称誉。在友朋的督促之下，编印了《古史辨》第一册。我向来对于学问的嗜好是很广漠的，到这时，社会迫着我专向古史方面走去；我呢，因为已出了书，自己应当负起这个责任来，所以也把它看作我的毕生工作的对象。

自从发表了几篇古史论文之后，人家以为我是专研古史的，就有几个大学邀我去任"中国上古史"的课；我惟有逊谢。这不是客气，只因担任学校的功课必须具有系统的知识，而我仅作了些零碎的研究：自问图样未打，模型未制，就造起渠渠的夏屋来，岂不危险。若说不妨遵用从前人的系统，那是违背了我的素志，更属不可。可是受着生计的驱策，使我不得不向大学里去讨生活。民国十六年（1927 年）的秋天，我到广州中山大学。到的时候已开课了，功课表上已排了我的"中国上古史"了，而且学生的选课也选定了。这一急真把我急得非同小可：这事怎么办呢？没有办法，只得不编讲义而专印材料，把许多零碎文字钞集一编，约略组成一个系统。那时所印的材料分作五种：

> 甲种——上古史的旧系统（以《史记》秦以前的本纪世家为代表）。

> 乙种——甲种的比较材料（一，《史记》本纪世家所根据的材料；二，其他真实的古史材料。现在看来，这两类不应合在一起）。

> 丙种——（一）虚伪的古史材料；（二）古代的神话传说与宗教活动的记载。

> 丁种——古史材料的评论。

> 戊种——豫备建立上古史的新系统的研究文字。

那时搜集到的材料约有两百万言，在一个学校里的功课里已不能算少，但自问把这些材料系统化的能力还差得远；而且范围太大，一个人也不能同时注意到许多方面。因此，我觉得有分类编辑古史材料集的需要。但这是一个学术团体的事，或是一个人的长期工作，决不是教书办事终日乱忙的我所能担负的。

为了北平的环境适宜于研究，所以十八年（1929 年）就回到这旧游之地来，进了燕京大学。来的时候，"中国上古史研究"的课目也早公布了。幸而我有了两年来的预备，不致像那时般发慌。但年前编的是些零碎材料，没有贯穿的，现在则不该如此了。计画的结果，拟就旧稿改为较有系统的叙述，凡分三编：

甲编——旧系统的古史。

乙编——新旧史料的评论。

丙编——新系统的古史。

可是不幸得很，编了一年，甲编尚未编完，更说不到乙、丙两编。所以然者何？只因旧系统方面，我想编四个考：（一）辨古代帝王的系统及年历、事迹，称之为"帝系考"；（二）辨三代的文物制度的由来与其异同，称之为"王制考"；（三）辨帝王的心传及圣贤的学派，称之为"道统考"；（四）辨经书的构成及经学的演变，称之为"经学考"。这四种，我深信为旧系统下的伪史的中心；倘能作好，我们所要破坏的伪史已再不能支持其寿命。我很想作成之后合为"古史考"，与载零碎文字的《古史辨》相辅而行。可是一件事情，计画容易，实做甚难。帝系、道统两考比较还简单；而王制和经学的内涵则复杂万状，非隐居十载简直无从下手。因此，在燕大所编的《上古史讲义》，只成了"帝系考"的一部分；《五德终始说下的政治和历史》（《清华学报》六卷一期）即是这一部分中的一部分。此后为了预备作"王制考"，改开了"尚书研究"一课，一篇篇地教读，借它作中心而去吸收别方面的材料。工作的情况，诚有如某君所云："愈疑愈多，更碰更繁，越深入越不见底。"不过，我不像他那样急性，决不以"黑漆一团"而灰心。我总希望以长时间的努力，得到一部分的"断然的结论"，来告无罪于读者。

这一个计画，蓄在我的心头已三年多了。我自信这是力之所及，只要肯忍耐便有成就之望的。所以没有发表之故，只因怕惹起了急性的读者们的盼望和责备。现在强邻逞暴，国土日蹙，我们正如釜中之鱼，生死悬于人手，不知更能读几天书，再得研究几个题目。就算苟全了性命，也不知道时势逼着我跑到什么地方，热情逼着我改变了什么职业。如果不幸而被牺牲了，那在民族与国家的大损失中也算不了一回事。但中国不亡，将来这方面的研究是一定有本国的同志起而继续之的，我很愿他参考我的计画。所以现在略略写出我对于这四种的意见：

我们的古史里藏着许多偶像，而帝系所代表的是种族的偶像。所谓华夏民族究竟从哪里来，它和许多邻境的小民族有无统属的关系，此问题须待人类学家与考古学家的努力，非现有的材料所可讨论。但我们从古书里看，在周代时原是各个民族各有其始祖，而与他族不相统属。如《诗经》中记载商人的祖先是"天命玄鸟"降下来的，周人的祖先是姜嫄"履帝武"而得来的，都以为自己的民族出于上帝。这固然不可信，但当时商、周两族自己不以为同出于一系，则是一个极清楚的事实。《左传》上说："任、宿、须句、颛臾，风姓也，实司太皞与有济之祀。"则太皞与有济是任、宿诸国的祖先。又说："陈，颛顼之族也"，则颛顼是陈国的祖先。至于奉祀的神，各民族亦各有其特殊的。如《左传》上说鲧为夏郊。又如《史记·封禅书》上说秦灵公于吴阳作上畤，祭黄帝；作下畤，祭炎帝。这原是各说各的，不是一条线上的人物。到了战国时，许多小国并合的结果，成了几个极大的国；后来秦始皇又成了统一的事业。但各民族间的种族观念是向来极深的，只有黄河下流的民族唤作华夏，其余的都唤作蛮夷。疆域的统一虽可使用武力，而消弭民族间的恶感，使其能安居于一国之中，则武力便无所施其技。于是有几个聪明人起来，把祖先和神灵的"横的系统"改成了"纵的系统"，把甲国的祖算作了乙国的祖的父亲，又把丙国的神算作了甲国的祖的父亲。他们起来喊道："咱们都是黄帝的子孙，分散得远了，所以情谊疏了，风俗也不同了。如今又合为一国，咱们应当化除畛域的成见！"这是谎话，却很可以匡济时艰，使各民族间发生了同气连枝的信仰。本来楚国人的鴃舌之音，中原人是不屑听的，到这时知道楚国是帝高阳的后人，而帝高阳是黄帝的孙儿了。本来越国人的文身雕题，中原人是不屑看的，到这时知道越国是禹的后人，而禹是黄帝的玄孙了。（《国语》中记史伯之言，越本芈姓；但到这时，也只得随了禹而改为姒姓了。）最显著的当时所谓华夏民族是商和周，而周祖后稷是帝喾元妃之子，商祖契是帝喾次妃之子，帝喾则是黄帝的曾孙，可见华夏的商、周和蛮夷的楚、越本属一家。借了这种帝王系统的谎话来收拾人心，号召统一，确是一种极有力的政治作用。但这种说法传到了后世，便成了历史上不易消释的"三皇五帝"的症瘕，永远做真史实的障碍。（如有人说：中国人求团结还来不及，怎可使其分散。照你所说，汉族本非一家，岂不是又成了分离之兆。我将答说：这不须过虑。不但楚、越、商、周已混合得分不开，即五胡、辽、金诸族也无法在汉族里分析出去了。要使中国人民团结，还是举出过去的同化事实，积极移民边陲，鼓励其杂居与合作。至于历史上的真相，我们研究学问的，在现在科学昌明之世，决不该再替古人圆谎了。）除了种族的混合之外，阴阳五行的信仰也是构成帝系说的一个重大原因。

王制为政治的偶像亦始创于战国而大行于汉。古代对于先朝文献本不注意保存，执政者又因其不便于自己的行事，加以毁坏。所以孔子欲观夏、殷之礼，而杞、宋已不足征；北宫锜问周室班爵禄事，而孟子曰："其详不可得闻也，诸侯恶其害己也而皆去其籍。"但战国的诸子同抱救世之心，对于时王之制常思斟酌损益；而儒家好言礼，所改造的制度尤多。又虑其说之创而不见信，则托为古代所已有。《淮南子·修务训》所谓"世俗之人多尊古而贱今，故为道者必托之于神农、黄帝而后能入说。乱世暗主高远其所从来，因而贵之。为学者蔽于论而尊其所闻，相与危坐而称之，正领而诵之"，直是说尽了这班造伪和信伪的人的心理。所以三年之丧厕之于《尧典》，五等之爵著之于《春秋》，而人遂无有疑者。同时出了一个邹衍。他杜撰五德终始说，以为"五德转移，治各有宜"，政治制度应由五德而排成五种。他们说，黄帝为土德，夏为木德，商为金德，周为火德，秦为水德，汉又为土德：这各代的制度遂各不相同，惟汉与黄帝以同德而相同。稍后又出了一种三统说，截取了五德说的五分之三而亦循环之，于是政治制度又分为三种。

他们说，夏是黑统，商是白统，周是赤统，继周者（春秋与汉）又为黑统。有了这样的编排，而古代制度不必到古国去寻，也不必向古籍里找，只须画一五德三统的表格，便自会循次地出现。例如《礼记·檀弓》中说："夏后氏尚黑，大事敛用昏，戎事乘骊（黑马），牲用玄。殷人尚白，大事敛用日中，戎事乘翰（白马），牲用白。周人尚赤，大事敛用日出，戎事乘骠（赤马），牲用骍。"懂得了三统说的方式，就知道这一个礼制单是这样地推出来的。如《月令》十二纪，则是五德说支配下的礼制。其中所谓五时、五方、五帝、五神、五祀、五虫、五畜、五数、五音、五色、五味、五臭……莫不是从五行上推出来的。人事哪能这样整齐，又哪能这样单调！董仲舒所作的《三代改制质文》篇，写的推求的方式尤为明显。照他所说，自神农至春秋十代的礼制俱可一目了然；不但如此，推上推下可至无穷，真是"虽百世可知也"！照他所说，古代帝王尽不必有遗文留与后人，只要把他们的代次传了下来，即可显示其一切。以我们今日的理智，来看他们的古史，不禁咋舌。但是都假了吗？那也不然，他们总有一些儿的依傍。如上所举，周人尚赤，牲用骍，乃由《洛诰》"文王骍牛一，武王骍牛一"及《论语》"犁牛之子骍且角，虽欲勿用，山川其舍诸"来。是则《檀弓》所言，别的均假，惟此不假。推想其他单子，亦当如此。即如明堂，《月令》中说得轰轰烈烈的当然是假，后儒把许多不相干的什么文祖、太庙、衢室、总街……都说成明堂也当然是附会，但《孟子》里的齐宣王欲毁明堂一事则不假。究竟三礼中有多少是真的，多少是假的，这是一件极难断定的事情。这种的分析，将来必须有人费了大功夫去做。其术，应当从甲骨文中归纳出真商礼，从金文、《诗》、《书》、《春秋》、《左传》、《国语》中归纳出真周礼，《史记》《汉书》中归纳出汉礼，而更以之与儒家及诸子所传的礼书礼说相比较，庶几可得有比较近真的结论。

道统是伦理的偶像。有了道统说，使得最有名的古人都成了一个模

109

型里制出来的人物；而且成为一个集团，彼此有互相维护的局势。他们以为"天不变，道亦不变"，凡是圣人都得到这不变之道的全体。圣与圣之间，或直接传授，或久绝之余，以天亶聪明而绍其传。最早的道统说，似乎是《论语》的末篇："尧曰：'咨尔舜，天之历数在尔躬！允执其中！四海困穷！天禄永终！'舜亦以命禹。"见得尧传舜，舜传禹，圣圣传心，都在"执中"一言。下面记汤告天之词，记武王大赉之事，见得汤与武王虽不能亲接尧、舜、禹，而心事则同，足以继其道统。但《论语》末数篇本有问题，此所谓"天之历数"颇有五德转移的意味，"允执其中"亦是儒家中庸之义，疑出后儒羼入，非《论语》本有。推测原始，当在《孟子·尽心》篇的末章说，尧、舜后五百余岁，汤闻而知之；汤后五百余岁，文王闻而知之；文王后五百余岁，孔子闻而知之：见得孔子的道即是尧、舜的道，相去千五百余年没有变过。孔子以后，他以为没有闻道的了，所以以一叹结之。然孟子常说"私淑诸人""乃所愿则学孔子"，可见他是闻孔子之道的，也就是直接尧、舜之传的。他说这番话，不过为自己占地位。后人读到这一章，辄不自期地发生思古之幽情，有志远绍圣绪。如司马迁说："自周公卒，五百岁而有孔子；孔子卒后，至于今五百岁，有能绍明世，正《易传》，继《春秋》，本《诗》《书》《礼》《乐》之际：意在斯乎！意在斯乎！小子何敢让焉！"（《史记·自序》）这就可见孟子的话发生了有力的影响。其后扬雄、王通、韩愈等各欲负荷这道统，不幸没有得到世人的公认。到宋代理学兴起，要想把自己一派直接孟子，以徒党鼓吹之盛，竟得成功，而濂、洛、关、闽诸家就成了儒教的正统，至今一个个牌位配享在孔庙。这个统自尧、舜至禹、汤，至文、武、周公，至孔、孟，又至周、程们，把古代与近代紧紧联起。究竟尧、舜的道是什么？翻开经书和子书，面目各各不同，教我们如何去确定它？再说，孔、孟之道是相同吗？何以孔子称美管、晏而孟子羞道之；何以孔子崇霸业而孟子崇王道？即此可见孔、孟之间相去虽仅百余年，而社会背景已绝异，其道已不能不变，何况隔了数千百年的。至于宋之周、程们，其道何尝得之于孔、孟。周敦颐的学问受于陈抟，他是一个华山道士。《太极图》是他们的哲学基础，而这图乃是从仙人魏伯阳的《参同契》里脱化出来的。所以要是寻理学的前绪，这条线也不能挂在孔、孟的脚下。他们又从《伪大禹谟》中取出"人心惟危，道心惟微；惟精惟一，允执厥中"十六字算做尧、舜以来圣人相传的心法；但这是从荀子所引的《道经》加上《尧曰》杂凑起来的，《道经》是道家的东西，依然不是尧、舜之言，儒家之语。至于尧、舜以前，他们又要推上去，于是取材于《易·系辞传》的观象制器之章，而加上伏羲、神农、黄帝。只是这章文字非用互体说和卦变说不能解释，而这两种学说乃西汉的《易》家所创造，不是真的古代记载。道统说的材料如此的一无可取，然而道统说的影响竟使后人感到古圣贤有一贯的思想，永远不变的学说，密密地维护，高高地镇压，既不许疑，亦不敢疑，成为各种革新的阻碍：这真是始作俑的孟子所想不到的成功。

经学是学术的偶像。本来古代的智识为贵族所独占，智识分子只是贵族的寄生者。贵族有乐官，他们收聚了许多乐歌，所以有《诗经》。贵族有史官，他们纪载了许多事件，所以有《尚书》和《春秋》。贵族有卜官，他们管着许多卜筮的繇辞，所以有《周易》。贵族有礼官，他们保存许多礼节单，所以有《仪礼》。实在说来，几部真的经书都是国君及卿大夫士们的日常应用的东西，意义简单，有何神秘。《诗》《书》《礼》《乐》，是各国都有的。《易》和《春秋》，是鲁国特有的。（《左传》上记韩宣子聘鲁，见《易·象》与《鲁春秋》，曰："周礼尽在鲁矣。"这句话大概可信。《孟子》上说："晋之《乘》，楚之《梼杌》，鲁之《春秋》，一也：其事则齐桓、晋文，其文则史。"可见同样的记载春秋时代的史书，在晋的叫做《乘》，在楚的叫做《梼杌》，在鲁的叫做《春秋》。）孔子生在鲁国，收了许多弟子，把鲁国所有的书籍当作教科书，这原是平常的事。他死了之后，弟子们造成一个极大的学派，很占势力，就把鲁国的书加以润饰（如《仪礼》的《丧服》，《春秋》的名号和褒贬诸端），算作本学派的经典，这也是平常的事。战国时，平民取得了政治上的地位，都要吸收智识，而当时实无多书可读，只有读儒家的经。孔子之所以特别伟大，六经之所以有广远的流传，其原因恐即在此。到了汉代，孔子定为一尊，大家替他装点，于是更添出了许多微言大义。他们把不完全的经算是孔子所删，把完全的算做孔子所作。于是经书遂与孔子发生了不可分解的关系，几乎每一个字里都透进了他的深意。这还不管，尊孔之极，把经师们所作的笔记杂说也算做经，把儒家的学说也算做经，把新出现的伪书也算做经，而有"十三经"的组织。十三经，何尝连贯得起，只是从西周之初至西汉之末一千一百年中慢慢地叠起来的。（若加《伪古文尚书》则经历一千三百余年。）一般人不知道，以为十三经便是孔子，也便是道德，只要提倡读经，国民的道德就会提高，这真是白日做梦。讲起一班西汉的经师会占卦，会求雨，开口是祯祥，闭口是灾异，结果造成了许多谶纬，把平凡的人物都讲成了不平凡的妖怪。东汉的经师讲训诂，当然好得多，可是穿凿附会的功夫也到了绝顶。例如郑玄，他是一个极博的学者，却有一个毛病，最喜欢把不一致的材料讲成一致。这类的事极多，试举其一。《礼记·王制》说"公侯田方百里，伯七十里，子男五十里"，是一种封国说。《周官·职方氏》则谓公方五百里，侯方四百里，伯方三百里，子方二百里，男方百里，又是一种封国说。这两种说广狭悬殊（前说的公国只一万方里，后说的便有二十五万方里），决合不在一起。但他想，《周官》出于周公已无疑，《王制》虽未标明时代，既在《礼记》中则亦必出周人，于是为调和之说曰："周武王初定天下，……犹因殷之地（指《王制》），以九州之界尚狭也。周公摄政致太平，斥大九州之界（指《周官》），制礼成武王之意。"（《王制》注）照他所说，是武王时的疆域计广九百万方里（《王制》："四海之内九州，州方千里。"），而周公时的疆域则广一万万方里（《职方氏》，王畿方千里，外九服各方五百里）。何以周公时的国土会大于武王时十一倍余？要是作史的人照他所说的写在书上，岂不成了周初历史的一件奇迹。然而学者相传："宁道周、孔误，讳言服、郑非。"郑玄在经学上的权威直维持到清末。所以经学里面不知道包含了多少违背人性和事实的说话，只是大家不敢去疑它。既不能把它推翻，而为了叙述历史的需要去使用它时又只能从这里面去抽取材料，这几何而不上他们的当。所以为要了解经书的真相和经师的功罪，使古史不绊绊于经学，我们就不得不起来作严正的批评，推倒这个偶像。

这四种偶像都建立在不自然的一元论上。本来语言风俗不同，祖先氏姓有别的民族，归于黄帝的一元论。本来随时改易的礼制，归于五德或三统的一元论。本来救世蔽，应世变的纷纷之说，归于尧、舜传心的一元论。本来性质思想不一致的典籍，归于孔子编撰的一元论。这四种一元论又归于一，就是拿道统说来统一一切，使古代的帝王莫不传此道统，古代的礼制莫非古帝王的道的表现，而孔子的经更是这个道的记载。有了这样坚实的一元论，于是我们的历史一切被其搅乱，我们的思想一切受其统治。无论哪个有本领的人，总被这一朵黑云遮住了头顶，想不出有什么方法可以逃出这个自古相传的道。你若打破它的一点，就牵及于全体，而卫道的大反动也就跟着起来。既打不破，惟有顺从了它。古代不必说；就是革命潮流高涨的今日，试看所谓革命的中心人物还想上绍尧、舜、孔子的道统而建立其哲学基础，就知道这势力是怎样的顽强呢。然而，我们的民族所以堕在沈沈的暮气之中，丧失了创造力和自信力，不能反应刺戟，抵抗强权，我敢说，这种思想的毒害是其重要的原因之一。大家以为蓄大德，成大功的是圣人，而自己感到渺小，以为不足以预于此，就甘心把能力暴弃了。大家以为黄金时代在古人之世，就觉得前途是没有什么大希望的了。下半世的太衰颓，正由于上半世的太繁盛。要是这繁盛是真的，其消极还值得，无奈只是些想像呵！所以我们无论为求真的学术计，或为求生存的民族计，既已发见了这些主题，就当拆去其伪造的体系和装点的形态而回复其多元的真面目，使人晓然于古代真相不过如此，民族的光荣不在过去而在将来。我们要使古人只成为古人而不成为现代的领导者；要使古史只成为古史而不成为现代的伦理教条；要使古书只成为古书而不成为现代的煌煌法典。这固是一个大破坏，但非有此破坏，我们的民族不能得到一条生路。我们的破坏，并不是一种残酷的行为，只是使它们各各回复其历史上的地位：真的商、周回复其商、周的地位，假的唐、虞、夏、商、周回复其先秦或汉、魏的地位。总之，送他们到博物院去。至于古人的道德、学术、制度可保存于今日的，当然应该依了现代的需要而保存之，或加以斟酌损益，这正如博物院中的东西未尝不可供给现代人的使用。但这是另一事，应由另一批人去干；我们的工作只是博物院中的分类陈列的工作而已。

我自己的工作虽偏于破坏伪史方面，但我知道古史范围之大，决不能以我所治的赅括全部，我必当和他人分工合作。数年以来，我常想把《古史辨》的编辑公开，由各方面的专家辑录天文、历法、地理、民族、社会史、考古学……诸论文为专集。就是破坏伪史方面，也不是我一个人的力量所能完成；逐部的经书和子书，都得有人专治并注意到历来的讨论。能彀这样，我便可不做"古史辨"的中心人物，而只做"古史辨"的分工中的一员。我的能力之小，正无碍于学问的领域之大。能彀这样，古史的研究自然日趋于系统化，人们的责望也自然会得对于古史学界而发，不对于某一个人而发。一般人如能有此分工合作的正确的学问观念，学者们始可安心地从事其专门的工作而得到其应有的收获，不给非分的责望所压死，也不至发生"惟我独尊"的骄心了。

罗雨亭先生（根泽）是努力研究诸子学的一人。他著有《管子探源》《孟子评传》诸书，对于《墨子》《老子》《庄子》《荀子》《战国策》《尹文子》《邓析子》《燕丹子》《慎子》《孔丛子》《新书》《新语》《新序》《说苑》等书又都有考证。去年一月，他把编辑的《诸子丛考》给我看：起自唐代，迄于今日，凡辨论诸子书的年代和真伪的文字都搜罗于一集，计二百余篇。把异时异地的考辨，甚至站在两极端的主张都放在一起，读者们比较之下，当然容易获得客观的真实，于以解决旧问题，发生新问题。我见了，触动了我的宿愿，就请求他编列为《古史辨》的第四册。承他的厚意，给我以如愿的答覆。惟篇幅太多，非一册所可容纳；于是先把清以上的文字删掉，继把名家和阴阳家等问题留下。然而仅仅这儒、墨、道、法四家，十余年来讨论的文字已着实可观。这些文字散在各处，大家乍尔一想，似乎没有多少，问题也没有几个。现在集合了起来，马上见得近年的文籍考订学是怎样的进步了。这可欣幸的进步，其由来有二：第一，学问上的束缚解除了，大家可以作自由的批判，精神既活泼，成绩自丰富。第二，文籍考订学的方法，大家已得到了；方法既差不多趋于一致，而观点颇有不同，因此易起辨论。"知出于争"，愈辨论则其真相亦遂愈明白。虽是有许多问题不能遽得结论，但在这条长途上，只要征人们肯告奋勇，不开倒车，必然可以达到目的地。所不幸者，时势的纷扰、生计的压迫，使人不能不分心，有的竟至退了下来。如果我们的祖国在受尽磨难之后，一旦得到了新生命，这种研究一定比现在更兴盛，因为这一重久闭的门已经打开了，可工作的题目早放在人们的眼前了，许多发展的条件是具备了。

中国的古籍，经和子占两大部分。普泛的说来，经是官书，子是一家之言。或者说，经是政治史的材料，子是思想史的材料。但这几句话，在战国以前说则可，在汉以下说则必不可。经书本不限于儒家所诵习，但现在传下来的经书确已经过了战国和汉的儒家的修改了；倘使不把他们所增加的删去，又不把他们所删去的寻出一个大概，我们便不能径视为官书和古代的政治史料，我们只能认为儒家的经典。因此，经竟变成了子的附庸；如不明白诸子的背景及其成就，即无以明白儒家的地位，也就不能化验这几部经书的成分，测量这几部经书的全体。因此，研究中国的古学和古籍，不得不从诸子入手，俾在诸子方面得到了真确的观念之后再去治经。子书地位的重要，于此可见。

　　不幸自汉武帝尊儒学而黜百家之后，子的地位骤形低落。儒家的几部子书，升做经了。剩下来的，以儒者的蔑视和功令的弃置，便没有人去读；偶有去读的也不过为了文章的欣赏。子书的若存若亡，凡历二千年。犹幸重要的几种尚未失传。到了清代，因为研究经学须赖他种古籍作辅佐，而子书为其大宗，故有毕沅、谢墉、孙星衍、卢文弨等的校刻，严可均、汪继培、马国翰等的辑录，汪中、王念孙、俞樾、孙诒让等的研究，而沈霾已久的东西复显现其光辉。到清末，康有为作《孔子改制考》，以为周末诸子并起创教，托古改制，争教互攻。孔子亦诸子之一，创儒教，作六经，托之于尧、舜、文王。以其托古而非真古，故弟子时人常据旧制相问难。他的话，现在由我们看来，也不能完全同意。因为儒教的创造，六经的编集，托古的盛行，都是孔子以后的事。孔子当年对于自己的工作并没有很大的计划，只是随着弟子们的性格指导以人生的任务。又六经中的思想制度，错杂而不单钝，必不能定为一时一人所作。但儒教发源于孔子，六经中的尧、舜、文王有若干出于儒教所赝托，这是无疑的。明白了这一点，则周末诸子并起创教，托古改制，儒家的宗旨与诸家异，儒家的方式与诸家同：康氏所发见的事实确已捉得了子学和经学的中心。只因他的见解是超时代的，故《孔子改制考》出版之后，发生不出什么影响。我自己，虽在《不忍杂志》里见到《改制考》的目录，惟以没见全文（未登完），也不甚注意。

　　自从刘歆在《七略》中规定了诸子有九家，每家都出于一个官守，学者信为真事，频加援引。郑樵的《校雠略》，章学诚的《校雠通义》，尤为宣传的中坚。诸子既是同出王官，原在一个系统之下，如何会得互相攻击？儒、墨固常见于战国书中，何以其他的家派之名竟无所见，而始见于汉代，甚至到了《七略》才露脸？这些问题，不知从前人为什么提不出来。民国六年（1917 年）四月，适之先生在国外作了一篇

《诸子不出于王官论》。就是这年的秋天，他到北京大学授课，在课堂上亦曾提起此文；但送去印了，我们都未得见。延至年底，《太平洋杂志》把它登出，有几位同学相约到图书馆钞写，我始得一读。我那几年中颇喜治子，但别人和自己的解说总觉得有些不对，虽则说不出所以然来。自读此篇，仿佛把我的头脑洗刷了一下，使我认到了一条光明之路。从此我不信有九流，更不信九流之出于王官，而承认诸子的兴起各有其背景，其立说在各求其所需要。诸子的先天的关联既失了存在，后天的攻击又出于其立场的不同，以前所不得消释的纠缠和抵牾都消释了。再与《孔子改制考》合读，整部的诸子的历史似乎已被我鸟瞰过了。可是这种不自然的关系，家派方面虽已解除，而个人方面尚有存在，例如道家的老子为儒家的孔子之师的故事，到民国十一年（1922年）的春天，梁任公先生发表其《老子》书作于战国之末的意见，始把我的头脑又洗了一下。凡古人所喷着的厚雾，所建着的障壁，得此两回提示，觉得渐有肃清的可能了。这真是学术史上应当纪念的大事！现在罗先生把这两篇文字放在本册两编的开头，使我回忆前事，生出无限的欢喜。我敢说，一个人发见的真理是大家可以承认的，一个人感受的影响也是大家直接间接，有意无意间所受到的；本册中容纳的四十余万言的讨论恐怕大部分都是从这两篇引起。如果没有这两篇，时代的飓风固然也终于吹散这堆浮云，但总要慢一些了，民国二十一年（1932年）的罗先生是编不出这一册的。等到这一册书出来之后，研究诸子学的风气又推进一层了，将来他再编第二、第三册《诸子丛考》时，当然讨论得更深密了。子书方面，既无西周文字，不如经书的考订之劳，又不曾经过经学家的穿凿附会，不必多费删芟葛藤的功夫，其得到结论必较经学为速。罗先生研究诸子早定有详细的计画，我敢鼓舞赞叹以豫祝他的将来的成功！

有一点意思，我和罗先生略有出入。"考年代与辨真伪不同：辨真伪，追求伪迹，摈斥不使厕于学术界，义主破坏；考年代，稽考作书时期，以还学术史上之时代价值，义主建设"（《古史辨》第四册六一六页），这个意见，他屡屡提起。由我看来，这二事实没有严密的界限。所谓考年代，也就是辨去其伪托之时代而置之于其真时代中。考年代是目的，辨真伪是手段。所以我们的辨伪，决不是秦始皇的焚书。不过一般人确实常有焚书的误认，所以常听得人说："顾颉刚们说这部书伪，那部书伪；照这说法，不知再有什么书可读！"这真是太不了解我们的旨趣，不得不辨一下。我们辟《周官》伪，只是辟去《周官》与周公的关系，要使后人不再沿传统之说而云周公作《周官》。至于这部书的价值，我们终究承认的。要是战国时人作的，它是战国政治思想史的材料。若是西汉时人作的，它便是西汉政治思想史的材料。又如我们辟《左传》伪，也只要辟去《左传》与孔子的关系，使后人不再说"左丘明与孔子俱乘传如周，观百二十国宝书"，以及"孔子作《春秋》，丘明为之传"等话。至于它的历史价值，文学价值，我们何尝不承认。堪笑一般人以为我们用了刘逢禄、康有为的话而辨《左传》，就称我们为今文学家。不知我们对于春秋时的历史，信《左传》的程度乃远过于信《公羊传》。我们所摈斥的，不过"君子曰"及许多勉强涂附上去的释经之语，媚刘氏之语，证《世经》之语而已。而且所谓摈斥云者，只摈斥之于原本的《左传》（《国语》），并不摈斥之于改本的《左传》（西汉末以来的流传本）。这原是以汉还汉，以周还周的办法，有何不可。我们所以有破坏，正因求建设。破坏与建设，只是一事的两面，不是根本的歧异。

况且辨伪这件事，原不是我们几个人忽发奇想想出来的，也不是我们的态度激烈，有意打倒前人而鼓吹起来的。当"文、武之道未坠"的春秋之世，子贡已说"纣之不善不如是之甚也"。口边常提"《诗》云""《书》曰"的孟子，也曾说"尽信《书》则不如无《书》"。凡是理智发达的人，决不会对于任何事物作无条件的信仰。班固著《汉书·艺文志》，根据的是刘向、歆父子的《七略》，其所录书名之下辄注云"依托""非古语""近世增加"。有的更直揭其作时与作者，如《神农》二十篇，不但不信为神农之书，且注云："六国时诸子疾时怠于农业，道耕农事，托之神农。"又如《黄帝泰素》，不但不信为黄帝之书，且注云："六国时韩诸公子所作。"以汉人历史观念的薄弱，刘歆又蒙有造伪书的绝大嫌疑，而其所作序录尚如此，可见是非之公自有不容泯灭者在。到东汉，有王充的"疾虚妄"的《论衡》，打破了无数不合理性的传说，其《艺增》《儒增》等篇对于经书和子书举发了不少的疑点。到唐，有刘知几的《史通》，对于古代的史料与史法作不容情的批判。他不信古代记载为完全的真实；他还说破学术界所以不敢疑古的心理，是"拘于礼法，限于师训，虽口不能言而心知其不可者盖亦多矣"！（《疑古》）这句话真痛快，真确切。学术界的所以平静，并不是古无可疑，也不是智不能疑，而只是受了礼法和师训的束缚，失去了言论的自由。换句话说，学者们对于古事，但有腹诽而已，哪敢说在嘴上，写在纸上。这正如专制的家庭，尊长对于卑幼凌虐万状，卑幼只有将痛苦咽在肚里，面子上依然是叩头服从。家庭如此，当然非健全的家庭。学术界如此，也当然非健全的学术界。

唐代以上，因为书卷都由钞写，一个人不能得到很多的书，不易做比较考订的工作，所以辨伪的事只限于几个特出的人。自从有了刻版，书价低廉，学者能见的书骤然增加了许多，而辨伪遂成为一时普遍的风气。我们翻开宋代人的文集和笔记，几乎可疑的古书已全被检举。例如《古史辨》第三册里，我怀疑《易传》中的观象制器的故事，似乎在今日犹为新奇之说，但叶适的《习学记言》里已早说道："十三卦亦近世学者所标指，而其说尤为不通。包牺氏始为罔罟，神农氏始为耒耜、交易，黄帝、尧、舜始为衣裳，其后乃有舟楫、马牛、臼杵、弧矢、宫室、栋宇。甚矣其不考于《易》也！《易》十三卦义详矣，乃无毫厘形似之相近者。"（卷四）又如《孝经》，是一部含有浓厚的宗教性的经典，谁敢疑它，却不道在道统中占有重要地位的朱熹反一再说它除了开头一段之外不是圣人之言，其文远不如《论语》中说孝的亲切有味；而且剿袭《左传》，文势反不通贯（见《孝经刊误》及《语类》）。《古文尚书》中，圣帝和贤臣所说的话何等光明正大，勤政爱民，真是最好的道德教条；但自吴棫发难，朱熹继之，疑者接踵，直到阎若璩而判决为伪造，这个案子再也翻不过来。他们何尝是轻蔑古代，侮圣人之言，只为用了求真理的态度来治学问，不得不如此。

现存的古书莫非汉人所编定，现存的古事莫不经汉人的排比，而汉代是一个"通经致用"的时代，为谋他们应用的方便，常常不惜牺牲古书古事来迁就他们自己，所以汉学是搅乱史迹的大本营。同时，汉代是迷信阴阳五行学说的时代，什么事都要受这学说的分配，所以不少的古代史迹已被迫领受了这个洗礼。其后隋代禁谶讳，宋代作新注，汉学早已销沈。不料清代学者信而好古，他们在"汉人近古，其说必有所据"的前提之下工作，于是汉学复兴而疑古之风为之减杀，宋人精神几于断绝。可是，他们除了汉人之说不敢献疑之外，对于魏、晋之说毕竟也做了许多有力量的辨伪工作。例如《古文尚书》孔传、《孔子家语》、《孔丛子》等书，都因代郑玄反王肃的缘故而明白宣布其伪造的证据。其后今文家起，对于古文家的几部经传，《书序》《毛诗》《周官》《左传》等，又肆抨击。史书方面，考订讹误的极多，广雅书局已集为丛书；其中梁玉绳的《史记志疑》，直把汉武帝以前的史迹作一总清理，其气魄尤为伟大。可见辨伪之事既已开了头，便遏束不来。好像长江、大河挟了百川东流，势极汹涌，不到大海是不能停止的。

我们今日的工作，正是疏导它的下流，使之归于海，完成昔人未完的工作。这个工作是迟早必做的，而我们在这思想解放的潮流中读古书，更是义不容辞的时代使命。可怜一般人没有溯源寻流，不知道这是一件必然的事，竟看我们是"异军苍头特起"！又或看见我们表章郑樵、姚际恒、崔述、康有为们，而这一般人有些短处和漏洞落在人手，即以为是辨伪工作本身的危险。又或因我们提倡辨伪已有十余年了，看得厌了，便以为不必再走这老路。这都把事情看得太简单了！我们为他们悲伤，不如为中国的学术界悲伤。中国的学术界做深彻的工作的太少了，大家只见当前的时髦货色，而这些货色是过数年必须换一次的，大家看惯了，以为我们研究古史，提倡辨伪，亦是时髦的一种，有改换的必要。不知道我们的工作有源有委，既不随便而来，也不随便而去。别人的短处，我们可以修改。旁观者的厌倦，并不会影响到我们而亦厌倦。谢谢批评的人们：愿你们在了解我们的态度和我们的工作的由来之后再发言罢！

又近年唯物史观风靡一世，就有许多人痛诋我们不站在这个立场上作研究为不当。他人我不知，我自己决不反对唯物史观。我感觉到研究古史年代、人物事迹、书籍真伪，需用于唯物史观的甚少，无宁说这种种正是唯物史观者所亟待于校勘和考证学者的借助之为宜；至于研究古代思想及制度时，则我们不该不取唯物史观为其基本观念。唯物史观不是"味之素"，不必在任何菜内都渗入些。在分工的原则之下，许多学问各有其领域，亦各当以其所得相辅助，不必"东风压倒西风"才算快意。况且我们现在考辨古书，为什么成绩能比宋人好，只因清代三百年的学者已把古书整理得很清楚了，我们要用好版本，有；要用好注释，也有；要寻零碎的考证文字，也多得很。清代的学者辛辛苦苦，积聚了许多材料，听我们用。我们取精用弘，费了很少的功夫即可得到很大的效力。然而清代学者大都是信古的，他们哪里想得到传到现在，会给我们取作疑古之用！所以然者，他们自居于"下学"，把这根柢打好了，我们就可跳一级而得其"上达"了。他们的校勘训诂是第一级，我们的分析考证是第二级。等到我们把古书和古史的真伪弄清楚，这一层的根柢又打好了，将来从事唯物史观的人要搜取材料时就更方便了，不会得错用了。是则我们的"下学"适以利唯物史观者的"上达"；我们虽不谈史观，何尝阻碍了他们的进行，我们正为他们准备着初步工作的坚实基础呢！若说我们的工作做得太慢，得到结论不知在何年，他们等不及了，可是不幸得很，任何学问都是性急不来的。我们考辨古书，须借助于语言学家、考古学家之处不知有多少；而语言学家等又各有须待借助的他种学问，不能在我们一发问之后即致一个满意的回答。我们若因他们的不能回答或回答而不能使我们满意之故，就喊出打倒他们的口号，不与他们合作，那么无非得到同归于尽的结果，有什么益处？所以，须待借助于我们的还请镇静地等待下去罢！如果等待不及，请你们自己起来干罢！如果干得不耐烦，也希望不要因材料的缺乏和填表格的需要，便把战国、秦、汉间人用了他们的方式制造出来的上古史使用于真的上古：因为将来一定可以证明，这种工夫是白费的！

正经的话说得太多了，板着面孔没有趣，我们还是同唱一首陕西的歌谣，大家乐一乐罢：

姐姐缝衣缝窟窿，

哥哥看书看不通；

两人急的满石碰，

几乎成了疯先生。

"不要急来不要慌！

慢慢看来慢慢缝，

就是功到自然成。

哪有一掀挖成井；

哪有一笔画成龙！"

见二一年（1932年）十二月十九日《大公报·小公园》

二十二（1933年），二，十二。

古史辨第五册自序[1]

现在距离编辑《古史辨》第一册的时候，差不多已十年了。时间真过得快！但是性急的人们已嫌其慢，曾有人责问我道："你研究古史为什么到今还寻不出一个结论来呢？我们真是等不及了！"这是实在的，十年的数目，在个人的生命史上已是一个长时期了，一个人能活几个十年呢？能工作几个十年呢？可是，话又说回来，学问原不是某一个人的专责，也不是某一时代的特有任务，乃是一种含有永久性的分工合作的共同事业，除了同时代人的同声相应之外，前辈老死，后辈还该接上。一个人的智力才力固然是有限的，但像接力赛跑一样地前进，则智力才力便成了无限的。在这样的工作状态中，十年算得了什么，还不是一瞬眼吗！

我的编辑《古史辨》的动机，并不是想把它当做自己的著作，乃是要它做成中华民国学术史上的一部分的"史料汇编"；要使人读了这部汇编，可以有几个清楚的问题梗在心头。问题自我发，固然编辑起来凑手一点；即不自我发，只要和古史有关系而已经讨论了些时候，我也乐于搜集。书，由我编固可，即不由我编亦可。上次出的第四册，就是罗雨亭先生（根泽）编的。他本来编的是《诸子丛考》，我看他的体例

---

① 原载《古史辨》第五册，朴社，1935 年 1 月。

和《古史辨》绝相类，就请他加入。出版之后，许多人觉得诧怪，说：《古史辨》为什么不由顾颉刚编了？我觉得这种态度未免胸怀不广：学问非财产，何必私有呢！古史的园地宽得很，应当做的工作多得很，竭顾颉刚一人之力也不过耕得百亩，何必把那些不耕之地也占拦了！现在这第五册，上编讨论的是汉代今古文学的本子问题，下编讨论的是汉代今古文学的学理问题中的一个（也许是今古文学的中心问题）——阴阳五行问题。在这两编中，我自己虽有些文字编入，但问题则不是我提出来的。今古文的本子问题，清代学者已讨论了好久，但到民国，除了崔斄甫先生（适）在北京大学大家不甚了了的课堂上扬些垂尽的火焰之外，差不多已经绝响了。至于近来热烈的讨论，则由于钱玄同先生和钱宾四先生（穆）的倡导。阴阳五行问题是梁任公先生提出，而刘子植先生（节）继承的。我和这些师友们常在一块，当然要受些他们的影响。我久觉得这些问题是研究汉人的古史说时的先决问题，所以就把这十余年来的讨论文字集成这一册，好让同志们细细地咀嚼，再求深入，去获得一个结论。当去年编纂时，似乎分量不算太多，但现在印成一看，这册书已厚得利害。即此可知中国的学术界，近年来实在不能说没有进步；只恨遭逢的时代太坏，内忧外患交相煎迫，无法安心工作，所以仅得如此，否则成绩一定超过现在十倍。倘如天之福，挨过了这样重重的危难，还不至于亡国灭种，愿将来生在升平世界里的人们用了怜悯的眼光来看我们这种宛转于生死不得的环境中勉强做成的工作罢！

这册书出来时，一定有人讨厌它，说："他们又在闹今古文问题了，真头痛！"他们以为今古文问题是一种门户之见，是主观的争霸而不是客观的研究。所以一提到这个问题，这人不是站在今文家的立场上来同古文家为难，就是站在古文家的立场上想来压倒今文家。他们永是这样想：不做今古文家就没有讨论今古文问题的需要。这是有证据的：几年来我们发表了些不信任古文家的议论时，人家就替我们加上了"新今文家"的头衔了。我觉得，而且我敢决然地说：抱这种态度的是只会因袭传统的见解而不肯自动天君的人，或是但会耳食而不能用目视的人，现在我们应该起来打破他们的成见。无论如何，今古文问题总是一件悬案，悬案是必须解决的。这个问题所以闹了好久而不得解决，固然有一部分是因从前参加讨论的人以为家派门户应当存在，他们感到离开了家派就没法解经，所以自己只得偏袒一方面做立足点，而另一部分则因这问题麻烦，恐怕把是非落到自己头上，相率袖起手来，仿佛没有这件官司似的，以致只有让家派色彩浓重的人去干。现在我们所处的时代和他们截然不同了：我们已不把经书当作万世的常道；我们解起经来已知道用考古学和社会学上的材料作比较；我们已无须依靠旧日的家派作读书治学的指导。家派既已范围不住我们，那么今文古文的门户之见和我们再有什么关系！我们所以在现在提出今古文问题，原不是要把这些已枯的骸骨敷上血肉，使它重新活跃在今日的社会，只因它是一件不能不决的悬案，如果不决则古代政治史、历法史、思想史、学术史、文字史全不能做好，所以要做这种基础的工作而已。古人的主观争霸，何害于我们的客观研究！我们的推倒古文家，并不是要帮今文家占上风，我们一样要用这种方法来收拾今文家。至于这件悬案的不能马上解决，那是自然的，天下哪有这样轻而易举的事！一部晋代的《伪古文尚书》，它的来历既极不光明，它的材料又全有出处可寻，它的文章更是做得千篇一律，分该一出来就打倒，然而它毕竟延了一千五六百年的寿命。怀疑它的，从宋朝发难，到清朝完工，也经过了七百多年。做一件实实在在的工作，未有不艰难的。汉《伪古文》比了晋《伪古文》，作者既复杂，时期又加久，方面又加多，然而比较的材料反减少（晋《伪古文》出在古籍已凝固的时代，任何古籍都可拿来作比较；而汉《伪古文》则是出在古籍未凝固的时代，作者所用的材料有许多已看不见，有许多古籍的本身已受它的窜乱，须一条条地剔出，而剔出时又举不出积极的证据来），其工作的艰难何啻十倍。就使工作的人增多，用的方法也好，可以缩短年限，也决不是一百年以内可望完工的。到那时，不但我们不在世，连我们的下一辈也不在世了。大家怕听这种话吗？倘使怕的，你们应当退下来，让我们好好去做这种不求近功的工作，你们不必站在旁边说冷话。倘使不怕，那么，北山愚公说的"子子孙孙，无穷匮也，而山不加增，何苦而不平"，你们应当用这种的精神干去，让后世的人来称颂你们的功绩！

本来，汉代的经学无所谓今古文。"古文"这个名词，是西汉末的刘歆提出来的。"今文"这个名词，是古文经师给旧时立于学官的经书、经说和经师加上去的，因为古文家自树一帜，与旧有的为敌，逼得他们不能不合成一派，于是真有了今文家，这个名词的出现大约已在东汉了。（《史记·儒林传》有"安国以今文读之"一语，系普泛的述说，不是家派的专名。）拿宗教来比方：中国古代本有许多零碎的民间信仰，想不到有联合的一回事。自从佛教传进，它是有组织的，收得许多信徒，给原有的民间信仰以严重的威胁，于是这些零碎的东西也团结于一个组织之下，名之曰道教。佛教仿佛古文，道教仿佛今文。实际今文在先，然因其组织在后，故其得名亦在后。距今四十九年（光绪十二年，1886年），廖季平先生作了一册《今古学考》，把今学和古学的界限分得清清楚楚，又说古学为孔子壮年之说，今学为孔子晚年之说，在先秦已有此二派：因为他的话好像公平，所以这书风行一时。其实全不是这么一回事。（过了九年，廖先生又做了一种《古学考》，主张"今学传于游、夏，古学张于刘歆；今学传于周、秦，古学立于东汉：非秦、汉以来已两派兼行"，这是很对的，但因这书流传不广，大家不知道。）现在把我的观察说一个大概。

汉朝初年的君臣本来不曾想到表章经学，高祖骂儒，绛、灌无文，一切因袭秦制，一件事情没有有势力者的提倡就会衰颓了下来；加以楚、汉之间的大乱，民不聊生，享有安定的读书生活的能有几人：所以汉初六十年间真可称为"经籍道息"。《史记》说："孝文帝时，天下无治《尚书》者。"（《晁错传》）这是实在的情形。待到天下承平已久，人民有了钱想寻求些知识，国家有了钱想创立些制度，然而那时除掉儒家保守的几部古先圣王的经典之外是没有什么可以依据的，于是访经师，立博士，孔子的经书就与汉朝的政治发生了不可分离的关系。为了要求完备，所以免不了杂凑。固然有几个老师宿儒，像申公、伏生之流，但既由国家提倡，群众一窝蜂拥上去，当然发生了供不应求的现象。因此，西汉的经师虽是二三等角色也能特立一个学派：他们没有一定的宗旨，没有系统的学说，解经的话就随时变、随人变。我们只要看《韩诗外传》的著作方法，王式对昌邑王的教授方法，便可知道他们是发议论和讲故事的成分多，推求经义和解释经字的成分很少，因为他们原是要"通经致用"而不是要"通经识古"的。又看孟喜得了候阴阳灾变书，便诈言"师田生且死时，枕喜膝，独传喜"；赵宾持论巧慧，说是从孟喜得来的，孟喜也承认了，及至宾死，没有人能讲通他的话，孟喜又否认了：可知那时人所要求的是新奇可喜，因为惟有树新说才能开新派，开新派才有立于学官的希冀，所以就用了立异的手段来抢地盘。（《穀梁》之于《公羊》，就是如此。）又看申公本但教《诗》，但有了那位学《穀梁春秋》的瑕丘江公以后，他就变成教《诗》与《春秋》了；韩生亦但教《诗》，但有了那位通《易》的他的后人涿郡韩生以后，他就变成《易》学胜于《诗》学，著了《易传》藏于家了：这可以知道那时人为了装点自己的身份，会行使影戤老牌子的诈术的。《汉书·儒林传·赞》说得好："自武帝立五经博士，开弟子员，设科射策，劝以官禄，讫于元始，百有余年，传业者浸盛，支叶蕃滋，一经说至百余万言，大师众至千余人，盖禄利之路然也。"上层阶级"劝以官禄"，下层阶级就尽向这"禄利之路"跑，所以"支叶蕃滋"就是由"一生吃着不尽"的诱引上来的。他们只想自出心裁，激起社会国家的注意，然后可以开出新科目；他们哪里想到要在同一的目标之下设立共同遵守的科条，用齐一的步骤来解经呢！

西汉学者读书是最少的，他们只消用三年的工夫通一经就可入仕途，若通两经以上便算渊博了。在这种风气之下，当然造就不了大学问家。到成帝时，文化日高，儒者秉政，于是求遗书于天下，命刘向等做校雠批判的工作；后来又命刘歆续作。刘歆家学的根柢既好，加以天资的聪颖，又得到这样一个博览的环境，一定可使学术界放大光明。但不幸他生在那时，他不能客观的表章遗文，使后人见古书的真相；而只有主观的改造旧籍，使它适应于目前的时势。这依然为"通经致用"这个观念所误。话虽如此说，然而我们也须知道，那时如不影戥牌子，涂上致用的色彩，恐怕根本就没有表章遗文的可能。任你喊破了喉咙，人家谁来回头睬你？现在发见了殷虚甲骨、新郑铜器，所以哄动全世界的视听者，正因今人的历史观念突过前人的缘故。若在那时，单说"古东西，好材料"是没有用的，一定要拍上一个偶像才能收号召的力量。例如殷虚甲骨不要说时代待考，须要说是这是武丁举了傅说之后，祭祀上帝祖宗，傅说亲手刻上去的；新郑铜器，不要说是从无名氏的墓里挖出，你不妨说这是子产死了之后，家人把他日用的东西拿来殉葬的：那就有了经典上的大价值了。但既经拍上了偶像，必得做几件假古董窜乱在内，把所托的人的姓名写上，行事记上，才可算作证据：因此又要伪造文件。刘歆当时在秘阁读书，见到了左丘明的《国语》，觉得它记载春秋时事十分丰富，大可作为《春秋经》的辅佐；又见许多零篇碎简的《逸书》和《逸礼》，觉得其中有许多珍贵的材料，也可作为《书经》和《礼经》的补遗：他希望把这些东西公开，教学官子弟都得读到，实在是他的好意。如果他的动机确是如此，我们真该佩服得五体投地。不幸他处在这个时代，不托古竟做不成事。他只得说：左丘明做的是《春秋传》，他是孔子同时人，而且是同志，写的最得圣人之意；《逸书》和《逸礼》是鲁共王在孔子壁中发得的，也是孔子的原定经书。用孔子的大帽子来维持这三部书，自然有了立于学官的必要理由。然而当时的博士们不愿意他的势力冲进了他们的藩篱，起来反对他，说：《尚书》二十九篇是已经完全的，用不着拿不相干的东西来补缺；

左氏本来不是传《春秋》的，也无须请他来解经。因此，在哀帝之世，这补经增传的运动竟未成功。到平帝时，王莽柄政，他和刘歆是老朋友，才让他达到了这目的。因为刘歆所表章的经传都是用古文写的，所以他开创的一个学派叫做古文学派。

刘歆争立几种古文经传，我们承认他是一番好意（虽则也许为的争地盘），但他的伪窜是一件确然的事实。固然以前攻击他造伪的是今文家，但既经是事实，那么就使非今文家也该得承认。我说这话，或者还有人怀疑，我只得引些书来证明。《汉书·刘歆传》说："及歆校秘书，见古文《春秋左氏传》，大好之。……歆治《左氏》，引《传》文以解《经》，转相发明，由是章句义理备焉。……歆以为左丘明好恶与圣人同，亲见夫子，……"仅此数语可见：（一）这部书是刘歆从秘书里提出表章的，（二）把《左氏传》来解释《春秋经》是他所开创的，《左氏传》的章句义理是由他定的，（三）左丘明与孔子的关系是他"以为"出来的。崔觯甫先生说："《传》自解《经》，何待歆引？歆引以解，则非《传》文。"这是没法答辨的质问。至于说鲁共王从孔壁里挖出来的《逸书》《逸礼》，我们可以用康长素先生的方法，拿《史记》《汉书》的两篇《共王传》来比较：

《史记》（卷五十九）《五宗世家》

鲁共王余，以孝景前二年（前 155 年）用皇子为淮阳王。二年，吴、楚反，破后，以孝景前三年（前 154 年）徙为鲁王。好治宫室、苑囿、狗马。季年好音，不喜辞辨。为人吃。二十六年卒。

《汉书》（卷五十三）《景十三王传》

鲁恭王余，以孝景前二年立为淮阳王。吴、楚反，破后，以孝景前三年徙王鲁。好治宫室、苑囿、狗马。季年好音，不喜辞。为人口吃难言。二十八年薨。……

恭王初好治宫室，坏孔子旧宅，以广其宫，闻钟磬琴瑟之声，遂不敢复坏。于其壁中得古文经传。

这真奇怪：为什么《汉书》全钞《史记》，却多了"坏孔子旧宅，于壁中得古文经传"的一事呢？固然也可以说：司马迁没有采访周备，他脱漏了，所以班固替他补上。然而孔壁里出来的东西，刘歆说是"《逸礼》有三十九，《书》十六篇，天汉之后，孔安国献之"，牵到了孔安国身上，《史记》就有材料了。《史记·儒林传》云："孔氏有《古文尚书》，而安国以今文读之，因以起其家，《逸书》得十余篇。"可见司马迁是知道这件事情的，但这《古文尚书》只是孔氏的家传而不是共王所发得；也没有什么《古文逸礼》，否则司马迁为什么但说"至秦焚书，书散亡益多，于今独有《士礼》，高堂生能言之"呢？即此可见刘歆之言，是把共王的好治宫室和孔氏的家传《古文尚书》拉凑在一起，而成就了这一件新的故事。

刘歆所建立的还有一部《毛诗》，一部《周官》。《汉书·艺文志》用的是刘歆《七略》的材料，《志》里说："毛公之学，自谓子夏所传，而河间献王好之，未得立。"又说："武帝时，河间献王好儒，与毛生等共采《周官》及诸子言乐事者以作《乐记》。"见得这两部书都是经过河间献王提倡的。不但此也，《汉书·儒林传》还说："贾谊……为《左氏传训故》，授赵人贯公，为河间献王博士。"见得《左氏传》是已由河间献王立过博士的（这不知是否根据刘歆的材料）。我们现在再用康先生的办法，把《史》《汉》的两篇《河间献王传》文提出一校：

《史记·五宗世家》

河间献王德，以孝景前二年（前155年）用皇子为河间王。好儒学，被服造次必于儒者：山东诸儒多从之游。二十六年卒。

《汉书·景十三王传》

河间献王德，以孝景前二年立，修学好古，实事求是。从民得善书，必为好写与之，留其真，加金帛赐以招之。由是四方道术之人，不远千里。或有先祖旧书，多奉以奏献王者，故得书多与汉朝等。……献王所得书，皆古文先秦旧书，《周官》《尚书》《礼》《礼记》《孟子》《老子》之属，皆经传说记，七十子之徒所论。其学举六艺，立《毛氏诗》《左氏春秋》博士，修礼乐。被服儒术，造次必于儒者；山东诸儒多从而游。武帝时，献王来朝，献雅乐，对三雍宫，及诏策所问三十余事：其对推道术而言，得事之中，文约指明。立二十六年薨。

这一比较，显见得《汉书》增加的更多了。司马迁是一个"考信于六艺"的人，他作《史记》原是想继续《春秋》的，他的书里用的左丘明的记载这等多，为什么献王立《左氏春秋》博士这一件事他又不知道呢？他的《自序》里说"为太史令，紬史记石室金匮之书"，又说"百年之间，天下遗文古事靡不毕集太史公"，他对于文献既这般注意，智识又这么多，为什么献王"得书多与汉朝等"这一件重要事情他却一些也不提起呢？这又分明是影射了献王的"好儒学，被服造次必于儒者"而造出来的了。

刘歆既经造了假古董来开新文化，为要使得它流行，便不得不插入些时代的需要，作鼓动有势力者护法的方术。于是王莽要作"摄皇帝"，《左传》中就有"隐公元年（前722年）春，王周正月，不书即位，摄也"之文。王莽要作"假皇帝"，《逸书·嘉禾》篇中就有"假王莅政，勤和天下"的话。王莽要以土德舜后接受火德尧后的禅让，《左传》中也就有"其处者为刘氏"，"昔匄之祖自虞以上为陶唐氏"，"有陶唐氏既衰，其后有刘累"，"金天氏有裔子曰昧"诸条。王莽要自居正统，就会创作《世经》以别正闰。王莽要制作礼乐，就会"发得《周礼》以明因监"。王莽要什么，刘歆有什么。所以王莽未作皇帝以前，刘歆作的是"羲和，治明堂辟雍，典儒林史卜之官"，及作了皇帝以后，刘歆作的是"国师"，他总是包办了文化事业。

古文经传既为刘歆所建立，要是没有帮他的人，他的势力也不会广大的，因为这种新出的东西谁懂得呢！所以平帝元始四年（4 年），在起造明堂、辟雍、灵台的时候，就"为学者筑舍万区；益博士员，经各五人；征天下通一艺，教授十一人以上，及有《逸礼》、《古书》、《毛诗》、《周官》、《尔雅》、天文、图谶、钟律、《月令》、兵法、《史篇》文字，通知其意者皆诣公车，网罗天下异能之士；至者前后千数，皆令记说廷中，将令正乖谬，壹异说云"（《王莽传》上），这样的文化统制政策是多么的可怕！刘歆一个人，凭你本领大，也大不了多少。但有了这几千个（"千数"当是以千为数，否则当云千数百人）趋炎附势之徒，替各种古文经传及刘歆学说大吹大擂，"古文学派"立刻成立了。当时他们怎样在未央宫廷中"正乖谬，壹异说"，可惜材料无存。但看许慎《说文·序》中说："亡新居摄，使大司空甄丰等校文书之部，自以为应制作，颇改定古文；时有六书，一曰古文，孔子壁中书也，……"就可知道古文已在文字界中取得了第一流的地位，而且是颇经改定的。推之其他经籍，亦当以新出来的为第一流无疑。

其后王莽的政权虽倒坠，但刘歆的学术却没有跟着他失败。我们只要看《汉书》十志，就可知道他在学术界的建树是怎样地根深柢固。《律历志》说："元始中，王莽秉政，……征求天下通知钟律者百余人，使羲和刘歆等典领条奏，言之最详；故删其伪辞，取正义，著于篇：一曰《备数》，二曰《和声》，三曰《审度》，四曰《嘉量》，五曰《权衡》。"这是刘歆在律、度、量、衡方面的工作。《律历志》又说："至孝成世，刘向总六历，列是非，作《五纪论》；向子歆究其微眇，作《三统历》及《谱》，以说《春秋》，推法密要，故述焉。"这是刘歆在历法方面的工作。《礼乐志》说："王莽为宰衡，欲耀众庶，遂兴辟雍。"我们在《刘歆传》中知道他是主治明堂辟雍的，这是他在礼乐方面的工作。《食货志》云："莽……每有所兴造，必欲依古，得经文，国师公刘歆言'周有泉府之官，收不雠，与欲得，……'莽乃下诏曰：

'夫《周礼》有赊贷，《乐语》（邓展曰："《乐语》，乐元语，河间献王所传"）有五均，……'遂于长安及五都立五均官。"这是他在食货方面的工作。《郊祀志》说："元始五年（5年），大司马王莽奏言：'……臣谨与……刘歆……等议，皆曰……复长安南北郊如故。'莽又颇改其祭礼曰：'《周官》天地之祀，乐有别有合，……'"又说："莽又奏言：'……日、月、雷、风、山、泽，《易》卦六子之尊气，所谓六宗也，……今或未特祀，或无兆居，谨与……羲和歆等……议：……分群神以类相从为五部，兆天地之别神：中央（黄）帝，黄灵后土畤，及日庙、北辰、北斗、填星、中宿、中宫，于长安之未地兆；东方帝太昊，青灵句芒畤，及雷公、风伯庙、岁星、东宿、东宫，于东郊兆；南方炎帝，赤灵祝融畤，及荧惑星、南宿、南宫，于南郊兆；西方帝少皞，白灵蓐收畤，及太白星、西宿、西宫，于西郊兆；北方帝颛顼，黑灵玄冥畤，及月庙、雨师庙、辰星、北宿、北宫，于北郊兆。'奏可，于是长安旁诸庙兆甚盛矣。"这是他在祭祀方面的工作。《郊祀志》又说："刘向父子以为帝出于《震》，故包羲氏始受木德，其后以母传子，终而复始，自神农、黄帝下历唐、虞、三代而汉得火焉。"这是他在帝王系统方面的工作。《五行志》说："景、武之世，董仲舒治《公羊春秋》，始推阴阳为儒者宗；宣、元之后，刘向治《穀梁春秋》，数其祸福，傅以《洪范》，与仲舒错；至向子歆治《左氏传》，其《春秋》意已乖矣，言《五行传》又颇不同：是以揽仲舒，别向、歆……举十二世以傅《春秋》，著于篇。"又说："孝武时夏侯始昌……善推《五行传》，……其《传》与刘向同，惟刘歆《传》独异。"这是他在灾异说方面的工作。《艺文志》说："成帝时……使谒者陈农求遗书于天下，诏光禄大夫刘向校经传诸子诗赋，……每一书已，向辄条其篇目，撮其指意，录而奏之；会向卒，哀帝复使向子……歆卒父前业，歆于是总群书而奏其《七略》，故有《辑略》，有《六艺略》，有《诸子略》，有《诗赋略》，有《兵书略》，有《术数略》，有《方技略》：今删其要，以备篇籍。"这是他在整理文籍方面的工作。无论典章制度、学术思想，他几乎没有不参加的。班固虽有时也不以他为然，但叙述事迹仍不得不采用他的书。他真像如来佛了罢，为什么孙行者总跳不出他的掌心？他这个人的学问事业，方面之广，见解之锐，作事之勇，哪一件不够人佩服？我们绝不像从前人一样，因为他帮了王莽篡位就把他看作乱臣贼子；我们诚心称他一声"学术界的大伟人"！章太炎先生曾说孔子以后的最大人物是刘歆（《訄书》），这句话真不错。但他的学问的卓越是一件事，他所表章的书的真伪则是又一件事，我们不能因为佩服了他就原恕了他！

当哀帝时，刘歆要把四种古文经传立学，博士们反对，他写给他们一封信，说："鲁恭王坏孔子宅，……而得古文于坏壁之中，《逸礼》有三十九，《书》十六篇，天汉之后，孔安国献之，遭巫蛊仓卒之难，未及施行；及《春秋左氏》，……皆古文旧书，……藏于秘府，伏而未发。"这些话虽很有疑问，但足见这种书都是秘府里的东西，外边看见的人是很少的，当然没有什么师承。他又说："孝成皇帝闵学残文缺，稍离其真，乃陈发秘藏，校理旧文，得此三事，以考学官所传，经或脱简，传或间编；传问民间，则有鲁国柏公、赵国贯公、胶东庸生之遗学与此同。"这是说秘府里藏的古文经，其一部分有与今文经同的，足以纠正今文经的传讹，到民间去问，则有柏公等三位传下的本子与古文经相合：他们三位并不是传古文之学，只是传得"不脱简"和"不间编"的本子而已。因为本来没有传古文之学的，只有极少数人觉得古文经传好，所以他说哀帝是要"辅弱扶微"，博士们是"绝灭微学"。这是一件极清楚的事实。但到后来，不知刘歆自己反悔呢，还是他招来的几千人要替古文之学撑场面呢，古文经传的授受就有了深长的历史。我们看《史记·儒林列传》记五经师承，除"商瞿受《易》孔子"以外，其余都是从汉代说起，这一班儒者还是司马迁所及见的。里边讲起的古文，只有《尚书》一种，然而他说"孔安国以今文读之，因其起其家"，则古文也写成今文了。到了《汉书·儒林传》，就添上一大批的师承系统。最显著的是《左氏传》：张苍、贾谊、张敞一班名人无不修《左传》了，贾谊且有关于《左传》的著作了，河间献王且立过博士了，从贾谊到刘歆、王莽的传经系统是历历可数了。倘使真的这样，刘歆在当时何以竟说出"藏于秘府，伏而未发"及"陈发秘藏，校理旧文，得此三事，……传问民间"的话，反把自己的师承隐没了？其他家派的增益（《毛诗》，申公《春秋》，韩氏《易》），事实的加添（申公与刘交父子同师，申公弟子由百余人变为千余人，辕固生作《诗传》，商瞿至田何的六世师承的姓氏，田何授《易》与周王孙、丁宽、服生，江公与董仲舒论《春秋》，以及韩生、伏生、庸生的名讳）也很多。我们固然不敢说班固父子作《汉书》时所得的材料必不能多过《史记》，但因有了这班善于作伪的古文家在内，就决不可完全信托。最可笑的，费氏《易》是与古文经同的（见《艺文志》），而传费氏《易》的王璜即是传《古文尚书》的人；《古文尚书》是由都尉朝传给庸生，庸生传给胡常的，而胡常又传《左氏》；胡常传给徐敖，而敖又传了《毛诗》：天下事何其巧，古文经与通古文的人老是凑在一块儿？读到下文，"徐敖……授王璜、涂恽，……王莽时诸学皆立，刘歆为国师，璜、恽等皆贵显"，原来这班通古文经的即是刘歆手下的人，怪不得他们自己会尽往上推了。在《汉书》之后，古文家的师承系统还继续演进，所以《经典释文·叙录》中会在毛公之上更推出一个大毛公，而大毛公是子夏的四传弟子（一说是六传弟子），那么《古文诗》就直接孔子了。《左传》呢，更是齐齐整整，从左丘明到王莽是十九传，而刘歆是十七传的弟子；古代的名人，如曾申、吴起、铎椒、虞卿、荀况，都成了传《左氏》学的先师了。这些个声势赫奕的家派，何以自谦曰"弱"曰"微"？刘歆既经有了正式的传授，为什么要在秘府发得，才争立于学官呢？这真是不必猜的谜了！（关于此点，已于本篇末附了一个

《史汉儒林传及释文叙录传经系统异同表》①，请读者自去比较。）

读者看到此地，不免要问：刘歆一手掩不尽天下目，他既经帮了王莽窃国，当他们的敌人光武帝复国之后，怎不明揭其窜乱学术之罪，把他的遗文伪籍一举而肃清了呢？为什么古文学在东汉反而很发达呢？这个问是应当的，但须知道东汉的国本就建设在刘歆的学术上，即使对他深恶痛绝，但为了安定国家的基础起见，也动他不得。王莽与刘歆排列帝王的五德系统，不知费了多少心血，才算勉强放伏贴了。经他们的宣传，居然也使民众确认汉为火德，新为土德，知道火德已尽，该由土德起来。恰好哀帝时有"汉家再受命"的传说，就给光武所利用，他向民间宣传，说汉固是火德，但气运还未尽，该得由我来再受命。他的受命之符叫做《赤伏符》，上面写的上帝的话是"刘秀发兵捕不道，四夷云集龙斗野，四七之际火为主"。所以他即了帝位，就"正火德，色尚赤"（均见《后汉书·光武帝纪》）。当时兵马倥偬，只求唤起人民的信仰，就这样定了。刘歆所立的几种古文经传，中兴后当然罢废。但到了太平之世，理智较强的人不免要怀疑，说：汉为火德的证据在哪里呢？可靠不可靠呢？图谶由于假造太显明了，证据总要出在经书里才好。于是刘歆弟子贾徽的儿子贾逵，他就趁这机会对章帝说："五经家皆无以证图谶明刘氏为尧后者，而《左氏》独有明文：五经家皆言颛顼代黄帝而尧不得为火德，《左氏》以为少昊代黄帝，即图谶所谓帝宣也。如令尧不得为火，则汉不得为赤；其所发明，补益实多。"（《后汉书》卷三十六本传）这简直对于东汉皇帝作大声的恫吓，说："汉的国运只有《左传》里可以证明，如果你不提倡《左传》，则尧不得为火德，汉自然亦不得为火德，国本就动摇了！"章帝被逼无法，只得令贾逵自选了《公羊春秋》的高才生二十人，把《左传》教他们。不但这样，《古文尚书》和《毛诗》也选了高才生学习，并给这班弟子做官。

---

① 编者注：此篇本书未收。

利用了帝王的权力来作推行学说的护符，当然是最有效的，所以使得当时的学者欣欣羡慕。范晔在《贾逵传》的《论》里说："郑（郑兴，也是《左传》和《三统历》的专家）、贾之学行乎数百年中，遂为诸儒宗，……贾逵能附会文致，最差贵显：世主以此论学，悲矣哉！"其实范晔何必悲伤！东汉的国本既建筑于王莽时的伪史上，王莽时的伪史又伏匿在古文学的经典里，古文学的风行是前定的事了，没有贾逵难道别人就想不出这种把戏来吗！

古文学的推行，说易也真易，说难也真难。易的是刘歆和贾逵靠着帝王的力量，一说就成功。难的是把他们的学说融化在民众的脑髓里，性急不来。这消息，在贾逵所说"五经家皆言颛顼代黄帝而尧不得为火德，《左氏》以为少昊代黄帝，即图谶所谓帝宣"一语中可以看出。本来五德终始的系统里是没有少昊其人的，自从王莽、刘歆为要建设新的国本，重排这个系统，没有法子排好，只得把少昊请了进去，在《左传》中插入了伪史，于是汉火新土始得确定。可是一班士大夫们不读《左传》，他们找不到少昊代黄帝的证据，于是依然把颛顼接黄帝，而尧的火德就没着落了。一班民众，他们也不读《左传》，一样地不知道少昊代黄帝，但他们作图谶，需要排五德的系统，一排起来则黄帝和颛顼之间空着一代，于是杜造一个帝宣，插了进去，算弥缝了。贾逵生在这时，他一口咬定《左传》不错，只得说士大夫所说是脱漏，而民众们的帝宣就是《左传》的少昊。可是贾逵虽然得势，而要全国人信仰这个改造过的历史，还是困难。约莫过了五十年，张衡又条上司马迁、班固所叙与典籍不合者十余事，其一事云："《帝系》'黄帝产青阳昌意'，《周书》曰'乃命少皞行清'，清即青阳也，今宜实定之。"（《后汉书》卷五十九本传，章怀《注》引《衡集》）可见少昊即青阳这件事经刘歆学派宣传了一百余年，依然没有得到普遍的承认，累得张衡替他发急，要用了国家之力来"实定"他！到底这位新产生的古帝到什么时代才实定了呢？这不能不归功于晋《伪古文》。伪孔安国的

《尚书·序》上说："伏羲、神农、黄帝之书，谓之《三坟》，言大道也；少昊、颛顼、高辛、唐、虞之书，谓之《五典》，言常道也。"后人少小读《尚书》，一开头就读得这两句，有了先入之见，少昊始占得稳固的地位（《左传》中的少昊隐曲得很，只能去寻，不能一望而知，故须赖伪孔《序》的播扬），任何历史中都记上了。因此，我敢说，倘使光武帝不以《赤伏符》受命，则刘歆古文学与少昊古帝王的运命就将随着王莽的政权崩溃而烟消火灭。弄假成真的例多得很，这就是一个。

古文学既赖郑兴、贾逵们的力量，在东汉占了优势，他们为要同历史较久的今文家对立，就建设自己的学说系统。同时，今文家为要防御古文家的攻击，也只得撇开从前门户的成见，相互团结起来。用现在的话来说，西汉今文家只有派而没有党，东汉则因受了古文家的党的袭击，这些小组织就合组为一党了。因为两党对峙，所以各有各的家法，排了齐整的阵容在疆场上相见。许慎生在两党争论剧烈之际，搜集其题目与学说，作成《五经异义》一书，列举而批评之。这真是东汉今古文学史上的最重要的材料。可惜原书失传，现在只能在辑本里看见一些鳞爪。今摘出其较为重要的如下：

（1）九族——今文《礼》戴、《尚书》欧阳说：九族乃异姓有属者，父族四，母族三，妻族二。

古文《尚书》说：自高祖至玄孙，凡九族，皆同姓。

（2）婚嫁——今文《大戴》说：男三十，女二十，有婚娶，合为五十，自天子达于庶人，一也。

古文《左氏》说：国君十五而生子，礼也；二十而嫁，三十而娶，庶人礼也。

（3）世及制——今文《公羊》《穀梁》说：卿大夫世及则权并一姓，妨塞贤路，故《春秋》讥周尹氏、齐崔氏也。

　　古文《左氏》说：卿大夫得世禄，不得世位。
　　父为大夫，死，子得食其故采；而有贤才，
　　复得升入父位。

(4) 封国——今文《公羊》说：殷三千诸侯，周千八百诸侯。

　　古文《左氏》说：禹会诸侯于涂山，执玉帛者
　　万国，唐、虞地万里，容百里地万国。

(5) 朝聘——今文《公羊》说：诸侯比年一小聘，三年一大
　　聘，五年一朝天子。

　　古文《左氏》说：十二年之间，八聘，四朝，
　　再会，一盟。

(6) 三公——今文《尚书》夏侯、欧阳说：天子三公，一曰
　　司徒，二曰司马，三曰司空。

　　古文《周礼》说：天子立三公，曰太师、太傅、
　　太保；又立三少以为之副，曰少师、少傅、少
　　保，是为三孤。至司徒、司马等官，乃六卿之
　　属耳。

(7) 尺度——今文《韩诗》说：八尺为板，五板为堵，五堵
　　为雉。

　　古文《周礼》说：雉高一丈，长三丈。

(8) 田赋——今文《公羊》说：十一而税。

　　古文《周礼》说：国中园廛之赋，二十而税一；
　　近郊十而税一；远郊二十而税三。

(9) 服役——今文《礼》戴氏《王制》说：五十不从力政，
　　六十不与服戎。又今文《易》孟氏、《诗》韩
　　氏说：年二十行役，三十受兵，六十还兵。

　　古文《周礼》说：国中自七尺以及六十，野自

六尺以及六十有五，皆征之。

（10）死社稷——今文《公羊》说：国灭君死，正也，无去国

之义。

古文《左氏》说：昔太王去豳，狄人攻之，

乃逾梁山，邑于岐山，故知有去国之义也。

（11）复仇——今文《公羊》说：复百世之仇。

古文《周礼》说：复仇之义，不过五世。

即此可见这两党都有充实的内容和明确的主张。他们讲的都是三代的典章制度，然而任何事项都不同。我们讲到三代的历史时，看它好呢，不看它好呢？要我们作无条件的采取罢，这未免太无别择力。要作无条件的摈斥罢，又嫌太卤莽。所以我们研究古史，实不得不以汉代的今古文问题作为先决问题；先打破了这一重关，然后再往上去打战国和春秋的关。

我们对于今古文问题的惟一办法，是细心分析这些材料，再尽量拿别种材料做比较研究。第一步工作，是探求这问题的来源及其演变。为要达到这一个任务，所以我编成本册上编。第二步工作，是解剖其内容，知道其构成层次和是非曲直。为要达到这一个任务，所以我编成本册下编，借阴阳五行问题来举一个例。这二十三篇长短不等的文字，固然还不够解决什么问题，但总可以给学术界一种新的提示。只要我们这一册比《新学伪经考》和《史记探源》逼进一层，就可以无愧于时代的使命。至于将来可以做的工作实在多得很，希望我们一班人都能继续奋斗下去；更祷祝国家民族的运命转危为安，容我们作这方面的发展！

二十三年（1934 年）十二月三十一日。

古史辨第七册序①

我万想不到，在这空前的战事时期，这一册《古史辨》竟以童丕绳先生（书业）奋斗的力量，在上海出版。丕绳有意编这一册，是四年前的事情，当时粗拟了一个目录，曾和我商量过，无何事变突起，同人仓皇奔散。丕绳在锋镝之中挟稿而出，经过无数的困难，几以身殉，方才达到上海。像这样的兵荒马乱，人们的方寸尽乱，那有心思做学问的工作。而丕绳竟在如此艰苦的环境下编印出八十万言的一部大书，这真不能不佩服他的"守死善道"的精神！

这一册是专选十余年来关于古史人物的传说的论文的，自三皇五帝以至禹、启、少康，以至羿、益、鲧、朱、稷、契、伯夷。近年的研究成绩都收集在这里，使人读了可以认识这一班人物的由来和其演变，使得人们看了知道他们在神话中不见其必假，在人事中不见其必真，把一向人们对于上古史的智识来一个总改变。固然我们所考的未必一定对，但从现在稀少的材料中理出一个头绪来，实在都是不得不有的猜测。我们先作了许多的猜测，让后来人凭着这一点的根基，加以补充，作最后的论定，这是最切实的工作。

我曾在《古史辨·第三册·自序》中说："我深知我所用的方法

---

① 1940 年 2 月 2 日作，未毕。原载《书品》2004 年第 6 辑；又载《古史辨》第七册首，海南出版社，2005 年 5 月。

（历史演进的方法）必不足以解决全部的古史问题，但我也深信我所用的方法自有其适当的领域，可以解决一部分的古史问题，这一部分的问题是不能用他种方法来解决的。"现在这第七册出版，这类的论文合编在一起，大家看了可以想想，研究传说的演进是不是只能用这一种方法？

固然，要建设真古史必须借重田野考古工作的发现。但这工作的结果只能建设史前的历史系统，如在实物上找出古代社会的文化建设和古代社会的生产工具，因以考见史前的政治、宗教、经济各方面的情形；却不能建设有史时期的古史传说的系统。为什么？因为有史时期的材料，存的就是现在这几部经书和子书，佚的就是几部经子和《汉书·艺文志》里记载的许多名目。存的因辗转钞写的错讹，和有作用的改篡，需待考订是正的极多，佚的是终于找不见了，至多只能就古书所引用的辑出几条罢了。这一方面的材料只有这一点，考古工作也许能够加些，但不能希望得太大。例如晋太康中汲冢中发现的《竹书纪年》，是魏襄王时的一部编年通史，传到那时只有六百年光景，竹简还不曾腐烂，所以可以在传统的古史之外添上一大笔古史材料。但竹简究竟容易腐烂，如果这几车竹书到现在还埋没在汲冢里，恐怕即经考古家发掘出来也是化成灰了。在高原上的遗址里固然还能发掘出竹木简，例如斯坦因在和阗，西北科学考察团在居延所得，但都是汉、晋时的公私文书，与古史无干。铜器上的铭文固然可作古史的旁证，但这种东西偏于歌功颂德，像现在银盾、寿联等礼物一样，认识古代文化固为有用，而用来研究传说不过得到稀少的帮助。甲骨文的发见固然是商代史的一个大宝藏，但也因那边是商代数百年帝王之都，仅有这一点，别地方就不能作此希冀了。因为这样，所以我们要建设起古史传说的系统，经子乃占极大部分的材料。能有新材料可用，我们固然表示极度的欢迎，就是没有新材料可用，我们也并不感觉缺望，因为我们自有其研究的领域，在这领域中自有其工作的方法在。

在第一、二册《古史辨》中，只凭我一个人乱闯，到现在居然有许多人同我一块儿工作了，集团工作的结果，居然把古史传说理出一个系统，像这本书所载的了。这就〔是〕二十年来学术界的进步，可是一般贵耳贱目的人，还在骂"顾颉刚说禹为虫"，"《古史辨》太过火了"，我愿意他们肯耐心把这本书翻一下，千万不要使疑古的人不盲目而反对疑古的人反盲目了。

为了交通的困难，这本书的样本我自己不能看见。凭了丕绳寄来的目录，随便说几句话。扣槃扪烛，大可惭愧。记去年六月中，梦里得一律诗，醒后但记二句，其词云："窜流万死终靡悔，寥廓长天此一哀。"正是表现我写此序的心理，就借此作序文的结束。

在中国最艰难的日子，我们一班人，一切生活都脱了轨道，心中有问题不得研究，眼中有材料不得整理，工作都停止了。赖有丕绳、宽正一班好学之士，这样的孳孳矻矻，表现出中国的新机，祝颂未来的中国安和康泰，使得学人都有安定的工作，日进千里，补偿这些年来的损失。

开明书店王伯祥先生等助成此书的出版，并致极大的感意。

常常有人问我，"《古史辨》要出到几册才完?"我答道："《古史辨》是出不完的，只要中国古史方面有问题在讨论，就有续出《古史辨》的可能。《古史辨》不是一人的书，也不是一世的书，而是一种问题的讨论的记录。你们把这一种书看作不定期的杂志罢!"可是到了这次抗战军兴，三年来如沸如汤，我自己也以为只得停止了。万想不到杨宽正先生（宽）的《上古史研究导论》系统地将古代重要人物的来源一一说明。

上编为古史通论，中编为三皇五帝之系统，下编为唐、虞、夏之传说。

刘歆的问题，待将来再与杨先生讨论罢。

我很希望这各个问题，将来能古今雅俗打通了做，如我的《孟姜女考》和《三皇考》一样，但此事甚不易，一则现行〔在〕流行民间之材料要费极大功夫不易搜集，而有研究民间事物兴趣的人亦尚不多。但将来必应如是做。——如禹之传说在民间虽成过去，而龙王传说即接着起来。稷王故事仍延续发展。善射之羿虽不谈，而张仙、二郎故事又起来了。《三皇考》依道书而延续考下〔去〕，可示一榜样，但尚未作得好。

我是怎样编写古史辨的？

我是怎样编写古史辨的？[①]

　　我从小就喜欢乱翻书。我的祖父研究《说文》和金石，室中放着许多古文字学书。我的父亲为了应书院的月试，多作诗和律赋，室内多文学书。我的叔父喜欢治近代史，架上有《东华录》和《皇朝掌故丛编》等。我在私塾上学时，每天放学回来，就偷偷地看他们的书，因此渐渐地受到了各方面的启发。然而每一门类的知识都是无穷的，我又渐渐地感到了这些书不能满足我的知识欲，有时就自己出去买书。买书的钱从哪儿来的呢？这就靠大人给的"压岁钱""拜年钱"，或参加别人的婚礼时，长我一两辈的新郎和新娘所给我的"见面钱"。我把这点钱积攒起来，经常到书铺子里面去走走，见到了喜欢的而又为我的经济力所能及的各种书籍就买了回来。到十二岁，祖父每月给我三百个小钱（合三十个铜元）的"点心钱"（苏州风俗，一天除三顿饭在家里吃以外，下午还许可到点心店去吃一顿点心），我收了这钱，并不去吃点心，而是存积起来。有了这笔钱，我就常到苏州城中心的"玄妙观"的市场上去看书。当时苏州的大书店集中在护龙街，但那些书铺里的书价值昂贵，我不敢去，为的是看到了可爱的书而力不能买是心中非常难过的事情。至于玄妙观的小型书铺和书摊上出卖的书大都是上海的书店

[①] 1979 年 3 月—1980 年 9 月作，由王煦华协助整理。原载《中国哲学》第二、六辑，1980、1981 年；后作了一些修改，又载《古史辨》第一册，上海古籍出版社，1982 年。

里的滞销书，价钱十分便宜，往往只一两个铜元就买得到一本，所以我可以尽量地挑选，不管是哪一方面的，只要我有力量买的都买下来。由于经常看书，逐渐地对书目发生了兴趣，为的是看了书目就可以知道哪一方面有我所需要的书了。

当时上海最大的书店商务印书馆每月出版一本《图书目录》，我是每期必看的；报纸上刊登的各家书店出版的新书目录，我不但要仔细看，还把它剪了下来（那时的剪报现在家中还保存着一部分）。不但看当时出版的图书目录，还常看以前木刻的书目，其中有三部书是作为我经常的参考资料：第一部是《四库提要》，这是乾隆时四库馆臣辑修的，他们对每部书都作了一篇仔细的内容介绍和评论，足为我读书时的指导。第二部是《汇刻书目》，即丛书目录（把一类书或多种书汇编在一起），有家刻本，亦有坊刻本，使我懂得要看哪一部有价值的书时，该到哪一部丛书中去找。第三部是张之洞（实际上是缪荃孙）编的《书目答问》，这里面把一切常用的和有价值的书都罗列了，而且说明了某一部古书以哪一个版本为最好。这些书虽不能一一买来，也不能一一找到，但由于我经常地翻阅这些书目，也就学会了需要什么书时就到那儿去找。当时苏州城里还没有一个图书馆，我所以知道这许多书，就是从这三部书目中看到的。有时我从苏州到上海去，那里《国粹学报》馆中设立了一个小型图书馆，我就不放过了。

上北京大学以后，一九一五年一月和我同住在"东斋"的一个同学吴奎霄突然地得了"黑死病"死去，我一连几天忙着给他借钱买棺办丧事。由于那年冬天特别冷，冷得使一些体弱的值夜警察们冻死在木制的龛子里，我再加上心中的悲痛和着急，所以犯了伤寒病五候（一候是七天）。在北京治病以后，回苏州休养，哪晓得到了苏州又病了两候，这一次可重了，竟在床上躺了几个月，几乎死去。因为我不能回京复学，于是就在家中自修。第二年春天，我根据《书目答问》末尾的"国朝著述诸家姓名略"，编成一部《清代著述考》，又列了一个《学术传衍表》和一个《学者籍贯表》，考证每个著作者写了些什么书，每种书有哪些版本；不但考证书名，记着存佚，还要考证这些著作者的老师、朋友等等，看他们讨论些什么问题，结成了什么学派。这样花了半年功夫，写成了二十册，把清代学者的学问方向及其作出的贡献大致摸了一个底，看清楚了近三百年来学术思想的演变。到一九一六年暑假后开学，就没有时间继续工作下去。这是一个大工程，原不是一个初学的人所能作得好的。可惜的是这几十年来总找不到像我这样对书籍感到极大兴趣的"同行"，把这稿编辑完成。但我相信在后一代人中总会有这样的"同行"来完成这一艰巨的工作。

当我在北大"中国哲学系"里上二年级时，我恰和傅斯年同住在"西斋"的一间宿舍里，彼此高谈阔论，大有"埙篪相应"的乐趣。那时又值蔡元培校长请陈独秀任"文科学长"（等于现在各大学的"文学院院长"），又把在《新青年》上主张用白话作文的胡适从美国请回来，开"中国哲学史"和"西洋哲学史"两门功课。"西洋哲学史"，他无须预备，因为早有西洋哲学家编成的书可作他讲课的蓝本。独有"中国哲学史"一课，两千多年来只堆积了一大批资料，还连贯不起一个系统来。他又年轻，那时才二十七岁，许多同学都瞧不起他。我瞧他略去了从远古到夏、商的可疑而又不胜其烦的一段，只从《诗经》里取材，称西周后期为"诗人时代"，有截断众流的魄力，就对傅斯年说了。傅斯年本是"中国文学系"的学生，黄侃教授的高足，而黄侃则是北大里有力的守旧派，一向为了《新青年》派提倡白话文而引起他的痛骂的，料想不到我竟把傅斯年引进了胡适的路子上去，后来竟办起《新潮》来，成为《新青年》的得力助手。至于中国文学系的一班老同学，如薛祥绥、张煊、罗常培等则办起《国故》来，提倡"保存国粹"，并推刘师培作社长，坚决地和《新潮》唱对台戏。哪知道到了一九一九年，五四运动起来，国故派竟不打而自倒了。

到了一九二〇年夏，我毕业北大后，代理校长蒋梦麟聘我任本校助教，担任图书馆编目工作。胡适为了作文的方便，常给我通信，要我替他搜集资料；他所作的文稿也先送给我看，要我作些补充。我的《清代著述考》稿本，长期放在他那里，供他参考。他看了很欣赏，曾对我说："这三百年来的学术研究的中心思想被你抓到了。"我虽也很高兴有了这个同调，可是他并没有供给我一点帮助我完成这部书的条件，使得这一部可以供应中国近代学术研究者查考的工具书早日问世。

到那年十一月，他写给我一信，问我：你的《清代著述考》里为什么没有姚际恒？又说姚际恒能作《九经通论》，是一个很大胆的人，是应当表彰的，我当时就把我所知道的关于姚氏的事情统统告给了他。

对于姚际恒这个人，我本已十分注意，因为他的学术思想离开传统的观念太远，敢于大胆批判前人，不但敢批判宋代的学术权威朱熹，而且还敢批判汉代的学术权威郑玄，不但敢疑"传、注"，而且敢于疑"经"，所以他在清代学者保守的浓厚空气里总落在最倒霉的地位。他的著作虽认认真真地写了出来，人们却不敢接受，他的家族也就不敢刻出，随后便散失了。

我为什么特别注意起姚际恒这个人呢？这还得从我少年时代说起。在我十四岁考进地方上刚开办的高等小学时，因为苏州春雨天天下，脚上生了冻疮，穿的胶皮鞋进了水，疮发得重了，在床上直躺了两个月才复学。当这一段时间里，在卧床上翻看了王谟编刻的一部《汉魏丛书》，我很高兴，自以为我已把汉、魏、六朝时代的书都看到了，对那一时期的政治和学术情况都了解了。后来我在无意中看到了一部姚际恒著的《古今伪书考》，他竟判定了这些书差不多十有八九就是假的，这就在我的脑筋里起了一回大震荡，才明白自己原来读的其实并不都出于汉、魏、六朝时期人的手笔，其中有不少乃是宋、明时人的赝作。就这样，使我开始对姚际恒这个人注意起来。但是结果发现他的著作只有《古今伪书考》寥寥数十页，不能满足我的要求。这书分量很少，就在一九一四年的寒假中，从我的中学老师孙伯南先生那里借了出来，手钞了一部。

在我的钞写中，发见了他有《易传通论》六卷、《古文尚书通论》十卷、《周礼通论》十卷，这些书都找不到。到一九二〇年，我毕业北大后，在母校图书馆工作，才在乾隆《浙江通志》里找到了他的《九经通论》的总目。这部志书里的"经籍门"是杭世骏手编的，他距离姚氏将近百年，这部著而未刻的大书还存在。杭氏写道：

> 《九经通论》一百七十卷，仁和姚际恒（立方）撰：存真类一百三十五卷，别伪类二十八卷。（按两数相差七卷，不知它的究竟。）

这才是姚际恒著书的全貌，他从九经里分析为"别伪"和"存真"两大类，而在《古今伪书考》里提起的《易传》（即《十翼》）、《古文尚书》（即清代学者从阎若璩到丁晏论定的《伪古文尚书》），以及《周礼》全部都在他的"别伪类"中一一判定为"伪书"了。这是多么伟大而勇敢的一部著作呀！然而姚家不敢刻，四库不愿收，使他一世的苦心孤诣都湮没在汪洋大海了，这是多么地受着严重的压迫呀！假如按一卷一万字计算的话，就得有一百七十多万字，但这样一部大书竟失掉了！我就到处寻找，结果，只在北大教授吴虞家中借到了其中的《诗经通论》，这是不知道怎样漏下来的，这是列在"存真类"的，但毛、郑、朱的旧说都被他扫荡了。这是我初次见到的一部，我就标点付印了。后来听钱玄同讲，姚氏的《礼记通论》辑在杭世骏的《续礼记集说》中，有四十万字，我就请人钞了。隔了十多年，在当时的藏书家、辅仁大学教授伦明家里又发现他的《春秋通论》底本五册，但已残缺了，我也把它借来钞了。一九三五年，我在杭州，到一个姓崔的家里，他是一个大藏书家，有五楼五底共十间屋子的书。我上楼参观，发现了姚际恒的《仪礼通论》，是讲论《仪礼》的，我就借来请人钞了。过了一年，这《春秋》和《仪礼》的两部钞本都被北大教授马裕藻借去。我由于编刊了"通俗读物"宣传抗日，久被日本军人所注目，"七七事变"后，不得不仓皇出走，未能索回。等到胜利后回到北京，马先生已去世，我找到了他的家属，才知道他的藏书已都交给北大图书馆了。二十多年来，我委托该馆馆长和馆员帮助查找，可是总没有如愿。那崔家的旧藏的书又被日本军人在占领杭州时拿走了，那部唯一写定本《仪礼通论》只得将来到日本去寻找了。

到现在为止，我发现的就只有这四部——《诗经通论》《仪礼通论》《礼记通论》《春秋通论》。其余的五部恐怕连残本也没有了。

杭世骏是清朝雍正、乾隆时期的学者。他敢讲话，主张泯除满、汉的成见，所以乾隆帝把他赶出北京，后来又被这位皇帝逼死，具见《龚自珍全集》中《杭大宗逸事状》。他被专制皇帝逼得走投无路，只得跑到广东去作书院山长糊口，后来回到杭州收买破铜烂铁为生，可见他具有正直不挠的思想和气节，因此他懂得赏识这部富有真知灼见的《九经通论》，靠着他的力量才得保全了这部书名和卷数，以及其中的《礼记通论》一种。

约莫在我十二三岁时，我在家中找出了一部残缺的李元度所著的《国朝先正事略》，其中残缺的是"名臣"，完全的是"儒林、文苑"，这正好投合我的胃口，就放在卧室里，得暇即翻览。其中有《崔东壁先生事略》一篇，说他著有《补上古考信录》《唐虞考信录》《夏考信录》《商考信录》《丰镐考信录》《洙泗考信录》，把西周以前的历史和孔子个人的历史，作出了细密的考辨，于是大量的传、记中许多失真的记载给他一扫而空了。这岂不是一件大快事！但是这部伟大的著作，直到我大学毕业时还没有看见，因为它的流行量太小了。

关于经和传、记该有分别，这是我少年时读龚自珍的《六经正名》一文时就知道的。当时一般人说到"经学"都指着十三经，龚氏独谓不然。他说："孔子之未生，天下有六经久矣，……不可以臆增益。"那么，"六"数为什么会增加到了"十三"呢？这无非是汉代以后的学者根据当时的需要踵事增华，于是以"传"为经，以"记"为经，并以"注"为经了。他们表面上是为了丰富经学的需要，实际上是适应时代的要求，大量把不相干的和违背原意的逐步地穿插进去。到了清代中叶，经学极盛的时代，自然穷则思变，想分析它的性质与时代了。不过龚氏是个文人，他虽想"写定六经"，究竟有此志愿而没有怎么多的时间去研究，不像崔述这样，皓首穷经，用一生的精力写成一部有系统的著作。所以用刘知几的话说，龚氏是有"识"与"才"，而崔氏则有"识"与"学"。

说到崔述（东壁）的生平，却和姚际恒的境遇大不相同了。姚际恒著有《好古堂书画记》，说明他生于豪富之家，故能搜集这样多的书画；他原籍是安徽新安县，又说明他的上辈是为了经营商业而住到杭州。姚际恒生在这样的家庭里，又值清初大兴文字之狱，说不定他还怀着民族主义思想，所以不肯出来应试求官，终身在学术界里专心工作，成就一部伟大的《九经通论》，清扫两千多年来的大尘雾。崔述则是生于穷读书人家，他的父亲又是一位理学先生，虽是考中了举人，做了两任福建省的知县，其余时间都以教学为主。当他参加会试时，认识了一位云南举人陈履和，他俩谈论学问，陈氏对他大大钦服，当下拜他为师。陈履和的父亲也是一个知县，当陈履和随任在江西时，就刻出了《东壁先生书钞》四种。直到崔述死时，他师徒俩不曾再见过面。崔述死后第二年，陈履和亲到彰德，领取了他的全部遗稿，此后就以刻出《崔东壁先生遗书》作为他的主要的责任，他在山西太谷和浙江东阳的知县任内，尽量刻书，直到快要刻完的时候，他就力竭而死了，身后还有亏空，上级地方官哀怜他，许把书版抵补亏空，家属才得还乡。可惜的是，崔述的两种重要的遗稿，《大怪谈》和《读经余论》竟毁于陈家的火灾。

陈履和在宦游中详读崔述的自传性的记录，作了一篇《东壁先生行述》。后来李元度就把这篇《行述》钞在他所编的《事略》里。要是没有陈履和一生勤勤恳恳地忠于表彰他的老师的著作，崔氏虽研究了一世的古代史，也不会发生这样大的影响的。然而后来第一个接受他的学术思想的却不是中国人，而是作《支那通史》的日本史学家那珂通世，在他的国内断句重印了。

司马迁作《史记》，曾在《伯夷列传》开头说：夫学者载籍极博，犹考信于六艺。《诗》《书》虽缺，然虞、夏之文可知也。这"考而后信"的态度，的确是我们研究史料学的主要任务。可是司马迁虽提出了这个口号，却没有在实际的写作中贯彻到底。我们翻开《史记》来，仍然遗留了不少的古代的神话和传说，而和历史的真实不符。在这些地方，梁玉绳的《史记志疑》已经揭发了好多。崔述和梁玉绳虽生于同时，可是那时交通不便，各不相知，也就各不相谋。崔氏采用了司马迁的"考信于六艺"的口号，他只信从了经书里的记载，而驳斥了诸子百家里的传说和神话。当"五四"运动之后，人们对于一切旧事物都持了怀疑态度，要求批判接受，我和胡适、钱玄同等经常讨论如何审理古史和古书中的真伪问题，那时我们就靠了书店主人的帮助，找到了这部《崔东壁遗书》。后来我同几位燕京大学的同事在图书馆里找到了崔述的《知非集》，又组织了一个旅行团到大名去采访，看到了他墓碑上的记载，又借钞了崔述的夫人成静兰的《二余集》，崔述的笔记《苂田剩笔》，想不到广平县杨家又把崔迈（崔述弟）的遗著四种寄来，因此关于崔述方面的研究工作情况和他们的家庭情况就了解了许多。

从姚际恒牵引到崔东壁，我们怀疑古史和古书中的问题又多起来了。在崔氏信经而重新审查了传、记里的资料的基础上，我们进一步连经书本身也要走着姚际恒的路子，去分析它的可信程度。这就是《古史辨》的产生过程。

再说一个导引我走上怀疑古史的人——宋代的郑樵。我于一九一三年进了北京大学。当时学校里有几个很有学问的老师，在他们的指导下，我开始走向专门研究工作。当时我读了几部书：文学批评有刘勰的《文心雕龙》，史学批评有刘知几的《史通》，文史混合批评有章学诚

（实斋）的《文史通义》。我连读了这三部书之后，觉得对于文学、史学都该走批评的路子，于是我要多找批评性的书，结果找到了郑樵的《通志》。他在书中一切都记载，从天文到生物都放在一部历史书里，叙述的史实从《史记》《汉书》一直到唐、五代。这部书不仅涉及的范围非常广阔，而且很有批判精神，所以在过去的封建社会里一直给人们斥骂，只有章学诚替他辩护。章氏认为著书有两种方向：一种是钞集资料而加以编排的，这种书也有用处，但是不能启发人们的思想。能启发思想的书一定是要有独创性的见解的，而郑樵就是有独创性的一个，所以他说《通志》这部书好，好过了马端临的《文献通考》。因为马氏书只会"编辑"，没有"创见"。我很相信章氏的说法。当时我和同房间的傅斯年谈到《通志》时，傅斯年依传统之见，说这部书太不精密，与我的意见相左；但是在要求有批判性这一点上，他也同意，不过他总以为这样范围广大的书，决不是一个人的能力所能做到的。我说只要能够集合了许多方面的人力和知力，就可以做得好了，因为一个人的能力虽小，集体的力量总是很大的，所以郑樵的不足就因为他一个人所发的愿太大了，他的魄力是该肯定的。这样，当我从北大毕业后，我首先研究的就是郑樵。

郑樵是北宋末年和南宋初年间的人，他在中国学术史上是一个很特殊的人物，所以从他的当世直到清朝中叶，六百多年来，他一直挨骂，一直背着恶名。自从章学诚出来，辨明著述与纂辑不是同等的事业，又做了《申郑》《答客问》诸篇，把他的真学问、真力量畅尽地表彰了，于是他的地位方才渐渐地有些提高。郑樵是福建省莆田县人，他父亲本是北宋太学的学生。他十六岁上，父亲死了，从此谢绝了人事，不去干科举的生活，又到夹漈山中造了草堂住下，过着极清苦的读书生活。他一生富于科学的精神，除了博览群书之外，还十分重视实际的考察。他最恨的是"空言箸书"，他为了研究天文，就熟读《步天歌》，在黑夜里朗诵一句即注目一星；为了考古就到四方去游历；为了做动、植物之学，就"与田夫野老往来，与夜鹤晓猿杂处"。他觉得各科的学问是必须"会通"的，他打破了各家各派不能相通的疆界，综合他一生的学问编出了一部《通志》来。在他四十多岁时上书给南宋皇帝，希望国家能给他人手和笔札，帮助他完成著作。皇帝答应了，派人到他家里去钞写，于是他编出了《通志》二百卷，在历史纪传方面，是他从多种史书中剪辑改编的，从《史记》直到《五代史》的史事放进了一部书中，把本来互不相通的十七部史书打通了。此外《通志》中还有《略》二十种，是他自己的研究心得，从声音、文字、天文、制度、书籍、校雠，一直到鸟兽、草木都有他自己研究的特识。这书流行后，读者们都觉得他的《略》好，因为有他自己的思想和实践，而历代史的综合只是钞钞旧史书而已。对于这种看法，我也没有细细地加以研究，但我的同学王伯祥在开明书店做"二十五史勘印会"的主任时，曾把十七史同《通志》比较过。他说郑樵确实有许多处是经他的手动笔改写的，并不是一味钞书。不过王伯祥只是这样讲了，没有细细地举出许多例子来，写成一部著作。将来如果有人专门研究郑樵，应该拿了十七史来对勘一下，说明郑樵对于史学的研究实绩。

郑樵对前人的著述都不太满意，他做过一部《诗辨妄》，对于齐、鲁、韩、毛、郑五家解释《诗经》的说法都有批评。然而这部书已和姚际恒受到同一的遭遇，失掉了。我从许多别人的书里把它辑出来看，觉得他的说法很对，他胆子大，敢于批评前人，和清朝人的全盘接受前人的做法不同。他说：《诗》《书》可信，然而不必字字可信。在《通志·序》中还说：司马迁的《史记》做得好，班固的《汉书》做得不好。司马迁像一条"龙"，班固只像一头"猪"。郑樵启发了我对《诗经》的怀疑，我一方面研究郑樵的思想，一方面研究《诗经》，我要离开了齐、鲁、韩、毛、郑五家的传统说法自己来找寻《诗》的真正意义。我的开始的研究文章《郑樵传》和《郑樵著述考》在北京大学出版的《国学季刊》第一、二期上发表了。在研究《诗经》方面，从前人说原本有三千篇，给孔子删成三百篇。可是从欧阳修的《诗本义》以来就怀疑这说，认为孔子没有删《诗》的事情。《诗经》是当时音乐团体配合着各种乐器来唱的"乐歌"，绝不是空口唱的"徒歌"。空口唱的"徒歌"可以多到无数，但倘若没有给乐工收集起来，就早已失掉；而"乐歌"有了歌谱和文字，就被乐工们保存下来了，所以我们应该从乐工们的工作状况来推想《诗经》的真相。

这个研究工作我做了五六年，写了一篇《诗经在春秋战国间的地位》。又写了一篇《论诗三百篇全为乐歌》；还收集苏州歌谣三百多首，写定《吴歌甲集》一百首，在北京大学《歌谣周刊》上发表。

我的学术工作，开始就是从郑樵和姚、崔两人来的。崔东壁的书启发我"传、记"不可信，姚际恒的书则启发我不但"传、记"不可信，连"经"也不可尽信。郑樵的书启发我做学问要融会贯通，并引起我对《诗经》的怀疑。所以我的胆子越来越大了，敢于打倒"经"和"传、记"中的一切偶像。我的"古史辨"的指导思想，从远的来说就是起源于郑、姚、崔三人的思想，从近的来说则是受了胡适、钱玄同二人的启发和帮助。

钱玄同在日本学习时曾是章太炎的学生。章太炎也是一个敢于批评古人和古书的人，但胆量却不如郑、姚、崔三大家。章是经古文学家，谈到古史问题时，总想回护古文家的说法。钱玄同回国后，又接受了崔适（怀瑾）的思想，崔适是一个经今文学家，恰恰和章太炎的说法对立。汉朝的今、古文是两大类的学术思想，今文家中还各立学派，这些经学思想的分裂一直沿续到近代，这是我少年时代为之困惑而百思不解的。从历史上看，今文家先起，古文家后起。然而古文家经过一番修补，并不是真正的古文，乃是汉、魏、六朝时人用了他们自己的思想改造过来的。今文家则是从孔子的思想慢慢地演变而来，后来又与方士相结合，满脑子是阴阳五行的相生相克的想法。所以这两大派是各有其优点和缺点的。钱玄同一身受了章太炎和崔适两人的相反的思想的影响，于今、古文家都不满意，他常对我说这两派对于整理古籍不实事求是，都犯了从主观成见出发的错误。

到了一九二九年，我从广州中山大学脱离出来，那时胡适是上海中国公学的校长，我去看他，他对我说："现在我的思想变了，我不疑古了，要信古了！"我听了这话，出了一身冷汗，想不出他的思想为什么会突然改变的原因。后来他回到北大，作了一篇《说儒》，说孔子所以成为圣人，是由于五百年前商人亡国时有一个"圣人"出来拯救他们的民族，好像希伯来（犹太）的"弥赛亚"降生救世的"悬记"，后来就引起了耶稣领导的基督教大运动。这就是他为了"信古"而造出来的一篇大谎话，正和汉代方士化了的儒生一样。宜乎这篇文章一出来，便受到了郭沫若的痛驳（文见《青铜时代》），逼得他不敢回答。

至于钱玄同，他态度没有变，那时却对我讲了一个笑话。他说：在蒲留仙作的《聊斋志异》里有一个桑生，独居郊外读书，忽然有一夜来了一个奔女，自称名莲香，他欢迎她，就同居了；但她要隔了几天才来一次。有一夜，忽然来了另一个奔女，自称姓李，他也接受了；她夜夜来，不久桑生就病倒了。莲香来时看到他的病情，就明白这是受了女鬼的纠缠所致，嘱咐他不要亲近她。等李女来时，他把莲香的话告诉她，李女说："我原是爱你的，不会存心来害你。那先前来的莲香，她才是狐狸精呢。"桑生听了李女的话，仍同她交好，可是他的病情越来越恶化了。有一次莲香来时，李女在室，不及躲避，莲香数落她说："我固然是狐，你却真是鬼。我隔数天才来一次，原是为了使桑生恢复健康。你天天来缠他，却真的要把他害死了。"桑生躺在床上，听得这话，方才真正明白：莲香是狐化的，李女是鬼化的。钱玄同讲了这个故事，就对我说："我们对于今古文问题，也当作如是观。今文家好像莲香，古文家好像李女，我们千万不要上她们的当！"在这段话的启发下，我就写出了《五德终始说下的政治和历史》一个长篇论文，又写出了《秦汉的方士与儒生》这个通俗小册子。

一九二〇年，我二十八岁，暑假时在北大哲学系毕业，被许留校，派到图书馆任编目员。半年以后，即一九二一年一月，北大开办研究所，共分四门，国学门是其一。当时沈兼士是这一门的主任，他和马裕藻先生一起邀我入所任助教，并兼任《国学季刊》的编辑。这是一个比较有钱的机关，可以解决我的经济问题。从那时起，我就得到了专门研究的便利了。北京大学的图书馆里和研究所里的图书本来丰富，我尽量地看书，在半年的翻弄中，我自觉学问很有进步。从中得益最多的是罗振玉和王国维的著述，他们的求真的精神，客观的态度，丰富的材料，博洽的论辩，使我的眼界从此又开阔了许多，知道要建设真实的古史，只有从实物上着手，才是一条大路，我所从事的研究仅在破坏伪古史系统方面用力罢了。我很想向这一方面做些工作，使得破坏之后能够有新的建设，同时也可以利用这些材料做破坏伪史的工具。

在当代的学者中，我最敬佩的是王国维先生。在一九二三年三月六日的日记中，我写道：

> 梦王静安先生与我相好甚，携手而行，……谈及我祖母临终时情形，不禁大哭而醒。呜呼，祖母邈矣，去年此日固犹在也，我如何自致力于学问，使王静安先生果能与我携手耶！

一年以后，在一九二四年三月三十一日的日记中，我又有这样一段记载：

> 予近年之梦，以祖母死及与静安先生游为最多。祖母死为我生平最悲痛的事情，静安先生则为我学问上最佩服之人。今夜又梦与他同座吃饭，因识于此。

看这二段文字，可知我那时真正引为学术上的导师的是王国维，而不是胡适。所以当他一九二七年六月二日自沉于颐和园昆明池中死了之后，我在《悼王静安先生》一文中就说：

> 我对于他虽向少来往，但是恋慕之情十年来如一日。三年前，曾给他一信，大意是说："颉刚现在困于人事，未得专心

向学；待将来事务较简，学业稍进，便当追随杖履，为始终受

学之一人。"

数十年来，大家都只知道我和胡适的来往甚密，受胡适的影响很大，而不知我内心对王国维的钦敬和治学上所受的影响尤为深刻。可见，任何事情都不可能只看表面现象的。当然，我对他也有不满意的地方，就是他不能大胆辨伪，以致真史中杂有伪史。例如他的《殷周制度论》，根据了《帝系姓》（此书已亡，但《史记》各本纪及《大戴礼记》还保存着）的话而说："尧、舜之禅天下以舜、禹之功，然舜、禹皆颛顼后，本可以有天下，汤、武之代夏、商固以其功与德，然汤、武皆帝喾后，亦本可以有天下。"这是全本于秦、汉间的伪史，说明当时各国的"王"都自托于古代的"帝"的血统，自以为有兼并天下的资格。他受传统学说的包围而不能突破岂不显明？但我心仪于王国维，总以为他是最博而又最富于创造性的。我的成绩不能及他，这是时代动荡所构成，而不是我的能力和所运用的方法不能达到或超过他的水平。这个尺度我是了然于心中的，我想后代的人亦必能了然于心中吧。

一九二四年，直军冯玉祥倒戈回京，打倒直系领袖贿选总统曹锟，接受直隶绅士李石曾的建议，于十一月五日下令，限清室宣统帝溥仪立刻出宫，除去帝号，所遗留下来的物件，组成"清室善后委员会"，担负清理保存的职责。沈兼士邀我参加此会工作，分路分宫做清点和贴封条等事。那时共分五个组进行，我和马叔平（衡）等同在一个组里。查封工作结束后，他们推我执笔作了一个总报告。

王国维原来忠于清室，为罗振玉所荐，到宫内以"南书房行走"的名义教溥仪读中国古书。溥仪出宫，这个差使当然消灭；同时，他又早辞去了北大研究所导师的职务，两只饭碗都砸破，生计当然无法维持。我一听得这个消息，便于这年十二月初写信给胡适，请他去见清华大学校长曹某，延聘王国维到国学研究院任教。胡适跟这校长都是留美学生，王国维又有实在本领，当然一说便成。在几年里他写出几部民族

史、疆域史等著作，又造就了像徐中舒、吴其昌、余永梁等一批学术水平很高的专家来。

一九二二年夏天，我在祖母死后，暂时向北大请假，由于胡适的介绍，进上海商务印书馆当编辑员，编辑新学制初级中学《国语教科书》和《本国史教科书》两种，由叶圣陶、王伯祥两位帮助我工作。上海熟人不多，星期天上午总是空闲的，我就利用这一段时间做古史和古籍的研究，把研究的结果写给志同道合的朋友们共同讨论，其中最主要的一位就是钱玄同，他是一个心直口快的人，有话决不留在口头，非说得畅尽不止。不过他有一个毛病，就是白天上课之外，专门寻朋友谈天，晚上回到宿舍时便专看友人的信札和新出版的书报，直看到黎明才就枕，可是那时已接近上课时间了。因此，他看了书报想做些批评，总不得暇闲；朋友们去的信札，往往一搁半年，或竟不复。我在北京时，他也算我的一个座上客，给我很多的启发；我到上海后就失却了这个联络了。

一九二二年，我写了几封信给他，总是杳无回音，但隔了一年，于一九二三年二月，他突然地来了一封长信，不但回答了我所提出的问题，而且也告诉我他所新得到的材料。我不禁大大地喜欢接受，就用了一个星期日整整一天的工夫写了一封答书，把半年来胸中积蓄的问题及其假设的解答尽情地向他说了。回信呢？等候了两个月，依然落了一个空。

那时，胡适为了割痔疮，住到上海治疗，他在北京办了两种报纸——一、《努力》，是他发表政论见解的，一星期出一张；二、《读书杂志》，是他发表学术性论文的，一个月出一张，附在《努力》里发行。自从他到了上海，他的政论文字，自有高一涵、张慰慈一班好谈政治的朋友可以托写；他的学术性论文却无人接替。他在上海见了我，就说："我的这项任务就交托给你吧。"我当时年刚三十，精力充足，就大胆答应了下来。心想，钱先生那里接到我的信好久了，还没有得着他的复信，我就借了这个机会催他一催，岂不很好！于是就把我给他的信割去了上半篇讲《诗经》的，留着下半篇论古史的，在《读书杂志》第九期上登出来了。

哪里想到，这半封题为《与钱玄同先生论古史书》的信一发表，竟成了轰炸中国古史的一个原子弹。连我自己也想不到竟收着了这样巨大的战果，各方面读些古书的人都受到了这个问题的刺激。因为在中国人的头脑里向来受着"自从盘古开天地，三皇、五帝到于今"的定型的教育，忽然听到没有盘古，也没有三皇、五帝，于是大家不禁哗然起来。多数人骂我，少数人赞成我。许多人照着传统的想法，说我着了魔，竟敢把一座圣庙一下子一拳打成一堆泥！于是南京大学的刘掞藜就依据了经典常识来反驳，说得有理有据的。我再给驳回，笔墨官司足足打了半年。我由于有三年的准备，也敢与挡架。直到第二年我辞去商务印书馆职务，回到北京大学，重理国学研究所的旧业，才暂行停战。这些讨论文章，有一个久居上海的曹聚仁，把它们编了一本《古史讨论集》出版了。

我一面编辑中学用《本国史教科书》，一面又在《读书杂志》上大力发挥推翻古史中神话传说的文章，两者不相冲突吗？唉，这个冲突是不可避免的！这个问题，我当时曾向编辑部里史地部主任朱经农谈过。他说："现在的政府大概还管不到这些事罢，你只要写得隐晦些就是了。"我依他的话，不提"盘古"，对"三皇、五帝"只略叙其事，加上"所谓"二字，表示并不真实。这样做法，是商务印书馆里所出的教科书中早已有过的，当二十世纪初年，商务印书馆曾请夏曾佑编一部《中学历史教科书》，他编了三册，到唐末就搁笔了。这第一册里有用基督教《圣经》和保罗文洪水传说和大禹治水作比较的文字，总称三皇、五帝的时代为"传疑时代"，直到周武王灭殷，才称为"化成时代"，表示其已进入文明世界了。拿我所编的来比他，我并不比他写得激烈。可是时代不同了，他的时代正是各个帝国主义的国家要瓜分中国的时候，谁来管这古代历史的有无问题。我的时代则正是南北纷争，人民正在渴望统一的时期，国民党北伐号称成功，建都南京，各省设参议会，也要摆出一些"民主"的架势。那时山东参议员王鸿一（名朝俊，曾任山东教育厅长，一九三〇年去世）就提出专案，弹劾此书，说它"非圣无法"，要加以查禁。后来梁漱溟来信告诉我，这个提案是北大同学陈亚三执笔的。戴季陶就利用这个提案做文章，说"中国所以能团结为一体，全由于人民共信自己为出于一个祖先；如今说没有三皇、五帝，就是把全国人民团结为一体的要求解散了，这还了得！"又说："民族问题是一个大问题，学者们随意讨论是许可的，至于书店出版教科书，大量发行，那就是犯罪，应该严办。"话说得这样激烈，传到上海，商务印书馆的几个当事人大为发急，由总经理张元济赶到南京，与"党国元老"吴稚晖商量解决办法。当时国务会议所提处罚条件甚为严酷，说："这部教科书前后共印了一百六十万部，该罚商务一百六十万元。"商务出不起这笔罚款，请吴稚晖出来说情，免去了罚款，只是禁止发行，了结此案。这是我为讨论古史在商务印书馆所闯出的祸，也是"中华民国"的一件文字狱！

一九四一年，陈立夫曾和我开一个"玩笑"。这件事关联史学，常有人提起，所以我就在这里记述一下。在《与钱玄同先生论古史书》中，我曾引《说文》的"禹，虫也，从厹，象形"及"厹，兽足蹂地也"，疑禹本是古代神话里的动物。这本是图腾社会里常有的事情，不足为奇。陈立夫屡次在演讲里说，"顾颉刚说，大禹王是一条虫呢"，博得听众的一笑。这是意见不同，也无所谓。到一九四一年，我在成都，有一天教育部政务次长顾毓琇来访，闲谈间，除了叙叙同乡、同族的关系外，又提出了禹的生日可考不可考。我说："禹是神话中的人物，有无其人尚不能定，何从考出他的生日来。不过在川西羌人住居的松、理、茂、懋、汶一带地方，他们习惯以六月六日为禹的生日的，祭祀祷赛很热闹，这是见于那些地方志的。"他提出了这个问题后就走了，我也想不出他的用意。过了些时日，看见国民党政府定于六月六日举行工程师节的新闻，到了那天，报纸上出有特刊，上面载着陈立夫的一篇演说，说："大禹治水是我国工程史上的第一件大事，现在禹的生日已由顾颉刚先生考出来了，是六月六日，所以我们就定这一天为'工程师节'。"我才明白，原来顾毓琇前些时到我家来问就是为的这件事。禹以六月六日生，这本是一个羌人的传说，《吴越春秋》里就有，苏东坡的诗里也有，羌人区域的地方志记载更多，何劳我来考证。嗣后，中央大学教授缪凤林就写文章骂我为"首鼠两端"，既否认禹是一个人，又定他的生日，太不照顾前后了。因此，陈立夫在他的文章中把我抬出来，是故意在愚弄我，借此来败坏我研究古史的声誉。

如今回过头来，再讲《古史辨》的如何出世，就不能不提到朴社。在上海的时候，我同沈雁冰、胡愈之、周予同、叶圣陶、王伯祥、郑振铎、俞平伯等人晚上常常在郑振铎主办的"文学研究会"所租的一所房子里开会或闲谈，算作一个俱乐部。自从我加入之后，也讨论些古史和民歌问题。有一次由郑振铎发言，说我们替商务印书馆编教科书和各种刊物，出一本书，他们可以赚几十万，我们替资本家赚钱太多了，还不如自己办一个书社的好。大家听了他的话，都说很好，于是办了"朴社"。社名是周予同提出的，他毕业于北京高等师范（后改"北京师范大学"），听了钱玄同的课，相信清朝的"朴学"，所以定了这个社名。大家推我做总干事，每人每月交十元钱，十个人共一百元，由我把它存入银行生息。这样积了二年。二年后，"齐卢之战"发生，两方兵开到闸北打仗，那边就是商务印书馆编辑所、图书馆、印刷所以及职工们聚居的地方。同人们要逃避这个大灾难，不得不把家搬入租界。搬家需要钱，他们无奈，就把这笔存款取出来分掉了，其时我和俞平伯已经回到北京，就把我们俩人应得的本和利寄来。我那时虽在欠薪困境之下，还想把这个社开办起来，因和俞平伯商量，我们还是照原来的办法继续下去的好。于是我们联络了北大同学吴维清、范文澜、冯友兰、潘家洵等十个人，仍然每月照样存钱。这样积了一年，我们觉得可以开一个小书店了。就在北京大学二院对门租了三间铺房，开了"景山书社"，准备出书。大家说我和别人讨论古史的文章可以出一本"古史讨论集"，于是《古史辨》诸册就陆续问世了。

《古史辨》第一册，是我与胡适、钱玄同、刘掞藜等讨论古史的函件和文章，以"禹"为讨论的中心问题，兼及历代的辨伪运动。在这一册中，许多问题的论证，现在看来是不够坚强的，但主要的见解我还是坚持下去。我写了一篇六万字（原有十万字，发表时去掉了"孟姜女"的一部分）的《自序》，说明了我研究古史的方法和我所以有这些见解的原因。这篇序实足写了两个月，是我一生中写得最长最畅的文章之一。海阔天空地把我心中要说的话都说出了。写完之后，使我自觉很痛快。不久张作霖入关，他是镇压新文化运动的铁杆子，把北大的校长先撤掉，换了一个刘哲，我们这些或多或少参加新文化运动的人都跑散了。幸亏我有两位姓蒋的中学同学在陆军部，由他们负责出版了《古史辨》第一册。想不到这一册销路好极了，一年里竟重印了三版。这样朴社（也即是景山书社）的经济基础就打好了。于是他们催我编第二册。可是，那时我已离开了北京，无从动手。

我在厦门、广州呆了三年，回到北京之后，才着手编了《古史辨》第二册。这一册是继承第一册的研究的。上编讨论古史问题，中编讨论孔子和儒家的问题，下编是人们关于"第一册"的评论。其中我写的一篇《秦汉统一的由来和战国人对于世界的想像》认为三代的国境只在黄河流域，周是氐羌族中的一种，现在已无可疑的了。其他的论断则还根据薄弱。刘复的《帝与天》和魏建功的《读帝与天》，认为帝的原义为上帝，这个说法是开启古史神话传说的一把钥匙。这一本编得不好，因为没有一个中心问题展开论争，而是这边说说，那边说说，内容就显得分散而平淡，仿佛是一个杂货铺，不能吸引读者了，销路也就差得多了。

当时因为北大欠薪太多，生活太苦，我回北京后，就去了美国教会办的燕京大学。燕大的待遇很优，每月给我二百四十元工资，房子、电灯、电话等等都不要钱，生活很好，我于是可以每日埋头写作，不进城了，每天可以写三千字左右，一年总计写了七十多万字，这样北大有的人说我"卖身投靠"，卖给燕京了。因为精力集中，所以第三册编得较好，有一贯的精神。这一册是专门研究《易经》和《诗经》的。其中心思想是破坏《周易》的伏羲、神农的圣经地位，而恢复它原来的卜筮书的面貌；破坏《诗经》的文、武、周公的圣经地位，恢复它原来的乐歌面貌。有人因此说"古史辨"变成"古书辨"了，是一种怯退的表示。我认为这种说法是不对的。古书是古史的史料，研究史料就是建筑研究历史的基础。由"古史辨"变为"古书辨"，不仅不是怯退的表示，恰恰相反，正是研究向深入发展的表现。这一册出版时，正好碰上"九·一八"事变发生了，国难当头，大家顾不上读书了，所以销路虽然还好，却比第一册差多了。不过各个图书馆都买。因为第一册给一个叫恒慕义（Arthur William Hummel 1884—1975）的外国学者介绍了，外国人知道这部书，所以国外的销路却很好。

在这一册中，有一篇我一九三〇年十月写的《论易系辞传中观象制器的故事》，是批判《周易·系辞传》里的"观象制器"之说的。这种说法以为古代各种工具的创造都是圣人们看了六十四卦的卦象而做出来的。有如涣卦上巽下坎，巽为木，坎为水，圣人看了这卦中木在水上，就造出船来了。我认为这种唯心论的说法太不对了。船当然是因为木头入水不沉而想出来的，和涣卦有什么关系？这种思想和汉朝京房一派很相同，说不定就是他们搞出来的玩意儿。这篇文章在《燕大月刊》上发表后，我收到了钱玄同和胡适的来信，两个人的态度完全不一样，钱玄同认为"精确不刊"，胡适则反对，说观象制器是易学里的重要学说，不该推翻。前面说过，他从一九二九年起就不疑古了，这就是一个很好的具体例证，也是我和他在学术史上发生分歧的开始。

一九三一年"九·一八"事变以后，我为了反抗日本帝国主义的侵略，编刊通俗读物，宣传抗日的主张，唤起全民族奋起抗日；胡适却以为"民众"是惹不得的，放了火是收不住的，劝我不要引火烧身。他的这种无视国家民族生死存亡的麻木不仁的态度，引起我极大的反感。看法不同，思想感情也就不像以前那样融洽了。

第四册是由罗根泽编的。他是北京师范大学的教授，夙好研究先秦诸子，想做我的同路人，就仿照我的方式，编了许多讨论诸子的文章。一九三二年一月，他把编辑的《诸子丛考》给我看，凡辩论诸子书的年代和真伪的文字都搜罗了，体例和《古史辨》相类，我就请他加入，列为《古史辨》的第四册。这个时候由于国难当头，民族国家的存亡问题越来越严重，我的爱国主义思想日益炽烈，为宣传抗日而奔走，一面编抗日的"通俗读物"，同时还办讨论历史地理的《禹贡》半月刊，注意于边疆问题，没有时间搞《古史辨》了。所以这一册完全是由罗根泽编的。这一册的内容分上、下两编，上编讨论儒、墨两家，下编讨论道、法两家。

在这一册中收了我一九三二年四月写的一篇《从〈吕氏春秋〉推测〈老子〉之成书年代》。这篇文章是我和胡适在学术史上发生的又一次分歧。胡适在《中国哲学史大纲》上册中沿袭旧说，以为老子是孔子以前的人，《老子》一书是《论语》以前的书。这本是《庄子》和《史记》以来的旧说，在他本可以不负责任，可是他偏偏要揽到自己头上去。梁启超提出反驳，以为《老子》一书必是战国时的著作。我觉得梁说是对的，因为《老子》一书中的许多意识是战国时代的意识而非春秋时的意识，因此不可能在孔子以前成书。在这以前，我曾在致钱玄同的信中简略地说过，也当面和胡适口头谈过，可是他不加考虑，一口拒绝。一九三一年寒假，我到杭州省亲，因当时日本帝国主义侵略我国的局势很紧张，在淞沪作战，沪杭路中断了，我就留在杭州，买了几部了书读着，越读越觉得梁启超的话对。《吕氏春秋》的作者时代确定，读了几遍，又取《荀子》《淮南子》等书作旁证，以一个月之力写成这篇推测《老子》成书年代的文章，在燕大的《史学年报》上发表。这篇文章是明白地反对胡适的说法的，他看了之后，大为生气，作了一篇《评论近人研究〈老子〉的方法》，把我痛驳一番。从此以后，他就很明显地对我不满起来。

在《古史辨》第四册的序文中，我还说了这么一段话："我自己决不反对唯物史观。我感觉到研究古史年代、人物事迹、书籍真伪，需用于唯物史观的甚少，无宁说这种种正是唯物史观者所亟待于校勘和考证学者的借助之为宜；至于研究古代思想及制度时，则我们不该不取唯物史观为其基本观念。"现在看来，这段话还有需要修正的地方，但是我不反对唯物史观和认为研究古代思想及制度要用唯物史观来指导的看法是非常明确的。胡适是反对唯物史观的，一九三〇年他在《胡适文选》序中说过："被马克思、列宁、斯大林牵着鼻子走，也算不得好汉。"所以他看到后更不高兴，以后的交往就越来越少，关系也越来越疏远了。

"九·一八"事变以后，大家都没有心思去读书了，书社的生意也不行了，然而他们说别的书可以不出，但《古史辨》的影响大，不能不出。所以我靠着《古史辨》的牌子可以大胆地编书，而且一本比一本厚。第五册是我自己编写的，我下了很大的功夫，还作了一篇长序。这册上编谈的是汉代经学上的今古文问题，下编论的是阴阳五行说起源问题及其与古帝王系统的关系问题。这册《古史辨》虽然也研究到古史传说，可是主要是重新估定汉代经今古文问题。自从晚清今文家提出了"新学伪经"的说法以后，许多古书像《左传》《周礼》甚至《史记》《汉书》都有了刘歆作伪和窜入的嫌疑，同时许多古史传说，像《月令》一系的五帝说，《左传》郯子所述的古史传说，羿、浞代夏以及少康中兴故事，都有刘歆等人伪造的嫌疑。

我认为古史的传说固然大半由于时代的发展而产生的自然的演变，

但却着实有许多是出于后人政治上的需要而有意伪造的。王莽为了要夺刘氏的天下，恰巧那时五行学说盛行，便利用了这学说来证明"新"的代"汉"合于五行的推移，以此表明这次篡夺是天意。刘歆所作的《世经》分明是媚莽助篡的东西，而《世经》里排列的古帝王的五德系统，也分明是出于创造和依托的，这中间当然会造出许多伪史来。对这个问题，我曾写了《五德终始说下的政治和历史》一文来重新加以估定。钱玄同的《论经今古文学问题》可以代表他对经今古文问题的见解。钱穆的《刘向歆父子年谱》则彻底反对晚清今文学家的主张。在这册中，又因讨论今古文的问题而连带地讨论到阴阳五行的起源。因此，这一册又收入了梁启超的《阴阳五行说的来历》和刘节的《洪范疏证》。

第六册是罗根泽继续第四册编的，上编通考先秦诸子，下编专考老子。第六册刚印好，"七·七"事变就爆发了。北京没法呆下去了，我们只好把印好的第六册送到上海，由开明书店发行，景山书社就关门了。

我自从离开北京后，先后到了甘肃、四川、云南，到处奔波，生活极不安定，没法子编书了。巧得很，有个童书业继续替我编。他在上海，把当时报刊上关于古史讨论的文章尽量地搜集汇编成册。这一册的文章讨论得最细，内容也最充实，是十余年来对古史传说批判的一个大结集。这本书分为上、中、下三编。上编是古史传说的通论，收了我所著的《战国秦汉人的造伪与辨伪》和杨宽的《中国上古史导论》；中编是三皇五帝考，以我和杨向奎合写的《三皇考》和吕思勉、蒙文通、缪凤林等关于三皇五帝讨论的论文为中心；下编是唐、虞、夏史考，以我与童书业合作的几篇论文和吕思勉、陈梦家、吴其昌等的论文为中心。中、下两编从三皇一直讨论到夏桀，当时研究古史传说的重要文章，基本上都收入了。

自从我在《读书杂志》上提出了古史传说的见解，并把有关的讨论文章汇编为《古史辨》以来，经过十余年学者们的研究、讨论，到第七册为止，共汇编了三百五十篇文章，三百二十五万字，总算把紊如乱丝的古史传说找寻出一个线索来了，为后人进一步深入探索奠定了一个基础。现在离开《古史辨》第一册的兴起已五十五年了，距离第七册出版也已四十年了。上海古籍出版社采纳我的建议，同意继续出版第八册，使我感到无限的欣慰。这一册专收考证古代地理的文章，由我指导王煦华同志来搜集汇编。

抗战前，我在燕大的宿舍里曾挂上一方"晚成堂"的匾额。这有两个意义。第一，许多人看研究学问的工作太简单了，总以为什么问题只要一讨论就可得出结论的，所以一见我面，总会问道："你讨论古史问题几时可以终了。《古史辨》准备出几册？"我答以："古史问题是讨论不完的；《古史辨》希望在我死后还有同志们继续出下去。至于我自己，离开成功的目标还远得很哪，总要做到晚年才可有一些确实的贡献。所以，现在还是提出问题的时候，而不是解决问题的时候。"说到这里，我就指着匾额给他们看，说道："倘使我活七十岁，就以七十岁为小成；活八十岁，就以八十岁为小成。若是八十以后还不死，而且还能工作，那么，七十、八十时提出的问题和写出的论文又不成了。所以成与不成并无界线，只把我最后的改本算作我的定本就是了。"第二，当"九·一八"事变以后，我一半的精力在搞通俗读物，宣传民族意识，古史研究当然免不掉要放松，但望望后面的时间还长，心想只要人民群众的敌忾唤了起来，把最大的敌人压了下去，我依旧可以规规矩矩地做我的本行工作，只是把我的论文迟几年发表就是了，所以也把"晚成"二字当作我的希望。哪里想到卢沟桥炮声一响，北京城就落入敌人的手里，我是久为他们特务所注目的人，不得不设法逃开，于是以后几十年的工作计划一直得不到安定的环境来实现，我的一生工作能力最强的一段时间就此浪掷了！

我的古史研究工作，从有些人看来是脱离现实的，所以以前有人警告我说："你不能再走这条路了。你如换走一条路，青年还能拥护你。"
我以为这样的说法未免有短视之嫌。我们现在的革命工作，对外要打倒
帝国主义，对内要打倒封建主义，而我的《古史辨》工作则是对于封
建主义的彻底破坏。我要使古书仅为古书而不为现代的知识，要使古史
仅为古史而不为现代的政治与伦理，要使古人仅为古人而不为现代思想
的权威者。换句话说，我要把宗教性的封建经典——"经"整理好了，
送进了封建博物院，剥除它的尊严，然后旧思想不能再在新时代里延续
下去。以前有人说："现在人对于古史可分为三派：一派是信古，一派
是疑古，一派是释古，正合于辩证法的正、反、合三个阶段。"我的意
思，疑古并不能自成一派，因为他们所以有疑，为的是有信；当先有所
信，建立了信的标准，凡是不合于这标准的则疑之。信古派信的是伪
古，释古派信的是真古，各有各的标准。释古派所信的真古从何而来的
呢？这只是得之于疑古者之整理抉发。例如现在很多同志的文章都说到
神农、黄帝是神话人物，《诗经》《楚辞》是民间文艺，这种问题即是
我们以前所讨论的。释古派认为我们的讨论结果为得古史的真相，所以
用来解释社会发展史了。同样，我们当时为什么会疑，也就是因得到一
些社会学和考古学的智识，知道社会进化有一定的阶段，而战国、秦、
汉以来所讲的古史和这标准不合，所以我们敢疑。有人以为我们好做
"翻案文章"，讥讽我们"想入非非"，那是全不合乎事实的。我写出许
多古史论文，原为科学工作，并不在求青年拥护；青年愿意接近我的，
我只期望他在这一堆乱蓬蓬的材料里，清理出一个是非的标准，在学问
上自求进展，对于我所说的如有错误，极盼望人们的驳诘。我绝不像廖
平、康有为那样，自居于教主而收罗一班信徒，盼望他们作我的应
声虫。

又有人说："《古史辨》的时代已过去了！"这句话我也不以为然。
因为《古史辨》本不曾独占一个时代，以考证方式发现新事实，推倒
伪史书，自宋到清不断地在工作，《古史辨》只是承接其流而已。至于

没有考出结果来的，将来还得考，例如"今古文问题"。这一项工作既是上接千年，下推百世，又哪里说得上"过去"。凡是会过去的只有一时的风气，正似时装可以过去，吃饭便不能过去。所以即使我停笔不写了，到安定的社会里还是会有人继续写的，只有问题得到了合乎事实的令人信服的结论，像《伪古文尚书》一案，才没有人会浪费精神去写，这是我敢作预言的。

秦汉的方士与儒生

秦汉的方士与儒生[①]

序

　　这本小册子经过了二十余年的时间，现在又重版了。当时我为什么要写这本书，这是该详细向读者同志报告的，因此补上这篇序。

　　清朝这一代，最高的统治者挟了种族的成见，防止人民起义，屡兴文字狱，读书人一不小心就容易砍掉脑袋，甚至有灭门之祸。在这等淫威之下，逼得若干有些创造力的知识分子把他们的全部心思才力集中到故纸堆里，学问完全脱离了人生实用。这种学风当然是畸形的、偏枯的，但因他们下了苦功，也获得了意外的收获：就是在史料学的范围里开拓了一些新园地，帮助人们认识了若干未经前人揭出的史实。尤其是他们特别注意于两汉的经学——所以他们的学问叫做"汉学"，——经过了长时期的搜集材料、整理材料，竟把向来看不清楚的两汉学术思想指出了一个轮廓。因为汉代学者是第一批整理中国历史资料的人，凡是研究中国古代历史和先秦各家学说的人们一定要先从汉人的基础上着手，然后可以沿源数流，得着一个比较适当的解释，所以汉代学术享有极崇高的地位，人们对于那时候的权威学说只有低头膜拜，就是有一二

[①]　原题《汉代学术史略》，上海亚细亚书局，1935 年 8 月。后改今题，上海群联出版社，1955 年 3 月。现据上海古籍出版社 1978 年 2 月新 1 版收入。三版本不同之处见后附小仓芳彦之对照表。

人不肯服从，驳斥它的不合理的地方，也会遭受到千万倍的压力把他压了下去，它的神圣不可侵犯的地位永远靠了模糊的面貌来维持。清代学者本来只是为了反抗空谈心性的宋、明理学而信仰汉代学术，但经他们深刻研究"汉学"的结果，竟使我们约略看出那时代的黑暗的内幕，知道所谓权威的汉代学术的大部分只是统治阶级麻醉民众和欺骗民众的工具，它的基础建立在宗教迷信上。我们看出了这一点，当然要对于它的黑暗面激起甚大的反感。这个反感分明是清代学者提供给我们的，然而他们自身却还没有想到会发生这个破坏性的后果呢。

我二十岁以前住在苏州，那里是清代汉学的中心，最有接触经学书的机会，引得我喜欢在这些书里瞎摸；又因上了小学和中学，接受了一点资产阶级的科学的皮毛，所以再不能相信汉代经师的神秘话头。那时正在戊戌政变之后，这次政变是由康有为的经今文学鼓动起来的，他假借了西汉所谓《春秋》大师董仲舒的"三代改制"的话做理由，要求统治阶级变法自强。他的同道有谭嗣同、梁启超、皮锡瑞等维新派。同时和他取相反的立场的是保守派张之洞、朱一新、王先谦、王仁俊、叶德辉等人，他们的言论都载在苏舆编的《翼教丛编》里。戊戌以后，章炳麟主张种族革命，反对康有为的保皇论，又站在经古文学的立场上来抨击康氏的今文学，康氏说"新学伪经"出于刘歆一手所为，章氏便说刘歆是孔子以后的第一个人；其时助章氏张目的有刘师培等人，他们的文字多数载在邓实编的《国粹学报》。这是一场使人看得眼花撩乱的大战！少年时代的我，看他们打得这般热闹，精神上起了极大的兴奋；但自己还没有本领去评判他们的是非，又怀着异常的苦闷。不过，今文家喜欢称引谶纬，谶纬里十分之九都是妖妄怪诞的东西，这是我早已认定的，何况章氏站在革命的立场上来反对康氏的保皇呢，所以在我的理智上，认为古文家的思想是进步的，我们该走向古文家的阵营。

原来清代末年，全国的经学大师，俞樾是最有声望的一位。他担任杭州诂经精舍的山长三十余年，培养了很多的经学人才。他对于今文学和古文学采取兼容并包的态度，所以在他门下受业的人们也各就其性之所近走上了岔道：或专研古文，或笃信今文，或调和今古文。章炳麟是他们下古文派中的一个健将，崔适则是他门下今文派中的一个专家。今文经中最重要的一部书是《春秋公羊传》，那时别人多喜欢把《公羊》的话语结合当前的政治，在变法自强运动中起了大小不等的波澜，独有崔氏，虽把《公羊》读得烂熟，却只希望恢复《公羊》学的原来面目，自身未参预过政治运动。因为他极少写单篇论文发表他的主张，所以我不曾注意过他。

一九一六年，我进了北京大学文科中国哲学门。这个门（即是后来的系）是清末京师大学中经科的化身，所以经学的空气仍极浓厚。教我们"中国哲学史"的是主张不分今、古、汉、宋一切都容纳了的陈汉章先生，教《春秋公羊》学的就是这位严守专门之学的壁垒的崔适先生。崔先生发给我们的讲义是他用了毕生精力做成的一部《春秋复始》，他把《公羊传》为主，辅之以董仲舒《春秋繁露》和何休《公羊解诂》等书，把一部《公羊传》分类解释，要使人们从这里看出孔子的《春秋》大义。他说《穀梁传》和《左氏传》都是古文学，就都是伪经学，绝对不是孔子的意思。他年已七十，身体衰弱得要扶了墙壁才能走路，但态度却是这般地严肃而又勤恳，我们全班同学都十分钦敬他。可是我总想不明白：《春秋》本是一部鲁国史书，为什么不该从东周的史实上讲而必须在孔子的意思上讲？就是说这部书真是孔子所笔削的鲁国史书，一字一句里都贯穿着他的意思，为什么《经》中屡有阙文，如"夏五""郭公"之类，表明它保存了断烂的史书的原样？如果说《公羊传》的作者确是孔子的门人，最能把握着孔子的微言大义，为什么《传》中常说"无闻焉尔"，表明他并没有捉住孔子的意思？

直到一九二〇年我在北大毕业之后才认识钱玄同先生。他在日本留学时是章氏的学生，回国以后又是崔氏的学生。他兼通今古文而又对今古文都不满意。他不止一次地对我说："今文学是孔子学派所传衍，经长期的蜕化而失掉它的真面目的。古文经异军突起，古文家得到了一点古代材料，用自己的意思加以整理改造，七拼八凑而成其古文学，目的是用它做工具而和今文家唱对台戏。所以今文家攻击古文经伪造，这话对；古文家攻击今文家不得孔子的真意，这话也对。我们今天，该用古文家的话来批评今文家，又该用今文家的话来批评古文家，把他们的假面目一齐撕破，方好显露出他们的真相。……"这番议论从现在看来也不免偏，偏在都要撕破，容易堕入虚无主义。但在那时，当许多经学家在今、古文问题上长期斗争之后，我觉得这是一个极锐利、极彻底的批评，是一个击碎玉连环的解决方法，我的眼前仿佛已经打开了一座门，让我们进去对这个二千余年来学术史上的一件大公案作最后的判断了。

我既略略地辨清了今、古文家的原来面目，就又希望向前推进一步。为什么有今文家？为什么有古文家？他们出现的社会背景和历史条件是什么？固然，古文经一系列的组织和发展，由于刘歆站在最高学术地位上的鼓吹和王莽站在最高政治地位上的推动，这事对于王莽夺取汉家政权必然与以若干有利的条件，关于这一点早由方苞的《周官辨》和康有为的《新学伪经考》等书说明了。但这事如果单纯地只看作和王莽有关，那么当新室灭亡之际，古文经理应和它同归于尽，何以到了东汉反而昌盛，竟夺得了今文经的正统？又如今文学，如果单纯地只看作孔子学派师徒们的传授，那么由孔子到董仲舒不过三百年，终不该作一百八十度的转变，为什么会大讲其"怪、力、乱、神"，和孔子的思想恰恰相反？想到这里，就不得不在秦、汉时代统治阶级的需要上来看今、古文两派的变化。研究的结果，使我明白儒生和方士的结合是造成两汉经学的主因。方士的兴起本在战国时代的燕、齐地方，由于海上交通的发达，使得人们对于自然界发生了种种幻想，以为人类可以靠了修炼而得长生，离开了社会而独立永存，取得和上帝同等的地位；同时同地有邹衍一派的阴阳家，他们提倡"天人相应"的学说，要人们一切行为不违背自然界的纪律。秦始皇统一六国，巡行到东方，为了方士和阴阳家们会吹会拍，他立刻接受了海滨文化。儒生们看清楚了这个方向，知道要靠近中央政权便非创造一套神秘的东西不可，所以从秦到汉，经学里就出了《洪范五行传》一类的"天书"做今文家议论的骨干，一般儒生论到政治制度也常用邹衍的五德终始说的方式来迎合皇帝的意图，使得皇帝和上帝作起紧密的连系。皇帝的神性越浓厚，他的地位就越优越，一般民众也就越容易服服贴贴地受皇帝的统治。这种政策，皇帝当然是乐于接受的，而且确实胜过了方士们的专在幻想中寻求希望，所以儒生的地位很快地超过了方士，凡是正途的官吏都要在儒生中挑选。到了西汉之末，刘歆整理皇家的图书，发现许多古代史料，他想表章它们，本是史学上的一件盛举；但学术性的东西是皇帝所不需要的，一定要插入对于皇帝有利的东西方能借得政治的力量，所以他唯有在《左传》里加进新五德终始说的证据，又要做出一部《世经》来证明王莽的正统。在这种空气里，光武帝就必须用《赤伏符》受命，而谶纬一类妖妄怪诞的东西就大量产生了。因此，我觉得两汉经学的骨干是"统治集团的宗教"——统治者装饰自己身份的宗教——的创造，无论最高的主宰是上帝还是五行，每个皇帝都有方法证明他自己是一个"真命天子"；每个儒生和官吏也就都是帮助皇帝代天行道的孔子的徒孙。皇帝利用儒生们来创造有利于他自己的宗教，儒生们也利用皇帝来推行有利于他们自己的宗教。皇帝有什么需要时，儒生们就有什么来供应。这些供应，表面上看都是由圣经和贤传里出发的，实际上却都是从方士式的思想里借取的。试问汉武帝以后为什么不多见方士了？原来儒生们已尽量方士化，方士们为要取得政治权力已相率归到儒生的队里来了。至于今文家和古文家，只是经书的版本不同或是经书上的解释不同，不是思想的根本有异。不过古文家究竟掌握了若干古代资料，又起得较迟，到了东汉时谶纬的妖妄性已太显著，不能取得脑筋清楚的儒生们的信仰，所以流入训诂一途，比较有些客观性而已。

一九二九年，我担任了燕京大学历史系的课务，即想竭尽我的心力来探求这方面的问题。当时曾本崔适先生《史记探源》中所指出的刘歆利用了五德相生说来改造古史系统的各种证据，加以推阐，写成《五德终始说下的政治和历史》一文，刊入《清华学报》。到一九三三年，同系教授邓之诚先生患病，请假半年，嘱我代任他的"秦汉史"一课。我就把上述的意思编撰讲义，大抵分为三个段落：从第一章到第七章，说明在阴阳家和方士的气氛下成就的秦、汉时代若干种政治制度；从第八章到第十八章，说明博士和儒生怎样地由分而合，又怎样地接受了阴阳家和方士的一套，成为汉代的经学，又怎样地从他们的鼓吹里影响到两汉时代的若干种政治制度；从第十九章到第二十二章，说明汉代的经学如何转入谶纬，谶纬对于政治又发生了怎样的作用。这二十余章文字大部分暴露了汉代思想的黑暗面，虽不能包括那时的全部学术，但确是那时学术思想的主流，在当时的学术界里无疑地占有正统的地位的。

隔了两年，上海亚细亚书局新开，来函索稿甚急；我想，在我所编的讲义中，这一份还算自成一个段落，便寄给该局出版，姑且命名为《汉代学术史略》。然而汉代的学术方面尚有很多的辉煌的果实，例如唐都、落下闳、邓平、刘歆、张衡的天文学和历法学，张衡的地震学，王景、桑钦的地理学，赵过的农学，许商、平当、贾让的水利学，淳于意、张机、华佗的医学，马钧的机械学，桑弘羊、桓宽、王符、仲长统的经济政治学说，司马谈、迁父子和班彪、固父子以及荀悦、蔡邕的史学，刘向、歆父子的古文籍考订学，扬雄、爰礼、甄丰、服虔、许慎、马融、郑玄的文字学和训诂学，以及王充的唯物主义的怀疑思想等等，都是值得大书特书的。还有汉代四次学术性的大会议：昭帝始元六年（前81年）诏郡、国举贤良、文学之士，问他们民间的疾苦，他们都请罢盐、铁、榷酤的专卖，和御史大夫桑弘羊相辨难；桓宽集录为《盐铁论》一书。宣帝甘露二年（前52年）诏诸儒讲五经同异于石渠阁，皇帝和太子太傅萧望之等评定他们的是非，添立了四家博士。平帝元始元年（1年），王莽征求天下通一艺、教授十一人以上，及有《逸礼》、《古书》、《毛诗》、《周官》、《尔雅》、天文、图谶、钟律、《月令》、兵法、《史篇》文字的数千人到未央宫中改正乖谬，统一异说。章帝建初四年（79年）诏博士、议郎、诸儒等议五经同异于白虎观，魏应掌问难，淳于恭掌条奏，皇帝加以决定；班固集录这回的结论为《白虎通义》。这四次会议对于汉代学术的发展和蜕化一定有极大的关系。这本小册子里既大都没有叙及，就贸然戴上了一顶"汉代学术史"的大帽子，实在觉得不称，心中留着十分的惭愧和对于读者的无尽的歉疚。

这书出版不久，卢沟桥的战事就起来了。我流亡后方，常常一年中迁徙几次，手头又缺乏参考书籍，一切的研究都不能做；抗日战争胜利后又因兼职过多，不能集中精神在学术工作上：一蹉跎就是十八年的长时间，我的头发全白了，还不能把这本书改写。今年，出版社方面不以这书为劣陋，要我加以修正重版；又适值我光荣地参加了国家的工作岗位，由上海迁到北京，生活还没有十分安定，只能作了一些字句的小修改。所幸的，现在得有机会，改题了《秦汉的方士与儒生》，书名和内容相符，可以使我减轻些内心的不安而已。

中国的文化，从书本材料来说，是胚胎于夏、商而化成于两周；以后二千余年，为了过分尊重经学的缘故，骨子里虽不断地在创造，表面上总是承继着两周。至于叙述和说明夏、商、周三代的文化，最重要的有三个时期。第一时期是两汉，他们的目标既在曲解经书来适应于当前的统治集团的利益，把古代史实勉强拉来和当时的东西相比，他们的方法又牵缠于阴阳五行的附会，处处要使得人事和自然界应弦合拍，在这样的主观愿望之下，势不能不流入于武断的玄学，所以名为整理而实际却是梦乱，使得我们要整理三代文化时逼得先去从事于两汉文化的探索，多出了几重麻烦。第二时期是两宋，他们的目标是内心的修养，用了全力去寻求古圣先王的传授心法，这当然也是一个水中捉月的主观愿望；可是他们的治学方法却因部分地接受了禅宗的"呵佛骂祖"的精神，敢于打破久踞在学术界宝座的偶像，又因有了刻版，古籍容易传布，见多自能识广，因此辨伪考证之风大兴，在整理方面开出了一个比较能客观研究的新境界。第三时期是清代，除了它的后期之外，一般学者的目标只是希望认识古代，既不想把古代的学术思想应用在当前的政治上，也不想把它应用在内心的修养上，而只是以周还周，以汉还汉，以宋还宋，洗刷出各个时代的本来面目；他们用了细密的手腕去搜罗材料，钩稽异同，其态度的谨严和在史料学上的成就都超过了汉、宋两代。只是他们太偏于客观主义，注重积聚材料而轻视理论，好像尽制砖瓦，不打建筑图样，自然也造不起房子来；结果流于烦琐细碎，使得人们怕去亲近。到今天，有了辩证唯物论和历史唯物论做我们一切工作的最高指导，我们接受了古人的遗产，就能用了正确的方法作全面的观察，更在缜密的计划之下来分工合作，这样充分自觉地精进，我相信，一部良好的中国学术史是不难出现的。有了这部完整的学术史，哪些是我们该吸收的古人的精华，哪些是我们该抛弃的古人的糟粕，就都明白地指示出来了。我这本小册子如果能在将来的学术史里贡献上一点参考资料，就不算我空费了在经学书里摸索多年的时间和精力。

可是，这本小册子终究是二十余年前的旧作，我绝不能因为它是旧作而加以原谅。现在看来，这册书里有着明显的错误。那时的我虽已知道应当从社会背景去解决问题，但因为没有学习马克思列宁主义，不能从两汉社会的经济基础来分析当时的政治制度与学术思想，这是违背历史唯物论的，是本书的根本缺点。再说，我对阴阳、五行的来源讲得太机械、太简单了，对于谶纬思想的怎么清除则一句也没有提到，好像这种思想是突然而来又突然而去的，这岂不是一种非历史主义的叙述。至于古代的宗教迷信都有其发生的原因，在它们的歪曲反映里都能见出其中含有真实的客观的东西，而决不是一概不值得一顾可以抛弃了事的。例如阴阳、五行，虽给方士和儒生们利用了它闹得乌烟瘴气，可是追本溯源，究竟它的本质含有素朴的唯物主义成分。我们祖国的古代人民长期观察物质世界的结果，知道世界上有正、反两种力量，叫它做阴、阳；有五种广泛存在的物质，叫它做金、木、水、火、土五行；物质与物质相接触之后会起着新生和灭亡两种作用，叫它做生、克：这种唯物的分析应当在我国科学史上占有重要的地位。又如谶纬，我虽敢说它十分之九是妖妄怪诞的东西，但终有它十分之一的可宝贵的资料，《尚书纬·考灵曜》说："地恒动不止而人不知，譬如人在大舟中，闭牖而坐，舟行而人不觉也。"这不是触及了地球是在不断地运行这一客观真理，足以打破天动而地静的旧学说吗？这位一千九百年前无名的科学家的发现是多么该受我们的珍视！谶纬书里尚有这类的好材料，可见只要肯到砂砾中去搜寻自会拣到金子，决不该一笔抹杀。我在这书里，为了憎恨当时的统治集团的行为，过分强调了它的黑暗面，作下全部的否定，这不是非历史主义是什么！毛主席说："没有历史唯物主义的批判精神，所谓坏就是绝对的坏，一切皆坏；所谓好就是绝对的好，一切皆好。"（《毛泽东选集》第三卷第八三三页）我拿了这几句话来作自我批判，知道我必该好好地学习马克思列宁主义并继续从事于两汉史的研究，才可以深入底里，发掘现在所不注意的材料，寻出现在所看不出的问题，然后方能正式写成一部汉代学术史，洗净了从前在不正确的观点和方法之下所发表的不正确的议论。

读者同志！我不敢请你们原谅我这本旧作，我深深地祈求你们：你们在里头见有错误的地方，请随时纠正吧！你们对于秦、汉时代的学术思想的看法和我有不同的时候，请随时见告吧！我如能依靠了群众的力量而达到比较正确的地步，那就是我的莫大的光荣了！我的通信处是北京中国科学院历史研究所。

顾颉刚

一九五四年十二月三日

第一章　阴阳五行说及其理想中的政治制度

汉代人的思想的骨干，是阴阳五行。无论在宗教上，在政治上，在学术上，没有不用这套方式的。推究这种思想的原始，由于古人对宇宙间的事物发生了分类的要求。他们看见林林总总的东西，很想把繁复的现象化作简单，而得到它们的主要原理与其主要成分，于是要分类。但他们的分类法与今日不同，今日是用归纳法，把逐件个别的事物即异求同；他们用的演绎法，先定了一种公式而支配一切个别的事物。其结果，有阴阳之说以统辖天地、昼夜、男女等自然现象，以及尊卑、动静、刚柔等抽象观念；有五行之说，以木、火、土、金、水五种物质与其作用统辖时令、方向、神灵、音律、服色、食物、臭味、道德等等，以至于帝王的系统和国家的制度。

这种思想不知道什么时候发生的。依据现存的材料，阴阳说可说是最先表现于《周易》，五行说可说是最先表现于《洪范》。《周易》是筮占的繇辞，比甲骨卜辞为后起，当然是商以后的东西；而且在《周易》的本文中不见有阴阳思想，不过它的卦爻为━和━ ━的排列，容易激起这种思想而已。《洪范》上的五行，说是上帝赐给夏禹的；但从种种方面研究，这篇书很可疑，大约出于战国人的手笔。所以这种思想虽不详其发生时代，但其成为系统的学说始自战国，似已可作定论。汉代承战国之后，遂为这种学说的全盛时代。

今先把在这种学说之下所发生的政治学说讲出三种，作为引子。

以前作天子的要"受命"（受上帝的抚有四方的命），要"革命"（革去前代的天子所受的天命）。到战国时，周天子渐渐在无形中消灭，用不着"革命"了；而群雄角逐，究竟哪一个国王可做天子还没定，所以"受命"说正有其需要。但那时已有五行说了，五行说已为最高的原理了，所以这"命"应是五行的命而不是上帝的命。那时有一个齐人邹衍，他作了好些书，其中一篇是《主运》，说做天子的一定得到五行中的一德，于是上天显示其符应，他就安稳地坐了龙位。他的德衰了，有在五行中得到另一德的——这一德是足以胜过那一德的——就起而代之。这样地照着五行的次序运转下去，成功了历史上的移朝换代。他创了这种学说，唤做"五德终始说"，很得当时的信仰，自然有推波助澜的徒众。他们以为黄帝得土德，天就显现了黄龙地螾（螾是大蚯蚓）之祥，所以他做了王，他的颜色是尚黄的，他的制度是尚土的。其后土德衰了，在五行中木是克土的，所以禹据木德而兴，他就得了草木秋冬不杀的祯祥，建设了木德的制度，换用了青色的衣物。此后汤以金德而克夏木，文王以火德而克商金，亦各有其表德的符应和制度服色。邹衍们排好了这个次序，定了五德的法典，强迫上代帝王各各依从了他们的想像，成了一部最有规律的历史。到秦始皇既并天下，他是应居于克周火的水德的，只是不见有上天的符应下来，因此就有人对他说，从前秦文公出猎时获得一条黑龙，可见水德的符应已在五百年前见了。他听了很高兴，就用了邹氏们的法典定出一套水德的制度：（1）以十月朔为岁首；（2）衣服和旌旗都用黑色；（3）数以六为纪，如符是六寸，舆是六尺，乘是六马；（4）行政刚毅戾深，事皆决于法；（5）更名黄河为德水。这是实行五德说的第一次。到汉得天下之后，当然也要来这么一套。

不知何时，起了一种与五德说大同小异的论调，唤做"三统说"。他们说：历代的帝王是分配在三个统里的，这三个统各有其制度。他们说：夏是黑统，商是白统，周是赤统；周以后又轮到黑统了。他们说：孔子看周道既衰，要想成立一个新统，不幸他有其德而无其位，仅能成为一个"素王"（素是空的意思），所以他只得托王于鲁，作《春秋》以垂其空文；这《春秋》所表现的就是黑统的制度。《春秋》虽是一部书，却抵得一个统，故周以后的王者能用《春秋》之法的就是黑统之君了。记载这个学说的，以董仲舒的书为最详。

照我想来，三统说是影戤了五德说的牌子而创立的。当汉高帝成功之后，他自以为始立黑帝祠而居于水德。这不知道他是否因秦的国祚太短而不承认为一德，要使自己直接了周，还是有别的用意？到文帝时，有人出来反对，说汉革秦命，应以土德代水德，丞相张苍就驳道："河决金堤，就是汉为水德的符应。"此后虽因种种原因，改为土德，又改为火德，但在汉初的四十余年里是坐定了水德的。大约这个时期中讲《春秋》之学的有人对着五德说的流行颇眼红，就截取了它的五分之三，将汉的水德改成黑统，周的火德改成赤统，商的金德改成白统，使得五德说的法典都适用于这一说，见得他们立说的有据。只是夏在五德说中为木德，在三统说中为黑统，有本质上的冲突。但他们说：不妨，孔子志在"行夏之时"，所以《春秋》用的是夏时（?），即此可以证明夏和《春秋》是同在一个统的。

再有一种明堂说，说天子应当住在一所特别的屋子里，这屋子的总名叫做明堂，东南西北各有一个正厅，又各有两个厢房。天子每一个月应当换住一地方，穿这一个月应穿的衣，吃这一个月应吃的饭，听这一个月应听的音乐，祭这一个月应祭的神祇，办理这一个月应行的时政；满十二个月转完这一道圈子。这大院子的中间又有一个厅，是天子在季夏之月里去住的；另有一说是每一季里抽出十八天（所谓"土王用事"）去住的。这把方向的"东、南、中、西、北"和时令的"春、夏、□、秋、冬"相配，使天子按着"木、火、土、金、水"的运行去做"天人相应"的工作，真是五行思想的最具体的表现。记载这个制度的，叫做《十二纪》（《吕氏春秋》），又叫做《时则》（《淮南子》），又叫做《月令》（《礼记》）。

以上所说，今日的读者们切莫以自己的智识作为批评的立场，因为它的本质惟有迷信，已不足供我们的一击。但这是汉人的信条，是他们的思想行事的核心，我们要了解汉代的学术史和思想史时就必须先明白这个方式。

第二章　封禅说

古代的王者固然最信神权，但因王畿的狭小，四围又都是些小国家，已开化的和未开化的，不尽能交通无阻，所以他们并无远行的可能，也就不能到远处去拜神。《左传》中记楚昭王生病，卜者告诉他是河神作祟，应该去祭，他说："江、汉、睢、漳是楚国的'望'，才是应当祭的。河距我们远了，我就算有了错处，河神也管不着！"就不祭了。古代命国中的大山川为"望"，也命山川之祭为"望"。各国有各国的望，谁也不想越界去祭神。

春秋战国之世，齐和鲁是文化的中心，泰山是这两国的界墙。他们游历不远，眼界不广，把泰山看做了全世界最高的山，（连聪明的孔子也曾说："登泰山而小天下！"）设想人间最高的帝王应当到最高的山头去祭天上最高的上帝，于是把这侯国之望扩大为帝国之望，定其祭名为"封禅"：封是泰山上的祭，禅是泰山下小山的祭。他们又说：自古以来七十二代之君，当他们得了天下之后，没有一个不到泰山去封禅的。

最早记载这件事的要算《管子》，其中有《封禅篇》。但管仲为齐桓公成霸业，是齐国人崇拜的偶像，他的书全非自著而出于齐人的杂集；《封禅篇》又已亡，惟《史记·封禅书》载有管仲论封禅一段话或是从那篇钞出来的。今把它大意叙述一下，以见封禅在战国时的意义。

这上面说：桓公既霸，会诸侯于葵丘，想行封禅之礼。管仲提出抗议，道："从前封泰山、禅梁父的有七十二代的帝王，我只记得十二个。从无怀氏、伏羲、神农……到周成王，都是受命之后才行这个礼的。他们那时候，嘉谷生，凤皇来，东海得到比目鱼，西海得到比翼鸟，有十五种不召而自至的祥瑞，然后封禅。现在有这种东西吗？"桓公自己知道没有这么大的福气，只得息了这个妄想。——这一说和五德终始说同出于齐人，亦同出于一个目的，就是希望受命的天子得到他的符应；不过得到了符应之后，五德说希望他定出制度，封禅说希望他到泰山去祭天，有些不同罢了。

第一个去实行这个学说的，也是秦始皇。他做了皇帝三年，巡狩郡县，带了齐、鲁的儒生博士七十人，走到泰山下。他已从"秦文公获黑龙"上证明了他的受命，当然要实行这个所谓自古相传的典礼。不幸封禅之礼虽说为旧章，究竟没有实际的根据，临到办事的时候，儒生博士便议论纷纷，得不到一个结论；有的还唱高调，以为只须极简单的礼节，扫地而祭就够了。始皇怒他们的不济事，把他们完全斥退，自己到泰山顶上去行封礼，又到梁父山去行禅礼；他的礼节大都采自秦国祭上帝时所用的。诸儒既不得参加这个大典，怨恨得很，恰好始皇走到半山碰着大风雨，躲在树下，就暗暗地讥笑他，以为犯了天怒。不久秦亡，这班儒者又造他谣言，说他给大风雨击坏了，或者说他没有到山顶就退下来了。

"泰山是世界上最高的山"，这是齐、鲁间人的信念。但始皇成了统一之业，到底眼界广了，他把全国的名山大川整理了一过。他以崤山——旧时秦国的门户——为界，定其东边名山五：太室、恒山、泰山、会稽、湘山；其西边名山七：华山、薄山、岳山、岐山、吴山、鸿冢、渎山。泰山的地位固然高，但也不过是十二个名山中的一个罢了。

汉高帝得天下，四面乱嚷嚷的，没有功夫做这种事。文、景时要安定人民，也不想做这种夸大的事。直等了六七十年，到武帝即位，这种学说才因投合了天子的脾胃而蓬勃地兴盛起来，司马迁特地作一篇《封禅书》来记它。

第三章　神仙说与方士

仙人，是古代所没有的。古人以为人死为鬼，都到上帝那边去；活的时候的君臣父子，到了上帝那边之后还是君臣父子。天子祭享上帝，常常选择其有大功德的祖先去配享他。所以鬼在人间的权力仅亚于上帝一等，不过在许多鬼中还保存着人间的阶级而已。古代的社会阶级森严，说不上有什么自由，人们也不易想到争取自由，因此，他们没有在意识中构成了一种自由的鬼，浪漫地游戏于人世之外，像战国以来所说的仙人。

最早的仙人史料，现在也得不到什么。只从《封禅书》里知道燕国人宋毋忌、正伯侨、羡门子高等都是修仙道的；他们会不要这身体，把魂灵从身体中解脱出去，得到了一切的自由。齐威王、齐宣王、燕昭王们都是他们的信徒，听得他们说，"渤海里有三个神山，名为蓬莱、方丈、瀛洲，山上的宫阙都是用黄金和银建造起来的，其中住着许多仙人，又藏着一种吃了会不死的灵药"，高兴极了，屡次派人到海里寻去。不幸这班人回来报告，总是说："三神山是望到的，好像云一般地灿烂；但是船到了那边，这些神山就沈到水底去了，海风也把我们吹回来了！"在这些话里，可以知道仙人是燕国的特产，这风尚及于齐国；仙人的道是修炼来的；仙人的居地在燕国东边和齐国北边的渤海；仙人的生活是逍遥出世，只求自己的不死，不愿（或不能）分惠与世间人，使他们都得不死。

此外，《庄子》里说的"真人"也颇有仙人的意味。这书讲普通人的呼吸都在喉咙里，真人的呼吸却在脚跟上。真人的本领，会入了水不湿，入了火不热。有一位列御寇能腾空走路，常常很舒服地御风而行，一去就是半个月。藐姑射山上住着一个神人，他的皮肤好像冰雪一样白，他的神情好像处女一样柔和；他吸的是风，饮的是露；他出去时，乘了云气，驾了飞龙，直到四海之外。

这种思想是怎样来的？我猜想，有两种原因。其一是时代的压迫。战国是一个社会组织根本变动的时代，大家感到苦闷，但大家想不出解决的办法。苦闷到极度，只想："哪得躲开了这恶浊的世界呢？"可是一个人吃饭穿衣总是免不了的，这现实的世界紧紧跟在你的后头，有何躲开的可能。这问题实际上既不能解决，那么还是用玄想去解决罢，于是"吸风饮露，游乎四海之外"的超人就出来了。《楚辞·远游》云：

"悲时俗之迫厄兮，愿轻举而远游。质菲薄而无因兮，焉托乘而上浮。免众患而不惧兮，世莫知其所如。"正写出了这种心理。其二是思想的解放。本来天上的阶级即是人间的阶级，而还比人间多出了一个特尊的上帝，他有最神圣的地位，小小的人间除了信仰和顺从之外再有什么敢想。但到战国时，旧制度和旧信仰都解体了，"天地不仁""其鬼不神"的口号喊出来了，在上帝之先的"道"也寻出来了，于是天上的阶级跟了人间的阶级而一齐倒坏。个人既在政治上取得权力，脱离了贵族的羁绊，自然会想在生命上取得自由，脱离了上帝的羁绊。做了仙人，服了不死之药，从此无拘无束，与天地相终始，上帝再管得着吗！不但上帝管不着我，我还可以做上帝的朋友，所以《庄子》上常说"与造物者（上帝）游"，"与造物者为人"。这真是一个极端平等的思想！有了这两种原因做基础，再加以方士们的点染、旧有的巫祝们的拉拢，精深的和浅薄的，哲学的和宗教的，种种不同的思想糅杂在一起，神仙说就具有了一种出世的宗教的规模了。

鼓吹神仙说的叫做方士，想是因为他们懂得神奇的方术，或者收藏着许多药方，所以有了这个称号。《封禅书》说"燕、齐海上之方士"，可知这班人大都出在这两国。当秦始皇巡狩到海上时，怂恿他求仙的方士便不计其数。他也很相信，即派韩终等去求不死之药，但去了没有下文。又派徐市（即徐福）造了大船，带了五百童男女去，花费了好几万斤黄金，但是还没有得到什么。反而同行嫉妒，互相拆破了所说的谎话。其中有侯生、卢生二人，不满意于始皇的行为，以为不值得替他求仙药，他们就逃走了。始皇对于这班方士久已不怀好感，听得了这件事，就大发雷霆，骂道："我用了许多文学方术之士，为想兴太平，求奇药。现在得不到一点效验，反而说我坏话，摇惑人心，这样的可恶，还不应当重重治罪！"他把养着的儒生方士都发去审问，结果，把犯禁的四百六十余人活葬在咸阳：这就是"坑儒"的故事。当时儒生和方士本是同等待遇，这件事又是方士闯下的祸，连累了儒生；后人往往把这件事与"焚书"作一例看，实在错误。焚书是初统一时的政治使命，坑儒则不过始皇个人的发脾气而已。

在汉初，这班方士似乎没有什么活动。只有赵人新垣平玩弄许多花样。他因望到五采的"神气"而劝文帝立渭阳五帝庙，候着太阳的再中而劝文帝更以十七年为元年，又以望见"金宝气"而劝文帝祭祀出周九鼎；但没有韩终、徐市这样劝文帝到海中去求不死之药，这或者因为他是赵人而非燕、齐人的缘故。文帝到底不是喜欢张扬的，后来识破他的欺诈，立刻把他杀了。

第四章　汉代受命改制的鼓吹与其实现

自从秦始皇听了齐人的话用邹衍的法典去改制度、易服色，又听了齐、鲁儒生的话到泰山去封禅，表明了这是一代受命有天下的大典，汉代的皇帝就不该不这样办。不料高帝因秦有青、黄、赤、白四个上帝之祠而没有黑帝祠，给他补上，算作符瑞，仍自居于水德，制度服色一仍旧贯；而且全国的东部分封了许多王国，天子不便到泰山去，连这一件轻而易举的封禅之礼也没有举行。这真把一班计划开国规模的儒生和方士急死了。加以这种学说既已风行，仿佛成了社会上的公同的信仰与要求，所以连一班准备看热闹的人们也等得不耐烦了。

于是有人屡屡提出这个问题来，督促天子去实行。第一个是贾谊，他以为汉承秦后，当为土德；他就打起一个土德制度的草案来，色尚黄，数用五，改正朔，定官名，把秦的水德之制一切改过。然而他年轻，许多老臣瞧不起他，又怕他擅权，他们设法把他撵走了。第二个是鲁人公孙臣，他也以为汉是土德，豫言将有黄龙作它的符应，当时虽遭张苍的反对，但隔了一年（文帝十五年，前165年），黄龙居然出现于成纪县，于是文帝信他的先见之明，任他为博士，叫他和诸儒同草这一个学说的新制度。新垣平大约也是其中的一个；后来他一被诛，这件事又搁下了。

　　到武帝即位，那时汉兴已六十余年，天下太平，家给人足，许多耆老都殷殷地期望他封禅和改制。恰好他是一位好大喜功的皇帝，又凭着汉家全盛的时代，哪一件事不好做，所以他就招了赵绾、王臧一班儒者作公卿，要在城南立明堂以朝诸侯，又草巡狩、封禅、正朔、服色诸种制度。他们因为这事重大，举荐他们的老师申公作指导；武帝很敬重他，派人用安车驷马迎了来。这事眼看成功，想不到武帝的祖母窦太后喜欢老子之言而不爱儒术，借一点小事把赵绾、王臧下了狱，他们都自杀，一切举办的事情也就全付了东流！

　　到武帝建元六年（前135年），窦太后去世。只过了半年，武帝就举孝廉，试贤良，董仲舒一班人受了他的特达之知，以前的计画又有施行的可能了。只因此后十余年中，忙于征伐匈奴及南越等国，讲不到文治，所以济北王虽早把泰山献了出来，也没有实行封禅。到元封元年（前110年），他才决定到泰山去，可是他身边的一班儒者依然像一百年前地不解事：他把祭器给他们看，他们说和古代不一样；问他们古礼究竟怎样，他们也说不出一个所以然来，并且各个人说得都不同。武帝到这时候，禁不住发出秦始皇一般的脾气了，就把他们全都黜免，用了祭泰一（上帝）的礼去封泰山，又禅于泰山下的肃然山。祭的时候，叫人把远方的奇兽珍禽放了满山，好像真来了管仲所说的麒麟、凤皇等一大套。那几天天气很好，没有风雨，显见得他的福命比始皇强。礼毕之后，他坐在明堂，受群臣的更番上寿。于是下诏改元为元封。此后，他又曾修封过四次。

　　这一次，从汉代人看来，它的含义真重大。那时司马迁的父亲司马谈任职太史令，不知为了何事留在洛阳，不得观礼，心中一气，病重了。他临终时，握着儿子的手，一边哭，一边说："今天子上接千岁之统，封泰山，这是怎样的盛事，而我不得跟了去，这是命罢！这是命罢！"生在二千年之后的我们，读到这段话，还可体会到他的信心与伤心。即此可知武帝的大事就是当时统治阶级以及受着统治阶级麻醉了的人们所共同要求的大事呵！

又过了五年（前104年），他正式宣布改制：定历法，以正月为岁首；服色尚黄；数用五；官名的印章改为五字。这年改元太初；十一月甲子朔旦冬至。一百年来的悬案，到此方因运动的成熟而实现；而其以建寅之月为正月，直到辛亥革命后才改用了阳历，这不仅是汉家一代的制度。这件事是司马迁等鼓吹起来的，新的历法也是他和几个天文学家合定的。他做了这件事，高兴得跳起来，以为周公卒后五百年而有孔子，定出了许多制度；孔子卒后五百年而有他，又定出了许多制度；他真可直接孔子的道统了，所以就在那一年，开始作《史记》以继《春秋》。改制对于学术的刺戟力有这样的强烈！

不过我们要问：秦为水德而尚黑，汉为土德而尚黄，这是照着五德说的；但秦以建亥为正月，汉以建寅为正月，并没有相承的次序，这为什么呢？推究起来，这一回的改制实在不出于一个系统，他们是用五德说易服色而用三统说改正朔的，因为在三统说里，汉是黑统，黑统建寅。可是我们与其说他们用了三统说而改正朔，似乎倒不如说在实际上早有把建寅之月定为正月的必要，所以三统说中才把汉朝豫先排成了黑统。当汉初百年中，所用的《颛顼历》太不适于实用了，弄得每逢晦朔见了月亮，上弦下弦见了团圆的月亮，民众们早已厌恶，经师们亦有"孔子传《夏小正》"及"孔子用夏时作《春秋》"等传说，希望改得与夏历一致；而这次的改正朔也并不轻易，乃是唐都、落下闳等一班天文学家精密推算的结果，是有客观的根据的。不过在那时的思想潮流中，不涂上阴阳五行的色彩总行不通，所以三统说的改变五德说而主张汉当建寅，说不定即是为了完成这个使命。从此之后，汉是确定为土德了。

第五章　汉武帝的郊祀与求仙

秦始皇统一中国之后，令群臣议称号。他们答说："古时有天皇、地皇、泰皇，其中最贵的是泰皇。我们敬请以'泰皇'为尊号。"始皇听了他们的话的一半，把这三皇合于五帝，定尊号为"皇帝"。这三皇是些什么样的人物，从哪里来的，古书里找不到记载，我们无法知道。

汉武帝即位，受了方士李少君们的诱引，很喜欢祀神求仙。其中有一个亳人谬忌，他请求祭祀泰一，大意是："天神最贵的为泰一，他以五帝为辅佐。古来的天子都在东南郊建坛祭他，日子是春秋两季，祭品是每天一具太牢，一连祭上七天。"武帝听了他，就令太祝在长安城的东南郊立了一座泰一坛，照这说法去祭。此后又有人上书，说："古来的天子每三年祭一回三一；这是三个最高的神：天一、地一、泰一。"武帝又照办了，在泰一坛上一块儿设祭。——看了这两件事，就可以知道秦的三皇即是汉的三一，他们是天神，地位在五帝之上的。这种天神，无疑地发生于阴阳说：天一是阳神，地一是阴神；泰一更在阴阳之前，为阴阳所从出，所以谓之最贵。《易传》里说，"易有太极，是生两仪"。泰一便是太极，天一和地一便是两仪。至高无上之谓泰，绝对不二之谓一，本来是一个哲学里的名词，却给宗教家取去作为神灵的称号了。从此以后，泰一就是上帝之名，上帝就是泰一之位，终汉一代再也分不开来。

元狩三年（前120年），齐人少翁得了武帝的信用，在长安西北的甘泉山筑造离宫，画了天、地、泰一诸神，时时拜祭，要使武帝和神灵通话，不幸没有成功。后二年，武帝大病。那时有一个上郡的巫在甘泉宫内祠着神君，他的通话的试验成功了，于是他传达神君的话与天子，说道："病是就会好的，不必怕；等您身体健旺些时，就来会见我们罢！"人竟能亲接神，这是何等的幸福！武帝心中一高兴，病已好了一半；及到甘泉，居然恢复了健康。神君数目甚多，其中最贵的是泰一；时去时来，来时风声飒然。神君在帷幕中说话，声音和活人一样；说话的时候多半在晚上。天子斋戒而入，听得很有味，虽则他们所说的都是些平常的话语。这时，甘泉就成了一个宗教的中心了。到元鼎五年

（前112年），武帝即在甘泉立起泰畤坛，样式同谬忌的泰一坛差不多，共三层。五帝是泰一的辅佐，所以他们的坛环绕在下面，青、赤、白、黑四帝各按照了五行说中的东南西北的方向；只有居中的黄帝没法办，便把他的坛安置在西南角上。祭的时候，杀一白鹿，把猪和酒装在它的肚里；又杀一白牦牛，把白鹿装在它的肚里。掌祭泰一的祝宰穿的是紫色衣，掌祭五帝的分穿了青赤诸色衣。又祭日和月：祭日的穿赤衣，祭月的穿白衣。这年十一月初一是冬至，趁这好日子，天子就于黎明时行郊礼，对泰一下拜。早晨祭日，黄昏祭月，因为它们的地位都不高于天子，天子都只长揖。明日，有黄气上冲；群臣鼓舞，以为这是上天的祥应。后来武帝在汶上造了明堂，也把泰一和五帝祀在堂上。五帝分司五个天，泰一做他们的总管。战国时破坏的天上秩序，到这时又建设起来了。

周代的祭礼有郊有社：郊以祭上帝，社以祭后土。所以春秋时人设誓，常称"皇天后土实闻此言"，见得天帝和地神是最大的两个神。汉得天下之后，没有祭祀后土，确是一个缺典。因此司马谈等请求在泽中立后土坛。元鼎四年（前113年），武帝巡幸到汾阴，听说汾水旁边有光腾起，像一匹红纱似的，他想起了司马谈的请求，就在那边立了一座后土祠，祭礼和郊祀上帝时一样。于是天地之祀有了固定的地方，祭天在国都西北的甘泉，祭地在国都东北的汾阴，都要走二三百里地。好在武帝喜欢旅行，为了祭祀跑许多路，在他是不觉得累的。

武帝一世里，方士们的奇迹与丑相都显露得不少。他们的工作大概可以分成下面几类。其一是召鬼神，如武帝所爱的李夫人死了，他思念甚苦，少翁能把她的魂灵摄来，让他在帷中望见。其二是炼丹沙，如李少君说的祠灶之后，丹沙会得变为黄金，把这黄金作为饮食器可以益寿求仙。其三是候神，如公孙卿到名山寻访仙人，有一天夜里在东莱见有长数丈的大人，迎上去已不见，留下了很大的脚印。至于入海求蓬莱、指山说封禅的也是很多。但方士口中的封禅的意义和儒者是不同的，儒者为的明受命，他们为的求不死。所以有一个申公（不是议明堂的那一个）说："封禅之后就会白日飞升。以前的七十二王，只有黄帝是得上泰山的。因为他封得成，所以他铸好了鼎，就有垂着须髯的龙下来迎接他上天。当时黄帝跨了上去，许多臣子和宫女想升天的也各各爬在龙的身上，挤到七十余人再也挤不下了；剩下的人只得攀住了龙髯，可是龙髯不是铁链，支持不起，髯脱了，人也跌下来了。"武帝听得这故事，叹息道："唉，我要能和黄帝一样，还有什么人世的留恋呢！"过了些时，他巡狩朔方，经过桥山，瞧见黄帝的冢，不禁疑惑起来。旁边的方士赶快解释道："黄帝上天了，群臣在这里葬了他的衣冠！"

武帝求仙求了五十年，用了许多方士，又杀了许多方士，甚至把自己的女儿嫁给方士，然而不死之药究竟得不到。无可奈何地自慰，他只有在建章宫北面的泰液池内筑了几个岛，唤做蓬莱、方丈、瀛洲，雕刻了许多石鱼、石鳖排列在上面，算是真到了海上神山。

因为他的求仙和封禅都和山有关系，所以天下名山又经过了一回整理。那位讲黄帝故事的申公曾说："天下有八个名山，三个在蛮夷，五个在中国。这中国的五个名山，是华山、首山、太室山、泰山、东莱山；都是黄帝常游的地方，他就在这些山上和神灵相会。"用现在的地域说来，华山在陕西，首山在山西，太室在河南，泰山和东莱在山东，都在黄河流域，并不曾按照汉代的疆土平均分配。所以武帝另行规定，以河南的太室为中岳，山东的泰山为东岳，安徽的天柱山为南岳，陕西的华山为西岳，河北的恒山（在保定西）为北岳。这又是五行思想的具体表现。从此"五岳"成为一个典则而且习用的名词。经学家为要提高它的地位，就说为尧、舜时已有的制度。但安徽并不很南，所以后来又改以湖南的衡山为南岳。山西浑源县本有一个玄岳，明代定岳制，以玄岳为北岳，于是恒山也从河北移到山西去了。到现在，我们所习惯称道的"五岳"就是这个武帝的五岳的修正本。

还有一个重要的制度也是从武帝的封禅和求仙来的。大家知道，中国的皇帝有年号；这种风气传到邻邦，使得朝鲜和日本等国也有了年号。这事的创始，由于武帝的获麟。当他即位十九年（前122年），到雍县祀五帝，乘便打猎，获得一匹兽，它的毛是纯白的，头上却只有一个角；大家不识得，猜想应是麒麟，于是作一篇《白麟之歌》来记这盛事，后来群臣请定这一年为"元狩"元年。倒推上去，把过去的十八年划为三段，定第一个六年的年号为"建元"，第二个为"元光"，第三个为"元朔"。又过了六年（前116年），汾阴县掘得一个大鼎，武帝又认作祥瑞，迎至甘泉，改元为"元鼎"。再过了六年（前110年），他到泰山封禅了，改元为"元封"。再过了六年（前104年），他改正朔、易服色了，又改元为"太初"，这新定的历法也就称为《太初历》。从此以后，每个皇帝必有年号，逢到了什么祥瑞也就改元。例如汉宣帝的"黄龙""神爵"（爵即雀），吴大帝的"嘉禾""赤乌"，都是一时张扬的奇迹。可是这个制度虽由迷信来，究竟年代有了标题，于实用上甚是便利。别的不用说，即如周代器物常刻"唯王……年"，后人既不知道这王是哪一王，就不知道这年为哪一年；有了年号，一看便明白了。

第六章　天象的信仰与天变的负责者

古人相信天上有上帝管着人间的事，表现他的最高的权力。然而上帝是无声无臭的，有什么东西可作为他的具体表现呢？他们想，天上有日月星，是我们瞧得见的，日月星的变动应该就是上帝的意思吧，所以他们就把天文的现象当作上帝对于人间的表示。一部《春秋》，每年记载人事总是寥寥的几条，而"日有食之"却共记三十六次。所以要这样，正为这是天变，是天降祸患与人们的豫示，比了一切的人事都重要。因此，当每次日食，天子和诸侯都要减掉好吃的饭菜，又要从正寝里搬出来；百官改穿素服，乐官在朝中打鼓，祝官在社神前献币，史官代他的主子作了册文，责备自己。此外星辰之变，《春秋》中记载亦多，如"恒星不见""星陨如雨""有星孛入于北斗""有星孛于大辰"等都是。他们把天上的星分做几区，又把天上的区域拍合到地上的国家，所以哪几个星变了就是哪几个国该遭殃了。这种学说，后来叫做"分野说"，也有各种不同的说法。

司马迁曾经发过一句牢骚，说"文史星历，近乎卜祝之间"，即此可知当时的史官必须懂得星历。司马迁说星历和卜祝相近，这话很对，因为星历和卜祝本来拆不开。我们看他作的《天官书》，简直把天上的星写成了一个国家：人的方面有天王、太子、庶子、正妃、后宫、藩臣、诸侯、骑官、羽林天军；屋的方面有端门、掖门、阁道、明堂、清庙、天市、车舍、天仓、天库楼；物的方面又有帝车、天驷、枪棓、矛盾、旌旗之属。至于星辰示象，如南极老人星见则治安，不见则兵起；岁星色赤则国昌，赤黄则大穰，青白而赤灰则有忧；狼星变色则多盗贼；附耳星摇动则谗臣在侧；木星犯了土星要内乱；火星犯了土星要战败；……这种法则也讲得很多。总之，史官们把天上的星辰组成了一个系统，又把天与人的关系组织为一个系统，使得天人之间发生了密切的感应。他们很用心观天（刘向常夜观星宿，不寐达旦。经学家如此，天文家可知），看见天上有一些变动时，就以为人间将有某事发生，并推测它将应验于某人。如其是凶的，就要行他们的禳解的法术。

古代的国王和诸侯都兼有教主的职务，负着以己身替民众向天神祈免灾患的责任。古书里常提起汤祷旱的故事，说汤的时候大旱了七年，于是汤以自身为牺牲，到桑山的树林中祈祷。他剪了发和爪，投身在柴上，要把自己烧死。天哀怜他，就下雨了。遇到国君不肯牺牲自己的时候，也可设法使臣下代负这责任。就如上面讲过的拒绝祭河神的楚昭王，他临死的一年，忽然天空中的云像许多赤色的鸟，夹住了太阳飞舞，一连显现了三天。太史对他说："这个祸患固然应由国王去担当，但请您不要害怕，只要禳祭一下，还容易移于几个大官；像令尹啊，司马啊，都是代替得您的。"可是这位硬性的昭王竟毅然地答道："我倘使没有大过，天为什么要使我死！我如真的有罪，应当自己受罚，又为什么要害我的股肱之臣！"他挺身承受了这个祸患。

到了汉代，由于战国时自由批评的反动，对于神的信仰增高，这种思想又复盛极一时。文帝二年（前178年）十一月三十日日食，他下诏书道："我听说天生了百姓，就为他们立君；如果这个君的德行不修，或政治不明，违背了立君的本意，天就要用灾象来警戒他。现在天下的治和乱，都在我一个人的身上。不幸我不能尽我的教养人民的责任，以致掩蔽了日月的光明，我的过失真大极了！你们应当把我的错处都说给我听，并举出贤良方正和能直言极谏的人来匡正我才是！"十三年（前167年），他废掉秘祝之官，为的是他们在禳解时常把灾害移给臣下。明年，他又因祠官的祝福专为皇帝而不为百姓，令其停止祈祷。在这种地方，都可看出他的责任心不亚于楚昭王，所以不愿享福而但愿受过。

后来的皇帝没有他这样的好心了，天变的责任只得请丞相担负了去。当元帝永光元年（前43年），春霜夏寒，日青无光，丞相于定国就缴上侯印，自劾而去。薛宣做了丞相，恰逢到永始二年（前15年）的陨星和日食，成帝就给他一个册书，说道："灾异数见，秋收又不好，这都是你做了丞相的缘故。快些把印绶解了罢！"他走了之后，继任的是翟方进，为相九年，没有出什么岔子。不料绥和二年（前7年）荧惑星守住了心星，其凶应在皇帝。有人上书，撺掇成帝让大臣去担当。他听信了，也就发下册书，把翟方进重重地骂了一顿；并赐给他酒十石，牛一匹，作他最后的餐食。他只得即日自杀了。成帝看他做了自己的替死鬼，未免有些不忍，所以对于他的饰终典礼非常优异。很不幸的，丞相二月自杀，皇帝就于三月寿终了，并没有达到替灾免晦的目的，翟方进只算得白死！

因为有了这件故事，所以《汉仪注》里就规定了一条惨酷的法典，是：天地有大变时，皇帝派侍中持了使节，乘四匹白马，带着尊酒十斛，牛一头，到丞相家，把这殃咎告知他。侍中走到半路，丞相即上书告病。侍中回朝，还没有覆命时，尚书就把丞相的死讯报与皇帝。——这个制度虽没有使用过几回，但此后逢着天变把丞相免官还是常事，就是不当权的也往往免不了这个责任。商汤和汉文帝之风真是"复乎尚矣"！

第七章　灾异说和西汉的国运

上一章所讲的是商、周到汉代对于灾异现象的观念及其反应。在这一点上，汉人是完全承受商、周的思想的。但他们毕竟有比商、周进步的地方，就是用了阴阳五行的学说来整理灾异的现象，使它在幻想中成为一种极有系统的学问。

司马谈曾批评阴阳家道："他们依据了阴阳、四时、八位（八卦的方位）、十二度（星的十二次）、二十四节气，定出许多教令，说顺着这教令的会昌盛，逆着的会死亡；这未免使人太多拘牵和忌讳。但春生、夏长、秋收、冬藏，本是自然的法式，人事的纲纪，他们要人家遵循这个次序是不错的。"看《汉书·艺文志》，列在阴阳家的有邹衍、邹奭、南公、张苍等人，可惜他们的著作全已失传。犹幸散见各书的五德终始说的资料可以辑出，又有一部完的《月令》可以借鉴，现在还能知道它的一个约略。我们可以说，自从有了阴阳家之后，天象和人事经过一番系统的整理，比了商、周时代的灾异观念精密多了。

一部《月令》，虽是说得呆板可笑，但它的中心观念只是"春生、夏长、秋收、冬藏"八个字。阴阳家以为春天是万物生长的时候，一切的政治和人事都应向了生长方面进展，使得可以增加自然界的动作的力量。所以在那时候，向来关闭的地方要打开，刑罚要停用，犯人的桎梏要解除，伐木和打猎要禁止，让人和物各得欣欣地生长。一到秋天，造物者降下一股肃杀之气，草木随着黄落，国家也就可以出兵打仗、行法杀人了。他们立说的宗旨，只是希望"天人合一"。他们要使春天像个春天，也要使春人像个春人；因此，他们对于反常的时令非常害怕。他们说：倘使孟春行了秋令将有大瘟疫，仲春行了冬令将大旱，季秋行了冬令将多盗贼，孟冬行了春令将多流民，仲冬行了秋令将有大兵灾。这类的话很多，一时也说不尽。总之，这个灾异说的系统是建立于时令反常上的。

《尚书》里的《洪范》，它把人事的"貌、言、视、听、思"和天气的"雨、旸、燠、寒、风"合在一起。它说：国君的貌正了，雨就会照着时候，不多不少地降下来了；倘若不正，这雨也就降个不歇，成了淫雨。其他言和旸，视和燠，……也都有这样的关系。《洪范》的宗旨和《月令》一样，要使应该下雨的时候下雨，应该刮风的时候刮风，得其时，亦得其正，本来是一个平正的意思。但它以为天气都和君主的一举一动有关，这却是一个神秘的排列式了。到汉代，更把这篇文字放大为《洪范五行传》（编入《尚书大传》中），说貌如不正，不但有淫雨之灾，还会有服妖，有龟孽，有鸡祸，有青眚、青祥，有下体生在上身的病；其他四种也有这类的怪现象。后来刘向和他的儿子刘歆各把古来祸福之事分派到各类，著了一部十数卷的灾异史；班固录入《汉书》为《五行志》。这种灾异说的系统又是建立于君主的态度不正上的。

因为他们的学说有这样的精密，所以发生的影响亦是异乎寻常，造成了商、周时所不会有的事实。

却说武帝之世正值汉家全盛时代，先朝积蓄了六七十年的财产，给他在五十年中郊祀、求仙、巡狩、封禅，加以四方的征伐，花费个干净。到用尽之后，只得立下许多苛捐杂税，维持他的奢侈惯了的生活。因此弄得人民筋疲力竭；再碰着荒年，竟至赤地数千里。人们怨恨之余，不禁发生了五德说下的希望。这就是说，汉的气运尽了，该有新受命的天子起来了！昭帝元凤三年（前78年），泰山下一块一丈五尺长的大石忽然自己站起，上林苑中一株卧地的枯柳也自己站起。有一位《春秋》学家眭弘推说其意，以为石和柳都是阴类，下民之象，而泰山乃是帝王受命封禅的地方，可知将有新天子从匹夫中突起；汉帝应即寻求贤人，把帝位让给他。但尧、舜禅让的事本是一种传说，既做了皇帝，还哪里会让呢，所以眭弘就以妖言惑众之罪伏诛了。

京房是专治《周易》的，他曾想出一种卜法，把六十卦的三百六十爻，以一爻值一日，又把剩下的《震》《离》《坎》《兑》四卦分主二分二至，这样恰恰是一年；更以当时的风、雨、寒、温的气候定所卜的吉凶。有一天，元帝召见他，他乘机进言道："《春秋》一书，记二百四十二年中的灾异，给万世之君看个榜样。现在自从您即位以来，日月失了明，星辰逆了行，山崩了，泉涌了，地震了，石陨了，夏天有霜，冬天有雷，春凋叶，秋开花，《春秋》所记的灾异一齐见了。请您自己想想，倒底是治是乱？"听到这话，元帝也只得叹一口气道："实在是乱极了，再有什么说的！"这话在当时确是动听的。但试想，汉的疆域多少大；这样大的地方，地文上不当有些变态吗？这种事，武帝时何尝没有；只是那时的社会正沉醉在祯祥的空气里，大家不提罢了。

谷永是继承京房之学的。永始二年（前15年），有黑龙见于东莱，成帝派人去问他。他答道："汉家行夏正，色尚黑。黑龙是同姓之象，恐怕本族中人有举兵谋反的。"唉，这条黑龙若出在文帝前，岂不成了汉的水德的符瑞？就是出在武帝后，也何尝不是汉的黑统的符瑞？为什么成帝时出来了，就不成祥瑞而反为灾异呢？这种话固然不真实，但的确反映了一个动摇不安的社会在后头，在这个社会里，大家觉得汉的国运是快完了。可是那时既没有内乱，也没有外患，怎样可以把汉家灭亡，倒是一个不易解决的问题。

在这沉闷的空气中，有一个齐人甘忠可造了一部《包元太平经》，说："汉家的气运固然完了，但上帝的意思还许他第二次受命；因此，他派了赤精子下来，传与我这部书。"这天开的异想，可算是一个转圜的办法。不幸因为刘向不赞成，把他下了狱，就病死在狱里。后来哀帝即位，甘忠可的弟子夏贺良继续鼓吹，居然成功：哀帝就宣布再受命，大赦天下，改元为太初元将（前5年），改号为陈圣刘太平皇帝，这衰颓的旧国似乎得到一种新生命了。不料夏贺良等志得意盈，就想夺取政权，斥去旧时的三公，为人所嫉忌，不到两月，哀帝把他杀了，这再受命的滑稽剧便一霎时闭了幕。

换一个人受命罢，没有这个人。汉家再受命罢，也做不成功。维持下去罢，灾异说已把汉家的天位在精神上打倒了。进既不可，退又不能，统治阶级及受其麻醉的人们都在这个僵局之下徘徊观望。

第八章　黄老之言

中国的上古史，说它长也真长。看传统的史书，从夏禹到现在有四千年，从黄帝到现在有五千年，从三皇到现在约有十万年，再前一点就是开辟天地的盘古氏了。照这样说，自从有了天地就有我们的历史记载，从此不曾断过，真是极大的光荣。可是我们翻开东周以前的书，其中只有称说夏、殷，夏以上就一字不提，这为什么呢？记孔子之言的《论语》、墨子之言的《墨子》、孟子之言的《孟子》，提到夏以前了，但也只有尧、舜。因此，儒家编集的《尚书》就托始于《尧典》。尧以前有无帝王，这问题是没人提起的。看孟子说的"当尧之时，天下犹未平，洪水横流，泛滥于天下，草木畅茂，禽兽繁殖，五谷不登，禽兽逼人"，仿佛尧的时候还是洪荒初启，尧以前不能再有别的帝王，就使还有也是无从知道的了。但稍后于孟子的邹衍，他的历史说就从当时直序到黄帝，再推至窈窈冥冥的天地未生之际，可见他以为黄帝是尧、舜以前的帝王，历史记载的开头。这一变便使上古史换了一个新面目。司马迁作《史记》，列《五帝本纪》于《夏本纪》之前，而以黄帝为其魁首，黄帝的历史地位就益加巩固，直到如今不曾动摇。

但是为了儒家的孔、孟都不提黄帝，他们的经典《尚书》也没有叙述到尧以前，所以黄帝在儒家中是不占势力的。至于阴阳家、道家、神仙家、医家、历家……都常说起黄帝，而且把他看作教主，因此他竟成了一个极伟大的偶像，由他开创了中国的全部文化。依我想，这完全是时代因缘的凑合。假使他的传说发生得早些，自会成了儒、墨二家崇拜的对象。假使尧、舜的传说发生得迟些，那么也就会变为"百家言不雅驯"的箭垛。这立言的诸子何尝像我们这样用功研究古史，他们只是拉了一个当时认为最古而且最有力的人作为自己的学说的保护者而已。黄帝是怎样一个人物，或只是天上的五色帝之一，或者有别的背景，均不可知；但他的传说普及于学术界是战国末年的事，其发展直到西汉，则是一个极明显的事实。所以我们如果研究黄帝，切勿以为所研究的是夏以前的史，而应当看做战国、秦、汉史，因为他的传说只是战国、秦、汉间的思想学术的反映，只是表现了战国、秦、汉间的文化。

老子，名聃，说是周朝的史官，作有《老子》一书，又名《道德经》，他在学统中的地位正像黄帝在帝统中的地位一样高。大家说：他是孔子的老师，他是先秦诸子中的第一个，他是道家的开创者。因为作师的老子开创了道家，他的弟子孔子开创了儒家，所以一向公认道家在儒家之前。可是到了现在，我们从种种方面研究，都得到相反的结论：老子这个人必在孔子之后，《老子》这部书又在老子之后；老子不是道家的开创者，道家的成立又远后于儒家。这些结论的理由复杂得很；现在我们且不谈考据，先讲一讲孔子以来的学术界的情形。

学者们的思想不是顺着时代就是反着时代，孔子是反时代的一个人。他在世时候，旧式的社会组织已渐崩溃，他目睹"君不君、臣不臣"的样子非常生气，所以提倡"正名"和"礼治"，要维持旧制度，又改良旧制度。他造成了一个新学派（这学派后来唤做"儒家"），常把旧制度加上自己的理想来鼓吹和演习。他又因宗法组织将联带崩溃，所以提倡孝道，说父母生时应怎样的奉事，死了要怎样的丧葬，借着亲子的感情作维持它的工具。后来列国内外吞并愈烈，成年的打仗，残余的贵族又奢侈得厉害，人民陷于水火之中；如何可以作迫切的救援，这一点就不是儒家所能负的使命。所以墨子起来，打破孔子的维持旧制度的政策，直捷痛快，主张"兼爱"以毁灭宗法组织，主张"尚贤"以破坏世族专政。他不要什么带有贵族性的礼乐，只要一般平民都有饭吃，可以过他们的正当生活。他四面奔跑，劝止战争，简直只看见人民，忘记了自己。但不久出来一个杨朱，他对于救世问题又换了一种看法。他觉得世界之所以乱都由于心的外骛，一个人的欲望是永远填不满的，不幸大家要求尽量的满足，就激起了许多斗争。他以为人人肯不夺别人所有以利己，也不让别人夺去自己的所有，那时世界就太平了。他以为墨子固然一团好心，但只见别人而不见自己，这也算是骛外，和纵欲的人有同等的弊病，所以他主张保全自己的精神和形体，不受外物的引诱，拔一根毛去利天下人是不做的，把天下的东西来供一己的使用也是不取的。他的主义就称为"为我"。在那时，孔、墨、杨三派鼎足而峙：一派主张复古，一派主张舍身救世，一派主张舍世救身。

既已三派分立，叫后来的人何所适从呢？于是起来了一个孟子。他的生地极近孔子，早受了儒家古礼的熏陶；他遭逢的时势比墨子更坏，也感染了墨家救世的风气。他倡导一种主义，称之为"王政"，到新近称王的几个国家去，对国王说："你们称王不是想统一天下吗？须知要达到这个目的，非先行我所说的王政不可。"他的主义没有什么特别的，只是想限制贵族的权利，使平民都有温饱的生活可过；又要使德行最好的人成为政治地位最高的人：这些意见都和墨子之说很相近。但一提到家族制度，则他完全承受孔子之说，维持父权，提倡厚葬和三年之丧，因此，他骂主张兼爱的墨子为"无父"。同时他因反对个人主义，也联带骂那主张独善其身的杨朱为"无君"（这个君不是说掌握大权的君主，只是泛指国家与社会，说杨朱不肯为人所用，不尽国民的责任而已）。我们可以说，孟子决不是纯粹的孔子之徒，他乃是孔、墨两家的调和者。在孟子时，还有一个人是调和墨与杨的，叫做宋钘。他的学说有两方面：在外的是"禁攻寝兵"，在内的是"情欲寡浅"。这就是说，他用墨子之学做事业，用杨朱之学修身心。他要兼顾别人和自己，使之

205

得到同样的满足。他说："一个人所以和人斗争，只为受了别人的侮辱。但你自己的人格并不因为别人的侮辱而有损伤，所以你受的侮辱并不是你的真羞耻。而且一个人的欲望是本来不多的，只要你心有所主，不使外面的东西扰乱了你的心，增加了你的欲望，那么，你既不侵犯别人，别人也就不来侵犯你了。"这不能相容的三大派，有了他们二人的调和，居然渐渐地接近起来。

杨朱和宋钘都讨论到人性的本质、人和外物的关系、以及如何可保全自己的真性等问题。以战国时思想的解放，学术界进步的急速，这个趋势就使一班学者超出于实际的政治论而向哲学方面走去。他们要讨论宇宙的本体了，要讨论智识的真实性了，要讨论人生的究竟意义了。于是有的以清虚为目标，不愿立自己的主张，只想像镜子这样，照着万物。有的说，智识是靠不住的，而且也求不尽的，何必这样自寻苦恼呢，只消委心任运好了。他们看出一切的观念都只是相对的，所以有大小、高下、是非、寿夭等等差别；但实体是绝对的，没有差别的。他们唤这个绝对的实体为"道"；以为得道的人的心中就不存着这些差别，所以由他看来，万物都是一齐的。"道家"这个称谓就从这里来了。他们的话都说得非常玄妙，使人不全懂也没法驳。然而因为他们要得到这个最高的"道"，把人世间事看得很轻，社会的规律无形中都给打破，使得统治国家的人感到棘手。又因一般人民学会了他们的辩论法，死里说出活来，弄得任何事情都没有固定的是非可据，尤使统治者痛苦。所以到战国之末，激起了一个新学派，称为"法家"，专为统治者说话；他们主张遏灭私家之学，禁止游谈之士，平民都须专力农作，不得随便发议论。把这个意思讲得最清楚的是韩非的《五蠹》和《显学》，其后秦始皇的焚书灭学即是这个政策的实行。

说了一通战国学术界的大势，再回到老子身上。老子是主张柔弱和谦下的。他所以这样，并不是爱这样干，乃是因为用了这种手段可以达到胜过刚强者的目的。他以为要不受人家的欺侮，先要使对方不想欺侮。我柔弱了，好胜的人就不来和我生事了。如果对方决心要欺侮我，那么我就让他，他得其所欲也就完事了。但是他尝到了这个甜头，一定以为欺侮人是容易的，他将愈敢放开这手腕，终至碰到了一个比他更强横的敌人把他打倒而后已。所以，我的让他并非我的吃亏，只是骗他走上倒霉的第一步，依然是我的胜利。而且愈肯吃亏的愈能获得别人的同情，地位也就高起来。所以他说，事情往往是相反的：吃亏就是便宜，便宜就是吃亏。这种见解，我猜想是宋钘的"见侮不辱"的演进，是杨朱的"全生"学说的变相。如果猜得对，则老子应是宋钘的后辈，怪不得孔、墨、孟的书里全不曾把他提起，他如何做得孔子的老师！至于《老子》这书为什么说不是他做的，则因书中说"绝圣弃知""绝学无忧""古之善为道者非以明民，将以愚之；民之难治，以其知多"等话完全是战国末年的思想；这时以前的圣知正是社会上所崇拜的，它不曾在民间生出流弊，没有弃绝的需要。而且战国时人每提到老子，只有说他主柔弱，没有说他想毁灭文化，可见这些话不是他固有的。那么，我们为什么不说他生于战国之末，可以把这些意思写进了自己的书里呢？这因到了那时，他为孔子之师的传说已起来了，叫人错认了时代的人一定是过去的人，所以他不会生得太晚。因此，我们以为老子这人是战国中期的，《老子》这书是战国后期的。战国后期的人作的书为什么要托老子的名？大概因为这部书里采用他的话最多，所以就用他作代表了；或者作者并非有心托他而被后人误认了。

于是我们再来提出一个问题：老子为什么会成为孔子的老师？我以为这不是讹传的谣言，乃是有计画的宣传。老子这个学派大约当时有些势力，但起得后了，总敌不过儒家。他们想，如果自己的祖师能和儒家的祖师发生了师弟的关系，至少能耸动外人的视听，争得一点学术的领导权。于是他们造出一件故事，说孔子当年到周朝时曾向老子请教过，但他的道力不高，而且有些骄矜之气，便给老子痛骂了一顿。他知道自己的根柢差得多，羞惭得说不出话。回得家来，只有对老子仰慕赞叹。

借了孔子的嘴来判定了老、孔的高下，显见他们的门徒之间也是这等比例，道家的身价就可提高。想不到他们这种宣传不但如了愿，竟至超过了豫期，而使儒家承认为事实；又不但如此，而使儒家也增加了一段故事，说孔子曾向老子问过许多礼制，把老子也儒家化了。可怜的是《老子》里既有"礼者，忠信之薄而乱之首"的话，《礼记》中又有老聃答孔子问庙主、问葬礼的话，逼得他竟成了二重人格，自己打自己的嘴巴！他们这个工作成功了，索性再进一步，使出手段来拉拢黄帝。他们把本学派里的货色尽量向黄帝身上装，结果，装得黄帝也像了老子，而后道家里以老子为"太祖高皇帝"，黄帝为"肇祖原皇帝"，其学派的开创时代乃直顶到有史之始了。至于发踪指示的杨朱，早被一脚踢开，学术系统从此弄乱。《汉书·艺文志》所列道家著作，有《黄帝四经》《黄帝铭》等篇，注云"起六国时，与《老子》相似也"。这就是黄帝与老子合作的成绩，而"黄、老"一名也从此打不破了！

《老子》这书中，主张君主应当清静无为，对于人民要使他们吃得饱饱的，不存什么野心，这和汉初承大乱之后与民休息的条件极相合，而且这书的文字简短有韵，容易记忆，所以就风行于世。曹参为齐王的相，那时天下初定，百姓流亡，听得胶西住了一位盖公，善治黄、老之言，就用厚币请了他来，把自己住的正房让给他，常去请教。一连做了九年，果然齐国安集，大称贤相。后来汉相萧何死了，惠帝命他继任。他一切遵照萧何的原样；把好出风头的属员都免了职，换用了朴讷的人。他自己天天饮醇酒，不管事。有人想劝他做事，他等那人来时就请他喝酒，那人正想说话时又敬上一杯酒，直灌到醉了，那人终没有说话的机会。丞相府的后园靠近府吏的宿舍，他们常常饮酒，呼叫和歌唱的声浪闹得人不安静。有人讨厌了，请丞相去游园，以为他听得之后一定会喝止的；那知他就在园中斟起杯子来，一样地呼叫和歌唱，竟同隔墙的吏人们相应答。惠帝看他不办什么，觉得可怪，问他："是不是为了我年轻，瞧不起呢？"他道："请您想想，您比高帝怎样？我比萧何怎样？我们既都不及他们，只该遵守他们的规模。请您垂了裳、拱了手坐着罢！"

文帝即位之后，非常的俭朴。有一次他想造一个露台，唤匠人估计，说须百金。不料这一个微小的数目竟使这位皇帝吃了一惊，嚷道："百金，这是十个中等人家的家产呵！"就不造了。这样的风度，固由于个人的生性，但汉初道家的势力正弥漫一世，说不定也是接受了黄、老的"寡欲"的遗训。他的皇后窦氏极好黄、老之言，叫他的儿子景帝和自己母家的人都须读《老子》。那时有一个《诗经》博士齐人辕固生瞧不起这书，批评了一句，她听了大怒，逼他到兽圈里去打野猪。景帝知道他危险，但又没法改变太后的命令，只得拣一把快刀给他。他进了圈子，用劲一刺，居然刺中了猪的心，应手倒了；太后才没奈何他。后来武帝即位，他喜欢铺张和他的祖父不同，好任儒生和他的祖母不同，于是这位窦太后又同自己的孙儿冲突起来了。当建元元年（前140年），赵绾等议立明堂以朝见诸侯，她心里已嫌其多事。想来她总有牵掣他们之处吧，所以到了第二年，赵绾奏请武帝不必向长乐宫（太后所居）奏事，希望免掉许多麻烦。给她知道了，立刻下个辣手，把丞相和太尉都免了职，赵绾也就死在狱里。在这种地方，都可见汉初的儒家远不及道家之得势。

道家的兴起，《老子》的盛行，固有许多原因，而汉初的时势实为其重要条件。自从春秋末年以后，为了消灭许多地方势力，推翻许多特权阶级，大规模地流血战争，人民挨受了二百五十年的苦难和牺牲，到这时天下初平，着实应该休息了。把黄、老之言作为休息的原理，本是适合于当时的社会条件的。所不幸的，只是这种柔弱和退让的思想竟致渗透一些人的骨子，作为有永久性的人生观，结果使得他们在长时期中减低了对自然斗争和阶级斗争的热力，逢到大事要把它化为小事、无事，逢到难事要以没办法为办法，听它自然地变化。

第九章　尊儒学而黜百家

墨子的政治主张，以为作天子的应是天下最好的人，这个人是从人民中选举出来的。有了天子，再由他去寻好人做三公和诸侯。除了选举之外，还有禅让的一法：天子年纪老了就找一个最好的人作他的继承人。墨子是根本否认贵族的存在的，他以为下层的人民只要有最大的本领，也可做得地位最高的天子。他举的古人的例是尧、舜。他说：舜本来是一个历山下的农夫，又曾做过黄河边的陶工，还曾在雷泽摸过鱼，常阳贩过货，是一个纯粹的平民；但他的德行和才干给尧知道了之后，他就受了尧的禅让。这种说话经墨家一宣传，居然成为史实，便是承认贵族地位的儒家也引用起来了。

儒家的宗旨主于旧有阶级的维持。他们以为不是君主十分坏，坏得像桀、纣一样，总是不该推翻的。推翻之后，换了新主，阶级制度还是照常。这一点是儒、墨两家绝对不同的地方；所以墨家要提出天子和诸侯的来源问题，而儒家则不问。儒家所问的，只是朝廷的仪式怎样；贵族的继承条例怎样；王国和侯国的典章如何不同；这一代和那一代的礼乐如何有别；祭祀鬼神、宴会宾客、聘问列国，以及冠笄、婚姻、丧葬等事应当怎样办。从表面说，他们要使在上的抚养子民，在下的恭敬长上，一切都有轨道，没有争，没有乱，风俗益臻淳厚。若从骨子里说，这简直是蒙蔽民众，叫他们安心做奴隶。

秦始皇统一了天下之后，还想做统一思想的工作，他把学问聚在皇室，立下严酷的法令，民间有偶语《诗》《书》的就犯杀头的罪名。这一下当然使儒家失色。过了四年（前209年），陈涉起兵，鲁国的儒生为要出这口气，就抱了孔家的礼器跑到他那边去，孔子的八世孙孔鲋做了他的博士。不满半年（前208年），陈涉被杀，孔鲋也随着死了；可是鲁国的儒生又从此获得了讲习礼乐的自由。后来汉高帝灭了西楚霸王项羽，西楚的地已全夺了过来，只有鲁国不降，于是他带了很多的兵把鲁城重重围住。但这班儒生还在那里行礼奏乐，弦歌的声音飘散到城外。高帝也感动了，不忍打进去把他们屠尽，就举起项羽的头给他们看，他们才降了。

却说高帝是平民出身，他的胸中没有什么贵族的架子，所以他很讨厌这班专讲架子的儒者。他刚起兵的时候，凡戴了儒冠去见他的，他总要使蛮把他的冠解了下来，撒一泡尿在里边，表示他的侮辱。有一个秦博士叔孙通从关中逃了出来，辗转到他那边，知道他有这种怪脾气，便扔去了儒冠，改穿了楚国式的短衣。他见了果然喜欢，拜为博士。汉五年（前202年），天下统一，诸侯尊汉王为皇帝；这即位的仪式就是叔孙通所定。那时虽说是定了君臣的名分，然而群臣多从草野中发迹，不懂得什么叫礼节；他们在殿上饮酒，往往争论功劳；喝醉了也就大叫起来，拔剑向柱子砍去。这位平民化的高帝因为自己有了身份，对于这些粗鲁的举动渐渐觉得可厌了。叔孙通趁着这个机会，就进言道："儒者固然不能图进取，但守成是会的。请您下个命令，召集鲁国的儒生和我的弟子一同商订朝仪罢！我想现在应当采取古礼和秦仪，造成一种新制度。"高帝道："你可以试一下，但不必太琐碎，只就容易实行的做去好了。"叔孙通奉了旨，立刻自己赶到鲁国去，招访儒生。别的都欣然，只有两人不肯走，他们说："现在天下初定，死的没有葬，伤的没有复原，哪里可以兴礼乐！要兴礼乐，且待积德百年！"叔孙通听了笑道："你们真正是不识时务的乡下老儿！"他就带了招到的三十三人到京城，和他自己的弟子百余人，用绵索在野里围了一个圈子，插了许多茅草当作君臣的位次，演习礼法。一月之后，他请高帝去观礼，高帝以为很好，命令群臣照样学习。七年（前200年）十月（就是正月），长乐宫初造成，群臣都到那边去贺年。天刚亮，谒者就按照文武官员的等级，一次次引进了殿门。那时殿廷之中早已排列了车骑，陈设了兵器，升张了旗帜。上面传一声"趋！"殿下的郎中们数百人就夹侍在阶陛的两旁；功臣、列侯、诸将军、军吏都向东站立；文官丞相以下都向西站立。于是皇帝坐了辇出房，百官传呼警卫；从诸侯王以下直到六百石的吏员依了次序奉贺，他们没有一个不肃敬震恐的。到行礼完毕，又在殿上置酒，他们都低着头饮酒，没有一个敢喧哗失礼的。斟酒斟到第九次，谒者高唱"罢酒"，他们都静静地退出。于是高帝说："吾到今天才知道皇帝的尊贵呵！"他就拜叔孙通为太常，赐金五百斤。

起先，叔孙通初归汉时，有一百多个弟子跟着他，他们都想做个小官；但这位老师只向汉王面前推荐惯做强徒的汉子，永不提起他们。他们气极了，常常背后骂他。他知道了，向他们说："汉王正在冒了矢石和敌人争天下，他所要的是能斩将搴旗的人，这种事你们会干吗？你们还是安心等着，我总不忘记你们的。"自从长乐宫朝贺之后，叔孙通就向高帝说："这一班弟子们跟了我好久了，这次的朝仪是他们共同的功劳，您给他们一个官罢！"高帝立刻答应，都任他们为郎。叔孙通出来，把赏下的五百斤黄金完全分与他们。他们大喜道："叔孙先生真是最识时务的圣人！"

高帝去世，惠帝即位，他又拜叔孙通为太常，对他说："先帝的园陵和寝庙的仪式，群臣中没有能定的，还是请你老先生草拟了罢！"凡汉初的种种制度，都是他做太常时所讨论规定的。他似乎没有受到五德说的影响，所以他所定的礼，我们见不着五行的色彩。

秦代统一之后，等不及订立许多新法制，国已亡了。汉兴，各种制度都待创立，所以好言礼乐的儒家急欲发展他们的抱负。不幸文帝、景帝、窦太后都好黄、老和刑名，而历来当国的丞相，萧何、曹参、陈平、周勃、张苍之类，他们的出身，有的是刀笔吏，有的是战将，有的是策士，有的是道家，有的是阴阳家，他们对于儒家都没有信仰；对于制度也只要够用就算，因此只望因袭旧的，不想创造新的。所以自从叔孙通死了之后，这制礼之业竟停顿了。虽有贾谊、公孙臣等鼓吹改制，也没有什么效果。

在这时，一班儒者等得不耐烦了。董仲舒是专精《春秋》的，他在文章里说："依照《春秋》的道理，新王必改制。为什么呢？就因新王是受命于天的，不是继承前王的。倘使一切照了前王的制度，那和继承前王的还有什么分别！受命的王原是上天所特别提拔的人，一个人奉事他的父亲尚且要先意承旨，何况是天。现在上天特别提拔了你，然而你竟没有把旧制度变更一点，显不出这提拔的好意，这是天的意思吗！所以迁都城、换称号、改正朔、易服色，都不为别的，只为顺着上天的意思，表示自己是新受天命的人罢了。"这样说来，这种改制度的事并不为适合民众的需要，只是要使上帝喜欢。更老实讲，不过替皇帝装点，使得他的地位经过神秘的渲染而更高超而已。

自汉兴到武帝之世凡六十余年（前206—前140年），鲁两生所说的"积德百年"的话已差不多了。武帝是一个好大喜功的人，他过不惯道家的淡泊生活，觉得儒家讲得"天花乱坠"的各种制度很有趣，所以他一即位就用赵绾、王臧等儒者为公卿。他们做了公卿，第一件事就是准备在城南造一个明堂，为皇帝朝见诸侯之用。这制度还保存于《礼记》。书上说：明堂是明诸侯的尊卑之堂，在这堂里，天子背着屏风，南向而立。三公站在中阶之前，北向；诸侯站在阼阶之东，西向；诸伯站在西阶之西，东向；诸子站在正门的东隅，诸男站在正门的西隅，都北向。九夷在东门外，西向；八蛮在南门外，北向；六戎在西门外，东向；五狄在北门外，南向；九州之牧在二重门外，北向。这样的"万国衣冠拜冕旒"，天子的尊严哪里想像得尽；再看叔孙通的朝会之礼，仅列文武百官的次序的，就觉其规模的狭小了。

建元元年（前140年）冬十月，武帝诏丞相、御史、列侯等大官各举贤良方正直言极谏之士；这是科举制的滥觞。举来了一百多人，武帝把他们问了再问。策问的结果，以董仲舒为最优，这就是很有名的"天人三策"。他的第三策的末尾说："孔子作《春秋》，最看重一统。现在百家异说，各人有各人的主义，使得国家没法立出一定的法制，百姓也不知道走哪一条路好。据我的意见，以为凡不在六经里的、以及和孔子的道理不合的，都可以截住它前进的道路。等到邪说息了，然后政治可以划一，法制可以明定，人民也得到了正确的道路了。"武帝正心醉着儒家，他的话很中听，就讽令丞相卫绾奏说所举的贤良们，有的治商鞅、韩非的刑名之言，有的习苏秦、张仪的纵横之言，足以惑乱国政，请都黜退；于是这一次的选举就只剩下了儒家。五年（前136年），他又置五经博士，提倡儒学的色彩愈加鲜明。人民为谋自己的出身计，大家涌进了这条路。儒家所提倡的大典，如巡狩、封禅、郊祀、改制等事，武帝莫不一一举行。自从他定了郊祀天地之礼，又集合了一个歌曲的班子，唤做"乐府"，用李延年为协律都尉，命司马相如等数十人造作诗赋。每年正月第一个辛日，他在甘泉祭上帝时，童男女七十人一齐歌唱，从黄昏直唱到天亮。儒家鼓吹了几百年的礼乐，到他的手里而一齐实现。

但劝武帝罢黜百家的董仲舒，他真是孔子的信徒吗？听了董仲舒的话尊崇儒家的武帝，他真行孔子之道吗？这不劳我细说，只消把董仲舒所作的《春秋繁露》，和记武帝事实最详细的《史记·封禅书》去比较《论语》，就会知道。

秦始皇的统一思想是不要人民读书，他的手段是刑罚的裁制；汉武帝的统一思想是要人民只读一种书，他的手段是利禄的诱引。结果，始皇失败了，武帝成功了。劝始皇统一思想的李斯，他是儒家大师荀卿的弟子；劝武帝统一思想的董仲舒，他是《春秋》专家。他们对于孔子尊敬的分量虽不同，但政策却是一贯的。儒家主张复古，承认阶级的存在；自从武帝定为国教，这偶像直维持了两千多年。所以战国之末虽已把旧制度一齐打破，而旧思想的种子还由儒家传了下来，经武帝的裁种而发芽开花，造成了无数宗法组织极严密的家族，使得人民上面忘记了国家，下面忘记了自己。

第一〇章 经书的编定与增加

儒家是主张复古的，凡属记载古代的东西，他们都要搜罗保存。然而可怜，传下来的古代记载少得很。这个缘故，他们不知道，以后的人也不知道，直待现代的我们方始知道。原来商以前还是没有文字的时代，那时人无法把事情记出。商代初有象形文字，字体常常变化，所记载的只是极简单的某月某日作什么事，用小刀刻在龟的腹甲和牛的胛骨上。因为他们的记载大都是占卜的事情，所以今日称它为"甲骨卜辞"。自从清末在安阳出土以后，到近年考古学者大规模的发掘，已发见了十六万多片，可以希望整理出一部商代史来了。但这三千年前的东西，我们能看见，秦、汉间的人却不能看见。此后，记载的技术稍进，某月某日作什么事之外还能记及人的说话；那时正以冶金术的进步，大批制造青铜器，就把这些记载刻在青铜器上。因为铜器不易损坏，所以秦、汉间人还有得看见。陈涉起兵之后，鲁国的儒生抱了孔家的礼器去投他，这礼器就是前代的铜制用具。大概说来，乐器有钟、铙；食器有鼎、鬲、簋、簠；饮器有尊、彝、壶、罍、爵、觚；盥洗器有盘、匜。因为一切生活的仪式都属于礼的范围，而儒家是主张复古的，所以凡是古人日用的东西都可以叫做"礼器"。因为这些礼器中算钟和鼎为最大，所以后来就称研究这类东西的学问为"钟鼎之学"；其文字为"钟鼎铭辞"，现在称为"金文"。这类东西，固然秦、汉间人也有得看见，但他们看见的反不及我们多。当汉武帝时，汾阴掘出了一个特大的鼎，没有字，大家惊为祥瑞，武帝就改元为元鼎。后来宣帝时，美阳又掘得了一鼎，官员们又说是祥瑞，劝皇帝重行元鼎的故事。有一位聪明的张敞，他是识得古文字的，起来驳道："他们说得不对！这鼎的铭文是'王命尸臣："官此栒邑；赐尔旂、鸾、黼黻、雕戈。"尸臣拜手稽首曰："敢对扬天子丕显休命！"'美阳是西周的王畿，可见这是周王把许多东西赐给这位大臣，大臣的子孙为要表扬先人所受的恩宠，刻在鼎上，藏在祖庙里的。这是旧藏的发见，不是祥瑞的天降！"他既说得这样清楚，宣帝也只得罢了。到宋代，这种古器积聚渐多，加以徽宗的提倡，钟鼎之学兴盛起来，把六百余件的器铭编成了好几部专书。到清代，以古文字学和古史学的发达，钟鼎学的研究更深刻，一件古物发见时就有许多人作考证。至于今日，我们所知道的有铭辞的古器约有三千件了。这种眼福，决不是秦、汉间人所能有的。我们用了这些材料，也可希望整理出一部西周史来。商代之后，记载的技术又较进步，这人和那人间可以用书信往来，长段的事情和说话也能联缀成篇。那时记载的器具是用漆写在竹木制的简上，一枝简大约写十余字至二十余字不等；用绳子或皮带把许多简穿起来，就成了"册"和"篇"。还有方块的木版，叫做"方"，可写一百字左右。西汉之世，简、方和帛是并用的。帛可以卷起来，就成了"卷"。

自甲骨而钟鼎，而竹木简，而帛，物质的便利程度愈增加，记载的东西也就愈多。生在后世的人们用得惯了，看得惯了，正如纨袴子弟不知稼穑之艰难，以为古人也是这样的，应当有很多的东西传下来，对于古书和古史的责望心就很重。要是像现在这样，肯去挖地，从许多地下遗物里整理出几部古代史来，当然再好不过。无奈他们想不出这种方法，他们只会把耳朵里听来的算做古史，甚至于把自己心里想出来的算做古史；再把这些听来的和想来的东西写在书本上，就承认为真的古书。因此，古人虽没法把当时的事情留与后人，但后人却会给他们补上，而且补得很齐整。我们翻开《汉书·艺文志》来，古帝王和古名臣的著作不知有多少；只恐这些著作离开他们的真面目还不止十万八千里呢。

古代的学问都聚集在贵族那边，那时的知识分子都是贵族的寄生者。贵族信仰天，信仰鬼，常要祭祀，他们的手下就有了"巫、祝"。贵族要作祝文、策命、人事和天意的记载，他们的手下就有了"史"。贵族要在祭神和宴会的时候奏音乐，他们的手下就有了"师"。这些巫、祝、史、师之官，由于职业的需要和长期的工作，对于天文、地理、音律、政制、历史，当然知道得很多，渐渐地构成了有系统的学问。但一般民众呢，他们受着阶级的限制，没有享受这些文化的福分，所以他们也想不到有学问这一回事。由于时代的突变，孔子为了不得志于时，用私人名义讲学，收了一班弟子。他所讲的学虽甚平常，但因他是第一个把贵族那边的学问公开给民众，使得民众也能享受些高级的文化，所以他巍然居于中国学统之首，二千四百年来被公认为极伟大的人物。

在《论语》里，我们看孔子常引《诗》和《书》，又常称道礼和乐。《诗》和《书》是当时的两类书（为什么不说"两部"？因为当时的书用竹简编写，繁重得很，我们看作一篇，在那时已是一册；我们看作一部，在那时是一大堆。所以对于书籍的观念，我们可用部计而他们不能。他们只能说，这类的东西叫做《诗》，那类的东西叫做《书》而已）；礼和乐则不是书而是事。一件事情应当怎样办，是礼；一首诗应当怎样唱，是乐。所以《诗》是乐的本子，乐是《诗》的动作。这些《诗》本来就是乐师所管：有的是在宗庙里祭神时用的，叫做《颂》；有的是宴会宾客时用的，叫做《风》和《雅》。《风》《雅》《颂》的来源，有的是士大夫所作，有的是乐师所作，有的是民间的歌谣而为乐师所采取。这些诗应当是很多，但常用的只有三百篇左右。《书》呢，是史官所掌的记载，国君对臣子说的一段话，或臣子对国君说的一段话，或战争时的一篇誓师词，或王室的一件大典礼，史官感觉其重要，记了出来，一事就成了一册书；再摘取数字，给它一个题目。用现在的话说来，这就是"公文"或"档案"。这类东西的分量比《诗》还多，但因竹木简容易朽蠹，不及《诗》的因歌唱而保存于人们的口边，所以传下来的也就寥寥无几，孔子当时不知实在见过了多少。他有一个很直爽的弟子，叫做仲由，曾质问他道："何必读书然后为学？"可见他教导学生时是要他们多读书的。然而可怜，那时实在没有好多书可读，仅仅这三百篇的《诗》和若干残篇断简的《书》，能觳读出什么大道理来！所以他给予后世的影响，虽说传播古文化，其实极大部分是在他自己主张的实践伦理的"礼"上。

有一部周朝的占卜书，叫做《易》。它所以有这个名称，大约因为这种用蓍草的占卜法比较用甲骨为简易的缘故。这也算得一部古书，孔子或许在卜官处见到；但他不曾提起，说不定他重人而不重神，看破了占卜法的无聊，不愿表章，也是有的。又有一部鲁国的编年史书，叫做《春秋》；大约因为简册断烂，只存鲁隐公以下。这书，他一定见到，但《论语》中也不曾提起。后来的儒家把这两部书都收进去了。他们说：《春秋》是孔子作的；他所以作这部书，为的是要整顿纲常名教。他看天下太乱了，所以奋身而起，代行天子的职权，把一代的诸侯大夫加以进退黜陟；固然文字上没有写明，但字里行间都藏着他的褒贬的意思。《春秋》本是一部鲁国的史书，给他这样一修改，就成了他的政治哲学，而且是他为后世天子制定的一部法典了。因为他恐怕触动了当时有权有势的人们的怒气，妨碍了他的安全，所以只把这些意思口传给弟子们。因为弟子们口传得不同，所以后来写出时就成了几部不同的《春秋传》。他们又说《易》是孔子到晚年才研究的；因为天道精微，不易认识，所以他下了苦功去读，读得勤了，竟使穿着竹简的皮带断了三次。他为阐明《易》理，所以作了十篇《易传》；这些传是《易》的羽翼，所以又称为《易十翼》。孔子既对《易》和《春秋》自己动过手，对于《诗》和《书》当然也要动手。所以他们说：《诗》本来有三千余篇，给他删掉了十分之九。《书》，删削更多了，本来有三千二百余篇，只存得一百篇。还有一部《仪礼》，讲的是冠、婚、丧、祭诸礼，一共十七篇，他们也说是孔子所作。照这班儒家的话讲来，孔子一生的学术事业，计删了《诗》和《书》，作了《春秋》和《仪礼》，还替《易》做了一部传。因为他有了这五种著作，所以就有了"五经"。乐，他虽没有著作，但也曾下过一番整理工夫，所以联带说起来，就成了"六经"。自从战国末年至于今日，这种观念在学术界中几乎不曾变过。

称孔子的书为"经"，以表示对于它的尊崇，这个意思向来没有疑问。但现在知道，经的原义是丝线。许多竹木简用丝线联贯起来，这叫做经；经乃是书籍的通名，并不含有后来所谓"天经地义"的观念。竹简有长短，官府用的长二尺四寸；五经等虽说是孔子的著作，究竟原本是官书，所以也是二尺四寸。私人所用则有长一尺二寸的，也有八寸的。还有一种六寸的木版，备随时的写记，正像我们的笔记簿，称之为"簿"，亦名为"专"，用假借字写来就成为"传"。它不像经的严整，所以后人就用来做经的补助读本或参考资料。他们说：孔子做了一部《春秋》，他有三个弟子记着他的意思，一代一代地传下，传到汉代，就成了三部《春秋传》。他删定了《尚书》，留下许多解释，传到汉代，就成了一部《尚书大传》。他删定了《诗》三百篇，传到汉代，有齐国的本子，有鲁国的本子，有燕人韩婴的本子，他们的讲法又各各不同，所以便有齐、鲁、韩三家的传。《礼》，有他的弟子卜商作的《丧服传》，又有七十二弟子的后学们作的一百余篇的《记》。《易》是文王和周公作的《经》，他自己做的《传》。所以五经是莫不有传的。

儒家最重孝道，而孔子弟子中以曾参的孝为最有名，所以不知何时何人作了一部《孝经》，说是孔子教给曾参的。《诗》本来只叫作"诗"，《书》本来只叫作"书"，称为《诗经》《书经》是后来的事。惟独这《孝经》的"经"字是离不开"孝"字的，分明出在经的名词已得了崇高的地位之后。因为这是一个小本子，容易念，而且受了君主的提倡，风行天下，所以汉人对于这部书非常信仰。东汉末，张角起义，有一个侍中向榻上奏书，说："国家不必兴兵讨伐，只消在黄河边上北向读《孝经》，'贼徒'自然会消灭的！"

还有一部书，记孔子和当时人及弟子们的说话，又有些他们的零碎事情，叫《论语》。这一部书大概是孔子的再传弟子编辑的，齐国和鲁国的本子也各不同，到汉代才并合为一。我们要看孔子的真相，这是第一等的原料，虽则里面已有了些窜改。《论语》这个名词也由竹简来。"论"字古但作"仑"，就是把竹简排比为一册的意思。

以上说的是五部经，这些经各有一部到几部的传，又有一部特造的《孝经》，一部记孔子言行的《论语》，虽说同是儒家的东西，性质是各别的；至于主要的东西仍是这五部经而已。到后来，尊孔子太过，把这些传都升做了经，于是有"十三经"的名词出现。（十三经的构成不是一次的事。战国以前只说《诗》《书》《礼》《乐》，是四种。战国以下加上了《易》《春秋》，是六种。汉人因为《乐》有谱而无经，把它去掉，为五种；加上《论语》《孝经》，是七种。唐代分《仪礼》《周礼》《礼记》为三种，又分《春秋》的三种传为三种，合上《易》《书》《诗》，是九种。宋代就唐的九种，再加上《论语》《孝经》《孟子》《尔雅》，是十三种。所以十三经这个集团是经历了五次的变迁才成功的。）

汉学的中心是经学，我们要了解汉学的地位，应当先明白所谓经也者是什么东西。可惜话长纸短，写不尽了！

第一一章　博士官

博士，现在是学位的名称，但在古代是个官名。这个官，战国时就有，其详细情形不得而知。秦始皇时，博士有七十人，他们的职务是"通古今"。当始皇三十三年（前214年），北边夺了匈奴的河套，南边夺了南越的陆梁地，明年，他置酒咸阳宫庆贺，博士七十人上前献寿。仆射（博士之长）周青臣进颂词，说："现在日月所照的地方没有不服皇帝的威灵的，又把诸侯之国改成了郡县，从此可免战争的祸患，这是上古以来所不曾有过的盛事！"始皇听了大高兴。这时候，忽然一个不识趣而又胆大的博士齐人淳于越起来说："殷王和周王因为封建了子弟和功臣，所以才能有千余年的天下。现在皇帝的子弟就是匹夫，一旦碰到了权臣篡国，试问有什么人可以帮助皇室的？做事不以古人为师法，决不能长久。青臣当面谄谀，不是忠臣！"始皇把这个主张交臣子们去议，丞相李斯说："今古的制度不同，原不是立意相反，乃是时势变了。我们所定的是万世的大业，那只懂得三代之事的淳于越哪能体会到这些新制度的意义！从前天下未统一时，君主所定的制度常常受私家之学的攻击；他们说的名为古事，其实是装饰出来的虚言。现在天下已统一了，而这种风气还没有改变，倘不严令禁止，那么下面的党派一结成，上面的威权就坠落了。我提议：史官所典藏的，凡不是秦的史书，完全烧了。不是博士官所执掌的，私家所藏的《诗》《书》百家之言，完全送地方官烧了。有敢聚会了人们讲《诗》《书》的，处死刑。有敢引用了古事来反对今制的，全家处死刑。官吏知道了不举发，处同样的刑罚。令下了三十天还不烧的，髡钳了去筑长城。所存留的，以医药、卜筮、种树的书为限。想学法令的，就到官吏那边去学习。"始皇立刻批准了。这固是在主张统一思想的李斯执政之下所应有的事情，但其爆发点实由于"通古而不通今"的博士的"是古非今"，可算是淳于越闯下的大祸。但有奇怪的一点，史官所藏的史籍，除了秦的统统烧了，而《诗》《书》和百家之言凡是博士官所执掌的都不烧：为什么还要留下这一点"是古非今"的根苗？大约这和官制有关系，除非把博士官取消，就得让他们去读点古书；只要他们不敢乱发不合时宜的议论，安心做个皇帝的装饰品，也就罢了。

那时的博士是掌《诗》《书》和百家之言的，《诗》《书》是古代传下来的经书，百家之言是战国时的各家学说。既经称为百家，当然很杂，所以里边有神仙家，也有术数家。当始皇三十六年（前211年），有陨星落在东郡，不知什么人在上边刻了"始皇帝死而地分"一句话，始皇听得，把石旁的居民都杀了，把星石也烧坏了，但心中还是闷闷不乐，于是叫博士们做《仙真人诗》；他游到哪里，就令乐人们在哪里歌唱。为什么叫作仙真人呢？因为始皇爱慕真人，自称"真人"，他听人唱这首诗，仿佛自己真做了仙真人而不死了。明年，他游罢会稽，沿海到琅邪，途中作了一梦，梦和海神交战。他把这梦询问占梦博士，博士说："水神是不可见的，但他手下的大鱼鲛龙常常出来；若想除去这恶神，应该先去捕捉大鱼。"始皇就豫备下捕鱼的器具，自己挟了连珠箭候着；到之罘时，果然射杀一条大鱼。不幸这位博士的话不灵，《仙真人诗》又没有用，他上岸就病，不久死在路上。

汉元年（前206年），高帝破了秦军，进至咸阳，许多将士争先恐后地到金帛财物的府库中去抢东西，萧何独到丞相和御史府里收取律令图书，带到军中。后来高帝所以能知道天下的险要、户口的多少、民间的疾苦，就靠了这些图书。至于博士衙门里的古籍，这位从刀笔吏出身的当然注意不到了。过了月余，项羽来到，他杀了降王子婴，屠了咸阳人民，烧了秦的宫室，火焰经历三个月还没有消灭。在这种情势之下，博士官所藏的《诗》《书》和百家之言必已没有存留。秦始皇烧民间书，项羽又烧博士书，这是八年间的两度书籍的浩劫。

书籍虽遭了两度浩劫，但读书的人原没有死完，所以秦博士叔孙通带了一百多个弟子归了汉，被他招到关中的又有鲁儒生三十三人，他们议定了汉家的各种制度。秦御史主柱下方书的张苍，明习天下图书计籍，归汉后做到丞相。最重要的，是鲁孔子庙堂里藏的孔子衣、冠、琴、车、书，世世相传，到汉二百余年不绝；诸儒又讲乡饮和大射的礼节在孔子家上，这冢地大至一百亩。所以这两次的大焚烧，书籍固然受到极大的损失，但只要用心搜集，还不难积聚。只是楚、汉之间四方起兵，打了八年，其后抵抗匈奴，削平叛臣，费了好多力气，已没有余力顾到文化的建设。又秦始皇禁止私家藏书的法律，汉初还继续行用，到惠帝四年（前191年）方始废掉。当国的大臣周勃、灌婴之类都是武人出身，也不高兴提倡学问。自从战国末年的大震荡，直到汉室的安定，约有六七十年，在这时期中，文化的空气消沉了，研究的工作停顿了。无论哪种事情，只消数十年没有人提倡经营，就会烟销云散。试看八股文和试帖诗，自从停止科举以来，到今不过五十年，已经老年人不讲了，中年人不懂了，少年人简直不知道有这回事了；再过不了几年，连卖旧书的摊子上也会绝迹了。然而在科举未废之时，何等如火如荼，有哪一个读书人不尽力钻研的！六经，固然不至像八股文一样地仅作敲门砖，但经过这长期的停顿，懂得的人日少，存留的本子也大减，实在是一件必然的事实。这就是汉代的经学所以纷歧的主因。

文帝时，黄龙出现，应了公孙臣的豫言，文帝就任他为博士，和诸儒同草土德的制度。公孙臣是传阴阳家邹衍之说的，而作博士，可知当时犹承秦的遗风，百家之言也各立博士的。据说，文帝的博士有七十余人，数目和始皇差不多；以他的崇尚黄、老，想来道家的博士必然不少。但古学以儒家为大宗，天下既渐承平，六经当然要提倡。《诗》和《书》是古人最多引用的，所以文帝也要立这二经的博士。那时讲《诗》的，鲁有申公，燕有韩婴，文帝就任他们为《诗》博士。《书》呢，全国几乎没有人读的。寻了好久，知道济南有个伏生，本来是秦的博士，专治《尚书》，现在年已九十多了，不能到京城里来。于是派了太常掌故晁错到他家里去受业；但是他那边的《书》也不多了，只传得二十余篇，所以春秋、战国时人称引的《书》语，到现在有好多不能在《书经》里找出。倘使伏生早几年死了，这《尚书》一经也就绝种了。不久，朝廷任命伏生的弟子欧阳生为《书》博士。到景帝时，又以辕固生为《诗》博士，董仲舒、胡毋生为《春秋》博士。辕固生为齐人，他讲的《诗经》和申公、韩婴都不相同，所以《鲁诗》、《韩诗》和《齐诗》就成了鼎足而立的三派。《春秋》，董和胡毋两家不曾听说有什么分别。

武帝建元元年（前 140 年），借着选举贤良方正的机会，崇儒学而黜百家。五年（前 136 年），他又置五经博士。从此以后，博士始专向儒家和经学方面走去，把始皇时的博士之业"《诗》《书》"和"百家之言"分开了。这是一个急剧的转变，使得此后博士的执掌不为"通古今"而为"作经师"。换句话说，学术的道路从此限定只有经学一条了。这比之始皇的以高压手段统一思想还要厉害。二千余年来没有生气的学术思想就在这时行了奠基礼。武帝立的为什么叫做"五经博士"？

只因文、景之世仅立了《诗》《书》《春秋》三种，还缺《礼》和《易》，所以他给补足了。博士之数本来是很多的，到这时，既把百家之言的博士取消，剩下来的就没有几个人。后来到了宣帝、元帝的时候，又加立了几家博士。当时只要我讲的经和你讲的两样，而你我所讲的都给人看作有理由，便可各立博士，都置弟子员。因为博士的官不算小（汉初时每年的俸禄四百石，其后增至比六百石；内迁可为奉常、侍中，外迁可为郡国守相、诸侯王太傅等职），所以引得人眼红，常想标新立异，取得一个地位，以致经书愈讲愈乱。这又是汉代经学所以纷歧的一个主因。

博士本来可收弟子，例如叔孙通的手下就有一百多人。武帝时，博士减少，弟子员亦减少，只定五十个名额，叫太常就人民年十八以上、相貌端正的选择。读了一年，考一次，如能通一经，就可补文学掌故的缺，考得最高等的可以做郎中。其后昭帝时加至一百人，宣帝时又加至二百人。元帝好儒，特增至一千人。成帝时，有人说孔子是布衣，尚且养了三千个徒弟，现在国立的太学的弟子反而比孔子少，实在说不过去；于是听了他的话，又增至三千人。到东汉时，太学诸生竟至三万余人了。班固在《汉书·儒林传赞》里说得好："自从汉武帝立了五经博士，选弟子员，经过了一百多年，传业的愈盛，枝叶丛生，一部经书解说至百余万言，大师们的数目多至千余人。为什么会这样？只因这是一条禄利的门路！"呵，经学的兴盛靠了禄利的引诱，当时经学的性质原不异于明、清的八股，奉劝研究古学的人们，大可不必再做"汉人近古，其言必有所据"的好梦了！

第一二章　经学的今古文问题

武帝时，正值太平盛世，他很讲究藏书，宫廷里的藏书处有天禄阁、延阁、广内、秘室，宫廷外的有太史和博士的官署；又设置写书的官，钞写得很多。到成帝时，还嫌其不足，河平三年（前 26 年），命谒者陈农四出搜访遗书，又命光禄大夫刘向校六经、传记、诸子、诗赋，步兵校尉任宏校兵书，太史令尹咸校数术（天文及占卜等）书，侍医李柱国校方技（医学）书。因为刘向是学问最博的人，所以每一部书校完，就由他列举其篇目，并撮其要点，写成一篇评论奏上去。这是对于古代学术的一种总结的工作，非常有价值的。不幸这位总编辑任职了二十年，没有做完，于绥和二年（前 7 年）死了。他的儿子刘歆也是一个学问很渊博、什么都懂得的人，且已久作襄校的事，所以哀帝很宠他，命他继续父业。他任了职，就总合群书，编成《七略》：（一）《辑略》（全书的通论），（二）《六艺略》（六经和传记），（三）《诸子略》，（四）《诗赋略》，（五）《兵书略》，（六）《术数略》，（七）《方技略》。这是中国第一部目录书。后来班固作《汉书·艺文志》，就以它为蓝本。现在我们所以能约略知道些古学与古籍的情形，这部书实在有很大的启示之功。

刘歆先前襄校的时候，曾发见一部古文字的《春秋左氏传》，读得非常喜欢；他引了《传》文来解《经》，于是《左氏传》有了章句。他说：作这书的左丘明是亲见孔子的，他所爱的和所恨的完全和孔子一样，所以讲到《春秋》，这是最靠得住的一部《传》；不比《公羊》和《穀梁》，作者生在孔子的七十二弟子之后，所记的《春秋》宗旨是由传闻得来的。讲到这件事，我们第一要知道，所谓"春秋公羊传"一名和"春秋穀梁传"一书实在都很后起。孔子作《春秋》，他自己没有说过，第一个说的是孟子。在孟子时，不知《春秋》已有了《传》没有。但战国诸子以及汉人所引的《春秋》常是《公羊传》里的文字，可见这本《传》出来很早。景帝时所任的董仲舒和胡毋生两个《春秋》博士，也都是所谓《公羊》学的。在《公羊传》中，引了许多《春秋》先师之说，有鲁子、有沈子、有司马子等等，也曾两度引及公羊子，可见公羊子只是《春秋》的先师之一，并不是这部《传》的作者。不知何年始称它为《公羊传》。有了《公羊传》这个名称，于是联带有所谓

《穀梁传》。"穀"和"公"是双声，"梁"和"羊"是叠韵；为什么这两个作《春秋传》的人都是复姓，而且差不多是同音的复姓，事情竟这样地巧呢？现在，我们既经明白了汉博士的地位和其势力，就可以知道这是当时学《春秋》的人看见别经分家而《春秋》不分，因此想自立门户，把原来的《春秋传》改称为《公羊传》，表示它只是一家之言而不是惟一的《春秋传》；再把自己的意思另写一部《春秋传》，别树一帜，影射了"公羊"的牌子而为《穀梁传》。这正和北京的剪刀店有了王麻子再有汪麻子，杭州的剪刀店有了张小全再有张小泉，是同样的道理。我们只要看《穀梁传》中极多灾异之说，其立博士在宣帝之末（甘露三年，前 51 年），就可知道它必是西汉中叶以后的作品。再说《左氏传》，却是一部真古书。司马迁作《史记》时很多根据它，他曾两次说"左丘失明，厥有《国语》"，可见这部书实在叫做《国语》。刘歆在皇室的图书馆中见到了《国语》，喜欢它讲的春秋时史事详细而有趣味，比较《公羊》和《穀梁》专从咬文嚼字推求孔子著作的意思的大不相同，立志替它表章一下，这原是学术界中应有的事，而且是极好的事。但那时是经学的全盛时代，如说这是战国时的左丘明编的一部春秋时的分国史，大家不会来睬你；现在改说这是春秋时的左丘明为《春秋经》作的《传》，他作《传》时曾和孔子商量过，所以这部《传》是最得孔子的原意的，那么，它的地位岂止超过《穀梁》和《公羊》，简直和《春秋经》"分庭抗礼"了。然而《国语》的原本仅是叙事，如何可以改作《春秋》的《传》呢？因此，刘歆只得引了《传》文来解《经》，并为它加进许多经说了。所以《左传》是一部真材料的伪书，它的真名是《国语》，它的伪物是经说。它不解经，它的价值在《公羊传》上；它一解经，反成了《穀梁传》的后辈。至于现在的《国语》，那是刘歆的删削之余。《左传》能不能再和《国语》并家，这须看我们将来的努力如何了。（关于这问题，可读清刘逢禄的《左氏春秋考证》，康有为的《新学伪经考》，崔适的《春秋复始》和《史记探源》，今人张西堂的《穀梁真伪考》。)

刘歆既编成了一部《春秋左氏传》，后来又说寻出了一部《毛诗》、一部《逸礼》、一部《古文尚书》。到他代了父职，当了学术的重任，就请国家把这些都列入博士之官。哀帝叫他先和五经博士讨论一下，但许多博士全不赞成：有的不肯表示意见；有的说：《尚书》二十九篇已经完备了，用不着更立《古文尚书》；有的说：左丘明是不传《春秋》的，哪里会有《春秋左氏传》。他于是写了一封很长的信责备博士们，大意是："孔子为了他的道不行，所以修订六经；但经过了战国的打仗、暴秦的烧书，他的原本已经看不见了。汉兴之后，一切制度没有可根据的，幸而得到一个叔孙通规定了些礼仪。那时天下的书只有卜筮用的《周易》，没有别的。惠帝时虽说废了藏书的禁令，但大臣们也不曾把经书放在心上。文帝叫晁错到伏生那边去受《尚书》，因为这部书刚从墙壁里拆出来，有的朽折了，有的散乱了。到武帝时，然后邹、鲁、梁、赵之间很有些《诗》《礼》《春秋》的先师。在这时候，一个人的力量不能独管一部经；举《诗》来说罢，有专管《雅》的，有专管《颂》的，要几个人合起来方成为一部完全的《诗经》。后来得了一篇《泰誓》，集合了许多博士才把它读出。那时汉兴已七八十年，离开全本的经远得很了。后来鲁共王要造自己的宫殿，把孔子的旧宅也围了进去，正在拆卸墙壁，忽然发见了许多古文字的书简；整理一过，知道其中有《礼》三十九篇、《书》十六篇（因为这《礼》是在博士的十七篇之外，所以称为《逸礼》；因为这《书》是用古文字写的，所以称为《古文尚书》。如倒过来称为《古文礼》和《逸书》，也是一样）。天汉（前100—前97年）之后，孔子的十二世孙孔安国献了上去，适值戾太子的巫蛊之难，没有施行。又《春秋左氏传》是左丘明所作，也是古文字的旧书，藏在秘府里。成帝命我们校书，得到这三种，来比较博士的本子（例如博士的二十九篇，《古文尚书》里也有），有的经是脱了几片简了，有的传是编排错乱了。到民间去调查，也有和这几种相同的。既经找出了这种好东西，为什么不让立博士呢？以前所立的经和传，大都是相传的口说，现在已获得古人的真本了。难道你们宁可信口说而不信原本书吗？难道你们只信近代的经师而不信真的古人吗？你们只想守住一些残缺不完的东西，而没有从善服义的公心，这是我所深以为不合的！"这封信发出之后，许多儒者都怨恨他，几个大官对他攻击得尤其厉害。幸而哀帝帮助他，他没有吃眼前亏。他怕遭着意外的祸殃，请求外放，到河内等郡做了几年太守。

刘歆在秘府里找到几部古书，正和我们今日在敦煌千佛洞中找出许多唐人写本、在北京图书馆的乱书堆中找出几部内阁大库旧藏的宋版书一样，照现在想来，只该欣幸，哪有受怨恨攻击的道理。所以他会得如此，在汉儒大抵是出于嫉妒，怕古代的、详细的东西一立了博士，就把近代的、残缺的东西打倒了，把他们的饭碗摔碎了。至于我们对他下攻击，则因他不是客观的整理古书，而是主观的改编古书，使得许多材料真伪混杂，新旧错乱，他随意一动笔，害我们费了不知多少工夫才得纠正；而且没有原本对照，还不知道所纠正的恰当与否。他的作伪的痕迹是很显然的，例如他的信里所说的鲁共王坏孔子壁得古文经事，《史记》里就没有；共王死在武帝初年，巫蛊之难作于武帝末年，经过了三十余年的长时期，以古文经的价值之大，加以武帝的喜欢表章六经，哪会在数十年中寂寂无声之理。又那位献书的孔安国已早死了，也挨不到巫蛊之难。他写的信尚会当面说谎，何况私下窜入书内的东西。他逢着的便宜，是汉人太没有历史知识，几位博士只会捧住了自己的破书硬反对，不会在历史里找了证据来质问，所以给他骗过了好多年中的好多人。

刘歆以为经书中什么都残缺，有待于古文真本的校补；博士们反对他，就以为什么经都已完全了。这是两方面的观念截然相反的一点。刘歆表章的几部书，都说是古人用了古文字书写的，所以称为古文经；对比了用汉代文字写的，自然那边应当称为"今文"了。所以今文一名是后起的，在没有古文经与它对立的时候是不会有的。从此以后，经学分为两派；今文家与古文家不但本子不同，即经文的解释和所说的古代制度也都不同。东汉时，许慎为了分别今古文的异同，特作了《五经异义》一书。在这书里，我们可以看出，经书的内容是给汉人有意播弄得这样纷歧了。

第一三章　通经致用

现在，如有人拿了许多经书堆在我们的面前，问有什么用处，那么，我们可以干脆答道：用处不大。因为《诗经》里的诗已不能唱了；《易经》里的占卜是我们不信的；《礼经》和《礼记》中许多琐碎的礼节，看着也头痛；《春秋》中的褒贬予夺，完全为了维持统治阶级的尊严，决不是现代的伦理；《尚书》里记的说话，动不动叫着上帝和祖先，我们的理智也提不起这种信仰了。这种东西，实在只有一种用处，就是它的史料价值。汉以前的材料，存留到现在的太少了，除了甲骨文和钟鼎文之外，可见的只有这几部经书了。甲骨钟鼎的材料固然可靠，但都是零碎的，而几部经书则是较有系统的；把这较有系统的书本材料来联串无系统的地下实物，互相印证，于是我们可以希望写出一部比较真实的上古史（完全真实是不可能的）来，使得人们知道我国古代的民族和社会究竟怎样，我们的先民辛苦缔造传给我们的是些什么，这是它的惟一的用处。这用处的表章，也是我们所肩着的新时代的使命。

上面说的，只是现代的我们的话；如果把这番意思说给汉代人听，他们决不会了解。他们以为无论什么大道理都出在经书里，而且这种道理有永久性，所谓"天不变，道亦不变"，经是道的记载，所以也不变了。《易》学家说：易理是弥漫于天地之中的，万物的现象莫不从易理里变化出来，一切人生日用的东西也莫不是圣人们看了《易》的卦象而造出来的。《春秋》家说：《春秋》的第一句就是"元年"，元是根原的意思，表示它存在于天地之前，作万物的根本，所以《春秋》之道是用了元的精深来正天的端兆，还用了天的端兆来正王的政事的（这话很不好懂，但经学的神妙就靠在这不好懂上）。照这样说，经书不成"天经地义"再成什么！经既成了天经地义，当然一切的用处都要从这里边搜寻出来了。

他们的应用方术，简单地举出几个例，就是所谓"以《春秋》决狱，以《禹贡》治河，以三百五篇（即《诗经》）当谏书"。

为什么"以《春秋》决狱"呢？因为《春秋传》里说孔子作《春秋》，褒这个、贬那个，都有他的理由；这些理由就是这人那人的功罪，也就是孔子定的法律。审官司时引用孔子手定的法律，这是何等地尊严而又漂亮。所以张汤做了廷尉（武帝元朔四年，前125年），他就聘请读《尚书》和《春秋》的博士弟子任廷尉的史，用古义来判决大狱。淮南王谋反的案子（元狩元年，前122年），武帝派董仲舒的弟子吕步舒去查办，他不等奏书的批准，就用《春秋》之义一一判定了罪名；武帝也不斥他专断。征和二年（前91年），武帝听了江充的谗言，疑太子据用了巫术咒诅他早死；太子气不过，把江充杀了。一时长安扰乱，丞相发兵打他，他逃到湖县（汉京兆尹东部，在今河南阌乡县）自杀。这就是所谓"巫蛊之难"。但因太子逃在外边，很有谣传说他没有死的（正和明的建文帝一样）。昭帝始元五年（前82年），有一个男子头戴黄帽，身穿黄衣，乘了黄犊车，车上插了黄旗子，投到宫门，自己说是武帝的太子。那时长安吏民听得太子隔了十二年回来了，惊奇得很，奔去看的有几万人。昭帝命令一班大臣验看，没有一个人敢说是或不是的。京兆尹隽不疑最后到，立刻吩咐随从的人把他捆起来。旁边大官们上前劝止，说："这是不是前太子还没有定，你为什么这样卤莽呢？"隽不疑答道："就是真的太子，诸君也何必怕！从前卫灵公的太子蒯聩得罪了他的父亲，出奔晋国。后来灵公死时命他的孙儿辄（蒯聩的儿子）继位。晋国得悉了他的死讯，把蒯聩送回来；辄竟拒而不纳。《春秋》上说他做得很对，因为从了祖父的命令就该这样。前太子得罪武帝，逃在外边不死，到现在归来，依然是个罪人，应当法办，没有疑问！"廷尉审讯的结果，这位太子果然是冒充的，腰斩了。昭帝和大将军霍光听得，佩服他的能干，赞叹道："一定要用了读经书的人做公卿大臣，才会这样明白大道理呢！"这件事固然做得不错，但《春秋》之学讲究"诛心"，实在也免不了流弊。例如《经》上写"许世子（即太子）止弑其君买"（《昭十九年》），《传》中说：许太子并不曾弑君；孔子所以这样写，只因依照礼法，父亲生病服药，该得由儿子先尝，以免中毒，现在许悼公服药时，这位太子没亲尝，他吃错了药死了，这就是太子的不尽子道，该负弑君的责任的。在这种苛刻的诛心论之下，不知害了多少无罪的人。倘使现在还保留得汉朝廷尉的档案，我们一定可以找出好多屈死鬼呢。《汉书·艺文志》上载着《公羊董仲舒治狱》十六篇，这是"以《春秋》治狱"的一部原理书，可惜现在看不到了。

禹治洪水是古代一件极大的故事；《禹贡》一篇就是记他治水的经过的，列在《尚书》的《虞夏书》中。固然这篇未必真是禹所作，却也不失为中国地理学史里第一篇大文字。在经书中，讲地理最有系统和最有真实性的，也推着它了。汉人治水，用了它作根据，在没有科学的地理学和河海工程的时候，也不失为一个办法。只是《禹贡》本书太简略了，只能使人知道些水道的大概，不能给人以治水的整个计划。黄河是最多决口的；武帝元光三年（前 132 年），在瓠子决了。过了二十余年（元封二年，前 109 年），武帝封禅泰山回来，到决口地方，决心把它塞住，就令随从的官吏们各人背了柴薪填塞下去，工作的徒役有数万人，柴薪用完了用竹子；果然把决口填平。造一个宫在上面，称为宣防。他们又导河水北行，分为二渠，减杀它的怒势，算是恢复了禹的旧迹。但是，过了些时候，黄河又在馆陶决口，分为屯氏河，也入海。元帝永光五年（前 39 年），黄河又决鸣犊口，屯氏河也绝了。这些下流的变迁使得人们想起了《禹贡》里的"九河"。这九河不知道是整整的九条河呢，还是表示其数目之多呢；是长长的河流呢，还是黄河入海处的三角洲呢；要之，总是黄河下流分汊甚多，禹为了宣泄水势而分布着的。所以那时的人常想开浚九河，继续禹的功绩。可恨《禹贡》里只提了九河这个总名，没有说是哪些；费了他们好多的力量，只寻出徒骇、胡苏、鬲津三条河来。那时有一个博士许商，专治《尚书》，又懂得数学，被任为将作大匠，转为河堤都尉，研究了好多年的治河方法。到哀帝初年，因平当（先前也是博士）对于《禹贡》很有研究，使他接管河堤的事。他奏说："禹的九河现在差不多都湮没了。按照经义治水，只有分泄和浚深的办法，没有用堤防来壅塞的。现在黄河下流的水道太不分明，应当寻觅开河的人才。"但是那时的学术久已定于一尊，读《禹贡》的人虽多，会开河的却没有，所以到了王莽的时候，黄河又大迁徙了一次。

昭帝去世（前74年），无子，霍光迎立昌邑王贺（武帝的孙儿）为皇帝。他在自己的王国里是荒淫惯了的，那时他的郎中龚遂曾谏他道："大王曾读了《诗》三百五篇，人事应该通晓了，王道也该认识了。试问您所作所为，合于《诗》中的哪一篇？大王虽说做了王，恐怕您的品行连平民都不如呢！"及至他做了天子，霍光见他越弄越不像样，下个决心，把他废了；把他带来的一班臣子都送到监狱里去，好多人是杀了。只有龚遂和一二人曾经谏劝过他几次，得减死一等，罚作苦工。还有一个他的太傅王式，查无谏书。审判官责问道："你为什么不谏？"答道："先前我把《诗》三百五篇早晚教王。每当读到忠臣孝子的诗，没有一次不对王反覆几遍的。读到了危亡失道的诗时，又没有不流了泪来讲的。我已有了三百五篇作谏书了，所以没有写谏书。"审判官把这套话奏上去，他也得免于死罪。后来成帝时有一位匡衡，他是学《齐诗》的，上疏戒后妃道："夫妇之际，是生生之始、万福之原，所以一定要婚姻之礼正了，然后天命可以保全。孔子编《诗》，为什么把《关雎》列在第一篇？只因后夫人的品行如果不合于天地，就没法接续神灵的统绪。《诗》上说'窈窕淑女，君子好逑'，这是说女子的贞淑之德可以不改她的操守，情爱的刺戟又可以不表现于她的容貌，这样的又坚贞（淑），又幽深（窈窕），然后可以和至尊的皇帝相匹配。这真是人伦纲纪的第一项，教化的开端呵！……"诗是主于发抒情感的，情感与理智常常不容易得到平衡，所以这三百零五篇里有的愤怒，有的颓废，有的浪漫，本来不尽可作道德的规律看。就是第一篇《关雎》，原是一首单相思的情诗，何曾和后夫人配至尊发生关系。但那时的经学家要求"通经致用"着了迷，一定要用了道德的观点把全部书拉到一种训诫的目标之下，以便做他们的谏书的材料。所以他们对于理智的作品（像《雅》《颂》里的赞美文王、武王），就以为这是太平盛世的榜样，孔子选进去作鼓吹之用的；碰着了情感的作品（像《国风》里的数十篇情诗），就曲解为"思贤才"，或径说为孔子特地留着做炯戒的。他们为要劝导君主，又把任何私人的喜怒哀乐之情都说成了君主的善恶的感应，以至人民只成了木偶。大家如去一读东汉初年卫宏作的《毛诗序》，就可知道一部活泼泼的《诗经》已如何被他生吞活剥地谏书化了。

讲到致用，最重大的莫过于政治；现在试举一个应用经学的例。宣帝神爵四年（前58年），匈奴人争夺单于的位子，国内大乱。许多人以为他们侵害中国已久，现在内乱了，正好趁这机会把他们灭了。大鸿胪萧望之独持异议，他说："春秋时，晋国派士匄去打齐国，走到半路，听说齐灵公死了，士匄就带了兵回去。孔子很称赞他，因为敌国不幸遭了丧事，就表示同情，停止征伐，这是一种伟大的精神。前年握衍单于派人来请和亲，中国人知道不打仗了，很喜欢；现在他死于内乱，我们反而进兵征伐，这完全是一种幸灾乐祸的心理。不义之兵是不会有成功的。我们只该遣使吊问，救他们的灾难。"这种态度确实大方，所以宣帝依从了他，后来呼韩邪单于就自来归顺了。还举一个例。武帝平了南越，在现在的广东海南岛上立了儋耳和珠崖两郡。那边风俗强悍，受不惯汉官的干涉，隔了几年即起一次反抗，把官长杀了。因为反抗的次数特别多，朝廷感觉派了很多的官员去管理也无谓，便把儋耳并入珠崖。元帝初元元年（前48年），珠崖又反，当时很想多开些军队去攻打。待诏贾捐之建议，以为不必。元帝派人问他："你的意见在经义上有什么根据？"他道："尧、舜、禹是最大的圣人，然而他们的地方不过数千里，《尚书·禹贡》中载明了疆界。至于四方夷狄，来归化的他们固然受了，不归化的也不去勉强。秦始皇不学圣人的好样，专想开辟四境，弄得天下溃叛，他的基业也就一败涂地。珠崖是海中的一个岛，多毒草和蛇虫，那边又没有文化，本来不值得立郡县的。我的意见，以为凡不是戴冠束带和中国人相类的地方，凡不是《禹贡》所说到的和《春秋》所记着的，都可以把我们的政治机关裁掉。"元帝听了他，海南岛就不算当时中国的地方了。这件事的功罪却很难说。秦皇、汉武的辟地固然有些穷兵黩武的野心，然而倘使他们死守了黄河下游的文化区域，到今天中国或者已不是这个样子。那时汉人看作与天地相终始的经书中所记的道理，既然绝不主张向外发展，读者们受了这个暗示，自然要以《禹贡》的疆域为满足了。

上面叙述的改制、封禅、巡狩、郊祀以及灾异、祯祥诸说，无一不和通经致用有关系。固然有许多是经书里所没有的，但狡狯的经学家总会设法讲得它有，或者竟把假材料插入真书，算做确实的证据。

经书中的事实在古代都有所以发生的背景，要一一在后世复现，固然不会全无价值，但也决不会完全对，因为时代背景已变换了。自从汉人把五经看作天经地义，又把自己的意见和当代所需要的东西涂在上面，弄得今不今，古不古。要致用罢，却时常以今古不同，真假不明，逢到窒碍。说研究学问罢，学问的基础不建筑在求真上，先圣先师的权威又特别大，既不能跳出他们的圈子，如何可以有进步的希望。弄到底，经既不通，用又不达，大家所有的只是缴绕文句的技术和似是而非的智识而已。

第一四章　王莽的受禅

自从墨家倡导了尚贤之说，主张君位应为禅让制，托之于尧、舜，这学说一时很风行，连主张贵族政治的儒家也接受了。一种学说既经鼓吹了起来，当然有实行的。燕王哙时，以子之为相，他们君臣之间情投意合。燕王哙就把国事交给子之，叫他南面为王。子之做了三年的王，燕国大乱；齐王趁这机会进兵，打了一次大胜仗，几乎把燕国灭掉。这禅让制的第一次试验就很糟。

汉武帝穷兵黩武，用财无度，弄得天下骚乱。信五德说和三统说的人以为汉的气运已尽，该得换朝代。昭帝元凤三年（前78年），《春秋》学家眭弘借着泰山上的大石自立的奇迹，根据了董仲舒的受命说，劝昭帝禅位贤人。结果，尧、舜的牌子抵不过汉帝的实权，他以妖言惑众之罪伏诛了。到宣帝神爵二年（前60年），司隶校尉盖宽饶又根据了《韩氏易传》，请宣帝学五帝的"官（公）天下"，不要像三王的"家（私）天下"。无奈禅让的事情，言之虽美，真要干时却无异"与虎谋皮"，所以他也得了大逆不道之罪，因不愿下狱而自刎了。人民对于汉室早已失掉了信仰，然而禅让之说既行不通，革命之事又起不来，于是陷在无可奈何的僵局之中，天天听经学家讲灾异，把汉帝攻击得体无完肤。甘忠可想出一个调停的方法，说汉的气运虽尽，但上帝还许其再受命。哀帝初时信了他，改元改制，似乎有些新气象，不幸不到两个月又取消了。这样沈闷地度过了八十年，大家寻不到一条出路。

元帝的皇后，成帝的母亲，是王政君。王氏一门为了她的关系，经常把持最高的政权。这位王太后有一个侄子，名唤王莽，是礼学的专家。他的弟兄们都因门庭贵显，非常骄奢浮华，他却节俭恭敬，像一个穷读书人一样。永始元年（前16年），封为新都侯。他爵位愈尊，态度愈谦，名誉极好。哀帝去世，王太后任他为大司马，迎立九岁的中山王为皇帝，就是平帝。元始元年（1年），他示意益州塞外的夷族，自称越裳氏，重译到汉廷献白雉一，黑雉二。为什么要自称越裳氏、献白雉呢？因为《尚书大传》里说：交趾的南面有一个越裳国，当周公摄政六年，制礼作乐，天下太平之后，他们骑了三匹象，带了几重的翻译员，到中国来献白雉。成王叫他们转送给周公。周公问道："你们为什么送给我们呢？"他们的使官说："这几年，我们国里不曾有过烈风和淫雨，许多老年人都觉得奇怪，他们说：'恐怕中国出了圣人了。'所以派我们来进贡的。"据汉代的经学家讲，武王死了之后，成王年纪幼小，周公保了这幼主，摄政七年，成了太平之世。王莽此日的地位正与周公相像，所以他要根据经传，重演这个历史上的佳话。越裳氏这样来了，王莽就是一个活现的周公了。周公托号于"周"，他也当托号于"汉"，所以王太后就赐他"安汉公"的称号。从此以后，各处不断地发现祥瑞，五年之中出了七百余件。武帝以后，汉家的国运被灾异说打得奄奄欲绝，到此时竟有大批的祥瑞出现，这真是全国人视听上的一个极大的转变，足以唤起他们的光明的希望的。可是以前的灾异说是汉受其殃，现在的祥瑞说却非汉得其利，因为鼓吹这一说的人本来只为自己打算呵！

王莽是礼家出身，所以要把所有的礼制都用他自己的意思改变过，使它成为极整齐的一大套。自从国家的宗庙、社稷、封国、车服、刑罚等制度，以及人民的养生、送死、嫁娶、奴婢、田宅、器械等品级，他没有不改定的。这确是一代的大手笔，而他也更像那位"思兼三王以施四事"的周公了。

元始四年（4年），王莽的女儿立为皇后。太保王舜等向太后奏道："至德大贤的人，生当有大赏，死当为宗臣（配享太庙），例如殷的阿衡伊尹，周的太宰周公。安汉公和他们一般，应当进位才是。"附和的八千余人上书也这样说。于是王太后摘取了"阿衡"和"太宰"的两字，赐王莽以"宰衡"的称号，表明他是合伊尹和周公为一人的；又加增了他多少新野的封地。他受了宰衡，辞了封地。因此一辞，又把古史上的佳话复演起来了。《史记》里讲：周文王为人太好，所以诸侯之间有不能解决的事情就请他去判断。有一次，虞国和芮国的人打官司，相持不下，同到文王那边去。他们一进了他的国境，只见种田的人让田界，走路的人让年长，自己心里惭愧起来，叹口气道："想不到我们所争的就是周人所耻的。不要去罢，去真是丢脸呢！"他们彼此一让，这官司就完事了。因为古代曾有这件故事，所以王莽一辞了加封的地，就有蜀郡男子路建等撤消诉讼，自称惭怍而退。王舜等又赶紧上奏书，说安汉公至德感人，虽文王的却虞、芮之讼也不过如此了。

就在这一年，王莽奏起明堂、辟雍、灵台，为读书人筑一万间的宿舍，又作市常满仓，制度甚盛。群臣又上奏书请求道："从前周公是文王之子，在公侯中占第一位，尚且经过了七年的长时间方把制度规定。明堂和辟雍诸制已经废了一千年，没有人能毂兴复的。现在安汉公起于民间，仅仅执政四年，功德已经这样的昭著。虽唐、虞和成周，也不能更好了。宰衡之位，应当列在诸侯王的上面才对！"这时，被欺骗的人们因王莽不受新野田而上书的，前后达四十八万七千人，都请加重赏赐安汉公。王莽苦苦辞谢，请待制礼作乐之事完了再说。但太后不许，她令群臣们议"九锡"的典礼。公卿、大夫、博士、议郎、列侯九百零二人根据《周官》和《礼记》等书议定了，王莽就领受绿韨、衮冕、鸾路、龙旂……许多尊贵的东西。

王莽这样一干，一时天下顿现升平的气象。他看西方的羌人还没有表示，便派中郎将平宪等带了很多的金币，骗他们献地内属；这事果然成功。平宪等奏道："羌人领袖良愿们一万二千人愿献鲜水海、允谷、盐池，把平地美草之区都让给汉人居住，自己搬往险阻的地方做我们的屏藩。我们问良愿们为什么要归顺，他们答道：'太皇太后（王太后）圣明，安汉公又极仁爱，所以天下太平，五谷成熟，禾有不种自生的，茧有不蚕自成的，甘露从天降，醴泉从地出。四年以来，羌人太安乐了，知道这都由于朝廷德泽的涵育，所以很愿意归顺。'……"王莽接受了他们的请愿，就把羌地立了一个西海郡。接着，他又用了经义改定十二州的名称。

王莽的势力和声望高到了这等地步，他不做皇帝再做什么，所以汉的宗室泉陵侯刘庆上书，就直捷痛快地说："《尚书》里，周成王因幼小称'孺子'，那时周公代行天子的事。现在皇上年龄也小，安汉公应当照周公的办法，践天子之位以治天下。"刘庆既有这等提议，群臣自然应声说："对呀！"然而王莽行了天子事，将置平帝于何地呢？所以平帝就不得不于这年的十二月里夭亡了。在他病着未死时，王莽作了祝策，请命于泰畤，愿以身代。祝毕，把策藏在金縢的柜子里。他为什么要这样做？原来这件故事出在《尚书》的《金縢》篇中，当武王生病时，周公是曾经这样做过的。

平帝十四岁死。那时元帝的一系绝了；宣帝的曾孙有五十三人，玄孙有二十三人。经过王莽的卜相之后，只有玄孙中最幼的广戚侯子婴最吉利，所以他就嗣了位，称为"孺子婴"，只有二岁。就在这一个月里，前辉光谢嚣奏武功长孟通开井，掘出一块白石，上圆下方，有八个红字写在上面："告安汉公莽为皇帝。"这奏书一发表，王舜等就请太后下诏，说："皇帝方在襁褓之中，没有一个大贤人，天下是不能安定的。安汉公的德行和功业，和周公异世同风。现在井中发现的白石之文，我们想来所谓'为皇帝'者，乃是摄行皇帝之事也，应令安汉公践天子之位，一依周公的故事！"从此王莽服了天子的鞁冕，南面朝群臣，出入警备清道，人民对他自称"臣、妾"，一切和天子一样；祭天地和祖宗时他自称"假皇帝"，人民称他为"摄皇帝"。

汉的宗室固有劝王莽行天子事的刘庆，但也有怕王莽移汉祚的刘崇。他在居摄元年（6年）起兵讨伐，不幸败了。过了一年，东郡太守翟义立了严乡侯刘信为天子，发檄到各郡各国，说王莽毒杀平帝，志在篡位；响应的有十余万人。这次声势浩大，所以王莽很害怕，日夜抱了孺子婴到郊庙里祈祷，又模仿《尚书》里的《大诰》而作了一篇新的《大诰》，布告天下。他为什么要模仿《大诰》呢？因为照那时的经师说，这篇文字是周公摄政时，他的弟弟管叔、蔡叔们不满意他，联合了纣子武庚打他，他作这篇以自明的。现在王莽碰到相同的困难了，所以完全脱调，作这最后一次的模仿。他的运气真好，翟义们又给打灭了。从此他的气焰更高，自以为得到天和人的帮助，真有做皇帝的资格。

居摄三年（8年），又出了几件符瑞。其一，齐郡临淄县的一个亭长在一夜里得了几次梦，梦见一人向他说："我是天公派下来的。天公叫我通知你，摄皇帝应做真皇帝。你如不信，试看我在这亭中开一口新井。"明天，亭长起来，亭中果然发现了一口新井，几乎有一百尺深。此外，还有巴郡的石牛、扶风的石文，都送到长安。王莽、王舜等去看，忽然狂风大起，对面不相见。等到风停，石前留着一幅铜符帛图，上面写着："天告帝符，献者封侯。承天命，用神令。"于是王莽把这符瑞奏上太后，说道："天命不可不畏。我请求对上帝、祖宗及太皇太后、孝平皇后说话都称'假皇帝'；至于号令天下和天下上奏书都直称'皇帝'，不加'摄'字，借以顺应天命。居摄三年（6年），请改为初始元年。我总尽心竭力，教育孺子，使他将来可以和周成王一样地好。等他长成时，我再让位，如周公的故事。"

那时有一广汉郡人哀章，在长安读书，素来很没有品行。他看见王莽居摄，猜到他的心事，就豫先作了两个铜柜，柜子上面一个写"天帝行玺金匮图"，表示是上帝的命令；一个写"赤帝行玺邦传予黄帝金策书"，表示是五帝中的赤帝传授给黄帝的，这赤帝便是汉高帝。书上说：王莽应当作真天子，太皇太后应当顺着天命。又把那时的大臣姓名写上，自己也挨了一个。他听得王莽把铜符帛图奏上去了，当天晚上，就自己穿了黄衣，把这两个柜子送到高帝的庙里。王莽得信，正中下怀，翌日前往，拜受这高帝的禅让。他下诏书道："我很微倖，托于皇初祖考黄帝的后代、皇始祖考虞帝的苗裔、和太皇太后的亲属。现在皇天上帝既经付给我天下兆民，赤帝汉氏高皇帝的神灵又承了天命而传国给我，我敬畏天命，哪敢不受！即日登真天子位，定国号为新。正朔应改，服色应易，着以十二月朔癸酉为始建国元年正月朔，服色配土德尚黄，牺牲应白统尚白。"他又封孺子婴为定安公，给以百里之地。封策读完时，他亲执了这孩子的手，流泪道："从前周公摄政，终使成王复位。现在我竟迫于皇天的威命，不得如愿了！"他照了这符命设立官职，哀章就任为国将，封美新公，和国师嘉新公刘歆同列于上公之位。

从此以后，中国的历史上，凡是换朝代而出于同民族的，便没有不依照这个成例，行禅让的典礼的。所谓征诛，只供异民族的使用罢了。王莽固然不久失败，但这"心法"是长期传下去了，直到袁世凯的筹安会还是如此。

第一五章　汉的改德

我们读上一章时，应该觉得奇怪。汉高帝自以为是水德；其后经过了好多人的抗争才改为土德。武帝太初元年（前104年），宣布改制；他用了三统说定正朔，用了五德说定服色。因为汉是黑统，黑统建寅，故以正月为岁首；又因汉是土德，土德尚黄，故以黄为服色。这件事再清楚没有。现在王莽受禅，他在三统说中自居于白统，所以定十二月为岁首，牺牲的颜色用白；白统本上承黑统的，一点没有问题。但何以他在五德说中竟自居于土德，和汉的制度一样呢？又何以哀章作的铜柜上写"赤帝邦"，王莽的诏书里又称"赤帝汉氏高皇帝"，竟把汉朝说成了火德呢？依照邹衍的说法，后代是用了前代所不胜之德去克伐前代的，所以夏用木德而克黄帝的土德，秦用水德而克周的火德。汉就算是改为火德，继承它的也应是水德，何以王莽竟是土德呢？这事说来话长，请大家耐心听着。

王莽不是在诏书里说过吗？他是黄帝的后代，虞帝的苗裔。黄帝为土德，在这名号上就很清楚。虞帝为土德，《淮南子》里也曾提起。既有两代土德的祖先，他不当为土德吗？这是理由之一。历来的得天下有两条路：一是唐、虞的禅让，二是殷、周的征诛。邹衍之说主"五德相胜"，要后代去克伐前代，这对于以征诛得天下的殷、周固甚适用，可是对于以禅让得天下的虞、夏有些不恰当。王莽是早豫备受汉的禅让的，他肯用相胜式的五德说吗？这是理由之二。只要记得这两个理由，这个问题就迎刃而解了。

王莽著有一部家谱，称为《自本》。上面说：黄帝的八世孙是虞舜。虞舜的后代妫满，周武王封为陈侯。妫满的十三世孙陈完，字敬仲，因国乱奔齐，齐桓公命他为卿。陈完的十一世孙田和，占有了齐国；过三世，称齐王。到王建时，给秦灭了。项羽起兵，封王建的孙儿田安为济北王。后来田安失国，齐人称为王家，他们就姓了王。田安的曾孙王贺，在武帝时做绣衣御史，逐捕魏郡群盗，全活甚多。他搬家到魏郡元城县住，那边的人很感激他，有一个老年人说："从前春秋时沙麓崩，晋国掌占卜的史官曾说：'阴为阳雄，土火相乘。过六百四十五年，此地该有圣女兴，大概是齐国的田氏吧？'现在王家正搬在沙麓，时候只差八十年了，想来将有圣女兴起来了。"这句话果然应在王政君的身上。王莽靠了这位圣女的力量，平步上青云，从新都侯直做到皇帝。晋史所说的阴为阳之雄，土与火相乘，这豫言应当实现了。王莽是土德的皇帝的子孙，当然继续其土德，而他所代的也自然是火德了。可是有一件难处，汉分明是土德，如何可以把这土德让与代汉的新而改居于火德呢？

我们所感到的困难，从汉人看来是不难的，因为他们有造伪的本领。他们说：王莽是舜后，汉高帝应是尧后；王莽受汉高帝之禅，正像舜受尧禅一样。这样讲来，王莽做皇帝一事就不是他的阴谋的成功而是前定的事实了。但如何可以把汉高帝说成尧后呢？

汉高帝起于平民，大刀阔斧，打出了天下。他不像王莽的出于世家，他没有什么家谱，他也不想造一本假家谱。所以司马迁生在武帝之世，替他作《本纪》，只能说"父曰太公，母曰刘媪"，他的祖父是谁，已经不知道了。其实，就是他的父母也何尝真知道！"太公"只是"老太爷"的意思,"刘媪"则是"刘老太太",究竟高帝的父亲叫什么,他的母亲姓什么,连这一点最基本的史实也渺茫了。他起于平民,可羞吗?不,不但不可羞,且很可夸。只要看司马迁说的:"秦始皇怕诸侯起兵,不给人尺土之封,然而王迹起于闾巷之间,讨伐之功超过了三代,这不是书中所说的大圣人吗?这不是天意吗?如果不是大圣人,怎能受了天命做皇帝呢!"这句话的用意,是要使人知道高帝的起于平民正可表示其出于天意;他的身份越是微贱,所表示的天意就越明白。

但到了王莽之世,平民的汉高帝也不得不装做世家了。刘歆是改造《国语》为《左传》的人,他就淡淡地在《左传》里插入三段关于刘家上代的文字。把这三段文字综合起来,便是:陶唐氏后有一个刘累,会得养龙,夏王孔甲用了他管养龙的事,赐他为御龙氏。有一天,那条雌龙死了,他私下把它烹给夏王吃,吃得很好。后来夏王要他找出这条龙来,他心中害怕,逃走了。他们这一家,传到商代称为豕韦氏,传到周代称为唐杜氏。周宣王杀了杜伯,他的儿子隰叔奔晋。四世到士会,受封于范,为范氏。士会因事逃奔秦国,很受秦康公的宠用;晋人设法把他骗了回来。秦公很好,把他的家眷送回晋国;但还有一部分留在秦国,就改为刘氏。刘氏既是陶唐氏的子孙,那么,汉高帝为尧的后代这件事就可以确定了。他们又继续编下去,说道:战国时,刘氏从秦搬到魏;后来从魏往东,住在丰邑,为丰公;丰公就是高帝的祖父。

高帝是尧后,王莽是舜后,这个方式,他们已这样地布置妥贴了。至于王莽是土德,高帝是火德,这一说乃从五行相生说来的。五行相生的次序,是木生火、火生土、土生金、金生水、水生木。王莽的天下是汉高帝传与他的,只有祥和,毫无克伐,所以该得用相生说而不用相胜说。王莽既为土德,这方式当然是"火生土"。因此,他们又替汉高帝造出一件火德的符瑞。他们说:高帝做平民的时候,有一夜喝醉了酒回家,经过一带洼子,叫一个从人在前边走。这前行的人忽然转身回来,报道:"有一条大蛇挡着路,走不过去了。"高帝斥道:"壮士走路,怕什么!"他一直向前,看见了这条大蛇,拔出剑来一砍,砍成两段,走过去了。再走了数里,困倦了,躺在地上。后边来的人经过这死蛇的地方,见一个老婆子正在哭。问她哭的什么,她道:"我的儿子给人杀了!"又问:"你的儿子为什么给人杀了呢?"她道:"我的儿子是白帝子,变了一条蛇挡着路;刚才给赤帝子砍死了!"这人以为她是乱说,要打她,忽然她不见了。他往前走,经过高帝睡的地方,高帝醒来,他一五一十地说给他听。高帝知道自己有天子的身份,大喜;手下的人听得了这件事,对他就愈加敬畏。——这件故事是由他们编了插入《史记》的。有了这一件故事,高帝之为火德也确定了。可是一手掩不尽天下目,到现在,我们要问:高帝既是火德,为什么他即位之后,要自居于水德,袭用秦的正朔和服色呢?又为什么汉的德运,从文帝闹到武帝,经历了五十余年,而所争的只有水德和土德,却从没有人想出高帝斩蛇的故事,说汉应是火德呢?这件故事是汉家的受命之符,立国的基础,如何竟"数典忘祖"了呢?

高帝以赤帝子斩白帝子,象征汉的灭秦。但秦为水德,这是千真万确的事情。水之色黑,为什么会变成白帝子?原来这是依照他们得天下的方式而定的。因为王莽是土德,依相生说,禅让与他的应是火德(赤帝);汉是火德,依相胜说,被他所征诛的应是金德(白帝)。所以这秦为金德之说仍是把王莽的土德作为出发点的(这是王莽等的初期之说,后来他们又不主张秦为金德了,见下章)。

王莽所以改汉为火德,其宗旨原在夺取汉的天下。哪知光武帝就利用了这一点,来做"光复旧物"的事业。光武帝名秀,是高帝的九世孙,在南阳做庄家人。王莽做了皇帝的第六年,他到长安读书,读的是《尚书》。地皇三年(22年),南阳闹饥荒,劫杀蜂起。有一个李通把图谶给他看,上面写着"刘氏复起,李氏为辅",劝他起兵。打了三年,势力很大,他手下的将官劝他做皇帝。他正在迟疑之间,先前的长安同学强华从关中带了《赤伏符》来。符上写:"刘秀发兵捕不道,四夷云集龙斗野，四七之际火为主。"符上既分明说了刘秀当以火德为天子，于是群臣又奏道："现在上无天子，海内淆乱。受命之符明白如此，亟须答谢上帝，以副人民的希望！"那时他们在鄗（今河北省隆尧县北），就在鄗南千秋亭设了坛场，燔燎告天，即皇帝位。后来他到了洛阳，定都起庙，案图谶，推五运，就正了火德，色尚赤。那时人还讲起光武帝的两件故事：一是他降生时，有赤光照耀室中；一是他初起兵时，远望舍南火光冲天。他以火德王天下，无论在图谶上看，在符瑞上看，都是确定不疑的了。

后世的人称汉代为"炎汉"或"炎刘"，就是这样来的。

第一六章　古史系统的大整理

王莽把汉高帝说成了尧后和火德，就满意了吗？不，他还有未完的工作。一来呢，他的两个顶有名的祖先，是黄帝和虞舜；虞舜受尧禅即为新莽受汉禅的张本固然安排好了，黄帝和前一代又如何可以与新和汉发生关系呢？这一点却还没有说明白。二来呢，他是一个主张比较彻底的人，所以一不做，二不休，索性准备把全部古史在他手里重新整理一过。我们讲到这一个问题，首须明白，那时人的历史观念和我们不同。我们知道，社会是时时在变动发展的，历史是决不会复现的。而他们则正和我们反对，以为如果不会复现便不成其为历史。他们觉得历史是走马灯，来了又去，去了又来。五德说主张五个德循环，三统说主张三个统循环，就是这个观念的具体表现。王莽处处模仿周公，宛然周公再生，也是这个观念的具体表现。

邹衍当初创五德终始说时，只从黄帝说起，黄帝之后就是夏，夏后是商，商后是周。虽说"周而复始"，其实连第一次的循环还不曾周遍。所以然之故，大约黄帝是当时传说中的第一个天子，至于尧、舜们则是属于黄帝的一个朝代的。其后古史系统愈说愈长，黄帝之前有神农，神农之前有伏羲，拿他们并在黄帝的一个朝代里似乎不妥当。因此，五德说就有伸展的需要。在董仲舒的书里，有三王，有五帝，有九皇。什么叫九皇？就是从当代往上数，数到的第九代。最近的三代叫做"王"，稍远的五代叫做"帝"，最远的一代叫做"皇"，时代愈远，称号愈尊。所以他以为夏、商、周的君主称王，乃是周人之说；从汉人说来，商和周还是王，夏便是帝了。他举了一个周代的例，说：舜本是王，但从周人看他，已经超过了三王，该称帝了；轩辕是周的前八代，为五帝之首，所以称为黄帝；神农本来是五帝，现在列在第九代，该为九皇了。周人既能上溯到九代，秦自能上溯到十代，汉也当然可以上溯到十一代。这比了邹衍所说的就伸长了一倍。

既有比邹衍之说伸长的代系，而且五行相胜说之外另有一种五行相生说，于是他们要创造一个新系统时，就可根据了这两点，重排五德终始表了。他们说，《易传》里有一句"帝出乎《震》"，《震》是东方之卦，东方于五行属木，可见帝王是应从木德开头的。最古的帝王是伏羲，所以伏羲应是木德。从此以母传子，以子承母，代代相生，五行之运周而复始。这便是第二种的五德终始说。它虽和邹衍之说同名，而且这思想也由邹衍来，但帝王的代系和继承的方式都和前者不同，也可算得古史界的一度革命。

我们从周、秦诸子和《史记》里看，知道黄帝之前为神农氏。神农氏传了十七世，衰了。那时称雄的有炎帝，有黄帝，有蚩尤。黄帝先起兵和炎帝战于阪泉之野，后来又和蚩尤战于涿鹿之野，都胜利了，于是诸侯尊黄帝为天子。这种记载固然未必可靠，但炎帝和黄帝是神农氏末世的两个对立的雄豪，这意义是很显明的。《封禅书》中载的管仲论封禅的一段话，也说"神农封泰山，禅云云。炎帝封泰山，禅云云。黄帝封泰山，禅亭亭"，可见炎帝是在神农和黄帝之外的一个帝王。但是他们依据了"木生火，火生土"的原则，定伏羲为木德，黄帝为土德，则夹在中间的神农当为火德；神农是种田的，田应属土，生出来的禾稼应属木，如何可以算作火德呢？他们说：不妨，只消把炎帝和神农拍合为一个人就得了！于是这位古帝称为"炎帝神农氏"，他的火德的意义在名号上已经表现了出来。

他们定汉高帝的祖先为尧，尧是火德。依据"木生火"的原则，尧的上一代帝喾自然是木德。又依据"水生木"的原则，帝喾的上一代颛顼自然是水德。但是颛顼的上一代就是黄帝了，黄帝的土德是不能改变的，依据"土生金，金生水"的原则，黄帝既不能用了自己的土德下生颛顼的水德，颛顼也不能用了自己的水德上承黄帝的土德，这事怎么办呢？他们说：不妨，补上一代金德的帝王就是了！他们看古时东方有两个雄长，一个是太皞，一个是少皞（皞，亦作昊），就请少皞填了这个空缺，更加以"金天氏"的副名，使得他的金德可以从名号上直接表现出来。从此古史系统换了一个样子，黄帝之后是少皞，少皞之后是颛顼了。还有一个太皞，他们安置在伏羲氏的头上，称为"太皞伏羲氏"，和"炎帝神农氏"的拼凑而成的复名正相对。

有一篇书，称为《五帝德》，是司马迁作《五帝本纪》的蓝本。书里说："黄帝，少典之子也，曰轩辕。……颛顼，黄帝之孙，昌意之子也，曰高阳。……帝喾，玄嚣之孙，蟜极之子也，曰高辛……"他们就依据了这个记载，称黄帝为"黄帝轩辕氏"，颛顼为"颛顼高阳氏"，帝喾为"帝喾高辛氏"，使得"太皞伏羲氏""炎帝神农氏""少皞金天氏"等新造的称号得到了固有名词作陪客，可以减少生硬和杂凑的感觉。再有尧和舜，是向来称为陶唐氏和有虞氏的，也就称为"帝尧陶唐氏"和"帝舜有虞氏"。经过这样的整理，在形式上是整齐极了。

秦为水德，是始皇按照了邹衍的五德终始说而明白宣布的。但到这时，汉的火德为周的木德所生，紧紧的承接，秦已没有地位了，如何可以解释始皇的改制呢？他们说：不妨，秦以水德介于周、汉的木火之间，失了它的五行的次序，所以享国不永，只得列为"闰统"。唉，假使这相生式的五德说早已有了，秦始皇还哪里会自己甘心居于闰统呢！他们觉得木火之间但有一个秦，没有复现的形式，便不成其为走马灯式的历史，所以说：伏羲木和神农火之间有共工氏；帝喾木和帝尧火之间有帝挚；周木和汉火之间有秦：见得五德之运运转到了这个地方时便非有一个闰统不可。

他们各方面都布置好了，于是写定"全史五德终始表"如下：

木	1	太皞伏羲氏	6	帝喾高辛氏	11	周
闰水		共工		帝挚		秦
火	2	炎帝神农氏	7	帝尧陶唐氏	12	汉
土	3	黄帝轩辕氏	8	帝舜有虞氏	13	新
金	4	少皞金天氏	9	伯禹夏后氏		
水	5	颛顼高阳氏	10	商		

邹衍的五德说还没有转完一回，哪里知道过了二百数十年就会转到第三回！邹衍本说禹为木德，其符瑞是"天先见草木秋冬不杀"，到这时禹就成了金德，是白帝之子了。邹衍本说汤为金德，其符瑞是"天先见金刃生于水"，到这时他也变了水德而为黑帝之子了。邹衍又说文王时"赤乌衔丹书，集于周社"，表明他是火德，但到这时他又成了木德，赤雀衔到的丹书上的文字是"姬昌，苍帝子"了。为什么要这样变？原来它的中心是建筑于

火　　炎帝——帝尧——汉高帝

土　　黄帝——帝舜——王莽

上的。这个中心绝对不能变，所以中心以外的一切就不得不抛去了各个的本来面目而迁就它了。

王莽既在学说里先有此规定，因此，他做了皇帝之后，就下诏道："帝王之道是相通的，盛德之后是应当百世享祀的。黄帝、帝少皞、帝颛顼、帝喾、帝尧、帝舜、帝夏禹等都有圣德，应当寻访他们的后代，奉守其祀典。"他于是封姚恂为初睦侯，奉黄帝后；梁护为修远伯，奉

少皞后；皇孙功隆公王千，奉帝喾后；刘歆（不是那个做国师的）为祁烈伯，奉颛顼后；刘叠为伊休侯，奉尧后；妫昌为始睦侯，奉舜后。又封夏后姒丰为章功侯，殷后孔弘为章昭侯，都位为"恪"；周后姬党为章平公，和先封的汉后定安公刘婴，都位为"宾"。这样，新造的古史系统就和实际的政治发生了密切的关系，靠了这关系而后这个杜撰的系统就获得了保证人了。

到后来，王莽在政治上固然失败，但这个杜撰的古史系统却已立于不败之地。我们试翻开近三百年来一般人认为正统史书的《纲鉴易知录》，上面便写着"太昊伏羲氏以木德王""炎帝神农氏以火德王""黄帝有熊氏以土德王""少昊金天氏以金德王""帝喾高辛氏以木德王""帝尧陶唐氏以火德王""帝舜有虞氏以土德王""大禹以金德王"。这些话谁敢不奉为典则？谁会想到这是王莽的骗局的遗留？

这古史系统的改造，把人们欺骗了近二千年。一班有学识的人固然也感觉其离奇，但至多只有不提而已，总想不出它是怎样来的。自从清末提出了"今古文问题"，知道应把古文的著作和今文的著作分别着读，比较之下，才发见这是古文家摆布的迷魂阵。康有为作《新学伪经考》，指出了黄帝、颛顼之间本来没有少皞这一代；崔适作《史记探源》，指出了王莽所以这样排列的意思是要证明新之当受汉禅正如舜之当受尧禅：这一个大黑幕方得揭开。至于帮助王莽摆下这迷魂阵的，他们以为是刘歆；我也以为大致不错。一来呢，刘歆是编辑《左传》的人，《左传》既说刘为尧后，又偷偷地把少皞插入黄帝和颛顼之间，又露出金天氏一名，隐隐与少皞联起，而这些说话显然与其他的古籍矛盾，足以证明其出于编辑人的窜乱。二来呢，班固作《汉书·律历志》，自己说明根据的是刘歆之言，而《志》中引的《世经》就是这个新造的古史系统的娘家。清代的今文家自己的建设固然不足取，但其对于古文家的骗局的破坏工作实是非常的精当，为讲汉代学术思想史的人所不该不取材的。

第一七章　经古文学的建立

刘歆在哀帝时要立四种古文经传，碰了博士们一个大钉子，他忍气吞声，出来做了几任外官。但他的幸运终于到了。他少年时任黄门郎，恰好那时王莽也是一个黄门郎，两人都很博学，意气十分相投。自从平帝元年（1年），王莽当了权，他就回到朝内，任右曹太中大夫，又任羲和、京兆尹。元始四年（4年），王莽奏起明堂和辟雍等，规复古代的建筑，就是由刘歆主办的。因他有功，封为红休侯。又使他典儒林史卜之官，考定律历。这时候，刘歆已成为文化事业的中心人物，他可以用了自己的理想构成一个文化的系统了。于是《左氏春秋》《古文尚书》《逸礼》《毛诗》都立于学官。向来反对他的博士们只得忍气吞声地领受他的报复。

他立了这四种古文经传，还不以为满足，索性更掀起一个大规模的学术运动。六经里面的《乐》，本来是有谱而无经的，他也找出了《乐经》而立于学官。又增加博士员，每经五人，六经共三十人；每一博士领三百六十个弟子，总共有一万零八百个博士弟子。他还以为不足，奏请征求天下异能之士，凡是通一经、教授十一人以上，和懂得《逸礼》、《古书》、《毛诗》、《周官》、《尔雅》、天文、图谶、历算、钟律、《月令》、兵法、小学、《史篇》、医术、《本草》的，地方官就替他备了车马，送到京城里来。在元始四、五年间（4—5年）到的数千人，都令在未央宫的廷中讨论记录，要他们改正前人的乖谬，统一各种的异说。这件事情，手段非常毒辣，既把古文学的种子散播到民间，又令今文学增加许多敌人，凡是古文学家眼光中感到的"乖谬"和"异说"都被打倒了。这是用了利禄的引诱来统一学术思想的办法，实在还是武帝立五经博士的老手段。

当时这一班人，现在已经不可考了，只知道那时通知钟律的有一百多人，他们的议决案是羲和刘歆领衔奏上去的。又知道那时说文字的有一百多人，其中以沛人爰礼的学问为最高，就任他为小学元士。黄门侍郎杨雄采取他们的讨论的结果，编成了一部《训纂篇》。汉代通行的文字，据《仓颉篇》只有三千三百字；现在《训纂篇》就有五千三百字了。到居摄时（6—8年），大司空甄丰又奉命校文书，给他改定的古文字也不少。那时有六种书法：一是"古文"，说是孔家壁中书的遗文；二是"奇字"，是古文的变体；三是"篆书"，就是小篆；四是"左书"，是秦的徒隶们写的简笔字；五是"缪篆"，是用来刻印的；六是"鸟虫书"，是用来写旗帜的。有了这个分别，于是今文经归入了"左书"，地位远在古文经之下了。这是文字学的一回大整理。他们用了这手段奠定了经古文学的基础。从此以后，文字愈多，东汉时班固作的《续训纂篇》就有六千一百多字，许慎的《说文解字》就有九千三百多字了。

我们知道，这些古文奇字有的是他们杂凑起来的，有的是完全杜撰的，也有从古器物上钞写来的。但他们决不承认是零碎集成，屡次声明为整个的材料。他们说：壁中书是鲁恭王毁坏孔子宅时得到的，其中有《礼记》《尚书》《春秋》《论语》《孝经》。（诸位应记得，哀帝时刘歆责备博士的信上说孔壁里出来的东西只有《礼》和《书》，而今又添出了三种了！）还有汉初丞相张苍也献上古文的《春秋左氏传》。他们说：这种文字或是孔子手写，或是孔子同时人所写，所以古文经是最可靠的，它确为孔子的真传。我们翻开《汉书·艺文志》来，哪一种经书不是今古文并列，这可见他们建立古文学的工作是怎样的急进呵。所以，今文学是由春秋、战国以来五百年间渐渐构成的；古文学则是刘歆一手包办，在十余年间一齐出来的。我们说刘歆作伪，人家听了往往以为言之过甚，说他一个人的精力如何造得了许多。须知他一个人的精力固然有限，但他借着帝王的权势，收得三十个博士，一万零八百个弟子员，数千个奇材异能之士，漫说十几部书，就是几百部书也未始做不出呢！刘歆何须亲手做，只消他发凡起例，便自有人承应工作。这承应的工作虽成于他人之手，难道他就可不负造意的责任吗？

钱玄同说："古文经对于今文经的态度是这样：'我的篇章比你的多；我的字句比你的准；我的解释比你的古；我有你所没有的书，而你所有的我却一概都有。'因为他是这样的态度，所以就上了今文家一点小当。今文经中汉朝人伪造的文章，古文经也居然有了，如《易》之《说卦》以下三篇和《书》之《太誓》皆是。古文经据说非得自孔壁，即发自中秘，或献自民间，总之皆所谓'先秦旧书'也。先秦人用'古文'写的书中居然有汉朝人伪造的篇章，这不是作伪的显证吗？"

他们不但要造伪经，而且要造伪经的传授系统。例如《毛诗》，本来没有什么传授可说的，但他们也会想出一个很长的系统来（他们自己的记载是失传了；依据唐人书上写的是孔子传子夏，子夏传曾申，曾申传李克，李克传孟仲子，孟仲子传根牟子，根牟子传荀卿，荀卿传毛公，毛公做河间献王的博士；从此传下来，直到王莽时）。他们说：《诗经》该有三百十一篇，但今文经只有三百零五篇是不全的，他们失去的六篇是《小雅》里的《南陔》《白华》《华黍》《由庚》《崇丘》《由仪》。这句话就露出破绽来了。钱玄同说："汉初传《诗》，即分鲁、齐、韩三家，这三家各自传授，并非同出一源，何以申培、辕固、韩婴三位老先生都把这六篇诗忘了，又都把其他的三百零五篇记住了？天下竟有这样的巧事，岂非大奇！更奇的是：古文之《毛诗》，这六篇的篇名虽然幸被保存了，偏偏它们的词句也亡缺了！今文《诗》据说是靠讽诵而传下来的，三位老先生既同样的背不出这六篇，而古文《诗》据说是从子夏一代一代传到大毛公，作《故训传》，被河间献王所赏识，立博士，则早已著于竹帛了，偏偏也是缺了这六篇，偏偏和今文三家同样的缺了这六篇。这种奇迹，居然能使自来的经学家深信不疑，刘歆的魔力真是不小哇！"

王莽自从辅了平帝之后，处处模仿周公，所以那时就有《周官》一书出现，说是周公作的，供给王莽许多模仿的资料。当居摄三年（8年），王莽的母亲功显君死了，太后诏议他的服制，羲和刘歆和博士等奏道："摄皇帝要使汉朝和唐、虞、三代同样的兴盛，所以开秘府，会群儒，制礼作乐，以成天功。他圣心周至，有独见之明；又发见《周礼》一书，可供损益古代礼制的参考。现在功显君薨了，摄皇帝承皇天之命，奉汉大宗之后，不得顾私亲。《周礼》里说，'王为诸侯缌缞'。应请用这天子吊诸侯之服，以应合圣制。"在这段话里，已亲切地告知我们，《周官》（即《周礼》）这部书是王莽发见的。在这样崇拜周公的高潮之下，在周公的偶像这样支配现实政治的时候，恰巧发见了这一部书以供他制礼作乐时的参考，这部书的来历不是很可疑吗？因为有了这个参考，所以《周官》里"兆五帝于四郊"，他就建郊宫；《周官》里"辨庙祧之昭穆"，他就定祧庙；《周官》里有"九命作伯"，他就受九锡；《周官》里有"嘉量"，他就制嘉量；《周官》里说"羞用百有二十品"，他就吃一百二十样的饭菜；《周官》里有"六宫"和"九嫔、世妇、女御"一班妃妾，他就于皇后之外列"和、嫔、美、御"之位：三个和人位视三公，九个嫔人位视九卿，二十七个美人位视大夫，八十一个御人位视元士：一共纳了一百二十个女子，比较古代的天子超过了十倍。

在其余的古文经传里也多寻得出帮助王莽做成皇帝的痕迹。例如《春秋·隐公元年》只写"元年春王正月"，不写"公即位"，《春秋》家推求孔子所以不写的缘故，说隐公本有让国于弟桓公之意，故孔子以不写他即位来表显他的志愿。不过这仅是隐公的志愿而已，至于鲁公之位终究是他实任的。《左传》却说"不书'即位'，摄也"，这样说来，隐公就不是实任的君而是用了臣的资格来摄行君事了。这对于王莽的做摄皇帝是怎样地给予他一种有力的根据呵！又刘歆所表章的《古文尚书》里有一篇《嘉禾》，其中的一段是"周公奉鬯立于阼阶，延登，赞曰：'假王莅政，勤和天下'"，这是不是王莽做"假皇帝"的一个很好的先例？天下竟有这样的巧事，后世的人要什么就可以在古书里找出什么来！

古代的历史，古代的书籍，都为供给他们的需要而弄乱了。无数的知识分子，也都受了他们的麻醉了。光武帝虽说"光复旧物"，但在文化上，他已经认不清谁是旧的，谁是新的。而且他以《赤伏符》受命，固已根本接受了王莽的学说。所以中元元年（56年），他就依照王莽的制度，筑起明堂、辟雍、灵台来。明帝继续了他的事业，坐明堂而朝列侯，升灵台以望云气；又临幸辟雍，亲袒割肉，行养老之礼；飨射礼毕，他正坐讲经，诸儒执经问难于前，数万个冠带齐整的绅士们环绕桥门，静静地听着（北京的国子监就是汉的辟雍遗制，可以到那边去想像那时的情形）。因为汉的火德只有用了王莽的历史系统才能说明，而这个系统，除了图谶之外，在古书中只有《左传》是寻得到证据的，所以《左传》被重视了。当光武帝时，就想立《左传》的博士，有一个老博士范升竭力反对，说道："《左传》不祖孔子而出于左丘明，又没有相传的师徒，又不是先帝所立的，为什么要立博士呢？"他和几个古文学者辨难了好久，又提出《左传》的不合处十四条奏上去。光武帝不听他的话，立了；后来又因许多人的反对，废了。到章帝初年，令贾逵自选二十个高才生，把《左传》教他们。八年（83年），又诏诸儒各选高才生受《左传》《毛诗》《古文尚书》等古文家的经典，又任贾逵的弟子为郎官，学者都欣欣地向慕。既有许多的高才生替它宣传，它在学术上就取得了新的生命，渐渐地成为《春秋》之学的正统，把原来惟一的《春秋传》（《公羊》）挤出去了。

东汉一代，博士共十四人，都是今文经之学。在表面上看，似乎是今文学的胜利；然而这胜利只有在表面上而已。所以然之故，古文视今文为后出，经过了一次整理，当然比今文进步；况且《左传》的记事何等详细，《周官》的典制何等绵密，今文经里哪里找得出来。因此，东汉时几个最有名的学者，如贾逵、服虔、马融、郑玄，都是古文家，或是兼通今古文的。到了魏、晋之后，五胡内迁，中原士大夫忙着南渡，今古文的经典和汉人的经说散失很多，今古文的界限就记不起了。

到唐初作《五经正义》：《易》用晋王弼《注》，《书》用晋梅赜所献的《伪古文尚书》（刘歆的《古文尚书》已是假，这乃是假中之假）和《伪孔安国传》，《诗》用毛《传》和郑玄《笺》，《礼记》用郑玄《注》，《左传》用晋杜预《注》。后又加上《周礼》和《仪礼》的《义疏》，都用的郑玄《注》。郑玄所以在经学界中握有绝大权威，就为这七部正统的经典的注释，他一个人占据了四部之多。但他是兼修今古文的，常用古学说去改今学说，又用今学说去改古学说，所以后人骂他为搅乱家法的罪魁。这几种经典里，纯粹是古文学的，有《周礼》和《左传》的本身和《诗经》的毛《传》。虽然古文学还没有把经学界统一，但比了湮没了的今文学究竟占了绝大的优势，刘歆的势力赖此维持到清末。自从清代中叶（嘉庆十年，1805 年）刘逢禄作了《左氏春秋考证》，他的地位才开始摇动；到清代末叶（光绪十七年，1891 年）康有为作了《新学伪经考》，他方受了致命伤而倒坏了。刘歆为什么要造伪书伪史，这是汉代史中的问题。他造的伪书伪史在古书古史里发生怎样的影响，这是文籍考订学中的问题，也可说是上古史中的问题。所以现在我们的使命，就是要向他清算这一千九百余年来的搅乱古书和古史的总账。

第一八章　祀典的改定和月令的实行

我们翻开古书来看，觉得秦以前的国家宗教是很简单的。最大的祭礼是郊，一年一次，祭的是天，也把天子的最有功德的祖先去配享。例如周人，他们的始祖是后稷，后稷在农事上是有大功劳的，所以他们在郊祭时便以后稷配天，连带祈求年谷的丰登。其次是社，这仿佛像现在的城隍庙和土地堂一样，无论大都小邑，都有社庙；上自天子，下至庶民，都有他的社。他们不但在那边祭后土之神，就是碰见大水、大火等灾难，或是日食等灾难的豫示，都要击鼓杀牲而祭。逢到打仗，出兵和班师时都须祭社；献俘也在那边。因为那边成了军事机关，所以即在太平的时候也要借着社祭陈列军器，好像开国防博览会似的；齐国的社尤其有名。社既是代表国土，又作国防的中心，再加上了民食的稷，国家的意义已完全，所以"社稷"二字就成了国家的代名词。郊社之外，又有宗庙，是祭祖先的；又有旅和望，是祭国内的名山大川的。寥寥落落，只有这几种。要拿阴阳五行之说来分配，至多把郊配阳，社配阴；五行便无从说起。好在那时还没有系统的阴阳五行说，用不着人们发愁。

那时的祀典比较可和五行说接近的，是秦国的祀上帝。然而秦文公在鄜衍祭白帝，秦宣公在渭南祭青帝，秦灵公在吴阳祭黄帝和炎帝，都是随时随地建立，并没有顾到五行的方位。到汉武帝时，他在长安西北的甘泉建了泰畤坛去祭天，在长安东面的汾阴建了后土祠去祭地，也没有按照着方位。这种不择地的设置，足见其时尚没有极严密的阴阳五行说，所以不曾处处受着这些规律的束缚。武帝又喜欢求神仙，任方士，以致许多的民间信仰都变成了国家宗教。

武帝以后，阴阳五行的学说经过经师们的鼓吹，这空气愈来愈浓重了，简直笼罩着一切。他们以为属于木的一定居东，属于火的一定居南，属于土的一定居中，属于金的一定居西，属于水的一定居北；少阴为西，太阴为北，少阳为东，太阳为南，都是一定不移的方位。既有这些严格的学说，于是以前的种种宗教建设大家看得不顺眼了。成帝初即位（建始元年，前32年），丞相匡衡奏言："帝王的事务没有比郊祀更重的，所以从前的圣王都尽心极虑地规定这制度。他们祭天于南郊，为的是就阳；祭地于北郊，为的是就阴。上天受天子的祭飨是在天子的都城里的。现在天子住在长安，祭天反到太阴方面的甘泉去，祭地反到少阳方面的汾阴去，和古礼太不合了。应当把这天地的祀典搬到都城来举行，从此祭天于南郊，祭地于北郊，回复古帝王的规模。"会议的结果，照办了。匡衡又奏："甘泉的泰畤太奢华，有采镂黼黻的装饰，有鸾路骍驹的祭物，又有玉几玉器的陈列，又有童男童女的歌乐，这也和古制不合。古代的祭天之礼质朴得很，祭具是陶制或瓠制的，牲只用犊，席只用秸。现在也应当复古。"他还说："秦国所立的上帝祠本不合礼，应当和其他不合礼的祠庙一齐罢废。"成帝都接受了。那时国家奉祀的祠庙本有六百八十三所，审查的结果只有二百零八所是合礼的，其它都废了。候神方士等七十余人，也都免职归家。这是把原有的祠宇作一次总整理、大淘汰，把汉武帝在封禅郊祀的狂热中的建设完全破坏了。实在说来，这是儒生对于方士的威胁，他们用了纯粹的阴阳五行说把随时随地发生的神仙庙祀打倒了。他们反对的是鬼神，保留的是术数。他们说是古代圣王如此，其实只是他们心目中的圣王是应该如此的。

成帝没有儿子，王太后急于抱孙，疑心为了迁废诸庙，受到鬼神的责罚，永始元年（前16年），她下诏把泰畤迁回甘泉，后土祠迁回汾阴，又恢复了许多祠庙。可是到底没有用，成帝也死了。王太后十分生气，她说："皇帝遵了经义定郊礼，原是不错的。为了求福，所以又迁回去。现在到底没有得到一些福佑，还是顺了皇帝的原意，回复了长安的南北郊罢！"

哀帝即位之后也常常生病，为要求福，又征用方士，把以前所废的祠庙完全恢复了。他在一年之中祭过三万七千次。过了一年（建平三年，前4年），病还没好，又把泰畤和后土祠迁回原处。到平帝元始五年（5年），王莽又请复长安南北郊，并请把高帝、高后配享：冬至日，祠南郊，高帝配而望群阳；夏至日，祠北郊，高后配而望群阴。王太后都照准了。三十六年之间，天地之祠搬徙了五次。

因为王莽是一个笃信阴阳五行说的人，所以他既继承了匡衡的主张，用阴阳说定了南北郊，还要更进一步，用五行说定群神的祭祀。他和太师孔光、羲和刘歆等八十九人议，说道："天子以父礼事天，以母礼事地。现在应称天神为皇天上帝泰一，兆（兆是祭坛）为泰畤；称地神为皇地后祇，兆为广畤。"此外，再把群神以类相从，分为五部。

这五部是：

（一）中央黄帝、黄灵后土畤，及日庙、北辰、北斗、填星、中宿、中宫，于长安城之未地兆（照十二辰的方位，"未"在西南角上）。

（二）东方帝太皞、青灵句芒畤，及雷公、风伯庙、岁星、东宿、东宫，于东郊兆。

（三）南方炎帝、赤灵祝融畤，及荧惑星、南宿、南宫，于南郊兆。

（四）西方帝少皞、白灵蓐收畤，及太白星、西宿、西宫，于西郊兆。

（五）北方帝颛顼、黑灵玄冥畤，及月庙、雨师庙、辰星、北宿、北宫，于北郊兆。

这就是《周官》里所说的"兆五帝于四郊"，他把这制度实现了。这五帝的名目，读者应当记得，便是第十六章里《五德终始表》的第一层。那时已是居摄中，正在酝酿着受禅，所以这五方之帝便是五行相生说下的古史系统中的帝王。再替这五帝添上五个辅佐，太皞之佐是句芒，炎帝之佐是祝融，黄帝之佐是后土，少皞之佐是蓐收，颛顼之佐是玄冥，使得这个系统的地位可以更加巩固。他们把这宗材料插入古文学的两部经典：第一是刘歆重编的《左传》，就附在"汉为尧后"说的一章之下，说这是五行之官，生时封为上公，死后祀为贵神的。第二是王莽征求通晓之士的《月令》，说太皞是春季的帝，句芒是春季的神；炎帝是夏季的帝，祝融是夏季的神；黄帝是中央的帝，后土是中央的神；少皞是秋季的帝，蓐收是秋季的神；颛顼是冬季的帝，玄冥是冬季的神。一年本来是四时，到这时硬把它拉长，成为五时了。

皇天上帝泰一是最高的天帝。太皞、炎帝们为五帝，是次一级的天帝。这个方式固然和汉武帝的泰一坛相像（见第五章），但武帝时的五帝只是五种颜色之帝，没有同传说中的古天子发生关系，而王莽定的制度则天帝的系统即是古史的系统了。这一点的差异，不能不说是王莽设下的阴谋，也不能不说是经古文学的中心问题呵！

《月令》这一篇，讲的是天子居明堂之礼。这篇的大意，是天子每一个月应当顺着时令做天人相应的工作（见第一章）。自从王莽当权，建筑了明堂，又征求通《月令》的人，一时祭祖先，封诸侯，行大射，都在那边，做得很有声有色。王莽失败之后，长安的明堂毁废，光武帝继续在洛阳兴造。明帝永平二年（59年），下诏祀光武帝于明堂以配五帝，又颁发时令，迎气于五郊：立春之日，迎春于东郊，祭青帝和句芒，车骑服饰都青色，唱的是《青阳》之歌。立夏之日，迎夏于南郊，祭赤帝和祝融，车骑服饰都赤色，唱的是《朱明》之歌。前立秋十八天，迎黄灵于中兆，祭黄帝和后土，车骑服饰都黄色，唱的是《帝临》之歌。立秋之日，迎秋于西郊，祭白帝和蓐收，车骑服饰都白色，唱的是《西皓》之歌。立冬之日，迎冬于北郊，祭黑帝和玄冥，车骑服饰都黑色，唱的是《玄冥》之歌。

从此以后，"顺时令"一义遂为帝王施政的总纲。章帝元和二年（85年），下诏道："春天是生养万物的时候，应当息事宁人以奉天气。"这年的秋天，又下诏道："《月令》冬至之后，但有顺阳助生的明文，而不载鞠狱断刑的政令。天子的生杀是应当顺着时气的。现在特定一种法律：凡在十一月和十二月里，不许送上刑狱的报告。"那年十一月冬至，又依照《月令》，把关梁闭起。元和三年（86年）二月，又下诏道："《月令》说孟春之月，应当好好地去视察丘陵土地所宜以备种植。现在荒地尚多，着即分给贫民，令他们各尽地力，勿得游手。"就在这一月里，他因要到中山去，又令道："现在方春的时候，所过的地方不得有所砍伐。天子虽尊贵，但在不适当的时候砍去一株草木，就不算顺天，也就是不孝。巡行之际，凡车马可以避开的，便避开了。"章和元年（87年）七月，又诏道："依照《秋令》，这一月里应当养衰老，着赐高年者每二人布帛各一匹，让他们自己备些醴酒和酪浆罢。"章帝之后，历朝帝王也多在春天养幼赈贫，在秋天养老恤刑。

一般的学者，把《月令》的著作时代说得早是周公作，说得迟是吕不韦作。但此书既在汉前，何以在西汉时不能发生什么影响而在东汉时便会发生大影响？何以汉武帝初年要立明堂只为朝诸侯，后来在汶上造明堂只有取资于方士的图画，而古制的再现必有待于王莽制礼作乐的时候？何以西汉时讨论明堂有纷纷之说，而一到东汉即翕然无异议，一切都有固定的方式可以遵循了？所以我觉得，这篇书的出现是很有问题的。虽则这篇书还见于《吕氏春秋》等书中，难道他们就不能把它插进去吗？

古时最大的祭礼是郊和社。到这时，郊是析为南郊和北郊了。北郊由后土祠来，祭地神，性质和社实在没有什么分别。但汉代在后土祠外另有官社，所以王莽更立官稷，又把夏禹配食官社，后稷配食官稷，恢复古代的社稷之祀。这个制度传下来，永远没有什么大改变。我们看，北京前门外有个天坛，这就是南郊；安定门外有个地坛，这就是北郊；天安门西边的社稷坛（今为中山公园），就是官社和官稷。还有一个先农坛，在天坛的对面，是祭农神的，好像和社稷坛的"稷"重复了，这是汉代所没有的。推原它的由来，当出于周人的"郊祀后稷以配天"。地坛祭地，先农坛祭后稷，社和稷都有了着落了，为什么还要立社稷坛？原来社稷一名已习用为国家的代名词，其本义已经送给地坛和先农坛了。

第一九章　谶纬的造作

古代人最喜欢作豫言，也最肯信豫言。那时的史官就是制造豫言的专家。还有一种豫言，说是上帝传给人们的，叫做谶。相传秦穆公曾经睡了七天不醒，醒来的时候，对人说："我是到上帝那边去的，上帝告我将来晋国怎样，秦国怎样。"他叫人把这些话写出来，称它为"秦谶"。后来晋国的赵简子也像他一样，睡了七天，醒来的时候告诉他的大夫说："我到了上帝那里，和许多的神灵游于钧天，听广乐，看万舞，快乐极了。忽然有一头熊要来抓我，上帝命我射它，一射就死了。又有一头罴扑来，我照样一射，罴又死了。我瞥见我的儿子也在上帝旁边，上帝指着一条翟犬，对我说：'等你的儿子长大时再给他罢！'"这些话也都记住藏好，当然成为赵谶。后来赵简子灭了晋的世卿范氏和中行氏，知道梦里射死的一熊一罴就是他们的象征。他的儿子襄子灭了代国，这翟犬的谶也应验了。这都是上帝的命令，但上帝不肯明白说出，只管用了仿佛相类的东西来作暗示，逼得人们去猜谜：他为什么这样喜欢耍手段呢？

秦始皇时，这类的豫言也常有。三十二年（前215年），他派燕人卢生入海求神仙。卢生到了海里没有见到神仙，却得到一本图书，上面写着"亡秦者胡也"。于是始皇发兵三十万人往北去打胡（匈奴），夺取河套地；不知道这个谶却是应在他的少子胡亥身上的！这个谶既有图又有书，其形式大概和现在流传的《推背图》相像。三十六年（前211年）秋天，有一个使者从关东来，晚上经过华阴，忽被一人拉住，那人一手把一块璧递给他，说道："请你替我送给滈池君（长安西南有滈池）；还告诉他，在这一年中祖龙要死了。"使者正要问他，那人已不见。他把这事奏上；查考这块璧，乃是始皇二十八年（前219年）渡江时沉在江里的。始皇很不高兴，但自己宽慰道："山鬼懂得什么！况且祖是人之先，也未必是我呵！"他为要避开这个恶运，就往南方去游玩。三十七年（前210年）七月，他果死在路上。大家说，"祖"是始的意思，"龙"是皇的意思，这又是一个应验的谶言了。

但谶言真是上帝降下的吗？看下面一件事就很使我们疑惑。当始皇听得"祖龙死"的前几个月，有流星坠在东郡，化为石，有人在石上刻了"始皇帝死而地分"七个字。这句话说得太明显了，用不着猜谜，所以他知道这是自己的臣民所发出的咒诅，便派御史去查问，虽然没有得到主名，也把石旁的居民尽杀了，连这块石头也销毁了。其实从楚、汉之际看来，这句人造的谶言也是十分应验的。

西汉时，社会安定，这类刺戟人心的谶言当然减少。但到武帝之后，民穷财尽，国本动摇，谶言又得了发展的机会。例如上面提起的，昭帝时，泰山下一块卧地的大石忽然站起，上林苑的枯柳树忽然重生，眭弘就说将有新天子从匹夫中突起。又如成帝时，齐人甘忠可说上帝派赤精子下凡，传给他一部《包元太平经》，供给汉室再受命的应用（均见第七章）。王莽时，这种风气更盛了。武功长孟通掘井时发现一块白石，上面有"告安汉公莽为皇帝"八个红字，王莽就做了摄皇帝。临淄亭长发现了一口新井，巴郡得到石牛，扶风得到石文，摄皇帝就去掉了"摄"字。哀章把"天帝行玺金匮图"和"赤帝行玺邦传予黄帝金策书"送到高庙之后，汉高帝就让国与王莽了（均见第十四章）。在这些记载里最可注意的，是哀章的"金匮图"和"金策书"，足见这是既有图又有书的，和卢生在海里得到的东西相仿。

哀章的图书里写着王莽的大臣八人，取了两个吉祥的名字，唤做王兴、王盛，连他自己一共十一个人，都署定了官爵。王莽既登极，就照了这个上帝的单子去任命。于是王舜为太师，封安新公；平晏为太傅，封就新公；刘歆为国师，封嘉新公；哀章为国将，封美新公；以上四人称为四辅，居上公之位。又甄邯为大司马，封承新公；王寻为大司徒，封章新公；王邑为大司空，封隆新公；这三人居三公之位。又甄丰为更始将军，封广新公；王兴为卫将军，封奉新公；孙建为立国将军，封成新公；王盛为前将军，封崇新公；这四人称为四将。王兴、王盛，朝中并没有这两人，但姓这个姓、叫这个名的却很多；王莽访得同名姓的十余人，其中以退职的城门令史王兴、卖饼人王盛的容貌为最合于卜相的标准，就登用了他们，从此这二人跻于阔人之列，这种好运真是他们梦里也没有想到的。大家看见做官有这一条捷径，于是争作了符命献上去；虽已得不到公爵，也可以望封侯。至于不屑干这种事的，见面时常常戏问道："你还没有得到天帝的委任状吗?"有人劝王莽道："这实在开了奸人作福的门路，又是乱了天命，应当除去其根原才是。"王莽也觉得这种事情干得腻了，于是献符命的往往下了监狱。起初，甄丰和王舜、刘歆们都是王莽心腹人；王莽从大司马做到皇帝，甄丰也曾出过不少的气力，定过不少的计谋。到这时，他虽由了《金匮图》而得着公爵，但和卖饼的王盛同居于四将之列，反不及一个无赖的哀章，终觉得不高兴。他的儿子甄寻知道他的意思，就作了一通符命，说新室当依照周、召的故事分陕立二伯：更始将军甄丰为右伯，太傅平晏为左伯。王莽因他们都是旧人，也听从了。当甄丰任了右伯，尚未动身的时候，甄寻贪得无厌，又作了一通符命，说以前的汉平帝的皇后，汉亡后称为黄皇室主的，应当改嫁甄寻。平帝的后是王莽的女儿，他这一回可不答应了，怒道："黄皇室主是天下之母，这是什么话！"他发吏收捕甄寻，那追随多年的右伯甄丰就只得自杀了。

王莽自从作了真皇帝，为要替自己宣传，派五威将王奇等十二人颁发符命四十二篇于天下，都是说些汉的火德是怎样地销亡，他的土德是怎样地兴起，皇天的符命是怎样地一次一次给予他的种种故事。文帝时黄龙出现于成纪（见第四章），不是公孙臣主张汉为土德的证据吗？但在这四十二篇里，居然把这事列为王莽的土德的符瑞了。经他这样一宣传，把这些观念深深印入国民的脑里，于是光武帝做皇帝时便非自承为火德不可，所以《赤伏符》就是跟着这四十二篇来的。

且说王莽时有个公孙述任导江卒正（那时改蜀郡为导江，太守为卒正），到王莽灭亡，四方兵起，他就自立为蜀王；后来又自立为天子（光武帝建武元年，25 年），国号成。他根据王莽的五德系统，以为土生金，他在王莽之后应为金德，所以色尚白（现在四川奉节县东边有白帝城，即由此来）；又建元为龙兴。他也和王莽同癖，好作符命。他以为谶书里说的"孔子作《春秋》，为赤制作，断十二公"，赤是汉，高帝到平帝是十二代（连吕后数在内），可见汉的历数已经完了；一姓不得再受命，所以刘秀虽有《赤伏符》还是无效的。他又引《录运法》说，"废昌帝，立公孙"，《括地象》说，"帝轩辕受命，公孙氏握"，

《援神契》说，"西太守，乙卯金"，以为他姓公孙，应当受命；又他以西方的太守起家，应当去乙（轧）绝卯金（刘）。他又说：五德之运，黄承赤而白继黄，所以他据西方而尚白，确是得到了帝王的正统。他屡次发出檄文，把这些意思宣传到中原来，要使大众相信他是一个真命天子。光武帝不怕打仗，却怕在谶书里真有别人做天子的证据，就给他一封信，说道："《西狩获麟谶》上说的'乙子卯金'，是汉高帝以乙未年（前206年）受命。'光废昌帝，立子公孙'，是霍光废掉昌邑王而立皇孙病己（宣帝）。'帝轩辕受命，公孙氏握'，乃是姓公孙的黄帝作了土德之君，也与你无关。而且谶书上又说：'汉家九百二十岁，以蒙孙亡；受以丞相，其名当涂高'，你是不是丞相当涂高呢？你年纪大了，应当替妻子们想一想，不要争夺这天下的神器罢！"公孙述看了这信，不答覆，仍做他的皇帝。但到龙兴十二年（36年）上，究竟他的"西太守"靠不住，给"赤伏符"灭掉了。

在公孙述和光武帝二人的文告里，可以注意的事情有几项。第一，他们作天子的根据都出在谶书上。第二，他们对于谶书，各有各的解法，好像后人的详签详梦一般。第三，他们不讳言自己统治权的灭亡。光武帝是一个中兴之主，正在开国的时候，而已公开表示他的亡国的日期和亡他的国的人名，这是何等的度量！所以然之故，就为谶书里是这样说的，他不敢不信。谶书里何以这样说，则因他们相信做天子的也像做官一样，多少年后须换一个新任的，他们已在谶书里把五个德的帝王年代都规定了。第四，公孙述引的《录运法》《括地象》《援神契》，光武帝引的《西狩获麟谶》，都是谶书的名目，以前的人所没有见过的。《春秋经》的最后一条，是"（哀公）十有四年（前481年）春，西狩获麟"，可知这《西狩获麟谶》定是属于《春秋》的谶书。此外，《援神契》是属于《孝经》的，《录运法》和《括地象》是属于《河图》的。

谶纬的著作，他们说是孔子编成了六经之后，深恐经文深奥，将来的人不能洞悉他的意思，所以别立纬和谶，讲说得通俗一点；又说有许多是黄帝、文王等九个圣人传下来的。谶，是豫言。纬，是对经而立的：经是直的丝，纬是横的丝，所以纬是解经的书，是演经义的书，自六经以及《孝经》都有纬。这两种在名称上好像不同，其实内容并没有什么大分别。实在说来，不过谶是先起之名，纬是后起的罢了。除了这两名之外，还有"图"和"书"。我们在上边，知道符命都是有图有书的。最早的图书是什么呢？他们说：是黄河里出来的图，叫《河图》；洛水里出来的书，叫《洛书》。刘歆的意思，以为伏羲氏王天下，受了《河图》，照样画出来，就是八卦；禹治洪水，天赐《洛书》，照样排列出来，就是《洪范》。纬书里更描写得好玩些，说：《河图》是龙马驮出来的，《洛书》是神龟献上来的。不管它究竟怎样，《河图》和《洛书》一定是最古的谶纬。因此，谶纬里以属于《河图》和《洛书》的为最多，就现在看得见的材料说，已占有了全部的四分之一。大概凡是归不进六经的，都归到这方面去了。就是光武帝受命的《赤伏符》，也是《河图》中的一种。这些书的名目，多半是不可解的；随便举出几个，让大家猜一猜：《稽曜钩》《帝览嬉》《皇参持》《闿苞受》《帝视萌》《运期授》《甄曜度》《灵准听》《宝号命》《洛罪级》《考河命》《准谶哲》——你们看，这些名词是多么神秘呀！因为有图、有书、有谶、有纬，所以这些书的总称，或是"图书"，或是"图谶"，或是"谶纬"，或是"谶记"，或是"纬书"；又因《尚书纬》中有十数种为《中候》，亦总称为"纬候"。

这些谶纬真是从黄帝到孔子许多圣人们所作的吗？恐怕除了丧失理性的人谁也不敢答应一声是的。但尚有许多人说这些书在西汉时早就有了。我们可以举出一个反证。刘向、刘歆父子的《七略》，房中术和劾鬼术诸书尚连篇地登载，那时如有谶纬，则即使因它怪诞而不收于《六艺略》，那《术数略》中总应有分；为什么不见影儿呢？谶纬的中心思想，是阴阳五行，是灾异祯祥，这正是极合汉代经学家的脾胃的，为什么他们都不引，必待至公孙述和光武帝们而始大引呢？所以我们可以说：《七略》不录谶纬，没有别的原因，只因那时尚没有这种东西，这种东西是在向、歆父子校书之后才出现的，这种东西是王莽时的种种图书符命激起来的。零碎的谶固然早已有了，但其具有纬的形式，以书籍的体制发表它的，决不能早于王莽柄政的时代。

第二〇章　谶纬的内容

谶纬书的出现，大约负有三种使命。其一，是把西汉二百年中的术数思想作一次总整理，使得它系统化。其二，是发挥王莽、刘歆们所倡导的新古史和新祀典的学说，使得它益发有证有据。其三，是把所有的学问、所有的神话都归纳到六经的旗帜之下，使得孔子真成个教主，六经真成个天书，借此维持皇帝的位子。在两汉之际"民神杂糅"的社会中，自然该有这种东西大批的出现。

谶纬的内容，非常复杂：有释经的，有讲天文的，有讲历法的，有讲神灵的，有讲地理的，有讲史事的，有讲文字的，有讲典章制度的。可是方面虽广，性质却简单，作者死心眼儿捉住了阴阳五行的系统来说话，所以说的话尽多，方式只有这一个。我们只要记得了汉初的五色天帝，转了几转的王莽的五德说中的人帝，又记得了阴阳五行的方位和生克，就好像拿了一串钥匙在手里，许多的门户都可以打开了。

他们说：天上太微宫里有五帝座星。管春天的是苍帝，他的名字叫灵威仰；他的性情是仁良温让的；他身长九尺一寸；他使唤的是岁星。管夏天的是赤帝，他的名字叫赤熛怒；他的性情是宽明多智的；他的头形尖锐，身长八尺七寸；他使唤的是荧惑星。管季夏的是黄帝，他的名字叫含枢纽；他的性情是重厚圣贤的；他使唤的是填星。管秋天的是白帝，他的名字叫白招拒；他的性情是勇武诚信的；他使唤的是太白星。管冬天的是黑帝，他的名字叫汁光纪；他的头是大的；他使唤的是辰星。

在商、周时，固然天子也说自己的祖先是上帝所生，但是他们意想中的上帝只有一个。到汉代才依了五行说而分上帝为五个。到西汉之末，才因王莽的宣传而确认这天上的五帝的儿子轮流了做人间的帝王。例如汉高帝，如果说他以水德王的，他是黑帝的儿子；倘改说为火德，他就变成了赤帝的儿子了。天上赤帝的儿子在人间做帝王，也可以称赤帝，所以王莽得到的金策书上写的是"赤帝行玺邦"，而土德的王莽也就成了"黄帝"。他们说：这人间的五帝是有一定的任期的。苍帝应当传二十八世；白帝应当传六十四世；黑帝可以治八百年。光武帝所以自承"汉家九百二十岁，以蒙孙亡"，就因为赤帝是应当治九百二十年的缘故。他们又说：苍帝亡的时候要有大彗星出现，麒麟被捉；黄帝亡的时候要有黄星坠下，黄龙坠下；黑帝亡的时候要有狼星张在天空，灵龟被执；白帝亡的时候要有五残星出现，又蛇生了足，像一个伏着的人。

自从汉高帝以平民得天下，加以文、景以来五德说的争辨，武帝的封禅和改历，大家注目的是皇帝的受天命，觉得这是世界上惟一的大事。为什么受天命？受天命的手续怎样？受了天命之后应当做些什么？在当时人看来都是最重要的问题。到王莽当权，又把自己渲染为新受命的天子，上帝保佑他坐龙廷的奇迹显示了不知多少，这种热空气散布到民间，更使糊涂的人们增进了对于帝王受命的信仰和想像。于是我们的上古史就变了样子！

他们提起伏羲的故事，说雷泽里有大人的脚印，华胥去踏了，就生下了伏羲。他的样子是龙身、牛耳、虎鼻、山准、大眼睛，长九尺一寸（照王莽的系统，他是木德，所以和天上的苍帝一样高）。因为他的道德融洽于上下，所以天把鸟兽文章送给他，地把《河图》《洛书》送给他。神农呢？少典的妃子安登到华阳去游玩，有一条神龙和她交感了，就生下了他；生得牛头、龙颜、大唇，长八尺七寸（也就是天上赤帝的高度）。因为他喜欢耕田，创造了耒耜，所以地出醴泉，天降嘉禾。黄帝更了不得，大电光绕着北斗，照到郊野，触着了附宝的身子，生下了他。他身逾九尺，日角、龙颜、河目、隆颡；胸前有文，是"黄帝子"三字。他将要做天子的时候，有黄云在堂前升起，凤凰衔了图放在他的面前，他再拜而受。少皞是刘歆临时插入古史系统里的，他的历史太短，人们知道的不多，这个位子还没有坐稳。但在黄帝的土德和颛顼的水德之间应当有一个金德的天子是很显然的，所以谶纬的作家就另插了一位朱宣进去，说道：黄帝时有虹一般的大星下流华渚，女节梦中和它交接了，生下了白帝朱宣。颛顼的出生也和他相像，说是有霓一般的摇光贯过月亮，感着女枢而生的。

王莽最注重的是尧、舜，要从尧禅舜上见出了汉禅新的必然性，所以在谶纬里关于尧、舜和他们禅让的故事讲得最有声有色。他们说：古时有一个从石头里出生的女子，名唤庆都，是火帝的女儿。她到二十岁还没有嫁，出游时仿佛常有神灵随着。有一天，一条赤龙背着图从河里跳出来，庆都替它解下，看见上面写着"赤受天运"四字；下面有图，画一个穿赤色衣的伟男子，眉有八彩，须发长七尺二寸，题的字是"赤帝起诚天下宝"。那时忽然阴风四合，那条赤龙和她合婚了，一接就有了身孕。后来生下了尧，面貌和图上一样。他坐船游河，有一凤凰负图飞来。这个图是用赤玉做的匣子，长三尺八寸，厚三寸，白玉的绳，黄金的检（绳上的封泥叫做检），盖的章是"天赤帝符玺"。他就以火德王天下了。舜的母亲名握登，感着大虹而生舜。他身长九尺，两目重瞳子。有一天，尧率领舜等一干人游首山，并观河洲，见有五个老人在那边。他们听得一个老人唱道，"《河图》将来告帝期"；接着第二个老人唱"《河图》将来告帝谋"；第三个接着"《河图》将来告帝书"；又听得第四个"《河图》将来告帝图"；最后一个是"《河图》将来告帝符"。不到一刻，有一条赤龙衔了图从河中出来，五个老人就化为流星，冲入昴宿。舜低头一看，龙也没了，留下了这图。尧把它打开，上面写着："帝枢当百，则禅于虞。"他叹了一口气，对舜道："舜呀，天运到了你的身上了，你好好儿干下去罢！"这样，舜就受了尧的天下。

从舜以下也都这样。修纪在山上见流星，感而生禹。扶都见白气贯月，感而生汤。太任梦见长人，感而生文王。刘媪梦见赤鸟如龙，和她游戏，生了执嘉。执嘉的妻含始在雒池上拾得一粒赤珠，刻有"玉英，吞此者为王客"几字，她吞了，就在这年生下了刘邦（到这时，才知汉高帝的父亲名叫执嘉，母亲名叫含始）。他们的状貌也很奇，得到的符命也很多，好在大家已经知道了这个格式，恕我不叙了。

纬是明说解经的，经是孔子定的，所以在谶纬里，孔子是一个中心人物，受渲染的程度比几位圣帝明王尤为高强。他们说：那时有一位少女徵在到大泽边游玩，玩得疲倦，就睡在那里。她梦见黑帝请她去；去了，就和他配合了。黑帝对她说："你将来产生小孩一定要在空桑里面。"她一觉醒来，果真怀了孕，后来果真生产在空桑里。这个小孩的相貌特别极了：海口、牛唇、虎掌、龟脊；头像尼丘山，四周高，中央低；胸前有文，是"制作定，世符运"六字。后来长大了，就更好看了：身长十尺，大九围；坐着像蹲龙，立着像牵牛；他的仪表非常堂皇，发射出一种光彩，近看好像昴星，远看好像斗星。他不知道应叫什么，吹律（竹制的乐器）定姓，知道自己是殷的后裔孔氏，就姓了孔；头像尼丘山，就名了丘。照他们说，汤是水德，为黑帝之子，而孔子是汤的后裔，所以仍为黑帝之子。但是有一件不幸的事来了。天上的五帝为了要使自己的儿子做皇帝，所以才传种到人间；孔子既是黑帝之子，也须做皇帝才对。况且那时周已衰了，本该有新受命的天子起来了，孔子为什么还不做皇帝呢？他们揭开这个谜，说因周是木德，木只能生火，不能生水；孔子虽有水德，无奈不当令，他只得为火德代劳，替未来的汉朝制定许多法典——六经。所以《春秋纬》里说："黑龙生为赤。"又说："玄丘制命，帝卯行也。"

他有帝王之德而无其位，栖栖皇皇，一生不得志。有一夜，他梦见丰、沛一带有赤色的烟气升腾起来。他醒时，就驾起车子去看。到了那边，只见一个捡柴的小孩打坏了一头麒麟（不要忘记上边说的：苍帝亡的时候要有麒麟被捉；更不要忘掉，周为木德，即是苍帝）。孔子走上前去，那麟垂着耳朵，吐出三卷书来。书上写着："周亡，赤气起，火曜兴；玄丘制命帝卯金。"他知道上帝派他为卯金氏制法了。不久，天上又掉下一方血书，落到鲁国的端门上。书上写的是："趋作法！孔圣没，周姬亡，彗东出，秦政起，胡破术，书纪散；孔不绝。"第二天，子夏去看，血书变为赤鸟飞去了，留下一个图，画的是孔子制法的形状，上面题着"演孔图"三字。这件故事就叫做"端门受命"。当孔子把《春秋》和《孝经》——两部最重要的法典——作成时，吩咐七十二弟子向北辰弯了腰站着，又命曾子抱了《河图》《洛书》，他自己斋戒沐浴，穿着绛色的单衣，朝着北辰拜下去。那时天上就有云气起来，白色的烟雾一直降到地，一条赤色的彩虹从天而下，变作黄色的玉，长三尺，上有刻文。孔子忙跪下接起，读道："宝文出，刘季握。卯金刀，在轸北，字禾子，天下服。"（这是说刘季——高帝的字——要在轸宿分野的北面起事，后来统一天下。）

我们读了上文的武功白石、铜符帛图、金匮图和金策书（均见第十四章）之后，再来看这类玩意儿，它的意义当然可以不烦言而解。原来汉高帝得天下时简陋得很，他没有想到自己是赤帝子，该有种种受天命的花样。可是这种花样都给王莽想到了，他的得天下的场面就比汉高帝好看得多了。他虽失败，然而这种开国规模何等堂皇，刘家中兴人物刘玄、刘盆子、刘秀们那有不想学样的，所以他们就钞了王莽的文章，替自己的祖先补造这一大套，见得高帝的受命已早于孔子时注定了，并且学术界中最大的权威者孔子即是为了这一件大事而出世的。装点孔子即是装点高帝，也即是装点自己；要把孔子捧作教主，也即是把汉家皇帝捧作教主：这对于他们保持这一份大家产（所谓"巩固皇图"）是怎样的有利呀！

有人读了上面一大篇，或者要发一声冷笑，说道："这种鬼话已绝不能存在于今日了，还理它作甚！难道当笑话讲吗？"如果有这种见解，我敢说他把事情看得太简单了。我们讲的是汉代史，凡曾在汉代发生过重大影响的东西就不该不讲；况且这种东西，表面上是死了，实际何尝死掉。试看辛亥革命之后，不是还有一班糊涂的人们天天望着"真命天子"出现吗？像陈焕章等一班提倡孔教的人，不是还把端门受命的故事当作他们宣传的中坚吗？一班迷信汉学的人，不是还把纬书里的华胥履迹、庆都感龙一类事当作真实的上古史料来用吗？就算脑筋清楚些的人肯不信这种东西，然而玄圣的"玄"，炎刘的"炎"，谁想得到中间大有问题？就说脑筋更清楚，连这种神话都不信了，然而有了社会学的观念，看着一大串不夫而孕的故事，又容易把它牵合到"男女杂交""血族群婚""母系社会"上面去了。他们不知道，这是从整个的王莽式的五德系统（见十六章）和他的天帝人帝打通说（见十八章）上来的。如果没有王莽们把全部古文化重新整理，在整理时作了种种有意的改变，哪里会有这种古史出来！所以这种上古史问题其实只是中古史问题，而两汉之间的社会情况就是解决这类乌烟瘴气的假上古史的最好法门。

第二一章　谶纬在东汉时的势力

光武帝以《赤伏符》受命，又用了《西狩获麟谶》来折服公孙述，统一天下，所以他对于谶纬有极强的信仰。不，说他信仰，不如说他依赖了吧！他在谶文里读到一句"孙咸征狄"，恰好他手下有个孙咸，就命他为平狄将军，行大司马事。不过大司马的职位太高，权势太重，不是资格和才力足以相称的人就办不下去的，他终于撤职了。《赤伏符》里有一句"王梁主卫作玄武"，他想战国末年的卫国是被徙到野王的，玄武是水神之名而司空是水土之官，恰好那时的野王令是王梁，他便任他为大司空了。这一种任官的方法，和王莽有什么两样？

他很用心读谶纬。有一次，因为日食，他避开了正殿，坐在廊下读；读得太多了，又感受了风寒，竟至发病晕了过去。那时谶纬共有八十一篇：其中《河图》九篇，《洛书》六篇（这说是黄帝至周文王的本文），又别有《河图》和《洛书》三十篇（这说是孔子增演出来的），又七经纬三十六篇。那时称七经纬为"内学"，称原有的经书为"外学"。虽说是纬，它的地位反而占了经的上风了。

桓谭是西汉末的旧臣，王莽时也曾做过掌乐大夫，这些谶纬造作的历史满落在他的眼里。光武帝时，又任议郎。他看见皇帝常常在谶纬里寻找证据，决定大事，觉得不是好办法，上疏道："一般人的性情，都是忽略了真事实而重视怪异的传闻。但古先圣王只有仁义的正道，孔子也是不讲天命的。现在许多巧慧小才的人，纷纷增加图书，妄称谶记，来欺惑世人，必须斥绝才是。这种事也许有时对，但正像用单数双数到神前占卜，总有碰巧适合的机会；然而哪里可以相信呢！"光武帝看了，很不高兴，只是没有责罚他。后来他下诏会议建筑灵台的地方，问桓谭："我想用了谶书去决定它，你看怎样？"桓谭一声不响，隔了好久，才道："我向来不读谶。"问他为什么不读，他又把谶不合经的地方说了一大篇。光武帝大怒道："桓谭非圣无法，拉下去斩了罢！"谭固然不肯放弃他的主义，但也不愿牺牲自己的生命，只向皇帝叩头，叩得出血了，皇帝才赦了他。不久，把他放了外任，就死在路上，那时他年已七十多了。他著有《新论》二十九篇，虽已亡佚，但就残存的一点看来，其中也攻击王莽信鬼神的迷惑，又说《河图》《洛书》出于后人的加增依托，决不是孔子作的，足以证明他在当时确是一个头脑清醒的人。不过他终究是一个不识时务的人，他不懂得光武帝为什么要提倡谶纬的心理。

还有一位尹敏，读得好些经书，又通《洪范》消灾之术。光武帝命他校定图谶，删去崔发（王莽时的图谶专家，封说符侯的）替王莽加进去的许多说话。不料他也瞧不起谶书，说道："这种东西决不是圣人所作，而且其中很多俗字俗说，会得疑误后人的！"光武帝不听，还是叫他做这工作。他要些手段，就缺文上写了一句"君无口，为汉辅"

（请读者莫忘记了第十五章里李通的图谶上写的"刘氏复起，李氏为辅"），希望皇帝重用他。光武帝见了，识得他的笔迹，问他为什么要这样，他说："我目睹前人增损图书是这样的，所以我也不自量，希冀万一的徼倖！"帝虽不以为然，也不治他的罪。同时受诏校定图谶的，还有一位薛汉，他本以说灾异谶纬为专业，教授的弟子常有数百人。我们现在看见的谶纬，其中所以没有王莽受命的宣传文字，就因为早给他们删去了。

光武帝即位三十年，群臣请封禅泰山，报答天祐。他下诏，为自己无德不许。至建武三十二年（56年）正月，他行过泰山，夜读《河图会昌符》，读到"赤刘之九，会命岱宗。……诚善用之，奸伪不萌"，想起封禅之事也可行得，便命人把《河》《洛》谶文凡有说到封禅的都搜集起来，得到三十六条。他便依照汉武帝元封时的故事举行。在未祭时，先派人上山刻石，文中举了《河图会昌符》的"赤帝九世，巡省得中。……帝刘之九，会命岱宗。……赤汉复兴，九世会昌。……天地扶九，崇经之常。汉大兴之道，在九世之王"，又举《河图合古篇》的"帝刘之秀，九名之世"，《河图提刘子》的"九世之帝，方明圣持"，《洛书甄曜度》的"赤三德，昌九世"，《孝经钩命决》的"帝三建，考九会"等等，证明他这次行事的有据。为什么老是说"九"呢？只为从汉高帝到光武帝是足足的九代。《河图》《洛书》如果真是孔子作的，则他在端门受命时已不但知道了开国的刘季，而且知道了这中兴的刘秀了！他以二月二十二日辛卯晨，燎祭天于泰山下，如南郊礼；二十五日甲午，禅祭地于梁阴，以高后配，如北郊礼。这不消说，他沿袭了王莽的制度。秦皇、汉武的封禅本没有天地阴阳的区别，但从此以后，封泰山是祭天，禅泰山下的小山是祭地，等于国都中的南北郊，大家用了王莽的方式作定制了。四月，他大赦天下，把建武三十二年（56年）改为中元元年。就在这年的十一月里，他宣布图谶于天下。图谶本已迎合人们迷信的心理，现在又定为功令的必读书，当然钻入各个角落更深更普遍了。东汉的国祚约二百年，禁不起这长期的宣传，所以谶纬八十一篇便成了王莽符命四十二篇的"跨灶"之子！

明帝是一个很精明的人，他能继续父业，所以《河图括地象》里就有了"十代，礼乐文雅并出"的豫言。他在永平三年（60 年）下诏道："《尚书璇玑钤》里说：'有帝汉出，德洽作乐，名予。'着把郊庙之乐改名为《大予乐》，乐官也称为大予乐官，以应合图谶。"

《左传》这部书，十之八九是真材料，其十之一二是刘歆改作的或是增加的。刘歆帮王莽篡位，把新式的五德终始说插在书里，证明汉是尧后属火德（当时也必有证明王莽为舜后属土德的，现在不见，想来是新室灭亡后给人删掉了），作禅让的张本。后来光武中兴，他自承为火德，虽和王莽、刘歆不同志，但用的依然是他们定的历史系统。为要在经书里证明汉的国运，《左传》当然是一部很重要的书。光武帝所以有心把它立博士，就因为这个缘故。刘歆有两个门弟子：一个是郑兴，刘歆因他天资很好，叫他作《左传》的条例、章句、训诂；一个是贾徽，他自己作了《左氏条例》二十一篇。他们都算得刘歆的高足弟子。郑兴在光武帝时任太中大夫，也很喜欢讲《洪范》灾异；但不知为什么，他不愿随俗弄些谶纬之学。有一次，光武帝问他郊祀的事情，向他说："我想把谶书来决断这事，你看怎样？"郑兴老实得很，答道："我是不读谶的！"帝大怒道："你不读谶，是不是表示反对？"他惶恐了，兢兢地答道："我于书有所未学，哪里敢反对！"帝方才赦了他。终究因他不懂谶，不给他做大官。贾徽自身虽没有得意，但他的儿子贾逵是非常聪颖的，他学通五经，尤明《左传》和《国语》，作两书的《解诂》五十一篇，永平中献了上去。他不像郑兴的不达时务，便在奏疏中说："五经里都找不到可以证明图谶所言刘为尧后的材料，只有《左传》是有明文的。又五经里总说颛顼是承继黄帝的；如果这样，尧就不得为火德，联带汉也不得为火德了。现在《左传》里黄帝和颛顼之间有少暤一代，就是图谶里所说的帝宣。这样一排，尧就确然为火德了。"明帝很以他的话为然，把他所作的《解诂》藏在秘府。到章帝时，他又把这番话重说了一通。章帝也是喜欢《左传》的，几次选了许多高才生从他读《左传》，这部书的地位就确立了。我们今日能毂知道些春秋时的事情，当然是《左传》的功劳；可是饮水思源，还是由于谶纬的介绍呵！

我们试翻开《后汉书》的列传来，或是看些东汉人的墓碑，大抵是有"博贯五经，兼明图谶"这一类话的。不想众醉之中也有独醒之士，东汉中叶，有个任太史令的张衡，他对于谶纬表示鲜明的反对。他上疏顺帝道："谶书是从什么时候出来的，这个问题很少人知道。当汉取秦时，尽力打仗，竟得成功，这真可说是一件大事，但在那时是没有人引谶的。就是最喜欢讲术数像眭弘这辈人，也没有提起过谶书。刘向父子校书秘府，还没有把谶书编入他们的目录。直到成帝、哀帝之后，刚刚听得有这种东西，它们的著作时代也就可知了！我们试用谶来比经，甚至用谶来比谶，其中矛盾冲突的地方不知有多少。况且其中说到战国时的墨翟、汉的益州，图里画到成帝，哪里会是孔子做的！这一定是虚伪之徒想升官发财，才造出这种谣言。从前贾逵摘取了谶书中自相矛盾的三十余条去问善于讲谶的人，他们也都说不出一个所以然来。王莽篡位是汉代的大祸，要是这八十一篇早已有了，为什么不豫先警戒呢？现在《河》《洛》和六艺诸谶纬都已校定，成为经典，然而有人拿来推说水灾，有人弃家入山林求道，都得不到一点效果，这还有什么可信的！画工何以怕画狗马而乐于画鬼魅，就为实物难写而虚伪是可以随心的。我请求，把图谶一起禁绝了！"顺帝虽因图谶是国典，不便背弃祖宗的成法，没有听他的话，但也觉得这种议论很不错，常常引他到帷幄中询问一切。不过一个人总是容易受时代的蒙蔽的，王莽留下的谶纬，张衡虽能打破，王莽留下的历史系统，张衡依然上了他的当了。司马迁作《五帝本纪》，黄帝之后就是颛顼，这原是战国以来通用的方式。张衡却因其中缺掉少皞，奏请改定。这请求也没有照准，想来为了

"五帝"这个名词所限，不便改成六帝的缘故。

图谶这类东西，会随时增加改变，为皇帝欲发达的人造作自拉自唱的证据，使得统治阶级极感不便，所以张衡的禁绝的主张在当时虽未成事实，而在南北朝时就实行过好几次。到隋炀帝即位，索性作彻底的摧残，他派使者四面去搜求谶纬，以及其它和谶纬有关系的书籍，一齐烧了；私人有敢隐匿的，查出处死刑：这才禁成功了。现在除了《易纬》八种还完全之外，其余的种种只留一鳞半爪在别的书里；经明、清人的苦心辑录，才看得一个粗略的轮廓。

第二二章　曹丕的受禅

上面讲了许多五行的故事、谶纬的故事，和现代意识太隔绝，诸君谅来听得厌了。现在再讲一个谶纬的喜剧，算作"大团圆"罢！

东汉中叶之后，宦官弄权，害死了不少好人。董卓杀了宦官，立献帝，迁都长安。曹操起兵，抓住献帝，又把都城迁到许；他自为大将军，玩弄皇帝于掌握之中。他执政二十四年，初自立为魏公，加九锡；又自进为魏王，设天子旌旗，出入传呼警跸。这样一步步的走上去，宛然王莽再生。但他到死没有篡位，这不知道是他不愿意做皇帝呢，还是他的寿命已不容他实现最后的计画呢？总之，禅让的格局是布置好了。

相传当他封魏公的时候，远道的人没有听准，传说他封的是魏王。有一个谶纬专家李合说："这一定是'魏公'，因为孔子传下的《春秋玉版谶》上早已写着'代赤者魏公子'了！"还有一个李云也上封事，说道："谶书里说的'许昌气见于当涂高'，这话怎讲？当着道路而高大的，莫过于宫门外的两个观阙（台上有楼观，故曰观；其间无门，故曰阙。北京的午门，左右突出的两壁，上面盖着方亭的，就是阙的遗制；至于左右相通的回廊，和正面三个门洞、上面九间门楼，是后世为了壮观而添出来的），观阙之名为'象魏'，这不就是魏吗？所以'代汉者当涂高'就是魏当代汉的豫示。魏的基业昌于许，所以说是'许昌'。"这句话说得活灵活现。但是光武帝引的"汉家九百二十岁，以蒙孙亡；受以丞相，其名当涂高"，下半节是猜准了，还有上半节呢？从光武帝到那时还不到二百年咧；就是从高帝受命算起也不过刚透四百年咧！

曹丕是魏王的太子，他于建安二十五年（220年）二月嗣位。他一即位，就把献帝的年号建安改为延康。三月，黄龙现。四月，白雉现。八月，凤凰集。我们看了王莽时的种种花样，以及谶纬书中的种种帝王受命的记载，就知道这好戏已在打锣。果然，到十月里，献帝下诏道："我生不幸，遭着国家的荡覆；虽是危而复存，但抬头看天文，低头看民心，就知道炎帝的历数业已告终，五德之运到了曹家了。从前的魏王（曹操）既立了许多神武的功绩，现在的魏王（曹丕）又是明德光耀，应着这个期会，天之历数所在再明白没有了。古人说得好：'大道之行，天下为公，选贤与能。'唐尧不私于他的儿子，留下了万世的美名。我对他是非常羡慕的，现在就禅位于魏王罢！"

那时魏国的许多官员也都上表称引图纬，说明魏王做皇帝的无异义。其中尤以太史令许芝说得最详细，最真切。他说："《易传》（就是《易纬》）里讲：'圣人受命而王，黄龙以戊己日见。'现在黄龙正以戊寅日现，这是最显著的受命之符。况且《春秋汉含孳》说'汉以魏，魏以征'，《春秋佐助期》说'汉以许昌失天下'，说魏说许，还有什么可疑惑的。又《孝经中黄谶》说：'日载东（曌），绝火光；不横一（丕），圣聪明。四百之外，易姓而王天下。'把您的名和姓以及受禅的年代都写出来了。《易运期谶》说：'言居东，西有午，两日并光日居下。其为主，反为辅。五八四十，黄气受，真人出。'言午是'许'字，两日是'昌'字，这是说汉当以许亡，魏当以许昌。《运期谶》又说：'鬼在山，禾女连（魏），王天下。'也是魏应得天下的证据。按帝王是五行之精，应当七百二十年一交替，但有德者可以超过这个数目，无德者就到不了这个数目。从汉高帝到现在固然不过四百二十六年，但汉的受命，图谶上早已说明，乃在春秋末的'西狩获麟'，从获麟到现在早已超过了七百年了，到了应当交替的时候了！我们看天上太微宫里，黄帝坐常明亮，赤帝坐常不见，可见赤家当衰而黄家当兴，在天象里也有证据。又荧惑星是赤帝之佐，失色不明也有十余年了。建安十年（205年），彗星先除紫微；二十三年（218年），又扫太微。新天子气见于东南。您初即位，就有黄龙、凤凰、麒麟、白虎等许多祥瑞。从前黄帝受命风后，受《河图》。舜、禹得天下时，凤凰翔，洛出书。汤为王，有白鸟之符。周文王为西伯，赤乌衔丹书来。汉高帝刚起，就有白蛇的征应。这些异物都是为了圣人而出现的。我们看汉家前后的大灾，魏国现在的符瑞，再察图谶中的期运，可说从古以来得天下者没有像魏这样又完美、又正当的。从前周公归政成王，孔子很反对他，以为他不是圣人，所以不替亿兆的人民设想。伏愿您体会尧、舜的聪明，承受这七百年的禅代罢！"

献帝再三下诏禅位，群臣又数十次上表劝进，曹丕一味的谦让。在这一个月中，从初一直闹得月底，往还的文书着实可观。仅看那些文书，差不多比了唐、虞之世还要美丽了。其中以博士苏林、董巴所上的表有些新意思。他们说："周天分为十二次，叫作分野，王公之国在分野中各有所属。周的分野是鹑火之次，魏的分野是大梁之次。岁星每年历一次，十二年而一周天；天子的受命，诸侯的封国，都按照着这个次序。所以周文王始受命，岁星在鹑火；到武王伐纣，是文王受命后的十三年，岁星又到了鹑火了。灵帝中平元年（184年），武王（曹操）讨黄巾，是为始受命，那年岁星在大梁。建安元年（196年），又在大梁，始拜大将军。十三年（208年），又在大梁，始拜丞相。今年（220年）岁星又到了大梁了，您应该受命王天下了！况且今年是庚子，《诗纬推度灾》说，'庚者，更也。子者，滋也。圣命天下治'，又说，'王者布德于子，治成于丑'，这是明说今年应当换个新圣人治天下了。又魏的氏族出于颛顼，和舜同祖。舜用土德继承尧的火德，现在魏也是用了土德继承汉的火德，极合于帝王授受的次序。天命这样地丁宁周至，就是人们说白话也不能比它再清楚。倘使您一味地固执谦让，那真是上逆天命，下违民望了！"

献帝在第三次禅位诏里，对于曹丕作苦苦的祈求，他道："汉家世逾二十，年过四百，运已周遍了，数已终讫了，天心移了，民望绝了。现在天命有所归，神人又同应。违天不顺，逆众不祥，魏王呵，你还是模仿了有虞氏的盛德，接受了这历数的期会罢！从前尧禅舜时不听得舜逆尧命，舜禅禹时又不听得禹辞舜位。你还是敬奉天心，不要再违背我的命令，登了皇帝之位罢！"但曹丕又说："听得了这个诏命，直使我吓得发抖！"

最后，魏的相国华歆等上一个最恳切的奏书，说道："我们听得您屡次的让，真是悲伤极了。《易》云：'圣人奉天时。'《论语》云：'君子畏天命。'尧知道天命去己，所以不得不禅舜。舜知道历数在身，所以不得不受禅。尧的不得不禅，这是他'奉天时'。舜的不得不受，这是他'畏天命'。汉家虽已这样衰败，还知道学尧的办法；但是您却只管拘牵小节，不知道去学舜。倘使死者有灵，那么，虞舜一定在苍梧的坟墓里顿足大骂了！不但是他，就是夏禹和周武王也必在他们的冢中郁郁不乐了！现在我们决定，不管您的意思怎样，立刻经营坛场，拟具礼仪，选择吉日，请您去昭告昊天上帝，承受这个必应受的天命！"于是曹丕说："从前大舜在田野中吃粗糙的粮食，仿佛有终其身的样子：这是我的宿志。他受了尧禅，穿上了贵重的衣裳，像是向来过惯的：这是他的顺天命。既经天命不可拒，民望不可违，我也没法辞谢了，就学了他罢！"明天，他升坛受皇帝的玺绶；公卿、列侯、诸将、匈奴单于、四方夷人们陪位的有数万人。事毕，燎祭天地、五岳、四渎；改元黄初，表示是土德行运之初。他回去时，轻轻地说道："舜和禹的事情，我现在是知道了！"

秦始皇和汉高帝的受命是武的；光武帝的受命是文武兼资的；王莽和曹丕的受命是纯粹文的。不过把曹丕比了王莽，还有一些不同。王莽时的花样件件是"当场出彩",几百种的祥瑞和图书都在他的世里陆续出现,证明了他的天命。偶然也有几件旧的点缀一下,像春秋时的"沙麓崩"说是圣女兴的符瑞,文帝时的黄龙出现说是土德代汉的豫兆,但这不过给与一种新解释而已。曹丕就不是这样了。他的天命固然一方面也有活货,像黄龙和凤凰之类;但大部分是出在千余年来文王、孔子传下的图谶上,而且说得这样明白,把他的名呵、姓呵、地呵、年呵,一切都豫先记好了。然则孔子何尝专为赤汉制法,他把"黄魏"也一起包罗了。假使张衡还活着,他一定要说:曹丕结果汉家天下,在八十一篇谶纬里明白如此,为什么不豫先警戒呢!又王莽的天下是汉高帝在冥冥之中传与他的,曹丕的天下是献帝明白禅让的。王莽为他自己是土德,所以把汉改排了火德;曹丕因为汉是火德,所以他就自居于土德。他们的德运虽同,而一个主动,一个被动,也有些儿差异。

魏文帝(曹丕)短寿,没有等到改正朔,易服色,就死去了。到他的儿子魏明帝景初元年(237 年),山茌县黄龙见,官员们奏魏得白统,应以建丑之月为正,才依照了三统说改定历法;又服色尚黄,牺牲用白,都和王莽的制度一样。

我们读了以上许多受命(皇帝的宗教)的故事,该得明白,所谓五德和三统,所有图谶和纬候,莫不是应时出现的东西;它们自己虽处处说是老古董,其实尽是些时髦的货色,好比一笼馒头,现蒸热卖的。现在我把它们的真相揭开,诸君或者要以为这种东西无聊得很,不值得大谈特谈。须知许多真的老古董(历史)都给这种各时代的时髦货色淆乱了,我们无论看到哪部古书,或者提到哪件古史,几乎没有不蒙上这一层色彩,甚至在内部起了化合作用的。我们要捉得这汉代的学术的中心,明白看出他们的思想和理论的背景,然后对于这些修饰过和假造过的材料可以做剥洗和分析的工作;做了这部工作之后要去真实地认识古代社会,就不会给这些材料牵绊了。倘使你不屑瞧瞧这种无聊东西,我敢决然说:你永远跳不出他们设下的天罗地网!

附

重 版 前 言①

自从英明领袖华主席为首的党中央一举粉碎了祸国殃民的"四人帮"、带领全国人民抓纲治国以来，形势一派大好，伟大领袖和导师毛主席所制订的路线、方针和政策，都得到了贯彻执行，在社会主义文化事业中，重新出现了百花齐放、百家争鸣的繁荣景象。我虽已届暮年，也为能生逢这光明隆盛的时代而感到无比的兴奋，并表示衷心的拥护。

上海古籍出版社决定重版我的旧作《秦汉的方士与儒生》，使得我既高兴又惭愧。高兴的是，这本小册虽是旧作，也许还能对读者认识这一时代的特性有所帮助；惭愧的是，书中还存留着不少的缺点和错误，而我的身体已为许多慢性病所困住，不能在这大好的形势之下早日作出相应的修改，有负领导和读者的厚望。例如原书提到秦始皇焚书坑儒时，认为"焚书"是秦初统一时的政治措施，而"坑儒"只是始皇个人一时的发脾气。这一点既与毛主席的观点不符，即对于我自己近年研究法家思想时所得到的结论也不合：这两件事分明是同一种时代思潮的连锁反应。这方面的证据我在病中已搜罗了许多，我想请人助我用考据的方式叙述出来，尽量不改动原材料的面貌，比较清楚地说明秦始皇执行这两项严厉的任务都是有所秉承，起着拗转当时腐化的游惰的社会寄生生活的作用的。这一本小册子如能写成，拟题为《儒法两家的由来和儒法斗争的真相》，作为本书的姊妹篇。

在此，我热切盼望读者提出宝贵意见。如果这本书能对活跃学术思想、批判地继承古史遗产方面作出一些贡献，得着抛砖引玉的效果，那便是对我极大的安慰了！

顾颉刚

一九七八年一月

---

① 此文原载上海古籍出版社 1978 年 2 月新 1 版。1983 年 8 月第 2 次印刷时，全文删减为一段，即首段全删；二段保留自始至第 5 行"……厚望"，其中删"在这大好的形势之下"；续接末段。

小仓芳彦：改订之处原文对照表①

				汉代学术史略（上海亚细亚书局，一九三五年八月）		秦汉的方士与儒生（上海群联出版社，一九五五年三月）		（上海古籍出版社，一九七八年二月）
				A 版		C 版		D 版
译书		原书				原书		
页	行	页	行			页	行	
		第一章						
2	11	2	1~2	阴阳说可说是起源于《周易》，五行说可说是起源于《洪范》		1	9~10	阴阳说可说是最先表现于《周易》，五行说可说是最先表现于《洪范》	同 C
4	13	4	1	吩咐上代帝王……		3	2	强迫上代帝王……	同 C
7	10	7	6	我们要了解汉代的历史时是非先明白这个方式不可的		5	6	我们要了解汉代的学术史和思想史时就必须先明白这个方式	同 C
		第二章						
10	1	10	1	桓公自己知道没有这大福气，只得止了		7	8	桓公自己知道没有这么大的福气，只得息了这个妄想	同 C
11	8	11	9	文、景玄默		8	9	文、景时要安定人民	同 C
		第三章						
12	5	12	4	古代的人没有很多的自由，他们也想不到争取自由		9	4	古代的社会阶级森严，说不上有什么自由，人们也不易想到争取自由	同 C
14	3	14	6	这恶浊的世界紧紧跟在你的后头		10	12~13	这现实的世界紧紧跟在你的后头	同 C
	7		9	真写出了这种心理		11	1	同 A	正写出了这种心理

① 原载小仓芳彦日译本，日本大修馆书店，1978年12月，改题《中国古代的学术与政治》。

				A 版			C 版	D 版
16	6	17	1	焚书是一种有计划的政治手段，也是他们的时代使命	12	6~7	同A	焚书是初统一时的政治使命
	13		7	文帝的性情不是喜欢张扬的		11	同A	文帝到底不是喜欢张扬的
第四章								
17	6	18	4~5	全国的东部封建了许多王国	13	4	同A	全国的东部分封了许多王国
	8		7	即成了社会上的公同的信仰与要求		6	仿佛成了社会上的公同的信仰与要求	同C
	9		7	看热闹的民众		6~7	看热闹的人们	同C
18	6	19	6	同草这新制度	14	2	同草这一个学说的新制度	同C
	6		6	所以他一被诛		3	后来他一被诛	同C
	9		9	恰好他是一位好大喜功之主		5	恰好他是一位好大喜功的皇帝	同C
	10		9	又凭着汉家全盛之业		5	又凭着汉家全盛的时代	同C
20	5		9	仿佛看见了他的信心与伤心	15	10	同A	还可体会到他的信心与伤心
	5	21	9	当时民众们		11	当时统治阶级以及受着统治阶级麻醉了的人们	同C
	10	22	2~3	直到中华民国改用了阳历才废除		15	直到辛亥革命后才改用了阳历	同C
21	15	23	8	为了这个使命	16	14	为了完成这个使命	同C
第五章								
22	1	24	1	当始皇统一天下之后	17	1	同A	秦始皇统一中国之后
25	4	27	8	没有想起后土	19	9	同A	没有祭祀后土

A版					C版			D版
		第六章						
30	6	33	5	所以然者	23	4~5	所以要这样	同C
31	7	34	5	大约现在"历史"这个名词就从这上面来的	24	2	同A	无
32	7	35	6~7	负有以一己代替全国人民的灾患的大责任		13	同A	负着以己身替民众向天神祈免灾患的责任
		第七章						
36	4	39	3	使它成为一种极有系统的学问	27	3	使它在幻想中成为一种极有系统的学问	同C
37	2	40	2	我们还能知道……		13	同A	现在还能知道……
38	8	41	8	一个平常的意思	28	14	一个平正的意思	同C
38	12	41	10	还要有服妖……		1	同A	还会有服妖……
39	5	42	8~9	人民筋疲力竭,盗贼纷纷起来	29	9	人民筋疲力竭,纷纷起来劫夺	人民筋疲力竭
39	6	42	9	人民怨望之余		10	人们怨恨之余	人们怨恨之余
39	13	43	4	一种想像		15	一种传说	同C
40	3	43	8	他乘机逆言道	30	3	他乘机进言道	同C
40	9	44	1	说到这样		6	同A	听到这话
40	11	44	2	粗看这种话,似乎不错		7	同A	这话在当时确是动听的
41	6	44	9	但的确映现了一个脆脆不安的社会在后头		14	但的确反映了一个动摇不安的社会在后头	同C
42	6	45	10~11	大家悉在这僵局之下徘徊观望	31	10	统治阶级及受其麻醉的人们都在这个僵局之下徘徊观望	同C
		第八章						
46	2	48	4	他的学说	33	9	同A	他的传说

				A　版			C　版	D　版
	14	49	4	当他的时候，旧式的封建组织已渐崩溃	34	5~6	同A	他在世时候，旧式的社会组织已渐崩溃
47	7	50	1	毁灭封建组织		13	破坏世族专政	同C
	7		2	一班平民		13	同A	一般平民
48	7	51	3	他想出一种主义	35	9	同A	他倡导一种主义
56	16	60~61	9~2	自从春秋末年以后，为了推翻贵族阶级，人民挨受了二百五十年的刺戟和痛苦，到这时天下初平，着实应该休息了。以黄老之言作为休息的原理，本不算错。所不幸的，这种柔弱和退让的思想竟透进了我们的民族的骨子，使得我们没有热心，只会随顺，没有竞争，只有停顿，逢到了大事要把它化为小事无事，逢到了难事要以没办法为办法，听它自然的变化，一直传到现在	41~42	10~1	自从春秋末年以后，为了消灭许多地方势力，推翻许多贵族阶级，大规模地流血战争，人民挨受了二百五十年的刺戟和牺牲，到这时天下初平，着实应该休息了。把黄老之言作为休息的原理，本是适合于当时的社会条件的。所不幸的，只是这种柔弱和退让的思想竟致渗透了人们的骨子，作为有永久性的人生观，使得我们民族在长时期中减低了对自然斗争和阶级斗争的热力，逢到大事要把它化为小事无事，逢到难事要以没办法为办法，听它自然地变化，大大地延缓了社会的进步	自从春秋末年以后，…… ……（同C）…… 渗透一些人的骨子，作为有永久性的人生观、结果使得他们在长时期中……（同C）…… ……听它自然地变化
		第九章						
57	5	62	4	下层的民众，只要本领	43	3~4	下层的人民只要有最大的本领	同C
	8		5	向好处说		2	从表面说	同C
58	10	63	7	若向不好处说，这简直是麻醉民众	44	3	若从骨子里说，这简直是蒙蔽民众	同C
59	9	64	10	他果然很喜欢他，拜为博士		15	同A	他见了果然喜欢，拜为博士

续表

				A 版			C 版	D 版
62	8	68	1	没有订立许多新法制	47	1	等不及订立许多新法制	同 C
64	12	70	7	这是科举制的开头	48	12	同 A	这是科举制的滥觞
	12	70	7	天子把他们问了再问		12	同 A	武帝把他们问了再问
66	8	72	8~10	这偶像直维持到现在。所以战国之末虽已把封建制度打破，而封建思想还由儒家传了下来，……	50	2~3	这偶像直维持了两千多年。所以战国之末虽已把旧制度一齐打破，而旧思想还由儒家传了下来，……	……（同 C）……而旧思想的种子还由儒家传了下来，经武帝的栽种而发芽开花，……
		第十章						
67	8	73	6~8	到现在中央研究院的正式发掘，已发见了三万片以上，可以整理出一部商代史来了	51	6~7	到近年考古学者大规模的发掘，已发见了十六万多片，可以希望整理出一部商代史来了	同 C
	11	73	1	铜器（二处）		9	青铜器（二处）	同 C
68	3	74	3	乐器有钟……		11	同 A	乐器有钟、铙……
	3	74	3	食器有鼎、鬲、敦、簠……		11	食器有鼎、鬲、簋、簠……	同 C
69	12	76	1~2	自从秦将蒙恬发明兔毫笔，写字就轻易得多	53	3	还有方块的木版，叫做"方"，可写一百字左右	同 C
	12	76	2	简和帛是并用的		3~4	简、方和帛是并用的	同 C
70	16	77	9	也是"天开文运"	54	4	由于时代的突变	同 C
72	11	79	9	其实还靠在他自己主张的实践伦理的"礼"上	55	7~8	其实极大部分是在他自己主张的实践伦理的"礼"上	同 C
74	10	81	9~10	这种观念在学术界中不曾变过	56	12	这种观念在学术界中几乎不曾变过	同 C

			A　版		C　版	D　版
75	16	83	7 ~ 8	张角造反	57	15	张角起义	同 C
76	3		9	贼徒自会消灭的	58	1	贼徒们自然会消灭的	"贼徒" 自然会消灭的
		第十一章					
82	10	90	11	还不难复原		6	还不难积聚	同 C
83	2	91	7	到今不过三十年	62	12	到今不过五十年	同 C
	4		8	再过三十年，连卖破货的摊子上也绝迹了		13	再过不了几年，连卖旧书的摊子上也就绝迹了	再过不了几年，连卖旧书的摊子上也会绝迹了
84	10	93	4	没有什么分别	63	13 ~ 14	不曾听说有什么分别	同 C
	16		9	以政治力量	64	3	同 A	以高压手段
	16		9	二千年来		4	二千余年来	同 C
86	9	95	7 ~ 8	千万不要再做 "汉人近古，其言必有所据" 的好梦了！	65	6	大可不必再做 "汉人近古，其言必有所据" 的好梦了！	同 C
		第十二章					
90	8	99	8	这原是学术界中应有的事	68	9	这原是学术界中应有的事，而且是极好的事	同 C
95	6	105	4	经书中的意义	72	4	同 A	经书的内容
		第十三章					
96	2	106	2	没有用		2	同 A	用处不大
	4		4	完全表现阶级思想	73	3	完全为了维持统治阶级的尊严	同 C
	6		5	一种无用的用处		5	同 A	一种用处
99	15	110	5	《春秋》之学喜欢 "诛心"	76	2	同 A	《春秋》之学讲究 "诛心"

续表

				A　版			C　版	D　版
	7	110	9	不知冤死了多少可以无罪的人		6	不知害了多少无罪的人	同 C
100	9	110~111	10~1	我们一定可以找出好多例子。想来当时经学化的法律，和现在军政时期的法律有些相同吧？	76	6~7	我们一定可以找出好多屈死鬼呢	同 C
105	11	116	8	琼州岛 （117 8 同）		2	同 A （80 11 同）	海南岛
106	7	117	5	那边的人又蠢笨得像禽兽一样	80	9	那边又没有文化	同 C
	11		9	秦皇汉武的辟地固然由于穷兵黩武的野心		12	秦皇汉武的辟地固然有些穷兵黩武的野心	同 C
107	2	117~118	10~3	到今日或者已没有汉族存在，因为延长汉族的寿命就靠在这向外发展和同化异族呀。现在经书所记的道理，汉人看作与天地相终始的，经书里既不主张向外发展，读者们受了这个暗示，自然要以《禹贡》的疆域为满足了。到了今日，东三省做了人家的生命线而不做我们的生命线，恐怕《禹贡》的没有说到也是一个潜在的原因吧？	80	13~15	到今天中国或者已不是这个样子。那时汉人看作与天地相终始的经书中所记的道理，既然绝不主张向外发展，读者们受了这个暗示，自然要以《禹贡》的疆域为满足了	同 C
		第十四章						
109	5	121	3	民众	83	1	人民	同 C
110	1	122	3	蛮夷		10	夷族	同 C
	16	123	3	民众	84	6	全国人	同 C
111	11	124	2	人民八千余人		15	附和的八千余人	同 C

				A　版			C　版	D　版
112	14	125	6	灿烂	85	12	同A	昭著
113	1		7	人民		13	被欺骗的人们	同C
		第十五章						
122	16	136	2	就可知道高帝的起于平民正可表示其出于天意	92	11	这句话的用意，是要使人知道高帝的起于平民正可表示其出于天意	同C
	2	139	8	攘窃		2	夺取	同C
126	5		11	盗贼蜂起	95	4	劫杀蜂起	同C
	13	140	6	柏乡县		9	同A	隆尧县北
		第十六章						
	5	141	4	他是一个主张彻底的人		4	他是一个主张比较彻底的人	同C
128	8		6	社会是时时在变动的	96	6	社会是时时在变动发展的	同C
135	11	149	10	近三百年来民众的正统史书《纲鉴易知录》	102	2	近三百年来一般人认为正统史书的《纲鉴易知录》	同C
136	9	150	10	我也以为很对		11	我也以为大致不错	同C
		第十七章						
	9	157	3	他们也想出……		9	他们也会想出……	同C
141	14		6	古文经〔今文经之误〕	107	12	今文经	同C
143	12	159	6~7	（故宫傅〔博之误〕物院藏一器，现在南迁了）	109	1	无	同C
146	7	162	9	《左传》的记事何等美丽	111	2	《左传》的记事何等详细	同C
		第十八章						
152	10	170	3	兆（兆是坛域）	116	8	兆（兆是祭坛）	同C
157	4	175	8	北平	120	2	北京	同C

A 版					C 版			D 版
第十九章								
166	5	184	2	（成都称为白帝城，即由此来）	125	11	（现在四川奉节县东边有白帝城，即由此来）	同 C
166	13	184	8~9	他据西方为白德	126	2	他据西方而尚白	同 C
167	11	185	9	他们不讳言自己的灭亡		12	他们不讳言自己统治权的灭亡	同 C
第二十章								
171	1	190	2	……负有三种使命	129	2	……大约负有三种使命	同 C
173	13	193	5	群众	131	5	糊涂的人们	同 C
180	8	200	11	正如讲到初民社会时不该隐却他们的野蛮行为一样	136	4	无	同 C
	11		1~3	试问现在一班愚民天天望"真命天子"出现，是不是间接受谶纬的影响？读书人感到的神秘性的孔子，是不是从谶纬来的？		5~6	试看辛亥革命之后，不是还有一班糊涂的人们天天望着"真命天子"出现吗？	同 C
	12		3	提倡孔教的人，谁不把端门受命等故事作他宣传的中坚？		6	像陈焕章等一班提倡孔教的人，不是还把端门受命的故事当作他们宣传的中坚吗？	同 C
	15	201	4~6	就算脑筋清楚些的人，肯不信这种东西，然而玄圣的玄，炎刘的炎，谁想得到有问题？华胥履迹、庆都感龙一类事，谁敢不看作真实的上古史？从东汉直到近世，上古史的作家不把这些材料收进去的有几个？		7~9	一班迷信汉学的人，不是还把纬书里的华胥履迹、庆都感龙一类事当作真实的上古史料来用吗？就算脑筋清楚些的人肯不信这种东西，然而玄圣的"玄"，炎刘的"炎"，谁想得到中间大有问题？	同 C
181	1		8	要把它牵合到……		10	容易把它牵合到……	同 C

A 版					C 版			D 版
第二十一章								
183	2	204	2~3	《河图》和《洛书》三十六篇	137	11	《河图》和《洛书》三十篇	同C
186	16	208	4	迎合民众迷信的心理	140	9~10	迎合人们迷信的心理	同C
187	1		5	当然钻入民间更深更普遍了		10	当然钻入各个角落更深更普遍了	同C
第二十二章								
193	6	215	4~5	北平的天安门，本来就是这东西，不过装上门了	145	1~2	北京的午门，左右突出的两壁，上面盖着方亭的，就是阙的遗制。至于左右相通的回廊，和正面三个门洞、上面九间门楼，是后世为了壮观而添出来的	同C
	11		8	可怜		5	同A	无
200	5	222	7~8	孔子何尝是为赤汉制法	149	13	孔子何尝专为赤汉制法	同C
201	10	224	3	做了这部工作然后可以真实的认识古代社会	150	13~14	做了这部工作之后要去真实地认识古代社会，就不会给这些材料牵绊了	同C

序							
译书		原书		C 版	原书		D 版
页	行	页	行		页	行	
228	1	3	1	现在由上海群联出版社重版了	3	1	现在又重版了
	9		6	一切踏实做去		6	无
230	4	4	13	帮他呐喊的有谭嗣同、梁启超、皮锡瑞、夏曾佑等人	4	13	他的同道有谭嗣同、梁启超、皮锡瑞等维新派
	7	5	1	摧毁康氏的今文学	5	1	抨击康氏的今文学
231	8		14	他只是一个本色的经生		14	无
233	8	7	4~8	《聊斋志异》上记着一段故事……（中略）……接受他们双方的结论	7	5	……〔省略符号〕
237	16	11	1	王景、桑钦的地理学，淳于意、张机、华佗的医学	10	13~14	王景、桑钦的地理学，赵过的农学，许商、平当、贾让的水利学，淳于意、张机、华佗的医学
239	8	12	4	群联出版社不以这书为劣陋，要我交给该社重版	12	1	出版社方面不以这书为劣陋，要我加以修正重版
242	13	14	4	发现了地球是一颗行星	14	10	触及了地球是在不断地运行这一客观真理
243	4	15	4	八五三页	15	1	八三三页

附表一　史汉儒林传及释文序录传经系统异同表①

经 \ 家派 \ 记载		史记儒林列传	汉书儒林传	经典释文序录	校　记
诗	总记	言《诗》,于鲁则申培公,于齐则辕固生,于燕则韩太傅	言《诗》,于鲁则申培公,于齐则辕固生,燕则韩太傅	汉兴,传者有四家。……前汉鲁、齐、韩三家《诗》列于学官。平帝世《毛诗》始立。《齐诗》久亡;《鲁诗》不过江东;《韩诗》虽在,人无传者。惟《毛诗》郑笺独立国学,今所遵用	《史记》始终三家,《汉书》则始三家而终四家,《释文》始终四家
	鲁诗（宣帝前立学）（注）今文	吕太后时,申公游学长安,与刘郢同师;已而郢为楚王,令申公傅其太子戊。……归鲁,退居家教,……弟子自远方至受业者百余人。……以《诗经》为训以教,无传,疑者则阙不传。王臧……赵绾亦尝受《诗》申公,绾、臧请天子,欲立明堂	申公……少与楚元王交俱事齐人浮丘伯,受《诗》。……吕太后时,浮丘伯在长安,楚元王遣子郢与申公俱卒学。……郢嗣立为楚王,令申公傅太子戊。……归鲁,退居家教,……弟子自远方至受业者千余人。……以《诗经》为训故以教,	鲁人申公受《诗》于浮丘伯,以《诗经》为训故以教,无传,疑者则阙不传,号曰《鲁诗》。弟子为博士者十余人,……王臧……赵绾……孔安国……周霸……夏宽……鲁赐……缪生……徐偃……阙门庆忌,皆申公弟子也。	《史记》未著申公师名,《汉书》始云浮丘伯。《史记》以申公与刘郢同师,《汉书》以申公与刘交父子同师。《史记》云受业者百余人,《汉书》易作千余。

---

① 1934 年 12 月作。原载《古史辨》第五册,附《自序》之后。

经\家派\记载			史记儒林列传	汉书儒林传	经典释文序录	校　记
诗	今文	鲁诗（宣帝前立学）（注）	以朝诸侯，……迎申公。……数年卒，弟子为博士者十余人：孔安国……周霸……夏宽……鲁赐……缪生……徐偃……阙门庆忌。……大夫郎中掌故以百数，言《诗》虽殊，多本于申公	亡传，疑者则阙弗传。……王臧……赵绾亦尝受《诗》申公，……请立明堂以朝诸侯，……迎申公。……数年卒，弟子为博士者十余人：孔安国……周霸……夏宽……鲁赐……缪生……徐偃……阙门庆忌。……大夫郎掌故以百数，申公卒，以《诗》《春秋》教授，而瑕丘江公尽能传之，徒众最盛。……许生……徐公皆守学教授。韦贤治《诗》，事博士大江公及许生，又治《礼》，……传子玄成，……玄成及兄子赏，……由是《鲁诗》有韦氏学。		申公本以《诗》《春秋》授，瑕丘江公尽能传之，徒众最盛。……许生……徐公皆守学教授。韦贤受《诗》于江公及许生，传子玄成。	《史记》但云申公教《诗》，《汉书》增出申公卒后其弟子以《诗》《春秋》教授及瑕丘江公尽能传之二事。 瑕丘江公，《史记》仅言"为《穀梁春秋》"，《汉书》则定为申公之弟子。
				王式……事……徐公及许生，式为昌邑王师。……张长安……唐长宾……褚少孙……事式，……皆为博士，……由是《鲁诗》有张、唐、褚氏之学。	王式受《诗》于……徐公及许生，以授张生长安及唐长宾、褚少孙。	
				张生兄子游卿……以《诗》授元帝，其门人……王扶为泗水中尉，……许晏为博士，由是张家有许氏学。	张生兄子游卿以《诗》授元帝，传王扶。扶授许晏。	汉书以王扶、许晏同为张游卿弟子，《释文》则以许晏为王扶弟子

经	派	家	史记儒林列传	汉书儒林传	经典释文序录	校　记
诗	今文			初薛广德亦事王式，以博士论石渠，授龚舍	又薛广德受《诗》于王式，授龚舍	
		齐诗（宣帝前立学）	辕固生，……孝景时为博士。……诸齐人以《诗》显贵，皆固之弟子也	辕固……，孝景时为博士。……诸齐以《诗》显贵，皆固之弟子也。昌邑太傅夏侯始昌最明。……后苍……事夏侯始昌，……通《诗》《礼》，为博士，……授翼奉、萧望之、匡衡。衡授……师丹、伏理……满昌，由是《齐诗》有翼、匡、师、伏之学。满昌授……张邯……皮容，……徒众尤盛	齐人辕固生作《诗传》，号《齐诗》。传夏侯始昌。始昌传后苍。苍授翼奉及萧望之、匡衡。衡授师丹及伏理、满昌。昌授张邯及皮容，徒众尤盛	《史》《汉》俱不言辕固生曾著书，《释文》则云作《诗传》
		韩诗（宣帝前立学）	韩生，……孝文帝时为博士。景帝时为常山王太傅。韩生推《诗》之意而为《内》《外传》数万言，贲生受之。……燕、赵间言《诗》者由韩生。……孙商，为今上博士	韩婴，……孝文时为博士。景帝时至常山太傅。……婴推诗人之意，而作《内》《外传》数万言，……贲生受之。燕、赵间言《诗》者由韩生。韩生亦以《易》授人，……燕、赵间好《诗》，故其《易》微，惟韩氏自传之。……其孙商为博士。孝宣时，涿郡韩生其后也，以《易》征，……曰："所受《易》，即先太傅所传也。尝	燕人韩婴推《诗》之意，作《内》《外传》数万言，号曰《韩诗》。……贲生传之。其孙商为博士。孝宣时，涿韩生其后也。（婴又为《易传》，燕、赵间好《诗》，故其《易》微，惟韩氏	《史记》韩生无名，《汉书》著其名曰婴。 《史记》但言韩生授《诗》，《汉书》谓其兼授《易》而不彰，惟传于家

续表

经\家派\记载		史记儒林列传	汉书儒林传	经典释文序录	校　记
诗	今文	韩诗（宣帝前立学）		受《韩诗》,不如《韩氏易》深。……"盖宽饶……从受焉。赵子……事……韩生,……授蔡谊。……谊授……食子公与王吉。……食生为博士,授……栗丰。吉授……长孙顺,顺为博士。……由是《韩诗》有王、食、长孙之学。丰授……张就,顺授……发福,徒众尤盛	自传之。)……赵子事……韩生,授……蔡谊。谊授……食子公及……王吉。子公授……栗丰。吉授……长孙顺。丰授……张就。顺授……发福	
	古文	毛诗（平帝时立学）		毛公,赵人也,治《诗》,为河间献王博士,授……贯长卿。长卿授解延年。延年授……徐敖。敖授……陈侠,为王莽讲学大夫。由是言《毛诗》者本之徐敖	孔子……删录……以授子夏,子夏遂作《序》焉。《毛诗》者出自毛公,河间献王好之。徐整云:子夏授高行子,高行子授薛仓子,薛仓子授帛妙子,帛妙子授河间人大毛公。毛公为《诗故训》传于家,以授赵人小毛公。小毛公为河间献王博士,以不在汉朝,故不立于学。一云:子夏传曾申,申传魏人李克,克传鲁人孟仲子,孟仲子传根牟子,根牟子传赵人孙卿子,孙卿子传鲁人大毛公。《汉书·儒林传》	《史记》不著毛公一字;《汉书》有赵人毛公,曾立博士,四传而至王莽时。《释文》定《毛诗序》为子夏作;录徐整说,谓子夏五传而至小毛公;又引或说,谓子夏六传而至大毛公;大毛公之地有两说,一为河间,一为鲁。据或说,《毛诗》传自荀卿（孙卿子）。

经 \ 记载 \ 家派		史记儒林列传	汉书儒林传	经典释文序录	校记
诗	古文 毛诗（平帝时立学）			云：毛公赵人，治《诗》，为河间献王博士，授……贯长卿。长卿授解延年。延年授……徐敖。敖授……陈侠。 或云：陈侠传谢曼卿，元始五年(5年)公车征说《诗》。后汉郑众、贾逵传《毛诗》，马融作《毛诗注》，郑玄作《毛诗笺》，申明毛义，难三家，于是三家遂废矣。……	《汉书》称陈侠为王莽讲学大夫，《释文》则谓陈侠弟子谢曼卿于平帝时征，更推下一代
书	总记	言《尚书》，自济南伏生	言《书》，自济南伏生	汉始立欧阳《尚书》。宣帝复立大、小夏侯博士。平帝立古文。永嘉丧乱，众家之书并灭亡，而《古文孔传》始兴	
	今文 伏生尚书	伏生……故为秦博士。孝文帝时，欲求能治《尚书》者，天下无有，乃闻伏生能治，欲召之。是时伏生年九十余，老不能行，于是乃诏太常使掌故朝错往受之。	伏生，……故为秦博士。孝文时，求能治《尚书》者，天下亡有，闻伏生治之，欲召。时伏生年九十余，老不能行，于是诏太常使掌故朝错往受之。	汉兴，欲立《尚书》，无能通者。闻济南伏生（名胜）传之。文帝欲征，时年已九十余，不能行，于是诏太常使掌故晁错受焉。（《古文官书》云："伏生年老不能正言，言不可晓，使其女传言教错。"）	《史》《汉》伏生无名，至《释文》始著其名曰胜。 伏女传经之事，为《史》《汉》所并无。
		秦时焚书，伏生壁藏之。其后兵大起，流亡。汉定，	秦时焚书，伏生壁藏之。其后大兵起，流亡。汉定，	伏生失其本经，口诵二十九篇传授。……	《史》《汉》并言二十九篇为壁藏残余，《释文》则易言口诵。

续表

经＼家派＼记载		史记儒林列传	汉书儒林传	经典释文序录	校　记
书	今文	伏生尚书	伏生求其书，亡数十篇，独得二十九篇，即以教于齐、鲁之间，学者由是颇能言《尚书》，诸山东大师无不涉《尚书》以教矣。 伏生教……张生及欧阳生。张生亦为博士。而伏生孙以治《尚书》征，不能明也。 自此之后，……周霸、孔安国、……贾嘉颇能言尚书事	伏生求其书，亡数十篇，独得二十九篇，即以教于齐、鲁之间，齐学者由此颇能言《尚书》，山东大师亡不涉《尚书》以教。 伏生教……张生及欧阳生。张生为博士。而伏生孙以治《尚书》征，弗能明定。 自后，……周霸……贾嘉颇能言尚书云	伏生授……张生……欧阳生	《史记》但言学者颇能言，《汉书》则于学者上增一齐字。 《史记》以孔安国与周霸、贾嘉并言，《汉书》剔去之
		欧阳尚书（宣帝前立学）	欧阳生教……兒宽。兒宽……诣博士受业，受业孔安国。……	欧阳生……事伏生，授倪宽。宽又受业孔安国。……欧阳，大、小夏侯氏学皆出于宽。宽授欧阳生子世，世相传至曾孙高……为博士。高孙地余……为博士，论石渠。……地余少子政为王莽讲学大夫。由是《尚书》世有欧阳氏学。 林尊……事欧阳高为博士，论石渠，……授……平当……陈翁生，……由是欧阳有平、陈之学。翁生授……殷崇龚胜。……平当授……朱普鲍宣，……徒众尤盛	【欧阳】生授……兒宽。宽又从孔安国受业，以授欧阳生之子。欧阳氏世传业，至曾孙高作《尚书章句》，为欧阳氏学。高孙地余以《书》授元帝，传至欧阳歙（后汉）。歙以上八世皆为博士。 林尊受《尚书》于欧阳高，以授平当及陈翁生。翁生授殷崇及龚胜。当授朱普及鲍宣。……《欧阳尚书》……东京最盛	《释文》读《汉书》文为"世世相传"，不以"世"为欧阳生子之名，或然。兹依通常读法点《汉书》文。 《汉书》但言欧阳高为博士，释文更谓其作《尚书章句》

记载家派经			史记儒林列传	汉书儒林传	经典释文序录	校　记
书	今　文	大小夏侯尚书（宣帝时立学）		夏侯胜，其先夏侯都尉从……张生受《尚书》，以传族子始昌，始昌传胜。胜又事……简卿，简卿者兒宽门人。胜传从兄子建。建又事欧阳高。……由是《尚书》有大、小夏侯之学。	张生授夏侯都尉，都尉传族子始昌，始昌传族子胜。胜从始昌受《尚书》及《洪范五行传》，说灾异；又事……简卿，卿者兒宽门人；又从欧阳氏问……受诏撰《尚书》《论语说》，号为大夏侯之学。夏侯建师事夏侯胜及欧阳高，左右采获，……以次章句，为小夏侯氏学。	《汉书·夏侯胜传》云"胜……从始昌受《尚书》及《洪范五行传》，说灾异"，《释文》本此
				周堪……与孔霸俱事大夏侯胜，霸为博士。……堪授牟卿及……许商、牟卿为博士。霸……传子光，亦事牟卿，……由是大夏侯有孔、许之学。商……门人……唐林……吴章……王吉……炔钦。……王莽时，林、吉为九卿，……钦、章皆为博士，徒众尤盛。……张山拊……事小夏侯建，为博士，论石渠，授……李寻、郑宽中……张无故……秦恭假仓。……无故善修章句，……守	【大夏侯】传……周堪及……江霸。霸传子光。堪授……牟卿及……许商。商授……唐林及……吴章……王吉……炔钦。【小夏侯】传……张山拊。山拊授……李寻及郑宽中……张无故……秦恭……假仓。宽中授……赵玄。无故授……唐尊。恭	

续表

经\家派\记载	史记儒林列传	汉书儒林传	经典释文序录	校　记
书 / 今文 / 大小夏侯尚书（宣帝时立学）		小夏侯说文。恭增师法至百万言。……由是小夏侯有郑、张、秦、假、李氏之学。宽中授……赵玄。无故授……唐尊。恭授……冯宾。宾为博士；尊，王莽太傅	授……冯宾	
泰誓（宣帝时立学）			汉宣帝本始中，河内女子得《泰誓》一篇献之，与伏生所诵合三十篇，汉世行之。然《泰誓》年月不与《序》相应，又不与《左传》《国语》《孟子》众书所引《泰誓》同，马、郑、王肃诸儒皆疑之	按《尚书正义》引刘向《别录》云："武帝末，民有得《泰誓》书于壁内者，献之。"说与此异。此与《论衡·正说篇》同
古文 / 百两篇（成帝时立学）		世所传《百两篇》者，出东莱张霸，分析合二十九篇以为数十，又采《左氏传》《书叙》为作首尾，凡百二篇，篇或数简，文意浅陋。成帝时，求其古文者，霸以能为《百两》征。以中书校之，非是。霸辞受父，父有弟子……樊并。时太中大夫平当……劝上存之。后樊并谋反，乃黜其书	《汉书·儒林传》云：《百两篇》者，出东莱张霸，分析合二十九篇以为数十，又采《左传》《书序》，为作首尾，凡百二篇，篇或数简，文意浅陋。成帝时，刘向校之，非是。后遂黜其书	《释文》定以中书校《百两》之人为刘向

经　家派　记载	史记儒林列传	汉书儒林传	经典释文序录	校　记
书　古　文　孔氏古文尚书（平帝时立学）	孔氏有《古文尚书》，而安国以今文读之，因以起其家，《逸书》得十余篇，盖《尚书》滋多于是矣	孔氏有《古文尚书》，孔安国以今文字读之，因以起其家，《逸书》得十余篇，盖《尚书》兹多于是矣。遭巫蛊，未立于学官。安国为谏大夫，授都尉朝。而司马迁亦从安国问故，迁书载《尧典》《禹贡》《洪范》《微子》《金滕》诸篇多古文说。 都尉朝授……庸生。庸生授……胡常，……以明《穀梁春秋》为博士，……又传《左氏》。常授……徐敖。敖……又传《毛诗》，授王璜、……涂恽。【恽】授……桑钦。王莽时，诸学皆立，刘歆为国师，璜、恽等皆贵显	《古文尚书》者，孔惠之所藏也，鲁恭王坏孔子旧宅，于壁中得之，并《礼》《论语》《孝经》，皆科斗文字。博士孔安国以校伏生所诵，为隶古写之，增多伏生二十五篇（《艺文志》云，多十六篇），又伏生误合五篇，凡五十九篇，为四十六卷（《艺文志》云，《尚书古文经》四十六卷，五十七篇）。安国又受诏为《古文尚书传》，值武帝末巫蛊事起，经籍道息，不获奏上，藏之私家，以授都尉朝。司马迁亦从安国问故，迁书多古文说。刘向以中古文校欧阳，大、小夏侯三家经文，脱误甚众。（《艺文志》云：《酒诰》脱简一，《召诰》脱简二，文异者七百有余，脱字数十。） 都尉朝授……庸生（名谭）。庸生授……胡常。常授……徐敖。敖授……王璜及……涂恽。恽授……乘钦。王莽时诸学皆立，恽、璜等贵显	《汉书》较《史记》多出三事：一，遭巫蛊而未立学；二，安国授都尉朝；三，司马迁从安国问故，故《史记》多古文说。 《史》《汉》但言孔氏有《古文尚书》，《释文》则定为惠所藏。其云共王坏壁所得，盖据刘歆《移书》；然《移书》仅云于壁中得《逸书》《逸礼》，此又增出《论语》《孝经》，盖据伪孔《序》。 孔安国受诏作《古文尚书传》事，《史》《汉》并无之，《释文》盖据伪孔《序》。其记卷数亦然。 庸生之名始见《释文》。 《汉书》桑钦，《释文》作乘钦

经\家派\记载		史记儒林列传	汉书儒林传	经典释文序录	校　记
礼	总记	言《礼》，自鲁高堂生	言《礼》，则鲁高堂生	汉初立高堂生《礼》博士。后又立大、小戴，庆氏三家。王莽又立《周礼》。后汉三礼皆立博士。今庆氏《曲台》久亡，《大戴》无传；学者惟郑注《周礼》《仪礼》《礼记》并立学官	
	高堂生及徐生礼 今　文	诸学者多言《礼》，而鲁高堂生最。本礼自孔子时而其经不具。及至秦焚书，书散亡益多，于今独有《士礼》，高堂生能言之。而鲁徐生善为容，孝文帝时徐生以容为礼官大夫。……延及徐氏弟子公户满意、桓生、单次，皆尝为汉礼官大夫，而……萧奋以《礼》为淮阳太守，是后能言《礼》为容者由徐氏焉	汉兴，高堂生传《士礼》十七篇。而鲁徐生善为颂，孝文时，徐生以颂为礼官大夫。……延及徐氏弟子公户满意、桓生、单次，皆为礼官大夫，而……萧奋以《礼》至淮阳太守，诸言《礼》为颂者由徐氏	汉兴，有高堂生传《士礼》十七篇，即今之《仪礼》也。而鲁徐生善为容，孝文时为礼官大夫	
	后苍礼（宣帝前立学）		孟卿……事萧奋，以授后仓……闻丘卿。仓说《礼》数万言，号曰《后氏曲台记》，授……闻人通汉……戴德……戴圣……庆普。……德号大戴，为信都太傅。圣号小戴，以博士论石	萧奋以《礼》……授……孟卿。卿授……后苍及……闻丘卿。……苍说《礼》数万言，号曰《后苍曲台记》。孝宣之世，苍为最明。苍授……闻人通汉及……戴德、戴圣……庆普。由	

经 \ 家 \ 派 \ 记载			史记儒林列传	汉书儒林传	经典释文序录	校　记
礼	今文	大小戴庆氏礼（宣帝时立学）		渠。……由是《礼》有大戴、小戴，庆氏之学。通汉以太子舍人论石渠。……普授……夏侯敬，又传族子咸。……大戴授……徐良，为博士，……家世传业。小戴授……桥仁……杨荣，……仁家世传业。……由是大戴有徐氏，小戴有桥、杨之学	是《礼》有大、小戴，庆氏之学。普授……夏侯敬，又传族子咸。大戴授……徐良，小戴授……桥仁及杨荣	
	古文	周官经（王莽时立学）			景帝时，河间献王好古，得《古礼》，献之。（郑《六艺论》云：后得孔氏壁中河间献王《古文礼》五十六篇，《记》百三十一篇，《周礼》六篇；其十七篇与高堂生所传同而字多异。刘向《别录》云：《古文记》二百四篇。《艺文志》曰：《礼古经》五十六篇，出于鲁淹中。）或曰：河间献王开献书之路，时有李氏上《周官》五篇，失《事官》一篇，乃购千金不得，取《考工记》以补之。……萧奋以《礼》……授……后苍，……其《古礼经》五十六篇，苍传十七篇。所余三十九篇，以付	《汉书》以十七篇为高堂生所传，此以十七篇为后苍在《古礼经》五十

经\家派\记载		史记儒林列传	汉书儒林传	经典释文序录	校　记
礼	古文	周官经（王莽时立学）			书馆,名为《逸礼》。……王莽时,刘歆为国师,始建立《周官经》以为《周礼》。……杜子春受业于歆,还家以教门徒。好学之士郑兴父子等多往师之,贾景伯亦作《周礼解诂》	六篇中所选,二说异
	礼记	礼记			《礼记》者,本孔子门徒共撰所闻以为此记,后人通儒各有损益,故《中庸》是子思伋所作,《缁衣》是公孙尼子所制。郑玄云:《月令》是吕不韦所撰。卢植云:《王制》是汉时博士所为。陈邵《周礼论序》云:戴德删《古礼》二百四篇为八十五篇,谓之《大戴礼》;戴圣删《大戴礼》为四十九篇,是为《小戴礼》。后汉马融、卢植考诸家同异,附戴圣篇章,去其繁重,及所叙略,而行于世,即今之《礼记》是也。郑玄亦依卢、马之本而注焉	
易	总记	言《易》,自菑川田生	汉兴,言《易》,自淄川田生	汉初立《易》杨氏博士。宣帝复立施、孟、梁丘之《易》。元帝又立京氏《易》。费、高二家不得立,民	

经\家派\记载			史记儒林列传	汉书儒林传	经典释文序录	校　记
易	今文	总记			间传之。后汉费氏兴而高氏遂微。永嘉之乱，施氏、梁丘之《易》亡，孟、京、费之《易》人无传者，惟郑康成、王辅嗣所注行于世	
		田何易　杨何易（宣帝前立学）	自鲁商瞿受《易》孔子，孔子卒，商瞿传《易》，六世至齐人田何……而汉兴。田何传……王同子仲。子仲传……杨何。何以《易》元光元年（前134年）征，官至中大夫。……即墨成以《易》至城阳相，……孟但以《易》为太子门大夫，……周霸……衡胡……主父偃皆以《易》至二千石。然要言《易》者本于杨何之家	自鲁商瞿子木受《易》孔子，以授……桥庇子庸，子庸授……馯臂子弓，子弓授……周丑子家，子家授……孙虞子乘，子乘授……田何子装。及秦禁学，《易》为筮卜之书，独不禁，故传受者不绝也。汉兴，田何以齐田徙杜陵，……授……王同、周王孙、丁宽、服生，皆著《易传》数篇。同授……杨何，……元光中征为太中大夫。……即墨成至城阳相，……孟但为太子门大夫，……周霸……衡胡……主父偃皆以《易》至大官。要言《易》者本之田何	自鲁商瞿子木受《易》于孔子，以授……桥庇子庸，子庸授……馯臂子弓，子弓授……周丑子家，子家授……孙虞子乘，子乘授……田何子庄。及秦燔书，《易》为卜筮之书，独不禁，故传授者不绝。汉兴，田何以齐田徙杜陵，……授……王同，……周王孙，……丁宽，……服生，皆著《易传》。汉初言《易》者本之田生。同授……杨何	《史记》但言商瞿传六世至田何，《汉书》具著其人名，又举出其所以传授不绝之故。《史记》仅言田何传王同，《汉书》于王同之外更增周王孙、丁宽、服生数人，盖以《艺文志》中载有其书之故。《史记》言《易》本杨何，《汉书》改言田何，但无甚出入
		施孟梁丘易		丁宽……事何，……复从周王孙受古义，号《周氏传》。景帝时，宽为梁孝王将军，……号丁将军，作《易说》三万		

经 \ 家 \ 派 \ 记载	史记儒林列传	汉书儒林传	经典释文序录	校记
易　今文　施孟梁丘易(宣帝时立学)		言,训故举大谊而已,今《小章句》是也。宽授……田王孙,王孙授施雠、孟喜、梁丘贺,由是《易》有施、孟、梁丘之学。施雠……从田王孙受《易》,……授临等(梁丘贺子临),……拜博士。甘露中,与五经诸儒杂论同异于石渠阁。雠授张禹……鲁伯。……禹授……彭宣……戴崇。……鲁伯授……毛莫如……邴丹。……由是施家有张、彭之学。孟喜(父号孟卿,善为《礼》《春秋》,授后苍、疏广。世所传《后氏礼》,《疏氏春秋》,皆出孟卿。孟卿以《礼经》多,《春秋》烦杂,乃使喜从田王孙受《易》)得《易》家候阴阳灾变书,诈言师田生且死时……独传喜。……又蜀人赵宾好小数书,……云受孟喜。……博士缺,众人荐喜,上闻喜改师法,遂不用喜。喜授……白光……翟牧,……皆为博士。由是有翟、孟、白之学。	宽授……田王孙,王孙授施雠及孟喜、梁丘贺,由是有施、孟、梁丘之学焉。施雠传《易》授张禹及……鲁伯。禹授……彭宣及……戴崇。伯授……毛莫如及……邴丹。……孟喜父孟卿善为《礼》《春秋》,孟卿以《礼经》多,《春秋》烦杂,乃使喜从田王孙受《易》。喜为《易章句》,授……白光……翟牧。	《释文》孟喜作《易章句》,由《汉书·艺文志》来

经＼家派＼记载		史记儒林列传	汉书儒林传	经典释文序录	校　记
易	今文	施孟梁丘易（宣帝时立学）		梁丘贺……从……京房受《易》，房者……杨何弟子也。……贺更事田王孙。宣帝时，闻京房为《易》明，求其门人，得贺。……传子临，……甘露中奉使问诸儒于石渠。……王吉……闻临说善之，时宣帝选高材郎十人从临讲，吉乃使其子……骏……从临受《易》。临代五鹿充宗为少府。……充宗授……士孙张……邓彭祖……衡咸。张为博士，……家世传业。彭祖，真定太傅。咸，王莽讲学大夫。由是梁丘有士孙、邓、衡之学	梁丘贺本从……京房受《易》，后更事田王孙，传子临。临传五鹿充宗及……王骏。充宗授……士孙张及邓彭祖……衡咸。……	
		京氏易（元帝时立学）		京房受《易》梁人焦延寿，延寿云：尝从孟喜问《易》。会喜死，房以为延寿《易》即孟氏学。翟牧、白生不肯，皆曰非也。至成帝时，刘向校书，考《易》说，以为诸《易》家说皆祖田何、杨叔、丁将军，大谊略同，唯京氏为异，党焦延寿，独	京房受《易》梁人焦延寿，延寿云尝从孟喜问《易》。会喜死，房以延寿《易》即孟氏学。翟牧、白生不肯，曰，非也。……房为《易章句》，说长于灾异，以授……殷嘉……姚平……乘弘，皆为郎博士，由是前汉多京氏学。……汉成帝时刘向典	

续表

经\家派\记载		史记儒林列传	汉书儒林传	经典释文序录	校　记
易	今文	京氏易（元帝时立学）		得隐士之说，托之孟氏，不相与同。房以明灾异得幸。……房授……殷嘉……姚平……乘弘，皆为郎博士，由是《易》有京氏之学	校书，考《易》说，以为诸《易》家说皆祖田何、杨叔元、丁将军，大义略同，唯京氏为异	
	古文	费氏易（未立）		费直，……治《易》为郎，……长于卦筮，亡章句，徒以《象》《象》《系辞》十篇《文言》解释上下《经》。……王璜……能传之。璜又传《古文尚书》	费直传《易》，授……王璜为费氏学，本以古字，号《古文易》，无章句，徒以《象》《象》《系辞》《文言》解说上下《经》。……向又以中《古文易经》校施、孟、梁丘三家之《易经》，或脱去"无咎""悔亡"，唯《费氏经》与古文同	《汉书》未明定《费氏易》为古文，《释文》明定之。 刘向以中《古文易》校《费氏经》，说出《七略》（被引于《汉书·艺文志》）
	？	高氏易（未立）		高相……治《易》，与费公同时，其学亦无章句，专说阴阳灾异，自言出于丁将军，传至相。相授子康及……毋将永。康以明《易》为郎。……由是《易》有高氏学。高、费皆未尝立于学官	高相治《易》与费直同时，其《易》亦无章句，专说阴阳灾异，自言出丁将军，传至相。相授子康及……毋将永，为高氏学	

307

经\家派\记载			史记儒林列传	汉书儒林传	经典释文序录	校　记
春秋	总记		言《春秋》,于齐、鲁自胡毋生,于赵自董仲舒	言《春秋》,于齐则胡毋生,于赵则董仲舒	孔子……与鲁君子左丘明观书于太史氏,因鲁史记而作《春秋》。……及末世口说流行,故有公羊、穀梁、邹氏、夹氏之《传》。邹氏无师,夹氏有录无书,故不显于世。……汉初立《公羊》博士。宣帝又立《穀梁》。平帝始立《左氏》。后汉建武中以……李封为《左氏》博士,群儒蔽固者数廷争之;及封卒,因不复补。和帝元兴十一年,郑兴父子奏上《左氏》,乃立于学官,仍行于世;迄今遂盛行,二传渐微	胡毋生施教之地,《史》言为齐、鲁,《汉》但言齐。《释文》孔子与左丘明观书于太史氏之说,据《汉书·艺文志》。《释文》邹、夹之说,亦据《汉书·艺文志》
	今文	公羊春秋(宣帝前立学) 胡毋生	胡毋生,……孝景时为博士,以老归教授。齐之言《春秋》者多受胡毋生,公孙弘亦颇受焉	胡毋生……治《公羊春秋》,为景帝博士,与董仲舒同业。仲舒著书,称其德。年老归教于齐,齐之言《春秋》者宗事之,公孙弘亦颇受焉	汉兴,齐人胡毋生……治《公羊春秋》	

经	家派		记载	史记儒林列传	汉书儒林传	经典释文序录	校　记
春秋	今文	公羊春秋（宣帝前立学）	董仲舒与严颜	董仲舒……以治《春秋》，孝景时为博士。……今上即位，为江都相。……公孙弘治《春秋》不如董仲舒，……疾之。……居家……以修学著书为事，故汉兴至于五世之间，唯董仲舒为明于《春秋》，其传公羊氏也。……自公孙弘得用，尝集比其义，卒用董仲舒。仲舒弟子通者，……褚大……殷忠……吕步舒。……弟子通者至于命大夫，为郎谒者掌故者以百数，而董仲舒子及孙皆以学至大官	董生为江都相，自有传。弟子遂之者，……褚大……赢公……段仲温、吕步舒。……惟赢公守学，不失师法，……授……孟卿……睦孟。……	赵人董仲舒……治《公羊春秋》。……褚大……赢公……段仲温，吕步舒皆仲舒弟子。赢公学守，不失师法，授……孟卿及……睦弘（字孟）。	《汉书》之段仲温，当即《史记》之殷忠。赢公为《史记》所未载
					严彭祖……与颜安乐俱事睦孟。……孟死，彭祖、安乐各颛门教授，由是《公羊春秋》有严、颜之学。彭祖为宣帝博士，……授……王中，家世传业。中授……公孙文，东门云。	弘授严彭祖及颜安乐，由是《公羊》有严、颜之学。……彭祖授……王中，中授……公孙文及东门云。	

经＼家派＼记载			史记儒林列传	汉书儒林传	经典释文序录	校　记
春秋	今文	公羊春秋（宣帝前立学）	董仲舒与严颜		颜安乐……授……泠丰……任公，……由是颜家有泠、任之学。始，贡禹事赢公，成于眭孟。……疏广事孟卿，授……筦路。……禹授……堂谿惠，惠授……冥都。都与路又事颜安乐，故颜氏复有筦、冥之学。路授孙宝。……丰授马宫……左咸，咸……徒众尤盛。……	安乐授……泠丰及……任翁。丰授……马宫及……左咸。始，贡禹事赢公而成于眭孟，以授……堂谿惠，惠授……冥都。又疏广事孟卿以授……筦路。筦路及冥都又事颜安乐。路授……孙宝	
		穀梁春秋（宣帝时立学）		瑕丘江生为《穀梁春秋》	瑕丘江公受《穀梁春秋》及《诗》于鲁申公，传子至孙为博士。武帝时，江公与董仲舒并，……上使与仲舒议，不如仲舒，……于是上因尊《公羊》家，诏太子受《公羊春秋》，由是《公羊》大兴。太子……复私问《穀梁》而善之。其后浸微，唯……荣广、皓星公二人受焉，广尽能传其《诗》《春秋》，高材捷	瑕丘江公受《穀梁春秋》及《诗》于鲁申公，武帝时为博士。使与董仲舒论，……卒用董生，于是上因尊《公羊》家，诏太子受。卫太子复私问《穀梁》而善之。其后浸微，唯……荣广、浩星公二人受焉。广尽能传其《诗》《春秋》。蔡千秋……周庆、丁姓皆从广受。千秋又事浩星公。……宣帝即位，……乃	《史记》未言江公受《春秋》及《诗》于申公，自《汉书》始言之。《史记》未言江公与董仲舒论《春秋》事，亦自《汉书》始言之

续表

经 家 派 记 载			史记儒林列传	汉书儒林传	经典释文序录	校　记
春 秋	今 文	穀梁春秋（宣帝时立学）		敏，……故好学者颇复受《穀梁》。……蔡千秋……周庆……丁姓……皆从广受；千秋又事皓星公。……宣帝即位，……以问丞相韦贤，……言穀梁子本鲁学，公羊氏乃齐学也，宜兴《穀梁》。……上愍其学且绝，乃以千秋为郎中户将，选郎十人从受。……尹更始……事千秋。……会千秋病死，征江公孙为博士。……刘向……受《穀梁》。……江博士复死，乃征周庆、丁姓待诏保宫，使卒授十人。自元康中始讲，至甘露元年（前53年），积十余岁，皆明习。乃召五经名儒太子太傅萧望之等大议殿中，平《公羊》《穀梁》同异。……时《公羊》博士严彭祖、侍郎申挽、伊推、宋显、《穀梁》议	召千秋与《公羊》家并说，上善《穀梁》说。后又选郎十人，从千秋受。会千秋病死，征江公孙为博士。诏刘向受《穀梁》。……江博士复死，乃征周庆、丁姓待诏，使卒授十人，十余岁皆明习。乃召五经名儒太子太傅萧望之等大议殿中，平《公羊》《穀梁》同异（时《公羊》博士严彭祖，侍郎申挽、伊推、宋显，《穀梁》议郎尹更始，待诏刘向、周庆、丁姓并论)，望之等多从《穀梁》，由是大盛，庆、姓皆为博士。姓授……申章昌。	

311

经 \ 家派 \ 记载			史记儒林列传	汉书儒林传	经典释文序录	校　记
春　秋	今　文	穀梁春秋（宣帝时立学）		郎尹更始、待诏刘向、周庆、丁姓并论。……望之等多从《穀梁》，由是《穀梁》之学大盛，庆、姓皆为博士。……姓……授……申章昌，……为博士，徒众尤盛。尹更始……又受《左氏传》，取其变理合者以为章句，传子咸及翟方进……房凤。……王龚……与……刘歆共校书，歆白《左氏春秋》可立，哀帝纳之，以问诸儒，皆不对。……惟凤、龚许歆，遂共移书责让太常博士。……始江博士授胡常，常授……萧秉，……王莽时为讲学大夫。由是《穀梁春秋》有尹、胡、申章、房氏之学	初，尹更始、蔡千秋，又受《左氏传》，取其变理合者以为章句，传子咸及翟方进、房凤。始，江博士授胡常；常授……萧秉，王莽时为讲学大夫	

续表

经	家派	记载	史记儒林列传	汉书儒林传	经典释文序录	校记
春秋	古文	左氏春秋（平帝时立学）		汉兴，……张苍……贾谊……张敞……刘公子皆修《春秋左氏传》。谊为《左氏传训故》，授赵人贯公，为河间献王博士。子长卿……授……张禹，……禹与萧望之同时为御史，数为望之言《左氏》。望之善之，……荐禹于宣帝，征禹待诏，未及问，会疾死。授尹更始。更始传子师及翟方进、胡常。常授……贾护。……【护】授……陈钦，以《左氏》授王莽。而刘歆从尹咸及翟方进受。由是言《左氏》者本之贾护、刘歆	左丘明作传以授曾申。申传卫人吴起。起传其子期。期传楚人铎椒。椒传赵人虞卿。卿传同郡荀卿名况。况传武威张苍。苍传洛阳贾谊。谊传至其孙嘉。嘉传赵人贯公。贯公传其少子长卿。长卿传……张敞及……张禹。禹数为御史大夫萧望之言《左氏》，望之善之，荐禹。征待诏，未及问，会病死。禹传尹更始。更始传其子咸及翟方进、胡常。常授贾护。护授……陈钦	《史记》全无《左氏》传授系统，《汉书》始于张苍，《释文》则于张苍之前更加七代。 《释文》已引或说，云《毛诗》为荀卿传授，此又定《左传》为荀卿传授。 贾谊作《左氏传训故》，不见于本《传》及《艺文志》。 《汉书》谓贾谊授贯公，《释文》谓贾谊之孙嘉传贯公，是又延长两代

（注）凡宣帝前立学者，俱不详其正确之时间，故但书"宣帝前立学"，以免误定。又立学之时代依《汉书·儒林传》赞语。

附表二　五德终始说残存材料表①

此表作于民国二十一年（1932 年），编入燕京大学《汉代史讲义》。校印本册既竟，思此表眉目较为清朗，故取列于《传经系统异同表》之后，为读本册下编者之一助。顾颉刚记。

五德终始说的创始者驺衍的著作，《汉书·艺文志》中著录至一百零五篇之多。可惜这种材料都失传了，得不到这一个学说的详细记载和说明。我们现在，只能从《吕氏春秋》的《应同》篇、《淮南子》的《齐俗训》、《史记》的《封禅书》和《秦始皇本纪》中寻获一些残存的材料。昔人有言，"窥豹一斑，可知全体"，我们也惟有聊以此自慰而已。今排列为表，示其轮廓。

《吕氏春秋》作于秦始皇未统一时，所以它没有说明水德的王者是哪一个。但《淮南子》是西汉时的作品，而亦不提水德，甚奇怪，不知道是什么意思。《封禅书》和《始皇本纪》记的只是一件事。《封禅书》说："邹子之徒论著终始五德之运；及秦帝而齐人奏之，故始皇采用之。"所以《封禅书》所记的是齐人告始皇的话，而《始皇本纪》所记的是始皇听了齐人的话而实行改制的事。因为《本纪》里记载所改的制度较为详细，可以推证其它四德所应有的制度，故其文虽未备言五

---

① 1933 年 3 月作（前记中"二十一年"系"二十二年"之误）。原载《清华周刊》第三十九卷第八期，1933 年 5 月 8 日；又加前记载《古史辨》第五册。

德，仍录入表。

除了这些材料之外，还有许多别的，例如《汉书·律历志》里采录的刘歆的《三统历》。但这一种五德终始说是用相生的系统的，与原有的相胜说不同，我们只能称它为"第二种五德终始说"，到将来再行讨论。现在先把这两种学说画为两图，请大家看个大概：

第一种

（邹衍倡导的相胜说的史统）

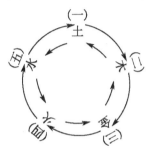

第二种

（刘歆倡导的相生说的史统）

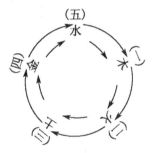

长箭头表示其相承的次序，短箭头表示其相胜或相生的行动。

五德	事项		吕氏春秋	淮南子	封禅书	秦始皇本纪	附记
土	受命者		黄帝	有虞氏	黄帝得土德		(1)
	符应		土气胜，天先见大螾大蝼		黄龙地螾见		
	制度	正朔					
		服色	其色尚黄	其服尚黄			
		其它	其事则土	其社用土 祀中溜葬成亩 其乐《承云》《咸池》《九韶》			(2)
木	受命者		禹	夏后氏	夏得木德		
	符应		木气胜，天先见草木秋冬不杀		青龙止于郊，草木畅茂		
	制度	正朔					
		服色	其色尚青	其服尚青			
		其它	其事则木	其社用松 祀户葬墙 置婴九成 其乐《夏籥》《六佾六列》《六英》			(3)

续表

五德	事项		吕氏春秋	淮南子	封禅书	秦始皇本纪	附记
金	受命者		汤	殷人	殷得金德		
	符应		金气胜，天先见金，刃生于水		银自山溢		
	制度	正朔					
		服色	其色尚白	其服尚白			
		其它	其事则金	其社用石 祀门葬树 乐《大濩》《晨露》			
火	受命者		文王	周人	周得火德		
	符应		火气胜，赤乌衔丹书集于周社		有赤乌之符		
	制度	正朔					
		服色	其色尚赤	其服尚赤			
		其它	其事则火	其社用栗 祀灶葬树柏 其乐《大武》《三象》《棘下》			

续表

五德	事项		吕氏春秋	淮南子	封禅书	秦始皇本纪	附记
水	受命者		代火者必将水		秦变周，水德之时	始皇推终始五德之传……方今水德之始	
	符应		天且先见水气胜		昔秦文公出猎，获黑龙，此其水德之瑞		
	制度	正朔			以冬十月为年首	年始朝贺皆自十月朔	(4)
		服色	其色尚黑		色上黑	衣服、旄旌、节旗皆上黑	
		其它	其事则水		度以六为名	数以六为纪：符法冠皆六寸，舆六尺，六尺为步，乘六马	(5)
				更名河水	音上大吕 更名河曰德水	更名河曰德水，以为水德之始	(6)
					事统上法		(7)
						刚毅戾深，事皆决于法，刻削毋仁恩和义，然后合于五德之数	(8)

附记

（1）《吕氏春秋》与《封禅书》并云黄帝，惟《淮南子》云有虞氏，当视自黄帝至虞为一代，如《史记·五帝本纪》然，以为五帝共占有此一个土德。此点如可确定，则《礼记》中以"虞、夏、殷、周"并列的各种不同的制度，恐多录自五德终始说。

（2）《淮南子》中所载"社、祀、葬、乐"诸制虽没有明言出于五德终始说，但看上面所言的服色与此说合符，则甚有出于此的可能。且虞以土德而祀中溜，夏以木德而祀户，……亦与《月令》所记五时的五祀相同，即此一点可证明其出于五德说。至其有乐，则始皇"音上《大吕》"，贾谊"定礼乐"亦可证。

（3）《礼记·礼器》篇言"或素或青，夏造殷因"，即由此来。后人给三统说弄糊涂了，不记得这最早之说，以为夏是黑统，该尚黑，故曲解此语云，"青，尚黑者也。……变'白黑'言'素青'者，秦二世时，赵高欲作乱，或以青为黑，黑为黄，民言从之，至今语犹存焉"（郑玄《礼记注》），无端为赵高添上了一宗罪状。

（4）因《吕氏》与《淮南》俱只言服色而不言正朔，故钱穆疑五德终始说本非有五个正朔依德移易；他并说："《史记·秦本纪》昭襄王四十二年（前265年）先书'十月，宣太后薨'，继书'九月，穰侯之陶'，四十八年（前259年）先书'十月，韩献地雍'，继书'正月，兵罢'，则秦于其时已以十月为岁首，而始皇特沿而不革，非采终始五德之传而始改从十月为岁首也。……汉人言历仅有三统，与五德不相当"（清华大学《汉魏史讲义》）。他的话也很有理由，但《封禅书》和《始皇本纪》均明言以水德而改历，《封禅书》中又言"公孙臣上书，土德之应黄龙见，宜改正朔。……张苍以为汉乃水德之始，年始冬十月，……与德相应。"若不是司马迁的大误，正朔一项似确为五德说所本有。

（5）《月令》谓木之数八，火之数七，土之数五，金之数九，水之数六。秦以水德而以六为纪，以此推之，则在五德说中，黄帝应以五为纪，夏应以八为纪，殷应以九为纪，周应以七为纪。

（6）《月令》以十二月为"律中《大吕》"。如定每时的季月之律为五德说中之乐制，则黄帝应上《黄钟》，夏应上《姑洗》，殷应上《无射》，周应上《林钟》。

（7）秦之严刑重法本是其国中风气，加以战国末年法家之鼓吹而成，未必由于五德说。然司马迁既云"刻削毋仁恩和义，然后合于五德之数"，似五德说中确有政术之规定，故《封禅书》亦谓"事统上法"。《洪范五行传》以冬之号为"助天诛"，疑即此义。

（8）《洪范五行传》以春之号为"助天生"，夏之号为"助天养"，秋之号为"助天收"。以前例推之，则夏之政术为助天生，殷之政术为助天收，周之政术为助天养。

附表三　月令表（见插页）

周公东征史事考证

周公东征史事考证

甲 三监人物及其疆地①

　　周武王克商之后，分商的王畿为三区，把北面的一区（相当于今河北省的南部和中部）封给纣子武庚；又把东面的一区（相当于今河南省东部、山东省西南部和江苏省西北部一角）封给自己的亲弟管叔；西面的一区（包括殷都，相当于今河南省东北部和山东省西部）封给亲弟蔡叔，都负有管理殷民的责任，是为"三监"。（一说加进一个霍叔，以管、蔡、霍三叔为监武庚的三监；但这是后起的传说，不可信。）这三监所辖之地，大体上相当于华北大平原，即今河北、山东、河南三省的平原地区。

壹 三监人物及管、蔡在周王室中的地位

　　（一）《史记·管蔡世家》："武王同母兄弟十人，母曰太姒，文王正妃也。其长子曰伯邑考；次曰武王发；次曰管叔鲜；次曰周公旦；次曰蔡叔度；次曰曹叔振铎；次曰成叔武；次曰霍叔处；次曰康叔封；次曰冉季载。……惟发、旦贤，左

---

① 1961—1966 年作，下同。原载《文史》第二二辑，1984 年 6 月。

右辅文王，故文王舍伯邑考而以发为太子。及文王崩而发立，
是为武王；伯邑考既已前卒矣。"

按司马迁此说的根据不知道出于什么书，也许是《世本》（此书已
佚；今有张澍、雷学淇、茆泮林等的辑本，但残缺已多）。又《左传·
僖二十四年》，富辰数文王十六子为"管、蔡、郕、霍、鲁、卫、毛、
聃、郜、雍、曹、滕、毕、原、酆、郇"。"郕"即"成"；"聃"即
"冉"；康叔后封于卫。此外毛、郜、雍、滕、毕、原、酆、郇八国，
依《史记》这说，都不是武王的同母弟。《孟子·公孙丑下》云"周
公，弟也；管叔，兄也"，《荀子·儒效》云"以弟诛兄而非暴也"，则
管叔为周公兄，自来有此说。至《淮南子·泰族》云"周公诛管叔、
蔡叔，未可谓弟"，又《齐俗》云"周公放兄"，似蔡叔亦为周公兄；
而《泛论》乃云"周公有杀弟之累"，《齐俗》又云"周公诛弟"，则
《淮南》一家之言，于周公兄弟的次序忽彼忽此，亦复全无定准。又贾
逵、杜预的《左传注》并以蔡叔为周公兄，想来是据富辰所说的次第
立说，然而富辰随口发言，《左传》作者随笔挥写，本不足以定其长幼
之序。全祖望《经史问答》云："富辰之言似是错举，非有先后。如谓
实有先后，则毕公在'十乱'之中，毛叔亦奉牧野明水之役，而均少
于康叔、聃季，为不可信。况如富辰之序，是管、蔡、郕、霍皆周公
兄，皋鼬之盟，鲁、卫均在，但闻蔡争长于卫，何以不闻争长于鲁？是
又了然者。"所以在这一问题上，我们与其信《左传》，不如信
《史记》。

（二）刘向《列女传·母仪传》："太姒者，武王之母，……
生十男：长伯邑考；次武王发；次周公旦；次管叔鲜；次蔡叔
度；次曹叔振铎；次霍叔武；次成叔处；次康叔封；次聃
季载。"

按把这一说和《史记》勘对，则周公移到管叔前，霍叔移到成叔
前；而霍叔名"武"，成叔名"处"，其名又互易。这是不是刘向写书

时记忆的错误呢？这倒很难说。因为汉人之学最重师承，所以老师怎样说，学生就轻易不敢改动；老师无心说错，或有意立异，他的徒子徒孙们也就世世代代沿袭了下来。时代后于刘向的班固，他在《白虎通·诛伐》篇说："《尚书》曰'肆朕诞以尔东征'，诛弟也。"同书《姓名》篇又说："文王十子，《诗传》曰：'伯邑考、武王发、周公旦、管叔鲜、蔡叔度、曹叔振铎、成叔处、霍叔武、康叔封、南季载。'"除了成、霍两叔的先后和"聃"作"南"，与《列女传》有些参差而外，其他悉同；而且他的说法写明出于"诗传"，可见刘向也是从《诗传》钞来的。西汉时，《诗经》之学有齐、鲁、韩（韩婴）三家，皆今文；后起的古文经有《毛诗》一家。刘向世习《鲁诗》（见《汉书·楚元王传》），后《汉书·章帝纪》："建初四年（79 年），……诏……诸儒会白虎观，讲议五经同异，使五官中郎将魏应承制问。"而魏应也是习《鲁诗》的（见《后汉书·儒林传》），所以我们可以推想刘、班所著书用的都是《鲁诗传》。可是《鲁诗传》也不是杜撰的典故，观《邓析子·无厚》云："周公诛管、蔡，此与弟无厚也。"褚少孙补《三王世家》录公户满意语云："周公辅成王，诛其两弟。"赵岐《孟子注》云："周公惟管叔弟也，故爱之；管叔念周公兄也，故望之。"（《公孙丑下》）这可见当时对于周公与管叔的兄弟关系自有两说；而管叔为兄，周公为弟，为了《孟子》和《史记》两书都站在权威地位为它作宣传，所以就压倒了《鲁诗传》的周公为兄、管叔为弟的说法。

（三）《尚书大传》："武王杀纣，立武庚，而继公子禄父。使管叔、蔡叔监禄父。"（《诗·邶鄘卫谱》孔疏引）郑玄《注》："继者，以武庚为商后也。"（《通鉴前编》"成王二年"下引）

按《大传》说有两处可疑。《孟子·公孙丑下》言"管叔监殷"，所监的是殷民，而这里则说"管叔、蔡叔监禄父"，一也。"立武庚，而继公子禄父"，武庚与禄父好像是两个人似的，二也。

（四）王充《论衡·恢国》："尊重父、祖，复存其祀，立武庚之义，继禄父之恩。"

按读上二条文字，"武庚"与"禄父"相对而称，似乎在汉人心目中确是分作二人的，因此，皮锡瑞《尚书大传疏证》云："王仲任（充）习《欧阳尚书》，……盖所引即《大传》。今文家说以武庚、禄父为二人，'立武庚''继禄父'为二事。……'武王立武庚而继公子禄父'者，武庚，王子；禄父，公子。诛君之子不立，故以公子禄父继殷后，别立武庚以备三监。下文云'管、蔡监禄父'，不及武庚者，据周人之监者言之。"皮氏据《大传》文，确定地把武庚、禄父分作二人：武庚是监殷民的，禄父是继殷后而为管、蔡们所监的。可是，在事实上却不容许这样做。司马迁分明是一位今文家，他在《殷本纪》里说"周武王……封纣子武庚禄父以续殷祀"，可见武庚是继殷后的；《周本纪》又说"封商纣子禄父殷之余民"，又可见禄父是监殷民的：这和皮氏之说恰恰相反，该怎么解呢？所以"武庚、禄父"虽为二名，实只一人，"禄父"其本名，犹之其父名"纣"（或受）；"武庚"其谥或号，犹之其父称"帝辛"。谥号与名连称，如周武王名发，周穆王名满，而《楚辞·天问》称"武发"，《穆天子传》一称"穆满"，即其显例，哪该分作二人呢！而且《大传》所言"公子禄父"，在《逸周书·作雒》里就称为"王子禄父"，又秦始皇做了皇帝，他的太子还是称"公子扶苏"，我们哪能专就"公子"两字做文章！《诗疏》所引的《大传》之文诚有语病，至于《论衡》所云，则为古人排偶文字的通例。《无逸》"怀保小民，惠鲜鳏寡"，《左传·定十年》"裔不谋夏，夷不乱华"，王莽《大诰》"辟不违亲，辜不避戚"，晋刘琨《重赠卢谌》"宣尼悲获麟，西狩泣孔丘"，唐王勃《滕王阁序》"时维九月，序属三秋"，在这些例子中，前一语和后一语的意思完全一样，仅仅字面有异，这原是玩弄文字的一种技巧。王充所说的"立武庚""继禄父"，正和这些字句同一方式，哪该分作二人！何况《洪范》疏引伏生《尚书传》云"武王胜殷，继公子禄父"，并没有"立武庚"一语，和《诗疏》所引的不同，所以我们决不能说《诗疏》所引的《大传》必是定本。即使《大传》文字确实如此，那也不过是汉人随便说话，前后抵牾的常例。犹如《大传》在另一段文字里说"奄君蒲姑"，把并列的两国说作一国的君名，我们不该为了迁就它而改变古代的历史。因此，郑玄《书注》云"武庚，字禄父"（《洪范》疏引），伪《孔传》云"武庚，纣子，以为王者后；一名禄父"（《书序·洪范》下），都是比较正确的解释。皮氏所谓"诛君之子不立"，真不知道他从哪里说起？

贰 "监"的字义

（一）《仲几父毁》："仲几父史（使）几史（事）于者（诸）侯、者（诸）监。……"

（二）《雁监甗》："雁监作宝尊彝。"

按这两件彝器上都有"监"字，并且上一件以"诸监"与"诸侯"并称，使我们可以约略推见监的地位。徐中舒《禹鼎的年代》说："几为仲几父之子，子名'几'，父即以子名为名而称为'几父'，今傣族犹存此俗。以仲几父簋文字形体及其命名习惯论之，当为西周较早期之器，当时'诸侯''诸监'并存，卫即诸监之一。康叔在卫，一方面是为王室镇抚东土的方伯，一方面他依然是王室的官吏，故《左传·定四年》载'康叔为司寇'（亦见《卫世家》）。康叔出为方伯，入为王官，地位虽极尊崇，但他还是要受王室节制，实际上反不如诸侯能自擅一国。《卫世家》载康叔子康伯以下六代皆称'伯'，至顷侯始称'侯'，《卫世家》于此也特笔叙述云：'顷侯厚赂周夷王，夷王命卫为侯。'盖顷侯以前康叔子孙虽世代继承在卫，其性质仍属诸监（王官）而非诸侯，共亦仅为其食邑，这就是顷侯以前六世皆称'伯'，而顷侯之孙、釐侯之子仍称'太子共伯'的缘故。"徐氏说"伯"次于"侯"，漫从《史记》的误记，拘泥于春秋以来的五等爵之说，非是，辨见丁·柒·六·（一五）。但他说诸侯可以独擅一国，诸监为王室镇抚人民，自身该受王室的节制，用后世的名词来说，诸侯仿佛"土官"，诸监仿佛"流官"，其说近是；但后世的流官是三年一任，而周代的诸监却是世袭的，有这一点不同。康叔本封于康，为"康侯"，彝器中有《康侯丰（封）鼎》可证。为什么他担负了王室的重任去镇抚东方时反要下降一级，直到六代后始因厚赂周夷王而才得恢复原有的侯爵呢？这个问题，恐须待到将来发见新资料时方好解决，现在只得按下不谈。再看雁监甗，这是一九五八年在江西余干县出土的（应国封于今河南宝丰县西南，遗物不当于江西出土，想是后人在他处收得，藏于江西，又因故重埋入地下；此器曾断一足，经过焊接，可以作证），郭沫若《释雁监甗》以为即《左传·僖二十四年》"邘、晋、应、韩，武之穆也"的应。他说："应国之器已见著录者，如《应公鼎》（《三代吉金文存》三，4及36）、《应父彝》（同书三，3）、《应公觯》（《周金文存》五，133）等，其字皆作'雁'。"又说："此甗，据其花纹、形制与铭文字体看来，乃西周初期之器。作器者自称'雁监'，'监'可能是应侯或者应公之名，也可能是中央派往应国的监国者。周代有监国之制，故《仲几父殷》铭文中有'诸侯、诸监'之语。我觉得可能以后者为确，即应国之监，犹他器称'应公'也。"按《汉书·地理志》："颍川郡父城：应乡，故国，周武王弟所封。""武"字自为"成"字之误。核以今地，在河南省的襄城、宝丰二县之间。那里已经不在"三监"范围之内，但也可称为"监"，"应监"似乎即等于称"应公"或"应侯"。因此使我们知道，在周初，凡是统治地方人民的，无论是监本邦之民，或是监胜国遗民，同样地得用"监"名。武庚监的是殷畿内之民，管叔、蔡叔也是监的殷畿内之民，所以有这"三监"的集体称呼。至于别方面的"诸监"还多着咧！

　　（三）姚鼐《管叔监殷说》："武王胜殷而封武庚，诚疑武庚耶，则不封之为君可也；使君之而又疑之，令管、蔡杂居于其国中，是相猜而不能一日以安。且武庚为君而管、蔡为臣，一旦武庚为变，管、蔡从之则不义，不从则身死，二者无一可，是武王、周公遗之以危也。然而曰'管叔监殷'者何也？武王既有天下，周公封于鲁，康叔封于卫，管、蔡亦封于殷之故地，其封一也。既居殷地，其民故殷民也。周谓诸侯君其民曰'监'，故曰'监殷'，非监制武庚之谓也。《梓材》曰'王启监'，言天下之诸侯也。《多方》曰'今尔奔走臣我监五祀'，言畿内诸侯也。周制，亲、贤并建，武庚为殷侯，存商祀也；管、蔡为侯，富贵之也：是谓'三监'，夫岂疑其为乱哉！故《大诰》曰'亦惟在王宫、邦君室'，明管、蔡之为邦君也。管、蔡既诛，乃并三国之地以与卫；其始固与武庚各为国焉尔。周之侯专制；秦法乃令御史监郡，衰世法也。汉儒作《王制》者，习闻秦制，又附天子赐命诸侯上卿之说及武庚监殷之事，乃云：'天子命其大夫为三监，监于方伯之国，国三人。'夫命为方伯，非贤莫可授也，授其贤而疑其心，使王朝之臣以监之，何其示天下之小与？此真汉儒之谬说也！"

按姚氏此文，据《梓材》《多方》之文，发见"周谓诸侯君其民曰'监'"这一事实，因而断言"监殷"不是监制武庚，推翻了二千年来《大传》《王制》等传统说法，他的眼光可说是特殊锐利。这一说，今日得有《雁监甗》而证实。固然从《仲几父毁铭》看来，别"诸侯"与"诸监"为二，侯与监应当有所区分；但从《逸周书·王会》看，有"内台西面正北方：应侯、曹叔"之文，《诗·大雅·下武》"应侯顺德"是和"成王之孚"并提的，彝器中又有《应侯鼎》，可知应亦称"侯"，又似"侯"与"监"没有什么区分。由于周初史料的过度贫乏，现在还没法解决这个问题。只是这"监"并不是为了钳制武庚而设，则其意义甚为明显。至于姚氏说"武王既有天下，周公封于鲁，康叔封于卫"，这是错的，说见戊·壹。不过古代国名常随国君迁都而转移，则是一件显著的事实。例如郑桓公本封于汉京兆尹郑县（今陕西省华县），后来平王东迁，郑武公随之而东，立国于今河南省新郑县，地域虽变而"郑"名不变。同样，伯禽之封于鲁，有人说即今河南省鲁山县；后来周公东征胜利，改封曲阜，而"鲁"名就移到了东方。也有地名虽变而人名还沿袭旧称的，如康叔本封于康，据马融说在周"圻内"（见《康诰》疏引），"圻"即"畿"；《说文·邑部》"'邟'，颍川县"，"邟"与"康"（Kóng）同音，故《集韵》"邟""䣜"二字为同音地名。孙星衍《书疏·康诰》下断言邟即康，地在汝州，即今河南临汝县；后来改封于卫，"卫"（·juəi）即"郼"（·jəi），"郼"即"殷"（·jən）。〔《吕氏春秋·慎大览》"亲郼如夏"，高诱注："'郼'读如'衣'（·jəi），今兖州人谓殷氏皆曰'衣'，言桀民亲殷如夏氏也。"按《中庸》"壹戎衣"即《康诰》"殪戎殷"的异写，可证高氏语的正确。〕殷是著名的都市，所以康名不曾迁去，可是这位始封之君却永远被称为"康叔"，不曾因封地已移而改名。同样，管叔本封于管，即今河南郑州市，蔡叔本封于蔡，即今河南上蔡县；后来改封殷畿，"管、蔡"两叔之名也就带了过去，封地虽变而原封的名不变。《诗·商颂·玄鸟》说"邦畿千里，维民所止"，因为殷的王畿比较大，所以周武王在克殷之后，就采取"分而治之"的办法，把太行山脉以东的殷畿划为三区，太行山脉以西也应当是殷畿，说见丁·叁·二·（一八），除封武庚于邶外，又封自己的亲弟管叔于鄘、蔡叔于卫（纣的原都），一同治理殷民，称作"三监"。《左传·隐十年》，郑庄公克许，"使许大夫百里奉许叔以居许东偏，……使公孙获处许西偏"。他在征服许国之后把它分作两区：东区仍归许君统治，西区则归郑大夫公孙获统治，这就是周武王立三监以监殷民的传统办法。许叔虽然缩小了他的封地，但东半部毕竟还是他实际统治的，并不曾接受郑人的监督。这位许叔就是武庚的影子，公孙获也就是管、蔡的影子。如果我们要究问何以发生管、蔡监武庚之说，则当是战国时从诸侯割据的封建制社会走向中央集权的封建制社会的人们对于古代史事的一种推想。孟子说到舜分封那不成材的异母弟象时，就说："封之有庳，富贵之也。……象不得有为于其国，天子使吏治其国而纳其贡税焉。"（《万章上》）这正好说明当时封国的目的只在使封君得享荣华富贵而不使他掌握当地的实际政权，大异于前代分封的制度。其后秦始皇并吞六国，置四十郡，建立全国统一的制度，一郡的行政长官是"守"，军事长官是"尉"，再派一个御史去执行监察的任务，叫做"监"：三权鼎立。汉代继承这制度，设置监郡的"刺史"，后又改为"州牧"，地位驾于郡守之上。这两种秦、汉的"监"和周初的"监"，其名虽同而实质不同，然而这当代的制度却把秦、汉人的头脑弄迷糊了，所以《礼记·王制》里就有"天子命其大夫为三监，监于方伯之国，国三人"的话，把秦、汉的制度改造古代的历史，而管、蔡监武庚之说就成为确定的事实。《王制》这书，后人看作三代之制（如郑玄），又有人看作"素王（孔子）改制"之书（如俞樾、皮锡瑞），其实，《史记·封禅书》早说："文帝……使博士、诸生刺六经中作《王制》，谋议巡狩、封禅事。"分明是汉文帝时博士和诸生的集体创作，他们刺取了经书里的"三监"字样，印合秦制，写出了这一段话。《书》博士作《大传》，也就跟着说"武王……使管叔、蔡叔监禄父"了。所以读者必须记得：汉代儒者是最没有正确的历史观念的。

叁 管、蔡（霍）傅相武庚的传说

（一）《逸周书·克殷》："武王……立王子武庚，命管叔相，……乃班。"

按这是管叔相武庚的最早记录。《逸周书》七十篇不是同一时代的著作，所以《世俘》和《克殷》虽都是记载武王克殷的书，可是把其中所记的事实比较看来，却相差了一段漫长的时期，因为《世俘》重在掠夺而《克殷》重在施仁政，主题思想有了一千年以上的距离（详见颉刚所作《逸周书中世俘、克殷二篇纪事异同表》，《文史》第二辑）。这篇《克殷》，全文采入《史记·周本纪》，可以看出它的著作时代必然和司马迁相去不远，所以两者的思想和文体都十分合拍，它可能即是汉初人的著作。管叔相武庚这件故事，就这样地肯定下来了。

（二）同书《作雒》："武王克殷，乃立王子禄父，俾守商祀；建管叔于东，建蔡叔、霍叔于殷，俾监殷臣。"孔晁《注》："'东'，谓卫。'殷'，郜、鄘。'霍叔'，相禄父也。"

按监殷的人本有"管、蔡"或"管、霍"两说，详见甲·肆。《作雒》的作者是主张"管、霍"说的，本文应作"建霍叔于殷"，所以晋孔晁《注》中只说"'霍叔'，相禄父也"。晋后的读者弄不清楚这个问题，又为后出的"三监"一名所迷惑，擅增"蔡叔"二字，为本书添出了一重葛藤。在这文中，武王所以立王子禄父为的是"守商祀"，所以建管叔、霍叔为的是"监殷臣"，说明了殷的政权完全操在周人的手里，禄父只该守着祭祀祖先的本分。

又按这文说"建管叔于东"，以别于"建霍叔于殷"，殷是商人的故都，即卫，而孔《注》说"'东'，谓卫"，分明是错误的。下文又云"三（应作'二'）叔及殷、东、徐、奄及熊、盈以略（畔）"，又云"俾中旄父宇于东，俾康叔宇于殷"，可知这"东"字不是虚指的方向而是一个有实际疆域可稽的地名。李赓芸《炳烛编》（一）云："'东'为四方之一，举一'东'字不可以为地名。然《尚书·金縢》'周公居东'，……《豳风·东山》'我来自东''我东曰归'，《小雅·车攻》'驾言徂东'，凡此诸'东'字则直以为地名矣。盖当是俗语称殷之东为'东'，而简策文字因之。"称殷的东方为"东"，正如我国建都北京，因称在北京东北的辽、吉、黑三省为"东北"，在北京西北的甘、青、宁、新等省区为"西北"，是一个广大的地域名词。《诗·小雅·大东》"小东、大东，杼柚其空"，毛《传》："'空'，尽也。"郑《笺》："小也，大也，谓赋敛之多少也。小亦于东，大亦于东，言其政偏，失砥矢之道也。谭无他货，维丝麻尔；今尽，杼柚不作也。"按郑说对于周王压榨属国的惨重，使得虽有织机而没有原料，直到停止生产的程度，其说自合诗意；但对于"小东、大东"的解释，未免望文生义。《诗·鲁颂·闷宫》"乃命鲁公，俾侯于东"，是说鲁国封疆是东的一部分。同篇又说"奄有龟、蒙，遂荒大东，至于海邦"，是说鲁国向东方拓地，直到海边，为大东之地。郑《笺》："'大东'，极东；'海邦'，近海之国也。"这就比上面所引的《大东》笺为适当。故知"小东"为近东地，"大东"为远东地。通常所说的"东"，都指小东而言。这小东在今何地？吴庆恩说："按'东'者，鲁、卫之间地名，在大河之东，秦、汉之东郡也。"（陈逢衡《逸周书补注》十二引）这就一语破的。按秦、汉的东郡，北抵聊城，南至郓城，东至长清，西至范县，均在今山东省境内，正居于安阳的卫和曲阜的鲁的中间，这就是所谓"小东"；或者周初的小东扩大到鲁，所以成王说"俾侯于东"。从小东再往东去，直到黄海，就是所谓"大东"。按《史记·秦始皇本纪》"三十五年（前212年），……立石东海上朐界中，以为秦东门"，朐即今江苏连云港市，是秦明以海边为东界，为什么要把离海还远的山东西南部地方称作东郡呢？这无非因为这块地方在殷都之东，向来被殷人称作"东"，周时又因袭了下来，始皇统一之后分天下为三十六郡时就沿用这个历史上的旧名词了。

（三）《史记·周本纪》："武王……封商纣子禄父殷之余民。武王为殷初定未集，乃使其弟管叔鲜、蔡叔度相禄父治殷。"

（四）同书《鲁世家》："武王……已杀纣，……封纣子武庚禄父，使管叔、蔡叔傅之，以续殷祀。"

（五）同书《管蔡世家》："武王已克殷纣，平天下，封功臣、昆弟。于是封叔鲜于管，封叔度于蔡：二人相纣子武庚禄父，治殷遗民。"裴骃《集解》："杜预曰：'"管"，在荥阳京县东北。'〔蔡〕，《世本》曰：'居上蔡。'"

（六）同书《卫世家》："武王已克殷纣，复以殷余民封纣子武庚禄父，比诸侯，以奉其先祀勿绝。为武庚未集，恐其有贼心，武王乃令其弟管叔、蔡叔傅相武庚禄父以和其民。"

按以上《史记》四节，态度一致，都说管叔、蔡叔是"相""傅""傅相"武庚治理殷遗民的。这一说也就是汉制为诸侯王置太傅和国相的反映，但辞气比较温婉，不像"监"那样严厉。我们可以推想："监武庚"说乃是"傅相武庚"说的发展。管叔先封于管，蔡叔先封于蔡，和封于鲁山的伯禽，封于临汝的康叔，都在今河南省黄河之南，除管外都在汝水流域，即此可知在武王克殷以前，这一块地方早已为周人所有，所以就在那里大封同姓。这块地方可能是太伯、仲雍所开拓，见丁·肆·七。及至克殷，以管、蔡二叔年龄较长，经验较富，改封于殷畿，邻近武庚封地，实际上确也负有防止武庚和殷人企图复辟的任务，可是在表面上总是承认武庚在他自己国内有统治人民的职权的。到了秦、汉，中央集权的政体已经确立。秦无封国，除了遣任的郡守之外，还用御史来监郡。汉初的封建知识分子误认秦的覆亡由于不封诸侯，人民在外郡起义时没有强大的武力可以防御，因此汉皇听了他们的话，分封了若干诸侯王国。但是时代洪流的激荡已不是一小撮知识分子的希望所能拗转，中央政府的集权和地方政府的分权决不可能同时存在，所以汉皇朝就任命了许多国相到各王国去代行政令，国相掌握大权，甚至可以逼得诸王自杀，如主父偃之与齐厉王即其一例（见《史记·平津侯主父列传》）。《汉书·百官公卿表上》："诸侯王（汉初分封有王和诸侯两级，王封一郡或兼数郡，侯封一县。为了表示这些王等于古代的诸侯而不即是古代的王，所以称为'诸侯王'），高帝初置，……掌治其国，有太傅辅王，内史治国民，中尉掌武职，丞相统众官、群卿大夫，都官如汉朝。景帝中五年（前145年），令诸侯王不得复治国，改丞相曰'相'，省御史大夫、廷尉、少府、宗正、博士官，大夫、谒者、郎、诸官长、丞皆损其员。"王先谦《补注》:"汉初立诸侯王,因项羽所立诸王之制,……百官皆如朝廷,国家唯为置丞相,其御史大夫以下皆自置之。"这可见汉初惩秦孤立,确有恢复周代封国制的愿望,所以只由中央政府派一个丞相到每一国去以资辅导;自七国之乱以后,景帝就决然改制,诸侯王仅仅保持了尊位和禄养,国事全不能过问了。司马迁在这等情形下推想到周初,以为管、蔡二叔必然是武庚的"傅相",为武庚"治殷遗民"的,这原是他对于古代史事的一种误解,他忘记了周和汉有绝不相同的历史背景,可是这一种误解究竟比了《大传》的"监禄父"的误说还缓和一些,我们不妨假定《大传》此文出于《史记》之后,因为《大传》是经学家的工具书,可以随着时代而修改的。

肆　三监疆地及霍叔加入三监问题的考辨

(一)《汉书·地理志》魏地:"河内本殷之旧都。周既灭殷,分其畿内为三国,《诗·风》邶、庸、卫国是也。邶以封纣子武庚;庸,管叔尹之;卫,蔡叔尹之:以监殷民,谓之'三监'。"颜师古注:"自纣城而北谓之邶,南谓之庸,东谓之卫。'邶',……字或作'鄁'。'庸',字或作'鄘'。……'尹',主也。"

按这是指定三监的实际封域的。班固说的是:武庚主邶,管叔主鄘,蔡叔主卫。颜注又据纣城的方向,指出邶在其北,庸在其南,卫在其东。三监的人和地到此似已作了一个总结。其说三监,和先前的《左传》《国语》《吕氏春秋》《淮南子》及后出的《伪孔传》虽繁简有异而大体一致。至于颜《注》所说的方向,根据的是郑玄说,但除邶外都不合事实,详见甲·伍诸节。

又按邶国所在,前无确说。《御览》八十三引《古本纪年》,商王开甲、祖丁均"居庇"。杨筠如《尚书核诂》于《盘庚》云:"据《竹书纪年》：'祖乙自耿迁庇'，……'庇'疑即'邶、鄘'之'邶'，吉金文止作'北'。"按这一假定颇近事实。武王克殷而封武庚于殷之旧都庇，正犹周公东征后封微子于殷之旧都商丘而为宋，都是取一较大的城市来敷衍一下殷人。"邶"于金文为"北"，见甲·伍·（二）。

（二）《逸周书·作雒》："武王克殷，乃立王子禄父，俾守商祀。建管叔于东，建蔡叔、霍叔于殷，俾监殷臣。"孔《注》："封〔禄父〕以鄁，祭成汤。……'东'，谓卫。'殷'，鄘。'霍叔'，相禄父也。"（孔《注》有误字，依孙诒让《斠补》改正。）

按在这文里多出了一个霍叔，又称王子禄父"守商祀"，管、蔡、霍三叔"监殷臣"，似乎已有把霍叔当作三监之一的意思。但详孔《注》则仍维持《汉书》之说，以武庚封邶为三监之一；可是他却把"殷"和"卫"分开，以"卫"属东，以"殷"属鄘，那就大不合于事实；说管叔居卫，和《汉书》所说的恰恰倒置。又孔《注》说"霍叔相禄父"，似乎他只认霍叔为邶相而不是一监。但据王引之《述闻》三说："孔晁注'建霍叔于殷'曰'霍叔相禄父也'，注'俾康叔宇于殷'曰'康叔代霍叔'，则孔氏所据本但有'霍叔'而无'蔡叔'可知。俗本'霍叔于殷'上增'蔡叔'二字，与《注》不合。"依王氏此说，则古本《逸周书·作雒》中的三监应为"武庚、管叔、霍叔"，文中本没有"蔡叔"，也没有把武庚踢出三监的意思。

（三）郑玄《毛诗谱》："邶、鄘、卫者，商纣畿内方千里之地。……周武王伐纣，……以其京师封纣子武庚为殷后。庶殷顽民被纣化日久，未可以建诸侯，乃三分其地，置三监，使管叔、蔡叔、霍叔尹而监教之。自纣城而北谓之邶，南谓之鄘，东谓之卫。"

（四）《书序》："成王既伐管叔、蔡叔，以殷余民封康叔。"郑玄《注》："言'伐管、蔡'者，为因其国也。不及霍

叔者，盖赦之也。"（《毛诗·邶鄘卫谱》疏引）

（五）孔颖达《毛诗谱疏》："《地理志》……三监，武庚为其一，无霍叔矣。王肃、服虔皆依《志》为说。郑不然者，以《书传》（《尚书大传》），……言'使管、蔡监禄父'，禄父不自监也。言'禄父及三监叛'（按王引之《述闻》三：'《大传》"三"字当为"二"。'），则禄父以外更有三人为监，禄父非一监矣。……孙毓亦云：'三监当有霍叔，郑义为长。'"

按郑玄之说，实定三监为管、蔡、霍三叔而删去武庚；三叔三分殷畿而有之，武庚只封于纣都，在这京都的城圈子以外完全没有他的地方：这和《史记》《汉书》之说均大不合。推原他所以这样说，大概是和《逸周书·作雒》的新本一样，受了当时人们所创造的历史新说的影响而又把它拓大了。又郑氏规定的邶、鄘、卫三国的方向，为孔晁《逸周书注》和颜师古《汉书注》取作根据，可见这一说所发生的影响之大。从此以后，三监全为周人，周人全有殷畿，武庚仅仅守住一个王城，做个"关门皇帝"，可说是三监说的突变。但是，《伪孔传》于《大诰序》曰"'三监'，'管、蔡、商'"，孔《疏》云："先儒多同此说；惟郑玄以三监为'管、蔡、霍'，独为异耳。"可见郑玄这一改定，《伪孔传》既未采取，到唐人作《疏》时还不敢无条件接受，则传统的说法也自不容他轻易改变。但前人读书，只读正经和正注，郑玄既是经学界的权威，他的经注成为国定的教科书，所以他的说法也就逐渐掩盖了传统的说法，结果许多人都相信了管、蔡、霍为三监之说，把武庚排除到三监之外去了。

（六）皇甫谧《帝王世纪》："自殷都以东为卫，管叔监之；殷都以西为鄘，蔡叔监之；殷都以北为邶，霍叔监之：是为三监。"（《史记·周本纪》正义引）

按这是接受郑玄的见解，把管、蔡、霍三叔为三监之说写入通史，当做确定的史实的。这说与孔晁《逸周书注》略同，惟皇甫谧说霍叔监邶，孔晁说霍叔在邶相禄父，有一些出入。鄘的方向，郑玄首说在南，孔、颜两家承之以注《作雒》及《地理志》，《世纪》却说在西，可以证明他们都是出于主观的安排。他不想，殷都安阳，其西即太行山，山区可以造林，但不可以耕田（至少那时是这样），难道要把蔡叔挤到山区里去生产吗？此后各家著史，就都不考虑实际情况，盲目地追随皇甫氏这一说了。

（七）崔述《丰镐考信录》四："《史记》……皆与《左传》文合，而无霍叔。其尤显然无疑者，《管蔡世家》称'封叔鲜于管，封叔度于蔡'，下云'二人相纠子武庚'，称'封叔处于霍'则不言是，然则霍叔未尝监殷明矣。"

按这是古代史说被淆乱了一千六百年后头一个建树的异议，实为可珍贵的发现。可是他单从《史记》提出反证，力量还嫌不足。我们现在可以设想，如果霍叔实为邶监，或实相武庚，那么当武庚举兵的时候，倘使霍叔不和他通谋，则放在霍叔面前的只有被杀或被囚的两条路，否则惟有低头参加了起事。通谋固是叛周，被屈也是叛周。《史记·齐悼惠王世家》记齐王听得吕后死，想发兵西向，抢夺帝位，那时汉朝派在那里的齐相召平发觉了他的企图，急忙派兵围住王宫，可是召平却禁不住中尉魏勃的软语商量，轻易把军队交给中尉，魏勃就移兵围住相府，召平无可奈何，只得自杀了。所以照了《毛诗谱》、《帝王世纪》和《逸周书》孔注的记载，当反周的军事行动突然地发生时，如果霍叔不死，只有跟着武庚走，他的处境比了不和武庚住在一处的管、蔡二叔还要困难。而且无论他参加了武庚的集团，或是参加了管、蔡的集团，他的结果都是失败，不可能置身事外。当周公取得巨大的胜利因而被推崇为"大圣人"的时候，他便非身败名裂不可，他一定无法取得人们对他的谅解。为什么管、蔡二叔或死或流而他乃安然无恙，像郑玄说的，竟把他"赦"了呢？因此，我们又找到一个很贴切的证据，那便是《汉书·古今人表》。这张表罗列了汉以前的无数人，分为九等，名义上是根据人的品质来分高低，实际上却是看了人的成败来分上下。凡是不幸及身一败涂地的人，不论他动机如何，也不论他遭遇如何，轻则列在下中，重则列在下下。例如鲁隐公，他本想传位给他的弟弟桓公，不料受人挑拨，终至被杀，我们少年时读《左传》曾对他发生惋惜的同情，但班氏作《人表》，便无情地把他打到最下一层去了。为什么？就因为他失败。所以，周公是"上上圣人"，禄父、管叔、蔡叔都是"下下愚人"，这是"以成败论人"的必然的处理。霍叔如果参加了叛乱，无论他出于自动或被动，就非在这张表上和武庚们并肩排队不可；可是万想不到，他竟巍然列于第四格"中上"，和滕叔绣、唐叔虞等安保禄位的君主们编在一列，这岂非太奇了？其实不奇，这乃是在班氏作表的时候，霍叔的政治面貌还被人们认为清白无瑕的。既经证明了这一点，就可以断定：自从西周直到东汉初年，在史实和传说里，霍叔都没有列入反周集团；他既不在反周集团里，也就说明了他没有做过三监或是武庚的傅相。因而知道，霍叔为三监之一是东汉中期以后人所安排；郑玄是东汉末年人，他不能跳出时代的气氛，所以他在经书的注解里就处处以管、蔡、霍齐举了。至于《逸周书》，本是一部有问题的书，虽是保存了一些真材料，究竟瑜不掩瑕，我们不该全信。

（八）王引之《经义述闻》三《三监》："监殷之人，其说有二。或以为'管叔、蔡叔'而无'霍叔'，《定四年左传》，《楚语》，《小雅·常棣序》，《豳风·鸱鸮》传、《破斧》传，《吕氏春秋·察微》篇、《开春》论，《淮南·泛论》篇、《泰族》篇、《要略》篇，《史记·周本纪》《鲁世家》《管蔡世家》《卫世家》是也。或以为'管叔、霍叔'而无'蔡叔'，《逸周书·作雒》篇、《商子·赏刑》篇是也。武庚及二叔皆有监殷臣民之责，故谓之'三监'。或以'武庚、管、蔡'为三监，或以'武庚、管、霍'为三监，则传闻之不同也。然'蔡'与'霍'不得并举，言'蔡'则不言'霍'，言'霍'则不言'蔡'矣。置武庚不数而以'管、蔡、霍'为三监,则自康成始为此说。"

按王氏列举战国至西汉的三监之说,言"武庚、管、蔡"的凡十四条(实际上还不止此数),其言"武庚、管、霍"的仅有两条,而没有一处说是"管、蔡、霍"的,在这个统计数字下,我们就可以判断出哪个是早期之说和哪个是后起之说了。

(九)《商君书·赏刑》:"昔者周公旦杀管叔,流霍叔,曰:犯禁者也。"

按《逸周书》文已经窜乱,而《商君书》文则还保存了原样。这里确实没有蔡叔在内,见得王引之"言霍则不言蔡"这一说的正确。从来传说中的人物常常随着人们的唇舌而变化了对象。试举一个最显著的例。《左传·成十一年》说:"宋华元善于令尹子重,又善于栾武子,……冬,华元如楚,遂如晋,合晋、楚之成。"《成十二年》又记道:"夏五月,晋士燮会楚公子罢、许偃;癸亥,盟于宋西门之外,曰:'凡晋、楚无相加戎,好恶同之!'"这一事件的时间、地点、人物,叙述得这样明白,该是毫没有疑问的事实了。可见到《襄二十七年》又说:"宋向戌善于赵文子,又善于令尹子木,欲弭诸侯之兵以为名。如晋,……晋人许之。如楚,楚亦许之。……秋七月……辛巳,将盟于宋西门之外。"是不是宋国的执政华元和向戌先后发动了两次"晋、楚之成"呢?是不是弭兵之盟两次都在"宋西门之外"呢?这里就大有问题。我们如果把《春秋经》作个标尺来对照一下,则《襄二十七年》确记有"夏,叔孙豹会晋赵武、楚屈建、蔡公孙归生、卫石恶、陈孔奂、郑良霄、许人、曹人于宋。……秋七月辛巳,豹及诸侯之大夫盟于宋",而《成十二年》却不曾有一个字的记载。(这一复沓的记载为崔适所发见,见于他的《春秋复始》三十八外篇"误析一事为二事"中。)晋、楚两大国结盟,彼此停止军事行动,是春秋时代缓和紧张局势的极重大的转化,鲁国又是一个重要的二等国,为什么《成

十二年》的一回，他们竟不征召鲁人来会盟？为什么鲁史官又会熟视
无睹，竟不在《鲁春秋》上记载这一笔？其实，我们只须把传说变化
的规律认识清楚，便可以知道一件事很容易扩大成几件事，一个人也会
分化成几个人，只是这件故事的主题是不会轻易变化的。《左传》这
书，本是集合各国史官记载和当时的口头传说而成，真假参差，我们必
须考而后信。当战国时从事编纂春秋史的时候，向戌发动弭兵的史实，
在人们的口头已经转化而为传说，在这个传说里，宋人合晋、楚之成的
主题是不变的，宋西门之外的结盟地点也是不变的，可是弭兵运动的发
起人则向戌已分化而为华元，晋执政的赵武也分化而为士燮，楚令尹子
木也分化而为子重了。真实的历史事实是宋向戌合晋、楚之成，口头的
传说则是宋华元合晋、楚之成，《左传》的原作者不加别择，文字资料
和口头资料一齐收罗，那就弄得真赝杂糅，淆乱了实际的历史。我们懂
得了这个分化的原则，就可以知道从"蔡叔"变为"霍叔"，从"管、
蔡"变为"管、霍"原是绝不足怪的。王引之说这是"传闻不同……
言'蔡'则不言'霍'，言'霍'则不言'蔡'"，他能从传说的演变
上着眼，确是一个非常合理的发见。至于他说"以管、蔡、霍为三监"
始于郑玄，我们倒该为郑玄叫屈。我们觉得这该是东汉中叶以后的一种
传说而为郑氏所采用，不是郑氏的创造，因为他的治学态度惯于因袭旧
说，加以附会，可是他却没有像卫宏、皇甫谧们敢于杜造古史的胆量。

（一〇）孙诒让《周书斠补》二《作雒》："此书（《逸周
书》）三监之义本与《左传》《史记》不异。推校此文，盖监
虽有三，约举其所治之地则唯二，殷与东是也；举其人则有
四，武庚、管叔、蔡叔为正，霍叔相武庚为副；同为监，故总
云'俾监殷臣'，明四人皆得称'监'也。此云'立王子禄
父，俾守商祀'，为一监，'商'即殷也。'建管叔于东'，为
一监，'东'，在殷之东也。'建蔡叔、霍叔于殷'，为一监。
蔡叔所监者殷之别邑（原注：若王城、成周），而霍叔与武庚

同治，不专监一地，则非正监，故《注》云'霍叔相禄父'，明与管、蔡二叔专监一地异也。"

（一一）孙诒让《邶鄘卫考》："依孔（孔晁）说，管叔所治者为卫，即在殷都之东；武庚封殷，霍叔相之，二人同治鄁；蔡叔又别治鄘：此三人所治皆殷之故都也。若然，三监实分统'三卫'之地。《周书》就方域约略区之为二，曰殷，曰东；而详举其为监之人则又有四，曰武庚，曰管叔，曰蔡叔，为正监；霍叔相武庚，别为副监。故《作雒》于殷监兼举蔡叔、霍叔，而《大匡》则云'管叔、蔡叔暨（暨）殷之监'（原注：此依宋本高似孙《史略》所引校定，今本挩讹不可读），明三监有管叔、蔡叔，而殷则武庚与霍叔共治之，故不质指其人也。汉人说三监者亦有二说：《汉书·地理志》则以武庚、管叔、蔡叔为三监，盖以霍叔为武庚相，不别治，故不数；而郑君《诗笺》复以管叔、蔡叔、霍叔为三监，皇甫谧《帝王世纪》说同，则因武庚为殷后，而霍叔为相，实以监殷，故去武庚而数霍叔。此皆因《周书》作监者实四人，数有美溢，故诸儒遂各以意为去取，其说虽不同，要与《周书》文固无忤矣（原注：王文简王引之的谥《经义述闻》欲去蔡叔而以武庚、管叔、霍叔为三监，盖为俗本《大匡》所误，古亦无是说，不足据也）。"

按霍叔相武庚为孔晁说，而霍叔为武庚的副监则是孙诒让的新说。他所以要创立这一说，原为《汉书》以前的三监是"武庚、管、蔡"，从无异议，而《汉书》以后的三监则改为"管、蔡、霍"三叔，淘汰了武庚，他为要维持郑玄的权威，所以想出这个调停的办法，使得四个人可以并容在三监里，又可以并容在二区里；可是设想虽巧，究竟不是实事求是的态度。《作雒》中只有东与殷两地，本没有鄘；也没有说"三监"。孔晁作《注》，为要把这文附会《汉书·地理志》，所以硬说

"东"是卫，"殷"是鄘，而不知"卫"和"殷"古只一字，是分不开的，"东"亦必非卫，"殷"亦必非鄘；还有一个邶，却无着落。孙氏不能指出孔《注》的违背事实，壹意牵合孔《注》和郑《笺》，造出一个武庚与霍叔治邶，蔡叔治殷，二者若王城、成周的近距离城垣的新说，以调和东、西汉的异论，可谓枉费精力，别添葛藤。

又按孙氏改正《逸周书》第三十七篇《大匡》误文，是对于古籍校勘很有益处的。今本《大匡》云"惟十有三祀，王在管，管叔自作殷之监，东隅之侯咸受赐于王"，这很奇怪，为什么武王在管而管叔要"自作殷之监"呢？宋本《史略》作"管叔、蔡叔泉商之监"，文较完备，而"泉"字仍不可通。孙氏说："'臮''暨'，古今字。《说文·仦部》云'"臮"，众词，与也'，引《虞书》曰'臮咎繇'，今舜典'臮'作'暨'。"从此可知今本的"自作"和宋本的"泉"，都是"臮"的误字。孙氏又说："'之'，疑当为'三'，言管、蔡暨武庚。"如孙氏说，把《大匡》文复原，这句话应改为"管叔、蔡叔暨殷三监"，"殷"即武庚，那么，《逸周书》中的三监，还是和先秦诸书及《史记》一样，并没有数霍叔在内。所以，只要我们不作调人，郑玄以下诸说就都可废弃。

伍 三监疆地的重新考察

（一）陈奂《诗毛氏传疏》："'邶'，商邑名，在商都之北。武王封武庚为商后，其国不袭纣之故都而徙封于国北之邶邑。朝歌，纣故都也。《续汉书·郡国志》云：'朝歌，北有邶国。'《说文》云：'"邶"，故商邑，河内朝歌以北是矣。'武王时，武庚以邶为国都，称邶国，而庸与卫皆其下邑。成王时，封康叔于纣之故都，更名曰卫，称卫国，而邶与庸又皆其下邑。卫即朝歌，邶在朝歌北，庸在朝歌东，所以邶、庸、卫三国之诗皆卫诗也。"（卷三）"'鄘'，邑名，古作'庸'。《逸周书·作雒》篇云'武王克殷，乃立王子禄父，俾守商祀。建管叔于东'，《汉书·地理志》云'庸，管叔尹之'，是庸在朝歌东矣。又《逸周书》言'中旄父宇于东'，孔晁《注》云'中旄父代管叔'，此与《地理志》尽以邶、庸封康叔不合。郑作《诗谱》，依据《逸书》，故有'后世子孙稍并邶、庸'之说，且以管、蔡、霍为三监，俱与群经不合。"（卷四）

按陈氏生当清代中叶，又受学于段玉裁，段是主张"以周还周，以汉还汉"，在学问上要求作时代的分析的人，他写定《毛诗诂训传》，目的在使《毛诗》和郑《笺》分家，好让人们在《诗经》学里认识毛和郑的异同，让毛、郑各自担负着是非的责任。陈氏接受了段氏的见解，重新为毛《传》作《疏》，即是要摆脱郑玄的牵缠，使西汉之学不与东汉相溷。他的企图及其成效在三监问题上就看得出来。自从郑玄妄以管、蔡、霍为三监，并妄说鄘在纣城南、卫在纣城东之后，晋的孔晁、皇甫谧，唐的颜师古都跟着他乱跑，又牵引他的说法入于《逸周书》和《汉书》，使人们益发难于理清它的头绪。陈氏不理会郑玄以下各家说，只从《逸周书·作雒》和《汉书·地理志》中细心体会，确定武庚、管、蔡为三监，又说邶在北，鄘在东，卫即殷，"武王封武庚，……其国不袭纣之故都而徙封于国北之邶邑"，洗清了种种不合理的说法，为后来王国维之说开辟了道路。但他怀疑《作雒》的"中旄父宇于东"，以为于经无征，则未是。中旄父就是《左传》里的"王孙牟"，《世本》里的"康伯髦"（《史记·卫世家》索隐引《世本》作"髡"，又引宋忠曰"即王孙牟也"，明"髡"是"髦"的讹文)，说见丁·贰·（四）。又朝歌只是纣都的延长，《史记·殷本纪》正义引《竹书纪年》云："自盘庚徙殷，至纣之灭，……更不徙都。纣时稍大其邑，南距朝歌，北据邯郸及沙丘，皆为离宫别馆。"（这文可能是晋人所作的《纪年注》，故与《纪年》文不类，但其事实亦当于《纪年》中有所依据。）则自今河南北部到河北南部均在纣都范围之内。陈氏即以朝歌为纣都，其说近泥。又他说："武王时，武庚以邶为国都，……而庸与卫（纣之故都）皆其下邑。成王时，封康叔于纣之故都，……而邶与庸又皆其下邑。"均以一邑为主而二邑为辅，也没有事实的根据。

（二）王国维《北伯鼎跋》："彝器中多北伯、北子器，不知出于何所。光绪庚寅（1890年），直隶涞水县张家洼又出北伯器数种。余所见拓本有鼎一、卣一，鼎文云'北伯作鼎'，卣文云'北伯茲作宝尊彝'。'北'盖古之邶国也。自来说邶国者，虽以为在殷之北，然皆于朝歌左右求之。今则殷之故虚得于洹水，'大且（祖）、大父、大兄'三戈出于易州，则邶之故地自不得不更于其北求之。余谓'邶'即燕，'鄘'即鲁也。邶之为燕，可以北伯诸器出土之地证之。邶既远在殷北，则鄘亦不当求诸殷之境内。余谓'鄘'与'奄'声相近。《书·洛诰》'无若火始焰焰'，《汉书·梅福传》引'毋若火始庸庸'。《左·文十八年传》'阎职'，《史记·齐太公世家》、《说苑·复恩》篇均作'庸职'。'奄'之为'鄘'，犹'焰''阎'之为'庸'矣。奄地在鲁，《左·襄二十五年传》，鲁地有'弇中'〔按此'弇中'为齐地，王氏说误，辨见戊·贰·（八）～（九）〕，汉初《古文礼经》出于'鲁淹中'（按此见《汉书·艺文志》），皆其证也。邶、鄘去殷虽稍远，然皆殷之故地。《大荒东经》言'王亥托于有易'，而泰山之下亦有'相土之东都'（按此据《左传·定四年》的杜《注》），自殷未有天下时已入封域。又《尚书疏》及《史记索隐》皆引《汲冢古文》'盘庚自奄迁于殷'，则奄又尝为殷都，故其后皆为大国。武庚之叛，奄助之尤力。及成王克殷践奄，乃封康叔于卫，封周公子伯禽于鲁，封召公子于燕；而太师采诗之目尚仍其故名，谓之'邶、鄘'，然皆有目无诗。季札观鲁乐，'为之歌《邶》《鄘》《卫》'，时犹未分为三。后人以《卫》诗独多，遂分隶之于《邶》《鄘》，因于殷地求邶、鄘二国，斯失之矣。"

按这是用考古学的资料定邶与卫（殷）之所在，又用语言学的资料定鄘之所在，因而指出邶在今河北省境，鄘在今山东省境，卫在今河南省境，三国有相当远的距离，从此可把郑玄、皇甫谧、颜师古们硬性规定三国在纣城之外的说法根本推翻，可称为一个有力的创说。武庚封于邶，《逸周书·作雒》又说周公东征后"王子禄父北奔"，这和汉初燕王卢绾与代相国陈豨谋反汉，豨既失败，绾遂亡降匈奴，为了国土偏北，有北向逃亡的便利条件，事同一辙。鄘在殷都之东，即盘庚以前所都的奄，这似乎也可以打破郑玄、孔晁、颜师古等的"鄘在殷南"和皇甫谧的"鄘在殷西"的纷纷猜测之说。至于卫，经过小屯村的发掘，其都在今河南安阳县绝无疑义，郑玄、皇甫谧、孔晁、颜师古等人所说的"东谓之卫"是绝对的错误。照他这样说来，三监封国的都城，管叔在今曲阜，蔡叔在今安阳，武庚的邶都虽还无法指实其地，但总在今河北省境。这三个国，大概说来，邶在今河北省西南部，鄘在今山东省西南部，卫在今河南省东北部，在古人看来，都是相隔较远的。三监疆地，就是殷的王畿，面积广大；后来周公东征，就把这个区域作为讨伐的主要对象。

近得于省吾教授来函说："王氏谓'鄘'与'奄'声相近，其说可信。至谓'邶'即'燕'，殊不足据。鄙意以为'邶'，金文作'北'，以其在殷都安阳之北，故以为名。邶之为国，当在燕之南与殷之北，即今河北省之南端。王以三戈出于易州，证殷人疆域之广，不知近年来殷代彝器又出于热河、湖南、浙江等地，不得概视作殷之疆域矣。"他批评王氏"邶即燕"的推断过于肯定，态度自是矜慎。按《路史·国名纪》二引《纪年》："庇，祖乙胜居之，沃甲、祖丁因居之。"《御览》八十三引《纪年》"开甲硃即位，居庇。祖丁即位，居庇。南庚更自庇迁于奄"，而据《史记·殷本纪》，则祖乙之下尚有祖辛一代，是商王朝居庇历四代之久，比较居奄的时间长了一倍。"庇"（pjèi）、"邶"

（bwə）双声，很可能即是一地，说见甲·肆·（一）。又《殷本纪》正义引《纪年》："纣时稍大其邑，……北据邯郸及沙丘。"邯郸即今河北邯郸市，沙丘在今河北平乡县，近邢台市。这都在河北省的南部。《山海经·大荒东经》云："王亥托于有易，河伯仆牛；有易杀王亥，取仆牛。"《楚辞·天问》云："该（'亥'，即王亥）秉季（王亥父）德，……胡终弊于有扈（'有易'的误文。金文'易'作'𧸶'，因误作'户'，加以'邑'旁则为'扈'），牧夫牛羊？"《周易·爻辞·旅》之上九云："旅人先笑后号咷，丧牛于易。"又《大壮》之六五云："丧羊于易。"即是记的这件事。足征在商汤灭夏之前商人的先祖王亥已和易国有交涉，而易国则必然在易水流域。易水有三源，都在易县境：中易水东流至定兴县西南，入于拒马水；北易水入定兴界后与中易水合；南易水东流至徐水县，为瀑河。这都可见商的先王已经放牧到了太行山的东麓，这就到了河北省的北部。武庚的受封，他的都城固然也许在邯郸、邢台之间，但他的北境到易县还是一件可能的事，易县往东就是涞水县，即北伯、北子器所出之地；易县则是燕国建都的地方，故城尚在，后世称作"燕下都"，所以荆轲自燕入秦时，送他的人们要歌"风萧萧兮易水寒"。这样看来，即使邶不是燕，也必相距不远了。

又按王氏这文的可疑处，不在于"邶"即燕，而在于"鄘"即鲁。"鄘"（iuong）与"奄"（jóm）声固可通，管叔所监的鄘，由《作雒》之文作证，也确在殷旧都之东，但周公东征以前，奄国未灭，其君称为"奄侯"，见《禽簋》，丁·肆·一·（一），曲阜一带明是奄地，管叔决不可能监到那边去。又，如果"鄘"即为奄，那么周公东征，管叔自杀，也不需要"伐奄三年讨其君"了。所以用了《诗经·大东》《閟宫》两篇来看，管叔所监的应是小东，而奄君统治的则是大东（说详丁·肆·一～二及戊·壹各节），是无疑的。王国维把声音偶然相近的"鄘"和"奄"并作一谈，必不可信。

（三）陈梦家《西周铜器断代》一："《说文》：'邶''邶'，

故商邑，自河内朝歌以北是也。'北白（伯）铜器于一八九〇年出土于涞水县张家洼，王国维据以考定'北'即'邶'。……若此说可信，则邶国当在今易水、涞水流域，是商王亥曾居之地，后来之北燕即包括此地。《左传·昭廿一》：'六月庚午，宋城旧鄘及桑林之门而守之。'杜《注》云：'"旧鄘"，故城也。"桑林"，城门名。''旧鄘'之'鄘'，应是鄘国。《淇水》注引《纪年》'淇绝于旧卫'，《左传·昭十二》'旧许是宅'，《襄十一》'东侵旧许'，凡此'旧卫''旧许'，犹'旧鄘'之例，皆谓许、卫、鄘的故地。《吕氏春秋·慎大》篇'武王胜殷，立成汤后于宋以奉桑林'，《路史·余论》六云'桑林者，社也'，是'宋''鄘'一地，其地有商社。……武、成金文称商邦为'殷'或'衣'，称其都邑为'商邑'或'商'。卜辞……田猎所往之衣即沁阳附近的殷城，故知'衣'（jəi）、'殷'（·jən）之相通。'衣'与'鄠'（·jən）亦相通，《吕氏春秋·慎大》篇曰'夏民亲鄠如夏'，高《注》云：'"鄠"读如"衣"，今宛州人谓殷氏皆曰"衣"。'《作雒》篇述伐三监后，'俾康叔宇于殷'，而《康侯毁》曰'王束（刺）伐商邑，征令康侯畐于卫'，是'殷'即'卫'；故《小臣謎毁》记白懋父以'殷八师征东夷'而'复归才（在）牧师'，'殷八师'即卫国之八师。……据上所述，则周武王灭纣以后，分殷国为三，即鄘、邶、殷。及管、蔡叛周，成王、周公讨之，于是邶入于燕，鄘封微子开为宋，殷封康叔封为卫。由此可知武王胜殷以后分殷民以为三，而成王伐武庚以后分殷民以为二。《管蔡世家》曰：'周公旦承成王命伐诛武庚，杀管叔而放蔡叔，……分殷余民为二：其一封微子启于宋以续殷祀，其一封康叔为卫君，是为卫康叔。'"

按这从《左传》的"宋城旧鄘"一证，把"旧许""旧卫"作比例，说明三监中的"鄘"，即周公东征后封给微子的"宋"，从而确定鄘以今河南商丘县作中心，在纣都的东南而不是正东。三监之地，邶入燕，在今河北省中部及南部；鄘为宋，在今河南省东部，跨有今江苏省西北部（宋有彭城，见《春秋·成十八年》，今铜山县；有萧，见《左传·庄十二年》，今萧县）；殷为卫，在今河南省北部，跨有今山东省西部（卫有莘，见《左传·桓十六年》，今莘县；有城濮，见《春秋·僖二十八年》，今濮县）。从此可知管叔所监的"东"，即鄘，也即宋，不可能像王国维说的远至鲁境。至于《作雒》所说"俾康叔宇于殷，俾中旄父宇于东"，乃是将卫地分之为二，这"东"在殷都的正东，于清为直隶省大名府境，兼及山东省东昌、曹州两府境，今分属河北、河南、山东三省，这和管叔所监的"东"不是一事，不可混为一谈。

又按自《诗·国风》分列邶、鄘、卫为三国，可是其诗所咏的都是卫事，这很足以迷惑读者，使他们错认为康叔之封已兼包三监之地。《汉书·地理志》于"魏地"云："河内本殷之旧都，周既灭殷，分其畿内为三国，《诗·风》邶、庸、卫三国是也。……武王崩，三监畔，周公诛之，尽以其地封弟康叔，号曰'孟侯'，以夹辅周室，……故邶、庸、卫三国之诗相与同风，《邶诗》曰'在浚之下'（《凯风》），《庸》曰'在浚之郊'（《干旄》）；《邶》又曰'亦流于淇'（《泉水》）、'河水洋洋'（'洋洋'为'弥弥'误文，见《新台》，卢文弨说），《庸》曰'送我淇上'（《桑中》）、'在彼中河'（《柏舟》），《卫》曰'瞻彼淇奥'（《淇奥》）、'河水洋洋'（《硕人》），故吴公子札聘鲁，观周乐，闻邶、庸、卫之歌，曰：'美哉满乎，吾闻康叔之德如是！是其《卫风》乎？'"班固从这三国之风内把水、陆地名抉出，说明三风即在一地，又引季札的评论，说明这三《国风》只是一个《卫风》，因以证实他的周公尽以三监地封康叔之说。郑玄继起，小变其说，他作《毛诗谱》道："成王既黜殷命，杀武庚，复伐三监，更于此三国建诸侯；以殷余民封康叔于卫，使为之长。卫在汲郡朝歌县。

时康叔止封于卫；后世子孙稍强，兼并彼二国，混其地而名之。七世至顷侯，当周夷王时，卫国政衰，变风始作，故作者各有所伤。从其国本，分而异之，为《邶》《鄘》《卫》之诗焉。"他说三监虽亡，但成王更建三国诸侯，而以康叔为之长；康叔本只封卫，但他的子孙强大了，灭了邶、鄘二国，总为一个卫国。他又说到了卫顷侯时，政治衰敝了，诗人们就尽做刺诗，称为"变风"，发泄他们的伤痛；后来编诗的人根据诗人的原来国籍把这些诗仍分析为三国。这些话说得很好听，无如都是捕风捉影，没有一句是有历史价值的。王国维说："后人以《卫诗》独多，遂分隶之于《邶》《鄘》。"同样是一个臆测。若有人问：究竟是班固说的周公尽以三监地封康叔对呢？还是郑玄说的康叔的子孙强盛，把成王更封的邶、鄘二国吞并了的对呢？我们将回答道：都不对。读者们在我们前面所举的证据里，已可知道武王时有武庚、管、蔡三监，管理殷畿，成王时三监兵败，就有卫、燕、宋三国分别接受了三监的原地，所以既不是尽封康叔，也不是卫灭邶、鄘。若问卫国一国的诗为什么要分成《邶》《鄘》《卫》三风，则只消看一下现代各省、市里的音乐、戏剧界的情形就可明白。以北京市为例，固然那里把混合徽、汉二剧种的"京戏"作为主流，但还有从江苏传来的"昆曲"，也有从山、陕传来的"秦腔"，又有从滦州传来的"评剧"，每一编剧的人尽有选择乐调而创作的自由。卫国自康叔以来虽是仅能守住封疆，但邶、鄘两种乐调因为地区的同属殷畿而在卫国流传了下来，诗人们的创作当然可以由于自己的爱好而选定它的乐调，这和国土的拓张或缩小绝不发生什么关系。至于"正风、正雅"和"变风、变雅"的分别，原是拘墟的汉儒的肚子里横撑着孟子"《诗》亡然后《春秋》作"这句话，把"《诗》亡"看做周的王道亡，凡是厉王以前的诗都属于"正"，把"《春秋》作"认作《诗》的"正、变"的分界线，把凡是作于春秋的诗都属于"变"，因而牵强附会出来的一套玩艺儿，这绝不值得生于今日理智大开的人们破费了时间去考虑它。

附

三监地各家说表

三监 \ 各家说	《逸周书·作雒》	《汉书·地理志》	郑玄：《毛诗谱》	孔晁：《逸周书注》	皇甫谧：《帝王世纪》	颜师古《汉书注》《毛诗疏》	陈奂：《毛诗疏》	孙诒让：《邶鄘卫考》	王国维：《北伯鼎跋》	简评	今假定
纣都	王子禄父守商祀		以商京师武封庚为殷后。					武庚封，霍叔、管叔相，同治邶		郑玄独谓武庚仪封纣城，不合事实	
邶		邶，封武庚	纣城而北为邶	即殷	殷都以北为邶，霍叔监	纣城而北为邶	邶，在朝歌北，武庚都		邶，即燕。后封召公子	邶，皆谓在纣城北，封武庚。但说之霍叔监，非事实	邶在殷北，周初以封武庚，其都当在今河北省南部或稍北
鄘		鄘、管叔尹之	纣城而南为鄘		殷都以西为鄘，蔡叔监	纣城而南为鄘	鄘，在朝歌东，管叔尹	蔡叔别治鄘	鄘，即奄。后为鲁，封伯禽	鄘，有南、西、东三说，以陈奂在东说为可信，王说即东说，但其说过远	鄘在殷北，奄西，即诗之"小东"，其地当在今河南省东北角及山东省西北角北部
东	东、管叔尹之。后监中旌父										
卫		卫、蔡叔尹之	纣城而东为卫	东为卫，管叔、霍叔	殷都以东为卫，管叔监	纣城而东为卫	卫，即朝歌，蔡叔尹	卫、管叔治，任殷都东	卫，即殷。后封康叔	郑玄创邶为卫之说，孔、颜据之，皇甫据之，绝不可信	卫即殷，其都在河南省安阳县，朝歌则为殷之离宫所在
殷	殷、（蔡叔？）霍叔后监。后封康叔			殷为鄘，霍叔						孔说殷为鄘，非事实	

各家说 三监	《逸周书·作雒》	《汉书·地理志》	郑玄:《毛诗谱》	孔晁:《逸周书注》	皇甫谧:《帝王世纪》	颜师古:《汉书注》《毛诗谱》	陈奂:《毛诗疏》	孙诒让:《邶鄘卫考》	王国维:《北伯鼎跋》	简评	今假定
提要	未出邶。"蔡叔"二字为误衍,见王引之说。中庸父即康父,康叔、髦子,国后合为一	庸即东,卫即殷,邶约可隐见	武庚封于殷旧都城,畿内全为管、蔡、霍三叔所监	合东与卫为一,与皇甫谧说同	殷都以西为鄘,仅见此	全依郑玄《毛诗谱》说	依《汉书·地理志》说	合殷于邶。又用孔晁说,合卫于东。武庚、管、蔡为正监,霍叔为副监	扩大三国。疆界,合鄘于卫,合东于殷	此问题本简单,但自郑、孔,皇甫说出,竟在史学界清乱一千五百余年之久	

乙 周公执政称"王"①

武王死后，周公奉了武王的长子诵继位，是为成王。为了这个新造的大邦还没有稳固，内忧外患接叠而来，非由一个才干和威望兼全的人担负起领导的责任不可，所以就由周公执行王政。周公既站在王的地位，发挥王的权力，人们口头上也就称他为"王"，史官记录他的文告时也就写作"王若曰"。

壹 战国、秦、汉时人记载周公执政称王或摄王的传说

（一）《逸周书·度邑》："王曰：'旦！予克致天之明命，定天保，依天室。……我维显服，及德之方明。'叔旦泣涕于常（裳），悲不能对。……王曰：'旦！汝维朕达弟，予有使汝，汝播食不遑暇食，矧其有乃室。今维天使予，维二神授朕灵期。予未致于休，予近怀于朕室。汝维幼子，大有知。……乃今我兄弟相后，我筮、龟其何所即令（命），用建庶建。'叔旦恐，泣涕共（拱）手。"庄述祖《尚书记》："王者欲有所为，必奉天之明命，即龟、筮以稽之。今周公继文、武之业，天意已明，不必更即命于筮、龟也。"孙诒让《斠补》："以文义推之，'用建'疑当作'用逮'。"

按这段文字是说武王受到二神的指示，知道自己的死期（"灵期"）将到，顾念国家（"乃室"〔侯国〕和"朕室"〔王国〕）初造，愿意"兄弟相后"，把王位传给有德有智的叔旦，并说这事可以当面决定，不须占卜；可是叔旦只有泣涕沾裳，拱手不肯接受。从这个记载看，见得周公是最有资格继承王位的。固然《逸周书》这篇记载未

---

① 原载《文史》第二三辑，1985年6月。

必真出于周初，但这件事既经写在这部书里，可以知道至少在周代曾有这个传说。

（二）《逸周书·武儆》："惟十有二（高似孙《史略》引，'二'作'一'）祀，四月，王告梦。丙辰，……命诏周公旦立后嗣，属小子诵……。"

按这是说武王得着了不祥的梦，知道自己的病已不能好，就接受了周公的王位传子的建议，把儿子诵交给周公，立为嗣王。史家传统的说法是："殷尚贤，兄死传弟；周尚文，父死传子。"照他们看，这个殷代的王位继统法，是由周公扭转过来的。不过《逸周书》这部书，虽至今还没有人逐篇地分析它的著作时代，但大体上总可以说四分之三出于战国，那时离周初已八百年左右了。所以我们不能断说它所记的一定是史实而非传说。殷的末期已有固定的传子制，《史记·殷本纪》："帝庚丁（依甲骨文当作'康丁'）崩，子帝武乙立。……武乙震死，子帝太丁（依《竹书纪年》当作'文丁'）立。帝太丁崩，子帝乙立。……帝乙崩，子辛立，是谓帝辛，天下谓之纣。"四代相仍，表现殷末的继统法已是父子相传。周公接受了殷末的文化，所以武王死后就立武王的儿子为周王，和周太王死后立王季为嗣王的继统法不同。

（三）《荀子·儒效》："大儒之效：武王崩，成王幼，周公屏成王而及武王，以属天下，恶天下之倍周也。履天子之籍，听天下之断，偃然如固有之，而天下不称贪焉。杀管叔，虚殷国，而天下不称戾焉。兼制天下，立七十一国，姬姓独居五十三人，而天下不称偏焉。教诲开导成王，使谕于道而能掩迹于文武；周公归周，反籍于成王，而天下不辍事周，然而周公北面而朝之。天子也者，不可以少当也，不可以假摄为也；能则天下归之，不能则天下去之。是以周公屏成王而及武王，以属天下，恶天下之离周也。成王冠，成人，周公归周反籍焉，明不灭主之义也；周公无天下矣。乡（向）有天下，今无天下，非擅也；成王乡无天下，今有天下，非夺也：变埶次序节然也。故以枝代主而非越也，以弟诛兄而非暴也，君、臣易位而非不顺也。因天下之和，遂文、武之业，明枝、主之义，仰易变化，天下厌然犹一也，非圣人莫之能为。夫是之谓大儒之效！"杨倞《注》："'屏'，蔽。'及'，继。……'偃然'犹安然。'固有之'，谓如固合有此位也。……'掩'，袭也。……'乡'，读为'向'。……'擅'，与'禅'同。……'节'，期也；权变次序之期如此也。'枝'，枝子。……'仰易'，反易也。'厌然'，顺从之貌。"王念孙《杂志》："'属'，系也。天子者，天下之所系。……'籍'者，位也。……《强国》篇曰：'夫桀、纣，埶（势）籍之所存，天下之宗室也。''埶籍'即'埶位'，故《韩诗外传》作'履天子之位，听天下之政'。"

（四）同书同篇："武王崩，成王幼，周公屏成王而及武王，履天子之籍，负宸而坐，诸侯趋走堂下。"杨倞《注》："户、牖之间谓之'宸'。"王念孙《杂志》："卢（文弨）云：'"坐"，当作"立"。'……古无坐见诸侯之礼；钞者浅陋，以意改之。"

按如荀子所说，在武王死后，周公为了要系属天下，就摒（屏）开成王，自己来承继（及）武王，安然站在天子的位上，听天下之政，攻杀反叛之人，凭着自己的主意分封亲族；在那时候，人民没有间言，诸侯们都来效劳，足见他的威望之高可以压倒一切。荀子又说等到成王行冠礼以后，周公便归周反位，可知在荀子的观念里，周公称王并不在周，换言之，就是在他东征的时候，那时戎马仓皇，必然需要一个强有力的主帅，统筹全局，分遣将领，秉着最高的威权，不受任何方面的牵掣，这个统帅就成了实际的王了。等到天下平定，成王能够继续文、武之道的时候，周公把天子之位交给成王，自己也做了成王的臣属，所以荀子又说：周公是以前有天下的，现在没有了，这不是他让位；成王是以前没有天下的，现在有了，这也不是他夺位。这分明说武王死后，武庚、管、蔡叛变之际，周公无论在名义上或在实际上都是王；直到他归政之后，成王才做了实际的王。这就叫作"君、臣易位"。照他所说的"天子……不可以假摄为"，见得周公称王本无所谓"摄位"。这倒和后来廖平说的很有些相像，廖说见乙·肆·（二），只是荀子并没有提到周公是否有意识地把兄弟相及制改为父子相传制。在许多对于周公称王的解释里，荀子的话要算是最坚定、最直捷的一个说法了。

（五）《尸子》："昔武王崩，成王少，周公践东宫，祀明堂，假为天子。"袁准《正论》："明堂在左，故谓之'东宫'。王者而后有明堂，故曰'祀明堂，假为天子'。"（《诗·大雅·灵台》疏引）

按《汉书·艺文志》："《尸子》二十篇。"班《注》："名佼，鲁人，秦相商君师之。鞅死，佼逃入蜀。"而《史记集解》引刘向《别录》云："佼，晋人。""晋""鲁"二字当是形近致讹，依当时的学风推测，尸佼既为商鞅师，而《史记·商君列传》说"鞅少好刑名之学，事魏相公叔座为中庶子"，则自该以晋人为是。《尸子》书已佚，清洪颐煊、汪继培并有辑本。"明堂"和周公的关系，详下（七）~（八）节。

（六）《韩非子·难二》："周公旦假为天子七年。"

按这也是战国时人确认周公在武王死后，执行王政，居天子之位的。但《尸子》和《韩非子》两书都说周公"假为天子"，那就有了摄位的意味，和《荀子》的"天子……不可以假摄为"站在对立的地位。

（七）《逸周书·明堂》："大维商纣暴虐，脯鬼侯以享诸侯，天下患之，四海兆民欣戴文、武，是以周公相武王以伐纣，夷定天下。既克纣六年而武王崩，成王嗣，幼弱，未能践天子之位，周公摄政君天下，弭乱。六年而天下大治，乃会方国诸侯于宗周，大朝诸侯明堂之位。天子之位，负斧扆南面立，率（群）公、卿、士侍于左右。三公之位，中阶之前，北面东上。诸侯之位，阼阶之东，西面北上。诸伯之位，西阶之西，东面北上。诸子之位，门内之东，北面东上。诸男之位，门内之西，北面东上。九夷之国，东门之外，西面北上。八蛮之国，南门之外，北面东上。六戎之国，西门之外，东面南上。五狄之国，北门之外，南面东上。四塞、九采之国世告至者，应门之外，北面东上。此宗周明堂之位也。'明堂'，明诸侯之尊卑也，故周公建焉，而明（朝）诸侯于明堂之位，制礼、作乐、颁度量而天下大服，万国各致其方贿。七年，致政于成王。"陈逢衡《补注》："'鬼侯'，商诸侯，纣杀而脯之，以礼诸侯于庙，事见《吕氏·行论》篇。……'夷'，平也。……'方国'，四方诸侯之国。……'斧'亦作'黼'，其绣用斧，故谓之'斧'，盖取其有断也。……'四塞、九采'，谓极远之国。'四塞'，犹'四极'。……'采'，事也，言虽在要、荒，亦供王事。'世告至'者，即《周礼》'蕃国，世一见'是也。……'度'，丈、尺；'量'，斗、斛也。……'致政'，复政也。"朱右曾《校释》："'弭乱'，黜殷、践奄也。……'群'，旧作'率'，据《玉海》九十五卷订。……'方贿'，土之所有。"刘师培《补正》："周公六年尚无洛邑，此云'朝诸侯于明堂之位'者，乃西周明堂，非东都也，故本书特标'宗周'。……〔明诸侯〕卢（文弨）本改'明'为'朝'，今考《文选·东都赋》注所引正作'朝'。"

按《逸周书》一书虽大体上是战国时人文字，但《周月》《时训》《谥法》《王会》等篇，或为汉代的历法，或迂拘地咬文嚼字，或是大国主义的奢想，其出于汉人之手无疑。这篇《明堂》想把五等诸侯、四方少数民族齐齐整整地在明堂朝见周王，和《王会》同是统一之后为最高统治者设计的一种铺张大国主义场面的方案。但两篇作者的目的又有不同，《明堂》注重的是朝会的行列，《王会》注重的则兼及远方的生产，为向各个少数民族经济压榨定下一个具体的计画。又朝见的对象，《王会》里是成王，所以说"周公在左，太公望在右，……旁天子而立于堂上"，而在《明堂》里则但有独居高位的周公，所以先说"周公相武王以伐纣"，继说"成王嗣，幼弱，未能践天子之位"，见得这位"大朝诸侯明堂之位"的"天子"必然是那位"摄政君天下"的周公。又篇末说"七年，致政于成王"，又见得"六年而天下大治，乃会方国诸侯于宗周"而"负斧扆南面立"的也必然是周公。所以在这篇文章里，"践天子之位"的可以确定为周公而非成王。这文固是汉人所写，未必符合周初的史实，但在西汉人的意识里，周公该有这等崇高的政治地位，则是一件真实的事情。

（八）《礼记·明堂位》："昔者周公朝诸侯于明堂之位。天子负斧依南乡而立。三公，中阶之前，北面东上。诸侯之位，阼阶之东，西面北上。诸伯之国，西阶之西，东面北上。诸子之国，门东，北面东上。诸男之国，门西，北面东上。九夷之国，东门之外，西面北上。八蛮之国，南门之外，北面东上。六戎之国，西门之外，东面南上。五狄之国，北门之外，南面东上。九采之国，应门之外，北面东上。四塞，世告至。此周公明堂之位也。明堂也者，明诸侯之尊卑也。昔殷纣乱天下，脯鬼侯以飨诸侯，是以周公相武王以伐纣。武王崩，成王幼弱，周公践天子之位以治天下。六年，朝诸侯于明堂，制礼、作乐、颁度量而天下大服。七年，致政于成王。成王以周公为有勋劳于天下，是以封周公于曲阜，地方七百里，革车千乘，命鲁公世世祀周公以天子之礼乐，是以鲁君孟春乘大路，载弧、韣，旂十有二旒、日月之章，祀帝于郊，配以后稷，天子之礼也。季夏六月，以禘礼祀周公于大庙，牲用白牡。……

升歌《清庙》，下管《象》，朱干、玉戚，冕而舞《大武》，皮弁、素积，裼而舞《大夏》。《昧》，东夷之乐也，《任》，南蛮之乐也，纳夷、蛮之乐于大庙，言广鲁于天下也。……是故夏礿、秋尝、冬烝、春社，秋省而遂大蜡，天子之祭也。……振木铎于朝，天子之政也。山节藻棁、复庙重檐、刮楹达乡、反坫出尊、崇坫康圭、疏屏，天子之庙饰也。……崇鼎、贯鼎、大璜、封父龟，天子之器也。越棘、大弓，天子之戎器也。……凡四代之服、器、官，鲁兼用之。是故，鲁，王礼也，天下传之久矣，君臣未尝相弑也，礼乐、刑法、政俗未尝相变也，天下以为有道之国，是故天下资礼乐焉。"郑《注》："周公摄王位，以明堂之礼仪朝诸侯也。不于宗庙，辟（避）王也。'天子'，周公也。'负'之言'背'也。'斧依'，为斧文屏风于户、牖之间，周公于前立焉。朝之礼不于此，周公权用之也。朝位之'上'，上近主位尊也。'九采'，九州之牧，典贡职者也。正门谓之'应门'。二伯帅诸侯而入，牧居外而纠察之也。'四塞'，谓夷服、镇服、蕃服在四方为蔽塞者，新君即位则乃朝。……朝于此，所以正仪、辨等也。……'践'，犹'履'也。……'致政'，以王事归授之。王功曰'勋'，事功曰'劳'。……上公之封，地方五百里。加鲁以四等附庸方百里二十四，并五五二十五，积四十九，开方之得七百里。'革车'，兵车也。兵车千乘，成国之赋也。……'大路'，殷之祭天车也。'弧'，旌旗所以张幅也；其衣曰'韣'。天子之旌旗画日、月。……'禘'，大祭也。周公曰'大庙'，鲁公（伯禽）曰'世室'，群公称'宫'。……'清庙'，《周颂》也。'象'，谓《周颂·武》也，以管播之。'朱干'，赤大盾也。'戚'，斧也。……'大武'，周舞也。'大夏'，夏舞也。《周礼》：'昧师掌教《昧》乐。'……'省'读为'狝'，狝，秋田名也。春田祭社；秋田祀祊；'大蜡'，岁十二月索鬼神而祭之。……天子将发号令，必以木铎警众。'山节'，刻榱卢为山也。'藻棁'，画侏儒柱为藻文也。'复庙'，重屋也。'重檐'，重承壁材也。'刮'，刮摩也。'乡'，牖属，谓夹户窗也；每室八窗为四'达'。'反坫'，反爵之坫也。'出尊'，当尊南也，唯两君为好，既献，反爵于其上。……'崇'，高也。'康'，读为'亢'，……亢所受圭，奠于上焉。'屏'，谓之'树'，今桴思也，刻之为云气、虫兽，如今阙上为之矣。……'崇''贯''封父'皆国名。文王伐崇。古者伐国，迁其重器以分同姓。'大璜'，夏后氏之璜也。……'越'，国名也。'棘'，戟也。……'王礼'，天子之礼也。……'资'，取也。此盖盛周公之德耳；春秋时鲁三君弑，又士之有诔由庄公始，妇人髽而吊始于台骀，云'君臣未尝相弑，政俗未尝相变'，亦近诬矣。"孔《疏》："'周公摄王位'者，'摄'，代也，以成王年幼，周公代之居位。……以周公朝诸侯居天子位，故云：'"天子"，周公也。'故《大诰》云'王若曰'，郑云'"王"，谓周公居摄命大事则权称"王"也'；王肃以为'称成王命，故称"王"'，与郑异也。王肃以《家语》之文，武王崩，成王年十三（按见《家语·冠颂》篇）；郑康成用卫宏之说，武王崩时成王年十岁，与王肃异也。……作《记》之时是周代之末，唯鲁独存周礼，故以为'有道之国'。……《左传·襄十年》云'诸侯，宋、鲁于是观礼'，宋为王者之后，鲁是周公之胤，是'天下资礼乐焉'。按隐十一年（前712年），羽父请杀桓公，将以求大宰，隐公不许，羽父使贼弑隐公，是弑一君也。庄三十二年（前662年），庆父使圉人荦贼子般，是弑二君也。闵二年（前660年），庆父又使卜齮贼公于武闱，是弑三君也。云'士之有诔由庄公始'者，《檀弓》文，在《左传·庄十年》乘丘之役也。云'妇人髽而吊，始于台骀'者，亦《檀弓》文，《左氏·襄四年》，臧武仲与邾人战于台骀，为邾人所败，是其事也。"

按这是讲周制的经典里的一篇极重要的周公称"天子"的文字。这篇文字，尽量夸张周公的政治影响，说他活的时候定了怎样伟大的规模，死了之后成王又怎么尊敬他，赐伯禽以"天子之礼乐"，所以凡是周天子所用的礼乐器以及虞、夏、商三代帝王所用的礼乐器（这类文字为了分量太多，没有钞在这里），鲁国都具备，鲁君都使用；又说鲁国为了有着这些"王礼"，所以社会非常安定，没有弑君和杀臣的事，政治和风俗也没有改变过，为当时的天下所仰望和取法。为了夸张的太过火了，所以逼得极端信古的郑玄也怀疑起来，说它为了"盛周公之德"，竟到了"近诬"的地步。从我们看来，周公东征，"灭国者五十"，其时伯禽也在军中，所灭各国的重器给他们父子俩劫走的必然不少，这种战利品陈列在鲁国的太庙里正像一个博物馆似的，使得生在鲁国的儒生看了发生一种自豪感，"以天下之美为尽在己"（《庄子·秋水》），并误认为成王给予鲁公的一次大赏赐。为了鲁国备有虞、夏、商、周四代的天子礼乐，这就坐实了周公称"天子"、朝诸侯的故事；又因那时明堂之说正在风行，所以就把《逸周书》的《明堂》略为改动，钞在篇首，而定这篇书名为《明堂位》。（两篇相校，《明堂》的"商纣暴虐"一段移到后面"七年致政"之前；"朝诸侯明堂之位"移到最前，因立"明堂位"这题目。自"致政成王"后即说鲁兼用四代的天子礼乐事，和明堂不生关系。）这篇中所说，有的是实有其事其物的，例如"任"即《周南》的"南"（《大戴礼记·本命》："男者，任也。"《禹贡》"男邦"，《史记·夏本纪》作"任国"。"南"和"男"同声同训），"山节、藻棁"亦见《论语》（《公冶长》，但这是臧文仲家的饰物），"大弓"见《春秋》（《定八年》，阳虎所盗），"大璜、封父龟"见《左传》（《定四年》，但"封父之繁弱"为弓名）；有的是拉扯来的，例如说成王"封周公于曲阜，地方七百里"，实际上成王封的既是伯禽而非周公（见戊·壹），封地又不到七百里。《孟子·告子下》记孟子质问慎子的话道："周公之封于鲁，为方百里也。……今鲁方百里者五，子（慎子）以为有王者作，则鲁在所损乎？在所益乎？"赵《注》："后世兼侵小国，今鲁乃五百里矣。"鲁在初封的时候固然未必限于方百里，但到了战国中期，数百年来侵略弱小的结果也只有方五百里，哪里来的"方七百里"？郑玄为要替它解释，只得说鲁既受上公之封，又加上二十四个附庸之国。这真是一个可笑的附会！至于说"君臣未尝相弑，政俗未尝相变"，则更是闭着眼睛的胡说，连"注不破经"的郑玄、孔颖达也在《左传》和《檀弓》里找出了好些反证。其实，鲁国固然是个保守性特别强的顽固堡垒，但处在春秋、战国时代当生产发展的大潮流激荡之下，社会组织形态彻底改变的时代，哪有坚守周初的秩序而不改的道理。只要看《春秋》和《左传》里，宣十五年（前594年）"初税亩"，成元年（前590年）"作丘甲"，襄十一年（前562年）"作三军"，昭五年（前537年）"舍中军"，哀十二年（前483年）"用田赋"，就可知道鲁国的田制和军制在春秋后半段里改变得怎么剧烈，孔子虽抱着保守思想，苦口地劝告鲁的当局依然要法"周公之典"，事实上已到了不得不推翻旧典的时候了。儒生们死心眼儿厚古薄今，把周公捧到天上，希望周公的制度成为宇宙间永恒的秩序，那就只有得着自欺、欺人的自我陶醉的结果而已。

（九）同书《文王世子》："成王幼，不能莅阼。周公相，践阼而治，抗世子法于伯禽，欲令成王之知父子、君臣、长幼之道也。成王有过则挞伯禽，所以示成王世子之道也。……仲尼曰：'昔者周公摄政，践阼而治，抗世子法于伯禽，所以善成王也。……'"郑《注》："'莅'，视也，不能视阼阶，行人君之事。'践'，履也，代成王履阼阶，摄王位治天下也。'抗'，犹'举'也，谓举以世子之法，使与成王居而学之。

以成王之过去伯禽，则足以感喻焉。"孔《疏》："案郑注《金縢》云：'文王崩后，明年生成王，则武王崩时，成王年十岁。……'此是郑义，推成王幼不能践阼之事也。《经》（《记》）云'周公相，践阼而治'，知非周公辅相成王，今（当作'故'）云'践阼而治'。必知周公代成王履阼阶者，以《明堂位》云'天子负斧依，南乡而立'，又云'周公践天子之位'，是代居位也。"

按《文王世子》和《明堂位》是姊妹篇，正可连环作证。这两篇都是序述武王死后，成王太小，所以《明堂位》说周公要代成王践天子之位，《文王世子》说周公要自己的儿子伯禽和成王一块儿上学，学习做世子（太子）的方法。由此可知在那一段时间里，国家大事全归周公处理，成王只是一个名义上的天子，而周公则是实际的天子。清方苞《望溪全集》里有《辨明堂位》一篇，又有《书考定文王世子后》一篇，他断定《明堂位》是刘歆为了迎合王莽的居摄而作，《文王世子》则是刘歆在同样目的下所增窜。但周公的称王或摄王是战国以来所盛传的一件故事，儒者的耳目间既已习熟，在谈到四代礼制和教育法的时候便任情加以夸大，又造出孔子的话来做证据，因为那时人没有甄别史料的能力，因而编入《礼记》，为王莽、刘歆们所利用，也是可能的事。我们在这里，姑且把这两件资料置在西汉初期，以待进一步的研究。

（一〇）《韩诗外传》三："周公践天子之位七年。"

（一一）同书七："武王崩，成王幼，周公承文、武之业，履天子之位，听天下之政。"

（一二）同书八："五帝既没，三王既衰，能行谦德者其惟周公乎！文王之子，武王之弟，成王之叔父，假天子之尊位七年。"

按这三条都说周公"践天子之位""履天子之位""假天子之尊

位"，表示汉初经师对于周公的看法，和战国人没有什么不同。

（一三）《尚书大传》："卜洛邑，营成周，改正朔，立宗庙，序祭祀，易牺牲，制礼乐，一统天下，合和四海，而致诸侯，皆莫不依绅、端冕以奉祭祀者。……大庙之中，缤乎其犹模绣也！天下诸侯之悉来进受命于周而退见文、武之尸者千七百七十三诸侯，皆莫不磬折、玉音、金声、玉色，然后周公与升歌而弦文、武。诸侯在庙中者佹然渊其志，和其情，愀然若复见文、武之身，然后曰：'嗟子乎，此盖吾先君文、武之风也夫！'及执俎、抗鼎、执刀、执匕者负庸而歌，愤于其情，发于中而乐节文。故周人追祖文王而宗武王也。"郑玄注："'模'，所㭊文章之范。八州，州二百一十国，畿内九十三国，此周所因于殷九州诸侯之数。'玉音、金声'，言宏杀之调也。与诸侯升歌文王、武王之德，又以琴瑟播之。'佹'读曰'播'，播然变动貌。……〔执俎……〕，卑贱者尚然，而况尊贵者乎！"（《仪礼经传通解续》二十九《祭义》引）

按这是尽情描写周公在洛邑制礼作乐、召集诸侯进行祭祀之中对于宣扬文王、武王的德化和"统一天下、合和四海"的特大的效果，不但诸侯播然地看到了文、武之风，连一切执刀、抗鼎的服务人员的歌声也都发而中节，洋溢着太平气象，可以作为《明堂》及《明堂位》两篇的补充。"千七百七十三国"这个数目是从《王制》钞来的。

（一四）同书："周公摄政：一年，救乱；二年，克殷；三年，践奄；四年，建侯卫；五年，营成周；六年，制礼、作乐；七年，致政于成王。"（《通鉴外纪》三引）

按这是实定周公摄政七年的具体工作的。皮锡瑞《大传疏证》云："《传》以为武王崩，周公即摄政，摄政二年克殷。郑则以为周公避居东都三年，归乃摄政，摄政二年克殷，说似同而实异，故郑亦依违其词。郑义本于《异义》（许慎《五经异义》）所引《古尚书》说，盖出于卫（宏）、贾（逵）诸人，西汉以前初无此说。《逸周书》《史记·周本纪》《鲁世家》叙述皆甚明，未有避居之事。……东汉古文说非也。"按《异义》一书今佚，有陈寿祺辑本，其所引《古尚书》说见于《公羊》疏《隐元年》引。这个问题由于《金縢》篇中的"周公曰：'我之弗辟，我无以告我先王！'周公居东二年，则罪人斯得"的歧解而来，说详丁·陆·三·（六）。

（一五）《淮南子·齐俗》："武王既殁，……周公践东宫，履乘石，摄天子之位，负扆而朝诸侯；……七年而致政成王。"

（一六）同书《泛论》："周公事文王也，行无专制，事无由己，身若不胜衣，言若不出口，有奉持于文王，洞洞属属，而将不能，恐失之，可谓能子矣。武王崩，成王幼少，周公继文王之业，履天子之籍，听天下之政，平夷狄之乱，诛管、蔡之罪，负扆而朝诸侯，诛赏制断，无所顾问，威动天地，声慑四海，可谓能武矣。成王既壮，周公属籍致政，北面委质而臣事之，请而后为，复而后行，无擅恣之志，无伐矜之色，可谓能臣矣。故一人之身而三变者，所以应时矣。"高诱《注》："'洞洞属属'，婉顺貌也。而将不能胜之，恐失之，慎之至也。"

按《淮南子》一书成于淮南王刘安的宾客之手，尚在西汉前期，其说周公事和《荀子》近似，不像《明堂位》等篇的铺张。然而就是《淮南》的"诛赏制断，无所顾问，威动天地，声慑四海"的几句写他的独断独行的话，已和《今本书序》中周公处处奉行成王的命令大异其趣了。

（一七）《史记·周本纪》："成王少，周初定天下，周公恐诸侯畔，周公乃摄行政，当国。"

（一八）同书《鲁世家》："武王既崩，成王少，在强葆

（襁褓）之中。周公恐天下闻武王崩而畔，周公乃践阼代成王，摄行政，当国。……周公乃告太公望、召公奭曰：'我之所以弗辟（避）而摄行政者，恐天下畔周，无以告我先王太王、王季、文王。三王之忧劳天下久矣，于今而后成。武王蚤终，成王少，将以成周，我所以为之若此。'于是卒相成王。"

（一九）同书《管蔡世家》："武王既崩，成王少，周公旦专王室。"

按《史记》出于西汉中叶，那时帝皇集权益甚，天、泽之辨日严，周公摄政之说早已成为定论，所以司马迁就屡次说他"摄行政，当国"，好像冢宰（相国）在前一王死后、后一王居丧的时候分该代行天子的职权似的。成王的年龄，在《荀子》里说他"冠，成人，周公归周反籍"，据二十而冠及周公摄政七年的传统说法而言，那么武王死时他已十三岁，何至于尚"在强葆之中"？这应该是司马氏受了当时夸张的传说和《尚书》学家的师说的蒙蔽所致。后来王肃重作《孔子家语》，在《观周》篇中说"周公相成王，抱之负斧扆，南面以朝诸侯"（这和同书《冠颂》篇说的"武王崩，成王年十三"矛盾），即由此衍变。可是《荀子》、《淮南子》和《明堂位》都明白地说周公自身"负斧扆而立"，他哪曾抱着一个小孩子上朝？这无疑是王肃误把汉武帝和王莽的故事流注到周公的故事里去了。

贰　西汉时两次模仿周公辅成王的事件和王莽利用了周公的偶像夺取皇位的经历（附明成祖）

（一）《汉书·霍光传》："征（延）和二年（前91年），卫太子为江充所败。……是时上年老，宠姬钩弋赵倢伃有男，上心欲以为嗣，命大臣辅之。察群臣唯光任大重，可属社稷，上乃使黄门画者画'周公负成王朝诸侯'以赐光。后元二年（前87年）春，上游五柞宫，病笃，光涕泣问曰：'如有不讳，谁当嗣者？'上曰：'君未谕前画意邪？立少子，君行周公之事。'光顿首，……受遗诏辅少主。明日，武帝崩，太子袭尊号，是为孝昭皇帝。帝年八岁，政事壹决于光。"

按这是周公辅成王的故事在现实政治舞台上的第一回表演。昭帝八岁，确在幼年。武帝画了周公背负成王以朝诸侯的图画赐给霍光，要他"行周公之事"，这是《明堂位》故事的发展，在《明堂位》里说是周公南向朝诸侯，所"负"的是斧依，"负"是今语的"背对"；而这图呢，虽也是周公朝诸侯，但所"负"的却是成王，"负"是今语的"背着"了。这和蒙恬所述周公的故事同，见丁·陆·三·（五），该是西方盛传之说，和东方流行的不同。既然昭帝太小，霍光遵武帝遗诏实行周公之事，所以"政事壹决于光"，霍光就做了有实无名的汉朝皇帝。在这一点上，霍光却和周公不一样，周公可以称"王"，霍光不得称"帝"，这是时代不同，人们对于最高统治者的尊奉的程度也不同，在奴隶社会里可以通融使用的称呼，到了封建社会就限制峻严，成了不可碍越的界限了。

（二）《汉书·王莽传》上："泉陵侯刘庆上书，言周成王幼少称'孺子'，周公居摄。今帝富于春秋，宜令安汉公行天子事如周公。"

（三）同书同篇："平帝崩，……乃选……广戚侯子婴，年二岁，托以为卜相最吉。是月，前辉光谢嚣奏：'武功长孟通浚井，得白石，上圆下方，有丹书著石，文曰"告安汉公莽为皇帝"。'……舜（王舜）等即共令太后（元后）下诏曰：'……安汉公莽……安光汉室，……与周公异世同符。……其令安汉公居摄践阼，如周公故事！……'于是群臣奏言：'……臣闻周成王幼少，周道未成，成王不能共（供）事天地，修文、武之烈。周公权而居摄则周道成，王室安；不居摄则恐周队（坠）失天命。……周公服天子之冕，南面而朝群臣，发号施令，常称王命。……《礼·明堂记》曰"周公朝诸侯于明堂，天子负斧依南面而立"，谓周公践天子位六年，朝诸侯，制礼、作乐而天下大服也。……周公始摄则居天子之位，非乃六年而践阼也。《书·逸嘉禾》篇曰"周公奉鬯立于阼阶，延登，赞曰'假王莅政，勤和天下'"，此周公摄政，赞者所称。成王加元服，周公则致政，《书》曰"朕复子明辟"，周公常称王命，专行不报，故言"我复子明君"也。臣请安汉公居摄践阼，服天子韨、冕，背斧依于户、牖之间，南面朝群臣，听政事，车服出入警、跸，民臣称"臣"、"妾"，皆如天子之制；郊祀天、地，宗祀明堂，共（供）祀宗庙，享祭群神，赞曰"假皇帝"；民臣谓之"摄皇帝"；自称曰"予"；平决朝事，常以皇帝之诏称"制"，以奉顺皇天之心，辅翼汉室，……其朝见太皇太后、帝皇后，皆复臣节；自施政教于其宫、家、国、采，如诸侯礼故事。臣昧死请！'太后诏曰：'可！'明年，改元曰居摄。"

按这是王莽准备夺取汉家皇位的一套手法，是周公辅成王故事在现实历史舞台上的第二回表演，也是汉人把经学用于实际政治的一个最具体的表现。在这段文字里，可以看出汉代人想像中的周公摄政的排场。《逸嘉禾》篇是汉《古文尚书》中的一篇，但在刘歆所立的"逸十六篇"之外，想是为了当时的政治需要而撰写的，今不传；在这篇里，周公是被称为"假王"的。"假王"之称，古所未有，而在秦、楚之际却有，例如韩信在攻下三齐之后，向汉王请为"假王"即是（见《史记·淮阴侯列传》），所以就从这个名词上看也可以认识到汉古文经的出现是具有它的政治任务的。霍光所不敢用的"皇帝"称号，到了王莽，在他权势极盛之际竟敢用了，但总须加上一个"假"字来表现他的遮遮掩掩的姿态，于是周公也就顶上了"假王"的一个头衔。

（四）同书《翟方进传》："义（翟义）……徙为东郡太

守。数岁，平帝崩，王莽居摄，义心恶之，乃谓……陈丰曰：'新都侯（王莽）摄天子位，号令天下，故择宗室幼稚者以为"孺子"，依托周公辅成王之义，且以观望，必代汉家。……吾幸得……身守大郡，……欲举兵西诛不当摄者，选宗室子孙辅而立之！……'丰……许诺。义遂与……严乡侯刘信……结谋。……严乡侯信者，东平王云子也，……故义举兵并东平，立信为天子；义自号大司马。……移檄郡国，言'莽鸩杀孝平皇帝，矫摄尊号。今天子已立，共（恭）行天罚'。郡、国皆震。比至山阳，众十余万。莽闻之大惧，……日抱孺子会群臣而称曰：'昔成王幼，周公摄政，而管、蔡挟禄父以畔。今翟义亦挟刘信而作乱。自古大圣犹惧此，况臣莽之斗筲！'群臣皆曰：'不遭此变，不章圣德！'莽于是依《周书》作《大诰》，曰：'惟居摄二年（7年）十月甲子，摄皇帝若曰：大诰道诸侯王、三公、列侯于（及）汝卿大夫、元士、御事：不吊天降丧于赵（成帝后飞燕）、傅（哀帝祖母）、丁（哀帝母）、董（贤，哀帝宠臣），洪惟我幼冲孺子当承继嗣无疆大历服事，予未遭其明悊能道民于安，况其能往知天命！……太皇太后以丹石之符，乃绍天明意，诏予即命居摄践祚，如周公故事。反虏故东郡太守翟义擅兴师动众，曰：有大难于西土，西土人亦不靖。于是动。严乡侯信诞敢犯祖乱宗之序。天降威，遗我宝龟，固知我国有眚（疵）灾，使民不安，是天反复右我汉国也！粤其闻日，宗室之俊有四百人，民献仪九万夫。……故我出大将告郡太守、诸侯相、令、长曰：予得吉卜，予惟以汝于（往）伐东郡、严乡遗播臣！尔国君或者无不反曰：难大，民亦不静，亦惟在帝宫、诸侯宗室，于小子族父，敬，不可征。帝不违卜？故予为冲人长思厥难，曰：乌虖，义、信所犯诚动鳏寡，哀哉！予遭天役遗，大解难于予身，以为孺子，不身自恤。予义彼国君泉陵侯上书曰：成王幼弱，周公践天子位以治天下，六年，朝诸侯于明堂，制礼乐、班度量，而天下大服。太皇太后承顺天心，成居摄之义。皇太子为孝平皇帝子，年在襁褓，宜且为子，……畜养成就，加元服，然后复子明辟。……太皇太后临政，有龟、龙、麟、凤之应，……《河图》《雒书》远自昆仑，出于重野，……乌虖，天明威，辅汉始而大大矣。尔有惟旧人泉陵侯之言，尔不克远省，尔岂知太皇太后如此勤哉！……乌虖肆哉，诸侯王、公、列侯、卿大夫、元士、御事，其勉助国道明！亦惟宗室之俊、民之表仪，迪知上帝命。……况今天降定于汉国，惟大艱人翟义、刘信大逆，欲相伐于厥室，岂亦知命之不易乎！予永念曰：天惟丧翟义、刘信，若啬夫，予害敢不终予亩！天亦惟休于祖宗。予害其极卜？害敢不于（"于"，一本作"卜"）从？率宁人有旨疆土。况今卜并吉！故予大以尔东征。命不僭差，卜陈惟若此！'乃遣大夫桓谭等班行谕告当反位孺子之意。……遂攻围义于圉城，破之，义与刘信弃军庸亡。……捕得义，尸磔陈都市。……莽于是自谓大得天人之助，……遂即真矣。"

按王莽自被他的姑母元后任为大司马后，处处模仿周公，权势既重，就蓄意夺取汉祚，首先毒杀十四岁的平帝，然后立二岁的刘婴，依照《周书》中语称他为"孺子"。翟义敢于发难，起兵东郡，奉刘信为天子，而汉都长安，这情势有类于管、蔡、武庚之于周公，所以王莽就模仿了《周书》的《大诰》而写了一篇新的《大诰》。这篇《大诰》把周《大诰》生吞活剥，我们简直可以把它当作滑稽文章读，并且可以看清楚汉人盛称的"通经致用"的要求的目的是什么，知道那时的统治者是如何地利用了经书和经义来满足他们私人的欲望的。这篇文章很长，有一千一百多字，这里只选钞有关事实的一部分和着意模仿的一部分，使读者们可以看出周公称王一事对于后世所发生的影响是怎样地巨大。

又按自从王莽模仿了周公取得皇位而及身失败之后，最高统治者及其拥护者对于周公称王的事情就起了极大的警惕。他们担心权臣使用这手段篡位，为了防微杜渐计，把《大诰》的"王若曰"说为"周公奉成王命作《大诰》"，见得这"王"还是成王，《康诰》的"王若曰'朕其弟，小子封'"，本来毫无疑问是周公的话，他们也要曲解作武王所说，这便为古史、古籍的研究增添了重重的障壁。

（五）《明史（一四一）方孝孺传》："燕王……渡江。六月……乙丑，金川门启，燕兵入。帝自焚。是日，孝孺被执下狱。……成祖欲使草诏，召至，悲恸声彻殿陛。成祖降榻劳曰：'先生毋自苦！予欲法周公辅成王耳。'孝孺曰：'成王安在？'成祖曰：'彼自焚死。'孝孺曰：'何不立成王之子？'成祖曰：'国赖长君。'孝孺曰：'何不立成王之弟？'成祖曰：'此朕家事！'顾左右授笔札曰：'诏天下，非先生草不可！'孝孺投笔于地，且哭且骂曰：'死即死耳，诏不可草！'成祖怒，命磔诸市。孝孺慨然就死。……永乐中，藏孝孺文者罪至死。"

按明太祖自即帝位之后，封其庶子朱棣为燕王，任以北伐大权，节制沿边士马，威名既振，他就潜蓄了异志。公元1398年，明太祖死，皇太孙允炆立，是为建文帝。翌年，燕王起兵南下，号为"靖难"。打了三年，进入南京，夺得了皇帝的宝座。当他强迫方孝孺草即位诏的时候，因为自身是建文帝的叔父，所以他对方孝孺说："予欲法周公辅成王耳。"表示他兴兵进京并无自私企图，而只是为了帮助建文帝保持明皇朝的基业。想不到周公摄政这件故事经过了一千五百年之后又给野心家所利用，为统治阶级内部矛盾提供了一个经书上的典范。可是当方孝孺层层驳诘之下，他竟无法应答，只得用"此朕家事"这句话来掩饰，而实际上则正道出了他争夺家产的心愿，于是方孝孺便被磔死了。现在我们把这件事附录在王莽之后，好让读者们看一看这些人如何假借了周公的故事为自己抢占帝位的一副丑态。

叁　东汉以下经学家为了卫护皇权企图推翻周公称王史实的各种新解释

（一）郑玄《尚书注·大诰》："'王'，谓摄也。周公居摄，命大事则权代王也。"《康诰》："言周公代成王诰。依《略说》'太子十八为"孟侯"'，而呼成王。"（均《书疏》本篇引）《多方》："奄国在淮夷之旁，周公居摄之时亦叛；王与周公征之，三年灭之，自此而来归。"（《诗·豳风谱》疏引）

按郑玄说经是混合今、古文的。西汉的今文家多说周公摄王，所以他注《大诰》的"王若曰"敢于解作周公在摄王时的讲话。可是王莽失败之后，就有一部分古文家为了讨好皇帝，说"王"是成王，所以他于《康诰》的"王若曰"又说是"周公代成王诰"。伐奄本是周公个人领导的军事行动，但到了东汉时也就变为成王和周公共同出征，周公须听命于成王了。因此，我们根据了前后异同的资料，可以看出：郑氏的混合今、古文的说法是古史转变的枢纽，而今、古文的两种说法都各有其政治背景的。他所引的《略说》，为《尚书大传》的一部分。前已说明，《大传》是《书》博士的手册，不妨随时增改。但这里所说的"太子十八为'孟侯'，而呼成王"，不知道它对于"王若曰'孟侯，朕其弟，小子封'"的话该如何地讲才可以勉强讲通？这恐怕究竟是讲不通的。

（二）《今本书序》："武王崩，三监及淮夷叛，周公相成王，将黜殷，作《大诰》。成王既黜殷命，杀武庚，命微子启代殷后，作《微子之命》。唐叔得禾，异亩同颖，献诸天子，王命唐叔归周公于东，作《归禾》。周公既得命禾，旅（嘉）天子之命，作《嘉禾》。成王既伐管叔、蔡叔，以殷余民封康叔，作《康诰》《酒诰》《梓材》。……成周既成，迁殷顽民，周公以王命诰，作《多士》。……召公为保，周公为师，相成王为左、右，召公不悦，周公作《君奭》。……成王东伐淮夷，遂践奄，作《成王政》。成王既践奄，将迁其君于蒲姑，周公告召公，作《将蒲姑》。成王归自奄，在宗周告庶邦，作《多方》。……成王既黜殷命，灭淮夷，还归在丰，作《周官》。成王既伐东夷，肃慎来贺，王俾荣伯作《贿肃慎之命》。"

按《汉书·艺文志》说："《书》之所起远矣，至孔子撰焉，上断于尧，下讫于秦，凡百篇；而为之《序》，言其作意。"照班固的话，是孔子选定的《尚书》是整整一百篇；在选定之后，孔子又按篇作《序》，说明每篇书的著作意义。《书序》既出于孔子的手笔，何等地"庄严、神圣"，它的话一定是不会错的！可是班固这篇《艺文志》明说是从刘歆的《七略》转写来的，（《艺文志序》说："歆于是总群书而奏其《七略》，……今删其要以备篇籍。"）而刘歆是主张立《古文尚书》于学官的人，《古文》比《今文》虽只多出十六篇，可是当时的博士们都不赞成，说孔子仿照了天上的二十八宿而定《尚书》为二十八篇，加上后出的《太誓》作为北斗星，这已经是一部完全的书，用不着增加了（见《古文尚书·大诰》的马、郑、王本及其注释合辑）。这话固然迂腐得可笑，但就从这班今文博士的思想意识上看，我们可以断言当时人原没有"百篇《尚书》"的一种说法。既然没有百篇的《尚书》，哪里来的百篇的《书序》！所以，《书序》出于西汉后期是无疑的，它的意图只是在证明《尚书》是一部不完全的经，该从古籍里找出它的补充资料。在汉成帝时，曾有一个大胆的张霸，他分析二十九篇（二十八篇加《太誓》）为数十篇，又加上别的古书，凑成一百二十篇，说百二篇是《尚书》（所以叫做《百两篇》），十八篇是《中候》（《尚书纬》的一种），献到朝廷；这卑鄙的作伪手段立刻被揭穿，险些儿送掉生命（事实见《汉书·儒林传》及《论衡·正说篇》）。他的骗取禄利的目的固然没有达到，可是当时通行的《尚书》不是一个完整的本子这个口号却被提出来了，因为古籍里引用的《尚书》不在二十九篇之内的确实很多。这百篇之《序》也许是张霸作的（《百两篇》中，可能百篇是《书》，二篇是《序》），也许是别人承受了他的这一思想的启发而补作的。可是在西汉以前，周公原是一个赫赫的有权有势的人物，他"专行不报"，要怎么做就怎么做，所以王莽可以利用了他的偶像来提高自己的地位，直做到真皇帝。哪里会像《今本书序》一般，征伐、诛戮、封国、行赏，一切都出于成王的亲征和发令，周公只是和召公同等的一个宰相，惟有遵奉王命行事，连摄政都不是了呢！《淮南·泛论》里说周公"北面委质而臣事之，请而后为，复而后行"原是他"致政"以后的事情，至于"平夷、狄之乱，诛管、蔡之罪"的时候，如果不是"诛赏制断，无所顾问，威动天地，声慑四海"，如何可以成就大事？现在《书序》里把周公写得这般地恭顺，分明已不是战国、秦、汉人心目中的周公，而是王莽失败以后，统治阶级惩羹吹齑，对于周公历史的改造。《史记·周本纪》中所记周初史事和《今本书序》文字相同，也该断说为东汉以后人为了达到他们的政治的宣传目的，因而把改定的《书序》文字钞进去或是把《史记》原文改写了的。

（三）庄存与《尚书既见》二："司马迁尝读百篇之《序》，而不知成王、周公之事为荀卿、蒙恬所汩乱。汉居秦故地，世习野人之言，于是有《周公辅（应作'负'）成王朝诸侯图》赐霍光者，'成王幼，不能莅阼'遂记于《大》《小戴》而列于学官矣。周公践阼，君子有知其诬者，而不能知成王即位其年不幼也。何以征之？征之于《书》。《书》曰

'于后，公乃为诗以贻王，名之曰《鸱鸮》；王亦未诮公'，岂教诲稚子之言乎？王又能通其说，心不谓然，能不宣之于口，岂尚须他人抱负邪？夫'孺子''冲人'，家人、寿考相与之常言，'予冲子''予小子'，古天子通言上下之恒辞，不以长幼而异者，则《书》之训绝无可据为幼不能莅阼之征矣。《书》曰'王与大夫尽弁'，曰'王执书以泣'，曰'王出郊'，此孰抱负之而然耶？……当其时，二公（太公、召公）未尝有一言，王独深信天道，而曰'今天动威以彰周公之德'，上比商之高宗，曾不俟祖己之'正厥事'也，此非所谓不惑者乎？……成王有人君之大节如此，而又以二公为左右，天即不笃生周公，亦自可成一家之事；王纵不迎周公，商、奄、淮夷亦自可安集之。天必动威以明周公，……何故也？《书》自《康诰》以下，每事必周公主之；《多方》以'周公曰"王若曰"'发其凡，著成王之言悉周公言之也。夫启金縢之书不烦二公赞一词，王非不能作命，乃必周公为之言，不可解也。子思、孟子论述圣人之德，无一言及成王，惟周公之圣继文、武也。不能莅阼，不其然乎？曰：知其说者必明于天道。……武王不以天下与叔旦，天命在武王，……天子之位必在武之子孙。天不二其命，则命不在周公。……天欲以圣人之德为法于天下后世，舍周公谁属哉！"

按这是根据了《书序》和《金縢》的成王当政而反对荀卿、蒙恬、司马迁所说的成王幼小，周公当政的。荀卿、司马迁的话都已见前。蒙恬的话见于《史记·蒙恬列传》中，他说："周成王初立，未离襁褓，周公旦负王以朝，卒定天下。"下文见丁·陆·三·（五）。庄氏看《金縢》中的成王一切独断独行，决不是一个小孩子的形象，《书序》里则周公只是成王的一个卿相，成王亲自提师征伐，武功煊赫，周公惟有听了成王的命令行事，而《书序》又被录入《史记》，所以他觉得很奇怪，说：司马迁既经读得《书序》，为什么还会受荀卿、蒙恬的蒙蔽呢？他举出成王不幼的证据，又指出"孺子""冲人"是老辈和小辈对谈时的常言，"予冲子""予小子"也是天子自称的恒辞，都和年龄的长幼无关，理由非常充足。据古本纪年的记载，武王死时年五十四（《路史发挥》四引），成王是他的长子，该有三十岁左右，确实是不幼。秦、汉时人说他幼，甚至说他尚在襁褓之中，以致汉武帝晚年托孤给霍光，画了一幅《周公负成王朝诸侯》的图赐给他，命他重行周公的故事。庄氏看出了这种传说的不可信，因此他敢于推翻《明堂位》等书的主观记载。这原是他的核实精神和考订方法的进步的表现。但是他束缚于当时的封建伦理思想，确定成王是一位英伟的天子，承认他有能力统筹全局，发号施令，就是天不生周公，他也必然会得好好地继承武王的基业，平定东土的叛乱。庄氏既作出这个判断，于是跟着就有几个困难问题提出来：《康诰》以下，为什么每事都由周公作主呢？成王既可以自己发命，为什么在《多方》中要由周公来代他宣言呢？这些问题无法解释，他只得用了宗教玄学的方式，归之于天命，说天要把法统归之于武王之子，但天也要使周公之德为天下后世定法。这简直是巫师假托神权的胡话，不配作古典的正当的解释。从我们看来，成王年不甚长，周公在严重的局势下称王而治，乃是战国以下人从古代传下来的历史或逐渐演变的传说；而成王在襁褓之中，周公背负了他上朝，则是秦、汉间人把这个故事极度夸张的结果。《金縢》所说，成王年长，能按着自己的主意驾驭周公，乃是这一故事变了质后的分支，和传统的说法拼合不起来〔见丁·陆·三·（六）〕，不能完全倚靠它来解决周初的史事问题。至于《书序》这书，先作于西汉后期，继改于东汉及魏、晋时代，司马迁哪里看得到，《史记》里的《书序》文字必然是后人硬插进去的，不该拉太史公来负责，所以我们可以套了庄氏的话而说："司马迁既用荀卿、蒙恬之说以记成王、周公之事矣，而不料其书竟为百篇之《序》所汩乱也！"

（四）庄述祖《大诰序说》："读《大诰序》而知非圣人不能作也。诬圣乱经，自孙（荀）卿始。其言曰'……周公……以枝代主而非越，君、臣易位而非不顺，因天下之和，遂文、武之业'，谓之'大儒之效'。后世乱臣贼子袭是迹而文其奸言以窃天位，开其端者孙卿也！……故言周公之事大抵以为摄天子位，假王者号，襛襛褕褕（重重沿袭），莫知其非，仅拘墟夫文辞而遂以胎滔天之恶，言顾可不慎哉！《书序》明著之曰'周公相成王'，相也者，臣道也，非假摄之谓也。自《归禾》以至《亳慎之命》，再言'天子'，再言'王命'，曰'黜'，曰'伐'，曰'迁'，曰'命'，曰'封'，曰'告'，皆系之成王。《大诰》曰'相成王'，《君奭》亦曰'相成王'，何乃有假摄之说哉！"

按庄述祖是庄存与的侄子，有家学的渊源，所以他能承继存与的学说，推崇《书序》，排斥荀卿，而说得比较存与更加彻底。他说"诬圣乱经自孙卿始"，可是《大诰》《康诰》等篇都是当时史官的记录，就都是千真万确的证据，哪能把这个责任完全推给荀子！但我们也可以从庄述祖的话里知道，《今本书序》的作用该有多么巨大，本来是"君、臣易位"的，现在却变成"相成王为左、右"了；本来成王是"乡（向）无天下"的，现在他竟成了"黜殷命"、"伐管、蔡"、"灭淮夷"和"践奄"等等大战事中的主角了。庄述祖的话，正道出了改写《书序》者的苦心，也表现了他的改写本的成就。又刘逢禄是庄存与的外孙，所以他的《书序述闻》也有同样的说法。尊《书序》而抑《荀子》，成为常州学派共同的信念。

（五）《伪孔传·大诰》："故我童人成王长思此难而叹曰：信蠢动天下，使无妻无夫者受其害，可哀哉！"《康诰》："周公摄政，……称成王命，顺康叔之德，命为'孟侯'。"《酒诰》："周公以成王命诰康叔，顺其事而言之，欲令明施大教令于妹国。"《洛诰》:"周公尽礼致敬,言我复还明君之政于子。'子',成王。年二十成人,故必归政而退老。"《多方》:"周公以王命顺大道,告四方。称'周公',以别王自告。"

按《伪孔》于《周诰》诸篇,凡称"王"的都以为是周公奉了成王命,代为告谕,这态度完全和《今本书序》一样;但他究竟还肯说"摄",说"归政",没有像《书序》这样改造得彻底。想来《书序》总摄大义,容易混过;《伪孔》则顺文作解,没有方法遮掩。然而周公既称成王命而诰康叔了,为什么《康诰》上还要说"朕其弟,小子封",露出周公自己的口气,而不像《文侯之命》称"父义和"一般,尊康叔为"父封"呢?

(六)焦循《尚书补疏叙》:"东晋晚出《尚书孔传》,至今日稍能读书者皆知其伪。……置其为假托之孔安国,而论其为魏、晋间人之《传》,……亦何不可存而论。……余尝综其《传》而平心论之:……《明堂位》以周公为'天子',汉儒用以说《大诰》,遂启王莽之祸。郑氏不能辨正,且用以为《尚书注》,而以周公称'王'。自时厥后,历曹、马以及陈、隋、唐、宋,无不沿莽之故事。而《传》特卓然以周公不自称王而称成王之命以诰,胜郑氏远甚。……为此《传》者盖见当时曹、马所为,为之说者有如杜预之解《春秋》,束皙等之伪造《竹书》,舜可囚尧,启可杀益,太甲可杀伊尹,上下倒置,君、臣易位,邪说乱经,故不惮改《益稷》,造《伊训》《太甲》诸篇,阴与《竹书》相觭龁;又托'孔氏传'以黜郑氏,明君、臣上下之义,屏僭越抗害之谭。以触当时之忌,故自隐其姓名。"

按焦循和庄存与们一鼻孔出气,发挥君、臣有定位的封建秩序思想。这种思想,大家一向认为孔子以来的传统,其实并不太早。如果没有王莽出了乱子,也没有曹操、司马昭等学王莽的榜样而夺取了政权,这种惩前毖后的"明君、臣上下之义,屏僭越抗害之谭"的《书序》文字是不会出现的。《今本书序》里所以只见成王的威风而周公平凡化了,这便是作《伪古文尚书》的人卫护皇权的苦心孤诣的表现,是有它的一定的政治性和时代性的。如果汉人已有这样的思想,《书序》已和今本一模一样,王莽当国时就不容易借重周公这块老牌子作为他自己向上爬的根据了。《书序》的改造,郑玄是不知道的,所以他注《尚书》时还敢说"周公权代王",注《礼记》时还敢说"天子"是周公。清代中叶,"汉学"复兴,焦循是汉学阵营里的一员健将,他分当信奉汉学大师郑玄,但他反而推崇已被推翻的《伪孔传》,这就是因为封建社会的性质还没有变,他生活的乾、嘉时代正是清皇权的极盛期,《伪孔传》的伦理思想依然适用的缘故。

(七)朱熹《语类》七十九:"《康诰》三篇,此是武王书无疑。其中分明说'王若曰"孟侯,朕其弟,小子封"',岂有周公方以成王之命命康叔,而遽述己意而告之乎?决不解如此。五峰(胡宏)、吴才老(吴棫)皆说是武王书,只缘误以《洛诰》书首一段置在《康诰》之前,故叙其书于《大诰》《微子之命》之后。"问:"如此则封康叔在武庚未叛之前矣?"曰:"想是同时。"(广)

(八)朱熹《与孙季和书》:"《书小序》又可考;但如《康诰》等篇决是武王时书,却因'周公初基'以下错出数简,遂误以为成王时书。然其词以康叔为'弟'而自称'寡兄',追诵文王而不及武王,其非周公、成王时语的甚。至于《梓材》半篇,全是臣下告君之词,而亦误以为周公诰康叔而不之正也。"

(九)蔡沈《书集传》四:"按《书序》以《康诰》为成王之书。……康叔于成王为叔父,成王不应以'弟'称之。说者谓周公以成王命诰,故曰'弟',然既谓之'王若曰'则为成王之言，周公何遽自以'弟'称之也？且《康诰》《酒诰》《梓材》三篇言'文王'者非一，而略无一语以及武王，何邪？说者又谓'寡兄勖'为称武王，尤为非义。'寡兄'云者，自谦之辞，寡德之称，苟语他人，犹之可也；武王，康叔之兄，家人相语，周公安得以武王为'寡兄'而告其弟乎！或又谓康叔在武王时尚幼，故不得封，然康叔，武王同母弟，武王分封之时年已九十（案此语本《礼记·文王世子》），安有九十之兄，同母弟尚幼不可封乎！且康叔，文王之子，叔虞，成王之弟，周公东征，叔虞已封于唐，岂有康叔得封反在叔虞之后！必无是理也。又按《汲冢周书·克殷》篇言'王即位于社南，群臣毕从，毛叔郑奉明水，卫叔封傅礼，召公奭赞采，师尚父牵牲'，《史记》亦言'卫康叔封布兹'，与《汲书》大同小异，康叔在武王时非幼亦明矣。特序《书》者不知《康诰》篇首四十八字为《洛诰》脱简，遂因误为成王之书，是知《书序》果非孔子所作也。《康诰》《酒诰》《梓材》篇次当在《金縢》之前。"

按以上都是宋儒的说法，从胡宏、吴棫到朱熹、蔡沈，他们异口同声地说《康诰》等三篇是武王封康叔的书，因为这样就可以顺理成章地解释"王若曰'孟侯，朕其弟，小子封'"这句话，而确定这位说话的"王"是武王。他们指出这三篇现在编在《大诰》之后是次第的错乱，《书序》所说的"成王……以殷余民封康叔"也是时代的错误。（胡宏《皇王大纪》只是把《康诰》等三篇录入《武王纪》，没有说明，吴棫的《书裨传》已在元、明间亡佚，明陈第《世善堂书目》虽著录此书，但经石声汉教授证明，这只是陈氏的待访目，故今只录朱、蔡两家说。）他们何以决心推翻这一件重大的案子？这就为了"君、臣大义"给宋儒宣传得愈来愈深彻猛烈，他们在伦理观念上已绝不容许大圣的周公有称"王"的悖乱行为，所以必要把《康诰》里称康叔为

"弟"的"王若曰"送给武王，而和周公解除了关系。他们所持的理由，如《康诰》篇首四十八字为别一篇的错简，《梓材》下半篇是臣下告君之词，周克殷时康叔随军，他的年龄不幼，这些话说得都不错。但康叔的封于康和封于卫实在是两个时期的事情，而这篇《康诰》乃是封卫之诰，不是封康之诰，观篇中说"肆汝小子封在兹东土"、"绍闻衣（殷）德言，往敷求于殷先哲王"、"应保殷民"、"师兹殷罚有伦"、"罚蔽殷彝"和"乃以殷民世享"等语处处提到"殷"，见得已在周公讨伐武庚叛变得到胜利之后。至于《酒诰》的"明大命于妹邦"，"妹邦"即《牧誓》所云"牧野"，也即《诗·鄘风·桑中》所云的"沬乡"，是殷都朝歌的南郊，"妹"（muəi）、"沬"（muot）、"牧"（muək）只是一声之转，更无疑那时康叔已不在康而在卫了。康叔既经在卫，那就不可能和三监同时监殷，而必待三监失败之后才得填补这个空缺，只因"康叔"之名并没有因为改封而变易，所以这篇书仍名为"康诰"。宋儒受了高度尊君思想的教育，以为臣子是万万不可和天子平等称"王"的，所以硬要把三篇的时代提前，而不知道历史是客观存在的，不可能在人们的主观企图之下随意改变，因此，他们的说法虽也一时蒙过人，但是到了今天，金文研究的结果就把在他们伦理思想的支配下所排列出来的史事一椎击碎了。又《周诰》中所以多说文王，少说武王，无非因为文王享国五十年之久（见《无逸》），打好了周家王业的基础，武王则享国日短，其所以能克商，并不是他一个人的功劳，乃是从文王长期积累的力量所发展的结果，正如多尔衮和清世祖的入关是由于清太祖、太宗的七十年来的军事基础。成功者水到渠成，固然值得纪念，但创业者辛勤缔造，更加值得敬重，所以周人推尊文王的情感超过了武王。朱、蔡二氏又据"寡兄"一词为武王自谦之称，这在古典解释中犯了一个大错误。《诗·大雅·思齐》赞美文王"刑于寡妻"，这句话本是说文王能以道德作他的嫡妻太姒的典型，所以毛《传》说："'寡妻'，适妻也。"陈奂《毛诗疏》说："'寡'之为言特也，'适'

之为言正也。……天子之妻適一，余皆妾，故《传》释'寡妻'为'適妻'，犹《尚书》称適兄为'寡兄'矣。""寡兄"是適长之兄，是享有特出地位的家长，纯从地位言，不缘道德言。在文王诸子中，武王处在嫡长的地位（伯邑考最早见于《逸周书·世俘》，说武王克殷后即在殷都祭"太王、太伯、王季、虞公、文王、邑考"，见得伯邑考已早死，《史记·管蔡世家》亦言文王死时，"伯邑考既已前卒矣"，因此武王以次子而取得嫡长的地位），所以周公告康叔时，说"你的父亲文王为了有崇高的道德，得到上帝的恩宠，受命伐殷，你的大哥哥（武王）又非常勤勉，由于这些原因，现在你才可以到东土去做大国的君主"，这分明是周公的话，哪里是武王的话！后来各个高级统治者称"孤"道"寡"，也都是表示自己的特权身分，不是自谦，乃是自夸其无人可以匹敌的地位。至于《逸周书·克殷》在武王生存时就称"卫叔封"，这个名词确实犯了时代错误；史记说的"卫康叔封"更和它的"鲁周公世家"成为同样不合理的重叠名词；只是古人说话原没有严谨的逻辑，我们也不必过于求全责备。又蔡沈说"武王分封之时年已九十"，完全上了《礼记·文王世子》的"武王对曰：'梦帝与我九龄。'……文王曰：'……我百，尔九十，吾与尔三焉。'文王九十七乃终，武王九十三而终"的谣言的大当。事甚复杂，这儿不便讨论，当在《牧誓》或《金縢》篇里详细批评。又他称《逸周书》为"汲冢周书"也是误认，这部书即是《汉书·艺文志》里所著录的"周书"，并不出于汲冢。

（一〇）吴大澂《文字说》："其实《大诰》乃武王伐殷，大诰天下之文。'宁王'即文王，'宁考'即文考，'民献有十夫'即武王之'乱臣十人'也。'宁王遗我大宝龟'，郑《注》'受命曰"宁王"'，此不得其解而强为之说也。既以'宁考'为武王，遂以《大诰》为成王之诰。"

按宋儒说《康诰》等篇为武王书，已经牛头不对马嘴，吴氏则更进一步，连《大诰》也说成了武王书，那么，平定东土的责任应当一切交由武王承担，周公竟可放手不管了。吴氏是考古学家和古文字学家，不是卫道家，他不必替周公回避称"王"，那么他为什么要这样办呢？想来他少年时读了蔡沈《集传》（那是在科举时代一部必读的课本），他的潜意识里深深地受着宋儒的指导，心想康叔封卫既在武王时，《大诰》"东征"可能即在《康诰》之前，与克殷杀纣为同时事。其后研究金文，发见"宁""文"二字相乱，大力纠正汉、宋以来的误解，指出了"宁王"即为文王，"宁考"即为文考，他真是一位能把古物、古籍双重证据互相印证的开山祖师。不幸他还跳不出宋儒思想的包围，以为称文王为"考"而自己称"王"的人只有武王，没有作仔细的考虑，就贸然下了这个断语。然而试问："不吊天降丧于我家，不少延"，"有大艰于西土，西土人亦不静"以及"殷小腆，诞敢纪其叙，……曰予复"等等事变在武王世里曾经发生过吗？这些事变可能在武王世里发生吗？而且"敉宁、武图功"一语，照了吴氏的发见来解释，即是"完成文王、武王的大功"，它业已把武王和文王对举了，作《大诰》的人还可能说是武王吗？所以在吴氏的误解上，我们可以真切地看出，所有汉、宋儒者对于经典的解释，如果不是我们加倍地提高警惕，先予批判而后接受，他们的唯心主义的幽灵一定会缠绕着今天的科学研究工作，造成有害的结果。

肆　近代学者重新揭出周公执政称王的史实

（一）钱塘《周公摄政称王考》："《周书·大诰》篇：'王若曰："猷大诰尔多邦越尔御事。"'郑康成曰：'"王"谓摄也；周公居摄，命大事则权代王也。'王肃曰：'称成王命，故称"王"。'二者孰是？曰：康成说是也。《大诰》作于东征时，不称'王'无以令诸侯，故权代之也。然则安知非即成王？曰：以《诰》言'肆朕诞以尔东征'之必为周公知之。且夫《康诰》之篇既言'周公咸勤，乃洪大诰治'矣，顾曰'孟侯，朕其弟，小子封'，又曰'乃寡兄勖，肆女小子封在兹东土'，是岂成王之言耶！或谓篇首之文乃《洛诰》错简，则《洛诰》以诰成王名，非所谓'洪大诰治'也。即谓康叔以武王时封，'寡兄'武王之自称，殊不思卫本殷故都，武庚未诛，尚为三监地，何缘预授之康叔？祝鮀言'命以《康诰》'，谓非即此《康诰》耶？……'鸿'之训'代'，见于《尔雅》；'洪'与'鸿'一耳。康成曰'"洪"，代也，言周公代成王诰'，此'大诰治'之所以为'洪'也。然则'兄''弟'之义明矣，即'孟侯''小子'之义亦无不明。何者？叔为牧伯则'孟'之，《诰》称文王则'小子'之。……然而公之摄政，恒也；摄王，非恒也。出政之谓'摄政'，称王之谓'摄王'。王者有大事则摄，平时固摄政之冢宰也，特以子视成王焉。大事摄王，故会明堂则'天子负斧依、南向'；子视成王，故致政之言曰'朕复子明辟'。……命大事则称'王'，《康诰》《酒诰》《梓材》之'王若曰'是已；将致政则称'周公'，《召诰》之'太保先周公相宅'，《洛诰》之'周公拜手稽首'是已。《多士》《多方》皆致政明年在洛之诰也，'王'则皆成王也：《多士》王在洛，故云'王若曰'；《多方》王归镐，公在洛，则云'周公曰"王若曰"'。成王即政始称'王'，周公致政始称'公'，命大事然也，其前则父、子而已矣。……凡公摄政七年，称'王'者三而已，皆系天下之安危：征武庚、命微子、封康叔是也。三者皆殷遗，称王亦殷法也。殷弟继兄则遂为王，公假以靖殷遗之变。殷遗靖，天下莫敢动矣，故曰'惟周公诞保文、武受命，惟七年'。不然，史岂谬以夸词谀也哉！然则摄必称王耶？非也。舜、禹不称'帝'，尧、舜在也。伊尹、共和不称'王'，臣摄君也。鲁隐、宋穆则称'公'，兄摄弟也。周公之于成王，以父、子始，以君、臣终：为父、子则有时而称'王'，为君、臣并不复摄矣。此公于摄位中处其变而独得其正也，即康成之所谓'权'也。若然，新莽之篡汉，公启之矣？曰：岂独周公，直尧、舜启之。世不能以莽罪尧、舜，独罪周公哉！……康成……'代王命大事'之训，则得之于经而坚不可易者也。若王肃见先汉有'假皇帝'之祸而去周公之称'王'，岂知公本以行权也乎！……"

按钱氏生在汉学家庭的环境里，所以能在郑玄学说的掩护下，把战国、秦、汉旧说重行条理，推翻《今本书序》以下的"周公奉成王命行政'说以及宋人的"《康诰》等篇为武王书"说。他提出的三点：一，周公在东征时不称王无以令诸侯；二，周公以子视成王，在成王即政以前，周公和成王只是父、子的关系；三，殷法兄终弟及，周公本有为王的资格，所以他称王以靖殷遗：这三个理由，揆情度势，都有可能。尤其是第二点，看《商三句兵铭》，祖若干人，父若干人，可见当时对诸祖同谓之"祖"，诸父同谓之"父"，说周公和成王是父、子的关系是极确切的事实，而这个事实却为钱氏所发见了。即此可见清代学者虽是以"尊圣、崇经"相号召，似乎和汉、宋人一样；但他客观研究的结果，实能发见古史中沉霾已久的史实，也实能解决古史中向来没有解决的问题，则和汉、宋人确不一样。至于他解"洪"为"代"，那是拘牵郑注，不知道这只是语辞，本无实义；又说周公"行权"，也是沿着郑说，不知道古代本没有严密的继统法，详下条。

（二）廖平《经话》："周公、成王事为经学一大疑。武王九十以后乃生子，成王尚有四弟，何以九十以前不一生？继乃知成王非幼，周公非摄，此《尚书》成周公之意，又有语增耳。武王克殷后即以天下让周公，《逸周书》所言是也。当时周公直如鲁隐公、宋宣公，兄终弟继，即位正名，故《金縢》

称'予一人''予小子'，下称'二公'，《诰》称'王曰'。《檀弓》：'文王舍伯邑考而立武王。'盖商法兄终弟及，武王老，周公立，常也。当时初得天下，犹用殷法。自周公政成之后，乃立周法，以传子为主。周家法度皆始于公，欲改传子之法，故归政成王。问何以归政成王，则以初立为摄。问何以摄位，则以成王幼为词。一说成王幼则生在褓襁，不能践阼，或以为十岁，或以为二三岁不等，皆《论衡》所谓'语增'，事实不如此也。"

按廖氏此说，以为武王死后，周公即立为王，并无摄位这件事；其后欲改传弟为传子之法，故归政成王。这话说得直捷痛快，超越了战国以下任何一家的"摄王""假为天子"之说，可见清末思想界的活跃，远胜于古文经师的拘牵"君、臣大义"。事实上也许确是这样。但他据了《金縢》篇的"予小子""予一人"等称谓来作解释，却有窒碍难通之处，因为《金縢》的记事是处处称成王为"王"的，所以一则云"王亦未敢诮公"，再则云"王与大夫尽弁以启金縢之书"，三则云"王执书以泣"，四则云"王出郊，天乃雨，反风"，在这些词句里，哪有周公为王的迹象！"予小子"这代词，臣子也可以自称，观《大诰》中"越予小子考翼，不可征"的出于"庶邦君越庶士、御士"之口便可知道，原不足为周公称王的证据。

又按廖氏说："自周公政成以后，乃立周法，以传子为主。"这话也有可商。试观《史记·鲁世家》："考公四年卒，立弟熙，是为炀公。"是为鲁国第一次立弟。又说："幽公十四年，幽公弟溃杀幽公而自立，是为魏公。"是第二次立弟。又说："厉公三十七年卒，鲁人立其弟具，是为献公。"是第三次立弟。又说："真公卒，弟敖立，是为武公。"是第四次立弟。又说："武公与长子括、少子戏西朝周宣王，宣王立戏为鲁太子。"是第五次立弟。又说："懿公（戏）兄括之子伯御与鲁人攻杀懿公而立。……宣王伐鲁，杀其君伯御，……立称（懿公弟），是为孝公。"是第六次立弟。西周之世，鲁共十二君，而六次是弟继兄的，恰好合于《公羊传·庄三十二年》所说的"鲁一生、一及"，所谓"生"是传子，所谓"及"是传弟，这是说鲁国的君统乃是传子和传弟相间而行的。鲁国正是周公长子伯禽的直系子孙的国家，如果周公确立法制，父位必以子继，那么他的长子长孙的国家必当奉行惟谨，何至成为"一生、一及"的规律性的继承法？如果周公仅仅推行这个制度于王朝，那么嫡子继承至少在周人的观念里已经成为定型，何以周宣王要两次不惮烦地为鲁国废兄立弟，造成了不良后果？及至东周，鲁隐公还想退老菟裘而让位于他的异母弟桓公（见《左传·隐十一年》）；鲁庄公已有子般和申，而到他将死的时候却要"问后"于叔牙，叔牙举出了庄公弟庆父来，闹得鲁国数年中不得安宁，成为"不去庆父，鲁难未已"的局面（见《左传·庄三十二年》至《闵元年》）。这可见《公羊传》于《隐元年》所说的"立適（嫡）以长不以贤，立子以贵不以长"的严格立嗣制，在春秋中叶以前的人们的心目中决不是一条公认的铁律。不过我们打破周制传子的说法虽容易，但要解释周公为什么有了实做周王的资格，却偏偏放弃了不做，决意立武王的长子诵为王，等到东征成功、内忧外患一切解除之后，甘心把政权交出，则很难说出一个圆满的道理来。我们推想，这也许是在客观要求下的一个新发展的家长制。在先，周太王不传太伯、虞仲而传给王季，文王不传伯邑考或伯邑考的儿子而传给次子武王，可见周人本没有什么所谓"嫡长继承制"，和商代的前期、中期一样。可是到了武王克殷以后，尤其是到了周公东征以后，周王的产业空前地庞大，如果不确立一个法定的继承者，便很难保持王族内部的长期团结，倘使因此而引起争夺的纠纷，周的政权就不能稳固，环伺的殷人又将乘机而动。周公看到商朝自康丁以下已四世传子，王室比较安定，所以就自动地把王位让给武王的长子，使得周王的位子永远有一个比较固定的继承者，周王的产业不致为了争夺继承权而突然垮台。这个嫡子继承的宗法制，似乎只行使于周王一家；至于侯国，产业既不太大，自然仍可沿用周人的老传统办法。这大概就是周与鲁的不同传统法所由来吧？至于廖氏所说的各种传说都是"成周公之意，又有语增"，那是绝对正确的批评。

（三）王国维《殷周制度论》："殷以前无嫡、庶之制。……一朝之中，其嗣位者亦然。特如商之继统法，以'弟及'为主，而以'子继'辅之，无弟然后传子。自成汤至于帝辛，三十帝中，以弟继兄者凡十四帝（原注：外丙、中壬、大庚、雍己、大戊、外壬、河亶甲、沃甲、南庚、盘庚、小辛、小乙、祖甲、庚丁），其以子继父者亦非兄之子而多为弟之子（原注：小甲、中丁、祖辛、武丁、祖庚、廪辛、武乙）。惟沃甲崩，祖辛之子祖丁立；祖丁崩，沃甲之子南庚立；南庚崩，祖丁之子阳甲立：此三事独与商人继统法不合，此盖《史记·殷本纪》所谓'中丁以后九世之乱'，其间当有争立之事而不可考矣。故商人祀其先王，兄、弟同礼，即先王兄弟之未立者其礼亦同，是未尝有嫡、庶之别也。此不独王朝之制，诸侯以下亦然。近保定南乡出句兵三，皆有铭，其一曰'大祖日己、祖日丁、祖日乙、祖日庚、祖日丁、祖日己、祖日己'；其二曰'祖日乙、大父日癸、大父日癸、中父日癸、父日癸、父日辛、父日己'；其三曰'大兄日乙、兄日戊、兄日壬、兄日癸、兄日癸、兄日丙'。此当是殷时北方侯国勒祖、父、兄之名于兵器以纪功者，而三世兄弟之名先后骈列，无上下贵贱之别。是故大王之立王季也，文王之舍伯邑考而立武王也，周公之继武王而摄政称王也，自殷制言之皆正也。舍弟传子之法实自周始。当武王之崩，天下未定，国赖长君，周公既相武王，克殷胜纣，勋劳最高，以德、以长、以历代之制，则继武王而自立，固其所矣。而周公乃立成王而已摄之，后又反政焉。摄政者，所以济变也。立成王者，所以居正也。

自是以后，子继之法遂为百王不易之制矣。……此种制度固亦由时势之所趋，然手定此者实惟周公。原周公所以能定此制者，以公于旧制本有可以为天子之道，其时又躬握天下之权，而顾不嗣位而居摄，又由居摄而致政，其无利天下之心昭昭然为天下所共见，故其所设施，人人知为安国家、定民人之大计，一切制度遂推行而无所阻矣。"

按这是根据甲文和金文的资料确定了殷代继承制并无嫡、庶之别，所以王位的传递，以弟继兄的为最多。可是用了这个制度最易发生争夺之事，因此中丁以下有九世之乱。其在周王室，继承制本来也同殷代差不多，所以《逸周书·世俘》记武王克殷之后，在殷都祭祀祖先，"自太王、太伯、王季、虞公、文王、邑考，以列升"，也是不分嫡、庶。其手定父死子继的法制的，王氏说是周公，这是一切制度的中心，故谓之"居正"。这个名词出在《公羊传·隐三年》，《传》中记宋宣公立其弟缪公；缪公临死时，逐其子冯而立宣公之子与夷。其后，"庄公冯弑与夷（殇公）。故君子大居正。宋之祸，宣公为之也"。徐彦《疏》："君子之人大其适子居正，不劳违礼而让庶也。"那时已入春秋初，而殷后的宋仍守兄终弟及之制，卒致从兄弟相杀之祸，则其前的事自可类推。固然，殷末已有四世父子相继，即使此制确为周公所定，亦当如王氏所说，"此种制度固亦由时势之所趋"。

（四）同篇："自殷以前，天子、诸侯君臣之分未定也。故当夏后之世，而殷之王亥、王恒累叶称'王'。汤未放桀之时，亦已称'王'。当商之末，而周之文、武亦称'王'。盖诸侯之于天子，犹后世诸侯之于盟主，未有君臣之分也。……逮克殷践奄，灭国数十，而新建之国皆其功臣、昆弟、甥舅，本周之臣子；而鲁、卫、晋、齐四国又以王室至亲为东方大藩，夏、殷以来古国方之蔑矣。由是天子之尊，非复诸侯之长而为诸侯之君。其在丧服，则诸侯为天子斩衰三年，与子为父、臣为君同。盖天子、诸侯君臣之分始定于此。此周初大一统之规模实与其大居正之制度相待而成者也。"

按夏代以前都是部落制，从来没有实现过统一的大朝；夏代以后有些大朝的规模了，但是那些林立的部落或国家或大或小，其强大者或自封为"王"，或为受它压迫的部落推奉为"王"，其不服从中原大朝的当然更可自尊为"王"了。载籍所传，如楚、徐、吴、越，其称王均见《左传》《礼记》；蜀王、滇王、义渠王、夜郎王则均见《史记》《汉书》。《国语·周语上》："昔我先王世后稷以服事虞、夏；及夏之衰也，弃稷弗务，我先王不窋用失其官而自窜于戎、翟之间。"又《周语下》："自后稷之始基靖民，十五王而文始平之，十八王而康克安之。"韦《解》："'十五王'，谓后稷、不窋、鞠陶、公刘、庆节、皇仆、差弗、毁隃、公非、高圉、亚圉、公祖、太王、王季、文王也。十八者，加武王、成王、康王。"是周人自称其直系祖先无一不是王，其实太王以上只是些氏族社会的世袭酋长而已。朱熹《语类》："太王翦商，武王所言。《中庸》曰'武王缵太王、王季、文王之绪'，是其事素定矣。横渠（张载）亦言：'周之于商，有不纯臣之义，盖自其祖宗迁豳、迁邠，皆其僻远自居，非商之所封土也。'"但即王朝所封的诸侯，当其国势强盛的时候，较弱之国也甘心情愿地称之为"王"。例如《史记·齐世家》，顷公十年（前589年），与晋战于鞌，齐师败绩，"齐顷公朝晋，欲尊王晋景公；晋景公不敢受，乃归"。晋是春秋时代"挟天子以令诸侯"的实际的王，可是因它是周王室的至亲，所以不敢僭居这尊名。话虽这样说，实至者名必归之，所以《庄子·齐物论》就说："丽之姬，艾封人之子也。晋国之始得之也，涕泣沾襟。及其至于王所，与王同筐床，食刍豢，而后悔其泣也。""丽之姬"即骊姬，这位娶她的晋国之王即晋献公。然则他虽没有升格为王，而人们已经看他是王也称他为王了。又《左传·定四年》：吴阖庐伐楚，入郢，楚大夫申包胥如秦乞师，"立依于庭墙而哭，……七日，秦哀公为之赋《无衣》，……

秦师乃出"。《无衣》之诗在《秦风》，其一章曰："王于兴师，修我戈矛，与子同仇。"其二章曰："王于兴师，修我矛戟，与子偕作。"其三章曰："王于兴师，修我甲兵，与子偕行。"当春秋末期（前505年）的秦国，哪里把周王放在眼里，周王也哪里能帮他一点忙，而且这个兴师的"王"就是"修戈矛""修矛戟""修甲兵"的"我"，然则这不是秦哀公的自称，而以"子"称申包胥吗？所以在这首诗里，也可以知道秦公已自号为"王"，不过没有得别国的承认。再过一百八十年，秦惠文王才登上正式的王位。

（五）王国维《古诸侯称王》说："世疑文王受命称'王'，不知古诸侯于境内称'王'与称'君'、称'公'无异。《诗》与《周语》《楚辞》称契为'玄王'，其六世孙亦称'王亥'，此犹可曰后世追王也；汤伐桀誓师时已称'王'，《史记》又云'汤自立为武王'，此亦可云史家追纪也。然观古彝器铭识则诸侯称'王'者颇不止一二觏。徐、楚之器无论已。……《录伯戒敦盖》云：'王若曰："录伯戒，□自乃祖考有劳于周邦。"'又云：'戒敢拜手稽首，对扬天子丕显休，用作朕皇考釐王宝尊敦。'此'釐王'者，录伯之父。录伯祖考有劳于周邦，则其父釐王非周之僖王可知，是亦以伯而称'王'者也。《㸚伯敦》（㸚，向说为'羌'，商承祚教授面告：应是'乖'字）云：'王命仲到归㸚伯裘。王若曰："㸚伯，朕丕显祖玟、珷（文、武）雁（膺）受大命，乃祖克□先王，翼自他邦，有□于大命，我亦弗望享邦，锡女□裘！"㸚伯拜手稽首："天子休，弗望小□邦归牟，敢对扬天子丕显鲁休，用作朕皇考武㸚几王尊敦。"'㸚伯之祖，自文、武时已为周属，则亦非周之支庶，其父武㸚几王亦以伯而称'王'者也。而录伯、㸚伯二器，皆纪天子锡命以为宗器，则非不臣之国。盖古时天、泽之分未严，诸侯在其国自有称'王'之俗。

即徐、楚、吴、越之称'王'者亦沿周初旧习，不得尽以僭窃目之，苟知此，则无怪乎文王受命称'王'，而仍服事殷矣。"

按这文把彝器铭辞中的周代王臣在其国内称"王"之俗的事实揭露出来，可说是一个破天荒的发现，从此可以知道周公在执政时称"王"原是一件极平常的事情，有如清宫太监们称皇帝为"佛爷"，而喇嘛教里的高级僧侣也被称为"佛爷"，其名虽同，实际的社会地位则相去甚远，所以我们不必像西汉以后的人们过分重视名分而生出许多大惊小怪。其实，就是在古籍里也有同样的记载，《诗·小雅·六月》可以作个比例。这诗是周宣王时猃狁"侵镐及方，至于泾阳"，宣王命吉甫出师抵抗，他把猃狁赶到太原，战事告一段落，诗人称扬他，一则说"文武吉甫，万邦为宪"，再则说"吉甫燕喜，既多受祉，来归自镐，我行永久；饮御诸友，炰鳖、脍鲤"，可见这是他凯旋回来，大张筵宴庆贺，诗人即席所赋的诗。这诗第一章说"王于出征，以匡王国"，"王国"当然是指的周王之国，这出征的"王"是谁呢？从文字上看，好像是宣王亲征，所以卫宏就在《诗序》里说："《六月》，宣王北伐也。"然而第二章说"王于出征，以佐天子"，"天子"必然指宣王，至于这个出征的"王"乃是仅仅"佐天子"的，可见这个王的地位确是低于天子的了。看《左传·僖二十三年》，秦穆公享晋公子重耳，"公赋《六月》，赵衰曰：'……君称所以佐天子者命重耳，重耳敢不拜！'"杜《解》："《六月》……首章言'匡王国'，次章言'佐天子'，故赵衰因通言之。"秦穆公希望重耳他日做了晋君之后得"佐天子"，分明这个"王"只等于一个诸侯。为了这个问题不容易解释，所以郑玄在他的《诗笺》里想出一个解围的办法，他说："'于'，曰；'匡'，正也。王曰：'今女（汝）出征猃狁，以正王国之封畿！'……王曰：'令女出征伐，以佐助我天子之事，御北狄也。'"原文本是叙事，并非记言，可是郑氏强解"于"为"曰"以事弥缝，岂不成了曲说！谎话是终要戳穿的，丁山在《由三代都邑论其民族文化》中说："以猃狁之难言，《小雅·六月》一则曰'王于出征，以匡王国'，再则曰'王于出征，以佐天子'，自来说《诗》者皆以为'王'即'天子'。以愚管见，'王国''天子'自为周天子；所谓'王于出征'之'王'明系诸侯称'王'者。《六月》之诗明为诸侯纪功之作。其末章曰'吉甫燕喜，既多受祉，来归自镐，我行永久'，吉甫即出征者王名；'来归自镐'明自镐京归于其国，非谓周王自千里之镐归于宗周。"丁氏这说驳辨明快。吉甫在抵抗猃狁时只当过一次主帅，就已被人们唤作"王"了，难道周公东征三年，备极辛劳，就称不得"王"吗？我们现在既有录伯、𣪘伯两器文字作比较，确定诸侯称王是当时的一件平常事情，那么《诗经》里纠缠不清的一个问题岂不就归于冰融雪解了吗。

又按莫尔根《古代社会》在《易洛魁联盟》一章里说："在部落的联盟之下，将军的职位，'大战士'，开始出现。此时，数部落在联盟的资格下从事作战的情势必将发生，所以，指挥联合集团军事行动的总指挥官就将感觉其必要了。……这是军权与民政权分化的起点。……随着将军职位的兴起，政府的组织亦渐由一权政府转变而为二权政府。……此等新设的将军职位即是领袖行政长官的萌芽，因为后世的国王、皇帝、大总统等，……是由此种将军演变而来的。"在氏族社会里本只有本族成员公推的酋长，管理平常事件，但一旦遭到了其他部落的侵略，就不得不设置指挥军事的将军一职以抵抗敌人，因而使得本来的酋长一权制政府转变而为酋长和将军同时存在的二权制政府。其后氏族社会解体，酋长的权力日见削弱，而将军拥兵益多，权势益盛，到了阶级社会里就蜕化而为国王或皇帝。古代罗马的军务指挥官，称为"列克斯（Rex）"，是由人民大会选举的，他是一个将军职，同时又是一个祭司职，在兵权和神权的双重掩护下，渐渐获得了一个行政长官的萌芽观念，于是也被人们称呼为"国王"，或误解他为真的"国王"，他的权力就可以无限扩大，无人给予限制了。周人在克殷之前已进于奴隶制社会，《左传·昭七年》楚国的芋尹无宇所说的"周文王之法曰'有亡，荒阅'，所以得天下也"，可为明证。这句话的杜《解》是"'荒'，大也。'阅'，搜也。有亡人，当大搜其众"，是说如有逃亡的奴隶，就当把全体奴隶聚集拢来，大检阅一次。这话和武王数纣罪状的《牧誓》说的"乃惟四方之多罪逋逃，是崇、是长、是信、是使"恰好相应，我们可以猜测，殷、周的争端也许开始于相互诱夺奴隶。那时的周王已是西方的大奴隶主——国王，其社会发展阶段已远远超过了易洛魁的氏族社会。但到武王死后，成王继嗣，东方诸国叛周，管、蔡和周公又激发了统治集团的内部矛盾，成王垂拱西都，周公兴师东征，那时周公在军事上和政治上的地位确实像古罗马的列克斯，是一个将军职，可以独断独行；同时又是一个祭司职，可以称天而治。试观《大诰》的卜问大宝龟，说"天閟我成功所"，《召诰》的"乙卯，周公朝至于洛，……越三日丁巳用牲于郊，……越翌日戊午乃社于新邑"，《洛诰》的"肇称殷礼，祀于新邑，咸秩无文"，以及成王和周公的交互推让到新邑去主祭，都可见得周公除握有军权之外还握有祭司权，其地位之高和势力之大是无比的，怪不得《金縢》有成王疑周公的记载，也哪能不使人认为他是国王而径称他为"王"呢？又齐思和教授面告："在欧洲古代，一个国家里同时存在两个国王的事情并不是个别的。古代希腊的斯巴达从很早的时候就有两个国王，这两个国王是从两个家族中产生的，各各父子相传，一直维持到斯巴达灭亡；这两个国王具有同样的权利，并无正、副之分，不过到了后来，只有其中的一个拥有充当总司令的权利。罗马帝国自戴克里先时期分为东、西两部，同时有两个皇帝，在他们下面又各有一个副皇帝，从此帝国分为东、西两部，由这两个皇帝分治，但一切大事都用两个皇帝的名义共同发布命令。"这可见一国二王原不是世界上希罕的事情。我国商代史料中看不出是否有两头政长，周初还在奴隶社会时期，沿用两头政长制应是可能的。到了后世，这种事情早已不在人们的记忆中了，所以《孟子·万章上》假借了孔子的话，说"天无二日，民无二王"，这本是到了战国中期，统一条件渐已具备，割据性的领主制政治日益解体，人民共同希望有一个中央集权的专制政府出来，统治"天下"，从此脱离了争城夺地、生灵涂炭的痛苦。在这个时代要求下，孟子作了他们的代言人，主张"定于一"，又说"不嗜杀人者能一之"（均《梁惠王上》）。这个不嗜杀人的王，就是孟子一直宣传的"王道"的具体化的传说人物，他是可以得到全人类的拥护的，例如尧、舜、禹、汤、文、武。有这样的人出来，正是如日中天，无幽不照，使得每个人民都可以得到满足的享受和愉快的生活。太阳既只可有一，不可有二，那么从自然现象印合到社会现象（这就是所谓"天、人合一"），当然就很轻易地引出"民无二王"来了。等到秦、汉时代在政治和军事的实力上实现了统一的大帝国，不问某个皇帝的个人品质如何，他即已成了一个神圣不可侵犯的半神半人性的独特的人物，握有绝对的生杀予夺的威权，当然不愿意再有地位和他约略相等的人出来牵掣他的手脚，所以历代帝王的心传，惯用高度的压力把臣子的地位压得愈来愈低，而皇帝自己的地位则抬得愈来愈高，这就是所谓"天、泽之分"。而一般封建士大夫为了讨好皇帝以巩固官僚集团的统治，也乐于作出这样的宣传，于是二千年来专制政治成为定型，阻碍了中国社会在遥远时期内的进步。

又按古代诸侯称王的彝器，绝不止这几端。见于王国维及罗福颐的《三代秦汉金文箸录表》的，有《吕王鬲》（见《贞松堂集古遗文》四·七）、《吕王仑内姬壶》（《愙斋集古录》十四·十六）、《邵王毁》（《愙斋》九·三）、《㸚王鼎》（《贞松堂》二·三十一）、《𫝾王彝》（《积古斋钟鼎彝器款识》五·二十四）、《㸚王盉》（《长安获古编》一·二十八）等。据《史记·燕世家》："文公卒（前333年），太子立，是为易王。"是燕的称王由易王始，而古兵器中有《郾矦哉戟》（《贞松堂》十二·四），又有《郾王哉戟》（《奇觚室吉金文述》十·二十一），可见燕的由侯称王始于哉；自是有《郾王詈矛》《郾王戎人矛》

（均《贞松堂》十二·十四等），因为《燕世家》中大抵不载王名，所以无由认识这些人名为谁。一九二三年，河南新郑县出土大批铜器，其一为"王晏（婴）次之庑（燎）卢（炉）"。王国维《王子婴次卢跋》云："余谓'晏次'即'婴齐'，乃楚令尹子重之遗器也。……古人以'婴齐'名者不止一人，独楚令尹子重为庄王弟，故《春秋》书'公子婴齐'，自楚人言之则为'王子婴齐'矣。子重之器何以出于新郑？盖鄢陵之役楚师宵遁，故遗是器于郑地。"郭沫若《大系考释》云："案其器……实是燎炭之炉。……鄢陵之役在鲁成十六年（前575年）六月，时当盛暑，子重无携带火盆之理，王说不足信也。余谓器出郑墓，自当解为郑器。一墓之殉葬品甚丰，则所葬者必系郑君。'王子晏次'即'郑子婴齐'也。《左传》作'子仪'，当是字。《史记》作'公子婴'乃'婴齐'之略，古籍于人名复名往往略其一字，盖误以名、字并举也。《汉书·古今人表》作'婴齐'，与古器合。称'王子'者，可以憯分解之。婴齐之父郑庄公时郑最强，《左传·隐三年》载周、郑交恶事，终至决战而射王中肩，竟俨然敌国。有此器出，足证郑庄公时实曾憯称王号。"按郭氏此说虽若创新而极合事实。《左传·宣六年》："郑公子曼满与王子伯廖语，欲为卿。"杜《解》："二子，郑大夫。"是郑大夫中有王子伯廖。又《襄八年》："楚子囊伐郑，……乃及楚平，使王子伯骈告于晋。"又《襄十一年》："诸侯之师观兵于郑东门，郑人使王子伯骈行成。"杜《解》："'伯骈'，郑大夫。"是郑大夫中又有王子伯骈。何以郑大夫以"王子"为氏者之多，这分明不是周王的子辈到郑国去做大夫，而是郑国自谓强盛，进号为王，所以他的"公子"就直以"王子"为氏了。

伍　近代出土的两件"周公称王"的彝器

（一）《㣎嗣土送毁》："王来伐商邑，延（诞）令康侯䵼于卫。㣎嗣土（司徒）送眔䵼。乍（作）氒考障彝。㕚。"杨树达《跋》："此记周公伐武庚时事也。'啚'字经传皆作'鄙'。《广雅·释诂》云：'"鄙"，国也。''延令康叔啚于卫'，即封康叔于卫也。《史记·周本纪》云'以微子开代殷后，国于宋'，此言'啚于卫'，犹彼言'国于宋'也。《尚书序》曰：'成王既伐管叔、蔡叔，以殷余民封康叔，……'《疏》引《序》云'邦康叔'，'邦'字今作'封'者，盖卫包所改。'邦''国''啚'，义并同。《史记·卫世家》曰'周公以成王命兴师伐殷，杀武庚禄父、管叔，放蔡叔，以武庚殷余民封康叔为卫君、居河、淇间故商墟'，是其事也。文云'王来伐商邑'，或疑王为成王。然其时兴师伐殷讨武庚者为周公，成王年少，未尝亲征，则铭文所云'王来伐'者不得指成王也。然则王何指？盖周公摄政称王，'王'即谓周公也。《礼记·明堂位》曰：'昔者周公朝诸侯于明堂之位，天子负斧依南乡而立。'郑《注》云：'"天子"，周公也。'按郑说是也。《逸周书·明堂》篇文与《明堂位》同，孔晁《注》乃云：'"天子"，成王也。'果如孔说，则《明堂位》文当云'成王朝诸侯于明堂之位'，不得云'周公朝'矣。此孔说于文理决不可通者也。周公既可称'天子'，则可称'王'明矣。此一证也。《汉书·王莽传》，群臣奏莽引《尚书·嘉禾》篇曰：'周公奉鬯立于阼阶，延登，赞曰："假王莅政，勤和天下。"'《嘉禾》篇为周公伐殷武庚，公在东土，尚未归周时书，文明称'假王'，其证二也。《书·康诰》篇为封康叔之书，篇首曰：'王若曰："孟侯，朕其弟，小子封。"'按康叔于周公为弟，于成王为叔父，惟'王'为周公，故可言'朕其弟'，若是成王，不得言'朕其弟'矣。此三证也。来伐商邑者实周公，而文称'王来伐商邑'，地下实物与古书记载互相契合也。……'潱'字、'迲'字皆不可识。'嗣土遂'不知为何人。'眔嘼'盖谓参与授封之典礼。《左传·定公四年》记卫祝佗说成王封康叔之事曰：'聃季授土，陶叔授民，命以《康诰》而封于殷虚。'祝佗以卫人说卫开国之事，自可信据。杜《注》曰：'"陶叔"，司徒。'"司徒'，古文皆作'司土'。如杜《注》之说而信也，此'漙司土遂'岂即《传》文之'陶叔'欤？"

按这是周公称"王"在彝器铭辞中的直接证据之一。周公既伐商邑，又封康叔于卫，所以这个"王"不可能不是周公。杨氏所举三证，惟《逸书·嘉禾》篇出于西汉末，"假王"字样不是周初所有，余俱可信。他驳孔晁《注》"'天子'，成王也"一释，说得尤为透辟。

（二）《王在鲁尊》："王在鲁。蔡锡贝十朋。对扬王休，用作尊彝。"

按这是清道光中刻《怀米山房吉金图》的曹载奎（秋舫）所藏器，陈介祺所题拓本；原拓藏北京图书馆，刘节教授在抗日战争前摄影。他为了我们研究周公称王的问题，特检出寄赠。按列代的周王，无论在西周或东周，都没有到过鲁国。固然，《尧典》里说"岁二月，东巡狩，至于岱宗，柴"，好像帝王举行巡狩的典礼时必须到泰山。《史记·封禅书》引《管子》说"古者封泰山、禅梁父者七十二家，……皆受命然后得封禅"，又好像每一个新受天命的帝王必须到泰山去举行封（祭天）禅（祭地，就泰山下小山为之）的典礼来报答上帝的恩命。可是秦、汉以前，我们实在找不出这些在宗教上有伟大意义的实际存在的历史事实和遗留下来的遗物、遗迹。想来，鲁国在泰山之阳，齐国在泰山之阴，这两国在东方，都是当时文化最高超的，因而生在那里的人们便为了有这泰山而自豪，例如孔子说的"登泰山而小天下"，把它看作"峻极于天"的高山，可以上通天帝，"能仙不死"（汉武帝时方士申公语）。想不到到了现在，我们有了测高仪，知道泰山的最高峰才一五三二米，比了高八八八二米的珠穆朗玛峰，连重孙子都够不上呢！只因那时人对于泰山有了这样的迷信，希望做天子的一定去祭泰山，所以把许多不相干的事情也拉到和泰山一起。例如《左传·定四年》述封卫康叔之地，"取于相土之东都，以会王之东搜"，商王祖先相土的东都本来不详其地，但杜《解》却说："王东巡狩，以助祭泰山。"便坐实了这相土的东都即在泰山之下了，其实哪有此事。照经师们的说法，每一位天子无论他巡狩或封禅都得到泰山，而鲁的国都曲阜离泰山不远，似乎车驾乘便到鲁小驻也说得过去。可是除了《古本纪年》商王南庚、阳甲居奄（鲁）之外，绝没一个王到过鲁的。《多方》说："惟五月丁亥，王来自奄，至于宗周。周公曰：'王若曰："猷告尔四国多方……"'"《书序》说："成王归自奄，在宗周诰庶邦，作《多方》。"《伪孔传》说："周公归政之明年，淮夷、奄又叛。鲁征淮夷，作《费誓》。王亲征奄，灭其国；五月还至镐京。周公以王命顺大道告四方，称'周公'，以别王自诰。"这不是很清楚地在周公归政之后，奄和淮夷再叛，于是成王亲自出征灭奄而伯禽又同时伐平淮夷了吗？可是一经研究，实在毫无实据，不过为《尚书》的篇第所传讹而已。按《多士》云："惟三月，周公初于新邑洛用告商王士。……王曰：'多士，昔朕来自奄……'"是周公践奄之后所作的诰，这"王"分明是周公，而史官所以于篇首更出"周公初于新邑洛"的字样，只是为了说明下文的"王"不是成王。《多方》云："惟五月丁亥，王来自奄，至于宗周。周公曰：'王若曰："猷告尔四国多方……"'"这是周公在践奄之后赶回宗周（那时还没有造起"新邑洛"的成周），向殷的诸侯和官僚所讲的一番话。《多方》是周公刚从奄回镐京时讲的，《多士》是周公践奄之后（所以文中说"昔朕来自奄"）、筑成东都，迁殷民于洛邑时讲的，两文在时间上很清楚地有着一段距离；《多方》应在前，《多士》应在后，本无疑义。只因汉初儒者读不懂《尚书》，谬为编次，把《多士》排在第十九篇，《多方》排在第二十二篇，把次序颠倒了，于是《书序》作者就望文生义地写道："成周既成，迁殷顽民，周公以王命诰，作《多士》"，"成王东伐淮夷，遂践奄，作《成王政》"，"成王归自奄，在宗周诰庶邦，作《多方》"。他确定《多士》是周公代成王诰殷民的，《多方》是成王自己诰庶邦的，而两篇中间尚有成王亲伐淮夷和践奄的一篇逸书《成王政》。我们试问：《多方》既是成王亲诰，《伪孔传》又说淮夷、奄之叛的事在"周公归政之明年"，为什么篇首还要说"周公曰，王若曰"，表示周公并未归政呢？洛邑之成，《洛诰》说在成王七年，为什么《多方》里却说"天惟五年须暇之子孙"，又说"今尔奔走臣我监五祀"，凭空砍去了两年或两年以上呢？这个问题，宋末的王柏（《书疑》卷七）、清初的顾炎武（《日知录》卷二）都已提出。我们只须知道，《多方》的"王"依然是周公，成王是不曾亲征过奄的，灭奄的乃是周公，封于奄的原址的乃是周公的长子伯禽，"鲁"是"奄"的改名，所以周公在三年战争时，可以到奄，在伯禽受封之后依然可以到鲁。这《王在鲁尊》的绝对年代固然不易确定，但这"王"必是周公则是无疑的。后来的儒生所以在《明堂位》里说"成王以周公为有勋劳于天下，……命鲁公世世祀周公以天子之礼乐"，又说"凡四代（虞、夏、殷、周）之服、器、官，鲁兼用之，是故鲁王礼也"。话虽说得过分夸大，但究竟因为鲁的始祖曾经称"王"，可以有这排场的缘故。这是彝器铭辞中周公称"王"的直接证据之二。

从这些证据上，我们可以明白：所有战国、秦、汉间人的"周公摄王"说，魏、晋间人的"周公以成王命诰"说，宋、清间人的"《大诰》《康诰》《酒诰》《梓材》中的'王'都为武王"说，以及一切为了这个"王"字而挖空心思做出来的文章及注解，得到了近百余年来的诸种物证和各方面的研究成果，就可以轻易地一扫而空。这真是我国古史学界上的一件大快事！

又按为了周公实际上不是真的周王，所以当时固然有人称他为"王"的，但也有人照旧称他为"周公"的，也有"王"和"周公"杂用的称呼的，记载中并不一律。例如盟鼎铭云"隹周公于征伐东夷”，而《禽簋铭》云“王伐禁（奄）侯，周公某禽祝”，就都可以证明这一点。

丙　三监及东方诸国的反周军事行动和周公的对策[①]

那时候，管叔、蔡叔们妒忌周公的把握中央政权，散布谣言，说周公对成王不怀好意。同时，武庚也受了奄君的怂恿，想趁着周室内部不安靖的机会来恢复原有的商王朝，就联合了管、蔡二叔以及从前的属国奄、徐、楚、丰、秦、淮夷、蒲姑等十几个国家，大体上是商王族和东方土著祝融、鸟夷两族，一同西向进军。反周的阵营声势浩大，周王朝蹋了半边天。周公在这千钧一发的危机里，一方面假借占卜，说服朝中的臣属，一方面分化殷贵族以增强自己的实力，就举兵东征。

壹　反周的三监和东方诸国

（一）《金縢》：“武王既丧，管叔及其群弟乃流言于国曰：‘公将不利于孺子！’”《伪孔传》：“武王死，周公摄政，其弟管叔及蔡叔、霍叔乃放言于国，以诬周公，以惑成王。……三叔以周公大圣，有次立之势，遂生流言。‘孺’，稚也。‘稚子’，成王。”孔《疏》：“《周语》云‘兽三为“群”’，则满三乃称‘群’。蔡、霍二人而言‘群’者，并管故称‘群’也。……郑玄云：‘流“公将不利于孺子”之言于京师。于时管、蔡在东，盖遣人流传此言于民间也。’……殷法多兄亡弟立，三叔以周公大圣，又是武王之弟，有次立之势，今复秉国之权，恐其因即篡夺，遂生流言，不识大圣之度，谓其实有异心，非故诬之也；但启商共叛为罪重耳。”

---

① 原载《文史》第二六辑，1986年5月。

按《金縢》下文为"周公乃告二公曰：'我之弗辟，我无以告我先王！'周公居东二年，则罪人斯得。"关于这段话有两种矛盾的解释：其一读"辟"为"避"，说周公忧谗畏讥，避居东方；其一解"辟"为"法"，说周公挺身而起，致法于管、蔡，戡定东方的叛乱。说详丁·陆·三·（六）。《伪孔传》用郑玄说，以管、蔡、霍为三叔，非事实，详甲·肆·（七）。

　　（二）《尚书大传》："武王死，成王幼，周公盛养成王，使召公奭为傅。周公身居位，听天下为政。管叔、蔡叔疑周公，流言于国曰：'公将不利于王！'奄君薄姑谓禄父曰：'武王既死矣，今王尚幼矣，周公见疑矣，此百世之时也，请举事！'然后禄父及三监叛也。"（《毛诗·邶鄘卫谱》疏、《豳风·破斧》疏、《左传·定四年》疏引）

按这文说东方诸国集体叛周的起因，先由于管、蔡的流言，继成于奄君的鼓动。奄地是商王南庚、阳甲的都城，《古本纪年》云："南庚更自庇迁于奄。阳甲即位，居奄。盘庚旬自奄迁于北蒙，曰殷。"（《御览》八十三引）奄既作过商都，到盘庚迁殷之后，他不会放弃这块地方，必然把王族的子弟封在那里，作殷王朝的屏藩。甲骨文中屡见"王入于龠"，如《铁云藏龟》一八六·一云："丁酉，设贞：来乙巳王入于弇？"是其例，"龠"（jóm）与"奄"（jǒm）同音，自是一地。奄既是殷属的大国，所以在殷亡后一意反周，成为主动的力量。奄和薄姑是泰山南、北的两个大国，自周公东征时残破了它们，封伯禽于奄为鲁，封吕伋于薄姑为齐（见戊·壹~贰），仍是连境接界的两国。当时奄君叛周，薄姑随之，因此并成为周公东征的对象。可是《大传》说"奄君薄姑"，好像"薄姑"是奄君的名，这无疑是传说的讹变。又这文前面只说"管叔、蔡叔疑周公"，下文却说"禄父及三监叛"，多出了一人，明系东汉中叶以后人改"二"为"三"，说见甲·肆·（三）~（八）。

（三）《书序·大诰》："武王崩，三监及淮夷叛。"

按这里所记的叛周之国又多出了一个淮夷。但这是一个部族的名，不止一国（即不止一个氏族或一个胞族），所以甲骨文中有"西隹夷""北隹夷"之称（《殷虚书契后编》下·三六·六）。在商王统治时期，曾和淮夷作战，见丁·伍·一·（一）；但商亡而周兴，在东方诸国的群起反抗下，淮夷也就和殷人同仇敌忾了。淮夷所在，本为今山东的潍水流域，和奄、薄姑相近，说详丁·伍·八~九。

（四）《左传·昭元年》："虞有三苗；夏有观、扈；商有姺、邳；周有徐、奄。"杜《解》："〔徐、奄〕二国皆嬴姓。《书序》曰：'成王伐淮夷，遂践奄。''徐'即淮夷。"孔《疏》："二国皆嬴姓，《世本》文也。《书序》曰：'成王伐淮夷，遂践奄。'淮夷与奄同时伐之；此'徐''奄'连文，故以为'"徐"即淮夷'。……案《费誓》云：'淮夷、徐戎并兴。'孔安国（？）云：'淮浦之夷、徐州之戎并起为寇。'……僖公时'楚人伐徐'，杜云：'下邳僮县东南有大徐城。'彼近淮旁，成王时徐盖亦在彼地也。"

按这是晋赵文子对楚灵王说的话。他把"徐、奄"和三苗、观、扈等并举，分明指的是周初东方民族的大叛变，可见徐也是当时参加起事的一国。杜预缘《书序》的话，定徐即淮夷。其后陈奂作《诗毛氏传疏》，更演杜说，于《大雅·江汉》篇云："淮夷不一国，而徐为淮夷之大国，故于《江汉》言'淮夷'，而于《常武》特举一'徐国'，徐方平而淮夷诸国胥平，两诗正是一时一事。……《昭元年左传》'周有徐、奄'，贾逵、杜预注并云'徐即淮夷'。徐在淮而尤大，故举其国则曰'徐'，举其地则曰'淮夷'。"话虽说的活灵活现，可是在事实上是讲不通的。第一，《费誓》里明明白白地说"徂兹淮夷、徐戎并兴"，看这"并"字就可以知道徐和淮夷虽是近邻而决非一国。第二，《江汉》伐淮夷是召穆公虎之功，《常武》征徐方是南仲、皇父、程伯休父诸人之功，决非一时一事。第三，《春秋经·昭四年》书"楚子（灵王）……徐子……淮夷会于申"，可知徐和淮夷虽疆界相接，但直到春秋后期还是分立的两个国家。因此，孔疏也只得游移其词，不加肯定。在我们看来，贾逵、杜预的说法是应该否定的。徐的原有国土不在淮河旁，见丁·伍·二~四。

（五）《逸周书·作雒》："武王……崩镐，……周公立，相天子，三叔及殷、东、徐、奄及熊、盈以略。周公……征熊、盈族十有七国。"孔晁《注》："'殷'，禄父。'徐'，徐戎。'奄'，殷之诸侯。"汪中《周公居东证》："'略'，疑当作'畔'。"

按这里所记的反周之国又增加了熊（hjwəng）和盈两大族，这两族共有十七个国之多。"盈"（ieng）和"嬴"（ieng）同声通假，所以《汉书·地理志》于东海郡的"郯"、临淮郡的"徐"都说是"盈姓"，而《世本》则说徐、奄为"嬴"姓（见《左传·昭元年》疏引），"嬴"和"盈"分明是同音的异写，见丁·柒·二·（四）。《作雒》文把"盈"列在徐、奄之外，可以推见嬴姓之国参加战役的以徐为主，其他的还有不少。嬴姓之族，即鸟夷，详丁·柒。熊姓之国，据《路史·国名纪》有罗、夔诸国，而《左传·僖二十六年》说："夔子不祀祝融与鬻熊，楚人让之。"杜《解》："'祝融'，……楚之远祖也。'鬻熊'，祝融之十二世孙。'夔'，楚之别封，故亦世绍其祀。"知夔与楚原是一族。楚人原居东方，详丁·陆·二。《史记·楚世家》记每一代楚王的名子上都冠一个"熊"字，在金文则作"酓"，熊（hjwəng）和酓（jəm）都与"融"（iuəng）音相近，可见《作雒》所说的"熊"即指祝融族，这族和鸟夷族同为东方的大族，详丁·陆~柒。《作雒》云"凡所征熊、盈族十有七国"，又可见所谓"熊、盈族"就是两个部落联盟，所谓"国"就是部落联盟所包涵的胞族或氏族。所以这一句话虽极简单，却保存了中国古代东方民族的概况。又这文献的"三叔”，依王引之说，也是有了“管、蔡、霍”三监之说以后把“二叔”字改作的，说见甲·肆·（八）。

（六）《吕氏春秋·察微》：“故智士、贤者相与积心愁虑以求之，犹尚有管叔、蔡叔之事与东夷八国不听之谋。”高诱《注》：“成王幼少，周公摄政，勤心国家以致太平。管叔，周公弟也，蔡叔，周公兄也，流言作乱，东夷八国附从，二叔不听王命。周公居摄三年，伐奄，八国之中最大，著在《尚书》；余七国小，又先服，故不载于经也。”

按这里说“东夷八国”，反周之国的数量比《作雒》为少。高注说八国之中奄为大，则把奄也列为东夷之一，当是由《世本》说奄为嬴姓来，这可见秦、汉间异说之多。高《注》说的周公和管、蔡的行序也不合传统的说法，这又可见汉代对于周初传说的多样化。

又按商王朝立国东方，距离东夷不远，所以双方常闹矛盾，激起战争。在《古本纪年》里，仲丁时征过蓝夷（《御览》七八〇引），到河亶甲时又征蓝夷（《御览》八十三引）。到了纣世，冲突更甚。《左传·昭四年》说“商纣为黎之搜，东夷叛之”，《昭十一年》又说“纣克东夷而陨其身”，他们的民族矛盾是多么地剧烈。甲骨文中有“癸巳卜，贞王旬亡𡆥？在二月，在齐𩁹，惟王来征人（夷）方”（《殷虚书契前编》二·十五·三），金文《小臣艅尊》云“丁巳，王省夒㠯，王锡小臣艅、夒贝。惟王来征人（夷）方。惟王十祀又五，彡（肜）日”，也约略可以推知商、夷之战的时间和地点。《左传·昭二十四年》引《太誓》说“纣有亿兆夷人，亦有离德”，又可见纣克东夷时所俘虏的人民简直多到数不清，要用最大数字的“亿兆”来计算。这些话虽然出于敌人之口，含有夸张的成分，但纣曾在这次战役中得到一回大胜利是无疑的。这些俘虏当然成为商的种族奴隶，于是民族矛盾急遽转化而为阶级矛盾。牧野一役，兵败如山倒，一下子纣死国灭，这就说明了跟他先前的胜利是有因果关系的。《史记·周本纪》说“帝纣……发兵七十万人距武王，……纣师虽众，皆无战之心，心欲武王亟入。纣师皆倒兵以战，以开武王。武王驰之，纣兵皆崩，畔纣"，这恰好是《左传》"纣克东夷而陨其身"的注解。可是商亡之后，西方的周人成为东方的商、夷的共同统治者，商和夷一块儿成了周人的残酷剥削和严重压迫的对象，表现为"小东、大东，杼柚其空。东人之子，职劳不来（郑《笺》：'东人劳苦而不见谓勤'）；西人之子，粲粲衣服"（《诗·小雅·大东》）的局面；在这痛苦的生活中，于是商、夷两族又结成联合战线，在反周运动中共同起了强烈的军事作用。

又按从上录的几条资料看来，这回反周牟东方诸国，除管、蔡、商、奄是主角外，随从的有徐、淮夷、蒲姑以及熊、盈诸族的国家如楚、秦等。反周的国数不详，《吕氏春秋》说是"东夷八国"，《逸周书》则说是"熊、盈族十有七国"，总之国数和人数都是相当多的。周王朝是一个新兴之邦，根基还没有稳固，对着商、夷诸族和自己派出去的弟兄们共同组织成的反周阵线像怒潮一般地扑卷到头顶上来，确实会使得这个统治集团的人们震荡惊疑，慌忙得手足无措。在这般极度紧张的局面之中，周公独能指挥若定，假借了吉利的卜兆压服了朝臣的畏战情绪，一方面又联络了殷方的大奴隶主，分化敌人，东征三年，到底把这些反周阵线的组成分子各个击破，建立一个进一步统一的王朝，继承发展了殷文化，这该是他被后世人讴歌称颂为"元圣"的原因吧？

贰　三监和东方诸国的反周行动及其原因的推测

（一）《左传·定四年》："管、蔡启商，慝间王室。"杜《解》："'慝'，毒也。周公摄政，管叔、蔡叔开道纣子禄父以毒乱王室。"

按这条论管、蔡的罪为"启商"，就是说商人亡国后还拥有实力，而因管、蔡对于周公的不满，有以启发他们的叛变。

（二）《国语·楚语上》："文王有管、蔡，……元德也，而有奸子。"

（三）《墨子·公孟》："周公旦为天下之圣人，关叔为天下之暴人。"毕沅《校正》："'关'即'管'字假音。……《左·僖三十二年传》云'掌其北门之管'，即'关'也。"（见《耕柱》篇）

按管叔、蔡叔是政治上的失败人物，所以为众恶所归，战国时人称他们为"奸子"和"暴人"。但看《逸周书·大匡》说："王（武王）在管，管叔瑞殷之监，……咸受赐于王，……用大匡，顺九则、八宅、六位。"《文政》又说："王在管，管、蔡开宗循王，禁九慝，昭九行。……"可见他们的品质究竟如何也饶有讨论的余地。倘使真的是两位极不堪的家伙，想来武王也不致任命他们当监视殷民的重任。

（四）《孟子·公孙丑下》："陈贾……见孟子问曰：'周公，何人也？'曰：'古圣人也。'曰：'使管叔监殷，管叔以殷畔也，有诸？'曰：'然。'曰：'周公知其将畔而使之与？'曰：'不知也。''然则圣人且有过与？'曰：'周公，弟也；管叔，兄也；周公之过不亦宜乎！'"

按管叔监殷原是武王所命，这里说使他监殷的为周公，乃是战国时人随便称道古事的习惯。

（五）《史记·殷本纪》："周武王崩，武庚与管叔、蔡叔作乱。"

（六）同书《周本纪》："管叔、蔡叔群弟疑周公，与武庚作乱，畔周。"

（七）同书《齐世家》："及周成王少时，管、蔡作乱，淮夷畔周。"

（八）同书《鲁世家》："管、蔡、武庚果率淮夷而反。……伯禽即位之后，有管、蔡等反也，淮夷、徐戎亦并兴反。"

（九）同书《管蔡世家》："管叔、蔡叔疑周公之为不利于成王，乃挟武庚以作乱。"

（一〇）同书《卫世家》："管叔、蔡叔疑周公，乃与武庚禄父作乱，欲攻成周。"

（一一）同书《宋世家》："武王崩，成王少，周公旦代行政当国。管、蔡疑之，乃与武庚作乱，欲袭成王、周公。"

（一二）同书《太史公自序》："武王克纣，天下未协而崩。成王既幼，管、蔡疑之，淮夷叛之。……管、蔡相武庚，将宁旧商；及旦摄政，二叔不飨。"

按从以上八条里，可见司马迁认定这次反周的军事行动完全由管、蔡二叔所策动，武庚是追随着管、蔡的，淮夷又是追随着武庚的。在这里，绝没有霍叔参加的痕迹，可以知道西汉人的说法确实和东汉人不同。然而司马氏也有一个疏忽，就是他没有注意到《作雒》和《大传》的资料，把很重要的奄、徐、楚、蒲姑等国都轻轻地放过了。

（一三）胡宏《皇王大纪·成王纪》："元年，……周公以太师位冢宰。……管叔自以年长，而周公居中专政，己与二叔监殷，屏弃居外，乃相与宣言于国曰：'公将不利于孺子！'周公乃告二公曰：'我之弗辟，我无以告我先王！'淮夷、奄君闻王室将有内乱，为武庚谋复殷祚，通使三监，劝之起兵，曰：'此万世一时也！'武庚从之。……二年，三监及淮夷叛，挟武庚西伐周。"

按这条记载视《史记》较为全面。他说管、蔡只是替周公造谣，而真正劝三监起兵的乃是淮夷和奄君，这是用了《大传》说来换去《史记》说的。在事实上，这一说的可能性也比较大，因为周人分封和驻防到东方去的人数究竟少，力量究竟单薄，倘使没有当地各族自己起来反周，便不足以酿成巨变。

（一四）金履祥《通鉴前编》七："彼管叔者，……固以为周之天下或者周公可以取之，己为之兄而不得与也，……遂挟武庚以叛。彼武庚者，瞰周室之内难，亦固以为商之天下或者己可以复取之，三叔之愚可因使也，……遂挟三监、淮、奄以叛。夫三叔、武庚之叛，同于叛而不同于情：武庚之叛意在于复商，三叔之叛意在于得周也。至于奄之叛亦不过于助商；而淮夷之畔则外乘应商之声，内撼周公之子，其意又在于得鲁。……当是时，乱周之祸亦烈矣。武庚挟殷畿之顽民，而三监又各挟其国之众，东至于奄，南及于淮夷、徐戎，自秦、汉之势言之，所谓'山东（崤函以东）大抵皆反'者也。"

（一五）陈逢衡《逸周书补注》十二："'三叔'举其人，'殷、东'举其地。其不曰'殷、东、徐、奄及三叔'而曰'三叔及殷、东、徐、奄'者，罪三叔也。三叔为王室懿亲，三叔不叛则殷、东、徐、奄不敢狡焉思启，故以三叔为祸首也。……'徐、奄'举其国，'熊、盈'举其姓。徐、奄之为国二，熊、盈之为国十有七。盖殷、东之叛则三叔煽之，熊、盈之叛则徐、奄因之，一首事，一从乱也。"

按金、陈两氏讨论当时情势，说明管、蔡和武庚的所以反周，各有各的心肠，"武庚之叛意在于复商，三叔之叛意在于得周"；又互相利用和耸动：这些推想大体上是符合事实的。就因为这个反周阵线中人的目的各各不同，所以他们的步骤也各各不齐，团结既不紧密，便不难为周公一一击破。但金氏说淮夷之叛"意在于得鲁"，这个说法是错误的，鲁地本为奄国，必须在周公践奄之后方可把伯禽封到那里，说详丁·肆·二及戊·壹·（一）~（二）。又他说乱周之祸"南及于淮夷、徐戎"，这也不合事实，淮夷、徐戎本皆东方之国，必须在周公东征及伯禽封鲁以后才会被迫南迁，说详丁·伍·五及十。他之所以会有这样错误，一来周初史料实在稀少，不容易串成一个系统，二则当时事实给后世的人们越讲越模糊了，他虽在著作《通鉴前编》上费了极大的力气，但依然没法扫清这些尘障。

叁　周的臣属对于讨伐叛乱的顾虑的推测

（一）吴澄《书纂言》四："管、蔡二叔诬谤周公，举兵内向，必以'奖辅王室'为名。成王幼冲，方且疑惑，岂遽目之为'逆'。武庚之叛谋甚深，党附二叔，劝之西行，实欲二叔去殷乱周，而己得据殷叛周也。二叔既堕其术中，众人浅识，亦但见二叔有'不咸'之迹，而不知武庚怀叵测之心。诸侯不欲东征者，以二叔王室至亲而武庚叛形未露也。"

按自从蔡沈把"尔庶邦君越庶士、御事罔不反曰"一节读通之后，学人们方才知道周的臣属顾虑重重，要王"违卜而勿征"。但他们为什么顾虑，则因《大诰》文太略，有待后人的猜测。吴氏此说，把管、蔡叛周说成后世强藩侯景、朱棣们的"清君侧"，把周公作为攻击的目标；观《金縢》的"公将不利于孺子"的流言，固有这个可能，但他说武庚"叛形未露"，则邦君、御事们何至说为"艰大"，周公亦哪能说出"殷小腆，诞敢纪其叙"的话而决然发令东征呢？所以，这个谜猜得还不算准确。

（二）王夫之《尚书稗疏》四下："盖东征之役决于往者唯周公，而武王之旧臣皆不与公同，故昔之流言，举国不能为公辨，至此为天变所警（按此事据《金縢》），二叔之恶已不可掩，虽能释疑于公，而终执己见以与公相异同，倡为'不可征'之论以摇邦君、庶士之心，故公就其所挟以武王之辅翼自居而以义折之也。所以然者，汤放桀于南巢之后，终不殄桀之裔，故武王亦封武庚于故殷。武王之旧臣泥于夏、商之已事，执武庚为先王所建、不可用兵之说，以阴为管、蔡地。而公之黜殷，以非常人成非常事，即在二公（太公望、召公奭）亦未免为旧人之言而犹豫，且迟回于天命、人心之不易，故公亦不复与诸考翼争是非，但就大诰邦君、御事之中指摇惑之所颣兴，而以'弃基'之说尽底里以警告之，言使我弃基，则今日之阻我征者他日又将责我矣，乃以始终执其邪说之必然而诮之。而'民养劝弗救'之言，几'考翼'而言'民养'，则正以君臣之分义，使不敢公为异同，而以'劝弗救'之言备责而深警之。'民养'也，'考翼'也，均为武王之旧臣，而或尊之，或贱之，则以义类相从而异其称。"

按这是对于周臣的不愿东征的又一猜测。武王旧臣不尽与周公同心是一事实，但他们所以不与周公同心，并不如王氏所论，自谓是武王的辅翼，政治地位已高，不愿周公独当大任，因此故意和周公立异，要使周公成为一个政策上孤立的人，而是因为三监和东夷的来势太猛，又牵涉到许多自己人在内，不免存着"投鼠忌器"的心理，所以不敢坚决地和他们作出你死我活的敌我斗争。王氏所说，似乎把这件事情看得太轻松了。

（三）马骕《绎史》二十二："武庚意在复殷，必且激其顽民以中兴恢复之名，而资三监为羽翼；管叔意在乱周，必且惑其国人以除恶君侧之说，而借武庚为声援；淮夷、徐、奄又意在取鲁，必且外张应殷之势，内窥新造之邦，而倚武庚、三监为犄角：相挺而起，以乱助乱，同归于乱周而已。当是时，周祸烈矣，邦君、御事怀'艰大'之疑，王宫、君室谋自守之计，若然，将弃东国于不问，养寇资敌，患莫大焉。焰焰不灭，炎炎若何？"

按这个推测举出反周阵线中各有怀抱，并无一致的目的，和金履祥、陈逢衡说大体相同，比较接近事实。周公东征之所以易于取得胜利，就为他的敌人情绪不同和团结不紧所致。只因《大诰》过于难读，战国时人已不能引用，所以他们说武庚、管、蔡西伐的虽其多，而说周人不愿东征的已没有；自《史记》以来，不能把《大诰》一篇融入历史书里，这事既不见于记载，更使人淡然忘却了。宋代学者把古书读得通顺了些，古代的形势方得重新显现。现在列举吴、王、马三家推想的议论，以表显周王朝的邦君、御事们所抱的危疑震荡的情绪，见出东国起兵事件的复杂性，并见周人战斗意志的消沉自有其种种的客观原因；周公决心东征，固有大权在握，而事先必须把诸侯和朝臣们据理说服，实在是一件不太简单的事情。

肆　周公假借卜吉作为出兵的主要理由

（一）《大诰》："用宁（文）王遗我大宝龟绍天明，即命曰：'有大艰于西土，西土人亦不静，越兹蠢。殷小腆，诞敢纪其叙，天降威，知我国有疵，民不康，曰："予复！"反鄙我周邦。今蠢，今翼。……我有大事！'休，朕卜并吉！肆予告我友（有）邦君越尹氏、庶士、御事曰：予得吉卜，予惟以尔庶邦于伐殷逋播臣！……已，予惟小子不敢替（僭）上帝命！天休于宁（文）王，兴我小邦周。宁（文）王惟卜用，克绥受兹命。今天其相民，矧亦惟卜用。呜呼，天明畏，弼我丕丕基！……予曷（害）其极卜？敢弗于从率宁（文）人有指（旨）疆土！矧今卜并吉！肆朕诞以尔东征！天命不僭，卜陈惟若兹！"《伪孔传》："文王……遗我大宝龟，疑则卜之，以继天明。……用汝众国往伐殷逋亡之臣，谓禄父。……不敢废天命，言卜吉当必征之。言天美文王兴周者，以文王惟卜之用，故能安受此天命，明卜宜用。……以卜吉之故，大以汝众东征四国。天命不僭差，卜兆陈列惟若此吉，必克之，不可不勉。"孔《疏》："天子宝藏神龟，疑则卜之，……就其命而行之。……龟是神灵，能传天意。"

按古代所谓"受命"和"革命"，就是在龟卜上接受上帝的命令，而用了自己的武力革去前代王者所受的天命。《诗·大雅》里常见"帝谓文王"云云，也都是卜人就龟兆所作出的天语。

（二）朱熹《语类》七九："《大诰》一篇不可晓。据周

公在当时，外则有武庚、管、蔡之叛，内则有成王之疑，周室
方且岌岌然，他作此书决不是备礼苟且为之，必欲以此耸动天
下也。而今《大诰》大意不过说周家辛苦做得这基业在此，
我后人不可不有以成就之而已。其后又却专归在卜上，其意思
缓而不切，殊不可晓。”

按朱熹此说，固然能在事件的实质上看问题，却尚不能在历史发展
上看问题。他用了圣人的观点来看周公，以为周公的说话必该是满篇仁
义道德的说教，《大诰》篇的宗旨必然应和《伪泰誓》三篇一样，讲出
一番“以至仁伐至不仁”的大道理来，才可以跟他的圣人的地位相适
应。然而现在这篇书中却只说了不可不成就周家的基业，全不似圣人
“大公无我”的心胸，又专把卜吉来强迫人们听从，也不似圣人“尽其
在我”的态度，所以他的结论是“殊不可晓”。可是他不了解在神权社
会里，听命于神是人生的最大任务，卜吉而行是政治工作中的最正确的
路线。直到春秋以降，人智日开，理性超过了神权，才有“国将兴，
听于民；将亡，听于神”（《左传·庄三十二年》）的破除迷信的想法，
在人们想像中才会有绝对服从那具有超人智力的圣人出现。周公所处的
时代还是神权占有高度优势的时代，文王、武王的“受命”就是上帝
和下民直接打交道的一个最亲切的证据，他要东征平叛只有“朕卜并
吉”是最能“耸动天下”的，最能奋发周人的自信心的，最能使“岌
岌然”不可终日的周室转危为安的。

（三）龚元玠《书经客难》三：“朱子未深思故也。……
武庚隐忍就封，乘主少国疑，起事复仇，无罪可数，无言可
执。三监又属至亲。除此四事，直是难措一词。今篇中言
‘天命’‘上帝’者十八，言‘卜’者九，言武庚不过‘殷小
腆’三字，言三监不过‘知我国有疵’五字，不即不离，衍
成一篇大文，直是非周公不能。”

按龚氏固然对朱熹的“以卜吉耸动天下”为“不可晓”一说的驳

辨言之成理，但他说周公之所以如此，只因武庚无罪可数，三监又属至亲，不便多说之故，那却不然。《大诰》中称武庚为"逋播臣"，称管、蔡为"大艰人"，又称他们的行动为"蠢"，可见周公对于敌人并没有保留一点礼貌。龚氏这种"以意逆志"的方法，全不顾古代社会的意识形态，当然闭门造车不能出而合辙。但他替《大诰》作了一回统计，举出了言"卜"、言"天命"、言"上帝"的数目字，这倒很足以说明问题。

伍　周公利用殷贵族的武装壮大东征的力量

（一）《大诰》："今蠢。今翼日，民献有十夫予翼，以于敉宁（文）武图功。"《伪孔传》："今天下蠢动。今之明日，四国人贤者有十夫来翼佐我周，用抚安武事，谋立其功。言人事先应。"孔《疏》："今之明日，四国民之贤者有十夫，不从叛逆，其来为我翼佐我周，于是用抚安武事，谋立其功。明禄父举事不当，得贤者叛来投我，为我谋用，是人事先应如此。……以'献'为'贤'，四国民内贤者十夫来翼佐我周。十人史无姓名，直是在彼逆地有先见之明，知彼必败，弃而归周。周公喜其来降，举以告众，谓之为'贤'，未必是大贤也。用抚安武事，谋立其功，用此十夫为之。将欲伐叛而贤者即来，言人事先应也。"

按《大诰》中"十夫"的身分是一个主要的问题。莽《诰》说"粤其闻日，……民献仪九万夫"，是说自己方面的人民。《伪孔传》说："今之明日，四国人贤者有十夫来翼佐我周。""四国"，《毛诗传》说是"管、蔡、商、奄"（《豳风·破斧》），则是敌国方面的人民。孔颖达得了《伪孔》这一指导，所以他就在《疏》里说"不从叛逆""叛来投我"，又说"在彼逆地有先见之明，知彼必败，故弃而归周。周公喜其来降，举以告众"，又说"用抚安武事，谋立其功，用此十夫为之"，从我们看来，这个解释是很正确的，它竟揭出了当时事实的真相。这"十夫"分明是殷方的叛徒，周方的降臣。只缘《传》《疏》作者不知道"献"是俘虏或亡国遗民的意思，误解为"贤"，使得人们跟着误会为即是武王的"乱臣十人"（《论语·泰伯》），因之和下面"亦惟十人迪知上帝命"的"十人"混合为一，更加分辨不出敌、我的界线来。两孔所揭出的史实，沉霾了千余年，竟没有发生过什么一些澄清的作用，这是一件十分可惜的事情。

（二）胡宏《皇王大纪·成王纪》："二年，三监及淮夷叛，挟武庚西伐周，周人震动。周公决策东征，诸侯、百官皆以为难，以为可征者十人而已。"

按"民献有十夫"的事，《春秋》以下早已忘记，所以任何史书都没有登载，然而"十夫"是殷方的大奴隶主，有实际的武装力量，现在投到周方来，就成了周公手下的一支生力军。正当邦君、御事们迟疑不决的时候，在殷人的统治集团里忽然跳出一群把握实力的贵族来，自愿供周公的驱使，这群人都是有土地、有人民的，他们可以指挥所部来冲锋陷阵，这就大大地增加了周公争取胜利的信心，并起着分化殷人的作用。卜吉的事固然可以耸动人们的视听，但这只是宣传的技巧，实际上号召群众、壮大战斗力的工作却依靠在这十夫身上。胡氏第一个从《大诰》取材，这是他的目光胜过历代史家之处。可惜他自己既没有看出这十夫的身分，也没有细读两孔的《传》《疏》，而只把"十夫"和"十人"混在一起，以为他们都是周朝的诸侯、百官，其结果只有仍旧陷入了错误的窠臼。

（三）李亚农《周初的民族斗争》："奔走臣服于周天子的殷贵族是很多的。〔日本〕白川静在他的《甲骨金文学论》三集《释师》第五节中指出了大批西周的青铜器都是殷系贵族的遗物这一点，是饶有兴趣的见解。《小臣謎簋》的謎和他的部下小臣謎及班、《禹鼎》的噩侯（原注：古代的氏族，姓姞，殷代诸侯的后裔），《智鼎》的智，《稿卣》的稿，《臤觯》的臤，《令毁》的令，《师虎毁》的师虎，《师酉毁》的师酉，《师匐毁》的师匐等都是殷族的贵族而臣服于周人的。……周天子往往赏赐殷贵族以极多的奴隶，同时并赏赐土地。……很多殷代的旧贵族就这样地被保留下来了。但我们须要知道，必有更多的殷族的贵族被消灭掉了，他们所有的土地和奴隶都转入了周人之手；要不然，我们在卜辞中所看见的许多侯国，在殷亡之后（原注：除了杞、霝等古老的侯国而外）怎么通通不见了？……殷贵族有文化，他们适宜于做周王和周贵族子弟的师保；他们原来就是奴隶主，有管理奴隶的经验，因此，他们适宜于统率奴隶部队。……白川静说：'……在周克殷之后，殷人还保持着强大的势力；为了统制殷人的军事力量，在成周编成了殷八师，而以殷人的师氏、师某统率之；作为安抚殷人的一种怀柔政策，可能是成功了的。'……在我们看来，……这还是要殷人当替死鬼去打东夷、淮夷的'以夷制夷'的政策；甚至于是要殷人去打殷人，转变殷、周间民族斗争为殷人自相残杀的毒辣的民族政策。……东国是殷人抗周最顽强的地区，而周人征伐东国所用的部队又少不了殷八师，于是殷旧贵族又变成了周人唆使殷人自相残杀的工具。西周初期的历史是一篇鲜血淋漓的历史。"

按这段文字很可以作"民献有十夫予翼"的说明。殷、周两国是死敌，殷人在东方已有千年以上的统治历史，根基深厚，与国和属国很多，周人要消灭殷人的中原统治权不是一蹴可几的，他们必然用尽了种种方法，来分化原来的统治集团。以"小邦"自称的周人人数有限，要来并吞"大邦殷"和东方诸国，力有不足，在这种情况之下，势必利用殷人，使得他们自相残杀。以前的学人们受着周人的长期宣传，为"文、武、周公"这些块"上上圣人"的神牌所麻醉，所吓倒，以为周

的克殷非常顺利，殷民归周，去不善而就善，有如水之就壑；其实满不
是那么一回事。亚农同志此文，揭穿了历史的实质。现在选录一点在这
里，作为《大诰》一篇的旁证。

又按在这一篇里，直接的资料太少，因为周公发动东征的记载，仅
存一篇《大诰》了，其他的简策早已毁灭净尽，春秋以下人对于这事
件完全模糊一片，串不成一个系统来。为了希望说明这一件历史上的重
大事情，不得不搜辑后人的若干推想的议论，稍加批判，以供史学界的
讨论；实际上却是很不够成熟的一个论题。

丁　周公东征的胜利和东方各族大迁徙

周公出兵之后，耗费了三年的长时间，把叛军彻底打败，武庚向北
逃亡，管叔自杀，蔡叔被放逐了。殷的人民或流亡到东北，跟武庚另建
新国；或被迁到周的陪都洛邑（成周），加强管制；或分与新封的各
国，当了奴隶。原居在东方的许多古国大量地被灭，人民一部分当了奴
隶，一部分被迫迁徙，有的南迁到淮河流域和长江流域，有的西迁到了
遥远的汾水、渭水诸流域。（为了下文的叙述，先须声明三件事：第
一，东方民族的大迁徙是周王朝长期压迫的结果，周公东征只是开了一
个头，为了弄清楚这一运动的前因后果和东方各族逐步迁徙的路线，我
们不得不把周公东征以后的史料也一起编辑进去，大体以春秋前为断
限；但徐、舒诸国在春秋时还有比较系统的资料，为了搞清楚徐偃王传
说的时代混乱，我们也联带叙下。第二，东方诸国大体上可以分作商王
族、祝融族、鸟夷族三类，但由于古代资料的缺乏，有的国家如蒲姑、
丰伯等无法归到某一族类里去，在传统的记载里又习惯把奄和蒲姑一起
称述，徐和淮夷又一起称述，为了整理资料的方便，我们不得不顺着这
个次序；但读者须记着，徐和淮夷是应归到鸟夷族的。第三，在鸟夷族
的资料里，有的说是皋陶之后，有的说是伯翳之后，有的说是少昊之

后，有的说是太昊之后，我们也顺了资料编排；但读者应记着，太昊、少昊是这一族的两大支，皋陶和伯翳则是少昊一系的两分支。)

壹　周公东征和迁民的总叙①

（一）《诗·豳风·破斧》："既破我斧，又缺我斨。周公东征，四国是皇。哀我人斯，亦孔之将！"毛《传》："隋（椭）銎曰'斧'。……'四国'，管、蔡、商、奄也。'皇'，匡也。'将'，大也。"卫《序》："《破斧》，美周公也，周大夫以恶四国焉。"郑《笺》："四国流言，既破毁我周公，又损伤我成王，以此二者为大罪，周公既反摄政，东伐此四国，诛其君罪，正其民人而已。此言周公之哀我民人，其德亦甚大也。"陈奂《诗毛氏传疏》："隋銎曰'斧'，……方銎曰'斨'。……銎者，斧柄之孔。……'皇'，读与'匡'同。《晋语》'是之不果奉而暇晋是皇'，言不暇匡晋也，亦假'皇'为'匡'。'匡'读如'一匡天下'之'匡'。《尔雅》'"皇""匡"，正也'。……言哀我民人遭此破缺之害，则征匡之德甚大也。"

按从毛公到陈奂，全把这诗说成"美周公"，郑玄甚且把"斧"比周公，"斨"比成王，说管、蔡、商、奄四国既经毁伤他们二位，周公为了哀怜人民，只得大举东征，匡正他们的罪状，也表现了自己的大德。其实，我们只须涵咏白文，就可知道周公东征不但征了兵丁，还要各个兵丁带着斧、斨等自己所有的武器，打了很久，打得斧也破了，斨也缺了。"皇"固然可以解作"匡正"，但也未尝不可解作"惶恐"，例如《孟子·滕文公下》"孔子三月无君则皇皇如也"，赵《注》"'皇皇'，如有所求而不得"即是。这就是说周公东征，不但折损了自己阵

---

① 原载《文史》第二七辑，1986 年 12 月。

营里的无数兵器，而且逼得对方的人民感到极度的惶恐不安。"四国"，原是四方之国，是商、周间的一个习用的语辞，《多方》的"猷告尔四国、多方"可证。《左传·襄三十一年》："公孙挥能知四国之为。"杜《解》："知诸侯所欲为。"可知这个语汇到春秋后期还沿用着，不该死死地限制在"四"的数字。毛《传》把它固定为"管、蔡、商、奄"，足征西汉人已经不了解这一语义。他不想，作《多方》时管、蔡、商、奄已都不存在了，何缘再来这"四国"？而且《逸周书·作雒》明说"周公……征熊、盈族十有七国"，《吕氏春秋·察微》也说"管叔、蔡叔之事与东夷八国不听之谋"，那时反周之国很多，又如何只说了"四国"？至于"哀我人斯，亦孔之将"，明明怨恨这回战事打得太残酷了，给人们带来的祸害太严重了，有什么"美周公"的意思在！

（二）同书《豳风·东山》："我徂东山，慆慆不归。我来自东，零雨其蒙。鹳鸣于垤，妇叹于室。洒埽、穹窒，我征聿至。有敦瓜苦，烝在栗薪。自我不见，于今三年。"毛《传》："'慆慆'，言久也。'蒙'，雨貌。………'垤'，螘（蚁）冢也，将阴雨，则穴处先知之矣。鹳好水，长鸣而喜也。'敦'，犹'专专'也。'烝'，众也。言我心苦，事又苦也。"卫《序》："《东山》，周公东征也。周公东征，三年而归，劳归士，大夫美之，故作是诗也。"郑《笺》："'鹳'，水鸟也，将阴雨则鸣，行者于阴雨尤苦，妇念之则叹于室也。'穹'，穷；'窒'，塞；'洒'，洒；'埽'，拚也。'穹窒'，鼠穴也。……言妇人思其君子之居处，专专如瓜之系缀焉；瓜之瓣有苦者，以喻其心苦也。'烝'，尘；'栗'，析也。言君子又久不见，使析薪，于事尤苦也。古者声'栗''裂'同也。"陈奂《疏》："专专者，聚之意。'专'，古'团'字。栗木为薪，故曰'栗薪'。"

按这是从征的军士在蒙蒙阴雨的归途中所作的抒情诗（这诗文字

平顺，不像周初人所作，也许是公元前八世纪左右的人所拟作，等于《琴操》中的《文王》《箕子》各曲），他想念他的家中妻子，想她正在为了他久不归来而哀叹，这明明是征夫、思妇们怨恨战争的呼声，所以毛《传》也只得说"言我心苦事又苦"，郑《笺》也说"瓜之瓣有苦者，以喻其心苦"。如果说这首诗确是为周公东征作的，那么它连同《破斧》都是诅咒周公的，恰好说明周公东征的不得人心，哪能像卫宏这样，在"心苦事又苦"之上加一个"美"字！这时胜利的周人尚有这种感觉，那些国破家亡的东方各国人民的心情就不言可知了。

（三）《孟子·滕文公下》："'有攸不惟臣，东征，绥厥士女，篚厥玄黄，绍我周王见休，惟臣附于大邑周。'其君子实玄黄于篚以迎其君子，其小人箪食壶浆以迎其小人。救民于水火之中，取其残而已矣！"赵岐《注》："从'有攸'以下，道周武王伐纣时也，皆《尚书》逸篇之文也。'攸'，所也。言武王东征安天下，士女小人各有所执往，无不惟念臣子之节。'篚厥玄黄'，谓诸侯执玄三、缥二之帛，愿见周王望见休善，使我得附就大邑周家也。其君子、小人各有所执，以成（《考文》本作'迎'）其类也。言武王之师救殷民于水火之中，讨其残贼也。"伪孙奭《疏》："武王东征而绥抚其士女，则为之士女（似脱一'者'字）皆以箱篚盛其玄黄之帛，以绍明我之周王见休美。……武王之师众有君子，有小人，故商民有君子、有小人迎之者也。……今据《书》（《伪古文尚书·武成》）乃曰'昭我周王'，而此乃曰'绍我周王'，盖绍者，继也，民皆以玄黄之帛盛于篚，而随武王之师后而继送之也。……必言'士、女'者，以其武王所绥不特匹夫、匹妇而已，虽未冠之士、未笄之女亦且绥之。'"朱熹《集注》："'有所不惟臣'，谓助纣为恶而不为周臣者。……'绍'，继也，犹言'事'也，言其士女以匪（篚）盛玄黄之币迎武王而事之也。商人而曰'我周王',犹《商书》所谓'我后'也。'休',美也,言武王能顺天休命,而事之者皆见休也。'臣附',归服也。孟子又释其意,言商人闻周师之来,各以其类相迎者,以武王能救民于水火之中,取其残民者诛之而不为暴虐耳。'君子',谓在位之人;'小人',谓细民也。"焦循《正义》:"'"攸",所也',《尔雅·释言》文。《大戴礼·夏小正》:'绥多士女',《传》曰:'"绥",安也。''绥厥士女',即安天下士女也。《尔雅·释诂》云:'"惟",思也。'……'不惟',惟也,犹'不显',显也;'不承',承也:故(赵《注》)以'无不'解'不'字。《诗·商颂》'有截其所',《笺》云:'"所",处也。'《孟子》云:'无处而馈之。'此'有攸'即'有所','有所'即'有处'。……其有所处也,即'惟念执臣子之节'也。……士女所以有所惟臣者,以武王东征来安之也。……《禹贡》荆州:'厥篚玄、纁。'《说文·系部》云:'"绛",大赤也。"纁",浅绛也。'盖赤和以黄则浅,赤合黄为'纁',赤合黑为'玄',故'玄黄'即'玄纁'也。《史记·鲁仲连列传》:'平原君曰:"胜请为绍介而见之于先生。"'《集解》引郭璞云:'"绍介",相佑助者。'赵氏以'愿见'释'绍'字本此,凡请见必由绍介也。……是时诸侯匪厥玄黄来请见,谓相者曰:'其介绍我周王,传我愿见之意,使我得见休而臣附于大邑周也。'曰'我周王',亲之也。曰'大邑周',尊之也。二句乃述诸侯请见之辞也。"

(四)《伪古文尚书·武成》:"惟一月壬辰旁死魄,越翼日癸巳,王朝步自周,于征伐商。厥四月哉生明,王来自商,至于丰,……柴望,大告武成。既生魄,庶邦冢君暨百工受命于周。王若曰:'……今商王受无道,……予小子既获仁人,敢祗承上帝以遏乱略。……肆予东征,绥厥士女。惟其士女篚厥玄黄，昭我周王。天休震动，用附我大邑周。……既戊午，师逾孟津。癸亥，陈于商郊。……甲子昧爽，受率其旅若林，会于牧野，罔有敌于我师。……一戎衣，天下大定。'"《伪孔传》："'旁'，近也。月二日死魄。'翼'，明；'步'，行也。武王以正月三日行自周，二十八日渡孟津。其四月，'哉'，始也。始生明月，三日，与'死魄'互言。……燔柴郊天，望祀山川。……魄生明死，十五日之后。诸侯与百官受政命于周，明一统。'仁人'，谓太公、周、召之徒。'略'，路也。言诛纣敬承天意以绝乱路。〔东征〕，此谓十一年会于孟津之时也。〔士女篚厥玄黄〕，言东国士女筐篚盛其丝帛，奉迎道次，明我周王为之除害。天之美应震动民心，故用依附我。……'衣'，服也。一著戎衣而灭纣，言与众同心，动有成功。"

按宋王偃的末年（前288—前286年），他将行"仁政"，从事争霸，齐、楚两大国恶而伐之，万章把这个消息告诉他的老师孟轲，问他该怎么办，孟子回答说："不行王政云尔。苟行王政，四海之内皆举首而望之，欲以为君，齐、楚虽大何畏焉！"孟子生在统一的前夕，当时各国人民苦于统治阶级为了争城夺地，征战不休，人民蒙受深重的生命、财产的损失，统一的呼声日高，所以他一生主张实行"王政"，所谓"王政"就是儒家理想中的道德统治，他游说各国的君主时，总是说"汤以七十里起，文王以百里起"，见得国土的大小和人民的多少都不是惟一的实现统一的条件，只要一位诸侯对人民实行仁惠的政治，人民自然会跟着他走，他就有继周为天子的资格。因此，在说出他的结论之前，他先说"汤……十一征而无敌于天下，东面而征西夷怨，南面而征北狄怨，曰：'奚为后我！'民之望之若大旱之望雨也"，然后说及武王，提出了"有攸不为臣"以下二十八字，又加上他自己引申出来的话，说商人于纣亡之后，他们排队欢迎周师，其中的"君子"（贵族）们把玄黄的币帛送给周方的"君子"，"小人"（平民）们也各各就自己所有，捧出了一箪（小筐子）的饭、一壶的浆（粥）来送给周方的"小人"，为了纣王暴虐，他们的生活如在水火之中，太痛苦了，现在周师打了进来，他们得到解救，所以非常地高兴来迎接这些新主人，把许多礼物送给周师。殷人对周的情感好到这样，早已降服，然则"东征"之谓何！这"有攸"以下二十八字，因为文体不似战国，所以凡读《孟子》的都认为是《尚书》逸文，所惜的没有把篇名传下来。王肃编《伪古文尚书》时就把它录入《武成》，实定这段文字是武王克殷后归国，亲口向"庶邦冢君暨百工"说的话，只是"有攸不惟臣"一句妨碍了上下文气，把它删了。又因"篚厥玄黄"这句没有主词，就增"惟其士女"四字于前，见出"篚厥玄黄"的即是"士女"，这和孟子把"实玄黄于篚"是殷的"君子"送给周的"君子"的不同。又嫌"绍我周王见休，惟臣附于大邑周"不像是武王的话，所以删去"见休"二字，改"臣附于"为"用附我"。历代的解释者，无论汉、宋、清，都听信了《孟子》和《伪尚书》，把这二十八字确定为周武王时事及周武王的话。现在根据这些解释作为今译，应当是："殷的人民都念念不忘地要对于周王恪尽臣子的责任，所以当武王东征、安抚殷方的男男女女的时候，很多男男女女都把玄色和黄色的币帛盛放在筐子里，送到周人的面前，请求道：'快介绍我们去面见周王，达到我们臣属于大邑周的希望吧！'"这样翻译似乎也说得过去。可是有几点讲不通。其一，古书上说到武王的功业，只有"胜殷、克纣"，没有说他"东征"的，说到周公，则总是"东征"，这个"东"指的是一定的地点，见甲·叁·（二），为什么这里有了"东征"的字样，反而指为武王时的书呢？其二，"有攸不惟臣"这一句，释"攸"为"所"，释"不惟"为"惟"，总使人觉得有些牵强；朱熹解此句为"谓助纣为恶而不为周臣者"，这是独具只眼提出的新义，以其不为周臣，故有"东征"之举，这不是解释的很顺利吗？然则这个"助纣为恶"的究竟是哪一个呢？千古悠悠，文献散失，更从哪里去找寻！想不到到了十九世纪末叶，在河南安阳发见了大批甲骨卜辞，七十年来不断发见，其中有几条讲到攸国的。例如一曰"癸卯卜，黄贞：王旬亡畎，在正月，王来正（征）人方（夷方），于攸侯喜鄙永"（明义士藏片）。二曰"☒在正月，王来正人方，在攸"（同上）。三曰"癸酉卜，在攸，派贞：王旬亡畎，王来正人方"（《前编》二·一六）。四曰"甲午，王卜贞：☒步从侯喜☒又，不茜戋，☒在畎，王乩，曰☒"（《前编》四·一八）。王襄《簠室殷契征文》释"⎚"为古"攸"字，亦即"条"的省文，举汉画"荷筱"题字作"⎚"，证"攸"是"条"的省笔字，且疑条地即"鸣条"（《征地》一九），这说甚是（《汉书·叙传下》引《易·颐》六四爻辞作"其欲浟浟"，颜《注》"'浟'音涤"，《子夏易传》作"攸攸"，可做旁证）。按《孟子·离娄下》："舜生于诸冯，迁于负夏，卒于鸣条，东夷之人也。"是诸冯、负夏、鸣条三地皆在东夷境内。又《吕氏春秋·简选》："殷汤登自鸣条，乃入巢门。"《淮南子·主术》："汤困桀鸣条，擒之焦门。"同书《修务》："汤整兵鸣条，困夏南巢。"《楚辞·天问》："何条放致罚而黎服大说？"洪兴祖《补注》："言'条放'者，自鸣条放之也。"在这些话里都可见关系夏、商存亡的最后一次决定性的战争阵地是在鸣条。鸣条在哪里？自从《伪孔传》注《汤誓序》"鸣条之野"云"地在安邑（今山西夏县）之西"，皇甫谧《帝王世纪》又断言"今安邑见（现）有鸣条陌"（《汤誓》疏引）之后，许多人都眼向山西看去。其实不然。要解决这个问题，须先弄明白当时夏、商两国的都城在哪里。《史记·孙子吴起列传》记吴起对魏武侯云"夏桀之居，左河、济，右泰华，伊阙在其南，羊肠在其北"，《战国策·魏一》记这一事时作"伊、洛出其南"，羊肠阪在太行山上，而太行山起于河南济源县，然则河、济在东，华山在西，伊、洛在南，太行在北，不是很清楚地写出了洛阳的形势吗？又《国语·周语上》："幽王二年（前780年），西周三川皆震。伯阳父曰：'周将亡矣！……

昔伊、洛竭而夏亡。'"周都镐京，"三川"是泾、渭、洛，都是在周都附近的，而伊、洛（本写作雒）则是在洛阳南的二水，这些河流的"震"或"竭"，在当时人看来，都是国家将亡的征象，这不又是很清楚地说明了夏桀都于洛阳吗？桀既都洛阳则决不都安邑，因为安邑是大河在西、华山在南、太行在东的，方向大不一致。至于汤都，前人虽很多异说，但看《孟子·滕文公下》说的"汤居亳，与葛为邻。……汤使亳众往为之耕，老、弱馈食。……有童子以黍肉饷，杀而夺之。……为其杀是童子而征之。……汤始征，自葛载（始）"，可见商和葛必然是紧邻的两国，所以汤可以派出自己的人民到葛国去耕种，而老的和弱的也都可以去送饭。葛国在今河南宁陵县，久已得到公同的承认。"亳"（bó），有时亦用同音字写作"薄"。《左传·哀十四年》："宋桓魋之宠害于公（宋景公），……魋先谋公，请以鞌易薄，公曰：'不可！薄，宗邑也。'乃益鞌七邑。"杜《解》："'鞌'，向魋邑。'薄'，公邑，……宗庙所在。"《汉书·地理志》"山阳郡薄"，颜《注》引臣瓒曰："汤所都。"《清一统志·曹州府》："薄县故城在曹县南二十余里，曹南山之阳。"汉代的薄县就是春秋时代宋国的薄邑，而这薄邑是宋国"宗庙所在"的"宗邑"，说为即是汤都的亳当然可信。亳在北，渡获水而南即是宁陵，相去只数十里，所以汤的征伐从葛开始是可以理解的。此后他的势力日大，西向伐桀，从亳到洛阳也不过三百多里，然而刚走到半路就交锋了。鸣条这一战场所在，许慎《淮南子注》："'鸣条'，今陈州（'州'，当作'留'）平丘地。"（《御览》八十二引）孔《汤誓》疏引或说云："陈留平邱县，今有鸣条亭。"汉的平丘县在今河南长垣县西。这就可见汤帅师由曹县之亳西至长垣西之鸣条，其时桀已闻讯，也帅师由洛阳东至鸣条来抵御，两军当即会战于鸣条，桀师大败，桀向东南逃亡，到淮南的巢湖区域（据《太平寰宇记》，南巢故城在今安徽桐城县南六十五里），后来就死在那里。至于平丘所隶属之陈留，这地名的取义是什么？《汉书·地理志》颜注引臣瓒曰："留属陈，故称'陈留'也。"是则这里本是陈的留邑。陈是怎样的一个国家呢？《左传·昭十七年》："陈，太皞之虚也。"这是说陈人所居之地即是太皞的遗址。同书《襄二十五年》："昔虞阏父为周陶正，以服事我先王。我先王赖其利器用也，与其神明之后也，庸（用）以元女大姬配胡公而封诸陈，以备三恪。"杜解："'阏父'，舜之后，当周之兴，阏父为武王陶正。舜圣，故谓之'神明'。'元女'，武王之长女。'胡公'，阏父之子满也。周得天下，封夏、殷二王后，又封舜后，谓之'恪'，并二王后为三国；其礼转降，示敬而已，故曰'三恪'。"这是说陈君是舜的后裔，受周封，娶周女，是一个特别受尊敬的侯国。太皞和舜二人都是鸟夷族的祖先或宗神，说见丁·柒·四及柒·五诸节，在这里我们可以知道，陈的统治阶级是鸟夷族的一个分支，其地域亦在鸟夷范围之内。如今回说到攸国，可知有攸即是攸，也即是条，也即是鸣条，其所以称为鸣条是鸟图腾的表现。其地在殷都今安阳和淇县的东南，为殷王帝乙和纣两代伐东夷时的东道主，当时的攸侯喜是殷王方面的得力人员。他既经在征伐中使出了大力气，当然殷王乐意赏赐他，使他成为殷东的一个大国。当武王死后，东方诸侯一齐起来反周，攸国也参加了。因为它的目标大，所以周公东征时把它当作一个主要的对象，而说"有攸不惟臣"。这"不惟臣"三字，正与《皋陶谟》的"万邦黎献共惟帝臣"的"惟臣"对照，"惟"即"为"也（见《玉篇》《经传释词》）。为了"有攸不惟臣"，所以周公就起了"东征"之师。下文"绥多士女"怎解？按《夏小正》"二月，……绥多士、女"，《传》："'绥'，安也；冠子、取妇之时也。"这是说在二月里，各家成年男女都该婚嫁，使得他们各各安心，义与《孟子》各注无异。可是自从甲骨文出现之后，却要赋予新的意义。于省吾《夏小正五事质疑》云："宋傅崧卿引关浍本，'绥'作'緌'。……按作'绥'或'緌'含义相同。……卜辞、金文均有'妥'无'绥'，'绥'为后起字。'妥'象以爪擒女之形，犹之乎古文字'俘'本作'孚'，象以爪擒子之形，引申之则为'俘

掠'之'俘'。'妥'之本义为俘女，乃古义之已湮者。再以典籍中
'绥'通'缪'证之。《仪礼·士昏礼》'授绥'，郑《注》'"绥"所
以引升车者'。《左·哀二年传》'子良授大子绥'，孔《疏》：'绥者，
挽以上车之索。'又《说文》：'"缪"，系冠缨也。''绥'训为索，
'缪'训为缨，均属绳类；作动词用，则训为'系结'之'系'，或
'缚係'之'係'，字亦通作'繫'。卜辞'係'作'𦥑'，象以绳索系
人之颈。关沇本'绥'作'緓'者，《集韵》平声十二齐'繫'同
'緓'，又去声十二霁'揆'之重文作'揗'，'褉'之重文作'褋'，
是从'奚'从'系'互作之证。'緓''係'叠韵，故相通假。'緓'
亦通作'傒'。《淮南子·本经》'傒人之子女'，高《注》：'"傒"，繫
囚之"繫"。'由此可见'绥'或作'傒'，字异而义同。'士、女'乃
古代青年或壮年男、女的通称，无阶级贵贱之别。《诗·氓》'女也不
爽，士贰其行'，《国语·齐语》'罢士无伍，罢女无家'，这里所说的
'士'与'女'指未婚者言之。《诗·女曰鸡鸣》'女曰鸡鸣，士曰昧
旦'，这里所说的'士'与'女'指夫妇言之。《师寰簋》'徒馭（驱）
俘士、女、羊、牛'，以'士、女'与'羊、牛'并列，则'士、女'
指被俘的壮年男、女言之，无已婚、未婚之别。《诗·甫田》的'以谷
我士、女'，《既醉》的'釐尔女、士'（'女、士'即'士、女'，倒
文以谐韵），'士、女'均指奴隶言之。……然则……此文之'绥多士、
女'，均就壮年男、女之为奴隶者言之。'绥'字训为缚系，与《孟
子·梁惠王》'系累其子弟'的'系累'……义训相同。在古代社会，
奴隶往往是带着手铐、脚镣，在奴隶主的皮鞭监视之下，被强迫地从事
劳动，其原因就在于为了防止奴隶的逃亡和反抗。马克思曾经指出：
'罗马的奴隶是由锁链，……被系在他的所有者手里。'（《资本论》卷
一，七一七页）《墨子·尚贤中》：'傅说被褐、带索，庸筑乎傅岩。'
《吕氏春秋·求人》：'傅说，殷之胥靡。'按'靡'与'縻'古字通，
《广雅·释诂》训'靡'为'系'，《小尔雅·广言》训'縻'为

'缚'。《荀子·儒效》'胥靡之人'，杨《注》：'"胥靡"，刑徒人也。"胥"，相；"靡"，系也，谓锁相联相系。'《汉书·楚元王传》'胥靡之，衣之赭衣，使杵臼雅舂于市'，颜师古《注》：'联系使相随而服役之，故谓之"胥靡"，犹今之役囚徒，以锁联缀耳。'直至解放前，尚属于奴隶制社会的我国西南大、小凉山的彝族，对于奴隶也均施以缧绁。……《小正》二月先言'往耰黍'，又言'初俊羔'，均系叙记农田、畜牧之事；下接以'绥多士、女'，是说用被索系的许多壮年男、女奴隶，以从事于农业和牧业的劳动，这是容易理解的。"按《夏小正》的"绥多士、女"，本来解释为以婚嫁安我男、女的，经于氏以社会发展史的眼光作了文字的考证，变成了把索子锁起来、强迫从事于农、牧劳动的一大群壮年男、女奴隶，于是回转来看孟子所引《逸书》的"绥厥士、女"一段话就很容易明白是怎么一回事了。这原是周公东征攸（条）国胜利之后，大抢大掠，捆缚了他们的男、女做周人的奴隶，夺取了他们装在筐子里的币帛来给周人享受，于是周的军官们高兴地喊道："我们有好东西带回去见我们的周王，取得他的欢乐了，现在整个攸国已是我们大邑周的臣属了！"这和历代经师们的解释多么不同？本来已经装饰为被解救的人们自动地欢迎新主人的一幅非常浓郁的祥和气氛的画面，现在竟是赤裸裸地一片耀武扬威的杀伐之气了，这在古史资料的整理上岂不是一个天翻地覆的改变！这个攸国臣属于周之后，怎么样呢？《左传·定四年》说："分鲁公以……殷民六族：条氏、徐氏、萧氏、索氏、长勺氏、尾勺氏，使帅其宗氏、辑其分族、将其类丑（众）、以法则周公，用即命于周；是使之职事于鲁，以昭周公之明德。"杜《解》："'即'，就也。使六族就周，受周公之法制，共鲁公之职事。"原来他们已经当了种族奴隶，有担任鲁国种种"职事"的义务，只有低首俯心，听凭鲁公的驱遣了。他们做奴隶的苦痛，却昭显了周公的"明德"，这真是奴隶主的自高自大的思想！条为大国，故在六族之中巍然居诸国降酋之首。但鲁都曲阜，离陈留较远，势不可驱攸国人民倾国而来，想来离陈留较近的陈、宋、曹诸国也会分得这些种族奴隶的一部分的。"徐氏"，即徐戎，见丁·伍·二，"萧氏"，疑即萧鱼，见丁·柒·二·（二）。

又按伪《古文尚书》，《武成》袭用《世俘》，故有"旁死魄""既生魄"诸名，这是西周时代纯太阴历的记日子的专名。《说文·月部》："'霸'，月始生霸然也，承大月二日，承小月三日。从月、䨣声。《周书》（《康诰》）曰：'哉生霸。'""霸"是本字，"魄"是假借字。"承大月二日，承小月三日"，即是一钩初生的新月，故曰"哉（始）生霸"。此义本极易明，不料刘歆喜欢创立新说，竟给他倒了过来。《汉书·律历志下》引刘歆《世经》云："'死霸'，朔也；'生霸'，望也。"（武王伐纣岁下）颜《注》引孟康云："月二日以往，明生魄死，故言'死魄'。"他们附会魂魄之说，把"魄"和"明"作为对立的名词，于是把月的光明面称为"明"，月的黑暗面称为"魄"，而"哉生霸"一词本来是表示月之始生的，到那时竟变成了月的始缺。《伪古文尚书》的作者不了解古代事实，偏尊信刘、孟的误说，创造出"哉生明"一词来和"哉生霸"作配，于是本是二十五日的"旁死霸"变成二日，本是八、九日的"既生魄"变成十五日之后，搅乱了历史上的时间。直到二十世纪初叶，王国维综合了西周金文的许多记载，作《生霸死霸考》，才使人清楚地认识"霸（魄）"即是"明"，《说文》之说不误，而《世经》和《伪古文尚书》之说则大误。至于"一戎衣"这话，本由《康诰》上的"殪戎殷"来，"戎"有"大"义，《诗·大雅·江汉》"肇敏戎公"，毛《传》"'戎'，大；'公'，事也"，是其证。为了殷是当时惟一的大国，所以周人在殷亡国之后，还是口口声声称它为"大邦殷"（《召诰》）或"天（大）邑商"（《多士》）来表示敬意。《礼记·中庸》说："武王缵大王、王季、文王之绪，壹戎衣而有天下。"郑玄《注》："'衣'读如'殷'，声之误也。齐人言'殷'声如'衣'。……今姓有衣者，殷之胄与?"想不到《伪武成》竟写作

"一戎衣"而释作"'衣',服也。一著戎衣而灭纣,言与众同心",在这上面,又看出了它是如何地抹杀事实、狂妄地凭着自己主观而乱道!

（五）《盥鼎》:"隹（惟）周公于征伐东尸（夷）,丰伯、敫古咸哉。公归,禦（荐）于周朝（庙）。戊辰,酓（饮）秦酓,公賞（赏）盥贝百朋。……"

按这是周公征伐东夷的原始资料。于省吾同志面告:"'敫古'应读为'蒲姑',即周公所伐的一国。'咸哉'是已经杀伐了的意思。文云'丰伯、敫古咸哉',知道丰伯也是周公东征时的一个对象。"王引之《述闻》四:"咸者,灭绝之名。《说文》曰:''俄',绝也,读若咸。'声同而义亦相近,故《君奭》曰'诞将天威,咸刘厥敌','咸''刘'皆灭也,犹言'遏刘''虔刘'也。"这可以解这里的"咸哉"。丰伯之国,不详所在。按《左传·哀十四年》,齐简公信任阚止,使为政,陈恒和他争权,入宫把简公看管起来,"子我（阚止）归,属徒之,失道于弇中,适丰丘。丰丘人执之以告,杀诸郭关"。杜《解》但云:"'弇中',狭路。'丰丘',陈氏邑。〔郭关〕,齐关名。"皆不详其地所在。弇中既为狭路,自必为山地。齐都在今山东临淄县,其东其北皆无山,其南有牛山,其西南有商山,阚止失道当在此间,他所适的丰丘当在今益都、临朐两县中。是知丰伯和蒲姑氏是极邻近的两国,所以周公一下子把这两国灭了。"丘"和"虚"本是一字而有繁简的异写,所以《左传》所记的"丰丘"即是丰伯之国的遗虚。丰名亦见《小臣宅簋》,详丁·贰·（五）。《仪礼·乡射礼》和《燕礼》都有"丰",其形如豆而矮,下像一人半跪,举头戴着盘子,用来盛放罚爵,见聂崇义等所编《三礼图》,并说明丰君以酒亡其国,故取以为戒。《今本纪年》据此,遂于成王十九年（前1006年）书"黜丰侯"。可是这事于古史无征,未足取信。《左传·僖二十四年》记富辰数"文昭"十六国,内有"酆",杜《解》:"酆国在始平、鄠县东。"《捃古录》二三有《丰伯车父毁》,系西周晚期器,大概就是这个酆国,那是国于今陕西的，和"东夷"扯不到一起。如果真有以酒亡其国的丰侯，也说不定是西方的酆国呢。现在，我们在这《盟鼎铭》上，只能知道蒲姑的邻国不但有奄，亦且有丰，丰和蒲姑是周公同时征伐的，只是此国在史籍中久已湮沉了。陈梦家《西周铜器断代》（一）："'饮秦饮'，第二'饮'字指酒浆。《说文》：'"秦"，禾名。''秦饮'是酒名。"

又按《史记·高祖本纪》云："高祖，沛丰邑中阳里人。"《集解》引孟康曰："后沛为郡，丰为县。"《水经注·泗水》："泡水自山阳平乐来，又径丰西泽，谓之丰水。又东，径……丰县故城南。"《清一统志》："故城，今丰县治。"现在江苏的丰县在沛县的东面，北境接着山东的金乡县。如果这个秦代的丰邑和周初的丰伯确有关系，那么我们便可以说在周公伐灭丰伯后，丰国人民便迁到今江苏北部了。

（六）《小臣单觯》："王后叚克商，才（在）成白。周公易（锡）小臣单贝十朋。……"

按"叚"，方濬益《缀遗斋彝器考释》（二十四）释"叚"，云："'叚'即'假'，通作'格'。……《尔雅·释诂》：'"格"，至也。'《释言》：'"格"，来也。'言来自克商也。"陈梦家《西周铜器断代》（一）释"圣"，云："《说文》曰：'汝、颍之间谓致力于地曰"圣"，从土、从又，读若"免窟"。''圣'就是'掘'，此处假借作'屈''诎''绌''黜'：《诗·泮水》'屈此群丑'；《书序》'既黜殷命'；《诗·有客》笺和《周本纪》作'既绌殷命'；《秦策》'诎敌国'，注云：'绌，服也。''王后诎克商'，是成王第二次克商，即克武庚之叛。……武王伐纣，则为'前克商'，即第一次克商。""成白"，除见此铭外，《竞卣铭》亦言"佳白（伯）懋父以成白即东，命伐南尸（夷）"，可见成白是西周的军区之一。其地所在，陈梦家以为即《管蔡世家》"封叔武于成"的"成"，《史记正义》引《括地志》云："濮州雷泽县东南九十一里，汉郕阳县，古郕伯，姬姓之国。"陈氏以为"此成介于东、西朝歌与曲阜之间，乃是克商以后践奄途中的中点"

（《西周铜器断代》一）。作器者小臣单，受到周公十朋之赐，可见他是一个从公东征的人。

（七）《韩非子·说林上》："周公旦已胜殷，将攻商盖。

辛公甲曰：'大难攻，小易服。不如服众小以劫大。'乃攻九

夷而商盖服矣。"

按"九夷"当即上节"东夷"的异称，因为他们族类甚多，所以把最多数的"九"作为形容词。"商盖"，即"商奄"。《左传·昭九年》："蒲姑、商奄，吾东土也。"又《定四年》："因商奄之民，命以伯禽，而封于少皞之虚。"都是"商奄"连文。《墨子·耕柱》："古者周公旦非关叔（管叔），辞三公，东处于商盖。"王念孙《杂志》七之四："'商盖'当为'商奄'。'盖'字古与'盍'通，'盍''奄'草书相似，故'奄'讹作'盍'，又讹作'盖'。……《昭二十七年左传》'吴公子掩馀'，《史记·吴世家》《刺客传》并作'盖馀'，亦其类也。"孙诒让《间诂》："《说文·邑部》'奄'作'郹'，云'周公所诛'。郹国在鲁。'商奄'即奄，单言之曰'奄'，絫言之则曰'商奄'。此谓周公居东，盖东征灭奄，即居其地。"按《古本纪年》"南庚更自庇迁于奄"，又"盘庚自奄迁于殷"，是奄为商的旧都，其在商末，当为商王族的支子所封之国，故称之曰"奄侯"，见丁·肆·一·（一），又称之曰"商奄"。因为商奄的势力雄厚，所以周公出师时视为大敌，讨平之期亦在最后。至其字作"商盖"，实由音转，而不是像王氏所说为草书的讹文。吴毓江《墨子校注》十一："'盖''奄'一声之转。《说文》曰：'"瘱"，跛病也，从疒，盍声，读若"胁"，又读若"掩"。'《史记·大宛传》'奄蔡'，《正义》云：'"奄蔡"，即阖苏也。'……《后汉书·东夷传》'掩㴲水'，即盇斯水，皆其证也。"其说是。《国语·周语中》云："求盖人，其抑下滋甚。"《晋语一》云："彼将恶始而美终，以晚盖者也。"《楚语下》云："以谋盖人，诈也。"此三处韦《解》并云："'盖'，掩也。"是则"奄"与"盖"自因音同

而通用可知。

又按"九夷"，又见《论语·子罕》云："子欲居九夷。"马融注："东方之夷，有九种。"（何晏《集解》引）《淮南子·齐俗》亦云："越王句践……胜夫差于五湖，南面而霸天下，泗上十二诸侯皆率九夷以朝。"九夷既为孔子所愿居，且为泗上诸侯所率以朝越王，可见这些部族都在今山东省境内，或兼及今安徽、江苏两省的北部。韩非此说，说周公用了辛甲的战略，为准备击破强大的商奄，先去攻打弱小的九夷，由此可识周人进兵的步骤。而东方夷人种类的多，"夷"为东方各族的总称，和他们当时大都站在反周的旗帜之下，亦均由此可见。

（八）《逸周书·作雒》："周公、召公内弭父兄，外抚诸侯。元年（前1024年）夏六月，葬武王于毕。二年（前1023年），又作师旅，临卫政（征）殷，殷大震溃。降辟三叔。……凡所征熊、盈族十有七国，俘维九邑。俘殷献民，迁于九毕。"孔晁《注》："'弭'，安。……下畔其上曰'溃'。……'俘'，囚为奴。十七国之九邑罪重，故囚之。'献民'，士大夫也。'九毕'，成周之地，近王化也。"王念孙《杂志》一之二："《书》《传》皆言'毕'，无言'九毕'者。《玉海》十五引此作'九里'。……盖'里''毕'字相似，又涉上文'葬武王于毕'而误。"孙诒让《斠补》二："《韩非子·说林》篇：'魏惠王为白里之盟，将复立天子。'《战国策·韩策》'白里'作'九重'，一本作'九里'，盖即此。《秦策》云'梁君驱十二诸侯以朝天子于孟津'，则九里必成周畿内之地。"于省吾同志面告："殷民所居在成周内'上商里'（见《后汉书》），即迁殷顽民之处，疑即九里。"

按《逸周书》这一说，是东征为武王死后第二年事。"九里"，依孔、王、孙、于四家说，是近成周之地，那就是《书序》所说的"成周既成，迁殷顽民"的事。成周的城是殷民所筑，《召诰》云，"太保

（召公）乃以庶殷攻位于洛汭，……周公……既命殷庶，庶殷丕作"可证，知一部分殷民的西迁在筑城之前。"献民"，即俘虏；孔说为"士大夫"，大概所迁的主要是社会上层分子。由此可见，筑城前迁了一批，筑城后又迁了一批，先迁的是平民和奴隶，后迁的是贵族。"熊"即祝融族，其国为楚、邾等；"盈"即"嬴"，为鸟夷族，其国为徐、秦等：解并见丁·陆~柒。"俘维九邑"的"维"，一般看作语词，但陈梦家在《西周铜器断代》（一）云："《汉书·地理志》'潍'或作'维'，或作'淮'。……《作雒》的'十七国'和'维九邑'是包括熊、盈两族的。"则是把它讲作专有名词，俘的应是淮夷的九个邑。今存此说待考。

（九）《金縢》："周公居东二年，则罪人斯得。"《伪孔传》："周公既告二公，遂东征之。二年之中，罪人此得。"孔《疏》："谓获三叔及诸叛逆者。……《东山》诗曰'自我不见，于今三年'，又云'三年而归'。此言'二年'者，诗言初去及来凡经三年，此直数居东之年，除其去年，故二年也。罪人既多，必前后得之，故云'二年之中，罪人此得'。"
按《金縢》一篇系战国时人录当时传说，甚有问题，说详丁·陆·三·（六）。

（一〇）《史记·鲁世家》："周公……遂诛管叔，杀武庚，放蔡叔，……宁淮夷东土，二年而毕定。"
按这是司马迁取《金縢》说入史，故东征年数不与他书同。

（一一）《孟子·滕文公下》："周公相武王诛纣，伐奄三年讨其君，驱飞廉于海隅而戮之，灭国者五十，驱虎、豹、犀、象而远之，天下大悦。"赵岐《注》："'奄'，东方无道国。武王伐纣，至于孟津还归，二年复伐，前后三年也。'飞廉'，纣谀臣。……灭与纣共为乱政者五十国也。奄，大国，故特伐之。"

按诛纣是武王时事，伐奄是成王时事，《孟子》此文不加分析，致赵岐误会文中"三年"是伐纣的三年，而没有想到这乃是东征的三年。东征时伐奄是最重大的一次战役，所以把它特举出来。"灭国五十"，和《作雒》征十七国之数不同，可能是把克殷和东征两次战役的结果总合起来说的；这是我国古代史上的一个重大事件，可惜当时史料存留的太少，已无从详究。林春溥有《灭国五十考》一卷，附《武王克殷日记》后，也未能多找得些资料，辜负了这个好题目。"驱虎、豹、犀、象而远之"，是孟子的误说。殷人用象作战是真有其事，故《吕氏春秋·古乐》云："商人服象，为虐于东夷，周公遂以师逐之。"至于虎、犀等，那是武王到殷郊打猎所获得，或在殷王园囿中所掠夺，和东征毫无关系。《逸周书·世俘》云："武王狩：禽虎二十有二，猫二，麋五千二百三十五，犀十有二，牦七百二十有一，熊百五十有一，罴百一十有八，豕三百五十有二，貉十有八，麈十有六，麝五十，麋三十，鹿三千五百有八。"据石声汉同志来函的分析，虎、犀、熊、罴应为圈养，熊、罴至少有一部分为"御兽监"中物，余则半野生。豕（野猪）、麋（四不像?）、麈、鹿为半野生乃至全野生。猫（亚洲野猫）、貉、麝、麈全系野生。半野生及槛畜两类即虏掠纣囿所得，野生则为武王狩猎所获。《世俘》这篇文字本名《武成》（见《汉书·律历志》引刘歆《三统历·世经》），孟子是读过的，所以他说："尽信《书》则不如无《书》，吾于《武成》取二三策而已矣!"（《尽心下》）因为在他的想像里，武王克殷是仁义之师，兵不血刃，不应当有杀戮之惨和掠夺之多，如这篇所记；他不知道"仁义之师"原出于战国儒者的想像和人民的希望，古代的民族斗争本来是残酷无情的。（以上均见顾刚所作《逸周书世俘篇校注写定与评论》，《文史》第二辑。）为了殷人和周人作战时曾经利用过象，而在孟子读过的《武成》里有虎、犀、熊、罴等凶猛的动物，所以他就并作一谈，而云"周公……驱虎、豹、犀、象而远之"了。

437

（一二）《保卣》："乙卯，王令（命）保及殷东或（国）五（侯），征（诞）兄（荒）六品。蔑厤于保，易（锡）宾。用乍（作）文父癸宗宝障彝。遘于三（四）方迨（会）王大祀，祓（祐）于周，才（在）二月既望。"

按此器近年与"保尊"同出，两器铭文同。据上（八）节引《作雒》文，"周公、召公内弭父兄，外抚诸侯"，可知周公东征时召公亦曾参加。召公在王朝所任的官，先为保，后为太保，故这卣的"保"可定在召公的早年。这文所说的"殷东国五侯"，当即指东方反周的某五国。郭沫若《保卣铭释文》云："'及'同'逮'，即逮捕之意。此为本义，后假为'暨''与'之'及'而本义遂失。然考殷、周古文，……'暨''与'义之联词均用'眔'，无用'及'者；用'及'为联词乃后起事。（按关于'及'为'逮'义的问题，黄盛璋《保卣铭的时代与史实》一文中有详尽的阐述。）'征兄六品'，'征'即语词'诞'，犹'遂'也；'兄'读为'荒'，亡也。《书·微子》'天毒降灾荒殷邦'，《史记·宋微子世家》作'亡殷国'。'六品'即六国。依金文例，玉可言'品'，《穆公鼎》'锡玉五品'是也；氏族可言'品'，《周公殷》'锡臣三品：州人、粂人、韋人'是也；土田亦可言'品'，《作册友史鼎》'省北田四品'是也；此则国亦言'品'，'征兄六品'者，遂亡六国也。……'蔑厤'连文，金文习见，……每与军旅有关，含嘉勉、旌伐之意。……《屯鼎》'屯蔑厤于王'（《小校经阁》二·六三），与此铭'蔑厤于保'同例。故此《保卣》乃大保奭之下属所作，称'保'而不名，犹称'王'而不名。此句得其解，正为'保'为大保奭之一佳证，盖器如为大保所作，则铭文无仅自称职而不称名之例。作器者为谁，铭中未言，《赵孟庎壶》'遇邗王于黄池，为赵孟庎（介）；邗王之赐金，以为祠器'亦未著作器者名，例与此同。'易宾'，'宾'有赠义，《𦥑卣》'王姜令作册𦥑安夷伯，夷伯宾𦥑贝、布'是也；又有赠品义，《仲几父殷》'仲几父史几使于诸侯、诸监，用𠫑宾作丁宝毁'是也。此为赠品义,'易宾'谓大保予某以赏赐。"陈梦家《西周铜器断代》(一)云:"'遘于'至铭末为以事记日,和晚殷的刻辞相同,如'才正月遘小甲彡夕,佳九祀'(《明》六一,乙、辛卜辞),'遘于武乙彡日,佳王六祀彡日'(《考古图》四、二九,晚殷金文)。……此毁所记为遘于四方会王大祀于周。依殷制,月名通常在'遘于'之前,此则在后。……'迨',是《说文》古文'会'字。"按从这铭看来,在这次东征里,召公奭曾灭了东方六国,可惜所灭的国名这铭全没举出,因此也无从知道召公行军的路线。

(一三)《多方》:"惟五月丁亥,王来自奄,至于宗周。周公曰,王若曰:'猷告尔四国多方!……惟我周王灵承于旅,克堪用德,惟典神天,天惟式教我用休,简畀殷命,尹尔多方。今我曷敢多诰,我惟大降尔四国民命。尔曷不忱裕之于尔多方?尔曷不夹介乂我周王,享天之命?今尔尚宅尔宅,畎尔田,尔曷不惠王熙天之命?尔乃迪屡不静,尔心未爱!尔乃不大宅天命,尔乃屑播天命!尔乃自作不典,图忱于正!我惟时其教告之,我惟时其战要囚之,至于再,至于三。乃有不用我降尔命,我乃其大罚殛之。非我有周秉德不康宁,乃惟尔自速辜!'……王曰:'……尔乃惟逸惟颇,大远王命,则惟尔多方探天之威,我则致天之罚,离逖尔土!'"《伪孔传》:"言周文、武能堪用德,惟可以主神天之祀,任天王。天以我用德之故,惟用教我用美道代殷,大与我殷之王命,以正汝众方之诸侯。……汝何不以诚信行宽裕之道于汝众方?……'夹',近也。汝何不近大见治于我周王以享天之命,而为不安乎?今汝殷之诸侯皆尚得居汝常居,臣民皆尚得畎汝故田,汝何不顺从王政,广天之命,而自怀疑乎?汝所蹈行数为不安,汝心未爱我周故!汝乃不大居安天命,是汝乃尽播弃天命!……是汝乃自为不常,谋信于正道!我惟汝如是不谋信于正道故，其教告之，谓讯以文诰；其战要囚之，谓讨其倡乱，执其朋党。……我教告、战要囚汝已至再三，汝其有不用我命，我乃大下诛汝君，乃其大罚诛之。非我有周执德不安宁自诛汝，乃惟汝自召罪以取诛！……若尔乃为逸豫颇僻，大弃王命，则惟汝众方取天之威，我则致行天罚，离远汝土，将远徙之！"

按这是周公东征胜利时，从奄国遗墟回到镐京，那时商朝遗留下来的许多国君已经被召而会集在那里，周公就向他们严肃地讲了一番话。《多方》在《尚书》里，编次虽后于《多士》，然而事实在前，观篇首说"王来自奄"，而《多士》说"昔朕来自奄"，便可知道《多士》应移后，《多方》应移前；《多士》应上接《洛诰》，《多方》应上接《大诰》。（《多方》的"尔乃自时洛邑，尚永力畋尔田"是《多士》的脱简错入。怎么知道？《多方》说"今尔奔走臣我监五祀"，这"五祀"就是武王的克殷二年，加上周公的东征三年的总计。洛邑建成在周公执政七年，那时已在克殷后九年了。而且《多方》一篇是周公对殷遗的诸侯讲的，他们还拥有自己的领土，不可能像殷士一般迁居洛邑，也用不着告诫他们在洛邑里"力畋尔田"。）《多士》《多方》中的"王"本是周公，自有《书序》和《伪孔传》后就把这两篇话送给成王。至于篇首所以说"周公曰，王若曰"，这原是后世史官或经师们的增字，来表明这"王"就是周公。《书序》以下都故意讲作周公奉成王命告四方，他们甚至说周公东征后奄国再叛，彻底平奄的是成王（《伪孔传》于《多方》说："周公归政之明年，淮夷、奄又叛。鲁征淮夷，作《费誓》。王亲征奄，灭其国，五月还至镐京。"《帝王世纪》说："王既营都洛邑，复居丰、镐，淮夷、徐戎及商奄又叛。王乃大蒐于岐阳，东伐淮夷。"〔《艺文类聚》十二、《御览》十四引〕这都是为了编次的先后错乱而作出的伪史），这岂非看周公太不济事而看成王太易成功了呢？这种说法是和后世帝王的专制政治的发展密切结合的，决不是古代的真事实。我们既经说明了这个问题，就可以在这篇文字里看出周公对付当时的四国多方是怎样的面目。他说："我们周王为了有德，受了天命，来做你们许多国家的大君。你们为什么敢于不接受天命，不靠近我们，不爱我们周朝？我为了你们不走正道，所以用了文告来教导你们，还用了武力来讨伐你们，把你们两次、三次地禁闭起来。你们如果不听我的话，冒犯天的威严，我就要执行天罚，驱逐你们全部人民，远远地离开你们的本土！"他的话说得多么决绝。从这里可以看出，东方民族大迁徙是周公的既定的政治方针的实现，也是他铁腕政策的成果。后世的儒家把周公想像为"温、良、恭、俭、让"式的圣人，是绝对的误认。本篇下面所列举的许多事实，就是周公所说的"我则致天之罚，离逖尔土"的证验。

贰　康王以下东征和北征的总叙①

（一）《旅鼎》："佳公大保（保）来伐反（反）尸（夷）年，才（在）十又一月庚申，公才盍自，公易（锡）旅贝十朋。……"

按"公大保"是召公奭，他早年和周公同事，晚年又相康王，《召诰》中的"太保"、《君奭》中的"君奭"、《顾命》中的"召太保奭"均可证。他最老寿，所以《者减钟铭》说"若召公寿"。文中称"反夷"，可知在周公死后，召公当国之日，东方各族又有一度叛周的军事行动。

（二）《大保簋》："王伐录子耴（圣）。厥纻反，王降征令（命）于大保，大保克敬亡遣（谴）。王辰大保易（锡）休余土，用乍（作）兹彝对令（命）。"

按这是因录子的反周而周王伐他，到了班师的时候，王使召公奭锡

---

① 原载《文史》第二九辑，1988 年 1 月。

休于余土，召公因作此器以述王命。"余土"未知所在，"余"如是"徐"的省文，则当即《费誓》中的"徐戎"。"录"国亦不详，但《小臣夌鼎》云"正月，王才（在）成周，王徙于楚麓，令（命）小臣夌先省楚应（居）"，"录"与"麓"字形但有繁简之异，则录必为近楚之国。（《小臣夌鼎》见宋王俅《啸堂集古录》上，王氏以下文有"用作季娟宝尊彝"语，称为"周季娟鼎"。）

（三）《玉刀铭》："六月丙寅，王才（在）丰，令（命）

大保省南国，帅汉征宫南，令隋侯。保用赉贝十朋，走十人。"

按这铭见柯昌济《金文分域篇》十二，云于陕西宝鸡县的召公墓出土。王命召公奭省南国，到了汉水流域，可知召公实有南征的事，所以《诗·大雅·江汉》记周宣王命召穆公虎平淮夷，在加封他土田的时候说："王命召虎：'来旬来宣。文、武受命，召公维翰。无曰"予小子"，召公是似。'"郑《笺》云："'来'，勤也。'旬'，当作'营'。'宣'，遍也。召康公名奭，召虎之始祖也。王命召虎：'女（汝）勤劳于经营四方，勤劳于遍疆理众国。昔文王、武王受命，召康公为之桢干之臣，以正天下。'为虎之勤劳，故述其祖之功以劝之。……'女无自减省，曰"我小子耳"。女之所为，乃嗣女先祖召康公之功。'"这可见召虎在宣王时所立的武功正如他的先祖奭在康王时已建立的一样。因为召公奭年寿高，及事文、武、成、康四代，所以诗中但云"文、武受命"，其实周初有周公、太公等在，到康王时他才独秉国钧呢。又《大雅·召旻》云："昔先王受命，有如召公，日辟（辟）国百里。"郑《笺》："'先王受命'，谓文王、武王时也。'召公'，召康公也。"召康公有"日辟国百里"的事，可知他的武功也不亚于周公。

又按这器的"隋侯"亦见于《中尊》。彼器文云："王大省公族于庚辱旅，王易（锡）中马自隋侯四骍。南宫冘王曰：'用先。'"（此文见《啸堂集古录》上，称为"周召公尊"。）这里有中和南宫二人，应是昭王伐楚时器，见丁·陆·五·（二）～（七）。"隋"，当即是

"厉"。《春秋·僖十五年》："齐师、曹师伐厉。"杜《解》："'厉'，楚与国。义阳随县北有厉乡。"《汉书·地理志》："南阳郡随：故国。厉乡，故厉国也。"召康公开发南土，随为姬姓之国，地在今湖北随县，可能与厉侯同时受封。

（四）《小臣𫭢簋》："𢼐（祖）东尸（夷）大反，白（伯）懋父㠯（以）殷八𠂤征东尸。唯十又一月，𤔲（遣）自𪩫𠂤述（循）东陕，伐海眉（湄）。雩（粤）𠂤（厥）复归，才（在）牧𠂤，白懋父承王令（命）易（锡）𠂤逢征自五䚢贝。……"

按此器闻于一九三〇年出土于河南汲县，正是卫地。伯懋父的东征与北征和召康公的东征与南征虽同在周康王世，但不是一回事。孙诒让说《逸周书·作雒》中的"中旄父"即《左传》中的"王孙牟"，也即《世本》和《史记》中的"康伯髦"，见《邶鄘卫考》，录入戊·壹·（八），郭沫若《大系》说也即是本器的"白懋父"，因为"懋"（mən〔∠muə〕）、"牟"（mən〔∠muə〕）、"髦"（mau）、"旄"（mau）均同纽，"中"盖字之讹。如果真如这说，则伯懋父为康叔之子，他的行辈自较召康公为晚，他作统帅时应在康王后期了。伯懋父继康叔为卫侯，卫即殷故都，所以他统带的是"殷八𠂤"。他兵多力强，势如破竹，一直打到海边，和周公当年"驱飞廉于海隅而戮之"的情况十分相像。

又按"𠂤"旧释为"师"，原也很似。但《大系》云："'𠂤'字习见，多于师旅有关。旧释为'师'，然有'师''𠂤'同见于一辞者（原注：《臤觯》《遇甗》《稽卣》等是。按此三器均言'从师严𧻚父戍于古𠂤'），知其非是。古'追''归'字从此得声，'师''𨚖'字从此会意，𠂤即《说文》'"𠂤"，小𨸏也'，又'"𠂤"，犹众也'之'𠂤'。'𠂤'之后起字为'堆'。……本铭'𠂤'字当即屯聚之'屯'，师戍所在处也。屯聚之'屯'盖'𠂤'之引申，其用'屯'字亦出假借。……古当有二读：阴声为'堆'（原注：都回反），阳声为'屯'

（原注：陟伦反）；字废，乃有'堆'与'屯'字代替之也。"（《小臣
单觯》）徐中舒《禹鼎的年代》："金文'六自''八自'之'自'，皆
作'自'，不作'师'；'自'与'次'同。《周礼》：'宫伯授八次、八
舍之职事。'《注》：'卫王宫者必居四角、四中，于徼（原注：边界）
候（原注：候望）便也。郑司农（众）云："庶子卫王宫，在内为次，
在外为舍。"玄谓"次"，其宿卫所在；"舍"，其休沐之处。'据二郑
注：'次'在内，为宿卫所在，即天子禁军所居。此制汉代犹存，谓之
'屯'。《文选·西京赋》：'卫尉八屯。'薛综《注》：'卫尉帅吏士周宫
外，于四方、四角立屯；士则傅宫外向，为庐舍。'以此例之，所谓
'八次''八舍''八屯'，其制皆当居四角、四中：四角为候望所在，
四中为四门出入警跸之所。若'六自'，可能是减去左、右两门的警跸
而为四角、两中。"又云："西周一代，于西土、成周、殷三处皆设有
宿卫军：在西土者称为'西六自'（按见《禹鼎》《蠡尊》《瘙贮簋》
《南宫柳鼎》）；在成周者称为'成周八自'（按见《竞卣》《昌壶》
《录致卣》）；在殷故都者称为'殷八自'（按见《小臣谜簋》）。西六
自为王之禁军，《大雅·棫朴》之诗云'周王于迈，六师及之'，此
'六自'应即金文的'西六自'。西六自为王禁卫，随时皆在王之左右，
所以王行而'六师及之'。……成周八自则是用以镇抚南夷的宿卫军，
南夷作乱则以成自伐之。……殷八自则是用以镇抚东夷的宿卫军，东夷
作乱则以殷八自伐之。"这文所说，可以略见西周的军制。

又按陈梦家《西周铜器断代》（一）："此毁（《小臣谜簋》）记十
一月'遣自某自，述东陕，伐海眉。'《说文》：'"述"，循也'，述东陕
当指沿泰山山脉或劳山山脉的北麓。《广雅·释诂》：'"隥"，阪也'，
《尔雅·释诂》：'"滕"，虚也。''隥'或'滕'与'陕'同音相假。
'东陕'与'海眉'皆非专地名，乃指一带区域，'海眉'即海隅、海
滨。《广雅·释诂》：'"澳""滨""湄"，厓也。'《尔雅·释丘》：'通
谷，"溦"。'《释文》：'"溦"，本又作"湄"。'……'眉'与'湄'

'微'皆指水边的通谷或崖岸。'海眉'亦即海隅。《广雅·释丘》：'"隅"，限也。'《说文》：'"限"，水曲隩也。'……今山东半岛沿掖、黄、福山、荣成等县之地在劳山以北，当是齐之'海隅'。《尔雅·释地》：'齐有海隅。'注云：'海滨广斥。'《吕氏春秋·有始览》：'齐之海隅。'注云：'"隅"，犹崖也。'《管子·轻重甲》篇曰：'齐有渠展之盐。'……《史记·货殖列传》说太公所封之齐'地泻卤，有鱼、盐之利。'……'五齵'，即指海眉之诸隅，字所以从'卤'，正指其地之产盐卤。……'白懋父承王令易师率征自五齵贝'，是说白懋父奉成王之命锡贝于凡从征于五齵之殷八师。……锡贝劳师在'粤厥归在牧师'之后。……牧在朝歌之南。《书·牧誓》曰：'王朝至于商郊牧野'，……说文作'坶'，云'在朝歌南七十里地'。《清水》注云：'自朝歌以南，南暨清水，土地平衍，据皋跨泽，悉坶野矣。……''遣自某自'，……'遣'为……动词，而'自'为介词，与同铭的'率征自五齵贝'句法相同；……'遣'的主词应是白懋父。《明公殷》曰：'唯王令明公遣三族伐东国'，此'遣'自是'派遣'之'遣'。"在这文里，除了释"自"为"师"和郭、徐二氏不同外，所作的地理和字句的解释都足供读者的参考。

（五）《小臣宅簋》："隹五月壬辰，同公才（在）丰，令（命）宅事白（伯）懋父。白易（锡）小臣宅画┿（干），戈九，易（遢）金䡵（车）、马两。……"

按《大系》云："此器有'伯懋父'，当亦东征时物。'丰'盖'丰、沛'之'丰'；或说为丰京，然丰京之'丰'金文作'䕫'，且必系以'京'字，与此有异。'┿'乃'盾'之象形文，……然形虽是盾，读当如'干'，'盾'实后起字也。"读此，知道这器也该是第二回东征时所制。这"丰"地，该和《盠鼎》的"丰伯"有关，见丁·壹·（五）。

（六）《召尊》："唯九月，才（在）炎自。甲午，白（伯）

懋父易（锡）召白马，每（敏、拇）黄、发微，用𢀛不杯（丕
显）。召多用追于炎不豑白懋父友，召万年永光。……"

按这铭的"炎自"，即《令簋》王伐楚时所在的"炎"。伯懋父是
这回东征的主帅，謎、宅、召等都是从征的军官，所以多有赏赐。这器
新发见，仅见于陈梦家《西周铜器断代》（二）。他说："'白马'当是
马一匹，与《乍册大鼎》锡'白马'同例，当是乘马。'每黄、发微'
乃是形容白马的黄拇、斑发。金文'敏扬'之'敏'或作'每'，《尔
雅·释训》：'"敏"，拇也'，拇即足大拇。《说文》'发'的或体同此
器。《说文》'"黴"，中久雨青黑也，从"黑"，"微"省声'，义为黑
斑点，音、义都近于'霉'。"

（七）《御正卫簋》："五月初吉甲申，懋父賣（赏）邘
（御）正卫马匹，自王。……"

按这是伯懋父赏他的御正（官名）名卫的一匹马，卫归自王所，
和《召尊》所记的其事差同。

（八）《师旅鼎》："唯三月丁卯，师旅众仆不从王征于方，
鄳（雷）吏（使）厽（厥）友弘曰（以）告于白（伯）懋父，
才（在）莽。白懋父乃罚得𢄦古三百孚，今弗克厽罚。懋父令
曰：'义（宜）敕（播）摧（诸）厽不从厽右征，今母（毋）
敕，斯又（有）内于师旅。'弘曰告中史（使）书。旅对厽贄
（概）于尊彝。"

按这是伯懋父在行军时处罚不服从命令的师旅，师旅受罚而制此
鼎，为彝器中特见之例。前三器是伯懋父在军中的行赏，这一器则是他
的致罚。《大系》云："'于方'当即卜辞所屡见之'孟方'，其地当在
今河南睢县附近。'得𢄦'二字义不明，疑'𢄦'即'显'字之异，读
为'献'。'三百孚'上冠以'古'字，下与'今'为对文，知孚于殷、
周之际曾加改革，……殷孚必重于周，故言'今弗克厽罚'也。……
'敕'即'播'之异文，说文'播'古文作'敽'，此省从'采'，

'采''番'古本一字。播者，布也。'义敄叔乓不从乓右征'，谓宜宣布之于其不从长上征者。古人尚右，故以此'右'为长上之称。'今毋敄，斯又内于师旅'，谓今如不宣布，则是有私于师旅。……'賌'即'贤'字，《说文》'"賌"，读若"概"'，此即读为'梗概'之'概'，言师旅受罚，遂铸器以纪其梗概也。""师旅"，一释作"师旂"。陈梦家《西周铜器断代》（二）读"于方"为"于'方'"，以"方"为《诗·六月》"侵镐及方"的方，非是。镐、方在西北，入侵的是猃狁，伯懋父征的乃是东夷，不可合为一事。

（九）《吕行壶》："隹四月，白（伯）懋父北征。唯还，吕行戥（捷），孚（俘）贝。……"

按这也是伯懋父征伐时所作的器，但他这时因东征而转为北征，然则北征乃是东征的延长，其地应该是东北而不是正北。周公东征时，武庚北奔，很有可能在东北重新建国，名其国曰"北殷"，名其都城曰"亳"；他或他的后人继续联络了东夷而反周，康王因命伯懋父伐东夷，乘胜北向灭亳，以其地属燕。说详丁·叁·二各节。

（一〇）《雪鼎》："隹王伐东尸（夷），溓公令（命）雪眔（暨）史旗曰：'㠯师氏眔有嗣（司）逡或（后国）戜伐豚。'雪孚（俘）贝。……"

按"逡国"下"戜"字似即《寰鼎》的"戜"字，释见下（十二）节。"豚"字从《大系》隶定，陈梦家《西周铜器断代》（一）云："是所伐之国名，右半是'肉'，左半是兽形，不能识。金文'能'字从'肉'，其左半的兽形与此稍异。若是'能'字，当指'熊、盈'之'熊'。"

（一一）《明公簋》（应称《鲁侯簋》）："唯王令（命）明公遣三族伐东或（国），才（在）鹭。鲁厌（侯）又（有）囶（即'猷'，谋也）工（功），用乍肇（旅）彝。"

按《令彝铭》云："隹八月，辰在甲申，王令（命）周公子明僳

（保）尹三事、三（四）方，受卿旗（事）寮。丁亥，令矢告丮（于）周公宫。……隹十月月吉癸未，明公朝（朝）至丮成周，徣（出）令舍三事令（命），罘（暨）卿旗寮，罘者（诸）尹，罘里君，罘百工；罘者厌（诸侯）：厌、田（甸）、男，舍三方令（命）……”又《齛卣铭》云“唯明保殷成周年”，“殷”是《周官·大行人》“殷同以施天下之政”的意思，足见明保是成周尹，成周的三事（内官）、四方（外官）都由他管着。成周的地位等于明代的南京，是周的陪都，镇抚东土的中心，它在政治上有重要的地位。周初作成周尹的，古籍所载，是周公旦、君陈、毕公三人（见《书序》），明保作尹当在毕公之后。《史记·鲁世家》索隐：“周公元子就封于鲁，次子留相王室，代为周公。”所以《令彝》里说的“周公子明保”，唐兰以为不该定为周公旦之子，很可能是第二代周公的儿子，那时周公旦已死，所以要“命矢告于周公宫”，“宫”就是庙，正和《沈子簋》说的“周公宗”一样，“宗”也是庙。《明公簋》说“王命明公遣三族伐东国”，足征和《令彝》时代相近，都是周公孙辈的事，“东国”就是反周的东夷。下文又说“鲁侯有敬功”，这“鲁侯”该是伯禽的儿子，因为他封于东方，熟悉东国的情形，所以当明公出师东征时可以担任明公的参谋。“甾”，《大系》释为“狄”。《史记·鲁世家》：“淮夷、徐戎亦并兴反，于是伯禽率师伐之于肸，作肸誓。”《集解》引徐广曰：“‘肸’，一作‘狝’。”其地应在鲁的东郊。

（一二）《嘼鼎》：“王令（命）趄戜（捷）东反尸（夷），

嘼肇从趄征，攻屌（跞）无商（敌），肖（省）丮（于）人身。

孚（俘）戈。……”

按陈梦家《西周铜器断代》（一）云：“第四字……从邑从戈，乃是《说文》‘戜’字（经籍作‘载’）。此处是动词，假作‘截’或‘裁’：《诗·常武》：‘截彼淮浦’，《广雅·释言》：‘“裁”，制也。’……《方言》一：‘“趋”，登也’，‘攻屌’即‘攻登’。”是趄为王命之将，霎为从征之人。

按以上诸器都是讨伐东方诸国，将士有功得赏而作。当时的将帅有大保、明公、伯懋父、趞、潇公等，他们的部属有旅、霎、雪等，征伐的对象是"东夷""东反夷""反夷""东国"。总之，这一回战事，从周方说来，是继续进行周公未完成的功业；从东方各族说来，则是继续反西方的周王朝。

（一三）唐兰《西周铜器断代中的康宫问题》："西周初期，除了成王刚即位的几年中有过一些大战役以外，曾经出现过一个暂安无事的局面。从成王中、晚期一直到康王前期的四十多年中，号称为'刑措不用'的时代，也就是后世历史上所盛称的'成、康之治'。当然，从历史唯物主义者来看，当时是奴隶社会的极盛时期，奴隶主王朝的繁荣是建立在残酷压迫与剥削他们所占有的大批奴隶与奴役未发达民族上面的。周初经过了克殷、伐东夷、践奄等许多大战役，据《逸周书·世俘解》，武王克殷，'凡憝国九十有九国，馘靥亿有十（七）万七千七百七十有九，俘人三亿万有二百三十；凡服国六百五十有二'，那末，所获得的战俘奴隶有四十八万多。又据《作雒解》，周公东征时，'凡所征熊、盈族十有七国，俘维九邑，俘殷献民迁于九毕'，周王朝是在商朝末年才发展起来的，从伐纣以后，没有几年，就掠夺到这样多的奴隶，暂时当然心满意足了。由武王到康王曾经三次大封诸侯，分土地，分奴隶，分宗彝，一直到康王时代的《宜侯夨簋》和《盂鼎》，所赏的奴隶都还有一千几百人，《盂鼎》和《令簋》所说的'鬲'就是《逸周书》的'靥'，可见《逸周书》关于俘虏的记载是有根据的。有了这大批奴隶，周王朝暂时当然没有考虑到新的侵略，但是经过四十多年以后，情势就有了新的发展。统治阶级奢侈享受，贪得无厌，对被奴役民族的压迫越来越重，激起了边疆民族的觉醒和反抗，所以到了康王后期，东夷大反（见《小臣謎簋》等），鬼方也不靖〔见《小盂鼎》，康王二十五年（前980年）〕。周王朝为了维持它的统治，继续奴役边疆民族，不断派出贵族领兵去镇压，新的战役开始了，所谓'太平无事'的假象就被打破了。开始时领兵的还是老将，像召公也还去伐过'反夷'，后来战争一天一天地多起来了，周王朝的贵族们在土地与奴隶已经不够分配的情况下，也特别喜好这种侵略战争，像《小盂鼎》所记俘获成万人的战役，对新的贵族是有很大刺激的，所以到了昭王时期，王自己也屡次出征了。"

按康王时代东夷的叛周和周的出兵征伐是现有的历史书里不曾记载过的，一般人受了周人长期的"王道"政治的宣传和战国以来把周公捧到"道统"中的"上圣"地位之后，总觉得周公东征是"仁义之师"，成、康之际，刑措不用，是一片"祥和之气"，从来没有考虑过曾有民族压迫这一事的存在。最近唐氏从西周青铜器的断代研究中，用"康宫"作为断代的标尺，加上字体、造型的比较，因之发现在康王后期，东夷曾经大反，由此把一向归到周公时代的几件彝器改属于康王、昭王时代，又说明在极盛的奴隶制社会里，武王、周公的两次战役，虽然开拓了广大的土地，各个贵族分得了大批奴隶，暂时心满意足，但经历了四十年，贵族孳生日多，原来的土地和奴隶已经不够分配，不得不又进行侵略战争；加上贵族生活穷奢极欲，被奴役的民族所受压榨越来越重，在民族矛盾与阶级矛盾双重压迫下，逼得他们因觉醒而反抗。这已经湮没了两千数百年的历史事实，依靠历史唯物主义的指导，结合书面文献和地下资料，才重新显现出来，古来盛传的"成、康之治"的假象因此拆穿，可说是在历史研究工作上一个重大的收获。

叁 三监的结局①

一 管叔和蔡叔（霍叔）的失败

（一）《逸周书·作雒》："管叔经而卒，乃囚蔡叔于郭凌。"

按依此文，管叔是失败后自杀的，不是周公所诛。蔡叔失败后不肯死，周公只把他囚禁了起来而不杀，这大概是"周道亲亲"的缘故吧？"郭凌"，地点未详。又按，依王引之说，见甲·肆·（八），这"蔡叔"应当和《商君书》同样作"霍叔"，是传统传说以外的另一种传说。

（二）《左传·定四年》："管、蔡启商，惎间王室，王于是乎杀管叔而蔡蔡叔，以车七乘，徒七十人。"杜《解》："周公称王命以讨二叔。'蔡'，放也。……与蔡叔车、徒而放之。"《释文》："上'蔡'，《说文》作'籿'。"

按《说文·米部》"'糤籿'，散之也"，"籿"（sat）与"蔡"（ts′aj）音近字通，是放逐的意思。《史记·周本纪》及《鲁》《管蔡》《卫》《宋》诸世家均作"放蔡叔"，是其义。杜《解》"周公称王命以讨二叔"，也是东汉以后人的说法。

（三）《商君书·赏刑》："昔者周公旦杀管叔，流霍叔，曰：犯禁者也！"

按这书不言"蔡叔"而言"霍叔"，为战国时的异辞，故王引之《述闻》有"'蔡'与'霍'不得并举"之说。

（四）《伪古文尚书·蔡仲之命》："惟周公位冢宰，正百工。群叔流言，乃致辟管叔于商；囚蔡叔于郭邻，以车七乘；降霍叔于庶人，三年不齿。"《伪孔传》："'致辟'，谓诛杀。'囚'，谓制其出入。'郭邻'，中国之外地名。从车七乘，言

---

① 原载《文史》第三〇辑，1988 年 7 月。

少。……〔霍叔〕罪轻，故退为庶人；三年之后乃齿录，封

为霍侯。"

按这是承受郑玄的说法，以管、蔡、霍为三监；霍叔罪虽轻，也须剥夺公权三年。但这话却和郑氏《书注》"不言霍叔者，盖赦之也"冲突，见甲·肆·（四）。如果郑氏真能见到这部《伪尚书》，他就不会那样讲了。

（五）崔述《丰镐考信录》四："降为庶人者，汉以后法耳；三代以上，大臣有罪，可杀可放，而未尝有降其爵者。……春秋之时，卿奔他国，乃有降从大夫之位者：彼原非此国之卿故然耳，本国固无是也。乌有朝齿公卿而暮同编户者哉！且蔡叔罪重于霍叔，尚有车七乘、徒七十人，以大夫之奉奉之，而霍叔之罪递轻，乃反降为庶人，一何其赏罚之颠倒乎！或疑《金縢》有'群弟流言'之文，当不止蔡叔一人。然即蔡、霍二叔亦不得遂称'群'。盖流言者自多人，监殷者自管、蔡，不得谓流言之人尽监殷之人也。"

按此论驳辨明快，作伪者不明古制而臆造古史，当然触处抵牾。为怕现在尚有人误信《伪古文尚书》为真本，所以把它提出而加以揭穿。

又按古籍中言诛管、蔡事的甚多，因为这些话没有多大的出入，故不列举。

二 武庚北奔及其在东北建立新国和箕子传说的演化

（一）《逸周书·作雒》："殷大震溃，王子禄父北奔。"

按武庚封于邶，依甲·伍·（二）所举王国维说，邶即燕，或是近于燕的地方，则武庚失败后北向逃亡，直至塞外，超越了周公的势力范围，是很可能的事。《史记·韩信卢绾列传》"韩王信王太原以北，备御胡"，及汉疑信，则信以马邑降匈奴；"立卢绾为燕王"，及汉疑绾，则绾遂将其众亡入匈奴，匈奴以为东胡卢王。把这二事作为比例，则武庚之国既已偏北，失败后自当有类似的结局。他北奔时，必然带着

许多殷人，也是可以肯定的。

（二）《书序》："成王既黜殷命，杀武庚，命微子启代殷后，作微子之命。"

（三）《尚书大传》："周公以成王之命杀禄父。"（《御览》六四七引）

按这两条都说武庚被周人所杀，和《作雒》的北奔说不同。也许这"杀"字就是"鎩"的假借，鎩是放逐的意思。但《书序》说"成王……杀武庚"，《大传》说"以成王之命杀禄父"，显见后世人在浓厚的尊君思想里，总想把一切的功绩归于成王，故意压低周公的地位，解除周公的权柄，所以这般地改造历史。这两书文字，或一人所改，或两人分改，都不可知；但其为东汉以下人的笔墨则无疑。所以我们还是该信早期的北奔说。

（四）《诗·商颂·长发》："玄王桓拨，受小国是达，受大国是达，率履不越，遂视既发。相土烈烈，海外有截。帝命不违，至于汤齐。"毛《传》："'玄王'，契也。'桓'，大；'拨'，治；'履'，礼也。'相土'，契孙也。'烈烈'，威也。至汤，与天心齐。"郑《笺》："'遂'，犹遍也。'发'，行也。玄王广大其政治，始尧封之商为小国，舜之末年乃益其土地为大国，皆能达其教令，使其民循礼不得碌越，乃遍省视之，教令则尽行也。'截'，整齐也。相土居夏后之世，承契之业，入为王官之伯，出长诸侯，其威武之盛烈烈然，四海之外率服，截尔整齐。'帝命不违'者，天之所以命契之事，世世行之，其德浸大，至于汤而当天心。"孔《疏》："相土是昭明之子，契之孙也。……《僖四年左传》，管仲说太公为王官之伯，云'五侯、九伯，汝实征之，以夹辅周室'，是王官之伯……得征其所职之方。……王肃云：'相土能继契，四海之外截然整齐而治，言有烈烈之威。'则相土在夏为司马之职，掌征伐也。说《春秋》者亦以太公为司马之官，故得征五侯、九伯。……上陈玄王、相土，论商兴所由。"陈奂《疏》："《国语·周语》：'玄王勤商，十有四世而兴。'……《荀子·成相》篇：'契玄王，生昭明，居于砥石迁于商。十有四世，乃有天（大）乙是成汤。'是玄王为契矣。……《殷本纪》：'契卒，子昭明立。昭明卒，子相土立。'《襄九年左传》：'陶唐氏火正阏伯居商丘，相土因之。'杜《解》：'"相土"，契孙，商之祖。'"

按《史记·宋世家》云："襄公之时，修行仁义，欲为盟主，其大夫正考父美之，故追道契、汤、高宗，殷所以兴，作《商颂》。"《集解》"《韩诗·商颂》章句亦美襄公"，是知《商颂》作于宋襄公之世实为汉初三家《诗》的定说。其后杨雄《法言·学行》篇亦云："正考父尝睎尹吉甫矣，公子奚斯尝睎正考父矣。""睎"是羡慕学习的意思，因为《大》《小雅》中多周宣王时尹吉甫的诗，所以他说正考父作《商颂》是摹仿尹吉甫的，公子奚斯作《鲁颂》又是摹仿正考父的。（正考父的年代有问题，这里不赘及。）宋襄公和鲁僖公都是跟着齐桓公伐楚的人，那时的楚势力方强，齐桓公能帅中原诸侯之师兴兵向楚问罪，可谓"泰山头上动土"，是春秋前期划时代的一件大事，所以宋、鲁两君回国之后，他们的大夫各为作《颂》以表武功，而《商颂》里就有"挞（疾速）彼殷武，奋伐荆楚，罙（深）入其阻，裒（聚）荆之旅"的夸大之辞。鲁的先祖周公是伐过东方的楚、徐诸国的，所以《鲁颂·閟宫》也举出"周公皇祖，……荆、舒是惩"的光荣史迹，说见丁·陆·三·（一）～（二）。在这篇《长发》里，它称述宋的先祖的威德，汤以前只提到两个先公，一个是始祖契，因为他是玄鸟所降生，见丁·柒·五，所以称为"玄王"，一个便是相土。据《史记·殷本纪》和《三代世表》，相土是契的孙，汤的十一世祖。他在夏代初期所开拓的疆域的广大在汤以前十三代里是首屈一指的（秦、汉以下的经师习惯用一统的看法对待地方势力，所以郑玄说相土"入为王官之伯，出长诸侯"，孔颖达也发挥了这一说，其实全不是那么一回事，商的先公是一个独立的力量，对夏王可以不负什么责任的），他为了扩张领土，建立了几个都城（《左传·定四年》提到"相土之东都"，既有东都就必然更有别的都）。他有烈烈的威武，使得海外诸国慑服于他的威力而截然整齐。这个"海"未必便是海洋，也许只是"荒晦绝远之地"（如《荀子·王制》杨倞注所说），但也很有可能真是越海。我们看《商颂·玄鸟》说"天命玄鸟，降而生商"，从来就解作契为简狄吞了玄鸟的卵而生契，类似这样图腾性的神话流行于东北各族间颇广，这个神话就是越海的一例。渤海湾中，风平浪静，海道航行便利。现在从山东半岛的龙口到辽东半岛的大连只有一百二十七浬，非常径捷。中间还有长山列岛，可以作为跳板。这就为古代航海事业提供了十分有利的条件。

（五）《史记·伯夷列传》："伯夷、叔齐，孤竹君之二子也。……西伯卒，武王载木主，号为'文王'，东伐纣。伯夷、叔齐叩马而谏。……武王已平殷乱，天下宗周，而伯夷、叔齐耻之，义不食周粟，隐于首阳山，采薇而食之。……遂饿死于首阳山。"《索隐》："按《地理志》，孤竹城在辽西令支县。应劭云：'伯夷之国也，其君姓墨胎氏。'"《正义》："《括地志》云：'孤竹古城在卢龙县南十二里，殷时诸侯孤竹国也。'……《孟子》云：'夷、齐避纣，居北海之滨。'……《说文》云：'首阳山，在辽西。'"

按辽西有孤竹国，为殷时诸侯，可见商王朝的势力实已达到了辽西。汉令支县在今河北迁安县西，辽西的首阳山在今河北卢龙县东南二十五里，两地都在滦河流域，相去不远。郑樵《通志氏族略》云"墨台氏，子姓"，则是与商王为同姓之国。罗泌《路史国名纪》（一）说为姜姓自属错误，因为姜姓出于西方的羌族，在商代不可能封到那里。

《史记·殷本纪》云："契为子姓；其后分封，以国为姓，有……目夷氏。""目"（mjuək）与"墨"（mək）为同纽，"夷"（ie）与"台"（iə）为同韵（《商书》中，"其如台"的"台"均读"夷"），所以"目夷"就是"墨台"，"墨胎"则是后来的别写。（"胎"为 d 声，如"殆""怠"〔均为 də́〕、"骀"〔də〕，保存古音；"怡"为 i 声，如"诒""贻""饴"〔均为 iə〕，为古音之变。"夷"读 t 声，故《说文》："'涕'〔t'éi〕，从水，夷声"，又："'銕'〔t'et〕，古文'铁'从'夷'"。）墨台这一氏族起得较早，故有汤封之说。后人写作同音的"目夷"，恰合春秋时宋桓公子"公子目夷"一名，遂致说为"微子之后"（王符《潜夫论·志氏姓》），把时代移后了数百年，无以解于伯夷、叔齐为墨胎氏的说法。商代同姓的孤竹国远处辽西，海、陆两道都通，可以作为《商颂》的"相土烈烈，海外有截"的具体说明，也可以作为武夷失国后北奔的先导事实。由此可知伯夷、叔齐之所以叩马谏武王和他们后来所以隐居于首阳山，只是为了希望保存同宗的王朝政权，等到终于不能保存的时候，则以耻于屈服在异族统治之下，宁可挨饥受饿而已。

（六）《周礼·夏官·职方氏》："东北曰幽州：其山镇曰医无闾，其泽薮曰貕养，其川河、泲，其浸菑、时。其利鱼、盐。……"郑《注》："医无闾在辽东。貕养在长广。菑出莱芜。时出般阳。"孙诒让《正义》："《尔雅·释地》云：'燕曰幽州。'……《吕氏春秋·有始》览云：'北方为幽州，燕也。'周幽州方域，东、南并至海；西距东河，与冀界；北接北狄荒服，不知所极；东南距潍，与兖界；东北越海，据医巫闾；西南距岱，与兖界；西北与并界不知所分。……《禹贡》青州：'厥贡盐。'夏青州东偏濒海之地，周时皆属幽州也。……注云'医无闾在辽东'者，《淮南子·墬形训》作'医

母闾'。……《汉书·地理志》，辽东郡有'无虑'县，颜注
云：'即所谓"医巫闾"。'续汉郡国志，辽东属国无虑县'有
医无虑山'。《楚辞·远游》篇云：'夕始临乎于微闾。'……
案'无'（mjwo）、'毋'（mjwo）、'巫'（mjwo）、'闾'（ljo）、
'虑'（ljò）声并相近，'医'（jèi）、'于'（·jo）、'无'
（mjwo）、'微'（mjuəi）亦一声之转，皆一山也。……汉无虑
废县在今盛京锦州府广宁县，医无闾山在县西十里。云'巐养
在长广'者，《汉·地理志》云：'琅邪郡长广：奚养泽在
西。……'按汉长广故城及巐养泽并在今山东登州府莱阳县东
五十里。云'蕾出莱芜'者，《汉·地理志》云：'泰山郡莱
芜：原山，甾水所出，东至博昌入泲。……'案'甾'即
'蕾'之或体，《禹贡》又作'淄'，在青州，周改入幽。……
莱芜故城在今山东济南府淄川县东南六十里。原山在县南九十
里；淄水出其阴，至乐安县入清水泊，由泊东北入海。云'时
出般阳'者，《汉·地理志》云：'千乘郡博昌：时水东北至巨
定入马车渎。……'汉般阳故城在今济南府淄川县西。……时
水今名乌河，出临淄县西南愚公山，至高苑县东境入小
清河。"

按《周礼》一书，前人信为周公所作；但自宋至近代，经过了八
九百年的研究和批评，大家已打破了这迷信，认识这书是战国时齐人的
托古改制之作，而又润饰于汉人的。可是战国时人也不可能专凭他们的
想像写出这部政府组织和各种行政制度的书，它必然有若干部分实际的
依据，所以我们现在研究古代社会，无论在制度方面或名物方面都不该
放弃它。其中《职方氏》一篇，作者用意和《禹贡》的作者一样，他
们都是处在十分迫切的统一寰宇的要求下，作出分划大行政区的设计；
因为作者国籍有东、西之异，各不相谋，所以假定的区画互有不同，
《禹贡》九州是"冀、兖、青、徐、扬、荆、豫、梁、雍"，《职方》九

州则是"扬、荆、豫、青、兖、雍、幽、冀、并"，在东北两方添出了幽、并两州。除了分州不同外，还有疆界的不同。例如《职方》的青州实际上是《禹贡》的徐州，而《禹贡》的青州则已作为《职方》的幽州的一部分。《职方》幽州，东界海，西界东河（古代黄河的下游自今河南省荥阳县北流，经获嘉、浚县，至河北省曲周、巨鹿、南宫、束鹿、献县、静海，至天津入海，说见胡渭《禹贡锥指》），北到今东北，南至山东半岛，就是说在《职方》作者的思想意识里，认定渤海两岸、黄海西岸（山东境），今河北东部、山东北部以及东北全境都属于幽州范围。"幽"（·jeu）即"燕"（·jen）的双声字，这可以说明在作者的心目中，这一州要以燕国为主，而以齐及东北诸国为辅，虽是隔开一个渤海，仍然合为一区。这固然是他的夸大的意境的表现，但倘使没有海、陆两行的便利条件，没有商王朝在一千年前开拓疆域到辽河流域的历史事实，也没有燕、齐人民和东北各国长期的经济和文化的接触与融合，他是不会这样设想的。他这样设想，显示了那时的东北，在生产上和文化上已和燕、齐等国联结为一体。司马相如《子虚赋》云："齐东陼巨海，南有琅邪，……邪与肃慎为邻，右以汤谷为界。"颜《注》"'邪'读为'左'，谓东北接也"，也写出了《职方》幽州的境域，知肃慎虽远，而齐以海行的便利，东北可与相接，《职方》作者并非虚想。《禹贡》一篇对雍（西北）、梁（西南）二州的情况特别清楚，可以断定作者是西方人，他对于东方地区及其交通情况便不可能像《职方》作者那样熟悉了。

又按《小盂鼎》是周康王命盂伐鬼方纪功的文字，一次的俘虏多至万三千余人，是周人和西北民族的一次大战役。铭文云："盂拜頧（稽）首，□眢（酋）进即大廷。王令（命）邍乃眢。□□（笈乃）即眢邍乒故。'越白（伯）□□戓巃□，巃虘（且）昌亲从商。'"《大系》："言以所生禽之酋长引至王前，王乃命名笈者之重臣就讯其酋何以叛乱之故。……酋之答辞中两见'巃'字，字乃从於、斝声，'斝'

古文'闻'，案此即'猃狁''匈奴'等之胡音也。……此酋长答辞之意，乃谓周人之越伯先为戎首干犯匈奴，故匈奴乃以所属从商叛周。"武庚从今河北北奔，不可能和在今陕、甘的鬼方联系，采取反周的共同行动，所以知道这文的"商"一定是商的王族在纣亡后西奔建国的。《史记·秦本纪》："宁公二年（鲁隐公九年，公元前714年），遣兵伐荡社。三年（前713年），与亳战，亳王奔戎，遂灭荡社。"《集解》引皇甫谧曰："亳王号'汤'，西夷之国也。"《索隐》："西戎之君号曰'亳王'，盖成汤之胤。其邑曰'荡社'，徐广云：'一作"汤杜"'，言汤邑在杜县之界，故曰'汤杜'也。"《正义》："《括地志》云：'雍州三原县有汤陵。又有汤台，在始平县西北八里。'按其国盖在三原、始平之界矣。"按这一国处处以"汤"和"亳"自标，足见其为商王族的遗裔。唐始平县即今兴平县，与三原县同在渭水之北。他们在那里建国约历四百年，本身已西戎化，它联络了鬼方反周，是周人肘腋之间的大患。这可以称做"西殷"，而必然不是"北殷"。

（七）《史记·殷本纪》："契为子姓；其后分封，以国为姓，有殷氏，……北殷氏。"《索隐》："'北殷氏'，盖秦宁公所伐亳王，汤之后也。"

按每当一个比较强盛的政权为异族或异姓所摧毁，它的王族和遗臣们必有不甘亡国，逃了出来，在新兴政权的势力所没有达到的地方另行建立自己的政权，以继承其旧王朝统绪的行动。汤灭夏后，桀奔南巢，而其族淳维在北方建国，成为匈奴统治者的前身，见《史记·匈奴列传》。其又一支则西迁，是为"大夏"（见《左传·昭元年》）或"西夏"（见《逸周书·史记解》），后来音转为"睹货逻"或"吐火罗"（见《大唐西域记》及两《唐书》），所以现在山西、陕西、甘肃各省及新疆维吾尔自治区内都有他们的遗迹，直到中央亚细亚的阿母河流域而止。这并不是夏王朝的疆域广大，乃是他的遗族和遗民们不屈服于新政权，勇于远征的业绩。又如辽亡于金，其族耶律大石率部到达中央亚细亚，直至今土耳其斯坦的吹河边上建国，称帝改元，是为"西辽"。殷的一族，在汤前已有十三世，到汤后又有二十九世（依《史记·三代世表》），执掌东方和中原的政权如此其久，周武王虽胜殷杀纣，但"百足之虫死而不僵"，殷的势力不可能一下子就告消灭，它必然在周人力所不及的地方重新立国，企图实现它的恢复的志愿。秦宁公所伐的亳王，是殷裔在西方所建之国。这"北殷"该是武庚失败后逃到东北所建的新国，司马贞不得其解，以为即是《秦本纪》的亳王，其实那边只该称"西"而不该称"北"。说见下（八）节。

（八）《左传·昭九年》："及武王克商，蒲姑、商奄，吾东土也；……肃慎、燕、亳，吾北土也。"

按这是周景王在周、晋两方争夺阎田时，对晋国人说的话，表示西周初年疆土的扩展。但武王牧野之师仅把商及其附近几个商的与国如蜀、磨、霍、艾等伐灭（见《逸周书·世俘》），他还来不及东征和北征。真正东征的乃是周公，他灭了蒲姑而封齐，灭了商奄而封鲁，俱见本考。北征尚在其后，所以这儿的"及武王克商"这一句话是不妥当的。但"举前以兼后"原是古人说话的一个惯例，不必过分计较。在这儿应该特别注意的是"亳"。这个地名，杜预无注，在他的《春秋释例·土地名》里说"阙"。但孔《疏》引它则作"亳是小国，阙，不知所在，盖与燕相近，亦是中国也"，不知道这是杜氏原文，还是孔颖达演杜义。自此以后，更没有人在北方实指其地的。然而亳乃是商王都城的一个公用的名词。《孟子·滕文公下》："汤居亳，与葛为邻。"《书序·帝告》："汤始居亳，从先王居。"《伪孔传》："契父帝喾都亳，汤自商丘迁焉，故曰'从先王居'。"《帝王世纪》："殷有三亳，二亳在梁国，一亳在河、洛之间。谷熟为南亳，即汤都也。蒙为北亳，即景亳，汤所盟地。偃师为西亳，即盘庚所徙者也。"（《御览》一五五引；文字有误，依宋翔凤辑本改正）这都是在东方的亳。《立政》述文王建官，而云"三亳阪尹"，郑玄注："三亳者，汤旧都之民服文王者，分为三邑，其长居险，故言'阪尹'，盖东成皋、南轘辕、西降谷也。"（孔《疏》引）《史记·六国表》序："收功实者常于西北，故禹兴于西羌，汤起于亳。"《集解》引徐广曰："京兆杜县有亳亭。"《史记·秦本纪》："宁公……三年（前713年），与亳战，亳王奔戎。"《索隐》："西戎之君号曰亳王，盖成汤之胤。"这都是西方的亳。《左传·定六年》："阳虎又盟公及三桓于周社，盟国人于亳社。"因为鲁国的人民很多是商的遗族，所以和国人结盟的时候要在亳社里举行，"亳"字成为商的代表名词。在这些记载里尽管尚有很多待考辨的问题，但商王的都城，无论迁到哪里，都可以称为"亳"，这是一个确定存在的事实。武庚北奔，离开了周公的锋镝，到东北建国，仍名其都为"亳"，这事有极大的可能性。康王之世，伯懋父"北征"，见丁·贰·（九），恐怕就是为了解决这个亡国之君"死灰复燃"的问题。

（九）《匽侯盂》："匽厌（侯）乍（作）饙盂。"

按这器是一九五五年辽宁凌源县马厂沟的农民在耕地时所获，同时出土的一组青铜器计十六件。燕，在西周、春秋金文上都作"匽"，战国金文则作"郾"。这个铭文所表示的，是当时燕国的北境至少已达到现今辽宁省的西部大凌河流域，这就更足以说明《职方》的幽州何以要把医无闾山作为这州的山镇的原因。所以这器虽小，这铭虽短，而它的历史意义却长。陈梦家《西周铜器断代》（二）说："一九四一年，在凌源东南的喀喇沁左旗小城村洞上甲南沟屯农民修路发现铜鼎一，高一尺九寸，口径一尺七寸，重一百五十斤。……其形制早于《大盂鼎》。……此鼎出土地与此次出铜器群之地相邻接，则此一带地方在西周初期当为燕人的重镇之一。"在西周初期匽"侯"时代已经接受了商王朝所力征经营的地区，然则到它的统治者称"王"的战国时代，当然又要扩大多多了。"饙"字的意义，《说文》说是"滫饭"；它的或体作"馈"，《尔雅·释言》邢疏引《说文》："'镈'，一蒸米也。"（今本《说文》无此语）这可见"饙盂"就是蒸饭的器具。

（一〇）《陈璋壶》："隹（惟）王五年，奠□陈旻再立事岁，孟冬戊辰，大臧□孔陈璋内（入）伐匽亳邦之获。"

按这壶为美国帝国主义分子所盗取，今存费城大学博物馆。陈梦家《六国纪年表考证》定为齐宣王五年（前 314 年）伐燕，齐兵大胜，《孟子·梁惠王下》所谓"杀其父兄，系累其子弟，毁其宗庙，迁其重器"的一役，此壶是记其伐燕之获。"主"本春秋时对于大夫的称谓，《左传·襄十九年》"事吴（荀吴）敢不如事主（荀偃，荀吴之父）"是。因为齐的陈氏本是大夫，后来虽篡夺了齐侯之位，又自己升格为王，但人们还是习惯性地称他为"主"。此铭中最可注意的，是"伐匽亳邦"一语，它明白地表示出亳在燕境，即是武庚所立的亳邦为燕所吞并了。这事固然还不知其详：究竟是燕国自己起而灭亳的呢？还是由周人灭亳而加封给燕国的呢？从下面几条关于周和肃慎的记载来看，似乎后一说的可能性较大。

（一一）《国语·鲁语下》："仲尼在陈，有隼集于陈侯之庭而死，楛矢贯之，石砮，其长尺有咫。陈惠公使人以隼如仲尼之馆问之。仲尼曰：'隼之来也远矣，此肃慎氏之矢也！昔武王克商，通道于九夷、百蛮，使各以其方贿来贡，使无忘职业，于是肃慎氏贡楛矢、石砮，其长尺有咫。先王欲昭其令德之致远也，以示后人，使永监焉，故铭其括曰"肃慎氏之贡矢"，以分大姬，配虞胡公而封诸陈。古者分同姓以珍玉，展亲也；分异姓以远方之职贡，使无忘服也：故分陈以肃慎氏之贡。君若使有司求之故府，其可得也。'使求之金椟，如之。"韦《解》："'隼'，鸷鸟，今之鹗也。'楛'，木名。'砮'，镞也，以石为之。八寸曰'咫'。楛矢贯之，坠而死也。……'方贿'，各以其所居之方所出货贿为贡也。'监'，视也。刻曰'铭'。'括'，箭、羽之间也。'分'，予也。'大姬'，武王元女。'胡公'，舜后虞遏父之子胡满也。……'展'，重也。……'椟',匮也。'金',以金带其外也。'如之',如孔子之言也。"

按陈是妫姓,虞后,为周人所封异姓诸侯之一,它的族类是接近鸟夷的。当周武王克殷之后,把自己的长女大姬嫁到陈国,成为周王的一个重要的外戚。《国语》中这件故事是说孔子到陈国时,陈君的宫庭里忽然掉下了一只鹗鸟,它带着一枝一尺八寸长的箭而死,箭头是石制的,陈君觉得奇怪,去问孔子,孔子就讲出一段周初的历史来。他说:当武王克商之后,和各族通使往来,命令各国进贡当地的产品到周朝,那时肃慎氏贡献了楛矢、石砮的箭,武王为了它来路远,把它刻上字,赐给他的大女儿,目的是要使世世代代的陈侯看着,不要忘掉对于周王的职贡。现在这头鹗鸟就是在肃慎着了箭而飞来的。陈惠公听了孔子的话,派人到府库里寻,居然寻到了。肃慎是立国于东北的一个古国,其初当如司马相如所说,和汉代的琅邪郡隔海相望,大约在今辽东半岛。汉后北迁,故《后汉书·东夷传》云:"挹娄,古肃慎之国也,在夫馀东北千余里,东滨大海,南与北沃沮接,不知其北所极。"又《括地志》云:"靺鞨国,古肃慎也,在京东北万里已下,东及北各抵大海,其国南有白山,鸟兽、草木皆白。其人处山林间,土气极寒,常为穴居,以深为贵。"(《史记·夏本纪》正义引)白山即是长白山,其国在长白山之北,所以历来解者都说它的都城在今黑龙江宁安县,旧称宁古塔。如果周初的肃慎就在那里建国,在当时的交通条件下,是不会和周人相往来的,所以还该相信司马相如的"齐……邪与肃慎为邻"的话,把它放在辽东半岛。《国语》把肃慎入贡的事放在武王时代,和《左传》以肃慎为武王的北土一样,嫌得早些,因为那时周人对于东方各族还没有控制好,说不到和东北发生联系。

(一二)《书序》:"成王既伐东夷,肃慎来贺,王俾荣伯作《贿肃慎之命》。"《伪孔传》:"'贿',赐也。"(《史记·周本纪》集解引,今本脱)《释文》:"'肃慎',马本作'息慎'。"孔《疏》："成王即政之初，东夷皆叛。成王既伐而服之，东北远夷，其国有名肃慎氏者，以王战胜，远来朝贺。王赐以财贿，使荣国之伯为策书以命肃慎之夷，嘉其庆贺，慰其劳苦之意。史叙其事，作《贿肃慎之命》名篇也。"

按《书序》把肃慎和周王朝往来的事，放在周公东征和营洛之后，见得这时东方各族已服于周，周的声威已达到了东北，东北的远国肃慎也来朝贺，在时间上显然比《左传》《国语》定在武王时代的要熨贴得多。当肃慎来贺的时候，周王重重赐给（贿）他们东西，让他们满意而归，从此可以听从周人的指挥，为周人扫除绊脚石，例如武庚新建的亳都之类。到康王时代，伯懋父北征，又获得一回胜利，大约从此周王才把这个新建之亳收作了自己的"北土"，给燕人管理，因而"肃慎、燕、亳"就被周人看成在一个广大的北土里的几个重点。这件事情固然为古代史书所失载，我们得不到直接的资料，但集合各书和古器的旁面资料，加以推敲，仔细寻求周人招徕东北远国肃慎的政治目的性，为什么他们贡献了楛矢、石砮这样简陋的东西要给予以过度的珍视，再加上《吕行壶》"伯懋父北征"的周康王时代的金文记载，在当时的情势下是容许我们作出这个假定的。

又按相土的年代，就《史记》看，他是汤的十一世祖，当在纪元前二十二世纪左右。在他那时，已经功业烈烈，达到了"海外有截"的地步。过了一千年，到前十二世纪，武庚北奔，重立新国，又把殷文化在东北各族之间扩散，周王朝拉拢远方的肃慎，由政府的力量作文化交流的媒介，又有燕国长期地和东北各族人民打交道，所以中原和东北，无论在血统上看，在文化上看，三四千年来早已融为一体。可是近百年中，帝国主义国家为了故意分裂中国，不但说满洲不是中国领土，而且说东北文化自古以来就独立发展。我们为要指出他们的野心和恶意，所以就在这里把历史证据揭举出来，好使帝国主义分子无所施其鬼蜮的伎俩。须知殷、周间虽有民族矛盾，双方曾经经历长期的战争，然而周革殷命之后，就尽量地接受殷的文化，所以孔子说："周因于殷礼，所损、益可知也。"（《论语·为政》）东北在殷、周两族的政权下所接受的中原文化，已历二千年之久，秦、汉以下，交通频繁，更不必论，这根基已打得这般深厚，决不会随着任何人的主观意图而动摇了！

（一三）《三国志·东夷传》："夫馀……食、饮皆用俎、豆；会同拜爵、洗爵、揖让、升降；以殷正月祭天。……国之耆老自说古之亡人。"裴松之《注》引《魏略》："其居丧，男女皆纯白，妇人著布面，衣去环、佩，大体与中国相仿佛也。"

按夫馀立国于今辽宁、吉林两省之间，他们固然不一定是殷族，但看他们彬彬有礼如此，他们所用的"俎、豆、爵"又都是殷、周间习用的礼器，祭天的日期又用的是"殷正月"，他们的耆老又说自己的血统是"古之亡人"，结合了《作雒》的武庚北奔的记载，又结合了《左传》的燕和肃慎之间有亳都的记载，我们很可以看出当武庚反周失败的时候，他必然带了许多殷族人民一起走，直到他祖宗相土所拓的"海外"而建立新国，他们直接或间接地把殷文化传播到邻近的夫馀地方，也许在夫馀还留下相当数量的殷民，所以夫馀的文化里就保存了大量殷族的文化，夫馀的人民里也相当地会有了殷族的血统。

（一四）《管子·揆度》："桓公问管子曰：'吾闻海内玉币有七策，可得而闻乎？'管子对曰：'阴山之礝碈，一策也。……发、朝鲜之文皮，一策也。……'"

按这是中国古籍中记及古朝鲜的最早的一条。因为齐国以手工业和商业立国，所以尽想搜罗原料，制成商品，运销各处。管仲辅佐齐桓公建立霸业，开春秋时的新局面，成了齐国人谈政治、经济的箭垛人物，所以齐人著书喜欢附托于他的名下。《管子》一书，是战国时齐人的政治经济学说的总集。这里说的"七策"，是七宗宝贵的产品，而发和朝鲜的"文皮"占了一项，文皮即是有文采的虎、豹、貂及它种动物之皮，可知当时齐人已开始和朝鲜有了商品交换的行为。"发"是朝鲜邻近的一族，《逸周书·王会》称为"发人"，想来他们是住居在今辽宁、吉林间的辉发河流域的。

（一五）《管子·轻重甲》："桓公曰：'四夷不服，恐其逆政游于天下而伤寡人，寡人之行为此有道乎?'管子对曰：'吴、越不朝，珠、象而以为币乎? 发、朝鲜不朝，请文皮、毤服而以为币乎? ……夫握而不见于手，含而不见于口，而辟千金者，珠也，然后八千里之吴、越可得而朝也。一豹之皮，容金而金也，然后八千里之发、朝鲜可得而朝也。'"

按这文很不好解，看它的大意，是说齐国政府应当用了国际商业政策来招致远国，凡是他们国内的名产，只要不惜重价去收购，自然货物流通，把那些国家的政策操纵在自己的手里。这只是当时某些齐国人的一种假想，并未实行，看吴、越从来没有朝齐而反伐齐可知。"毤服"，或是一种鸟毛制成的服装。

（一六）《山海经·海内北经》："朝鲜在列阳东，海北，山南。列阳属燕。"

按从这条里，可见朝鲜自古以来就是一个独立的国家，不同于属燕的列阳。

（一七）《尚书大传》："武王胜殷，……释箕子之囚。箕子不忍周之释（《御览》误作'商之士'，依《前编》改正），走之朝鲜。武王闻之，因以朝鲜封之。箕子既受周之封，不得无臣礼，故于十三（《御览》误作'十二'，依《前编》改正）祀来朝。"郑玄注："诛我君而释己，嫌苟免也。"（《御览》七八〇及《通鉴前编》引）

（一八）《史记·宋世家》："武王既克殷，访问箕子。……箕子对……鸿范九等。……于是武王乃封箕子于朝鲜而不臣也。"

按这是西汉时代突如其来的传说。在战国时，中国和朝鲜间国际往来只有通商，并没有政治上的宗主与隶属的关系，为什么到了西汉时代就成为武王封箕子于朝鲜这一说呢？而且既由武王所封，为什么又说"不臣"？既经不臣了，为什么又说"不得无臣礼"而"来朝"？这都是无法解释的矛盾。再把《大传》和《史记》对看，《大传》说箕子被释以后自己跑到朝鲜去，武王只做个顺水人情，把那块地方封给他，而《史记》则说武王因箕子答对鸿范而钦佩他，特意封他到朝鲜去。又《大传》说武王封后，箕子于"十三祀来朝"，即是在克殷二年之后，武王因而问鸿范（武王的纪元，据《史记·周本纪》，是顺着文王纪元数下来的，文王"受命"后九年死，武王的元年（前1027年）为"十年"，十一年克殷。殷称年为"祀"，周初也沿用这个称谓。但在《逸周书》里，则武王独自纪元，故《柔武》有"维王元祀"，《大开武》有"维王一祀"，均指武王元年），《史记》则说克殷那一年，武王就亲去访问他，他对以鸿范，然后武王封他。在这短短的记载里，如此矛盾重重，可见这个传说在司马迁时代还没有凝固，所以一说出来就暴露了马脚。

又按箕子封国实际在哪里？这个问题的解决不可能靠西汉以下的书，因为西汉以下的书统统受了当时传说的影响，搞迷糊了。我们最可依据的资料还是《左传》。这书在《僖十五年》里，记秦、晋战于韩之后，秦穆公把晋惠公释放回国的时候，批评晋国的前途说："吾闻唐叔之封也，箕子曰'其后必大'，晋其庸可冀乎！"这句话最有作证的价值。当周成王时，封弟叔虞于唐，"唐在河、汾之东"（《史记·晋世家》），即今山西翼城县南。秦穆公居雍，即今陕西凤翔县。唐叔之封在成王灭唐之后，如果箕子真已被武王封到了朝鲜，以那时国境的辽隔、交通的困难等各种消极因素来说，箕子决不容易听到叔虞封唐这件事；就使箕子真能听到而又说出这句话来，那么僻居西陲的秦人又哪里会听到而在秦国长期流传着，为五百年后秦穆公所征引？所以，我们从这条资料上，可以推断箕子所封的国必然和晋（唐）、秦两国相去不远，因此三方面的事情和语言都易于互相传递。按《春秋·僖三十三年》"晋人败狄于箕"，《左传》"狄伐晋，及箕"，这箕，春秋时为晋邑，西周初该即箕国所在。杜解："太原阳邑县南有箕城。"可是太原在晋襄公时代尚未为晋人所占有，所以顾炎武《日知录》（三十一，《箕》）驳他道："《传》言'狄伐晋，及箕'，犹之言'齐伐我（鲁），及清'也，必其近国之地也。"又《左传·成十三年》，晋厉公使吕相绝秦，说道："君亦不惠称盟，利我有狄难，入我河县，焚我箕、郜。"在这段话里可以看出箕是晋国的靠近黄河边的一个邑。因此，江永《春秋地名考实》也驳杜道："按此年狄伐晋，白狄也。白狄在西河，渡河而伐晋，箕地当近河。……今山西蒲县，本汉西河郡（按此误，当作'河东郡'）蒲子县地，东北有箕城。……'晋人败狄于箕'，当在此。若太谷（阳邑为今太谷）之箕，去白狄远，别是一地。"依杜、江两家说，太谷和蒲县都有箕城，两城一在汾东，一在汾西，有相当的距离，也许箕国经过迁徙，所以双方都以"箕"为名。但无论怎么说，箕国初在秦、晋之间而其后被灭于晋，是无疑的事实。因为箕子受封于秦、晋之间，所以箕、晋、秦三方面的说话就容易彼此相闻。至于箕子为什么会封于山西的西部，则与商代的王畿有关。《括地志》云："汾阴故城俗称殷汤城。"（《史记·河渠书》正义引）《西伯戡黎》记文王克黎，殷臣祖伊大恐，以为将亡国。黎国在汉上党郡壶关县，即今山西长治县东南。阎若璩《四书释地》云："'微''箕'，二国名，郑康成以为俱在圻内。今潞安府潞城县东北一十五里有微子城，辽州榆社县东南三十里有古箕城，皆其所封地，疑近是。"按榆社县在太谷东南，即杜预说。由此可见河、汾流域及太行山脉一带，均为殷畿内地，周武王克纣，因以其地封箕子，和周公东征后以商人旧都商丘封微子，有同样的情况。（这一说初载于顾刚所著《浪口村随笔》《箕子封国》条，为朝鲜科学院李址麟同志所见，表示同意，已录入他所著的《古朝鲜研究》，一九六三年版。）又《史记·宋世家》集解引杜预曰："梁国蒙县有箕子冢。"据《清一统志》，蒙县故城在今河南商丘县东北。这说若确实，那么更可证明箕子是封于内地而又葬于内地的，同朝鲜丝毫不生关系。

箕子既不曾到过朝鲜，为什么会说他封于朝鲜呢？这在近古史上也有一个例子可作比较。宋末元初，有一位福建连江县人姓郑，他的真名字已不知道了，他是很有民族气节的人，在宋亡之后，改名思肖，号所南。"思肖"表示他不忘记赵宋，"所南"表示他不肯北面降元。他客居吴中，一直到死，自称"大宋孤臣"。但宋、元易代之际，福建人避地海外的很多，据侨胞相传，说最早到爪哇的华侨就是这位郑思肖，他最初到的地方是巴达维亚，居留的地方是八茶礁，这是他用了茶叶八礁和当地人交易得来的，现在还留着他的遗迹（见李长傅《华侨小史》，《东方杂志》廿三卷五号）。华侨的传说清楚到这样，然而从留在大陆上的他的遗著看来，完全没有这回事。可见这只不过是当时逃到南洋的宋遗民有意拥戴这一位有名望的人作为复国的一个号召而已。

(一九)《汉书·地理志》："玄菟、乐浪，武帝时置。……殷道衰，箕子去之朝鲜，教其民吕（以）礼义、田、蚕、织作。乐浪朝鲜民犯禁八条：相杀，吕当时偿杀。相伤，吕谷偿。相盗者，男没入为其家奴，女子为婢；欲自赎者，人五十万；虽免为民，俗犹羞之，嫁取（娶）无所仇：是吕其民终不相盗，无门户之闭。妇人贞信，不淫辟（僻）。其田民饮食吕笾、豆。……可贵哉，仁贤之化也！"

按这是汉人传说中的箕子故事的又一发展，因为从司马迁到班固已近二百年，传说随着时代而变化了。这故事把朝鲜民族传统的劳动的经济基础、道德和法律的上层建筑，完全归美于箕子所"教"，然则箕子以前的朝鲜难道竟是没有一点文化可言的白纸吗！这是多么严重的大汉族主义！汉武帝一生，除了对付匈奴是由于正当的自卫而外，其他对南越、西南夷等等的设施无不出于扩张领土的野心。尤其是对朝鲜，他不但破坏了两地人民的深厚友谊，而且把汉人的不良行为输送到朝鲜，可以说是千古的罪人。《汉书·地理志》同节云："郡（玄菟、乐浪）初取吏于辽东，吏见民无闭臧（藏），及贾人往者，夜则为盗，俗稍益薄，今于犯禁寖（浸）多，至六十余条。"本来犯禁只有八条，自从汉武帝掠夺其地之后，贪官和奸商朋比为奸，利用朝鲜人民夜不闭户的优良习惯，晚上就恣意偷盗，弄得风俗大坏，在短短的一段时间里，法律竟添至六十余条，增加八倍之多。这是汉武帝迫害朝鲜人民的真凭实据。在这实际损害朝鲜人民利益的事实之上，要挽回汉人的颜面，那只有美化箕子的一法，因为可以借来替自己的统治的丑恶行为涂脂抹粉。

（二〇）《后汉书·东夷传》："昔武王封箕子于朝鲜。……

其后四十余世，至朝鲜侯准，自称王。"

按这是确指朝鲜王准姓"箕"，是箕子的"四十余世"孙，他先是"侯"而后来自称"王"，为箕子故事的又一发展。范晔的时代又比班固迟三百多年了。在任何古籍里，都没有说准以"箕"为姓氏的。自从发生了这一说，然后才有"箕氏朝鲜"的实定。其实，这一说只是把"箕子封朝鲜"的一个传说和"朝鲜王准"的一个事实硬拼在一起，毫无信史价值。不信，试举一例。《左传·文七年》："立灵公以御秦师，箕郑居守。"又《昭二十二年》："晋箕遗……济师，取前城。"我们如果据这两条而说箕郑、箕遗是箕子的子孙，好像满有道理，可以骗过一般"不求甚解"的读者。可是春秋时大夫以地名为氏的，绝大多数是就他的采邑而言，箕郑、箕遗都是晋的大夫，食采于晋的箕邑，所以就以"箕"为氏，正如士会先食采于随，所以称为"随会"（《文十三年》），后来改封于范，又改称为"范会"（《昭二十年》）一样。箕郑、箕遗等有氏可稽的人尚且如此，何况"朝鲜王准"本来没有冠上"箕"字，哪里容许他率意拉拢！

又按，《后汉书》说准本是"侯"，后来自称"王"，这更是《春秋经》的封建秩序思想，古代本来没有这样严格的限制，说见本书《周公执政称王》篇。范晔这说，由鱼豢《魏略》来。《三国志》裴注引《魏略》："朝鲜侯见周衰，燕自尊为王，欲东略地；朝鲜侯亦自称为王，欲兴兵逆击燕以尊周室。"这是范氏说的根据。但《魏略》又说："及秦并天下，使蒙恬筑长城到辽东，时朝鲜王否立，畏秦袭之，略服属秦，不肯朝会。否死，其子准立。"然则准父否时早已为朝鲜王，怎能说准始称王，可知范氏钞袭成文，也走了样子。至于鱼豢之说则正好用了常璩的《华阳国志》作比例。本来蜀国与中原隔绝，它的最高统治者当然有称"王"的权利，所以杨雄《蜀王本纪》说："蜀之先，称'王'者有蚕丛、柏濩、鱼凫。"但到常璩著书，则说："周失纲纪，蜀先称'王'，有蜀侯蚕丛。"蚕丛本是"王"，在常氏的笔下把他降而为"侯"，并且断定蜀的称王在"周失纲纪"时了。鱼豢是三国魏人，常璩是晋人，范晔是南朝宋人，他们都深受了"天无二日，民无二王"和"周衰，诸侯僭王"的封建思想教育，所以会有这般雷同的杜造历史的手段。

又按以上诸条，考定了箕子的史实，又批判了箕子的传说，似乎这个问题已可解决，然而传说的发生总有它的特定的历史条件，我们再应当探求箕子王朝鲜的传说所以发生的原因。按《三国志·濊传》云："陈胜等起，天下叛秦，燕、齐、赵民避地朝鲜数万口。"裴《注》引《魏略》亦云："准立二十余年而陈、项起，天下乱，燕、齐、赵民愁苦，稍稍亡降准。"从这里可以知道，当陈胜起义，天下叛秦，在继续八年的大战里，沿海的燕、齐人民，以及虽不沿海而居于太行山东麓的赵国人民，他们为了免罹兵刃，大量逃难到朝鲜。他们为什么选定朝鲜作为避难的场所？正因朝鲜有着最适宜的条件。第一，航海不像陆路的易于阻兵，既保安全，又省运输的劳动力。第二，朝鲜政治清明，人民生活安定，看《汉书》说的"其民终不相盗，无门户之闭"可知。第三，那时中、朝两国的文化大体相同，"田、蚕、织作"，"饮食以笾、豆",虽然远离家乡,一切生活也不会感觉不习惯。更看《三国志·辰韩传》云:"辰韩在马韩之东。其耆老传世,自言古之亡人,避秦役,来适韩国;马韩割其东界地与之。……其言语不与马韩同,名'国'为'邦','弓'为'弧','贼'为'寇','行酒'为'行觞',相呼皆为'徒',有似秦人,非但燕、齐之名物也。……今有名之'秦韩'者。"当秦始皇统一六国之后,用奴隶社会的残暴手段役使封建社会的人民,他兴建各种大工程,长城呵,驰道呵,阿房宫呵,骊山陵寝呵,征发的人数动辄数十万,数百万,又北御匈奴,南略越南,给养线过长,男丁不足,补以妇女,把人民当作奴隶看待,驱入死亡的边缘,人民受不了这样无限止的压迫,惟有相率逃亡,所以征令西来,黔首便东奔,直奔到了朝鲜半岛的南端,得到马韩君主的保护而定居下来。等到楚、汉连兵之际,燕、齐、赵的人民再一次避地朝鲜,走得比第一次近了一点。古代中、朝人民的友谊建筑得这样的坚固,可说是由于中国人以生命相付托的生死交情的凝结。其时上距武庚北奔已经九百年了,跟随武庚到东北建立新国的殷民已经传子至孙约历三十代了,他们一定记得自己民族的历史,他们忘不掉被纣王监禁起来的地位崇高的箕子,作为称颂的代表人物,而在周人北征灭亳之后,他们在周政权高压下也不敢提出武庚这个名字,于是箕子的传说就长期盛传在东北。《大传》说的"箕子不忍周之释",《史记》说的"不臣",就透露了迁流东北的殷遗民对于周人的反感。传说本是随时、随地、随人而变的,秦、汉易代的时候既有大量的中国人流亡到朝鲜和马韩,就容易把东北的箕子故事和朝鲜统治者的历史有意或无意地结合起来。何况燕人卫满恩将仇报,抢夺了朝鲜王准的政权,也许他为了减轻朝鲜人民对他的恶感,故意夸耀中国人过去统治这块地方的政绩,抬出一个在东北久享盛名的箕子来替他自己分担责任。卫满是汉初人,这故事宣传到中国,司马迁父子和《尚书》学家们不懂得传说和历史的分野,就信笔写上了史书。及至汉武帝凭借武力,东辟四郡,为了他们的官僚集团和商人们的惟利是图，一时秩序大乱，为安定人心计，又涂改了这故事，使得箕子包办了古朝鲜的经济、法律和文化的一切活动，目的是要使当地人民对于汉皇朝的统治者发生一些幻想，好骗取他们的服从。两千年来，两国人民在他们层层锢蔽之下，永远被蒙在鼓里，妨害了真诚的团结。直到现在，中、朝两国一齐从封建统治和帝国主义压迫下获得解放，在鲜红的血迹里取得了最高贵、最密切的友谊，我们回顾古代的历史，懂得把过去的传说细细地分析，开始认识了在武庚北奔后酝酿起来的箕子传说，及至秦民为了避役和避乱而两度东移，又发展了这一传说，此后在卫满篡国和汉武帝侵略之下又有意识地为了政治作用而大大地歪曲了这一传说，于是我们可以寻求历史的真实，清扫"箕子王朝鲜"这一笔伪史。更欣幸的，近年中、朝两国的考古事业日益开展，不久的将来，必能在两国毗连地区的重要文化遗址的发掘里，发见在史书中久已遗失净尽的我国东北和古朝鲜的无数古代史实，增强两国间自古以来的传统友谊。到那时，我们在这篇考证里所提出的一个假设——武庚北奔后立国于燕北和肃慎南而名其都曰亳，也许可以得到实物的证明而解决。我们现在就把这个诚挚的希望写在这里作个预言吧！

三　流亡到西北重建新国的殷人——空桐氏

（一）《史记·殷本纪》："契为子姓；其后分封，以国为姓，有殷氏、来氏、宋氏、空桐氏、稚氏、北殷氏、目夷氏。"

按《史记》此文，无疑取自《世本》，凡录殷分封的七氏，其中的一个是"空桐氏"。空桐于春秋为宋地。《左传·哀二十六年》："冬十月，公（宋景公）游于空泽。辛巳，卒于连中。大尹兴空泽之士千甲，奉公自空桐入，如沃宫。"杜《解》："'空泽'，宋邑。'连中'，馆名。〔千甲〕，甲士千人。〔奉公〕，奉公尸也。梁国虞县东南有地名'空桐'。'沃宫'，宋都内宫名。"汉、晋间的虞县即今河南东部的虞城县，距宋都商丘不远。空桐亦可单称曰"桐"。《孟子·万章上》："太甲颠覆汤之典刑，伊尹放之于桐。三年，太甲悔过，……复归于亳。"《续汉书·郡国志》："梁国虞：有空桐地，有桐地，有桐亭。""空桐"与"桐"似为单呼、累呼之异；分为二地，疑非。雷学淇《纪年义证》十一："汤之居薄（亳），……在今归德府城西北，……桐即薄之近邑也。春秋时宋之城门皆以所向之邑为名。如东曰'杨门'（原注：《昭二十一》，下同），因其向杨亭（《襄十二》，亭见《水经注》）也。东北曰'蒙门'（《襄二十七》），因其向蒙邑（见《楚语》）、蒙泽（《庄十二》）也。东南曰'泽门'（《襄十七》），因其近汋水之垤泽（见《孟子》）也。西北曰'曹门'（《成十八》），因其向曹国、曹邑（哀十四）也。又有'桑林门'（《昭二十一》），因其近桑林之旧廊也。……'桐'乃宋之北门（《哀二十六》），因其面向桐邑，故以为名，即太甲所居，《汉志》所谓'桐地'者是也。《元和志》及《路史》谓'虞城南五里有桐亭'，与《寰宇记》所言'虞城东三十里'之'空桐'有异，故《汉志》分为二地。今虞城县在归德东北七十里，虞县故城在今县南三里，桐邑又在故城南五里，是桐在薄东止数十里也。"雷氏虽未指出空桐的今地，但司马彪已在《郡国志》上说明空桐与桐均属虞县，足证其与汤都的亳、宋都的商丘相去都不远。

（二）《史记·赵世家》："于是赵北有代，南并知氏，强于韩、魏。……其后娶空同氏，生五子。襄子为伯鲁（襄子兄）之不立也，不肯立子，且必欲传位与伯鲁子代成君。"《正义》："《括地志》云：'空峒山在肃州福禄县东南六十里，古西戎地。'又原州平高县西百里亦有崆峒山，即黄帝问广成子道处。俱是西戎地，未知孰是。"

按赵襄子灭了代国，开辟了北方的土地。他娶于空同氏，空同氏不详所在。张守节引了两条《括地志》文，说有两个空峒山，一个在今甘肃酒泉县，一个在今宁夏回族自治区固原县。两说虽不同，但其在西北则同。是不是本居于今河南虞城县的空桐氏迁到西北去了？就《赵世家》文字看，襄子的"娶空同氏"是接着"赵北有代"来的，空同氏当是近代的一国。固原和酒泉距代过远，赵襄子的婚姻似乎都联系不到那里去。

（三）《史记·五帝本纪》："天下有不顺者，黄帝从而征之；平者去之。披山通道，未尝宁居。东至于海，登丸山及岱宗。西至于空桐，登鸡头。南至于江，登熊、湘。北逐荤粥，合符釜山，而邑于涿鹿之阿。"《集解》："应劭曰：'〔空桐〕，山名。'韦昭曰：'在陇右'。"《索隐》："〔鸡头〕，山名也。后汉王孟塞鸡头道，在陇西。一曰：崆峒山之别名。"《正义》："……《括地志》又云：'笄头山一名崆峒山，在原州平高县西百里，《禹贡》泾水所出。'《舆地志》云：'或即鸡头山也。'"

按《史记》此文说明了黄帝的势力范围，西边以空桐为界。唐的原州即今固原县，《括地志》指笄头山为"《禹贡》泾水所出"，按泾水源出固原县南牛营店，则那个空桐必在陇东。然而《五帝本纪》文说黄帝至空桐而"登鸡头"则又有问题。《史记·秦始皇本纪》云："二十七年（前 220 年），始皇巡陇西、北地，出鸡头山，过回中焉。"《正义》："《括地志》云：'鸡头山，在成州上禄县东北二十里，在京（长安）西南九百六十里。'……按原州平高县西百里亦有笄头山，在京西北八百里，黄帝鸡山之所。《括地志》云：'回中宫在岐州雍县西四十里。'言始皇欲西巡陇西之北，从咸阳向西北，出宁州；西南行至成州，出鸡头山；东还，过岐州回中宫。"成州为今甘肃东部的成县，照《括地志》说，那里也有一座鸡头山，和固原的鸡头南北相对。秦始皇西巡的道路，依张守节说，是由今陕西西安市出发，西北行到今甘肃的庆阳；又西南行到今天水市南的成县，经过鸡头山；转向东北行，到今陕西凤翔县的回中宫。这个鸡头山不是黄帝所登的鸡头山。可是无论固原的鸡头，或是成县的鸡头，都在陇东，为什么韦昭、司马贞们却说在陇西呢？这大概是酒泉的空峒，其名已著，没法湮没的缘故。然则是不是由于空桐氏先由虞城迁固原，再由固原迁酒泉呢？黄帝本是神话中人物，他的"西至于空桐"，原为司马迁曾经到过空桐，听到黄帝的传说，因而落下这一笔，《五帝本纪》末的赞语里说的"余尝西至空桐"可为确证。司马迁到空桐是跟随汉武帝去的，《史记·封禅书》但说"上遂郊雍，至陇西，西登崆峒"，未著其年。《汉书·武帝纪》定其事于元鼎五年（前112年），云"登空同"。王先谦《补注》："《郊祀志》作'空桐'。……《通鉴》作'崆峒'，胡（三省）《注》：'《唐·地理志》：崆峒在岷州溢乐县西，汉临洮之地。'"按唐溢乐县即今甘肃岷县，《旧唐书·地理志》："崆峒山，县西二十里。"是空桐在西北地名上，除固原、酒泉外又多出了岷县一处。可是汉武帝所到的空桐，必是固原而不是岷县和酒泉，看《汉书》记"登空同"于元鼎五年冬十月，而是年十一月即"立泰畤于甘泉，天子亲朝见"，可知他往返径捷，决没有到陇西甚至河西走廊经过远道跋涉可知。至于司马迁为什么相信黄帝"西至于空桐"，说见下条。

（四）《庄子·在宥》："黄帝立为天子，十九年，令行天下。闻广成子在于空同之上，故往见之。……广成子南首而卧，黄帝顺下风膝行而进，再拜稽首而问。"成玄英《疏》："空桐山，凉州北界。"陆德明《释文》："'广成子'，或云即老子也。'空同'，司马（彪）云：'当北斗下山也。……一曰：在梁国虞城东三十里。'"

按《庄子》这篇文章，一看就可以知道是道家自重其学而造出的故事。广成子是道家塑造出来的一位自己学派中的思想权威，要权力最大的黄帝亲自登门拜访；及至黄帝上山，这位权威又故意摆起架子，"南首而卧"；黄帝求道心切，只得"膝行而进，再拜稽首而问"，比刘备"三顾茅庐"的故事写得更为诚恳。道家起于战国后期，盛于西汉前期，这个故事该是在那一段时间里造出来，而且盛传开来的，所以《在宥》这篇文字决不是庄周的亲笔，因为庄周时代，道家还在创造之中，不可能这样地踌躇满志。下文又借了黄帝的嘴说："广成子之谓天矣！"这正和《史记·老子列传》里借着孔子的嘴说："至于龙，吾不能知其乘风云而上天。吾今日见老子，其犹龙邪！"都是这一帮人自吹自擂的誉扬之辞。在这里，可见这座空同山是和道家结合起来了，那位介于人、神之间的黄帝是到过这里的了。所以司马迁一上这山就深信不疑，决定空同是黄帝疆土的西界。成《疏》说空桐山是"凉州北界"，分明他认定这山是在酒泉的。司马彪所以说这山在北斗下，是用的《尔雅》文，见下。他又引一说"在梁国虞城东"，又可见他没有忘记空桐氏是殷族的分封。

（五）《水经注·泾水》逸文："泾水出安定泾阳县高山泾谷。《山海经》曰：'高山，泾水出焉，东流注于渭'；入关谓之八水（《太平寰宇记》三十三引）。泾水导源安定朝那县西笄头山。秦始皇巡地，西出笄头山，即是山也；盖大陇〔山〕之异名（《太平御览》六十二引）。庄子谓黄帝学道于广成子，盖在此山（《寰宇记》三十三引）。"

按《水经注》的《泾水》篇今已亡佚，靠着北宋初年所编的《太平御览》和《太平寰宇记》（二书均编于宋太宗太平兴国中〔976—984年〕，其时《水经注》四十卷尚全，后来在战乱中失去五卷，后人又把三十五卷分作四十卷，冒称完帙）引用的文字中还看到一些残文。这里既根据《山海经·西次二经》说泾水出于泾阳县的高山，又据郭璞《山海经注》说泾水出于朝那县的笄头山。泾阳、朝那两县，同属汉安定郡，朝那在北，泾阳在南，而又同在高平县（今固原）南，是则所谓空桐山、鸡头山者，即今六盘山无疑。因为六盘山的基址广大，分属数县，所以郭璞以为在朝那，郦道元以为在泾阳，《括地志》以为在高平。六盘山脉延而至南，是为陇山。关中四塞，这是西面的险阻地带。《水经注》所以说笄头山是大陇山的异名，又说黄帝学道广成子即在此山，即因这山是长安西行道途中必须盘过的第一个最高伟的山岳的缘故。是不是空桐氏一族在战国时代又从赵国的北部移到了六盘山的区域里呢？这是一个可以存想的问题。

（六）《淮南子·泛论》："丹穴、太蒙、反踵、空同、大夏、北户、奇肱、修股之民，是非各异，习俗相反。"高《注》："'丹穴'，南方，当日下之地。'太蒙'，西方，日所入处也。'反踵'，国名，其人南行，武迹北向。'空同'，戴胜，极下之地。'大夏'，在西方。'北户'，在南方。'奇肱、修股之民'，在西南方。凡此八者，皆九州之外，八寅之域者也。"

按汉淮南王刘安集合宾客著书，家派不同，所以全书的思想也不能一贯。这《泛论》的著者要说明人的思想意识在一定的社会存在下，因时、因地而有不同，所以他把四方极远地区人民举出了八个，说他们的思想和风俗是各各相反的。其中奇肱、修股（"修"本作"长"，因避刘安的父亲刘长的讳而改）两国均见于《山海经·海外西经》，一个膀子特别长，一个腿子特别长，当然是《海经》作者幻想下的怪异的容貌。反踵，高诱《注》中说是"其人南行，武迹（脚迹）北向"，也不是实际所能有的人物。（《海外北经》："跂踵国，……其为人大，两足亦大。一曰：大踵。"郝懿行《笺疏》："案'大踵'疑当为'支踵'或'反踵'，并字形之讹。"又云："《文选·曲水诗序》注引高诱《注》作'反踵'，云：'反踵，国名，其人南行，迹北向也。'案'跂踵'之为'反踵'，亦犹'岐舌'之为'反舌'矣，已见《海外南经》。"是知反踵一国亦为《海外北经》所有。）"太蒙"一名是缘当时人相信最西边的地叫作"蒙谷"而来。《淮南子·天文》："日出于旸谷，浴于咸池，拂于扶桑，是谓'晨明'。……至于虞渊，是为'黄昏'。至于蒙谷，是为'定昏'，这是说太阳行到蒙谷，天就黑了。这就是今本《尧典》"分命羲仲宅嵎夷，曰旸谷，寅宾出日。……分命和仲宅西，曰昧谷，寅饯纳日"的由来，也即是《楚辞·天问》"出自汤谷，次于蒙泛，自明及晦，所行几里?"的一问所由来。那时人相信，太阳自从世界上最东头的一个山谷里升起来，落到世界上最西头的一个山谷里去，就是一个整天。"蒙"（méng）和"昧"（mèi）不但是同义词，而且也是一声之转。这是神话里的一个地名，根本不存在的地方。所以在这八个名词中，只有四个是实际存在的。《史记·货殖列传》云："巴蜀（王念孙《杂志》：蜀字衍）寡妇清，其先得丹穴而擅其利数世。……秦皇帝以为贞妇而客之，为筑女怀清台。"这是丹穴之一，在今四川东部，不知道是不是《淮南》所指。《山海经·南山经》也有"丹穴之山"，不详其地。"北户""大夏"，均见秦始皇《琅邪台刻石》，其辞云："六合之内，皇帝之土：西涉流沙，南尽北户，东有东海，北过大夏，人迹所至，无不臣者。"见得他的土地，南面尽有北户，北面超过大夏。北户在哪里?从汉武帝灭南越，立日南郡来看，见得南越已在太阳的南面，所以那里的居民要开了北户来向日。其实他们看天太小，看地太大。（**编者按：以下原缺。**）

四　迁至洛邑的殷人

（一）《召诰》："惟太保先周公相宅，越若来三月惟丙午朏，越三日戊申，太保朝至于洛，卜宅。厥既得卜，则经营。越三日庚戌，太保乃以庶殷攻位于洛汭；越五日甲寅，位成。若翼日乙卯，周公朝至于洛，则达观于新邑营。越三日丁巳，用牲于郊。……越翼日戊午，乃社于新邑。……越七日甲子，周公乃朝用书，命庶殷侯、甸、男邦伯。厥既命殷庶，庶殷丕作。"《伪孔传》："以众殷之民治都邑之位于洛水北，今河南城也。……是时诸侯皆会，故周公乃昧爽以赋功属役书，令众殷侯、甸、男服之邦伯使就功。……其已命殷众，众殷之民大作，言劝事。"

按这是周公东征胜利之后，除留着一部分的殷民交给新封的鲁、卫、宋诸国统治外，又用威力逼迫另一部分的殷民西迁，到洛阳建城定居，以便就近监督，造城的是"庶殷"和"殷庶"，殷的奴隶或平民；其直接受周公命令，指挥殷民造城的是"庶殷侯、甸、男邦伯"，即《大盂鼎》中的"邦司伯"，殷的大小奴隶主。所谓"庶殷丕作"，就是在这双层鞭挞之下的奴役现象。

（二）《多士》："惟三月，周公初于新邑洛，用告商王士。王若曰：'尔殷遗多士！弗吊旻天大降丧于殷，我有周佑命，将天明威致王罚。……'王曰：'猷告尔多士：予惟时其迁居西尔，非我一人奉德不康宁，时惟天命，无违！朕不敢有后，无我怨！惟尔知，惟殷先人有册有典，殷革夏命。今尔又曰："夏迪简在王庭，有服在百僚。"予一人惟听用德，肆予敢求尔于天（大）邑商。予惟率肆矜尔，非予罪，时惟天命。'王曰：'多士！昔朕来自奄，予大降尔四国民命，我乃明致天罚，移尔遐逖，比事臣我宗多逊。'王曰：'告尔殷多士，今予惟不尔杀，予惟时命有申。今朕作大邑于兹洛，予惟四方罔攸宾，亦惟尔多士攸服奔走臣我多逊。尔乃尚有尔土，尔乃尚宁干止。尔克敬，天惟畀矜尔；尔不克敬，予亦致天之罚于尔躬！'"《伪孔传》："我惟汝未达德义，是以徙居西汝，于洛邑教诲汝。我徙汝，非我天子奉德不能使民安之，是天命宜然。汝无违命，我亦不敢有后诛，汝无怨我！言汝所亲知，殷先世有册书、典籍，说殷改夏王命之意。'简'，大也。今汝又曰：'夏之众士蹈道者大在殷王庭，有服职在百官。'言见任用。言我周亦法殷家，惟听用有德，故我敢求汝于天邑商，将任用之。惟我循殷故事，怜愍汝，故徙教汝。非我罪咎，是惟天命。所以徙汝，是我不欲杀汝故，惟是教命申戒之。今我作此洛邑以待四方，无有远近，无所宾（摈）外。非但待四方，亦惟汝众士所当服行，奔走臣我，多为顺事。汝多为顺事，乃庶几还有汝本土，乃庶几安汝故事止居；以反所生诱之。汝能敬行顺事，则为天所与，为天所怜。汝不能敬顺，其罚深重，不但不得还本土而已，我亦致天罚于汝身；言刑杀。"

按这一段话是周公在建成洛邑后对"商王士"说的，这一批人都是商王朝的贵族，本有他们的优越的政治地位，但现今在周公的武力驱遣之下，得不到一些自由了。《逸周书·世俘》说："癸丑，荐俘殷王士百人。"孔晁《注》："'王士'，纣之士，所囚俘者。"武王在克殷之后，在殷都里举行一个盛大的开国典礼，把俘虏来的一百个"殷王士"杀了，作为献给周家祖先的祭品。从这件事上可以知道，周公在东征时大肆屠杀之后，把这批"殷遗多士"迁到了洛邑，对他们说："你们的生命是我赏给你们的；为了不杀你们，所以你们应该顺了天命，服从我们，多多为我们服务。你们做得好，上天自然会哀怜你们的！"这真是十分宽大的处理。可是殷士们对他质问道："从前殷革夏命之后，夏士还有一大批留在殷的王庭里，担任多种的政治事务，现在为什么没有这样做呢？"在他们要求政治权利的时候，周公的回答是："我是准备任用你们的。只要你们有德，我是会从大邑商（商都称'大邑商'，见《殷虚书契前编》三·二七·六；《多士》的'天邑商'是字讹）寻找你们的。但是现在你们还不够这条件，你们得好好地接受我的教育，让我来怜恤你们。这不是我对待你们有什么差错，乃是天意如此！"殷士们根据了历史事实作出的请求，给周公轻轻地把"用德"和"天命"两个空洞的理由挡回去了。周公在这段话里，既用天命来威吓他们，又用任官和还乡给他们两张永不兑现的支票，于是被迁到洛邑的殷士就杜塞了参加政治的门径，放在他们面前的只有种田和经商两条生活的路子可走，见下引《酒诰》文。至于下级殷民，无疑地尽做了周人的奴隶。

（三）《书序》："成周既成，迁殷顽民，周公以王命诰，作《多士》。"《伪孔传》："殷大夫、士心不则德义之经，故徙近王都教诲之。"

按被周公迁到洛邑的殷民，大多数是社会上一班有力量的分子，这和秦、汉统一后移民实关中具有同样的意义。《史记·秦始皇本纪》云："徙天下豪富于咸阳，十二万户。"《汉书·地理志》云："徙齐诸田，楚昭、屈、景……家于长陵。"《史记·货殖列传》也说："关中富商、大贾大抵尽诸田：田啬、田兰。"因为这些富豪和贵族的物质基础雄厚，政治地位本来高，有号召的能力，放在外面便有反抗中央政权的危险，所以秦、汉两朝都把他们收到自己的肘腋之下，以便随时监督。想不到在周朝初年，周公已实施了这一政策。

（四）《酒诰》："明大命于妹邦。……妹土，嗣尔股肱，纯其艺黍稷，奔走事厥考、厥长；肇牵车牛远服贾，用孝养厥父母。厥父母庆，自洗腆致用酒。"马融《注》："'妹邦'，即牧养之地。"（《释文》引。"养"，当作"野"。）《伪孔传》："'妹'，地名，纣所都朝歌以北是。"孔《疏》："妹土为（康叔）所封之都。"蔡《传》："此武王教妹土之民也。'嗣'，续；'纯'，大；'肇'，敏；'服'，事也。言妹土民当嗣续汝四肢之力，无有怠惰，大修农功，服劳田亩，奔走以事其父兄；或敏于贸易，牵车牛，远事贾，以孝养其父母。父母喜庆，然后可自洗腆致用酒，洗以致其洁，腆以致其厚也。"

按"妹"（muói）即"沫"（muɑt）的异写，也即"牧"（muək）的音转。《诗·鄘风·桑中》："爰采唐矣，沬之乡矣。"《说文·土部》："'坶'（牧），朝歌南七十里地。"康叔封卫，都于朝歌，因为那地毗连牧野，故周公诰康叔时就称为"妹邦""妹土"；但这是统括卫国全境而言，不是专指牧野一地，等于盘庚都殷，周人就用了"殷"这一名泛指商的全境，不能死扣在殷的一邑。殷人喜欢喝酒，俾昼作夜，生活腐烂，和周人勤劳的习惯恰好相反，所以周公封康叔于卫的时候，谆谆地教他禁酒；但酒以成礼，不可全禁，因此他只禁止他们为了享乐而狂饮的酒。卫的人民当然大部分是殷遗民，他为这些人指出两条生活的道路：一条是用了手脚的劳动力去种田，又一条是牵了车和牛去经商。他说：在他们工作之后，巩固了家庭的经济基础，养活了父母和其他长辈；到父母高兴时，就可洗净杯盘，在家宴里快快乐乐地喝酒了。周公为卫国的殷人这般打算，当然同样要为成周的殷人这般打算。他在不向殷人开放政权的一个目的之下，勉励殷的平民种好田，做好生意，达到自给自足的地步，好让他们各各安分守己地接受周人的统治。他在《多士》的末了说"今尔惟时宅尔宅，继尔居，尔厥有干有年于兹洛"，朱骏声《尚书古注便读》云："'居'，读如'懋迁有无化居'之'居'，犹储积居业也。……工、贾各继尔居。"可见也是要他们从事于买卖生涯。（按《史记·平准书》："富商大贾或蹛财役贫，转毂百数，废居居邑。"《集解》："徐广曰：''废''居'者，贮畜之名也。有所废，有所畜，言其乘时射利也。'骃案：服虔曰：'居穀于邑也。'如淳曰：'居贱物于邑中以待贵。'"《索隐》："刘氏云：''废'，出卖也。"居"，停蓄也。'是出卖于居者为'废'，故徐氏曰'有所废、有所畜'，是也。"综合诸家之说，可知汉代商人以低价买入为"居"，高价售出为"废"，其买卖行为均在市中为之，故曰"居邑"。"居"为周代语言，汉时沿用。）周公这个号召确实起了作用，成了风气。《史记·货殖列传》说："周人既纤，……贫人学事富家，相矜以久贾，数过邑不入门。"《汉书·地理志》说："周人之失，巧伪趋利，贵财、贱义，高富、下贫，喜为商贾，不好仕宦。"这些行为的实例，是《史记·吕不韦列传》说的"吕不韦者，阳翟（今河南禹县，在洛阳东南）大贾人也，往来贩贱、卖贵。……子楚为秦质子于赵，……居处困，……吕不韦贾邯郸，见而怜之，曰：'此奇货可居！'"又《苏秦列传》："苏秦者，东周雒阳人也，……出游数载，大困而归。兄、弟、嫂妹、妻妾窃皆笑之，曰：'周人之俗，治产业，力工、商，逐什二以为务。今子释本而事口舌，困，不亦宜乎！'"其实周人的趋利是周公引诱而成的第二天性，他们的"不好仕宦"也是由于周公拒绝了他们的"夏迪简在王庭，有服在百僚"（《多士》）的请求，杜塞了他们的从政之门所形成的客观环境而来。

又按徐中舒《从古书中推测之殷周民族》云："周公迁殷民于成周，成周居四方之中，可耕之土田少，又压迫于异族之下，力耕不足资生存，故多转而为商贾。'商贾'之名，疑即由殷民而起。……商为异族，故周人贱之。其后汉律贱商，即由此意衍出。"他所说的居于成周的殷民"力耕不足资生存"纯出假想，因为那时人口密度不大，荒芜的土地还多（见下节）；至于"商"的一名"由殷民而起"则真是一个创见，商遗民做买卖的多了，所以社会上就习惯称做买卖的为"商人"。这正如"汉""胡"本皆国土专名，汉指两汉皇朝的中国，胡指匈奴；但后来因外族惯称中国人为"汉儿""汉子"，遂衍而为"老汉""穷汉""好汉"，成了男子的通名；凡是由外国输入的东西则都被以"胡"名，有"胡椒""胡葱""胡麻""胡桃"等等，也变而为外来货的通名。

（五）《左传·昭十六年》："昔我先君桓公与商人皆出自周，庸次比耦，以艾杀此地，斩诸蓬、蒿、藜、藋而共处之，世有盟誓以相信也，曰：'尔无我叛！我无强贾，毋或匄夺！尔有利市、宝贿，我勿与知！'恃此质誓，故能相保以至于今。"杜《解》："郑本在周畿内，桓公东迁，并与商人俱。'庸'，用也，用次更相从耦耕。"

按这是郑子产回答晋韩起买环时说的话，表示郑国贵族对于商人一直有比较平等的关系。郑桓公始封于宗周的畿内，其地在汉为京兆尹郑县，今陕西华县。据《国语·郑语》，在周幽王时，郑桓公看见大局危险，考虑他自己的国该搬到哪里才可保安全，他听了史伯的话，把他的家人和家产都寄到虢、郐，其事具见《国语·郑语》。不久，幽王为犬戎所杀，桓公殉难，他的儿子郑武公带兵护送周平王到东都洛邑，自己就趁势灭了虢、郐，建立新国，他的都城即今河南新郑县。在建新国的时候，为了地土荒芜，需要移殖人民，他就在洛邑里招来了一批殷民，大力开辟荒地。为了对殷民表示好感，所以和他们订立了三条盟誓：第一条是殷民不得离开郑国这片土地；第二条是郑国政府和贵族不得强买或劫夺殷民的东西；第三条是殷民得了好东西，郑国政府全不预闻。头一条是要留住这批移来的殷民，二、三条是鼓励殷民自由贸易，郑国政府确实保证采取不干涉的政策。这农和商两条生产的路子，就是周公当年在洛邑和卫国两处殷遗民集中地区所规定实行的。所以这一年《左传》里的"商人"，必该讲作"殷遗民"而不该作"经商的人"讲；这一批人是从成周招来而不是由宗周偕来，杜预的注解也应当改写明白。又子产说的"桓公"乃是"武公"之误，因为桓公只是"东寄孥与贿"，而"虢、郐受之"（《郑语》），自己仍在幽王朝作司徒，真正开发新郑这块土地的是郑武公，子产的话也是"举前以兼后"。因为新郑离洛阳只有一百公里左右，郑的人民中殷民又占很大的数字，周人（即西迁的殷民后代）贵财趋利的风气和商品交换的经验就全部给郑国接收了过来。一部《左传》里记载商人事情的只有三次：其一是《僖三十三年》犒秦师的"郑商人"弦高，其二是《成十三年》谋脱晋荀罃的"郑贾人"，其三即是这一次晋韩起买环的"郑商"，他们都是郑国人。爱国商人弦高是从郑到周，为荀罃设谋的郑贾开始在楚，继而到晋，后来又赴齐，可见郑商人的足迹，东西南北无所不至。郑国的商业何以如此发达，他们的商路为什么会得如此宽广？想来因为郑国居当时"天下"的中央，近于黄河，便利运输；又居晋、楚两大国之间，楚国有丰富的物产，而晋国累代主中原霸业，仆从国家贡献日至，他们的统治阶级豪华奢侈，有大量的耗费，就必须有大量的商人来作供应的需要，所以说"如杞、梓、皮、革，自楚往也；虽楚有材，晋实用之"（《左传·襄二十六年》，宋向戌语）。然而当郑武公开国时，和商人们订立盟誓，使他们可以得到国家的保护，不受非法的摧残，这该是一项最重要的理由。这是周公当年教训殷民"肇牵车牛远服贾"和"继尔

485

居"的时候所想不到的经济发展。

（六）《后汉书·鲍永传》："光武即位，……征永诣行在所，……赐永洛阳商里宅。"李贤《注》："《东观记》曰：'赐洛阳上商里宅。'陆机《洛阳记》曰：'上商里在洛阳东北，本殷顽人（民）所居。'故曰'上商里宅'也。"

按从这条记载，可见直到汉、晋之间，殷民的旧居尚可在洛阳按址以求。这个里的名称，依范晔《书》是"商里"，依《东观汉记》、陆机《洛阳记》及李贤《注》则是"上商里"，疑后一说为是。据陆机说，其地在洛阳的东北，不知道这是城内的东北隅还是城外的东北郊。

肆　奄和蒲姑的南迁[①]

一　奄国的被灭

（一）《禽簋》："王伐盇侯。周公某（谋）禽祝，禽又（有）战祝。王易（锡）金百乎。……"

（二）《䢔剹尊》："王征盇，锡䢔剹贝朋。……"

按"盇"向说为"鄸"或"楚"，皆误。唐兰《西周铜器断代中的康宫问题》云："'盇'应读为'盖'（原注：'林'和'艸'通用，'去'和'盍'通用）。《墨子·耕柱》篇、《韩非子·说林》所说的周公伐'商盖'，就是《左传·昭九年》的'商奄'，也就是《尚书》上的'奄'。"《大系》："'禽'即伯禽。伯禽殆曾为周之大祝，别有《大祝禽鼎》可证。'某'，谋省，亦可读为'海'。……'乎'，……金文均用为金量之单位，即是后起之'锊'字，其异文则'锊''锾'每不分，今案'锾'实字误。"唐氏说"盇"即"奄"，明确可信。这两器铭文中的"王"就是"伐奄三年讨其君"的周公，都可作为周公称王的证据。其时伯禽从征，当军中的卜祝之官，因此受赏作簋；䢔剹则是

---

① 原载《文史》第三一辑，1988 年 11 月。

伐奄时的一个将领。

又按《禽簋》称"奄侯"，可见奄君原是商代的一个诸侯。商王南庚、阳甲两代都奄，已见前引《古本纪年》，丙·壹·（二）。盘庚迁殷之后，这旧都该封给殷的王族，所以武庚反周，奄为主动。《左传·昭元年》："周有徐、奄。"杜《解》："二国皆嬴姓。"孔《疏》："'二国皆嬴姓'，《世本》文也。"徐固嬴姓，奄似当为子姓而不当为嬴姓。如果《世本》不误，则商族当为鸟夷的分支，说见丁·柒·五。

（三）《孟子·滕文公下》："周公……伐奄三年讨其君。"

按周公东征时，奄是最大的敌国，平奄是东征的结束，所以孟子说"伐奄三年"，实际上，三年是平定东方的年数总计。

（四）《尚书大传》："禄父及三监叛也，周公……杀禄父，遂践奄。践之云者，谓杀其身，执其家，潴其宫。"（《诗·豳风·破斧》疏、《释文·成王政·序》下引）

按把敌方的人杀了，把他的宫室毁了，在原基地上挖掘成一个池塘，是最严重的刑罚。由此可见破奄的不易和恨奄的独深，所以既杀了奄君，还这样地破坏奄宫。《礼记·檀弓下》："邾娄定公之时，有弑其父者，有司以告。公瞿然失席，曰：'是寡人之罪也！'曰：'寡人尝学断斯狱矣。臣弑君，凡在官者杀无赦。子弑父，凡在宫者杀无赦。杀其人，坏其室，洿其宫而潴焉。'"郑玄《注》："明其大逆，不欲人复处之。"这和《大传》所述是同样深恶痛绝的处理。邾娄（即邾）是陆终的后裔，见丁·陆·一·（一），亦周人所谓东夷之一，但幸而未被迁徙。然则《大传》所云如为实事，恐怕周公即用东夷灭国后的处理方法来对付奄人吧？

（五）《书序》："成王东伐淮夷，遂践奄，作《成王政》（征）。成王既践奄，将迁其君于蒲姑，周公告召公，作《将蒲姑》。"《伪孔传》："已灭奄而徙其君及人臣之恶者于蒲姑。'蒲姑'，齐地，近中国，教化之。言将徙奄新立之君于蒲姑，告召公，使作册书告令之。"

按这说成王既杀奄君，又立新君而徙之于蒲姑，和《大传》所说的迥然不同。可是蒲姑氏地区是封给齐丁公（吕伋）的，不可能同时封给奄的新君，所以《书序》的记载和《伪孔传》的解释都是绝对错误。实际上，奄君是被周公杀的，人民的大部分做了鲁国的奴隶，奄的贵族和人民的一部分则被驱到长江之南去了。

二　奄的旧居地

（一）《左传·定四年》："因商奄之民，命以《伯禽》，而封于少皞之虚。"杜《解》："'商奄'，国名也，与四国流言；或逆散在鲁，皆令即属鲁，怀柔之。……'少皞虚'，曲阜也，在鲁城内。"

按"商奄"即奄，详丁·壹·（七）。奄国遗民未被迁逐的，皆令属鲁为奴隶。司马彪《续汉书·郡国志》："鲁国：古奄国。"刘昭《注》引《皇览》云："奄里伯公冢在城内祥舍中，民传言鲁五德奄里，伯公葬其宅。"（此句有讹字，未能点得正确）鲁都即奄都，又为少皞之虚，可见少皞氏是奄地的旧主人或宗神。《伯禽》是成王封伯禽于鲁的一篇诰命，可惜没有传下，其略则见《诗·鲁颂·閟宫》，详戊·壹·（一）。

（二）《说文·邑部》："'郂'，周公所诛；郂国在鲁。"段玉裁《注》："《玉篇》作：'周公所诛叛国，商奄是也。''奄''郂'二字，周时并行。……单呼曰'奄'，絫呼曰'商奄'。……奄在淮北，近鲁，故许云'在鲁'，郑注《书序》云'奄在淮夷之北'，注《多方》云'奄在淮夷旁'，是也。祝鮀说'因商奄之民封鲁'者，杜云'或逆散在鲁'，是也。今山东兖州府曲阜县县城东二里有'奄城'，云故奄国，即《括地志》之'奄里'，此可证'逆散在鲁'之说。"

按由上面数条看来，可知奄国灭后，一部分逆散迁移，一部分留在原地；今山东曲阜县东尚有奄城遗址。又奄国实在淮夷之南，而郑玄说在淮夷之北，因为他不知道淮夷的本土在潍水流域之故。说详丁·伍·八～九。

（三）汪中《周公居东证》："钱少詹事（大昕）云：'《春秋传》但云"因商奄之民"。以鲁为古奄国，出自《续汉志》，未知何据。康成、元凯俱未实指奄所在也。更宜考之。'中按《汉书·艺文志》：'《礼古经》者，出鲁淹中。'苏林曰：'里名也。'《楚元王传》：'少时尝与鲁穆生、白生、申公俱受《诗》于浮邱伯。'服虔曰：'白生，鲁国奄里人。'《续汉志注》引《皇览》曰：'奄里，伯公冢在城内祥舍中，民传言鲁五德奄里，伯公葬其宅也。'《说文》：'"郰"，周公所诛；郰国在鲁。'《括地志》：'兖州曲阜县奄里，即奄国之地也。''淹''郰''奄'，古今字尔。"

按前人读书不甚注意于民族递嬗迁流的历史，所以奄国南迁，鲁国据其旧地，又役使其遗民，虽古籍已略有透露而不为人所注意，以钱大昕的渊博，犹不能无疑于《续汉志》的说法。汪中把《汉书·艺文志》、《楚元王传》，《说文》，《括地志》中的资料辑集在一块，使人明白看出鲁的奄里即缘奄的旧都而来，可见古代史的钩沉是我们必该着手的一项工作。

三 奄的迁地

（一）《越绝书·吴地传》："毗陵县南城，故古淹君地也。东南大冢，淹君子女冢也。去县十八里，吴所葬。"张宗祥校："'淹'，当作'奄'。'奄'，古东诸侯。"

按看上节鲁地有淹中，知道"淹"和"奄"可以通作，不需要改字。我们对这节文字应说明的倒是"吴所葬"一语。这文既经指出了这城是淹君的，这冢是淹君子女的，那么这里的遗迹当然都是南迁的奄人所留，和吴根本不发生关系。所以说为"吴所葬"，即缘作者对于历史事实的模糊，他不知道奄和吴族类有别，时代也不同，以致错误地认为淹君是吴人。然而就在这段文字上给我们一个很好的启发，知道江南有奄。

（二）顾祖禹《读史方舆纪要》二十五："淹城在府（常州府）东南三十里，其城二重，濠堑深阔，周广十五里。"按这儿说"城二重"是错误的，该作"三重"，见下节。

（三）陈志良《奄城访古记》："今常州城南二十里许有奄城遗址，亦作'淹城'。……遗址外观，高出地面丈许。城有三道：外城（原注：俗称外罗城）、内城（原注：俗称里罗城）、子城（原注：俗称紫禁城）。城用黄土筑成，未见版筑之迹。外城、内城各有河绕之，不相通流，深丈许，宽十一、二丈。三城出入口只一道：外城在正西，内城在西南，子城在正南。全城直径一里半；外城周六里，内城周三里，子城周里许。外城高于城外之农田；内城高于外城；子城更高于内城。子城、内城间有土冈一道，由东向西，名跑马冈，传为奄君驰马处。外城西南部有土墩三，黄土筑成，高四丈余，在南者名头墩，在西南者名肚脐墩，在西者名脚墩，即《越绝书》所称之'淹君子女冢'也。……遗址内最多者为有几何形花纹之匋片，……发现地点多在河滩。……淹城当为古代奄族南迁后的居留地。……汉代又在淹城故址扩而充之，设立毗陵县。"

按周公伐奄，直把奄人从今山东曲阜县赶到了江苏常州市，可以想见当时全力穷追的情状。这个奄城遗址，规模如此阔大，又可以想见奄国人数的众多，力量的雄厚，虽武力已失败而仍有建设国家的能力。他们原居于殷的旧都，文化颇高，其向南迁徙，在一定的程度上必然为后起的吴国文化打下了基础。

（四）《吕氏春秋·古乐》："成王立，殷民反，王命周公践伐之。商人服象，为虐于东夷。周公遂以师逐之，至于江南。"

按这段记载中的"商人"和"东夷"即指奄、徐、淮夷诸国。他们在这次反抗斗争中曾经使用象阵作战,《吕氏》说他们"为虐",表现出战事的剧烈情况。周人为了斩草除根计,把他们赶到长江以南才罢休。《书序》所云"将迁其君于蒲姑",由此可断其为汉人的妄说。又《孟子·滕文公下》云"周公……驱虎、豹、犀、象而远之",又说"周公兼夷狄、驱猛兽而百姓宁",读了这文可以知道,实际上只有象是商人真用于战阵的。"王命"二字当出东汉人所增,说见乙·叁·(二)。

四 蒲姑氏的旧居地

(一)《左传·昭九年》:"及武王克商,蒲姑、商奄,吾东土也。"杜《解》:"乐安博昌县北有蒲姑城。"

按这是周景王对晋人说的话。据杜《解》,蒲姑氏的都城,于汉、晋时代为博昌县境。这座故城在今山东博兴县南二十里,可知蒲姑氏建都于今济南市的东北,离海不远,和奄隔着一座泰山。

(二)《左传·昭二十年》:"齐侯至自田,晏子侍于遄台,……饮酒乐。公曰:'古而无死,其乐若何?'晏子对曰:'古而无死,则古之乐也,君何得焉!昔爽鸠氏始居此地,季蒯因之,有逢伯陵因之,蒲姑氏因之,而后大公因之。古若无死,爽鸠氏之乐,非君所愿也!'"杜《解》:"'季蒯',虞、夏诸侯,代爽鸠氏者。……'蒲姑氏',殷、周之间代逢公者。"

按在这段齐景公和晏婴的对话里,可以知道齐丁公所封国本是蒲姑氏的旧疆。那时齐都临淄,即今山东临淄县,在博兴县境内蒲姑氏旧都的南面。"有逢伯陵"是齐侯的先祖。《国语·周语下》:"我姬氏出自天鼋,及析木者有建星及牵牛焉,则我皇妣大姜之侄,伯陵之后,逢公之所凭神也。"太姜是周太王的妻,王季的母亲,她是逢公伯陵的后裔，而齐君则是太姜的侄辈。齐的统治者姓姜，"羌"和"姜"本是一字的分化，齐的贵族明系羌族，因周武王、成王两度克商，挟其婚姻的关系而被封到东方，在克商以前是不可能到东方来作君主的，《左传》作者实在犯了随意排列时代的错误。至于他用了星宿来说明周、齐两族在天上的地位，更是统治阶级欺骗人民的一种手段。倒推上去，季蒇不可知，爽鸠氏则是少昊氏的司寇之官，见《左传·昭十七年》，这可以证明齐地的最早的主人是鸟夷族，详丁·柒。

（三）《水经注·济水》："济水又经薄姑城北。《后汉·郡国志》曰：'博昌县有薄姑城。'《地理书》曰：'吕尚封于齐郡薄姑。薄姑故城在临菑县西北五十里，近济水。'史迁曰：'胡公徙薄姑。'城内有高台，《春秋·昭公二十二年》（按应作'二十年'），齐景公饮于台上，曰：'古而不死，何乐如之！'……"杨守敬《疏》："此当是陆澄《地理书》。……'郡'字当'都'字之误。《史记·齐世家》'武王封师尚父于营丘'，后'胡公徙薄姑'，最为可据。……《方舆纪要》：'〔薄姑故城〕在博兴县东北十五里。'"

按郦氏此文，足以说明薄姑故城和齐都临淄的距离和方向，知道这薄姑的故都即在齐都的西北郊，而且在齐胡公至献公间也曾一度作过齐的都城。

（四）《汉书·地理志》："琅邪郡姑幕：都尉治。或曰薄姑。"颜《注》："应劭曰：'《左氏传》曰："薄姑氏因之，而后太公因之。"'"《清一统志》："姑幕故城，在诸城县西南五十里。"

（五）《水经注·潍水》："又北过平昌县东。……有……壶山（按'壶'一作'浯'），浯水所出，东北入潍。……其水东北径姑幕县故城东，……故薄姑氏之国也。阚骃曰：'周成王时，薄姑与四国作乱，周公灭之以封太公，是以《地理志》曰"或言薄姑"也。'……薛瓒《汉书注》云：'博昌有薄姑城。'未知孰是。"杨守敬《疏》："按《一统志》，'壶山即浯山'，声近而讹也。……〔姑幕县〕在诸城县西南五十里。……瓒《注》，颜氏未采，说与杜预同。……吴卓信（按此指吴著《汉书地理志补注》）曰：'"薄姑"，即《昭九年》之"蒲姑"，在今博兴县东北，与诸城县南北相距五百余里。'"

按"薄"（bwok）与"蒲"（bwo）是一声之转。姑幕在今诸城县西南，为蒲姑氏地，而博兴县南亦为蒲姑氏地，两地相距五百余里，可以想见蒲姑氏辖地的广大。蒲姑灭于周公，足证《左传》中所说武王时已有其地的时代错误。

五　蒲姑氏的迁地——取虑

（一）《左传·昭十六年》："齐侯伐徐。……二月丙申，齐师至于蒲隧。徐人行成。徐子及郯人、莒人会齐侯盟于蒲隧。"杜《解》："'蒲隧'，徐地。下邳取虑县东有蒲姑陂。"

（二）《续汉书·郡国志》："下邳国取虑：有蒲姑陂。"王先谦《集解》："前汉县，属临淮。……《一统志》：'故城，今徐州府睢宁县西南。'"

（三）《今本纪年》："周武王……十六年……秋，王师灭蒲姑。"徐文靖《统笺》："《郡国志》：下邳取虑县有蒲姑陂。《书序》'成王东伐淮夷，遂践奄，迁其君于蒲姑'，即此。"

按这是说蒲姑迁地在今江苏省睢宁县（北纬三十四度），比原居的今山东省博兴县地（北纬三十七度）已经南移很远了，所以徐文靖说《书序》所谓迁奄君于蒲姑即指这里。但我们觉得，这只可说是蒲姑族的一处南迁的遗迹，实际上，奄君既没有迁到这里，就是蒲姑也还不仅迁到这里为止；或者他们这一族被分散了，有一部分是留居于取虑的。到春秋时，取虑是徐国之地，当然蒲姑的统治者早已他迁，或者被灭。

至于《今本纪年》把周灭蒲姑置于武王十六年下，太急性了，说见戊·陆·（一四）。

六　蒲姑氏的迁地二——吴

（一）《越绝书·吴地传》："蒲姑大冢，吴王不审名冢也，去县三十里。"

按这个县即今江苏吴县。从"蒲姑大冢"这个名称上看就可以知道蒲姑族的人民在战败后也从山东流转到了江南，而且比奄人走得更远，他们一直往东走，直到东海边的苏州市才停下。汉代人不明白古代历史，以为在吴国境内的高大的坟墓必然是吴王的，所以说为"吴王不审名冢"，这正和说"淹君子女冢"为"吴所葬"是同样的误认。幸而在这些名称上还留下了"蒲姑"和"淹"的字样，使我们知道这就是"周公以师逐之，至于江南"的两个反周的东方大国南移的终点。

七　吴的东南迁和宜的分封

（一）《左传·僖五年》："大（太）伯、虞仲，大（太）王之昭也。大伯不从，是以不嗣。"杜《解》："大伯、虞仲皆大王之子，不从父命，俱让适吴。仲雍支子别封西吴，虞公其后也。穆生昭，昭生穆，以世次计，故大伯、虞仲于周为'昭'。"

（二）同书《哀七年》："大伯端委以治周礼。仲雍嗣之，断发、文身，臝（裸）以为饰。岂礼然哉！有由然也。"杜《解》："'大伯'，周大王之长子。'仲雍'，大伯弟也。大伯、仲雍让其弟季历，俱适荆蛮，遂有民众。大伯卒，无子，仲雍嗣立，不能行礼致化，故效吴俗，言其权时致宜以辟（避）灾害，非以为礼也。'端委'，礼衣也。"孔《疏》："二人同时适吴，而大伯端委、仲雍断发者，大伯初往，未为彼君，故服其本服，自治周礼；及仲雍，民归稍多，既为彼君，宜从彼俗。……《汉书·地理志》云：'越人文身、断发，以辟蛟龙之害。'杜言'辟害'，辟此蛟龙之害。大伯……治周礼者，谓治其本国岐周之礼。'裸以为饰'者，裸其身体，以文身为饰也。'端委礼衣'者，王肃云：'委貌之冠、玄端之衣也。'"

按《左传·闵二年》记晋献公听骊姬之谗，为太子申生城曲沃，士蒍曰："不如逃之，无使罪至。为吴大伯，不亦可乎，犹有令名！"《论语·泰伯》："子曰：'泰伯其可谓至德也已矣，三以天下让，民无得而称焉！'"可见春秋时人确认太伯、仲雍到荆蛮去是为了让国与季历而逃出岐周的。约当商王康丁、武乙的时代，他们二人同到南方去，初到时，依然穿戴得端端整整，没有改从当地人民的风俗习惯；待至太伯死后，仲雍为君，他就深入群众，剪去头发，脱去衣冠，身上也刺了花纹，他的子孙世世作了吴国的君主。"文身"，固然可以从《汉书》说，作为入水时的保护色，但更可能是氏族图腾的标记。在原始社会里，每一氏族都取某一种动、植物作为自己集团的祖先，称为"图腾"（totem），同一集团的成员就把这个图腾作为共同的信仰，因而把这图像刻上了用具和肉体。仲雍一称"虞仲"，"虞"只是"吴"的繁文，并不是别一字。杜预《注》说"仲雍支子别封西吴，虞公其后也"，也可见得"吴""虞"二字是通写的。昭、穆制度是中国古代母系氏族社会的遗留，那时这一氏族里的男子必须嫁到另一氏族里去，他的儿子又要嫁回来，所以祖和孙列在一个氏族里称为"昭"，子和曾孙列在另一个氏族里便称为"穆"。自母系制改为父系制，早没有这种事情了，但行辈的次序还沿用了这个习惯。所以"大王之昭"是说太王的儿子在昭列的，"王季之穆"是说王季的儿子在穆列的，而太王本身则在穆列，王季本身则在昭列。

（三）《史记·周本纪》："古公（古公亶父，即太王）有长子曰太伯，次曰虞仲。太姜生少子季历，季历娶太任，皆贤妇人；生昌（文王），有圣瑞。古公曰：'我世当有兴者，其在昌乎？'长子太伯、虞仲知古公欲立季历以传昌，乃二人亡如荆蛮，文身、断发，以让季历。"《正义》："太伯奔吴，所居城在苏州北五十里常州无锡县界梅里村，其城及冢见存。而云'亡荆蛮'者，楚灭越，其地属楚，秦灭楚，其地属秦，秦讳'楚'，改曰'荆'，故通号吴、越之地为'荆'。及北人书史，加云'蛮'，势之然也。"

按春秋后期的吴国都城固然在今江苏无锡和吴县，但太伯、仲雍由今陕西岐山县出来时是不是一下子就到了那里呢？在秦、汉以下人的"一统天下"的看法里，这是不成问题的，例如张守节即说太伯奔吴，居于梅里。但在三千年前，则交通的困难，部族的隔阂，受到各种消极条件的限制，决没有这样的迁徙自由。我们在前面，已知道奄和蒲姑为周公的兵力所逐，辗转到了江南，立国在今常州和苏州两市，如果太伯、仲雍先已在那里建国，则卧榻之旁必不容他人酣睡，为什么这两国竟能和吴国和平共处？《史记》说他们二人"亡如荆蛮"，荆山在今湖北南漳县西，即后来楚君熊绎建国的地方，当时从西北到东南，沿了汉水而行，很可能先建国在这里，隔了若干年代才辗转迁徙到苏州。张守节为了他先已肯定了太伯一下子奔吴，不得不勉强说为越灭吴，楚又灭越，所以苏州也可叫"荆"，又说秦人讳"楚"，故称吴地曰"荆"。其实，楚在战国时"地方五千里"（《战国策·楚策一》），如果都可称为"荆"，那么这个地名就被用的太广泛了。秦庄襄王名子楚，固然可以讳"楚"为"荆"，然而在习惯上则这两字本是杂用的。试看《春秋经·庄二十三年》书"荆人来聘"，《僖四年》就写"伐楚"，这难道是也有避讳的原因在内吗？所以张氏之说全不可信。

又按太伯、仲雍是不是为了让国与季历而逃出岐周，也是一个该研究的问题。依我们看，那时尚没有严密的宗法制度，用不着以遁逃的方式来让国。《逸周书·世俘》记武王克殷之后，"王烈祖自太王、太伯、虞公、王季、文王、邑考，以列升，维告殷罪"，照后来的宗法观念讲，太王、王季、文王都是武王的嫡系祖先，应当作为祭祀的主体，太伯、虞公（即仲雍）、邑考（武王兄伯邑考）则是武王的旁系亲属，只该配享，可是在这文中却用世次排列，不分直系和旁系，足见嫡长的传统制还没有确立，太王即使为了爱昌而欲传位季历，那也是平常的事，太伯、仲雍用不着迢迢数千里跑到荒晦绝远之处，断发、文身以自污。徐中舒《殷周之际史迹之检讨》云："太伯、仲雍必帅周人远征之师以经营南土，为周人之远戍军。……太王之世，周为小国，与殷商国力复乎不侔。当其初盛之时，决不能与殷商正面冲突，彼必先择抵抗力最小而又与殷商无甚关系之地经略之。……以此余疑太伯、仲雍之在吴，即周人经营南土之始，亦即太王'翦商'之开端。《史记》谓太伯、仲雍逃之荆蛮者，或二人所至即江、汉流域；其后或因楚之兴盛，再由江、汉而东徙于吴。"按这个推论是正确的。岐山的南面是太白山，太白山的南面即是汉水，沿水东南行即至江、汉流域。观《诗·大雅·崧高》，那是一首周宣王封申伯于谢（今河南唐河县南）的诗，而云"申伯信迈，王饯于郿"，"郿"即今陕西郿县，正当岐山之南，太白之北，可知这乃是当时南北交通的孔道，申伯就封南阳从这里走，太伯、仲雍远征荆蛮也该从这里走。太伯们的经营南土的成就，最显著地表现在两件事情上。其一，《牧誓》记武王伐纣时的誓师词，当他依次呼唤了各级军官之后，就说"庸、蜀、羌、髳、微、卢、彭、濮人"，可见他统率的有这八个属国之师。这些部族所据的地区，历代学者固然有些不同的解释，但大体上可以看出，羌族的大本营在今甘肃南部；"微"通"眉"，很可能即今陕西郿县；"髳"通"茅"，疑即《春秋·成元年》的茅戎，那在今山西南部，这三族在河、渭流域，是周的邻邦，向来有联系的，殷人又常捕捉羌人作奴隶，在祭祀和下葬时把羌人作牺牲，确实有民族间的仇恨在。其他五族，则蜀的北境达到陕西汉中（杨雄《蜀王本纪》记"蜀王东猎褒谷，卒见秦惠王"事，《御览》三十七引），汉中即在郿县之南；庸在今湖北竹山县，彭在今湖北房县至谷城县间，卢在今湖北南漳县东，都在汉水之南，大江之北；濮在今湖北枝江县，在大江之南。（上所拟定的各族疆域，见颉刚作《牧誓八国》《史林杂识初编》，这儿不更胪列理由。将来整理《牧誓》时再当详考。）为什么居今陕西中部的周人，能够号召江、汉流域的人民，跟随武王，矛头对着他们向无仇恨的殷人作战？我们可以说，如果不是太伯、仲雍及其子孙们在江、汉流域做了几十年的工作，使得这些部族对于周人服威、怀德，心甘情愿地做仆从国，是不会这样地由得周人驱遣的。以卢来说，除《牧誓》提到外，《立政》也有卢，实即《春秋·桓十三年》之卢戎。依杜《解》，其地在宜城县西山中，是在荆山之东，汉水之西，皆远离陕境。而文王立政有卢，武王伐纣亦有卢，它成了周的卫星国，自然可以看出这是太伯、仲雍南抚荆蛮的果实。其二，在武王克殷前后，封了许多亲族到南方，在汝水流域的有蔡（今河南上蔡县）、郾（今河南郾城县）、康（今河南禹县西北）、鲁（今河南鲁山县，其都于山东曲阜则是后来的迁徙）、应（鲁山县东）、沈（今河南汝南县），在颍水流域的有许（今河南许昌县）、顿（今河南商水县），在淮水流域的有陈（今河南淮阳县）、息（今河南息县）、蒋（今河南固始县），在郧水流域的有随（今湖北随县）、厉（随县北），在汉水流域的有巴（今河南邓县南）、聃（今湖北荆门县东南）。固然为资料所限，我们得不到有系统的记述，但周初南土之封必然与周公东征后东土之封约略相等，这是可以断言的。《左传》上又两次提到"汉阳诸姬"，足征周的一族封到汉水流域的数量必然很多。尤其是聃，它是武王同母弟聃季载的封国，受封必不会迟，而他却封到了荆山的东南，即今荆门县的那口城（《左传·庄十八年》："初，楚武王克权，……迁权于那处。"杜《解》："南郡编县东南有那口城。"晋编县故城在今湖北荆门县西。顾栋高《春秋大事表》五及沈钦韩《左传地名补注》均定为聃季所封国）。试问如不早经开发，哪会以王弟的尊贵身份而远迢迢地封到那边去？开发者为谁，则除了太伯、仲雍之外，无论在金文里或典籍里，再也找不出别一个主帅来。所以周太王为了经营南土，命令他的长子太伯、次子仲雍率领远征军，从汉水上游直到江、汉之间，以武力征服当地各族，使得那里的土地和人民都可为周人所利用，因而向北收取汝、颍、淮诸流域的土地，和河、渭的流域的周人旧有国土相衔接，为文王受命与武王克殷增添了政治和经济的资本，一若秦惠文王灭巴、蜀为秦始皇奠定统一的基础似的。这件大事虽然现存的史书上没有一点记载，却是一个可以肯定的假设。而且史书虽没有记载，但在孔子的议论里倒可以透出一些苗头。《论语·泰伯》："三分天下有其二，以服事殷，周之德可谓'至德'也已矣！"照后人的想法，周地只限于陕西中部，即使依了《古本纪年》，王季伐西落鬼戎，伐燕京之戎，伐余无之戎，伐始呼之戎，又伐翳徒之戎（均《后汉书·西羌传》李注引），说不定他开辟了很大的一片土地，但他只和西北的少数民族打交道，有类于秦穆公的"益国十二，开地千里"（《史记·秦本纪》），可是和中原诸国不发生什么关系，怎能说"三分天下有其二"？为了《论语》上有了这句话而战国时又盛传区分天下为九州之说，所以《逸周书·程典》便云"维三月既生魄，文王合六州之侯奉勤于商"，把"六州"拍合"三分有二"，当然更具体了，但还不敢说出它的州名。及至郑玄注《西伯戡黎》，乃云："'西伯'，周文王也。时国于岐，为雍州伯也，南兼梁、荆。在西，故曰'西伯'。'戡黎'，入纣圻内。"（《尚书》孔疏、《论语》邢疏引）又于《毛诗谱》云："周、召者，《禹贡》雍州岐山之阳地名。……周之先公曰大王者，避狄难，自豳始迁焉，而建德修王业。商王帝乙之初，命其子王季为西伯。至纣，又命文王典治南国江、汉、汝旁之诸侯，于时三分天下有其二以服事殷，故雍、梁、荆、豫、徐、扬之人咸被其德而从之。"于是《禹贡》的九州名配合了《论语》的"三分天下"，而纣所掌握的疆域只有冀、兖、青三州了。这固然仅该看作文字的游戏，当不得真，但我们如果用了《禹贡》的名词来讲太伯、仲雍的开发南土的实迹，也可以说他们是由雍入梁，由梁转荆，再由荆发展到豫的，因为那时的"天下"不像战国时大，所以也可说是"三分有二"。《牧誓》八国的从征和姬、姜两姓的分封南土都可由此而得到说明。至于泰伯让国这件事，正如成吉思汗命长子术赤远征西方，术赤子拔都继承这事业，建立金帐汗国，成吉思汗死时却命三子窝阔台做大汗，术赤既不为让国而远走高飞，成吉思汗也不为偏爱而废长立幼，因为他们的社会还不曾有封建的宗法制度。所有春秋以来的纷纷之说，包括孔子在内，都由于"立子以长不以贤"的嫡长继承法的牵缠而作出的主观的解释，我们决不该相信。又《左传》说"大伯端委以治周礼；仲雍嗣之，断发、文身，裸以为饰"，而《史记》说"太伯、虞仲……二人亡如荆蛮，文身、断发"，在向当地人民的生活的同化上有快慢的不同，也是两书不一致的地方。

（四）同书《吴世家》："吴太伯、太伯弟仲雍，皆周太王之子而王季历之兄也。季历贤而有圣子昌，……于是太伯、仲雍乃奔荆蛮，文身、断发，示不可用，以避季历。……太伯之奔荆蛮，自号句吴。荆蛮义之，从而归之千余家，立为吴太伯。太伯卒，无子，弟仲雍立。仲雍卒，子季简立。季简卒，子叔达立。叔达卒，子周章立。是时周武王克殷，求太伯、仲雍之后，得周章。周章已君吴，因而封之。乃封周章弟虞仲于周之北故夏虚，是为虞仲，列为诸侯。周章卒，子熊遂立。熊遂卒，子柯相立。柯相卒，子强鸠夷立。强鸠夷卒，子馀桥疑吾立。馀桥疑吾卒，子柯卢立。柯卢卒，子周繇立。周繇卒，子屈羽立。屈羽卒，子夷吾立。夷吾卒，子禽处立。禽处卒，子转立。转卒，子颇高立。颇高卒，子句卑立。是时晋献公灭周北虞公，以开晋伐虢也。句卑卒，子去齐立。去齐卒，子寿梦立。寿梦立而吴始益大，称王。自太伯作吴，五世而武王克殷，封其后为二：其一虞，在中国；其一吴，在夷蛮。十二世而晋灭中国之虞。中国之虞灭二世而夷蛮之吴兴。大凡从太伯至寿梦十九世。……太史公曰：……余读《春秋》古文，乃知中国之虞与荆蛮句吴兄弟也。……"《集解》："宋忠曰：
'"句吴"，太伯始所居地名。'"《索隐》："《系（世）本》曰：
'吴孰哉居蕃离。'宋忠曰：'"孰哉"，仲雍字。"蕃离"，今吴
之余暨也。'……'荆'者，楚之旧号。……'蛮'者，闽
也，南夷之名；蛮亦称越。此言'自号句吴'，'吴'名起于
太伯，明以前未有吴号。地在楚、越之界，故称'荆蛮'。颜
师古注《汉书》，以吴言'句'者，夷语之发声，犹言'于
越'耳。……注引宋忠以为地名者，《系本·居篇》曰'孰哉
居蕃离；孰姑徙句吴'，宋氏见《史记》有'太伯自号句吴'
之文，遂弥缝解彼云'是太伯始所居地名'。裴氏引之，恐非
其义。……夏都安邑，虞仲都大阳之虞城，在安邑南，故曰
'夏虚'。……周章之弟亦称'虞仲'者，盖周章之弟字仲，
始封于虞，故曰'虞仲'。则仲雍本字仲，而为虞之始祖，故
后代亦称'虞仲'，所以祖与孙同号也。〔转〕，谯周《古史
考》云'柯转'。〔颇高〕，《古史考》作'颇梦'。〔句卑〕，
《古史考》云'毕轸'。"

（五）同书同篇："王寿梦二年（前584年），楚之亡大夫
申公巫臣怨楚将子反而奔晋，自晋使吴，教吴用兵乘车，令其
子为吴行人，吴于是始通于中国。吴伐楚。……二十五年
（前561年），王寿梦卒。寿梦有子四人，长曰诸樊，次曰馀
祭，次曰馀眛，次曰季札。"《集解》："《世本》曰'诸樊徙
吴'也。"《索隐》："自寿梦以下始有其年，……计二年当成
七年也。……《襄十二年经》曰'秋九月，吴子乘卒'，《左
传》曰'寿梦'。计从成六年至此，正二十五年。《系本》曰：
'吴孰姑徙句吴。'宋忠曰：'"孰姑"，寿梦也。'……'寿'
'孰'音相近，'姑'之言'诸'也，……知'孰姑''寿梦'
是一人，又名'乘'也。"

　　按从《吴世家》的这两段文字里，我们可以知道吴王的世系；但它记的仲雍之后每一代都是父死子继，这却不可全信。试看寿梦四个儿子，除了季札之外都是兄终弟及，其后馀昧虽传子僚，而诸樊子光旋即杀僚自立，是为阖庐，似乎寿梦以上十五世不可能有一定的父子相承的继统法，就使有也不可能如理想中的平靖。

　　又按吴人建都之处，《世本》中的"孰哉居蕃离；孰姑徙句吴"和"诸樊徙吴"两语就显出了问题。吴王有名有号，等于中原的国君有名有谥，可是古代的吴语流传下来的太少，使我们无法分辨。宋忠的《世本注》说"孰哉"是仲雍，本是猜测之辞，孰哉都于蕃离，他说即汉会稽郡的余暨县，如果不误，那就是今浙江萧山县地，在钱塘江之南，说明太伯和仲雍并不是一下子到今苏州的。至于都吴之君，《世本》中就有孰姑和诸樊两说，大概无锡、吴县一带同在"吴"名之下，孰姑从蕃离徙到无锡，诸樊又从无锡徙到吴县。宋忠和司马贞都说"孰姑"就是寿梦，"孰"（zjuək）和"寿"（zjuə́）固同纽，"姑"（ko）和"梦"（mjwə̀ng）则杳不相干，《索隐》也无以自圆其说。我们知道了每一个吴王有名和号的不同，就不必死死地加以勾合。至于《春秋》里的"吴子乘"，似乎"乘"（djəng）即是"寿梦"的合音（因声纽重读则 zj 似可近于 dj，加韵母ə̀ng 即可成"乘"），二名因急读或缓读而有不同的写法。又司马迁读了"春秋古文"才知道中国的"虞"和夷蛮的"句吴"是兄弟之邦，可见这个关系不为一般人所习知。他所谓"春秋古文"大约即指《世本》这类记载。

　　（六）《者减钟》："隹正月初吉丁亥，工𢾅王皮難之子者澁（减）菁（择）其吉金，自乍（作）𣀒钟。……用薪（祈）𪕊（眉）壽（寿）鮴（繁）釐（釐）于其皇且（祖）、皇考，若罿（召）公壽，若参壽。……"《大系》："《左传·宣公八年》：'盟吴、越而还。'《疏》云：'太伯、仲雍让其弟季历而去之荆蛮，自号句吴。"句"或为"工"，夷言发声也。''工

戲'即是'句吴'，《攻敔王元剑》作'攻敔'，《攻吴夫差
监》作'攻吴'，均音近字之翻译。《史记·吴太伯世家》叙
自太伯以降至第十五世为'转'，《索隐》引谯周《古史考》
作'柯转'，柯转即此'皮難'也。'柯''皮'古同《歌
部》，'转''難'古同《元部》；'難'，古'然'字。柯转之
子为颇高，颇高之子为句卑，句卑时晋献公灭周北虞公（《春
秋·僖五年》）。此者减与颇高为兄弟，大约当春秋初年，鲁
国桓、庄之世也。……'若鼉公害……'鼉公，吴闿生以为召
公君奭，谓'召公寿最高，成王崩时，故老在者召公一人而
已。《君奭》"天寿平格"'（《吉金文选》上一·八引），今
从之。'若参寿'者，亦谓寿比参星。典籍及它种铭刻作'三
寿'者亦此意，旧未得其解。"

按这是清乾隆二十四年（1759年）江西临江府民耕地，得到的古
钟十一具，当地官吏献与清帝，编刻入《西清古鉴》甲编。程瑶田
《通艺录》亦有记载。临江府治即今江西清江县，使我们想见春秋初期
的吴国已由汉水流域迁至赣江流域，其后又从这里迁至钱塘江流域，逐
渐向东向北，从此可以判定"孰哉"不即是仲雍。又赣江入鄱阳湖的
口上有吴城镇，更可证明吴国曾有一个时候居今江西。它从钱塘之南迁
到太湖之北，大约已当春秋中叶，所以在《春秋经》里，吴国始见于
成八年（前583年）。他们的迁徙大约和楚国的扩张领土有关系，他们
居今湖北境内固然会陷入"汉阳诸姬"同样的命运，就是移今江西境，
也是北接楚的豫章，依然受到压迫，所以只得搬到长江下游去了。看
《左传·成七年》记"巫臣……通吴于晋……教之叛楚，……吴始伐
楚"，则在此以前，吴已成为楚的仆从国可知。等到他们迁到长江下游
时，奄和蒲姑两国，或已亡，或已衰，所以吴人可以安居在那里。

又按郭氏以"柯（ká）转（tiuán）说为"皮難"的对音，似不如
以"颇高"释"皮難"为宜，因为"颇"（púa）和"皮"（pjua）同

声，而"蘸"又从莫、焦声，"焦"（tsiau）与"高"（kau）为同韵。如果这样，者减当与句卑为兄弟。吴国的语言风俗虽已与南方各族同化，而写作文字则仍与中原无异，诸吴器铭辞可以证明。

又按吴的一名由陕西吴山来，而吴山即华山的一部，今同谓之秦岭。柳诒徵《说吴》云："吾族自称'华人'，莫详其所自始。……愚谓求'华人'之缘起当求'华'字之初文。……古代地名、国族最可疑者莫若'虞'与'吴'。以事迹言，吴起荆蛮，后于虞舜。以文字言，'虞'为合体，必先有'吴'字而后被以'虍'头。明乎'虞'之本字为'吴'，自知曰'虞'、曰'吴'者皆'华'也。吴之名起于吴山，一曰吴岳（《周官·职方氏》：'正西曰雍州，其山镇曰岳山。'郑《注》：'"岳"，吴岳也。'《尔雅·释山》：'河西，岳。'郭《注》：'吴岳。'《汉书·地理志》：'右扶风汧：吴山在西，古文以为"汧山"，雍州山。'《水经·渭水》篇郦注：'汧水又东会一水，发南山南侧，俗以此名吴山。《地理志》曰："吴山"，古文以为"汧山"也，《国语》所谓"虞"矣。'），其音本读曰'华'（hwo）。《周颂·丝衣》《鲁颂·泮水》之'不吴'，毛《传》、郑《笺》皆曰：'"吴"，哗（hwo）也。'此本以声训，不仅释义。陆氏《释文》引'何承天云"'吴'字误，当作'吴'，从'口'下'大'，故鱼之大口者名'吴'，胡化（hwò）反"，此言恐惊俗也'。愚按何氏所言实'吴'字之本音，陆氏乃疑其惊俗，谬矣！'虞'字本专指'虙虞'（ngiwo），古音不读'五俱切'，故古书或作'骀吾'（ngo），或作'骀牙'（ngo），明其与'吴'（ngwo）同一声也。吾国民族起于雍州，瞻仰吴山，名之为'吴'，而其人之流转他处者亦自称曰'吴人'，以地名也。由汧水而下，东抵渭滨，见大华山，亦名为'吴'；其作'华'者，后起之字也。渡河而抵妫水、历山，亦名为'吴'；其作'虞'者，后起之字也。又东抵安邑，又名其山曰'吴山'，后又筑城曰'吴城'（《汉书·地理志》：'河东郡大阳：吴山在西，上有吴城，周武王封太伯后于此，是为虞公，为晋所灭。'按班氏不知吴为古名，故以为吴山因太伯后而得名）。周之初兴在于雍州，太伯南奔，自号'句吴'，明其为'吴人'（即'华人'），不忘本也。仲雍所居曰'海虞'，明其为海滨之'华人'也。周武王封周章弟于周之北故夏虚，是为'虞仲'，示南迁之族复归故土也。自'麤虞'之字兴而'吴'反为南服之专名，若先有'虞'而后有'吴'者，不亦异哉！《说文》'"吴"，大言也，从矢、口'，……似'吴'字亦属合体，非初文。按殷契有'矢'字，一作'𠏢'，又作'𠐤''𠐤'二字，说者谓即'吴'字。盖'吴'之初文本作'大'，即'大'字，象人形，……'大'之与'矢'即一字也。次演而为'𠏢'，次又演而为'𠐤''𠐤'，次又演而为'吴'，于是'口'与'矢'分而为二；许书乃以'矢'为部首，'吴'为从'口、矢'矣。何以知'大'即'吴'也？曰：由'虞''夏'二代之号而知之。《说文》曰：'"夏"，中国之人也。''夏'既象中国之人，'吴'亦必象中国之人，且'吴'先于'夏'，知最初之绘人形，笔画单简，仅作'大'字；后来思想渐进，笔画益繁，乃详绘其首与手、足而作'𦥑'焉：此初民心理演进之征也。或曰：'大''吴''虞''夏'演进变迁之迹既可征矣，'大'何以变为'华'乎？曰：此亦可以文字演进征之。由'大'而有'夸'，由'夸'而有'荂'，由'荂'而有'华'，此所谓'孳乳浸多'也。……"这文说明了"矢"和"大"同象简单的人形，"吴"为"矢"字的演化，"虞"又为"吴"字的后起，"夏"则象复杂的人形，"华"和"虞"、"吴"又都是同音字，由此知道中国人自称为"华人"即由陕西的吴山、华山来。这是从语源上讨论文字的演进和民族的发展所得到的成绩，前代未有此论。我们看古籍及铜器铭文，知道"吴"字本有一前缀音，故曰"句吴"，而"句"字也写成"工"或"攻"，"吴"字也写成"麤"、"敔"或"虞"。"驺虞"亦写作"驺吾"（《山海经·海内北经》）和"驺牙"（《史记·滑稽列传》褚少孙补），和"句吴"写作"工麤"和"攻敬"，正可互证。太伯、仲雍的南征，为了不忘其本，随处以"吴"自标，表示他们是由西北迁出的一族。在他们迁出之后，那里是西周的王畿，仍可以封圻内诸侯，所以穆王时的《班簋》便有"吴伯"，宣王（？）时的《石鼓文》也有"吴人"。只因东南地方的吴国，自从寿梦以后越来越强大，"蛮夷属于楚者，吴尽取之"（《左传·成七年》），所以这个"吴"字竟在我们东南地方生了根，成为久假不归的地理名词了。

（七）《宜侯夨簋》："隹（惟）三（四）月，辰才（在）丁未，□（王）省斌（武）王、成王伐商图，徣省东或（国）图。王卜于斈（宜）入土，南□（卿、迨）。王令（命）虞厌（侯）夨曰：'□厌于斈。'易（锡）鬯瓒一卣（卣），商禺一口，衫（彤）弓一，彤（彤）矢百，旅（卢）弓十，旅矢千。易土：厥（厥）川（甽、畎）言（三百）□，厽□百又□，厽宅邑卅（三十）又五，□（厽）□百又卋（四十）。易才斈王人□（十）又七生（姓）。易奠七白（伯），厽囷（庐）□（千）又五十夫。易斈庶人六百又□六夫。斈厌夨颿（扬）王休，乍（作）虞公父丁阽彝。"

按这是一九五四年，江苏丹徒县龙泉乡烟墩山农民发掘古墓时偶然发现的铜器群中的一器。可惜发掘时不小心，若干重要文字被破坏了。器铭说"王省武王、成王伐商图"，可见作器当在康王之世。康王的封诸侯，《左传·昭二十六年》王子朝告诸侯一文固然已经提到，但在古书中则无可考。这铭说改封虞侯夨于宜，可以把这块空白填补得一点。宜之所在虽不可确知，但这器既在丹徒出土，自可即假定为丹徒或其附近。那里在长江的南岸，今镇江市，春秋时属于吴国，地名朱方，见《左传·襄二十八年》；它的北岸就是今扬州市，春秋末年是吴王夫差迁都之地，名为邗，也作"干"，战国时人往往连称为"吴干"（《战国策·赵策三》）或"干隧"（《秦策五》），吴王也就称为"邗王"

（《赵孟庎壶》）。周武王之世是否已封周章兄弟为虞、吴两国之君，现在还没有资料可以肯定；但自有这《宜侯簋》的出土，我们敢说至少在周康王之世已经这样地分封了，而且这两国都名"虞"。居今山西的虞是吴的分支，居今江苏的宜也是吴的分支，可见吴国在周初政治上的地位是够高的，而其所以有这样高的政治地位，则因太伯、仲雍及其后裔在南方拓土对于周王的克殷而有天下是一股重大的支援力量。所不易解的，为什么这位矢本是虞侯，后来要改封于宜而为宜侯？为什么《春秋经》《传》所载，只有吴国，也不再提起宜国是何时把国名改回来的？这虽不易解决，问题却不大，可是有一个大问题却可以借此解决了。自从成王初年，周公东征，奄和蒲姑等国迁到江南，筑起高城，凿为深池以自卫，难道周人就会放心了吗？他们对付这些被压迫民族的方法，就是利用久居南方、熟悉当地生活的同族人来监视它，更进一步去消灭它。宜侯封在长江边的今镇江市或丹徒县，试问对于建国今常州市的奄、今苏州市的蒲姑，威胁的力量有多么大？奄和蒲姑必然在春秋中叶以前已为宜或吴所灭，所以到了春秋以下，人们早已忘却，如果没有《越绝书》的作者不求甚解地提了两笔，那么我们在今天就很不容易意识到周初的东方民族曾有被迫南迁及再度灭亡的这回事了。

又按《宜侯簋》在出土时已破碎，文字十分难读，经过修整，又得郭沫若、唐兰诸家的研究，文义渐渐通贯。现在综合他们之说加上一点私见作解释如下："王省武王、成王伐商图，徦省东国图。"当是周初把武、成两代伐商和巡省东方的故事画在墙上，也许画个示意的地图（观《洛诰》中周公说"伻来以图及献卜"，可知在建筑东都的时候，已画了地图，和占卜的龟版一起向成王呈报，周人画地图是有经验的），康王因此看出应该在宜的地方封一个新国，作为江南的驻防。"王卜于宜入土，南卿"，最后一字已断坏，只剩右旁的"卩"，唐氏依文义推测，应为"卿"字，也就是《宜子鼎》"迨西方"的"迨"字。这是说王卜建立一个宜国而吉，因之在会合南方诸侯的时候封虞侯矢于宜。"弜弓、彡矢"该作"彡弓、弜矢"，"彡"即"彤"，朱色，"彡、弜"已为"彤弓、彤矢"的合文，而又出"弓、矢"字，这和"珷"本已是"武王"的合文而又出一"王"字，是同样的重床叠屋的写法。可是铭文的范给作鼎工人排颠倒了，所以"弓"上反作"弜"，"矢"上反作"彡"。下文锡土、锡民是周初封国经野的十分重要的资料，偏偏坏字特多，是一个无法弥补的损失。从"厥川"到"百又卅"都是关于锡土的项目。"川"，郭氏说："如为《周礼·遂人》'万夫有川'之'川'，则'三百川'为三百万夫，一夫百亩，为田三万万亩，锡土面积未免过大。'川'殆'甽'之省，'甽'同'畎'，'一亩三畎'（见《汉书·食货志》），则'三百畎'为田一百亩，赐土又未免过狭。"因此，他以为"三百"下所缺一字应是"万"字，他说："'三百万畎'为田一百万亩，乃万夫之地，似颇合适。此等数字似有一定之比例，如'一百四十'为'三十五'之四倍。'百又卅'上所缺一字如为'井'字，则恰合于'四井为邑'之古说。"唐氏说："'川'就是'畎'，但'川'字在这里应该是名词而不是数量词。《禹贡》：'岱畎丝、枲'，'羽畎夏翟'。《广雅·释山》：'"畎"，谷也。'《释名·释山》：'山下根之受溜处曰"甽"，甽，吮也，吮得山之肥润也。'这里的'川'应指山下肥沃的土地，如《散盘》'濕田牆田'之类。'三百'下可能是'田'字。……'乒宅邑卅又五'，是说所居住的有三十五个邑。"从"锡在宜王人"到"六百又□六夫"都是关于锡民的项目。郭氏说："'锡在宜王人□又七生'，'生'假为'姓'。一姓代表一族，则'王人'下所缺一字当为'十'，为数不能过多。"唐氏说："'锡奠七伯，乒閑□又五十夫'，应当是'千又五十夫'，《盂鼎》所锡奴隶，一批是'王臣十又三伯，人鬲千又五十夫'，和这一节同；另一批'自馭至于庶人六百又五十又九夫'，和下一节'锡宜庶人六百又□夫'相近，可以互证。'閑'读如'庐'，《趞曹鼎》作'𪊨'，《师汤父鼎》作'𪊮'，均从'閑'、从'虍'。《诗·公刘》：'京师之野，于时

处处，于时庐旅，于时言言，于时语语。'毛《传》：'"庐"，寄也。'
从文义说，'庐旅'跟'处处''言言''语语'是一样的，可以写作
'庐庐'或'旅旅'。《管子·小匡》'狄人攻卫，卫人出旅于曹'，《齐
语》作'卫人出庐于曹'，……可见'庐''旅'相通。《诗·信南山》
'中田有庐'，《左传·襄公三十年》传'庐、井有伍'，《汉书·食货
志》'在野曰"庐"'，可见庐在田野。《易·剥》卦'小人剥庐'，
《左传·襄公十七年》传'吾侪小人皆有阖庐以辟（避）燥湿、寒
暑'，可见庐是小人所住的。这种小人可以称为'旅'，也可以称为
'庐'。《汉书·鲍宣传》'苍头、庐儿皆用致富'，汉代的'庐'已从
田舍引申为值宿的庐，但'庐儿'还是奴隶的名称。这里所说'锡奠
七伯，𤇙闲千又五十夫'，是指由郑地的七伯所率领的旅寄在宜地的农
业奴隶。"从这些考证看来，可见当时锡土有"𤰞、邑"等四项，锡民
有"王人、伯、庐、庶人"四项，庐和庶人是农业奴隶没有疑问，王
人和伯则是为诸侯管理奴隶的人，也就是奴隶的头子。《盂鼎》的"王
臣"就是伯，而农业奴隶则有"人鬲、驭、庶人"三类，和这器略有
不同，人数都在一千七百左右。（按"夫"固然可以当作"人"解，但
也可作"家"解。《周官·载师》："凡宅不毛者有里布；……凡民无职
事者出夫家之征。"郑《注》："宅不种桑麻者，罚之使出一里二十五家
之布；民无常业者，罚之使出一夫百亩之税，一家力役之征也。"《孟
子·万章上》："上农夫食九人，上次食八人，中食七人，中次食六人，
下食五人。"是知一夫实代表全家。今以家属人口无法实定，故以一夫
作主要劳动力的一个人计算。）"在宜王人十又七姓"和《左传·定四
年》记成王封唐叔时分与"怀姓九宗"杜《解》"'怀姓'，唐之余民；
'九宗'，一姓为九族"相类，都该是土著的大族。所以称为"王人"
或"王臣"者，是表明他们服从周人的统治已久，周王承认他们是自
己的臣民，可以充当各国诸侯的官员，所以《左传·隐六年》有"翼
九宗、五正……逆晋侯于随"的事，杜《解》："'翼'，晋旧都也。唐

叔始封，受怀姓九宗、职官五正，遂世为晋强家。"可知怀姓九宗虽为亡国遗民，但在新的统治集团里仍旧保持着他们的政治地位。按《梓材》云："以厥庶民暨厥臣达大家，以厥臣达王，惟邦君。""王"和"邦君"是统治阶级，"民"和"臣"是被统治阶级，而邦君之下、民臣之上却有"大家"一级，他们也自有其民和臣，是邦君政权的支持者，邦君要善于处理"大家"和自己的关系，才可以巩固"邦"的政权。这些大家无疑是大奴隶主。又《逸周书·商誓》云："告尔伊、旧（咎）、何父□□□□、几（饥）、耿、肃（萧）、执（挚）乃殷之旧官人，……及百官、里居（君）、献民。"同书《度邑》云："厥征天民名（《史记·周本纪》引作'其登名民'）三百六十夫。"又同书《皇门》云："维其有大门宗子、势臣，罔不茂扬肃德……以助厥辟，勤王国、王家。"都可看出周人对于殷的世家大族是何等地注意，如何想取得他们的拥护来巩固自己的统治地位。宜侯受锡在宜王人十七姓，可见他分得的"大家"已不少。当周康王改封虞侯矢为宜侯之后，原来吴国在湖北或江西的疆土必然有人承继他的侯职。到了春秋时代，吴国从江西搬到浙江，再搬到江苏，吴、宜两国又合并作一家。这都是可以从文字的夹缝里搜寻出来的史实。

伍　徐和淮夷的迁、留①

一　徐和淮夷的总叙

（一）《费（柴）誓》："公曰：'嗟！……徂兹淮夷、徐戎并兴。善敕乃甲、胄，敿乃干，无敢不吊！备乃弓、矢，锻乃戈、矛，砺乃锋、刃，无敢不善！……甲戌，我惟征徐戎。峙乃糗粮，无敢不逮！……'"《伪孔传》："伯禽为方伯，……今往征此淮浦之夷、徐州之戎。……言当善简汝甲（铠）、胄

---

① 原载《文史》第三二辑，1990年3月。

（兜鍪），施汝楯、纷，无敢不令至攻坚使可用备汝弓、矢，弓调矢利，锻炼戈、矛，磨砺锋、刃，皆使无敢不功善。……皆当储峙汝糇糒之粮使足食，无敢不相逮。"

（二）《书序》："鲁侯伯禽宅曲阜，徐、夷并兴，东郊不开，作《费誓》。"《伪孔传》："'费'，鲁东郊之地名。"《释文》："'开'，……马本作'辟'。"孔《疏》："诸侯之制，于郊有门。恐其侵逼鲁境，故东郊之门不开。……东郊不开，则戎、夷去鲁近矣。"

按这是说周公东征之后，其子伯禽封于曲阜，和他最接近的两个邻邦——淮夷和徐戎都起来攻打，迫使鲁国东郊的交通因之而封锁，可见这两国国力之强，敢和新封的鲁相对垒；又可见这两个国家都在鲁国的东面，所以首先受到威胁的是鲁的东郊。徐称为"戎"，淮夷称为"夷"，又可看出它们未必是一族，至少是一大族的两支。

又按《费誓》的"费"（pjuəi）是唐卫包所改，原本作"粊"（pjuèi），《说文·米部》"'粊'，恶米也，……《周书》有《粊誓》"可证。王鸣盛《尚书后案》三十："粊为鲁东郊地，则应在今曲阜县，而已无考。唐人改为'费'。考春秋之初，费自为国（按此据《左传·隐元年》"费伯帅师城郎"）……后并于鲁，为季氏邑，《僖元年左传》'公赐季友汶阳之田及费'，是也。汉为县，属东海郡，故城在今兖州府费县西北二十里，去曲阜且三百里。后人疑作誓之地即在此，皆非也。"根据字音相近，轻改古籍文字，容易发生杜撰古代历史的坏作用，即此可见。《史记·鲁世家》："淮夷、徐戎亦并兴反，于是伯禽率师伐之于肸，作《肸誓》。"《集解》："徐广曰：''肸'，一作'鲜'，一作'狝'。'骃案：《尚书》作'粊'。"《索隐》："《尚书大传》见作'鲜誓'。……'鲜'，狝也，言于肸地誓众，因行狝田之礼。以取鲜兽而祭，故字或作'鲜'，或作'狝'。"由此可见这字又有"肸"（xjet）、"鲜"（sián）、"狝"（sián）的异写，而字音均与"粊"

(pjuèi) 不类，不详其故。司马贞的"狄田""鲜兽"诸解释亦只望文生义的附会。《明公簋》有"在鳘"之文，郭沫若释"鳘"为"狄"，可见确有这一地名。

又按余永梁《柴誓的时代考》说《柴誓》是春秋时鲁僖公所作，但在《春秋》和《左传》里，僖公时并没有淮夷、徐戎共同伐鲁的事，而且徐戎在那时已不居鲁东，此说殊难成立，故今沿用旧说，仍置周初。

（三）《诗·鲁颂·闷宫》："奄有龟、蒙，遂荒大东，至于海邦，淮夷来同。……保有凫、绎，遂荒徐宅，至于海邦，淮夷、蛮、貊，及彼南夷，莫不率从，莫敢不诺。"

按这文说"淮夷"，又说"南夷"，淮夷在鲁国之东，南夷在鲁国之南，可以断言这"南夷"即是金文中的"南淮夷"。淮夷是居今潍水流域的，南淮夷是居今淮河流域的，这是一个民族的分家，说详丁·伍·八—十。"徐宅"则是徐国的原居地，非迁地，说详丁·伍·二。这文说"遂荒徐宅"之后，淮夷和南夷"莫不率从"，可见写作《闷宫》的时代，徐的原居地已为鲁人所占有。

（四）罗泌《路史·国名纪》二："少昊后嬴姓国：……徐：《括地志》云：'泗州徐城县北。'今徐城镇在泗之临淮镇北三十（按脱'里'字），有故徐城，号'大徐城'，周十一里。……淮夷：《世本》云'嬴姓'，盖非一。"

按《路史》根据《世本》，定徐与淮夷同为少昊之后嬴姓国，嬴姓属于鸟夷族，而淮夷之名从"隹"，隹为短尾鸟，见《说文·隹部》，则淮夷分明就是鸟夷之一。可是各家所引《世本》，说徐为嬴姓的很多，而说淮夷为嬴姓的则仅《路史》一见，别家都没有提，连罗泌自己也觉得不该全部肯定而说"盖非一"，可知淮夷是一个综合的名词，其中或不止一姓。关于这个问题，为资料所限，现在没法断定。但徐和淮夷地实邻近，对外的军事和外交又采取共同行动，他们两国关系的亲密是无疑的。《作雒》出"徐"而未出"淮夷",也许它把淮夷包括于"盈"(即嬴)姓之下。泗州徐城县北的大徐城当是西周时代几次东征后徐国南迁所筑,决不是他们的本土,见丁·伍·五~七。

二 徐的旧居地———鲁东的徐州

(一)《左传·定四年》:"周公相王室以尹天下,……分鲁公以……殷民六族:条氏、徐氏、萧氏、索氏、长勺氏、尾勺氏,……是使之职事于鲁。"杜《解》:"共(供)鲁公之职事。"

按伯禽受封时所分得的被征服的民族,徐氏是其一。"供鲁公之职事",即是从生产上和劳役上尽量供应鲁公室的需要。

(二)《吕氏春秋·首时》:"齐以东帝困于天下,而鲁取徐州。"高诱《注》:"齐湣王僭号于东,民不顺之,……是以鲁国略取徐州也。"

按鲁东本有徐州一地,见下二节,这必是徐族的旧居地,或鲁立国后徐氏人民聚居之所。不知何时为齐所掠取。齐湣王十三年(前 288 年)称东帝,鲁不服,所以把这块地方夺了回来。

(三)《史记·鲁世家》:"顷公……十九年,楚伐我,取徐州。"《集解》:"徐广曰:'徐州在鲁东,今薛县。'"《索隐》:"按《说文》:'邾……在鲁东。'又《郡国志》曰:'鲁国薛县,六国时曰徐州。'……则'徐'与'邾'并音舒(sjo)也。"(按"徐州",惟《索隐》从"人"旁作"徐",但近刻本亦改为"徐"。)

按这年是楚考烈王二年(前 261 年),离齐湣王称帝才二十七年,鲁国的徐州又给楚国抢去了。再过五年(前 256 年),鲁就被楚灭了。这时楚的南部地方大量被秦攻取,所以他们尽向北方发展来作补偿。

(四)《说文·邑部》:"'邾',邾下邑地(按"地"当作"也")。……鲁东有邾城。"段玉裁《注》:"'邾',当作

'邻'。……《周礼》雍氏注'伯禽以王师征徐戎',刘本'徐'作'郐',音'徐'。……邹在鲁东,则郐在鲁东可知矣。"

按从以上数条看,尤其是从《诗·闷宫》看,徐和淮夷两国都在鲁的东方,鲁人经龟、蒙二山可到淮夷,经凫、峄二山可到徐国。依《清一统志》,龟山在泗水县东北五十里,与新泰县接界;蒙山在蒙阴县南,接费县界;凫山在邹县西南五十里,接鱼台县界;峄山在邹县东南二十里。是淮夷偏北,在今诸城、日照一带;徐国偏南,在今兰山、郯城一带。要之,都在今山东省的东南部,离海甚近,所以《闷宫》中两次说"至于海邦"。又鲁的东郊外有"徐州"这一地方,当然是徐人的旧居;其后徐人迁走,成为鲁、郐、齐三国互相抢夺的一个地点。"徐"字有"涂""郐"的异写,又有"舒"(sjo)、"徐"(zio)的异音。《玉篇·邑部》引《春秋》"徐人取舒","舒"作"郐"。金文中"徐"皆作"𣄳","邑"在"余"左。"余"亦作"舍";从"人"从"彳"也都是从"邑"的变体。如"邑"旁居右,更近于"舒"。即此可证徐和舒原是一个民族,也是一国的分化,《闷宫》所谓"荆、舒是惩",即是说的鲁伐楚和徐。"郐"(ṭiuo)和"邹"(tjuo)同《侯部》,是一音之转。据金文《郐公悭钟》及《郐太宰簠》等作"𪔂",而《郐公钰钟》作"郐",可见《春秋》《左传》中的"郐"是正字,战国时书如《孟子》等作"邹"是假借字,段氏说误。

三　徐的旧居地二——齐西南的徐州

(一)《史记·越世家》:"句践已平吴,乃以兵北渡淮,与齐、晋诸侯会于徐州,致贡于周。……当是时,越兵横行于江、淮,东诸侯毕贺,号称霸王。"

按这个"徐州",三家注俱无释。从这段文字看来,句践渡淮而北,和齐、晋诸侯相会,这个徐州必然在齐的西面、晋的东面,交通方便之处,和鲁东的徐州不是一个地方。

又按《春秋·哀十三年》:"公会晋侯及吴子于黄池。"《国语·吴语》:"吴王夫差……起师北征,阙为深沟于商(宋)、鲁之间,北属之沂,西属之济,以会晋公午于黄池。"当时夫差为了争霸中原,而吴人习于舟师,所以特地开一运河,自泗入济;这河经过菏泽,后世便称为菏水。菏与泗交会处,在汉代的鲁国薛县之西,疑句践即袭夫差旧迹,由邗沟北行,至黄池会诸侯。即使黄池和这徐州不是一地,也必同在泗、菏两流域之间。

(二)同书《田完世家》:"宣王……七年(前313年),与魏王会平阿南。明年,魏惠王卒。明年,与魏襄王会徐州,诸侯相王也。十年(前310年),楚围我徐州。"《索隐》:"〔明年,梁惠王卒〕,案《纪年》,梁惠王(按此下应脱一'卒'字)乃是齐湣王为东帝、秦昭王为西帝时。此时梁惠王改元称一年,未卒也。而《系(世)家》以其后即为魏襄王之年,又以此文当齐宣王时,实所不能详考。"

按自从秦始皇焚灭六国史记之后,战国史料存留的已极稀,故《史记》中对于六国世家的编次最为凌杂无序。本篇说齐王与"魏襄王"相王,《魏世家》也说"襄王元年(前318年),与诸侯会徐州,相王也,追尊父惠王为王",《索隐》据《纪年》以纠正其为"梁惠王"之误,这是很对的。至于这位齐王也不是"齐宣王",又是一个问题。《秦本纪》:"惠文君……四年(前334年),……齐、魏为王。"《索隐》:"齐威王、魏惠王。"也该据的是《纪年》。因为齐威王、魏惠王相王,所以齐、魏在那时都称王;若到他们的儿子齐宣王、魏襄王的世里才称王,那么齐威、魏惠就只得照儒家的设想,说为"追王",这显然不是战国时的史实。齐威和魏惠会徐州以相王,第二年楚又围齐的徐州,《楚世家》又说,楚威王"七年(前333年),齐孟尝君父田婴欺楚,楚威王伐齐,败之于徐州,而令齐必逐田婴"。从这些条文字看来,我们可以知道这个徐州是在齐境的西南角,和越王句践会齐、晋诸侯的徐州即是一个地方。

（三）《古本纪年》："梁惠王三十一年（前340年），下邳迁于薛，故名曰'徐州'。"（《史记·鲁世家》索隐引）

（四）雷学淇《竹书纪年义证》三十八："'邳'，……古邳侯国，奚仲之迁都也。……'薛'，即《汉志》之薛县，奚仲之故封也。……《定公元年左传》：'薛宰曰："薛之皇祖奚仲居薛，以为夏车正。奚仲迁于邳。仲虺居薛，以为汤左相。"'盖奚仲本封于仲虺城东三十里之故薛城，地与鲁之常邑相倚。……《春秋·庄公三十一年》'筑台于薛'，即此。后奚仲迁于下'邳'，地在今之邳州。……仲虺为汤左相，迁于薛城之西三十里，是为'上邳'，即仲虺城也，……周之薛侯皆居此也。春秋时，齐侵薛之西境，谓之'舒州'（按此说误，详下数节），即《史记·齐世家》之'徐州'也，实为田氏之邑。战国时，齐更东侵至于郭，'郭'乃漷上之邑，近薛城而界于鲁、宋者。《左传·庄十一年》'公败宋师于郭'，即此。此靖郭君田婴之封邑也。是时薛因齐人逼处，复迁居下邳，《楚世家》所谓'邹、费、郯、邳'是也。至是年（按即《纪年·梁惠王三十一年》）以下邳封成侯驺忌，邳仍迁于奚仲所居之薛城，统薛、郭之地而皆被以'徐州'之名，以为田忌之食邑，使檀子守之，而薛乃自此日替矣。……至惠王后元十三年（前322年），齐封田婴于薛，谓之靖郭君，时薛犹延祀。至宣王之世，更东北侵鲁之常邑而并于薛，以封田文，而薛乃灭绝，即《孟子》谓'齐人将筑薛'是也。故《战国策》谓田文为'薛公'，又曰'孟尝君'（按《清一统志》山东兖州府："'常邑'，在滕县东南。《诗·鲁颂》'居常与许'，郑氏曰："常"，或作"尝"，在薛之南，……孟尝君食邑于薛。'"）即今王（魏襄王）十九年（前300年）会于釜邱之'薛侯'已。……今薛县故城在山东滕县南四十里，仲虺城在故薛城西三十里。"

按从《纪年》文及雷氏《义证》看来，可知孟尝君所封的薛，即是齐侵薛所得的"徐州"。这个徐州，即是越王句践会诸侯、齐威王和魏惠王相王的徐州，其地在齐境的西南、鲁境的正南，西与宋境相接，在汉为鲁国薛县西境，今地在山东滕县南，运河的东岸。因为这地恰当南北孔道，所以在春秋、战国时代就成为各国间集会所在。

又按《左传·成二年》：齐、晋战于鞌，齐败，"遂自徐关入"，又《成十七年》"齐侯与之（国佐）盟于徐关而复之"，这是齐国的关而以"徐"为名，可见那里本来也是徐地，和"徐州"的取名正同。徐关所在，《春秋释例》卷六云："阙。又云：齐州章邱县有故徐关城。"按云"阙"者杜预原文；云"齐州章邱县"者，则唐人增入之文。

四　徐的旧居地三——齐北的徐州

（一）《春秋·哀十四年续经》："夏四月，齐陈恒执其君，置于舒州。……六月，……齐人弑其君壬于舒州。"《左传》："庚辰，陈恒执公于舒州。……甲午，齐陈恒弑其君于舒州。"杜《解》："'壬'，简公也。"

（二）《史记·齐世家》："庚辰，田常执简公于徐州。"《集解》："《春秋》作'舒州'。贾逵曰：'陈氏邑也。'"《索隐》："'徐'，音'舒'（sjo），其字从'人'。……《说文》作'邻'（zio、do），邻在薛县。"

（三）同书《田完世家》："简公出奔，田氏之徒追执简公于徐州。"《索隐》："'徐州'，齐邑，薛县是也。"《正义》："齐之西北界上地名，在勃海郡东平县（按"平"下脱"舒"字）也。"

按陈恒执杀简公的地方，《左氏经》《传》均作"舒州"，《史记》则或作"徐州"，或作"徐州"。其地所在，司马贞以为即薛县，张守节则以为在东平舒县，两说不同。东平舒县在汉勃海郡，今河北省东部大城县境。

（四）江永《春秋地理考实》三：“此‘舒州’非薛城之‘徐州’也。当时滕、薛未亡，陈恒安得置其君于此。张守节……说最是。东平舒在今顺天府大城县界，此齐之极北，与燕界者也。齐之履北至无棣，汉时无棣与东平舒并属渤海郡，则齐之北境可至东平舒矣。……是时陈恒将弑君，故置诸极远之界而幽之。”

按这是支持张守节说的。齐地北至无棣，见《左传·僖四年》。无棣在今河北省东南角的庆云县。舒州为今大城县，则在庆云的西北。固然两地相去还有一段路，但齐于春秋世实有向北拓土的事实，所以齐境可和北燕相接，两国间有频繁的往来，见于《春秋经》。这舒州当是陈恒的采邑。

（五）《史记·田完世家》：“威王……二十四年（前333年），与魏王会田于郊。魏王问曰：‘王亦有宝乎?’威王曰：‘……吾吏有黔夫者，使守徐州，则燕人祭北门，赵人祭西门，徙而从者七千余家。’”《集解》：“贾逵曰：‘齐之北门、西门也。言燕、赵之人畏见侵伐，故祭以求福。’”

（六）江永《考实》三：“此‘徐州’亦音‘舒州’，正是东平舒，接燕而近赵之地，故燕、赵畏之而祭门。若黔夫守薛城之徐州，去燕、赵甚远，燕、赵何为而祭门？此事理之尤明者。”

（七）吴熙载《通鉴地理今释》一：“‘徐州’，按《注》（胡三省《通鉴注》）言‘薛县’，非也。今直隶保定府安肃县有徐城，与下言燕、赵合。”

按齐的北部有徐州，得《史记》一证和江、吴两家说而益明。安肃县今改名徐水县，在大城县的西北。徐水源出易县五回岭，东南流经满城、徐水、安新三县境，注于白洋淀。徐水县内有故徐城，其为徐人所居地无疑。其地在今保定市北，涞水县南。涞水县是北伯诸彝器所出，王国维疑即邶国，正是殷人的势力范围。徐的国都虽在鲁东，而鲁南和燕南也都有其邑，燕南又有大城、徐水两地，知其国土甚为广大，或这一民族的分布点甚远且多。因为徐境远达北方，所以《国语·郑语》记史伯的话道"当成周者，……北有卫、燕、翟、鲜虞、路、洛、泉、徐、蒲"，徐和燕、翟、鲜虞排在一起，都为北方之国。这河北省内的徐州，或是周公东征后徐人所迁，或是徐国的原有疆土，今尚不能确定，但我们可以对于这三处遗存的"徐州"地理名称和"徐水"一条河流而推想他们民族的所据和所至，说明这一历史事实，是饶有根据的。

五　迁至江、汉及淮河流域的徐国

（一）《诗·大雅·常武》："赫赫明明，王命卿士：南仲大祖，大师皇父，整我六师，以修我戎。既敬既戒，惠此南国。王谓尹氏：命程伯休父左右陈行，戒我师旅，率彼淮浦，省此徐土。不留不处，三事就绪。……王奋厥武，如震如怒，进厥虎臣，阚如虓虎。铺敦淮濆，仍执丑虏。……王旅啴啴，如飞如翰，如江如汉，……绵绵翼翼，不测不克，濯征徐国。……徐方既同，天子之功。四方既平，徐方来庭。徐方不回，王曰还归。"毛《传》："赫赫然，盛也。明明然，察也。王命南仲于大祖，皇父为大师。'尹氏'，掌命卿士。程伯休父始命为大司马。'浦'，厓也。诛其君，吊其民，为之立三有事之臣。……'濆'，厓；'仍'，就；'虏'，服也。……啴啴然，盛也。疾如飞，挚如翰。……'绵绵'，靓（静）也。'翼翼'，敬也。'濯'，大也。〔来庭〕，来王庭也。"卫《序》："'《常武》，召穆公美宣王也。有常德以立武事，因以为戒然。"郑《笺》："'南仲'，文王时武臣也。……宣王之命卿士为大将也，乃用其以南仲为大祖者，今大师皇父是也。……命将必本其祖者，因有世功，于是尤显。……'敬'之言'警'也，警戒六军之众，以惠淮浦之旁国。……'率'，循也。……循彼淮浦之旁，省视徐国之土地叛逆者。……'进'，前也。'敦'，当作'屯'。'丑'，众也。王奋扬其威武，而震雷其声，而勃怒其色，前其虎臣之将，阚然如虎之怒，陈屯其兵于淮水大防之上以临敌，就执其众之降服者也。……'翰'，其中豪俊也。'江、汉'，以喻盛大也。……'回'，犹'违'也。"陈奂《疏》："《传》云'王命南仲于大祖'，言王于大祖庙命南仲为卿士也。……《白虎通义·爵》篇：'封诸侯于庙者，示不自专也，明法度皆祖之制也，举事必告焉。'……《传》云'皇父为大师'，言王命此皇父为大师，亦必于大祖庙也。……宣王既于镐都蒐军实，乃移师次于江、汉之浒。……'留'，古'刘'字。《武》传云：'"刘"，杀也。''处'，犹安止也。《传》意以'诛其君'释《经》之'留'，'吊其民'释《经》之'处'；两'不'字皆发声也。《十月之交》传'"择三有事"，有司，国之三卿'，与此'三事'同。大国三卿皆命于天子，故云'为之立三有事之臣'也。《閟宫》传：'"绪"，业也。就业者，谓三卿皆有职司于王室故也。……《释文》两'如'字皆作'而'。……'震'，动也，言王奋发用武而动怒也。……《说文》：'"虩"，虎鸣。'……《风俗通义·正失》篇引《诗》作'哮虎'。……《大戴礼·劝学》篇'无绵绵之事者无赫赫之功'，'绵绵'，《荀子》作'悢悢'，……皆谓'密'也。……《文王》传：'"翼翼"，恭敬也。'……'不测不克'，'不'，语词，谓深测、攻克也。……淮浦之御兵既已败散，至此则大征徐国，入其国都尔。"

　　按这是周宣王任命南仲、皇父、程伯休父等将帅出兵大伐徐国的诗。诗中说"南国"，又说"淮浦"，分明徐国那时已经南迁到了淮河岸上，不再是鲁东的一国。这次战役，周人获得大胜，既经捉得许多俘虏，又进入他们的国都，为他们立了"三有事之臣"（司徒、司马、司空），掌握了他们的政权。等到徐国势穷力竭，俯首来朝，不敢再违逆王命，然后"王曰还归"，表明这回战事，是宣王亲自出马的。从这首诗里，可以清楚地看出周王朝对于东方民族自高自大的气派和强烈地施行压迫的力量。至卫宏说此诗是召穆公所作，毫无根据，只缘前一篇《江汉》有宣王赏赐召虎的事，他就很轻易地作出这一个推测而已。

　　又按这篇中最成问题的句子，是"南仲大祖，大师皇父"。毛《传》说："王命南仲于大祖，皇父为大师。"分明是同时存在的两人，南仲是周宣王时人。郑《笺》先断定了南仲是"文王时武臣"，于是说大师皇父是"以南仲为大祖"的，那么皇父是南仲的远孙，宣王为"整我六师"而任命的将帅只是皇父而不是南仲了。推原郑玄所以有这个说法之故，为的是《小雅·出车》为伐猃狁之诗，而有"王命南仲，往城于方"的话，毛《传》已说"'王'，殷王也。'南仲'，文王之属"。卫《序》也因《采薇》《出车》《杕杜》三篇都排入《鹿鸣之什》，是《小雅》的首数篇，时代应该提早，所以他就大言不惭地说："文王之时，西有昆夷之患，北有猃狁之难，以天子之命命将率、遣戍役，以守卫中国，故歌《采薇》以遣之，《出车》以劳还，《杕杜》以勤归也。"其实诗篇的先后并不像《春秋经》一般，有一定的年月次序。在《小雅》的《南有嘉鱼之什》里即有《六月》《采芑》两篇讲宣王命吉甫、南仲、方叔伐猃狁和征荆蛮的诗，《六月》说"猃狁匪茹，整居焦获，侵镐及方，至于泾阳"，为了猃狁的"侵镐及方"，所以王命南仲"往城于方"，看来《出车》的时间还该在《六月》之后。而且说南仲为文王时将，只是《毛诗》一家之言，所以班固作《汉书》，用《鲁诗》说，于《古今人表》上下"智人"一格里，南中

（仲）与召虎、方叔、尹吉甫、程伯休父等人同列于周宣王之下，分明把《出车》《常武》二篇中的"南仲"看作一人。蔡邕《谏伐鲜卑议》亦云："周宣王命南仲、吉甫攘猃狁，威蛮荆。""南仲大祖"一语，只该如陈奂说，周宣王在大祖庙中命南仲，与大师皇父同整六师。

（二）李泰《括地志》："大徐城在泗州徐城县北三十里，古之徐国也。"（《史记·赵世家》正义引）

按大徐城在今安徽东北角泗县北百余里，当洪泽湖和土山湖之间。这固然说明了徐国已经抛撇了山东的旧居地而迁到了淮河中游的北岸，但是不是一下子就迁到那里的呢？我们觉得，这已是再迁地，初迁应在汉东，再迁才到这里，而以今江苏徐州市为北境。说见丁·伍·七。

六　春秋时徐国衰亡的经过

（一）《春秋·庄二十六年》："公会宋人、齐人伐徐。"

按这是齐桓公为了准备伐楚，希望把自己的势力深入淮南和江北，所以和鲁、宋共同伐徐。

（二）《春秋·僖十五年》："楚人伐徐。三月，公会齐侯、宋公、陈侯、卫侯、郑伯、许男、曹伯盟于牡丘，遂次于匡。公孙敖帅师及诸侯之大夫救徐。……秋七月，齐师、曹师伐厉。……楚人败徐于娄林。"《左传》："楚人伐徐，徐即诸夏故也。三月，盟于牡丘，寻葵丘之盟，且救徐也。孟穆伯（公孙敖）帅师及诸侯之师救徐，诸侯次于匡以待之。……秋，伐厉，以救徐也。……楚败徐于娄林，徐恃救也。"杜《解》："'匡'，卫地，在陈留长垣县西南。'厉'，楚与国，义阳随县有厉乡。……'娄林'，徐地，下邳僮县东南有娄亭。"

按这是齐桓公伐楚后十一年的事。那时齐、楚的国势都强盛，徐既服齐，楚就伐徐，齐又征召了诸侯之师来救徐，并伐楚的与国厉以为报复，然而徐人仍败于楚，可知那时的徐已成为一个撑不起来的弱国。其后齐伐厉不克，又纠合了徐人伐楚的与国英氏以报娄林之役，见《左传·僖十六》《十七年》。到昭十六年（前526年），齐景公又曾伐过一次徐，得了小胜，亦见《左传》。

（三）《左传·成七年》："巫臣请使于吴，晋侯许之，吴子寿梦说之，乃通吴于晋，……教吴乘车，教之战陈，教之叛楚。……吴始伐楚，伐巢，伐徐。……蛮夷属于楚者吴尽取之，是以始大。"杜《解》："'巢''徐'，楚属国。"

按徐本介于齐、楚两大国之间，自从齐的霸业销沉，楚的国力益盛，徐又倒向楚的怀抱。到了这时，楚的申公巫臣为了报复他个人的私怨，受了晋的使命，替晋扶植东南方的与国吴，吴就成了楚的劲敌，江、淮间楚的属国大部分被吴抢了过去，于是徐国又转而处于吴、楚两大国之间了。

（四）《春秋·昭四年》："楚子、蔡侯、陈侯、郑伯、许男、徐子、滕子、顿子、胡子、沈子、小邾子、宋世子佐、淮夷会于申。楚子执徐子。"《左传》："徐子，吴出也，以为贰焉，故执诸申。"杜《解》："言楚子以疑罪执诸侯。"

（五）《春秋·昭五年》："楚子、蔡侯、陈侯、许男、顿子、沈子、徐人、越人伐吴。"《左传》："楚子以诸侯及东夷伐吴，以报棘、栎、麻之役。"

按楚灵王图霸，挟诸国为会而执徐子，又率诸国伐吴而徐人即其一，可见那时徐国竟成为楚王手中任意摆布的玩物，没有一点自由。棘、栎、麻是楚的东鄙三邑，《昭四年》吴伐楚时所入。

（六）《左传·昭六年》："徐仪楚聘于楚，楚子执之；逃归。惧其叛也，使薳泄伐徐。吴人救之。"杜《解》："'仪楚'，徐大夫。"

按楚灵王既执徐君，又执徐臣，又出兵伐徐，可见他对于徐国的压迫程度的强烈。为了徐是吴、楚争夺的目标，所以楚去伐时吴就来救。

又按《大系》著录的徐器凡七：《邾王糧鼎》、《宜桐盂》（宜桐为邾王季粟之孙）、《沇儿钟》（沇儿为邾王庚之叔子）、《王孙遗者钟》、《邾王义楚鍴》、《儌儿钟》（儌儿为义楚之良臣）、《邾韹尹鉦》。著录于于省吾《商周金文录遗》的又有《邾王子旃钟》《邾王之子郢戈》等。因为徐国的历史不曾传下来，无法把遗物和文献资料比勘。只有"义楚"和"义鄹"可和《左传》这条"仪楚"相印证，所以《大系》说："《左传·昭六年》'徐仪楚聘于楚'，即此'徐王义楚'，聘楚盖其尚为世子时事。杜预以为'徐大夫'，乃出于推臆。"（邾王义楚鍴）依此说，仪楚于昭六年（前536年）尚为徐世子，而昭三十年（前512年）吴灭徐时的徐君已为章禹，可以推见仪楚的在位年代不太长久。

（七）《春秋·昭十二年》："楚子伐徐。"《左传》："楚子狩于州来，次于颍尾，使荡侯、潘子、司马督、嚚尹午、陵尹喜帅师围徐以拒吴。"

（八）《左传·昭十三年》："楚师还自徐，吴人败诸豫章。"杜《解》："〔豫章〕江北，淮水南。"

按这是楚灵王临死前的一次伐徐之役。州来，今安徽西部凤台县地。颍水，在凤台县西。

（九）《春秋·昭三十年》："冬十有二月，吴灭徐。徐子章禹奔楚。"《左传》："吴子使徐人执掩馀，使钟吾人执烛庸。二公子奔楚，楚子大封而定其徙。……吴子怒，冬十有二月，吴子执钟吾子，遂伐徐，防山以水之。己卯，灭徐。徐子章禹断其发，携其夫人以逆吴子。吴子唁而送之，使其迩臣从之，遂奔楚。楚沈尹戌帅师救徐，弗及；遂城夷，使徐子处之。"

杜《解》："防壅山水以灌徐。'断发'，自刑，示惧。'迩'，近也。'夷'，城父也。"

按昭二十六年（前516年），楚平王卒，吴王僚想趁楚丧的机会来伐楚，于昭二十七年（前515年）使公子掩馀、公子烛庸帅师围楚邑潜。吴、楚两国顿兵在潜，吴公子光就乘机遣专诸刺杀王僚，自己即位，是为吴王阖庐。那时掩馀逃到徐，烛庸逃到钟吾（小国，在今江苏宿迁县北），阖庐又利用这个口实来伐徐，竟把徐国灭掉，结束了一百五十年来你抢我夺的局面。"断发"，杜预说是"自刑，示惧"，非是。《左传·哀七年》，鲁子服景伯对吴人说："太伯端委以治周礼；仲雍嗣之，断发、文身，裸以为饰，岂礼也哉！有由然也。"杜《解》："仲雍……效吴俗，言其权时制宜，以辟（避）灾害。"吴灭徐，徐子断发以迎，正是效吴俗，示服于吴而已。徐君逃楚，居城父（今安徽亳县南）以终；徐的人民当然又散开了。

七　周穆王伐痡戎的金文纪录、徐偃王的传说及徐族再向南迁的记载与传说

（一）《班簋》："隹八月初吉，才（在）宗周。甲戌，王令（命）毛白（伯）叟（更）虢臷（城）公服，雺（屏）王立（位），乍（作）三（四）方方（亞，即极），秉、緐、蜀、巢令（命）易（锡）鍪勒，咸。王令（命）毛公吕邦冢（冢）君、土駿（徒御）、戉（职）人伐东或（国）痡戎，咸。王令（命）吴白（伯）曰：'吕乃白（屯）左比毛父。'王令（命）吕白（伯）曰：'吕乃自右比毛父。'趞（遣）令曰：'吕乃族从父征徝（出）臷（城），卫父身！'三季（年），静东或（国），亾（罔）不成斁天畏（威），否（丕）奠屯陟（纯德）。公告氒事于上：'隹民亾徝（造）才（哉）！彝吏（昧）天令（命），故亾。允才（哉），显！隹苟（敬）德，亾逍（攸）违！'班揲（拜）頜（稽）首曰：'乌虖！不丕（丕显）引（扬）皇公受京宗欵（懿）釐，毓（后）文王、王𡰥（姒）圣孙，隩（登）于大服，广成氒工（功）。文王孙亾弗襄井（怀刑），亾克競（竞）氒（厥）刺（烈）。班非敢觅，隹乍（作）邵（昭）考奕（谧）曰大政。……'"

按《班簋》著录于《西清古鉴》十三，称为《毛伯彝》。它记录了毛公、吴伯、吕伯等奉了周王的命令，伐东国痟戎，经历三年之久，才"静东国"，可见这次战事和周公东征的规模约略相等，又是周王朝和东方民族的一回大战。西周历史，亡失太多，要寻求这回战事的史实是不大容易的。依照刘心源、杨树达、于省吾、唐兰诸家的研究结果，铭中的"毛伯""毛公""毛父"是一个人，"毛伯""毛公"是他的爵称，"毛父"是周王对他的尊称，因为周王在族序上比他低一辈。后面作器的"班"就是这位毛公的名，《穆天子传》四"丙寅，天子至于鈃山之队（隧），东升于三道之隥，乃宿于二边，命毛班、逢固先至于周，以待天之命"可以作证。（《今本纪年》"穆王……十二年（前936年），毛公班、共公利、逢公固帅师从王伐犬戎"，乃是依附《穆传》之文而写的，不可信。）出征之时，组成三军，毛公领中军，吴伯领左军，吕伯领右军。《静簋》说"零八月初吉庚寅，王以吴夅、吕刚卿（会）敫荅师、邦君射于大池"，可见吴伯名夅，吕伯名刚。《班》《静》两簋同是穆王时器，"三年静东国"自是穆王时的战役。縣这地名，又见于《晋姜鼎》及《曾伯霥簋》，那两器是伐南淮夷纪功之作，可见其地在周的东南方。巢，当即今安徽巢县地。然则"东国痟戎"是谁呢？一说"痟"即"厌"，就是奄。我们在前面已经知道，奄为周公所灭，它的一部分人民被迫流徙到江南，鲁国的封地即是他们的旧疆，穆王时不可能尚有"东国"的奄，更不可能劳师三年去平定它。"趞令"，是出征前所发的命令。"后文王"，即文王，与《顾命》"君文王"语法同。文王和王姒的孙子是班所扬的皇公，足征班是文王的曾孙，他该是文王的儿子毛叔郑的孙子。

（二）唐兰《西周铜器断代中的康宫问题》："《班簋》说'伐东国痟戎'的事，……我以为'痟'即'厌'字，应该读为'偃'，'厌'有安静的意义，'偃'也有安息的意义；'偃'有俯伏的意义，'厌'也有伏的意义，两个字的声音是很接近的〔所区别的只是'厌'（·jém）的韵尾是 m，而'偃'（·ján）的韵尾是 n〕，是可以通转的。'厌戎'应该是徐偃王。……伯禽'宅曲阜'之后，《尚书·费誓》说'徂兹淮夷、徐戎并兴'，又说'甲戌，我惟征徐戎'，可见徐国是'戎'，和一般东夷是不一样的。这里所说的'东国厌戎'应该是'徐戎'的别名，就像金文里的《邢王是埜戈》和《赵孟庎壶》的'邢王'，'邢'都是'吴'的别名一样。'徐戎'别名为'厌戎'，那末，'徐王'也可以称为'厌王'，就是古书里常看到的'偃王'。《博物志》引《徐偃王志》说'生时正偃，故以为名'，《史记集解》引《尸子》'徐偃王有筋而无骨'，裴骃说'号"偃"由此'，都是看到了偃王的名而加以附会的。"

按徐偃王有盛传的故事，但他的时代和事迹则是很渺茫的，得唐氏此说，结合于《班簋》的"东国瘠戎"，这个故事才可以回复它的历史面貌。这一发见使我们知道，周公东征的主要目标，除三监外是奄和蒲姑，他用了三年的功夫直赶他们到江南，于是把奄的原地封了鲁，蒲姑的原地封了齐。那时徐和淮夷还没有动，或只动了一部分，所以伯禽作《柴誓》，"徐戎、淮夷"并言，尤其注意于徐，而加说了一句"甲戌，我惟征徐戎"。到了周穆王之世，他的东征的主要目标是徐，他也同周公一样，用了三年功夫平了瘠戎，静了东国。于是徐人只得南迁到汉水或淮河流域去，他们原有的地方归给鲁和齐，一小部分归给邾，所以《鲁颂·閟宫》有"保有凫、绎，遂荒徐宅"的话，齐、鲁二国各有"徐州"之地，而《说文》也说徐为邾的下邑。唐氏以"厌"释"偃"义，以为两字都有安息、俯伏之意，恐未必然。刘师培《偃姓即赢姓说》云："徐为赢姓，而徐有偃王，'偃'亦赢姓之'赢'。以赢姓而号'偃王'，犹吕尚之称'姜公'也。（原注：见《逸周书序》，旧误作"美公"。）此亦'偃''赢'互用之证。裴骃《史记集解》不察其旨，以为'偃王'之号由于有筋而无骨，误矣。"读此，知"嬴"为通行的鸟夷族姓，而"偃"和"瘖"（厌）都是异体字，只有声音相同，并无意义可讲。如此看来，徐国正是鸟夷嬴姓中的一个大族，唐氏所说"和一般东夷不一样"的话还该修改。《春秋·隐二年》："春，公会戎于潜。"杜《解》："陈留济阳县东南有戎城。"济阳故城在今河南东部兰封县东北，这也是以"戎"为名的一个东方部族，即戎州己氏，说详丁·陆·一·（二）。

（三）《礼记·檀弓下》："邾娄考公之丧，徐君使容居来吊含，曰：'寡君使容居坐含，进侯玉。其使容居以含！'有司曰：'诸侯之来辱敝邑者，易则易，于则于。易、于杂者，未之有也！'容居对曰：'容居闻之：事君不敢忘其君，亦不敢遗其祖。昔我先君驹王西讨，济于河，无所不用斯言也！……'"郑玄《注》："'考'或为'定'。……含不使贱者，君行则亲含。……言'侯玉'者，时徐僭称王，自比天子。'易'，谓臣礼。'于'，谓君礼。'杂'者，容居以臣欲行君礼。徐自比天子，使大夫敌诸侯；有司拒之。……'驹王'，徐先君僭号；容居，其子孙也。"

按邾定公，《春秋》称为"邾子貜且"，死于鲁成公十七年，即公元前574年，那时徐的国势已衰，如何容居吊邾还这般大模大样，为徐君摆出天子吊诸侯的架子来？想来徐自南迁之后，在西周中期确实强盛过一个时候，成为附近小国的中心，徐人因此有了自豪感，直到春秋时虽趋衰弱，还放不下这个破落的架子，要在吊丧的空场面里叙述过去的光荣历史，壮一壮本国的门面。在容居的话里，道出了"先君驹王西讨，济于河"的一件故事，知道徐人在西周时，国力发展到最高峰的是驹王，他曾有济河西讨的行动（"驹王"是真名，"偃王"则是嬴姓之王的通名）。西讨的对象是谁？当然是周王室。因此，周穆王在这强敌压境的时候只得命令毛伯班等率师和他大战一场。不过这场大战，为了时代久远，记载缺乏，渐渐地为传说的迷雾所遮掩了。迷雾如何，请看下面数节。

（四）《韩非子·五蠹》："徐偃王处汉东，地方五百里，行仁义，割地而朝者三十有六国。荆文王恐其害己也，举兵伐徐，遂灭之，故……偃王行仁义而丧其国。"

按"荆文王"即楚文王，他的在位之年著在《左传》，是公元前689—前677年，当周庄王、釐王之世，比穆王约后三百年。春秋时的事情详记在《春秋》、《左传》和《国语》三部书里，如果汉东三十六国真的都服从了徐偃王，那他无疑是齐桓公以前的一个最大的霸主；他为楚文王所击灭又是楚国的一件最大的武功：为什么这三部书里都默默地不记下一字呢？因此我们可以知道，徐偃王的真实史迹，在战国时人们口头的传说里已经弄不清楚，随便由人们安排时代，以致错乱了他的战争对象。

又按"徐偃王处汉东，地方五百里"，这句话却是有它的一定的历史背景，否则《常武》之诗说到"濯征徐国"时便不会联带说"如江如汉"。颇疑当时徐人经毛伯班的三年大战后不得不南迁，它和江、黄诸国一起到了淮、汉之间，即今大别山一带；其后在周宣王时代再一次受了压迫，然后沿淮东行，都今安徽泗县。至于楚王灭徐这一传说，由于汉东诸国几乎给楚人灭光，徐既国于汉东，必然逃不出这一结果而发生的。

（五）《淮南子·人间》："昔徐偃王好行仁义，陆地之朝者三十二国。王孙厉谓楚庄王曰：'王不伐徐，必反朝徐。'王曰：'偃王，有道之君也，好行仁义，不可伐！'王孙厉曰：'臣闻之：大之与小、强之与弱也，犹石之投卵、虎之啗豚，又何疑焉！且也为文而不能达其德，为武而不能任其力，乱莫大焉！'楚王曰：'善！'乃举兵而伐徐，遂灭之。此知仁义而不知世变者也。"

　　按楚庄王在位为前613—前591年，这一说比较楚文王灭徐说又推后了六七十年，徐的属国之数亦由三十六变为三十二。但这件故事的中心思想没有变，那就是徐偃王为了行仁义而国势隆盛，如果楚不灭徐，至少须服属于徐。春秋以来，楚是南方的第一大国，都于汉西，而徐在汉东，两国壤地相接，所以在战国、秦、汉时人的心目中，他们非得争一个你死我活不可。他们不知道，这是西周中期的历史，那时最有实力的，是周而不是楚；到了东周，徐已降为二三等国家，不足为楚的对手了。

　　（六）《史记·赵世家》："造父幸于周缪（穆）王，缪王使造父御，西巡狩，见西王母，乐而忘归。而徐偃王反。缪王日驰千里马，攻徐偃王，大破之。"

　　（七）同书《秦本纪》："造父以善御幸于周缪王，得骥、温骊、骅駵、騄耳之驷，西巡狩，乐而忘归。徐偃王作乱，造父为缪王御，长驱归周，一日千里以救乱。缪王以赵城封造父。"

　　按这是在汉人传说中的一个突出的记载，打胜徐偃王的是西周的周穆王而不是东周的楚文王或楚庄王了。但穆王如果真的大破偃王，那是西周时代的一件大事，为什么司马迁不把它正式记入《周本纪》？推想起来，大约司马氏也只认它是一个传说的缘故，有如夏少康中兴一事，他只记在《吴世家》，不记入《夏本纪》，即同此例。从《史记·冯唐列传》看，赵人冯唐到汉武帝初年还存在，他的儿子冯遂和司马迁的父亲司马谈交好，冯遂常常把赵国流传的民间故事讲给司马谈听，所以《赵世家》里所载的神话、传说特别多。周穆王破徐偃王即他讲的故事之一，给司马氏父子记录了下来；秦、赵同祖，所以又顺笔写入了《秦本纪》。这个故事，本身虽也是一个传说，但却接近历史。所以然者，造父是赵氏的祖先，他为周穆王管马和御车，亲身参加了伐徐之役，因此他的子孙还能讲述得正确一点。至于穆王西巡，到了西王母那里乐而忘归，这件故事详见于战国时人所写的《穆天子传》三；这是传奇性的一部书，因保存于汲冢而得在公元三世纪发见（见《晋书·束晳传》等）。司马谈父、子虽没有见到这部书，不过这件故事必然在社会上流行，尤其是赵人喜欢夸张他们的祖先调御骏马的能力，一定常常称道在口头，无意中就把伐徐的事和西巡的事结合起来，好像因为穆王的盘桓不归，偃王才乘机起事似的。这个故事反映了偃王的敢于反周，也就说明了徐国虽是给周的武力所压倒，实力还是不弱，所以会得不断起来反抗，甚至企图恢复。

（八）刘向《说苑·指武》："王孙厉谓楚文王曰：'徐偃王好行仁义之道，汉东三十二国尽服矣。王若不伐，楚必事徐！'王曰：'若信有道，不可伐也。'对曰：'大之伐小，强之伐弱，若大鱼之吞小鱼也，若虎之食豚也，恶有其不得理！'文王遂兴师伐徐，残之。徐偃王将死，曰：'吾赖于文德而不明武备，好行仁义之道而不知诈人之心，以至于此！'"

按这段记载分明钞袭《淮南子》，但伐徐的人却指定为楚文王，又说徐处汉东，都和《韩非子》一致。刘向时《史记》已行，但他还改正不了传统的说法，可见传说的力量如何地壮大。徐偃王将死时的话，尤其发挥了"知仁义而不知世变"这一个失败的原理，把他描写成《左传·僖二十二年》泓之战的宋襄公。

（九）张华（？）《博物志》七《异闻》："《徐偃王志》云：'徐君宫人娠而生卵，以为不祥，弃之水滨。独孤母有犬名鹄苍，猎于水滨，得所弃卵，衔以东归。独孤母以为异，覆暖之，遂孵成儿。生时正偃，故以为名。徐君宫中闻之，乃更录取。长而仁智，袭君徐国。……仁义著闻，欲舟行上国，乃通沟陈、蔡之间。得朱弓、矢，以己得天瑞，遂因名为弓，自称徐偃王。江、淮诸侯皆伏从，伏从者三十六国。周王闻，遣使乘驷，一日至楚，使伐之。偃王仁，不忍残害其民，为楚所败；逃走彭城武原县东山下，百姓随之者以万数。后遂名其山为徐山。山上立石室，有神灵。……'"

按这是徐偃王故事比较全面的记载，也是它的原始神话、本身史实以及后起传说的一个混合性的记载。古代中国东方有一个大民族，名为鸟夷，他们是以鸟为图腾的，凡是鸟夷族或是定居东方接受了鸟夷文化的民族都说自己的始祖是从鸟卵里生出来的，详丁·柒。秦是嬴姓，与徐同族，所以《史记·秦本纪》说："秦之先，……女修织，玄鸟陨卵，女修吞之，生子大业。"商王也很可能是鸟夷族，所以《诗·商颂·玄鸟》说："天命玄鸟，降而生商，宅殷土芒芒。"而《楚辞·天问》、《吕氏春秋·音初》和《史记·殷本纪》中也都有简狄吞玄鸟的卵、生契为商的始祖的记事。这个徐偃王卵生的神话，无疑是和商、秦始祖传说有着血缘的关系。可是徐的立国于江、淮之间必然是周公、康王及穆王三次东征以后的事情，它和卵生神话在时间上有着辽远的距离，徐偃王不可能既是卵生又是居于淮河流域的国王，所以我们可以断说这个记载是由原始神话和他的本身史实以及后起传说混合而成的。三国时代的谯周，他作《古史考》以驳正《史记》，对于这件故事批评道："徐偃王与楚文王同时，去周穆王远矣。且王者行有周卫，岂得救乱而独长驱日行千里乎！"（《史记·秦本纪》正义引）他信从了韩非和刘向的说法，确定徐偃王与楚文王并世，徐人为楚人所征服。他驳正《史记》的目的是好的，但断定徐偃王在春秋之世那就错了。徐偃王实与周穆王同时，而与楚文王相去甚远。但何以有这样传说呢？因为周穆王伐徐偃王后，徐国南迁江、汉流域，而居在荆山的楚国正在发展，徐人受了周、楚两方面的压迫，又退出江、汉流域而迁至淮水流域立国，那就是泗州的大徐城。后人只知道徐人是在周、楚两方压迫之下迁徙的，而忘记了这件事的确实年代，以至放到楚国的名王文王或庄王身上去，并且说是周穆王派他们这样做的，那就大大地淆乱了历史的真实。

依我们想，周穆王命毛班等伐瘄戎，三年静东国之后，徐人南迁于江、汉流域，这有《诗·江汉》的'如江如汉，濯征徐国'，及《韩非子》等'汉东诸侯三十六国服于徐'的话可证。到了楚熊渠在位，大扩疆土，徐国一方面受楚王的压迫，一方面又受周宣王的压迫，腹背受敌，只得又东迁以避其锋。事实本是明白，只是流为传说之后，渐渐分歧，以致失掉它的真相而已。《徐偃王志》一书早佚，著者及其时代均不详，但看它只说"周王"而不敢说周穆王，只说"为楚所败"而不敢说楚文王或庄王，分明作者的时代和谯周相去不远，他也已看出了以前种种徐偃王故事的时代矛盾，为要沟通一下，所以只得含糊其词，说伐徐的是受了周王命令的楚。"欲舟行上国，乃通沟陈、蔡之间"，是"西讨，济于河"的变相，说不定还含有夫差凿菏水的成分。"江、淮诸侯……伏从者三十六国"，和《说苑》的"汉东诸侯三十二国尽服"也不一样，因为作者知道南迁后的徐国，它的疆域在江北淮南一带，与汉水有了相当的距离。其实江、淮流域的嬴姓之国固有舒、蓼、六、桐，汉东的嬴姓之国也还有江、黄、郧等，徐既在南迁后还保存相当的实力，当然有资格做他们的宗主国的。从这些地方，都可见出韩非、刘安、司马迁和刘向等都是直记传说，没有对于这件故事在历史上的地位作过仔细的考订，而《徐偃王志》的作者却曾费过一番工夫，所以前期的历史虽还保存了它的原始面貌，而后期的历史则已是斟酌润饰的结果了。这原始面貌为以前各书所未见，可以信它真出于徐族人民的口头传说，是非常可贵的。为了商王朝和嬴姓民族在宗教、文化和政治上都有密切的关系，所以周武王死后，徐和淮夷等国就会跟从武庚联合反周，及至伯禽封于大东，又联合反鲁，以至逐渐从济水流域被驱到汉东和江、淮之间。可是他们的居地虽已转移到南方，但仍具有高度的武力，附近各小国还是奉戴他们为领袖，所以有"汉东诸侯三十二国尽服"的传说；周人夸扬自己的武功，也有"王旅啴啴，如飞如翰，……濯征徐国"的诗，见得征服徐国是十分费劲的。到了战国后期大一统的前夕，徐国早在二百多年前为吴国所吞并，可是作《禹贡》的人还定"海、岱及淮"这一区域为"徐州"，见得在这一区中徐是最有代表性的，它的地位超过了鲁、莒、滕、薛诸国，即此可知它的影响的久远。汉代武原县的故城，在今江苏省邳县西北。《清一统志·徐州府》说："徐山有二：一在铜山县南七十里，《隋书·地理志》：'彭城有徐山。'一在邳州西南，《博物志》：'徐山在武原县东十里。'"徐都在今安徽泗县，铜山应是它的北境。

又按徐偃王得了朱弓、矢而自名为弓，唐兰说："'弓'（kjwəng）的声音与'驹'（kjuo）通。古书'句（kuo）吴'，金文作'工（kuong）卢'或'攻（kuong）敔''攻吴'；《方言》九'车枸篓'，注：'即车弓也。'可以为证。"那么他的名"弓"是"驹王"的传讹，正和他的名"偃"是偃姓的传讹一样，都是历史故事化的结果。

（一〇）《后汉书·东夷列传》："管、蔡畔周，乃招诱夷狄。周公征之，遂定东夷。后徐夷僭号，乃率九夷吕伐宗周，西至河上。穆王畏其方炽，乃分东方诸侯，命徐偃王主之。偃王处潢池东，地方五百里，行仁义，陆地而朝者三十有六国。穆王后得骥、騄之乘，乃使造父御吕告楚，令伐徐，一日而至。于是楚文王大举兵而灭之。偃王仁而无权，不忍斗其人，故致于败，乃北走彭城武原县东山下，百姓随之者吕万数，因名其山为徐山。"

按这文固然也是沿袭传说，但和《博物志》所记的又有不同。第一，它称徐为"夷"，说徐王率九夷伐周，直到黄河，是他已经出师，和周王抢夺天下，这一说自缘《檀弓》所记容居说的"昔我先君驹王西讨，济于河"来；但它已把"西讨"的对象确定为"宗周"。第二，它说徐偃王先受周穆王命主东方诸侯，后来穆王为了他势力太大，才命楚文王灭掉它，确定了徐偃王是和周穆王、楚文王并世的人。可是如前所说，周穆王是公元前十世纪的人，楚文王是公元前七世纪的人，相差三百年，是凑不到一起的。这说明范晔写这文时只把前代书籍上所记的故事随便拼合起来，并没有考虑到两者间的实际矛盾，他的态度不及《徐偃王志》作者的谨慎。"潢池"，即《水经注·淮水》篇的"黄水"，这条水发源今湖北麻城县，东流入河南境，历光山、潢川两县，东北入于淮河；又称"小黄河"；潢川县由此得名。在这个区域里，正是江、黄等嬴姓之国所在，与《韩非子》和《说苑》所说的"汉东诸侯"相应。这也是说徐国先迁汉东，再迁乃至彭城的。

（一一）李泰《括地志》："徐城在越州鄮县东南，入海二百里。夏侯《志》云：'翁州上有徐偃王城。'传云：昔周穆王巡狩，诸侯共尊偃王。穆王闻之，令造父御，乘腰裹之马，日行千里，自还讨之；或云命楚王帅师灭之。偃王乃于此处立城以终。"（《史记·秦本纪》正义引）

按唐代的越州鄮县即今浙江鄞县，翁州（洲）即今舟山岛。如果周穆王一攻徐，徐国就迁上了海岛，那么周宣王要"濯征徐国"时为什么还要"率彼淮浦"呢？别的不说，单看鲁僖公时的《春秋》，上面就有"徐人取舒"（《三年》）、"楚人伐徐"、"诸侯之大夫救徐"、"楚人败徐于娄林"（并《十五年》）、"齐人、徐人伐英氏"（《十七年》）诸事，一个孤居于海岛上的国家又怎么会有这些大陆上的活动呢？我们须知，"徐偃王"不是一个具体的人，而只是他们国族的一个徽帜。徐族可能有多少次的搬家，愈搬愈南，舟山岛上的徐偃王城只表明它是徐族南迁时的一个据点。至于他们于何时迁到那里，史籍不详，我们只可猜想这是《春秋·昭三十年》"吴灭徐，徐子章禹奔楚"，徐族因此向东南分散的一点遗痕。那年是公元前512年，离开周穆王已四百年以上了。

（一二）韩愈《衢州徐偃王庙碑》："徐与秦俱出柏翳，为嬴姓。……徐处得地中，文德为治。及偃王诞当国，益除去刑争末事，凡所以君国、子民、待四方，一出于仁义。当此之时，周天子穆王无道，意不在天下。……四方诸侯之争辩者无所质正，咸宾祭于徐，赞玉、帛、死、生之物于徐之庭者三十六国。……穆王闻之恐，……与楚连谋伐徐。徐不忍斗其民，北走彭城原武山下，百姓随而从之万有余家。偃王死，民号其山为徐山，凿石为室以祠偃王。偃王虽走死失国，民戴其嗣为君如初，驹王、章禹祖孙相望。……衢州，故会稽太末也，民多姓徐氏，支县龙丘有偃王遗庙。或曰：偃王之逃战，不之彭城，之越城之隅，弃玉几、研于会稽之水。或曰：徐子章禹既执于吴，徐之公族子弟散之徐、扬二州间，即其居立先王庙云。"

按这文所说，大体即就《博物志》文加以描写，只是删去了卵生神话，又分"偃王"和"驹王"为两人，增出偃王名诞一事。其中应当特别注意的，是徐国人民从江、淮之间南迁，除到舟山岛外，还到今浙江省西部的衢县一带。迁徙的时代，韩氏并存两说，一是偃王失败后就到那里，一是吴灭徐后才迁过去；因为徐国的文献没有保存下来，所以这两说哪一个对，只能成为一个悬案。就我们看来，驹王以后，春秋时尚有徐国，足知那时徐族并未分散；到公元前 512 年吴灭徐后，徐族确有更往南走的必要，所以第二说是比较可信的。《清一统志·衢州府》说："徐王山在江山县南二十五里，……相传徐偃王尝驻兵于此。又南十五里有徐山。""龙丘"，即今浙江龙游县，在江山县东。

又按自从徐国灭亡，徐族分散，在纸面的文献里只能看到他们散居在浙江省东部的舟山岛和西南部的衢县、龙游一带为止，但是经过调查，则皖南、浙西、赣北、福建、粤东的广大地区，在当地人民的祖先传说中总保持着四个主要的成分：老妇人、蛋或蛋形之物、龙和犬。龙、犬的关系，不是半龙半犬，便是先犬后龙。这和《博物志》所引的《徐偃王志》记的徐偃王出生的故事有多半相同。而且在这些区域里繁衍得很多的是"余"（io）、"佘"（zjo）、"涂"（do、dio）等姓，无论在字形上和字音上看都和"徐"有相通之点，和"畲（sjo、io）族"的祖先也有同源的可能。在徐偃王故事里，生出他的一个卵是被名为"鹄苍"的犬从水滨衔回来的，而这个名字和浙江仙居县南的"括苍山"非常近似，这里正是部分畲族的中心，浙南九万多畲族至少有一小半住在这个山区里。在福建和靠近福建的浙南，"泗州佛"或"泗州菩萨"的崇拜，在旧社会里是长期存在的，《括地志》说"大徐城在泗州徐城县北三十里"，可见"泗州"这个名字确由徐偃王来，而称为"佛"或"菩萨"乃是佛教盛行后所衍变。在江西、广东和靠近江西的皖南、闽西又有"康王""康仙""康圣""康郎"的传说和信仰，宋罗泌《路史》说"徐……君偃一假仁义而宾国三十六，周王剿之"，其子罗苹《注》云："偃即康王。"（《后纪·疏仡纪·小昊》下）可知"康王"是后人送给徐偃王的一个谥号。这千丝万缕的关系，说明了徐人从西周中叶以来，经过二千六七百年的漫长时间的奋斗，陆续散布到东南五六省。大抵住得偏北一些的，跟后来向南伸展的汉人接近些的，居住在平地而不在深山的，早已陆续融化为汉人（中国本来没有一种人叫作"汉人"，只是在汉代的疆土里生活于共同文化的人民称作汉人，其后在各个王朝里逐渐扩大开来，所以汉人只是无数少数民族的融合），否则便跟当地少数民族合流而成为畲民的祖先与今日的畲民。现在各地的畲族自叙来历，总是归到广东潮州凤凰山，而今天凤凰山区也确有少数的畲民居住。又闽南旧漳、汀两州，到唐初才归中央政府统治，当唐高宗总章年间（一说武则天垂拱年间），派陈元光父子深入闽南，设立了漳州，其时领导反抗的两位领袖，一名蓝东高，一名雷震兴，"蓝"和"雷"正是今日畲民中两个最主要的姓氏，所以福建的畲族有"蓝雷族"之称。蓝、雷两姓人对唐朝统治的反抗是从潮州一带出发的，这和今天浙、赣畲民所说的祖籍潮州中途经过福建的传说正相印合。汀州的设立较漳州稍迟，在唐玄宗开元二十四年（736 年），设治的原因据说是：当时有许多浙南、闽北的人民为了逃避繁重的租税和徭役，纷纷退入黄龙洞（在旧有的史书上，凡属少数民族居住而当时中央政权没有达到的地方，一概被称为"山洞"，"洞"或作"峒"），但封建统治者的武装追踵而至，终于设立了州治。今天江西的铅山和贵溪的畲民全说是汀州移来的，浙南的十之五六也这样说。从这些事实上，使我们可以作一假定：自从吴国灭徐之后，徐族向南撤退，到了浙江东南；及战国后越族渐衰，徐人就不断地向前推进，到两汉之间可能已深入闽南和粤东，把设治前的潮、漳、汀等州地带作为他们最南方的根据地。这是他们的前锋，后队则朝北发展，直至浙西、赣北、皖南，络绎不绝地都有他们的聚落，也都陆续融合为汉人。到隋、唐一统，除了粤东、赣南及闽西南而外，其余地区似已基本上完全汉化。其后，潮、漳、汀三州先后设治，唐及五代时客家人（本是北方的汉人）大量南移，进入他们的山区，南宋偏安政权又向南方深入，宋、元之间由于地方扰攘而使得客、畲合作以反抗蒙古军，这一系列的历史变化逼使原居粤东和闽南等地尚未汉化或汉化程度尚浅的畲民先辈和畲民又陆续走回头路，迁移到闽东北、浙南乃至赣东北人口比较稀薄的山区，日久使闽南、粤东的畲民反而大见减少。这就是今天畲民分布的形势。以上节录自潘光旦从《徐戎到畲族》一文，为了原文太长，所以只得摘记其大概。按现在的畲族不可能全由徐戎转化而来，它必然以东南各省原有的少数民族为基础，而又随时随地混合了别族的血统；但徐国本是淮河流域的一个大国，自为吴国所灭之后，徐王章禹奔楚，徐的王族必然带了一部分人民转徙东南，像夏亡后其裔淳维北奔作匈奴酋长一样，仗着他残余的武力作东南原有部落的君主，因而团结当地各族为一畲族。他们原有的神话和文化散布开来，使得"狗头王"的传说不限于东南而普遍地流行于南方山区，和邻族的盘瓠传说相溷。现在把文献资料、民间传说和实地调查结合起来，可以约略说明徐族初期自北而南、后期自南而北的动态，借此也可以理解其他少数民族在这样的长时间里所经历的艰苦的历史。

八　潍水和淮河的关系

（一）《左传·昭十二年》："晋侯以齐侯宴，中行穆子（荀吴）相。投壶，晋侯先。穆子曰：'有酒如淮，有肉如坻。寡君中此，为诸侯师！'"杜《解》："'淮'，水名。'坻'，山名。"《释文》："'淮'，旧如字，四渎水也。学者皆以'淮'（huəi）、'坻'（téi）之韵不切，云'淮'当作'潍'（iuəi）。潍，齐地水名。"孔《疏》："杜以'淮'为水名，当谓四渎之淮也。刘炫以为'淮''坻'非韵，'淮'当作'潍'，……以规杜氏。"

按齐景公适晋，晋昭公招待他，在作文娱活动"投壶"的时候，晋臣荀吴对齐君说出几句颂辞，内有"有酒如淮"一语，淮水既不在齐境，也不在晋境，为什么他要用它来取喻酒的丰盈呢？隋代的刘炫为了想把这字和"坻"字叶韵，说应改作"潍"。叶韵之说固然未必对，因为古人作字，或增或减，本无定型，"淮"和"潍"只是一个字；至于齐的境内有潍水则是事实，他提出这个问题来是很有意义的。

（二）《汉书·地理志》："琅邪郡朱虚：东泰山，汶水所出，东至安丘入维。……灵门：壶山，浯水所出，东北入淮。……横：故山，久台水所出，东南至东武入淮。……箕：《禹贡》维水北至昌都入海。……折泉：折泉水北至莫（按'莫'应作'箕'，即箕县）入淮。"

按在《汉志》这五条里，两处用"维"，三处用"淮"，然而都在琅邪郡，今山东省南部，这分明是潍水而不是淮水。即此可知，到了汉代，还是"维""淮""潍"诸字通写的。

（三）顾炎武《日知录》三十一《潍水》："潍水出琅邪郡箕屋山（原注：今在莒州西北九十里），《书·禹贡》'潍、淄其道'，《左传·襄公十八年》'晋师东侵，及潍'是也。其字或省'水'作'维'，或省'糸'作'淮'，又或从'心'

作'惟'，总是一字。《汉书·地理志》琅邪郡朱虚下、箕下作'维'，灵门下、横下、折泉下作'淮'，上文引《禹贡》'惟、甾其道'又作'惟'，一卷之中，异文三见。（原注：马文炜曰："《汉书·王子侯表》，城阳顷王子'东淮侯类'封北海。按北海郡别无淮水，盖亦'潍'字之异文。"）《通鉴·梁武帝纪》：'魏李叔仁击邢杲于惟水。'（原注：胡三省注："'惟'，当作'潍'。"）古人之文，或省或借，其旁并从'鸟隹'之'隹'则一尔。后人误读为'淮、沂其乂'之'淮'而呼此水为'槐河'，失之矣。"

（四）顾炎武《谲觚十事》："《齐乘》云：'《汉书·地理志》，"潍"或作"淮"，故俗亦名"淮河"。'《诸城志》：'俗传箕屋山旧多产櫰，水从櫰根出，故呼为"淮河"，以音之同也。'并误。愚按，古人省文，'潍'字或作'维'，或作'淮'，总一字也。"

按顾氏两处指出"潍""淮"为一字，古人或省"糸"，或不省，总是一字，其说甚是。但他说后人为了误读禹贡"淮、沂其乂"的"淮"而呼潍（iuəi）水为"槐（huęi）河"，却和元于钦《齐乘》说的因误读《汉书·地理志》而呼潍水为"淮（huəi）河"是同样的错误。山水的名词，天天说在劳动人民的口头，固然会有误解（如因产櫰而呼櫰河），但必不会误读。《禹贡》《汉志》这些高文典册，读得的有几人？要用知识分子的见解来改变劳动人民的称谓是不可能的。我们知道，潍水和淮河虽是南北二水，但所居的人民则前后只是一族。可惜关于这一点，顾氏还没有觉察出来。

（五）张栋铭《春秋地名疏证》："案'潍'通作'淮'，《汉志》数见。琅邪郡灵门县之浯水，横县之久台水，折泉县之折泉水，并曰'入淮'，实皆入潍水耳。至今潍水流域之人皆呼潍水曰'淮河'，是'淮'即'潍'也，无烦改字。苟吴固为晋人，而与齐侯投壶之语何以知其必不举齐地之水，然则刘炫之说似未可厚非矣。"

按张氏是诸城县人，他说"至今潍水流域之人皆呼潍水曰'淮河'"，用方言来证古史，干脆地承认这个事实，不再设法曲解，他的治学态度是很对的。从这个事实上，我们可以知道，潍水即是古代的"淮水"，在山东半岛的西部，淮夷的最早根据地就在那里，族名和水名出于一源。至于现今的"淮河"，这个名词乃是由山东南移到江苏、安徽和河南去的，因为周代几度东征之后，有一部分淮夷被迫迁徙到那里，水名就被带过去了。

九　留在潍水流域的淮夷

（一）《诗·鲁颂·閟宫》："泰山岩岩，鲁邦所詹。奄有龟、蒙，遂荒大东。至于海邦，淮夷来同。莫不率从，鲁侯之功。保有凫、绎，遂荒徐宅。至于海邦，淮夷、蛮、貊，及彼南夷，莫不率从，莫敢不诺，鲁侯是若。"毛《传》："'詹'，至也。……'荒'，有也。……'南夷'，荆楚也。"卫《序》："《閟宫》，颂僖公能复庄公之宇也。"郑《笺》："'奄'，覆；'荒'，奄也。'大东'，极东；'海邦'，近海之国也。'来同'，为同盟也。'率从'，相率从于中国也。'鲁侯'，谓僖公。'诺'，应辞也。'是若'者，'是'僖公所谓'顺'也。"孔《疏》："郑以'奄'为'覆'。覆有龟、蒙之山，遂奄有大东之地。"陈奂《疏》："'詹'，《韩诗外传》《说苑》作'瞻'。……凫山在今邹县西南。《汉书·地理志》：'鲁国驺：故邾国，绎山在北。'案邾，鲁附庸国，故绎山在鲁宇也。……'绎'，俗作'峄'。"

按龟、蒙、凫、绎四山所在，已见丁·伍·一·（三）～二·（四）。这四山都在鲁东，由此而至"海邦"，使淮夷"来同"和"率从"，可见这族住在鲁东的海滨，仍是潍水流域。"南夷"，即南淮夷，是迁居于今淮河流域的。毛公不知，说为"荆楚"，大误。荆楚是在成周之南，它的据有鲁南还是在战国时灭越之后咧！这首诗是说住在潍水流域的淮夷和住在淮河流域的南淮夷，都服从了鲁侯；话虽说得夸大，却把两"淮夷"分得很清楚。这个"鲁侯"，郑《笺》说是僖公，原由卫宏《诗序》来；而卫《序》所以有这个推测，则由毛《传》于《閟宫》的"周公之孙，庄公之子"下注云"谓僖公也"来。因为毛《传》有此一注，所以卫宏便把《鲁颂》四篇全说为"颂僖公"。僖公之世，是否鲁国真有征服两淮夷的可能，从《春秋》和《左传》的记事看来，很该怀疑。然而周公、伯禽之世，或是西周一代，正在周人全盛的日子里，他们有这武功是可以理解的；《閟宫》篇的作者因颂僖公而称道僖公的祖德，也是可以理解的，说见丁·陆·三·（一）。

（二）《师寰簋》："王若曰：'师寰（寰）夌（父）：淮夷繇我員（帛）亩臣，今敢博氒（厥）众假（暇），反氒工吏，弗迹（迹）我东𢦏（国）。今余（余）肇令（命）女（汝）達（率）齐帀（师）、眔（杞）、𢀝、僰屎左右虎臣正（征）淮夷，即𪐴（質）氒邦兽（首），曰冉，曰𫄨，曰铃，曰达。'师寰虔不夵（坠），夙夜恤氒牆（穑）事。休！既又工（有功），折首、𡊍𢍰（执讯），无諆徒驭，敺孚（俘）士、女、羊、牛，俘吉金……"

按此器，《大系》定为宣王时作。文中说淮夷在东国不顺，就命齐、杞等国出师讨伐，分明这是潍水流域的淮夷。在西周之世，曾经有过这一次周、淮之战，杀了四个酋长，俘虏了很多的男女和牛羊，这是史书上漏失了的。"私"，王国维说假为"旧"。"員"从帛省、从贝，即币帛。"亩"即田亩。这是说："淮夷本是该向我们贡献币帛的农业奴隶。""反厥工吏"，郭沫若说为背叛王官。为了淮夷不纳职贡，周王就命师寰率诸侯之师往伐，掠取了若干人民和牲口，此外还有宝贵的铜材，显出西周的王有驾驭东方的实力和他讨伐淮夷的目的。

（三）《春秋·僖十三年》："公会齐侯、宋公、陈侯、卫侯、郑伯、许男、曹伯于咸。"《左传》："会于咸，淮夷病杞故。"

（四）同书《僖十四年》："诸侯城缘陵。"《左传》："诸侯城缘陵而迁杞焉。"杜《解》："'缘陵'，杞邑。辟（避）淮夷，迁都于缘陵。"

按春秋初年，杞都淳于，在今山东安丘县东，潍水的西岸。为了淮夷侵略杞国，齐桓公领着诸侯之师筑城于缘陵，把杞都迁了过去。缘陵故城在今山东昌乐县东南，位于淳于的西北，离齐较近，容易保护。即此可知淮夷中没有迁走的一部分，到春秋时还是住在潍水流域，而且他们仍有相当强盛的兵力可以侵略邻邦，连赫赫一世的春秋时第一代霸主也没奈何他，只得号召诸侯，替被侵略的国家迁了都。至于《公羊传》说城缘陵为的是杞被徐、莒所胁，这是想当然的说法，绝不可信。那时徐已立国于淮河流域，哪能越过齐、鲁，胁及泰山东边的杞呢！

（五）同书《僖十六年》："公会齐侯、宋公、陈侯、卫侯、郑伯、许男、邢侯、曹伯于淮。"杜《解》："临淮郡左右。"《左传》："会于淮，谋鄫，且东略也。城鄫。"杜《解》："鄫为淮夷所病故。"

按鄫国在今山东峄县的东面。淮夷侵略了潍西的杞还不够，再南来侵略沂西的鄫，可以想见他们当时横行于今山东的东部和南部的不可一世的气焰。这里的杜《解》是错误的，他误会淮夷在今淮河流域，所以说诸侯集会之地在"临淮郡左右"。他不想，齐桓公为了保护鄫国而会诸侯，为什么要迢迢地南行到临淮郡（郡治在今安徽盱眙县西北）去开会讨论？淮夷正在病鄫，中原诸国的君主为什么可以不经征伐，就大胆地进入了南淮夷的腹地去开会？这不是没法解释的问题吗？其实，我们只须读得《左传》的"东略"之文，即可知道这个淮夷是在齐东而不在齐南，这"淮"乃是潍水流域的一个地名。潍水流域的北部是齐的疆土，所以齐桓公能在那里和诸侯集会。杜预误用后世的地理知识来讲古代历史，竟闹出了这个笑话。

（六）《左传·昭二十七年》："范献子取货于季孙，谓司城子梁与北宫贞子曰：'……季氏甚得其民，淮夷与之。……有天之赞，有民之助。……'乃辞小国而以难复。"杜《解》："'淮夷'，鲁东夷。"

按鲁国的政权久落在季孙氏的手里，鲁君成了傀儡；鲁昭公为了受不下季平子的气，逃了出去。晋国是霸主，义不当不问，所以召集宋、卫诸国，议纳鲁君复位。可是季孙意如（季平子）送贿赂与主会的晋臣范鞅（范献子），范鞅受了，就对与会者宋臣乐祁（司城子梁）、卫臣北宫喜（北宫贞子）替季孙氏说好话，而且恫吓他们不要干预鲁事，这会竟没有结果而散。范鞅就这样还报晋君，销了差，于是鲁昭公永没有回国的希望了。在范鞅所持的理由里，季孙氏不但很得民心，而且得到淮夷的拥护，是打不倒的。淮夷在春秋前期能病杞、病鄫，在春秋后期又能拥护鲁国的权臣专政，可见他们这族在春秋一代中的活动力着实不小。杜氏这注说淮夷在鲁东，正合事实。

十　迁至淮河流域的南淮夷

（一）《宗周钟》："王肇遹眚（省）文、武堇（勤）疆土。南或（国）艮（服）孹（子）敢陷虐我土，王𩨏（敦）伐其至，戈伐厥（厥）都。艮孹乃遣间来逆邵（昭）王，南尸（夷）、东尸其见，廿有六邦。……"

按这是周昭王时（唐兰说为厉王时）所制的器。服子未详为谁，自从周公、康王两次东征之后，大约他是第一个从南方起兵反周的。因为那时周的国力还强盛，所以一出兵就打入服子的都城。服子无奈，只得降服，请昭王前往他的国内。那时南夷、东夷来朝见周王的共有二十六国之多。这"南夷"是为南方之夷的总名呢？还是南淮夷的简称呢？从常识来看，当然是总名为宜；但从《鲁颂·閟宫》称南淮夷为"南夷"，以及《禹鼎》说鄂侯驭方"率南淮夷、东夷"来看，则也有为南淮夷简称的可能。现在不作决定，记此待考。昭王是南征不复的，这是他暂时的一回胜利。

（二）《无曩簋》："唯十又三年（前845年）正月初吉壬寅，王征南尸（夷）。王锡无曩马四匹。……"

（三）《竞卣》："隹白（伯）屖父吕成自即东，命伐南尸（夷）。正月既生霸辛丑，才（在）鄣（坏），白屖父皇竞各（格）于官（宫），竞蔑厤，賣（赏）竞章（璋）。……"

按以上二器均记征伐南夷的事，这"南夷"也有为南淮夷的可能，并附于此。"成自"是"成周八自"的简称。据徐中舒所考，成周八自是周王用以镇抚南夷的，详丁·贰·（四）。

（四）《噩侯驭方鼎》："王南征，伐角觊。唯偈（还）自征，才（在）坿（坏）。噩厌（鄂侯）驭方内（纳）豊（醴）于王，乃儐（裸）之。驭方斠（侑）王。王休厚（宴），乃射。驭方卿（会）王射。……"王国维《释宥》："'儐'字虽不可识，然《毛公鼎》有'鼒圭'与'秬鬯'相将，盖即鬯圭矣。然则鼎所云'王乃儐之'者，谓王裸驭方也。'驭方斠王'者，谓驭方酢王也。《周礼·大行人》：侯、伯之礼，'王礼壹裸而酢'，即此事也。"

按此铭当与《竞卣》及《无曩簋》合观。《大系》云："'坿'，王国维谓与《竞卣》之'鄣'为一字，且为一地，疑即大伾。案大伾乃山名，有二，一在河南汜水县，一在河南浚县。二器均言南征事，一言往，一言还，而均经过此坏，则当说以汜水之大伾为是。"这是和《竞卣》合观，知道这"南征"即是伐南夷。又此器言"王南征"，则和《无曩簋》的"王征南夷"相合，可见这三器是一时事。再与下节《禹鼎》合看，则"噩侯驭方"之名相同，可是这个人态度的顺、逆则大异。这次王到坏时，他纳醴、酢王、会射，何等趋奉，但到下一阶段，他就率领了南淮夷和东夷广伐东国和南国了。《禹鼎》既考定为厉王时器，则前三器自应依《无㝩簋》的纪年，定为厉王十三年（前845年）或其前后所作。

（五）《禹鼎》："禹曰：'……乌虖，哀哉！用天降大丧于下或（国），亦惟噩厌（鄂侯）駿（驭）方率南淮尸（夷）、东尸，广伐南或（国）、东或，至于历寒。王乃命西六㠯、殷八㠯曰："剢（裂）伐噩侯駿方，勿遗寿、幼！'铧（肆）师弥朿（怵）匋匡（恇），弗克伐噩。铧武公乃遣禹率公戎车百乘、斯（厮）駿（御）二百、徒千，曰："于匡（将）剌（朕）肃慕㶴西六㠯、殷八㠯，伐噩厌駿方，勿遗寿、幼！'雩禹吕武公徒、駿至于噩，辜（敦）伐噩。休！只（获）坒（厥）君駿方。铧禹又（有）成，敢对扬武公不（丕）显耿光。……'"

按《禹鼎》出土先后两次：第一次在宋代，著录于薛尚功《钟鼎款识》等书，那时误认"禹"字为"成"，所以称为"成鼎"；第二次在一九四二年，出土于陕西岐山县任家村，今存陕西省博物馆。宋出者其器早佚，因为摹写不精，错字迭出，无法读通。近出者得徐中舒的考订，定为厉王时器；又写定其文，明白可读。此铭所记，为禹奉王及武公之命，平定鄂侯的叛变。"噩"（ngok）即"鄂"（ngok），音同通假。鄂之所在，《史记·楚世家》正义云："刘伯庄云：'……在楚之西；后徙楚，今东鄂州是也。'《括地志》云：'邓州向城县南二十里西鄂故城，是楚西鄂。'"如其说，是东鄂为今湖北武昌，在东南；西鄂为今河南邓县，在西北。鄂侯驭方叛周，"广伐南国、东国"，而其所率部队则是东夷和南淮夷，东夷为何种人虽尚未详，而南淮夷为南徙的淮夷，等于《閟宫》所说的"南夷"，则可确定。因为南淮夷的疆土达到了江、汉流域，所以会得接受鄂侯的号召而出兵。那时西六㠯和殷八㠯都已士气衰落，畏葸无能；靠了这位勇敢的禹带着武公的亲军，打了胜仗，才把鄂侯捉住。周王的"勿遗寿、幼"一语，是要把敌方的老年、少年一网打尽，态度何等凶恶！

（六）《敌簋》："隹王十月，王才（在）成周。南淮尸（夷）䢅（迁）殳，内（入）伐湢、鼎（昴）、参泉、袤（裕）、敏隂（阴）、阳洛。王令（命）敌追䢔（御，即御）于上洛㷲谷，至于伊，班马。㮯（榜）畿（识）首百，执噭（讯）卅（四十），襄（夺）俘人四百，畕于戍伯之所。……隹王十又一月，王各（格）于成周大庙，武公入右，敌告禽戜（馘）百、噭卅。王蔑敌厤，使尹氏受赟（釐）敌圭、鬲、

贝五十朋。……"

按此器亦著录于宋代，《博古图》十六和《钟鼎款识》十四都载。惜原器已佚，无法考定其中的误字。看他的大意，在这次战役里，南淮夷是主角，他们孤军深入，达到了伊水、洛水两流域，几乎把周王所在的成周包围起来。亏得周朝的勇将敌，杀死了一百人，生捉了四十人，又夺回了被俘虏的四百人，才勉强把南淮夷截住。

（七）《虢仲盨》："虢仲吕王南征，伐南淮尸（夷），才（在）成周。……"

（八）《后汉书·东夷列传》："厉王无道，淮夷入寇。王命虢仲征之，不克。"

按这是周厉王的又一次南征，所伐的仍是南淮夷，而且以"不克"收场，足征在厉王的一世里，南淮夷越来越强大，厉王的亲征仅比昭王南征不复差胜一筹。《后汉书》的作者范晔得见《古本纪年》，他在《东夷列传》里提到的"九夷"名号即本《古本纪年》，见李贤《注》。这一条不知道他是不是根据的《纪年》。如其不然，当据《江汉》一诗为说。《今本纪年》云："厉王三年（前855年），淮夷侵洛。王命虢公长父伐之，不克。"当即据这"入寇"之文而推演的。《吕氏春秋·当染》云："周厉王染于虢公长父、荣夷终。"足见这个虢公长父是厉王时代的一位权臣。

（九）《录𣪘卣》："王令（命）𣪘曰：'𩁹淮尸（夷）敢伐内国，女（汝）其吕成周师氏戍于𠂤（古）㠯。'白（伯）雝（雍）父蔑录牟，锡贝十朋。……"

按这文虽只称"淮夷"，而王斥其"敢伐内国"，令录𣪘把"成周师氏戍于古㠯"，以校《敔簋》所记，好像出于一个模型，所以这"淮夷"必然是南淮夷。倘使是潍水流域的淮夷，那自有齐、鲁、杞诸国把它挡着，周天子就不用这般着急了。

（一〇）《遇甗》："隹六月既死霸丙寅，师雝父戍才（在）古㠯，遇从。师雝父肙（夗，读为爰）史（使）遇事于𢻻厌（侯），厌蔑遇曆，易（锡）遇金，用乍（作）旅甗。"

（一一）《稽卣》："稽从师𣁽父戍于古㠯，蔑曆，易（锡）贝世乎。稽拜𩒨（稽）首，对𨖗（扬）师𣁽父休，用乍文考日乙䆋（宝）障（尊）彝。……"

（一二）《臤觯》："隹十又三月既生霸丁卯，臤从师雝父戍于𠂤（古）㠯之季（年），臤𧻚曆，仲𡙸父易（锡）赤金。臤拜𩒨首，对𨖗𡙸父休，用乍父乙䆋䊫（旅）彝。……"

按以上三器与《录𣪘卣》合观，可知遇、稽、臤等都是主帅师雝父的属员，在戍于古㠯时作器。其所以戍于古㠯，即为防止南淮夷的入侵。在这戍守的时候，上级大赐其金、贝，下级大铸其甗、卣，可见这辈军官的腐化堕落。"师雝父"即伯雍父，"师"系其职，"伯"系其爵或字。

（一三）《仲偁父鼎》："唯王五月初吉丁亥，周伯邉及仲偁父伐南淮尸（夷），俘金，用作宝鼎。"

按《禹贡》，扬、荆二州的贡都是"唯金三品"，《伪孔传》："金、银、铜也。"孔《疏》引郑玄《注》："金三品者，铜三色也。"两解虽有异，而其以铜为主要物则一。为了那里有这个丰富的资源，可以掠夺来铸造贵族们的礼器和日用品，所以周人压榨南淮夷和楚特别严重，传世周器也以伐这两国所作的为最多。这器的"俘金，用作宝鼎"，和《诗·泮水》的"憬彼淮夷，……大赂南金"，都是赤裸裸地把战争的目的招认出来的供状。在这样无休止的掠夺下，哪得不激起对方的坚决反抗！

（一四）《兮甲盘》："唯五年（前823年）三月，……王令（命）甲：'政嗣（司）成周四方责（积）至于南淮尸（夷）。淮尸旧我貟亩人，毋敢不出其貟、其责、其进人、其贮；毋敢不即𫼍（次），即𡊣（市）！敢不用命，则即井（刑）𠚣（扑）伐！其唯我诸侯、百生（姓），卑贮毋不即𡊣，毋敢或入𢍰（蛮）宄（宄）贮，则亦荆！'兮伯吉父作般（盘）。……"

按这器为宣王时物，作器者名甲，字伯吉父，兮为其封邑。王说"淮夷旧我貟亩人"，与《师寰簋》的"淮夷繇我貟亩臣"文义同。徐中舒《禹鼎的年代》云："'责'即《诗·公刘》'乃积乃仓'之'积'，赵注《孟子》以'积'为积谷，谷乃田亩所赋。'贮'当读如'取我衣冠而贮之'之'贮'（原注：《吕氏春秋·乐成》篇。《左传·襄公三十年》作'褚'），贮即冠服之类。《汉书·两粤传》载汉文帝以'上褚五十衣，中褚三十衣，下褚二十衣'遗南粤王，亦以'褚'为衣服。《颂鼎》称王命颂'官司成周贮廿家，监司新造贮，用宫御'，此所谓'贮'当如汉代服官或明、清时代的织造。南淮夷为周貟亩臣，必须向周王朝出币帛（貟），出积谷（责），出奴隶（进人），出冠服（贮）。这是南淮夷对周王朝的正供，而诸侯、百姓出入蛮境宄贮，至烦王命禁断，则南淮夷被搜刮剥削的惨重更可概见。"由徐氏这个考证，可以知道南淮夷所以反周的根本原因，就在于周王朝定下的所有属国对于它应负的大量职贡物品的制度超过了各国所能负担的限度；所谓"成周四方责"，就是极其残酷的经济压迫的政策。

（一五）《诗·大雅·江汉》："江、汉浮浮，武夫滔滔（按毛《传》云"'浮浮'，众强貌。'滔滔'，广大貌"，可见原文应该是"江、汉滔滔，武夫浮浮"，"浮"与下文"游""求"为韵。后人既把经文错写，遂又把注文两语的次序颠倒)，匪安匪游，淮夷来求。既出我车，既设我旟，匪安匪舒，淮夷来铺。……江、汉之浒，王命召虎：'式辟四方，彻我疆土，匪疚匪棘，王国来极。于疆于理，至于南海。'"毛《传》："'淮夷'，东国，在淮浦而夷行也。'铺'，病也。'召虎'，召穆公也。"卫《序》："江汉，尹吉甫美宣王也，能兴衰、拨乱，命召公平淮夷。"郑《笺》："'匪'，非也。江、汉之水合而东流浮浮然，宣王于是水上命将率，遣士众，使循流而下滔滔然，其顺王命而行，非敢斯须自安也，非敢斯须游止也；主为来求淮夷所处。据至其境，故言'来'。'车'，戎车也。鸟隼曰'旟'。兵至竟（境）而期战地，其日出戎车建旟，又不自安、不舒行者，主为来伐讨淮夷也。"孔《疏》："所以不敢安舒者，以己主淮夷而来，当讨而病之故也。言其肃将王命，所以克胜也。……'浒'，水涯也。'式'，法；'疚'，病；'棘'，急；'极'，中也。王于江、汉之水上命召公，使以王法征伐，开辟四方，治我疆界于天下，非可以兵病害之也，非可以兵操切之也，使来于王国，受政教之中正而已。……'于'，往也。召穆公于有叛戾之国，则往正其境界，修其分理，周行四方，至于南海而功大成，事终也。"陈奂《疏》："'淮夷来求'，'求'，读如《左传》'固敌是求'之'求'。……'铺'读为'痡'，《卷耳》传："痡"亦病也。'……'来'，皆语词。"（按《左传·文十二年》："赵穿……怒曰：'裹粮坐甲，固敌是求。敌至不击，将何俟焉！'"陈氏述此诗意谓周师南行，为求淮夷而击之，使淮夷受到损害而感痛苦。)

按此诗自可确定为召穆公受了周宣王之命而战胜南淮夷的诗。毛

《传》说"'淮夷',东国",这因他不了解淮夷有两个,因此牵缠不清之故。南淮夷的西境及于江、汉,这诗是最亲切的证据。既经达到了江、汉,因之可以和鄂侯驭方相勾结,也可以独力北侵到伊、洛流域。

(一六)《晋姜鼎》:"隹王九月乙亥,晋姜曰:'今(余)隹司(嗣)朕(朕)先姑君晋邦,……𨹍(义)我万民。嘉遣我,易(锡)卤賣千两。勿法(废)文厌(侯)覾令(命),卑(俾)畁(串)、徧(通)、乮,征緐、汤、覭(原)。取畀吉金,用乍(作)寶障鼎。……'"《大系》:"'君晋邦'者,'君'谓女君,古者以適妃为君。……'𨹍',即'辥'字。'嘉遣我'者,当是晋公嘉晋姜之贤能,遣其出征。'卤賣千两'者,'賣'疑'鱝'省,《尔雅·释鱼》'贝,小者鱝',又云'蠟,小而椭',盖以此为干糇也。'卑畁、徧、乮'者,'卑'即'俾','畁、徧'等均当是南方之国名。《中齋》及《中甗》有'南国贕行',此'畁'即彼'贕';余无可考。"

按此铭只言其征伐所经之地,并没有说出所征的是哪一个国家,必与下节所录《曾伯霎簠》合观,方知这回战争的对象。《大系》云:"此有'文侯'之名,春秋中叶以上尚无谥,大率即文侯在世事也。"据《史记·十二诸侯年表》,晋文侯在位为公元前780—前746年,当周幽王、平王之世。在甲骨文中,武丁多妻,他常遣妇出征,如"辛巳卜,贞登妇好三千,登旅万,呼伐羌"(《库方二氏藏甲骨卜辞》三一〇),"贞勿呼妇姘伐龙方"(《殷虚书契续编》四·二六·三)都是。但到后世,未闻继响,只有这一回晋文侯遣晋姜出征,是周代仅有的一次妇女率师。

(一七)《曾伯霎簠》:"隹(惟)王九月初吉庚午,曾白(伯)霎愻(哲)圣元武,元武孔啇(光),克狄(逖)滩尸(淮夷),卬(印)燮鬐、汤,金衜(道)鍚(锡)行,具(俱)既卑（俾）方。……"《大系》："'金道锡行'者，言以金、锡入贡或交易之路。古者南方多产金、锡，《鲁颂·泮水》：'憬彼淮夷，……大赂南金。'"

按"曾"即《春秋》中的鄫国，字亦作"缯"。《国语·郑语》："申、缯、西戎方强，王室方骚。……王欲杀太子以成伯服，必求之申。申人弗畀，必伐之。若伐申而缯与西戎会与伐周，周不守矣。"可见缯在西方原是一个强国，站在太子宜臼（周平王）这一边的。后来随周平王东迁，都今山东峄县，渐就微弱，《左传·僖十六年》记它为潍水流域的淮夷所侵，齐桓公会诸侯以谋之，见丁·伍·九·（五）。当他初迁时还有"孔光"的"元武"，"克逊"淮河流域的南淮夷。此铭"印燮罍、汤"一语虽不易解，但把《晋姜鼎》的"征繇、汤、𩵋"和《班簋》的"秉、繇、蜀、巢"比较起来，"罍、汤"必是征伐所及的两个地方；而且昭王伐楚，命中"先省南国棗行"，见丁·陆·五·（二）～（三），这"棗"即是《晋姜鼎》"𩵋"的异文，用兵之地在南方无疑。《大系》说："此簋与《晋姜鼎》同时，……盖晋人与鄫同伐淮夷也。作器亦同在九月，彼在'乙亥'，此在'庚午'，先彼五日。"按"周之东迁，晋、郑焉依"（《左传·隐六年》），周平王命晋文侯为侯伯，作《文侯之命》（《书序》），晋文侯是在周王朝东迁的时候着实出过力气的。由上面两篇铭辞，知道他曾经继续执行召穆公的政策，联合鄫国共击南淮夷，其目的则是为周王朝掠夺金、锡的资源，这是文献上早已失掉了的记录。

（一八）《诗·鲁颂·泮水》："明明鲁侯，克明其德，既作泮宫，淮夷攸服。矫矫虎臣，在泮献馘。……济济多士，克广德心，桓桓于征，狄彼东南。……憬彼淮夷，来献其琛，元龟、象齿，大赂南金。"毛《传》："'桓桓'，威武貌。……'憬'，远行貌。'琛'，宝也。'元龟'尺二寸。'赂'，遗也。'南'，谓荆、扬也。"卫《序》："《泮水》，颂僖公能修泮宫

也。"郑《笺》："'克',能;'攸',所也。言僖公能明其
德,……淮夷所以能服也。'矫矫',武貌。'馘',所格者之
左耳。……'多士',谓虎臣。……'东南',斥淮夷。……
'大',犹'广'也。广赂,赂君及卿大夫也。荆、扬之州贡
金三品。"陈奂《疏》:"'明明',犹勉勉也。《瞻卬》传:
'"狄",远也。'《抑》传:'"逷",远也。'古'狄''逷'
声通。'狄彼东南'与《书》'逷矣西土之人'句法一例。"

按这诗明说"狄彼东南",又说"大赂南金",其所献的物品,"元
龟"即《禹贡》荆州的"九江纳锡大龟","象齿"即《禹贡》荆、扬
二州的"羽、毛、齿、革"的"齿",地方色彩这般明显,所以毛、郑
都以荆、扬释之,这"淮夷"是南淮夷绝无疑义。只是卫、郑二氏都
说是鲁僖公事,我们看来觉得不像。鲁僖公跟潍水流域的淮夷打过交
道,自可用《春秋经》里的跟齐桓公会咸谋杞和会淮谋鄫相比附,只
是诗人在作《閟宫》时所说的鲁国向淮夷要索来的许多东西都不是东方
出产,而且这样盛大的献俘,为什么《春秋》和《左传》里竟没有一
点儿痕迹可寻?至于《泮水》所说鲁伐南淮夷时获得的胜利,僖公时
代更寻不出依稀仿佛的记录。这究竟是什么缘故呢?我们想:诗中所说
的"鲁侯"本来没有限定为鲁僖公,凡是伯禽以下的鲁君都可以用这
个称号,即是他们征伐所得的胜利都可以写进《鲁颂》。《史记·鲁世
家》"炀公筑茅阙门",这"茅"字,《集解》引徐广曰:"一作'第',
又作'夷'。"《大系》于《沈子簋》下云:"作'夷'者乃正字,
'茅''第'均误字也。……炀公有克夷之功,故作'夷阙门'以纪之。
小司马于'阙门'下引《系本》云'炀公徙鲁',盖炀公攘略夷地,始
得宁处也。"这才发见炀公有伐夷的大功绩,这个"夷"也许就是淮
夷。此后,召穆公平南淮夷是在周宣王之世,那时鲁国的君主是武公、
懿公、伯御、孝公;晋文侯伐南淮夷是在周平王之世,那时鲁国的君主
是惠公。也许召公或文侯出兵时曾经征师于鲁,像征师于鄫一样,鲁君

也许亲身参加过战役，得到许多战利品，所以很高兴地把周、晋的胜利当作自己的胜利，而为鲁君服务的诗人们也乐于夸张一下以博取君主的欢心。即使不然，也是后代的诗人追思前代的昌盛而作成的咏叹的篇章。只是春秋以前的史迹已湮，如果没有新的地下史料发现，我们便无法作出确定的叙述而已。可是无论是哪一回战役，其事都在春秋前，《毛诗序》"颂僖公"的话是决不可信的。

　　(一九)《春秋·昭四年》："夏，楚子、蔡侯、陈侯、郑伯、许男、徐子、滕子、顿子、胡子、沈子、小邾子、宋世子佐、淮夷会于申。……秋七月，楚子、蔡侯、陈侯、许男、顿子、胡子、沈子、淮夷伐吴。"《左传》："夏，诸侯如楚、鲁、卫、曹、邾不会。"杜《解》："楚灵王始会诸侯。……因申会以伐吴。……'胡'，国，汝阴县西北有胡城。"

按这是楚灵王图霸的一次大会，到会的诸侯，在今河南省的有蔡、陈、郑、许、宋、顿，在今安徽省的有徐、胡、沈，在今山东省西南角的有滕、小邾，大抵不出汝、颍、淮、泗诸流域。至于在今山东南部的鲁、邾，西部的曹，河南北部的卫，都因服属于晋，不愿和楚有往来，以致发生政治纠纷，所以拒绝参加。在这种情形下，与会而且出兵伐吴的"淮夷"，当然是淮河流域的南淮夷而不是潍水流域的淮夷，因为潍水流域的淮夷处在齐、鲁之东，楚国的势力是达不到的。《春秋》和《左传》两书中，南淮夷在这里是仅有的一见。这是公元前538年的事，据此，我们可以知道南淮夷到那时还存在。至于它到何年灭亡，亡于吴还是亡于楚，则文献无征了。

又按从以上的许多证据看来，徐和淮夷在周初本来都住在今山东半岛的西部，徐的北境或且延及河北省中部。自从和殷、奄等国一起兴兵反周，为周公所讨伐，后来又继续受到伯禽和康王的打击，徐国大概已经全部南迁，所以在春秋时代，鲁东已不再存在这一国；淮夷则只是迁走一部分，因此他们在淮河和潍水两流域各立了一国。迁到淮河流域的南淮夷，在西周时代常常起兵反周，到周宣王时才被平定，但这国继续存在。留在潍水流域的淮夷则到春秋时代还保存了相当强盛的武力，齐桓公虽为霸主，但对于他们的侵略杞、鄫等国则只能作些消极的抵抗。

又按奄、蒲姑、徐、淮夷四国本来都在今山东省境内：奄、蒲姑略靠西，其后都迁到了今江苏省南部；徐、淮夷略靠东，其后除淮夷留下一部分外，都迁到了淮河南、北，即今安徽、江苏两省的北部，还伸展到河南省。尚有江、黄等嬴姓之国，大约都在《作雒》所说的"征熊、盈族十有七国"之内，也一齐迁到了淮河流域。迁去之后，徐国还是强盛了一个时候，所以周穆王时曾用三年工夫平瘠戎（偃王），这个史实虽已失传，但徐偃王的传说却发展得很广；到周宣王时，又南征徐国而有《大雅·常武》的诗。在彝器中又有《徐王糧鼎》《徐王义楚鍴》等遗物，铭文"用韵特精"，"徐之文治殆欲跨越中原诸国而上之"（见杨树达《积微居金文说》一《王孙遗诸钟跋》，五《徐王糧鼎跋》），徐方文化是"殷商文化的嫡系"（见郭沫若《殷周青铜器铭文研究·杂说林钟、句鑃、钲、铎》），是应有的评价。到公元前512年，才结束了他们的国家组织而转入南方的山区和海岛。计自周公东征到这时候，已经经历了六百年左右的漫长时间了。

陆　祝融族诸国的兴亡[①]

一　祝融八姓和陆终六子

（一）《邾公钰钟》："陆螽之孙邾公钰乍（作）氒禾（和）钟，用敬恤盟祀，旂（祈）耂（年）䆩（眉）寿。……"

按王国维《邾公钟跋》云："'螽'字从虫，章声。'章'，古'墉'字；以声类求之，当是'螽'。'陆螽'，即陆终也。《大戴礼·帝系》篇：'陆终……产六子，……其五曰安，是为曹姓。……曹姓者，邾氏

---

①　原载《燕京学报》新八期，2000年5月。

也.'……此邾器而云'陆𩔖之孙',其为陆终无疑也."郭沫若《金文所无考》(三皇、五帝)则云:"按'𩔖'字从虵,章声,求诸声类,当以'融'字为近.'陆𩔖'疑即'祝融'.……'陆''祝'古同《幽部》,'终''融'古同《冬部》,其字当如《邾公𨥛钟》作'陆𩔖'.'陆'一书为'祝','𩔖'一书为'终',陆终、祝融遂判为二人也."按"墉"(iong)、"螽"(tjuəng)二字只是音近,并不同部.郭氏以"陆(ljuək)𩔖(iuəng)"为"祝(tjuək)融(iuəng)"的异文,怡然理顺;又以"终"(tjuəng)"融"同部,说"陆终""祝融"本是一人,以书写不同而判作两人,合于古代传说分化之例.这种例子在古史传说中正多,有如"羲和"是太阳神,《山海经·大荒南经》云"有女子名曰羲和,方浴日于甘渊.羲和者,帝俊之妻,生十日",又《楚辞·离骚》云"吾令羲和弭节兮,望崦嵫而勿迫",分明只是一个人,可是到了《尧典》,便因治历明时有分配四方的必要,被拆成"羲仲、羲叔、和仲、和叔"四个人,作了帝尧的历官.又如"驩兜"(xuan tuo),《汗简·鸟部》和《口部》引《古文尚书》作"鴅吺"(huan tuo),"鴅"既从鸟,丹声,"吺"亦作"咮"(tiuo),朱声,很可看出"丹朱"只是"鴅咮"的简化字,然而在《尧典》中则丹朱为尧子,驩兜为尧臣,就截然分作两人(说详童书业《丹朱与驩兜》).陆终和祝融的关系也当作如是观,他本是古代东方民族的大神,被东方各国认作祖先,各各把自己的谱系联串到他的身上,于是而有"八姓"或"六子"的不同传说,详见下述.我们从《邾公𨥛钟》的这条证据,便可贯串到下面《郑语》《帝系》《楚世家》各项资料,认识《逸周书·作雒》中所说的"熊族"就是"陆𩔖之孙",也即祝融之后.不但这样,连向来说是楚的始封之君"鬻熊"(jiuək hjwəng)也很可能即是祝融的分化.

(二)《国语·郑语》:"桓公为司徒,……问于史伯曰:'王室多故,余惧及焉,其何所可以逃死?'史伯对曰:'……

其济、洛、河、颍之间乎？……'公曰：'南方不可乎？'对曰：'……天之所启，十世不替。夫其子孙必光启土，不可逼也，且重、黎之后也。夫黎为高辛氏火正，以淳耀敦大天明、地德，光照四海，故命之曰"祝融"，其功大矣。夫成天地之大功者，其子孙未尝不章，虞、夏、商、周是也。……祝融亦能昭显天地之光明，以生柔嘉材者也，其后八姓，于周未有侯伯。佐制物于前代者，昆吾为夏伯矣，大彭、豕韦为商伯矣；当周未有。"己"姓：昆吾、苏、顾、温、董，"董"姓：鬷夷、豢龙，则夏灭之矣。"彭"姓：彭祖、豕韦、诸稽，则商灭之矣。"秃"姓：舟人，则周灭之矣。"妘"姓：邬、郐、路、逼阳，"曹"姓：邹、莒，皆为采、卫，或在王室，或在夷狄，莫之数也，而又无令闻，必不兴矣。"斟"姓，无后。融之兴者，其在"芈"姓乎？芈姓夔、越，不足命也。蛮芈，蛮矣。惟荆实有昭德，若周衰，其必兴矣！……'"韦《解》："'桓公'，郑始封之君，周厉王之少子，……宣王封之于郑，幽王八年（前 774 年）为司徒。'史伯'，周太史。'故'，犹'难'也。……'南方'，当成周之南，申、邓之间。……'替'，废也。'光'，大也。'重、黎'，官名，《楚语》曰：'颛顼乃命南正重司天，北正黎司地。'言楚之先为此二官。'高辛'，帝喾。……黎当高辛氏为火正。'淳'，大也。'耀'，明也。'敦'，厚也。言黎为火正，能理其职以大明厚大天明、地德，故命之为'祝融'。'祝'，始也。'融'，明也。'大明天明'，若'历象三辰'也。'厚大地德'，若'敬授民时'也。'光明四海'，使上下有章也。……'柔'，润也。'嘉'，善也。'善材'，五谷、材木。'八姓'，祝融之后八姓：己、董、彭、秃、妘、曹、斟、芈也。'侯伯'，诸侯之伯。'佐'，助也。'物'，事也。'前代'，夏、殷、周。

'昆吾'，祝融之孙，陆终第一子，名樊，为己姓，封于昆吾；昆吾，卫是也。其后夏衰，昆吾为夏伯，迁于旧许，《传》（《左传》，下同）曰：'楚之皇祖伯父昆吾，旧许是宅。''大彭'，陆终第三子，曰籛，为彭姓，封于大彭，谓之'彭祖'，彭城是也。'豕韦'，彭姓之别，封于豕韦者也。殷衰，二国相继为商伯。……〔己姓〕五国，皆昆吾之后别封者，莒其后。'董姓'，己姓之别，受氏为国者也。有飂叔安之裔子曰董父，以扰龙服事帝舜，赐姓曰董，氏曰豢龙，封之鬷川；当夏之兴，别封鬷夷，于孔甲前而灭矣。《传》曰：'孔甲不能食龙而未获豢龙氏，刘累学扰龙于豢龙氏以事孔甲。''彭祖'，大彭也；'豕韦''诸稽'，其后别封也。'大彭、豕韦'为商伯；其后世失道，殷复兴而灭之。'秃姓'，彭祖之别。'舟人'，国名。陆终第四子曰求言，为'妘姓'，封于邬，今新郑也。'邬、路、逼阳'，其后别封也。陆终第五子曰安，为'曹姓'，封于邹。'皆'，妘、曹也。'采'，采服，去王城二千五百里。'卫'，卫服，去王城三千里。'或'，六姓之后：'在王室'，苏子、温子也；'在夷狄'，莒、逼阳也。'斟姓'，曹姓之别；或云夏少康灭之，非也：《传》有'斟灌''斟鄩'，浇所灭，非少康，又皆夏同姓，非此也。'夔、越'，'芈姓'之别国。楚熊绎六世孙曰熊挚，有恶疾，楚人废之，立其弟熊延；挚自弃于夔；其子孙有功，王命为夔子。'蛮芈'，谓叔熊在濮，从蛮俗。'昭'，明也。"

按这是一篇熊族分布的系统纪录，它从西周上溯到一千余年的历史，实为我国古代史上一篇非常宝贵的资料。据这文说：当周幽王时代，天灾、人祸一齐来，王朝的政权已摇摇欲坠，当国的郑桓公看到情势不妙，急急想搬家，把搬到哪里的问题跟史伯讨论，史伯劝他不要搬到南方去，因为楚势方张，是挡不住的；他因而讲到楚国必然代周而兴的道理，说是楚祖祝融有"光照四海"的大功，他的裔孙分为八姓，其中己姓的昆吾、彭姓的大彭和豕韦，虽已做过夏、商时的侯伯（诸侯中的领袖），但己姓、董姓诸国已为夏所灭，彭姓诸国已为商所灭，秃姓的舟人也给周灭了；妘姓的邬、郐等国，曹姓的邹、莒等国，虽还存在，但都已衰落成为采、卫小邦（按"采、卫"二字应依《康诰》的"侯、甸、男邦、采、卫"讲，是次于"侯、甸、男"的低级封君；韦昭依了《周官》的"采服、卫服"讲是错误的，看这二姓的所在地便知）；斟姓竟致无后；只有芈姓大有希望。芈姓也有数支，夔、越和蛮芈都不足挂齿，只有荆楚是有明德的，周王朝衰落下去的时候它必然要兴盛起来。祝融后裔之兴，史伯在八姓中归结到芈姓，芈姓中他又归结到楚，他的预言具体落实到这般程度，究竟应验了没有？大家知道，是没有应验的，代周而兴的乃是秦，秦则为嬴姓。他的预言既这般不准，就贬低了史料价值吗？那也不然。这篇文字，本不是真实记载西周末史伯的预言，而是春秋末或战国初人所作的托之于史伯的预言。当周王朝既没落，齐、晋诸霸国亦已为权臣所篡夺，而秦还没有富强起来的时候，谁都看得出楚是最具有统一天下的资格的一个大国，于是做了这篇《郑语》，道出了楚国兴盛的原因及其必然的发展，而把这光荣的未来归之于其先祖祝融的大功。那时古代典籍犹存，所以能有条有理地叙述出这八姓的兴亡，使我们略略认识到这一个大族的分布地点。

八姓以己姓为首，而己姓则以昆吾为代表。昆吾所在，《左传·哀十七年》记卫庄公的梦，既言"昆吾之观"，又言"昆吾之虚"，足征其国即在卫都濮阳，今河南省东北角的濮阳县。昆吾迁于旧许，见《左传·昭十二年》，楚灵王说"昔我皇祖伯父昆吾，旧许是宅"，《襄十一年》也说"诸侯伐郑，……东侵旧许"，可见"旧许"在春秋后期已成为一个地理名词。许国原来都于今河南许昌县，为了受郑的吞并，在楚的庇护下迁今叶县，又迁今安徽亳县，所以灵王说的"旧许"是指许昌。昆吾所以从濮阳南迁至许昌，可以猜想是由于亡国的缘故；其后又亡，成了许国的封地。《诗·商颂·长发》："武王载旆，有虔秉钺。……韦、顾既伐，昆吾、夏桀。"毛《传》："'武王'，汤也。'旆'，旗也。'虔'，固。"郑《笺》："'有'之言'又'也。……建旆兴师出伐，又固持其钺，志在诛有罪也。……'韦'，豕韦，彭姓也。'顾''昆吾'，皆己姓也。三国党于桀恶，汤先伐韦、顾克之，昆吾、夏桀则同时诛也。"可见昆吾之亡就在夏亡于商的时候，《郑语》说它灭于夏是不确的；本国既亡，其遗民遂南迁于今许昌。顾之所在，《左传·哀二十一年》："公及齐侯、邾子盟于顾。"杜《解》："'顾'，齐地。"今山东西部范县东南五十里有顾城。苏和温之所在，《左传·隐十一年》："王（周桓王）取邬、刘、苏、邢之田于郑，而与郑人苏忿生之田温、原、绵、樊、隰郕、攒茅、向、盟、州、陉、隤、怀。"杜《解》："〔温〕今温县。……凡十二邑，皆苏忿生之田：攒茅、隤属汲县，余皆属河内。"苏的故址，传说在今河南温县西南二十里。温和苏，《郑语》判为二国，《左传》则以为一国，《春秋·僖十年》："狄灭温，温子奔卫。"《左传》："狄灭温、苏子无信也。苏子叛王即狄，又不能于狄，狄人伐之，王不救，故灭。苏子奔卫。"又《左传·成十一年》："昔周克商，使诸侯抚封，苏忿生以温为司寇，与檀伯达封于河。苏氏即狄，又不能于狄而奔卫，襄王劳文公而赐之温。"郭沫若云："余意，温盖苏之支庶，苏公入仕王室盖别有所封，其故邑为子孙所保有而亦有苏名，犹邾之有大、小邾，都之有上、下都也。故温虽灭而苏犹存〔文十年（前617年）女栗之盟复见'苏子'〕。至隐十一年（前712年）所与苏田之温，盖又温之子邑而已。"（《大系·穌公殷》）温、苏之地在今河南省的北部，离昆吾之虚不远。董不详。再有一个这里说为曹姓的莒，在《左传》上却说它也是己姓，《文七年》："穆伯（鲁公孙敖）娶于莒，曰戴己，生文伯；其娣声己，生惠叔。"因此韦《解》改说莒为昆吾之后。还有一个己姓之国，这里没有写上的，《左传·哀十七年》："公（卫庄公）入于戎州己氏。初，公自城上见己氏之妻发美，使髡之以为吕姜髢。"杜《解》："'戎州'，戎邑。……
'己氏'，戎人姓。"按这个己氏即在卫都濮阳城外，很可能是昆吾之族
的孑遗，所以《路史·后纪》七引徐才宗《国都记》："鲁、卫间戎为
昆吾之后。"这个"戎"即是《春秋·隐二年》"公会戎于潜"的戎。至
于称之为"戎"，或也同徐戎一般，是出于自大成性的姬姓的侮蔑。《汉
书·地理志》，梁国有己氏县，《通典·州郡典》七"宋州楚丘，古之戎
州己氏之邑，……汉曰己氏县也"，《清一统志·曹州府》"隋楚邱县故城
在今曹县东南"，是己氏之地，超卫而入曹，和楚丘的兼跨当时数国正相
似。综合以上诸证看来，己姓分布的据点都在黄河下游拐弯的地方。

董姓的国家，本文只举了鬷夷、豢龙。据《左传·昭二十九年》
记晋太史蔡墨的话："昔有飂叔安有裔子曰董父，实甚好龙，能求其耆
（嗜）欲以饮食之，……以服事帝舜，帝赐之姓曰董，氏曰豢龙，封诸
鬷川，鬷夷氏其后也。"杜《解》："'飂'，古国也。'叔安'，其君
名。……鬷水上夷皆董姓。"照《左传》说，是鬷夷为董父之后，即豢
龙氏，不应像《郑语》这样，分鬷夷、豢龙为二。鬷之所在，《书序》
云："夏师败绩，汤遂从之，遂伐三鬷，俘厥宝玉。"《续汉书·郡国
志》："济阴郡定陶：有三鬷亭。"《水经注·济水》一："定陶县，故三
鬷国也。汤追桀，伐三鬷，即此。"这个"三鬷"如可移解鬷夷，则鬷
夷在今山东西南部的定陶县，即周代的曹国境。鬷夷以居鬷水而得名，
可是鬷水当今何水则不详，飂国亦无考。据《书序》，三鬷国在汤时犹
存，非亡于夏，如果此说可信，则《郑语》亦误。到春秋时，鲁国尚
有鬷氏。《左传·襄十九年》："齐侯（灵公）娶于鲁，曰颜懿姬，无
子；其侄鬷声姬生光，以为大（太）子。"杜《解》："兄子曰'侄'。
颜、鬷皆二姬母姓，因以为号。"齐灵公娶于鲁公室，故其姓为姬；二
姬一姑一侄，各用其母的氏为号，故曰颜曰鬷。汉武帝的子孙称为
"卫太子""史皇孙"，即承此风。定陶和曲阜相去不远，故三鬷亡后，
其遗裔居于鲁国。杜云"母姓"，误，当云"母氏"。

　　彭姓三国，彭祖所在，《春秋·成十八年》："宋鱼石复入于彭城。"杜《解》："'彭城'，宋邑，今彭城县。"晋的彭城县，即今江苏铜山县。豕韦，《左传·襄二十四年》："在商为豕韦氏。"杜《解》："'豕韦'，国名，东郡白马县东南有韦城。"那么豕韦就是汤所灭的"韦"。汉白马县故城在今河南滑县东二十里，地与濮阳邻接，所以韦即是"郼"（殷），也即是"卫"，这是有长久的历史的名都。诸稽，无考，《国语·吴语》有越王句践"命诸稽郢行成于吴"的事，可以知道当春秋末年还有以"诸稽"为氏的人。

　　秃姓舟人，无考。据《郑语》"若克二邑（虢、郐），鄢、弊、补、舟、依、𪡝、历、华，君之土也"，可知"舟"和虢（东虢）、郐二国相近，在今河南密县左右。《左传·闵二年》有虢（西虢）大夫舟之侨，当是其后。

　　妘姓四国，鄢见于《左传·隐十一年》，是郑的地方而为周桓公所夺取的，可见那时鄢已早亡于郑；杜《解》"河南缑氏县西南有鄢聚"，汉缑氏县故城在今河南偃师县南。郐见于《左传·僖三十三年》，郑公子瑕死，"敛而葬之郐城之下"，杜《解》"'郐城'，故郐国，在荥阳密县东北"，即在今河南密县东北五十里。这一国于东周初年为郑武公所灭，《诗经》中尚有《桧风》。路，无考。（王符《潜夫论·志氏姓》以春秋时的"潞子"当之，但潞是赤狄，和祝融八姓族类不同；又在今山西长治县，和祝融八姓居于黄河下游的不同：故不取。）逼阳见于《春秋·襄十年》"会吴于柤，遂灭逼阳"，杜《解》"今彭城傅阳县也"，晋傅阳县故城在今山东峄县南五十里。因为这国近宋，所以晋悼公率诸侯之师灭了它，把它送给宋人。此外《左传》上还有两个妘姓之国为《郑语》所漏举的。《隐元年》："纪人伐夷。"杜《解》："'夷'，国，在城阳壮武县。"孔《疏》："《世本》：'夷，妘姓。'"又《昭十八年》："邾人入鄅。"杜《解》："'鄅'，国，今琅邪开阳县，……妘姓国也。"孔《疏》："鄅为妘姓，《世本》文也。"汉壮武县故城在今山东即墨县西，开阳县故城在今山东临沂县北十五里，这是未被迁走的两个妘姓小国。

曹姓的邹，《左氏》《穀梁》两家《经》《传》都写作“邾”，《公羊经》、《传》和《礼记·檀弓》则作“邾娄”，战国时书则皆作“邹”，故城在今山东邹县东南二十六里。

斟姓无后，当然更难稽考。按《左传·襄四年》：“浞……使浇用师，灭斟灌及斟寻氏。”杜《解》：“二国，夏同姓诸侯，仲康之子后相所依。乐安寿光县东南有灌亭。北海平寿县东南有斟亭。”《汉书·地理志》，北海郡又有斟县。又《哀元年》：“昔有过浇杀斟灌以伐斟鄩，灭夏后相。”杜《解》：“‘浇’，寒浞子，封于过者。……后相失国，依于二斟，复为浇所灭。”杜氏说斟灌、斟寻二国为夏同姓诸侯，用的是《世本》之文，似乎同祝融之族无关；但看丁·陆·一·（三），晋举夏郊，董伯为尸，董增龄《国语正义》说己姓即姒姓，可见夏、祝融二族实可相通，只是事在夏代，时间隔得过远，文献缺乏，一时不易充分证实而已。汉寿光县在今益都县东北，平寿县在今潍县西南，为古斟城所在，二斟相去仅九十里，斟县亦在潍县东，似乎这两国均可确定在今山东东部。但《水经注·巨洋水》云：“薛瓒（即《汉书》颜注所引的“臣瓒”）《汉书集注》云：‘按《汲郡古文》“相居斟灌”，东郡灌是也。明帝以封周后，改曰“卫”。斟寻在河南，非平寿也。’又云：‘太康居斟寻，羿亦居之，桀又居之。《尚书序》云“太康失国，兄弟五人徯于洛汭”，此即太康之居为近洛也。’余考瓒所据，今河南有寻也，卫国有观土。”是薛瓒和郦道元的意思，斟灌在卫，所以汉东郡有灌县（今本《汉书》作“畔观”，王先谦《补注》引陈景云曰：“‘畔’字衍，《恩泽侯表》《沟洫志》《翟方进传》可证。”地在清代为山东曹州府观城县）；斟寻在河南，故能为太康及桀所居。按《左传·昭元年》：“夏有观、扈。”杜《解》：“‘观’，国，今顿丘，卫县。”《水经注·河水》：“浮水故渎……又东径卫国县故城，古斟观。”是斟灌在卫之证。《左传·昭二十三》年："郊、郭溃。"杜《解》："河南巩县西南有地名郭中。郊、郭二邑皆子朝所得。"《续汉书·郡国志》："河南尹巩：有寻谷水。"是斟郭在河南之证。同是杜预这人，同是《左传》的注，为什么把斟灌、斟寻二国之地一忽儿放在东，一忽儿又放在西呢?《史记·夏本纪》正义引臣瓒《汉书音义》云："斟（斟）寻在河南，盖后迁北海也。"把迁国来解释这个矛盾是适当的，所以郦道元在《巨洋水》下说道："是盖寓其居而生其称，宅其业而表其邑，纵遗文沇（沿）褫，亭郭有传，未可以彼有'灌'目，谓专此为非，舍此'寻'名，而专彼为是。"雷学淇也于《竹书纪年义证》里说："斟县之灌、寻乃从河、洛往迁，被名海澨者。"可见二斟本来同在河域，斟寻居西南，斟灌宅东北，和夏后都有密切的关系；不知何时，同迁至山东半岛的西部，而斟寻遗址即为桀取作都城。从斟灌在卫，昆吾、韦、楚也在卫这一点看来，卫是祝融族的一个中心区域是可以肯定的。

　　芈姓四国，荆即楚，见丁·陆·二~四。夔见《春秋·僖二十六年》："楚人灭夔，以夔子归。"《左传》："我先王熊挚有疾，鬼神弗赦而自窜于夔。"则夔为熊挚自建的国，熊挚为熊渠子，立国之年当西周后期。杜《解》："'夔'，……今建平秭归县。"按今湖北秭归县东有夔子城，当楚都江陵的西北。越，《史记·楚世家》"熊渠生子三人，……少子执疵为越章王"，"越（juot）章"音转为"豫（iò）章"，为今安徽省境内江北、淮南之地，略及河南省东南角、江西省北部，说见顾栋高《春秋时楚豫章论》。越王句践这一系，很有从豫章东迁至会稽的可能。《墨子·非攻下》："越王繄亏出自有遽，始邦于越。"繄亏、有遽为何人，并属难明。《史记·越世家》则云："越王句践，其先禹之苗裔，而夏后帝少康之庶子也，封于会稽以奉守禹之祀。"司马迁这说不知其所自来，因为他断得这样确定，他的书又流传得这样普遍，读者们就都跟着他走。梁玉绳作《史记志疑》，始据《论衡·书虚》《道虚》之言，辨禹无巡狩到会稽之事，亦无死而葬于会稽之事（《夏本纪》），又谓"少康封庶子一节即缘禹葬于越伪撰，盖六国时有此谈，史公缪取入史，后之著书相因成实"（《越世家》）。韦昭解《国语》，因有《郑语》在先，故于《吴语》注云："句践，祝融之后，允常之子，芈姓也。《郑语》曰：'芈姓夔、越。'《世本》亦云：'越，芈姓也。'"他举出《世本》一证，与《郑语》若合符节，更可见史迁的根据薄弱。董增龄作《国语正义》，阐韦昭说，云："按《僖三十年传》：'杞、鄫何事！相之不享于此久矣。'越果少康之后，亦应数及，可知越非姒姓。"但我们现在既看出了夏和祝融族的关系，则越为少康之后一说也就不该一笔抹杀。此外，《汉书·地理志》颜注引臣瓒曰："自交阯至会稽七八千里，百越杂处，各有种姓，不得尽云少康之后也。按《世本》，越为芈姓，与楚同祖，……则越非禹后明矣。又芈姓之越亦句践之后，不谓南越也。"他主张越地广大，越种复杂，不该归于一个系统，只是东方的越的统治者是句践之后，应为芈姓，和南越的统治者不一样，这个说法我们认为是公允的。越王句践这一系，当是楚的越章王执疵之后，由豫章迁至会稽，因而与东越合为一族。《史记·东越列传》："闽越王无诸及越东海王摇者，其先皆越王句践之后也，姓驺氏。"《集解》："徐广曰：'"驺"，一作"骆"。'"提到这"骆"字，便使人想起了《水经注·叶榆水》篇引的《交州外域记》，这书说："交阯昔未有郡县之时，土地有'雒田'，其田从潮水上下；民垦食其田，因名为'雒民'；设'雒王''雒侯'主诸郡县；县多为'雒将'，雒将铜印，青绶。""雒"即"骆"，应为越族的图腾，因即取以为姓，故《东越列传》中，东越王馀善号将军驺力为"吞汉将军"，"驺"亦"骆"字之误。又《史记·赵世家》："夫剪发、文身、错臂、左衽，瓯越之民也。"《索隐》："今珠崖、儋耳谓之瓯人，是有瓯越。"《正义》引《舆地志》："交阯，周时为骆越，秦时曰西瓯。"这"西瓯"正和东海王的都城"东瓯"遥遥相对，可知在我国东海和南海一带的海岸线上居住的人民，大体上都可称为"瓯越"，也都可称为"骆越"。闽越王无诸及东海王摇既姓骆，便不是芈姓，不该为越王句践之后，《史记》说亦误。合观上文，楚和越的同姓关系，阶级只限于上层，地点只限于江、浙，与周和吴的同姓关系一样；吴的人民也是越族，只是统治者为姬姓而已。至于闽越、南越、瓯越等族的统治者应姓骆，跟楚无关。蛮芈，《郑语》云："荆子熊严生子四人：伯霜、仲雪、叔熊、季纣；叔熊逃难于濮而蛮。"以《楚世家》文勘之，下二人名是"叔堪、季徇"，"徇"（ziuèn）和"纣"（ziuen）固同音通用，"堪"（k·əm）和"熊"（hjwəng）乃大不似。按楚王以"熊"为位号（见下按语），楚人不当取以为名，看来"叔堪"一名合于事实，可以改正《郑语》的讹文。濮之所在，据清人《春秋传说汇纂·文十六年》说"在今枝江县南境"，则在楚郢都的西南。这四国中，蛮芈先亡，《郑语》说"楚蚡冒于是乎始启濮"，据《史记·十二诸侯年表》，蚡冒在位为周平王十四年至三十年（前757—前741年），是蛮芈亡在春秋前，《左传·宣十二年》所云"若敖、蚡冒筚路（柴车）、蓝缕（敝衣）以启山林"，这"启濮"当是他的重要工作之一。夔亡于楚成王三十八年（前634年）。惟楚与越并成大国，而越到战国中期也为楚威王（前339—前329年）所灭。

综合上文看来，祝融八姓，除了昆吾迁今许昌是在亡国之后及夔、越、蛮芈这三个楚的分国都是楚迁荆山以后的新发展之外，其他全在黄河下游，把春秋时的国境来区分，则昆吾、豕韦在卫；顾在齐；彭、逼阳在宋；苏、温先在郑，后在晋；邬先在郑，后在成周；郐在郑；斟灌先在卫，斟郭先在成周，其后都迁齐；没有一国是在淮河之南的。从这许多祝融族的国家都建立在黄河流域，就可以知道楚国本来也在黄河流域，卫、曹、宋三国里的三个"楚丘"必然是周以前的楚的遗址（见丁·陆·二）。这许多国家，只有己姓的莒、戎州己氏，妘姓的夷、鄅，曹姓的邾，春秋一代中还独立存在于原地，然而已都沦为采、卫小国，或竟成为种族奴隶；其他则早在商初，迟到春秋，全都亡了；独有南迁的楚则越来越强大而有代周的趋势。所以读了《郑语》这篇记载，使得我们认清祝融八姓是黄河下游的旧主人，一向认为"南蛮"的楚竟是东方的旧国。

又按，这八姓二十国都说是祝融的子孙，我们应该问：祝融真是他们的祖先吗？这却甚有问题。《礼记·月令》说夏季里在天上当权的是"其帝炎帝，其神祝融"，炎帝是主火的上帝，祝融是主火的大神。《国语·周语上》："昔夏之兴也，融降于崇山；其亡也，回禄信于聆隧。"韦《解》："'融'，祝融也。'崇'，崇（嵩）高山也。夏居阳城，崇高所近。'回禄'，火神。再宿为'信'。'聆隧'，地名。"《郑公钊钟》的"陆䣊"，这里一分为二，成为融和回禄二人，"融"就是"䣊"，"禄"就是"陆"。夏代的一兴一亡，这位火神都曾从天上降下来，给夏人放个信号。这个故事也记在《墨子·非攻下》，说："逮至乎夏王桀，……寒暑杂至，五谷焦死。……天乃命汤于镳宫。……天命融隆（降）于夏之城间西北之隅。"可见在祝融的神话里，夏在亡国之前，也由上帝命祝融降到人间作"受命"和"革命"的表示的，"祝融"和"回禄"实在是异名而同义。用后世的神名来做个比拟，祝融就是火德星君。可是到了战国时，这位火神似乎升格为上帝了，楚的王族本是以祝融为先祖的，到屈原作《离骚》时，就自称为"帝高阳之苗裔"，"高阳"是高高在上的太阳，和《郑语》称赞祝融的"淳耀敦大天明、地德，光照四海""昭显天地之光明，以生柔嘉材"，涵义并无不同，只是由"神"升而为"帝"因而出现了一个新名词罢了。高阳之为上帝，《墨子》中还有一条证据，也在《非攻下》，云："昔者三苗大乱，天命殛之，……高阳乃命禹于玄宫（从王念孙《读书杂志》校，增"禹于"二字），禹亲把天之瑞令以征有苗。"这里的"高阳"，后人都解作颛顼，因为《庄子·大宗师》说"颛顼得之，以处玄宫"，地点是一样的；而且《大戴礼记·帝系》说"颛顼……产老童；老童……产重黎及吴回；吴回氏（是）产陆终"，正好接上楚的一系；又刘歆

《三统历》把颛顼和高阳排作一人，而云"颛顼高阳氏"（《汉书·律历志》引）：所以屈原以帝高阳为始祖，即是以颛顼为始祖，完全可以讲通。其实，古代的统治者惯把上帝说成自己的祖宗，一方面用来提高统治阶级的自豪感，另一方面又用来加强麻醉人民，使得他们安于宿命，不敢怀着反抗的念头。祝融为八姓之祖，这是古代东方民族对于太阳神的崇拜而自然演成的；等到楚国强大，他们的统治阶级的地位在各国间越升越高，反映到天上，祝融就不可能不变成帝高阳这尊神道。看墨子的弟子随巢子说"天命夏禹于玄宫"（《艺文类聚·符命部》引），他们师弟同样叙述一件故事，而一说"高阳"，一说"天"，可知高阳即是天，也即是上帝。那时留下的"祝融"这个旧名词，似乎始终站在辅佐上帝的阶位上。《山海经·海内经》云："戏器生祝融，祝融降处于江水。"说他处于江水，分明是楚人南迁的反映。又说："洪水滔天，鲧窃帝之息壤以堙洪水，不待帝命；帝令祝融杀鲧于羽郊。"在神话中，息壤是无限生长的泥土，它可以填塞泛滥的洪水，可是这原料只藏在上帝那里，鲧为了救民心切，没有等待上帝发号施令，就偷取下来使用，以致上帝大怒，立刻命令祝融下来杀鲧。在这个神话里，祝融只做得上帝的刽子手，地位是不高的。从神话变作历史，他自然该和崇高的"帝高阳"分开而做高辛氏的火正之官了。他既为王官，所以《史记·楚世家》说："帝……以其弟吴回为重黎后，复居火正为祝融。""祝融"就由神名变而为官名，由专名转而为通名了。

又按自从有了"祝融"（tjuək iuəng）一名，人们口头传播，音读随了时代和地域而变化，于是或曰"鬻熊"（tjuək hiwəng）（见《左传·僖二十六年》，已与"祝融"分为二人），或曰"穴熊"（huet hiwəng）（见《帝系》及《楚世家》，说是附沮的儿子），或曰"陆终"（ljuək tjuəng）（同上，说是吴回的儿子）。在后人的编排之下，陆终放得最前，是颛顼的曾孙；穴熊次之，是陆终的曾孙；鬻熊最晚，成为穴熊的苗裔，当周文王时。到了东汉，王符作《潜夫论》，在《志氏姓》

里又说"熊严，成（？）王封之于楚，是谓'粥熊'，又号'鬻子'"，他又把"粥熊"这一名号送给了熊绎的六世孙熊严了。这可见在古代人们的心目中，"鬻熊"不是固定的一个人，乃是楚族中的首领所公有的一个尊号。因此可以看出，每一楚王即位，所以要改名为"熊某"，例如"弃疾即位，名曰'熊居'"（《左传·昭十三年》）原不是冠上一个姓氏，乃是冠上一个爵位，"熊"即为"楚王"的异称。这就是《作雒》里"熊族"一词的由来。

又按这篇文字的韦昭《解》，用了《帝系》和《楚世家》的记载来解释《郑语》，比较资料丰富了些，所以能把八姓的排行和封地讲得这样井井有条。可是还有一点矛盾没法安排妥贴。《郑语》里是八个姓，《帝系》和《楚世家》里则都是六个儿子，所以两文虽大体相似而终究不能合辙。在这样的参差下，韦氏只得说"'董姓'，己姓之别；'秃姓'，彭姓之别；'斟姓'，曹姓之别"：见得八姓是六姓所分出，八姓、六姓只是一事。然而董姓为己姓之别固有下节可以作证，至于秃姓为彭姓之别、斟姓为曹姓之别则又有什么资料来供他使用呢？所以"思整百家之不齐"是司马迁失败了的史学方法，韦氏跟着他走也只有失败。

（三）《国语·晋语八》："郑简公使公孙成子（子产）来聘。平公有疾，……梦黄能入于寝门。……子产曰：'……侨闻之：昔者鲧违帝命，殛之于羽山，化为黄能以入于羽渊，实为夏郊，三代举之。夫鬼神之所及，非其族类则绍其同位，是故天子祀上帝，公侯祀百辟，自卿以下不过其族。今周室少卑，晋实继之，其或者未举夏郊邪？'宣子（韩起）以告。祀夏郊，董伯为尸。"韦《解》："'能'，似熊。……'绍'，继也，殷、周祀之是也。……'董伯'，晋大夫。神不歆非类，则董伯其姒姓乎？'尸'，主也。"董增龄《正义》："《郑语》：'己姓：昆吾、苏、顾、温、董。'韦《解》：'董姓，己姓之别，受氏为国者．'按《礼纬》：'禹母修己吞薏苡而生禹，故姓姒．'　'薏苡'古通作'意吕'，'吕'从反'己'，己者四月，阳气已出，阴气已藏，万物见，成文章，故氏有夏，则'吕'有终己之义，是己姓即姒姓，韦故以董伯为姒姓也。"

按《国语·鲁语上》记展禽语云："夫圣王之制祀也，法施于民则祀之，以死勤事则祀之。……鲧鄣洪水而殛死，禹能以德修鲧之功，……故……夏后氏……郊鲧而宗禹。"（《礼记·祭法》文同）《山海经·海内经》："洪水滔天，鲧窃帝之息壤以堙洪水，不待帝命。帝令祝融杀鲧于羽郊。"这固然是一个神话，但确是从夏代人民的实际的生活要求上建立起来的。鲧是救世的神，所以夏王祀以郊祭的礼，于是有鲧为夏祖的传说。从前面所引的《郑语》之文看来，祝融八姓中，首一姓为己姓，而夏姓姒，"姒"从"吕"，"吕"（吕）即"己"（己）的反写，所以董增龄说"己姓即姒姓"。当晋平公生病时，梦见黄能，恰巧郑国派了"博物君子"子产到晋行聘，他就解释了这头黄能即是鲧的化身，夏是郊鲧的，商、周二代也是跟着夏代对鲧举行郊祭的，现在周室衰微了，鲧来讨羹饭，这个郊祭之礼该由晋来承担了。平公听了子产的话，就下令祀夏郊，而命自己手下的大夫董伯去主祭。董伯是己姓，所以韦昭疑他即是姒姓。看晋侯不叫别人主祭而叫董伯主祭，分明因为他是夏的后裔的缘故，《郑语》又说"昆吾为夏伯"，可见祝融之族确是夏的遗民，他们真是中原的旧族了。

又按董增龄根据充满汉人五行思想的《礼纬》和《说文》的话来解释董伯主夏郊的原因，还不够说明问题。刘师培《姒姓释》云："《郑语》叙祝融裔以'己'为姓，有昆吾、苏、顾、温、董，……与青阳、夷鼓之己姓不同，然均为'辰巳'之'巳'，非'人己'之'己'。……'己''吕'古通，故'姒''巳'同文。《汉书·人表》颜《注》以昆吾为'姒姓国'，则祝融后裔之'己'古亦作'姒'。'己''姒'二姓由同而分，犹'陈'"田"古通，复分为'陈'（按应作"田")耳。……又杞为夏裔，杞亦'姒'字异文。"刘氏从古文字上看出，"辰巳"的"巳"，"已止"的"已"和"用以"的"以"即是一字，所以"巳"姓和"姒"姓只是一姓，是一个创辟的见解。"姒"的古音应是（ziə），和"巳"（辰巳）今读ziə，仍保存了古音，"以""已"（已经）（iə）则丢掉了它的声母z。《春秋·襄四年》，《榖梁》《左氏》两经均云"夫人姒氏（襄公母）薨"，《公羊经》则作"夫人弋氏薨"，这和《诗·鄘风·桑中》的"云谁之思？美孟弋矣"相合，"弋"的古音为iək，则读为入声之故。又《定十五年》，《公》《左》两经的"定姒"（哀公母），《榖》作"定弋"，与此同。这样看来，这一姓真该写作"巳"而不应写作"人己"之"己"。陆德明《释文》在《左传·文七年》"穆伯娶于莒，曰戴己，……其娣声己"之下云"'己'，音纪。一音杞"，可以说他音"杞"（k˙jə′）的比较对，音"纪"（kjə′）的不对。但我们在金文里却得到一些反证。按《郑语》，苏和昆吾、顾、温、董等同属己姓，《晋语一》也说："殷辛伐有苏，有苏氏以妲己女焉。妲己有宠，于是乎与胶鬲比而亡殷。"传世铜器有《穌公簋》，其文曰"穌公乍（作）王妃𦟘毁"，"妃"即"己"的合体字，表示她的女性；"王妃"是苏女嫁于王的，𦟘是她的名。又有《穌沿妊鼎》，其文曰"穌沿妊乍虢妃鱼母𦨶（媵）"，"穌沿妊"是任姓女嫁于苏的，"沿"是她的字；"虢妃"是穌沿妊的女儿，将嫁于虢的，"鱼母"是这位女儿的字。又有《穌甫人匜》，其文曰"穌甫人乍嬻（侄）妃襄𦨶匜"，"嬻妃"为苏女的字，"襄"是她的名。又有《穌卫改鼎》，其文曰"穌卫改乍旅鼎（鼎）"，"卫改"是苏女嫁于卫的。以上四器的铭文都作"己"，不作"巳"，这就说明了"音纪"的还是正确。或者字可两作，如"改"，《说文·攴部》从"己"（改），《改簋》从"巳"（攺）是。（《说文》亦有"攺"字，云："攺改大刚卯以逐鬼魅也。"方濬益云："新莽时语，非古训。"〔《缀遗》九〕故彼于《改簋》仍以"改更"释之。）这个问题，目前还是未能解决，记在这里，供将来古史家及古文字学家的研究和讨论。

（四）《大戴礼记·帝系》："黄帝居轩辕之丘，娶于西陵氏之子，产青阳及昌意。……昌意娶于蜀山氏，蜀山氏之子谓之昌濮，氏〔是〕产颛顼。颛顼娶于滕隍氏，滕隍氏奔之子谓之女禄，氏产老童。老童娶于竭水氏，竭水氏之子谓之高緺，氏产重黎及吴回。吴回氏产陆终。陆终氏娶于鬼方氏，鬼方氏之妹谓之女隤，氏产六子，孕而不粥，三年启其左胁，六人出焉：其一曰樊，是为昆吾；其二曰惠连，是为参胡；其三曰篯，是为彭祖。其四曰莱言，是为云郐人；其五曰安，是为曹姓。其六曰季连，是为芈姓。季连产付祖氏。付祖产穴熊。九世至于渠。……熊渠有子三人：其孟之名为无康，为句亶王；其中之名为红，为鄂王；其季之名为疵，为戚章王。昆吾者，卫氏也。参胡者，韩氏也。彭祖者，彭氏也。云（妘）郐人者，郑氏也。曹姓者，邾氏也。季连者，楚氏也。"孔广森《补注》："'奔'，盖滕隍氏之君名。……黎无子，以弟吴回为后，复居火正，故后世祀黎神为祝融，吴回之神为回禄。……'粥'，音育。……广森谓'鬻熊'即'穴熊'，声读之异，《史》误分之。……穴熊上距季连，劣及千岁，所云'产'者，亦非父子继世。……《国语》曰'芈姓夔、越'，……《世家》曰'少子执疵为越章王'，'越'即'越章'也。此文云'戚章'，字形之误。……'氏'，是也。谓昆吾之国于周为卫，《礼》所谓'因国'也。……'氏'，《世本》作'是'，下五句同。案《觐礼》：'大史是右。'《注》云：'古文"是"为"氏"。'《汉书·地理志》：'氏为庄公。'师古曰：'"氏"与"是"同，古通用字。'……郑武公兼虢、郐之地，号为'新郑'。《春秋左传》曰：'郑，祝融之虚也。'（按见《昭十七年》）"

按《帝系》一篇，把唐、虞、夏、商、周、楚的祖先完全隶属于黄帝一系，使得黄帝成为中国古代的各个统治阶级的共同始祖，这是战国时人的一种大一统思想的反映。它把楚的祖先放到最后，上承商、周，可以看出它和《郑语》是由同一观点出发，以为继周而王天下的必然是楚。在这一篇里，对于楚的叙述分量最重，齐、秦等国全都没有，我们可以猜想，这篇文字出于楚人的手笔。它和《郑语》不出一手，所以有几个不同之点：第一，《郑语》说黎为高辛氏火正，命曰祝融，其后有八姓；而这里说黄帝的曾孙老童生重黎及吴回，吴回子陆终生六子，陆终成为重黎的侄儿。第二，《郑语》的八姓，是己姓的昆吾等，董姓的鬷夷等，彭姓的彭祖等，秃姓的舟人，妘姓的邬、郐等，曹姓的邹、莒等，无后的斟姓，以及芈姓的楚、夔等；这里的六子是昆吾、参胡、彭祖、云（妘）姓、曹姓、芈姓，缺去董姓、秃姓、斟姓而多出了参胡。除了黄帝、颛顼是有意识的安排外，其余都可以说是传闻之异。《周礼·春官·瞽蒙》："讽诵诗，世奠系。"郑《注》："瞽蒙主诵诗，并诵《世系》以戒劝人君也。"又同书《小史》："奠系世，辨昭、穆。"郑《注》："'系世'，谓《帝系》《世本》之属是也，小史主定之，瞽蒙讽诵之。"这就是现存的《帝系》和《世本》的来源，因为它唱在瞽蒙的口头，加上传播时不免作些有意或无意的改变，所以古代史事往往互歧；我们既得不到充分的原始资料，就无法断定其谁是谁非了。

又按《世本》一书已佚；关于这段文字，从散见于《山海经注》、《水经注》、《史记集解》及《索隐》所引的看来，大体和《帝系》文同，现在不再录出。

（五）　《史记·楚世家》："楚之先祖出自帝颛顼高阳。……高阳生称。称生卷章。卷章生重黎。重黎为帝喾高辛居火正，甚有功，能光融天下，帝喾命曰'祝融'。共工氏作乱，帝喾使重黎诛之而不尽，帝乃以庚寅日诛重黎，而以其弟吴回为重黎后，复居火正为祝融。吴回生陆终。陆终生子六人，坼剖而产焉：其长，一曰昆吾；二曰参胡；三曰彭祖；四曰会（郐）人；五曰曹姓；六曰季连，芈姓，楚其后也。昆吾氏，夏之时尝为侯伯，桀之时汤灭之。彭祖氏，殷之时尝为侯伯，殷之末世灭彭祖氏。季连生附沮。附沮生穴熊。其后中微，或在中国，或在蛮夷，弗能纪其世。周文王之时，季连之苗裔曰鬻熊。鬻熊子事文王，蚤卒；其子曰熊丽。熊丽生熊狂。熊狂生熊绎。熊绎当周成王之时，举文、武勤劳之后嗣而封熊绎于楚蛮，封以子男之田，……居丹阳。……熊绎生熊艾。熊艾生熊䵮。熊䵮生熊胜。熊胜以弟熊杨为后。熊杨生熊渠。熊渠生子三人。当周夷王之时，王室微，诸侯或不朝，相伐。熊渠甚得江、汉间民和，乃兴兵伐庸、杨粤，至于鄂，……乃立其长子康为句亶王，中子红为鄂王，少子执疵为越章王，皆在江上楚蛮之地。……毋康（按即康）早死。熊渠卒，子熊挚红（按即红）立。挚红卒，其弟弑而代立，曰熊延。熊延生熊勇。熊勇六年（前840年）而周人作乱，攻厉王，厉王出奔彘。熊勇十年（前838年）卒，弟熊严为后。熊严十年卒（前828年），有子四人：长子伯霜，中子仲雪，次子叔堪，少子季徇。熊严卒，长子伯霜代立，是为熊霜。熊霜元年（前827年），周宣王初立。熊霜六年卒（前822年），三弟争立，仲雪死，叔堪亡，避难于濮，而少弟季徇立，是为熊徇。……二十二年（前800年），熊徇卒，子熊咢立。熊咢九年（前791年）卒，子熊仪立，是为若敖。……二十七年（前764年），若敖卒，子熊坎立，是为霄敖。霄敖六年（前758年）卒，子熊眴立，是为蚡冒。……蚡冒十七年（前741年）卒，蚡冒弟熊通弑蚡冒子而代立，是为楚武王。"《集解》："谯周曰：'"老童"即"卷章"。'虞翻曰：'"祝"，大；

"融"，明也。……〔彭祖〕名翦，为彭姓，封于大彭.'《世本》曰:'彭祖者，彭城是也.'杜预曰:'"庸"，今上庸县.'〔句亶〕，张莹曰:'今江陵也.'《九州记》曰:'"鄂"，今武昌.'〔毋康〕，徐广曰:'即渠之长子.'"《索隐》:"《左氏传》，少昊氏之子曰重（按见《昭二十九年》），颛顼氏之子曰黎（同上，字作"犁"）。今以'重黎'为一人，仍是颛顼之子孙者，刘氏（按当是唐刘伯庄）云:'少昊氏之后曰重，颛顼氏之后曰重黎。对彼"重"则单称"黎"，若自言当家则称"重黎"，故楚及司马氏皆重黎之后，非关少昊之重.'……今濮阳城中有昆吾台。……宋忠（按指他的《世本注》）曰:'"参胡"，国名.'……〔熊挚红〕即上鄂王红也."《正义》:"《括地志》云:'濮阳县，……昆吾故城在县西三十里，台在县西百步。……故郐城在郑州新郑县东北二十里。……故邾国在黄州黄冈县东南百二十一里。……归州巴东县东南四里归故城，楚子熊绎之始国也。……《舆地志》云:"秭归县东有丹阳城，周围八里."'……谯周言'挚有疾'，此言'弑'，未详。……刘伯庄云:'濮在楚西南.'孔安国云:'庸、濮在汉之南.'"

按《史记》这文的来源大约有五处:一为《帝系》，自颛顼、卷章（今本《帝系》作"老童"，系字形之讹）、重黎、吴回至陆终六子、熊渠三子是。二为《世本》，依我们猜想，自熊丽、熊狂以至熊晌、熊通的整整齐齐的世系及各王名号是。"颛顼生称，称生卷章"，则明见于《左传·昭二十九年》孔疏引《世本》。三为《郑语》，昆吾、彭祖的灭亡是，但已改正了夏灭昆吾的一说。还有一种是我们所看不到的楚国编年史，这文自熊勇以后都有在位年数，可和周史相印证，如周厉王奔彘为熊勇六年（前840年），周宣王初立为熊霜元年（前827年）是。他把几种古书编排在一起，又加上一些口头的传说，如帝喾命重黎平共工之乱，为了他没有完成任务，处了死刑，改命吴回为火正是。在司马迁的时代，能把杂乱的古史系统化到这个地步，当然很不容易；但经过后人仔细的考订，究竟露出了漏洞，如季连的孙子"穴熊"该在唐、虞之世，而从他化出的"鬻熊"却在周文王之世，二者相差至一千年，已给孔广森指出了。又如《郑语》只说"祝融"而不说"陆终"，《帝系》只说"陆终"而不说"祝融"，分明但有声音的小异，没有时代的不同，这里则说祝融在高辛氏之世，陆终为吴回之子，就成为不同时代的两个人了。又如熊绎，他为了不胜周人的压迫而迁到荆山，可是这里还说他"居丹阳"；熊挚为了有疾而自窜于夔，明见《左传·僖二十六年》，而这里却说他为弟熊延所弑。这或者是他别有所据，或则竟是由于他的不能细心考核而纵笔成文，都未可知。然而话得说回来，为了他能存异文，使我们知道《左传》的夔的始祖"熊挚"就是《帝系》上的"鄂王红"；熊严的第三子名"叔堪"，可以校正《郑语》"叔熊"的讹文。又为了他能排比年代，使得我们知道在熊霜死后有三弟争立之乱，所以周宣王就趁这机会派方叔出兵讨伐，而有《采芑》一篇存于《小雅》。又《郑语》中所说由楚国分出的三国，把这文对勘，可知夔是挚红的国，越是执疵的国（越章即是杨粤，也即是豫章），蛮芈是叔堪的国；又可以知道在春秋以前，楚的扩大由于熊渠的伐庸、鄂、杨粤，而这是周夷王时代的事情。

又按《楚世家》的三家注所说，有合有不合，我们应当分别对待。例如《集解》引张莹说，句亶即江陵，这可以使我们认识，楚都于郢是由毋康开始的；《正义》引刘伯庄说，濮在楚西南，可知两地相去不远，不必像杜预这样，把这地移到建宁郡（故治在今云南曲靖县）去：这都很对。但《正义》引《括地志》，说熊绎的丹阳城在秭归县，那就错了，因为熊绎的根据地是汉南的荆山，不可能是长江的西陵峡。秭归县固然也可以有一座丹阳城，但那是熊挚红的夔国所都，为了楚人南迁时最早的一个都城是丹阳，所以他立国于夔的时候，就把这个旧都之名也迁过去了，正像汉丹阳郡的丹阳县很可能是越章王执疵的都城。"夔"（gjuə）、"归"（kjuəi）二字，原是音近通借，决不该把这地推给熊绎。尤不合的，是说陆终第五子国于邾，邾在黄州黄冈县东南。按《汉书·地理志》，江夏郡下固有邾县，但《水经注·江水》篇已说明了"江水……东径邾县故城南，楚宣王灭邾，徙之于此，故曰'邾'也。"楚宣王在位当公元前369—前340年，已当战国中叶，这时邾被楚灭，取其地而迁其民，才在长江边上立了这一邑。至于从虞、夏以迄春秋之世，邾人原是好好地住在泗水流域，何得轻易南迁！

又按从上面所列四节看来，可知熊族是一个很古老的民族。"昆吾为夏伯，大彭、豕韦为商伯"，大有春秋时的齐桓、晋文之风，足以领导许多二等以下的国家，可见它们历史的悠久和国势的发皇。黄河下游早已证实是中国古文化的摇篮，而熊族住在这个区域里有近二千年的历史，又可见它们是奠定古文化基础的一个重要的力量。因为它在东方政治和文化上力量的强大，抵得到一个王者，所以《世本》以融姓为"古天子祝融之后"（《广韵·东》引），《白虎通·号》篇也以伏羲、神农、祝融为"三皇"，他的地位竟超过了五帝、三王。自从周族崛起西方，东方古国大量被灭，人民大量被逐，舟人亡国了，妘姓、曹姓诸国沦为采、卫小国了；芈姓逃入深山，被中原鄙视为"蛮荆"（《采芑》）；邾、莒诸国虽保有旧地盘，也一般地被邻国齐、鲁轻蔑为"蛮夷"（见《左传·昭十三年》等处）。其实周族克殷之际还处在奴隶制社会的初期，武力虽强，文化是大大地落后了的。这种侮辱性的种族偏见，在后来封建统治之下，靠了几部经典，居然维持了两千多年。到今天，我们在彻底反封建的要求下，抉出当时事实的真相，知道原居西方的周族在取得中原统治权之后，故意压低东方旧国的评价，并且有意湮灭它们的历史，这种遗留下来的不正确的影响，应当把它清洗才是！

二　楚的原居地

（一）《春秋·僖二年》："春，王二月，城楚丘。"杜

《解》："'楚丘'，卫邑。"《左传·闵二年》："僖之元年（前659年），齐桓公迁邢于夷仪；二年（前658年），封卫于楚丘。"

（二）《诗·鄘风·定之方中》："定之方中，作于楚宫。揆之以日，作于楚室。……升彼虚矣，以望楚矣。望楚与堂，景山与京。……卜云其吉，终然允臧。"毛《传》："'定'，营室也；'方中'，昏正四方。'楚宫'，楚丘之宫也。……'虚'，漕虚也。楚丘有堂邑者。'景山'，大山。'京'，高丘也。"郑《笺》："自河以东，夹于济水。文公将徙，登漕之虚以望楚丘，观其旁邑及其丘山，审其高下所依倚，乃后建国焉，慎之至也。"

按卫国本都朝歌，在今河南淇县东北；及卫懿公九年（前660年）为狄人所灭，卫人在齐桓公的保护之下，迁到了楚丘。丘以"楚"为名，可以知道这是楚国的故墟。其地，汉为东郡白马县，在今河南滑县东六十里。

（三）《春秋·隐七年》："冬，天王使凡伯来聘。戎伐凡伯于楚丘，以归。"《左传》："王使凡伯来聘。还，戎伐之于楚丘，以归。"杜《解》："楚丘，卫地，在济阴成武县西南。"

按周桓王遣凡伯聘鲁，从今河南洛阳到山东曲阜，理应经过宋国，好像现在由陇海线转津浦线，本是很直捷的，用不到绕道京汉线。为什么杜预说他要北出卫地的楚丘，致被戎人劫略？卫地在济水之北，为什么这个地方却在济阴（南）？要弄清楚这个问题，须先从《汉书·地理志》说起。

（四）《汉书·地理志》："东郡濮阳：卫成公自楚丘徙此，故帝丘，颛顼墟。"又："山阳郡成武：有楚丘亭，齐桓公所城，迁卫文公于此。子成公徙濮阳。"王先谦《补注》："陈奂《诗毛氏传疏》曰：'成武楚丘，《春秋》"戎伐凡伯于楚丘"

是也。卫文所徙之楚丘在东郡濮阳县西、白马县东。郑《志》答张逸问曰"楚丘在河、沛间，疑在今东郡界内"，然则郑不从班说矣。'盖此志误也。"

按班固以为齐桓公为卫文公所筑的楚丘城在汉山阳郡的成武县，即今山东西南部的城武县。陈奂根据郑玄的意思，指出卫文所都的楚丘和成公所徙的濮阳同在汉的东郡界内，而成武的楚丘乃是春秋时戎伐凡伯的地方，在汉的山阳郡，这两个楚丘被班固胡乱并成一个了。

（五）《水经注·济水》："菏水分济于定陶东北，……北径己氏县故城西，又北径景山东，《卫诗》所谓'景山与京'者也。……又北径楚丘城西，《地理志》曰：'成武县有楚丘亭。'杜预云：'楚丘在成武县西南。'卫懿公东徙渡河，野处曹邑，齐桓公城楚丘以迁之，……即《诗》所谓'升彼墟矣，以望楚矣，望楚与堂，景山与京'，故郑玄言'观其旁邑山川'也。"

按郦道元完全接受班固的说法，把东郡的楚丘及其附近的地方都迁到山阳郡的楚丘去，于是那边就出现了"景山"和"京冈"。顾祖禹《读史方舆纪要》卷三十三："景山在曹县东南四十里。"但全祖望《七校水经注》十九则云："按此非《卫诗》之'景山'。欧阳忞（《舆地广记》）曰：'今拱州楚丘，……非卫之所迁……。县有"景山""京冈"，乃后人附会而名之耳。'"可见在《汉书·地理志》和《水经注》两部权威的地理经典的领导下，虽然使得当地人为它装点了若干名胜、古迹，但还是欺骗不了明眼人的。

（六）程公说《春秋分记疆理书》："戎州己氏邑在今拱州楚丘县。戎盖昆吾之后，别在夷狄，周衰入于此。天王使凡伯聘鲁，由雒邑道楚丘至仙源（按宋仙源县即今曲阜县），逮其归，戎乃要而伐之。楚丘在河南，宜为周、楚往来之地，以其逼近宋都，故在二汉、晋属梁国。杜误以此为即《僖二年》

卫所城之邑，于《隐七年》释云'在济阴城武县'，于《僖二年》'城楚丘'则释云'卫邑'，是以城楚丘为前日戎伐王使之楚丘矣。《水经》亦以戎伐凡伯于楚丘为卫文公徙居于此。按'济阴城武县'即今开德之卫南，盖隋大业初改从此名，谓梁郡有楚丘县，故以别之。按此句误，见下（八）节。卫为狄所灭，东徙渡河，野处曹邑。文公徙居楚丘，曹邑在今滑之白马，卫南为近，二邑不出邦域之中，斯文公所由徙也。又卫南之楚丘在河北，凡伯安有碌河北道卫南而使于鲁耶？故卫南之楚丘为卫所灭之邑，而拱州之楚丘则戎州己氏邑云。"

（七）顾炎武《日知录》（三十一）"楚丘"："《春秋·隐公七年》：'戎伐凡伯于楚丘以归。'杜氏曰：'"楚丘"，卫地，在济阴城武县西南。'夫济阴之城武，此曹地也，而言'卫'，非也，盖与僖公二年（前658年）'城楚丘'同名而误。按卫国之封本在汲郡朝歌；懿公为狄所灭，渡河而东，立戴公以庐于曹。杜氏曰：'"曹"，卫下邑。'《诗》所谓'思须与漕'，庐者，无城郭之称，而非曹国之'曹'也。僖公二年'城楚丘'，杜氏曰：'"楚丘"，卫邑。'《诗》所谓'作于楚宫'，而非戎伐凡伯之'楚丘'也。但曰'卫邑'，而不详其地，然必在滑县、开州之间。滑在河东，故唐人有'魏、滑分河'之录矣。《水经注》乃曰楚丘在成武西南，即卫文公所徙，误矣。彼曹国之地，齐桓安得取之而封卫乎？以'曹'名同，'楚丘'之名又同，遂附为一地尔。"

（八）赵一清《水经注释》（八）："亭林（顾炎武）之见与克斋（程公说）合。……克斋邃于《春秋》之学，……然谓'济阴城武县即开德之卫南'，误也。济阴郡，宋时为曹州地，……春秋时戎州己氏之邑，……汉置己氏县，属梁国，是即杜氏所云'在济阴城武县'者也。楚丘在汉……属梁国，后汉属济阴郡，隋属梁郡，……唐属宋州，……拱州，〔宋〕崇宁四年（1105年）建于开封府襄邑县，……克斋云'今拱州楚丘'，盖当日曾以楚丘属也；迨元始属曹州，明初省入曹县。卫南属滑州，后改隶澶州；《文献通考》云：'崇宁四年，建州为北辅，五年（1106年）升为开德府。'《太平寰宇记·澶州·卫南县》下云：'卫文公自曹邑迁楚丘，即此城也。汉为濮阳县地；隋开皇十六年（596年）于此置楚丘县，后以曹州有楚丘县，改名"卫南"，此在卫之南垂，故以名县。'又云：'楚丘城在县西北四里，《诗》云"定之方中，作于楚宫"，《城冢记》云"齐桓筑楚丘之城"，即此也。'是即亭林所谓'不详其地，必在滑县、开州之间'者也。两地悬殊，何乃混而为一乎！杜注于《隐七年》戎伐凡伯之邑释曰'卫地，在济阴城武县西南'，于《僖二年》所城则曰'卫邑'，本自不错，惟于'戎伐'下多'卫地'二字为不合耳。然郦氏之说亦本《汉志》，……盖笃信班固而不暇详审耳。《泗水》篇注云'又东，径山阳郡城武县之楚丘亭北'，而不别具一语以释之。于《瓠子水》篇濮阳西南十五里之鉏丘城（按"城"原讹"亭"，今据本文改正），以'"沮""楚"同音，以为"楚丘"非也'了之。合而观之，真可谓滑突矣。"

按班固、杜预、郦道元等把春秋时卫、曹两楚丘胡乱安排的误说，得宋代的程公说、清代的顾炎武和赵一清诸家的考证、批评，都已一扫而空。从此可以知道卫国的楚丘（卫文公所都）在西汉为东郡濮阳县地，其遗址在濮阳西南十五里的鉏丘城，今为河南东北部的濮阳县境；曹国的楚丘（戎伐凡伯处）在西汉当山阳郡成武县和梁国己氏县之间，在东汉为济阴郡成武县地，今为山东西南部的城武县境。两地相距约一百公里。在古代，卫的楚丘在黄河流域，曹的楚丘在济水流域。这个问题弄明白了，就可以知道楚人在没有被迫南迁的时候是住在河、济之间的。再有一个附带的问题，是戎州己氏。这一族虽被有"戎"号，但他们同是祝融八姓之一，在《左传·哀十七年》里，记载这族住在卫都濮阳的城外，为了受不了卫庄公的压迫，在一次内乱里起而把庄公杀了。如今从汉代所立的"己氏县"在梁国看来，这族也是繁衍到曹的楚丘的，他们在周代所居的地方正是殷末周初的楚人所有的疆域。至于己姓的夏伯昆吾曾住濮阳，更可证明祝融族在那一地区有着悠久的历史。

（九）《左传·襄十年》："宋公享晋侯于楚丘，请以《桑林》。"

按晋悼公会吴之后，灭逼阳予宋平公，归途过宋，受到隆重的招待。这个"楚丘"所在地无考，但在宋国境内则无疑。春秋时的宋都在今河南商丘市，这个楚丘必离商丘不远，正在曹的楚丘的南面。卫有一楚丘，曹有一楚丘，宋又有一楚丘，可以想见楚国原有疆域的广大。到了周公驱走熊族之后，其地即为卫、曹、宋诸国所分占。戎州己氏一族虽居其地，并未取得政权，或者全体化为种族奴隶，从事劳役，为新统治者服务，亦未可知。若问何以楚地名"丘"的特别多，则因他们居于河、济之间，当"秋水时至，百川灌河"的时候，泛滥平原，实有累土为丘，筑屋其上，以避水害的需要。及至国亡，屋毁而基存，在它的遗墟里必有很多的高丘耸立的田野。楚灵王曾说左史倚相"能读《三坟》《五典》《八索》《九丘》"（《左传·昭十二年》），这些书的详细情况虽不可知，但"坟"呀"丘"呀都是高高的土堆则可知，或者楚人特长于筑丘的技术吧？又殷都安阳而楚在滑县、城武、商丘之间，两国直是近邻，必有密切的关系。卜辞中有一片云："甲申，卜，舞楚，亯"（《殷契萃编》一三一五），杨树达谓是"舞楚地之舞"（《卜辞求义》上），足见两国文化交流。又有一残片云："辛卯，帚楚……"（《殷虚卜辞》二二二叶，二三六四版），"帚"即"归"，亦即"馈"，其下必有赠物若干之记载，而今断缺，但仍可见两国间的友好程度。所以楚人的助武庚反周是有其历史渊源的。

三　周公伐楚的史实和周公居东的传说

（一）《诗·鲁颂·閟宫》："周公皇祖，亦其福女（汝）。……公车千乘，朱英、绿縢，二矛、重弓。公徒三万，贝胄、朱綅，烝徒增增。戎、狄是膺，荆、舒是惩，则莫我敢承。俾尔炽而昌，俾尔寿而富。……俾尔昌而大，俾尔耆而艾。"毛《传》："大国之赋千乘。'朱英'，矛饰也。'縢'，绳也。'重弓'，重于弢中也。'贝胄'，贝饰也。'朱綅'，以朱綅缀之。'增增'，众也。'膺'，当；'承'，止也。"卫《序》："《閟宫》，颂僖公能复周公之宇也。"郑《笺》："'二矛、重弓'，备折坏也。兵车之法：左人持弓，右人持矛，中人御。万二千五百人为军；大国三军，合三万七千五百人。言'三万'者，举成数也。'烝'，进也，徒进行增增然。'惩'，艾也。僖公与齐桓举义兵，北当戎与狄，南艾荆及群舒，天下无敢御也。"孔《疏》："今以《春秋》检之，则僖公无三军。《襄十一年经》书'作三军'，明已（以）前无三军也。……郑以周公、伯禽之世合有三军，僖公能复周公之宇，遵伯禽之法，故以三军解之，其实于时唯二军耳。"陈奂《疏》："下二章颂僖公伐淮夷及荆楚，此章先追美周公伐功，与《殷武》篇述成汤时氐、羌享王同其篇例。……僖公唯从齐伐荆，若戎、狄与舒未尝有事，孔仲达（孔颖达字）疑不能明，要误于郑谓夸美僖公耳。……鲁以天子礼祀周公，工、祝致告于僖公作嘏，下又极陈兵赋之大，征伐之美，工、祝又致神之意再作嘏，此皆在庙中美周公，不颂僖公也。"

按《閟宫》一诗先言"周公之孙，庄公之子"，其为颂鲁僖公自无疑义；末言"新庙奕奕，奚斯所作"，奚斯即公子鱼，见于《左传·闵二年》，其为僖公之世所作亦无疑义。卫《序》所言似乎不误；郑

《笺》所言亦复近情。因此，朱熹《诗集传》沿用其说不改。可是鲁僖公时的军事详载于《春秋》及《左传》，决没有这样赫赫的武功，所以孔颖达已不能守"疏不破注"的成规而对郑说致疑。到欧阳修作《诗本义》（十四）时，更以事实验郑玄道"齐桓十七年（前669年）伐山戎远在僖公未即位之前；至僖公十年（前650年），齐侯、许男伐北戎，鲁又不与"，可见僖公并没有膺过戎、狄。又云"楚方强盛，非鲁所能制。僖之四年（前656年），从齐桓伐楚，而齐以楚强，不敢速进，乃次于陉，而楚遂与齐盟于召陵，此岂鲁、僖得以为功哉！……舒在僖公之世未尝与鲁通，惟三年（前657年）'徐人取舒'一见尔，盖舒为徐取之矣"，又可见僖公并没有惩过荆、舒。然则《閟宫》的作者为什么要这般"无中生有"呢？陈奂重作《疏》时，提出这诗是在庙中祀周公，工、祝在称美周公时致告于僖公作叚，这确实是一个合理的解释。

（二）《孟子·滕文公上》："《鲁颂》曰'戎、狄是膺，荆、舒是惩'，周公方且膺之。"又《滕文公下》："《诗》云'戎、狄是膺，荆、舒是惩，则莫我敢承'，无父无君，是周公所膺也。"赵《注》："'膺，击也。……周家时击戎、狄之不善者，惩止荆、舒之人使不敢侵陵也。周公常欲击之。"

按孟子两次引《閟宫》而都指实膺惩戎、狄、荆、舒的是周公，不是鲁僖公，这和卫宏、郑玄之说都大不合。千载而下，能把这个问题解释妥当的，是雷学淇。他在《介庵经说》（七）云："'莫我敢承'句下言'俾尔'者四。'尔'谓僖公，固矣；'俾'者谁俾之乎？据此四句以证前文，是'公车千乘''公徒三万'，皆谓周公也。盖公之造周莫艰于东征一事，亦莫大于东征一事，东征时凡所征熊、盈之族十有七国，是荆与群舒、蒲姑、淮夷实皆所惩伐矣。《序》曰：'《閟宫》，颂僖公能复周公之宇也。'是公实遗之，僖克复之耳。其所以能复者，由于齐桓之反鲁侵地。若召陵之盟，固不足以言'惩'也。"按如此说，是"公车""公徒"皆上承"周公皇祖"而来，所谓"荆"即指熊族，所谓"舒"即指盈族，这原是反周的两大力量，惟其周公有"膺""惩"之功，故僖公得享有"昌炽""寿富"之福。只是周公时楚尚没有迁到荆山，称它为"荆"，有些时代错误而已。《管子·小匡》："齐桓公反鲁侵地常、潜。"《左传·隐八年》："郑伯请释泰山之祀而祀周公，以泰山之祊易许田。"杜《解》："成王……赐周公许田……后世因而立周公别庙焉。"这就是《閟宫》所说的"居常与许，复周公之宇"。

（三）《左传·昭七年》："楚子成章华之台，愿以诸侯落之。大宰薳启强曰：'臣能得鲁侯。'薳启强来召公。……公将往，梦襄公祖。梓慎曰：'……襄公之适楚也，梦周公祖而行。……'子服惠伯曰：'行！先君未尝适楚，故周公祖以道之。襄公适楚矣，而祖以道君，不行何之！'三月，公如楚。"杜《解》："宫室初成，祭之为'落'。……'祖'，祭道神。"

按楚灵王造成了穷奢极侈的章华台，要向各国诸侯夸耀，征召鲁昭公参加落成的祭礼。先前鲁襄公曾经到楚，临楚康王的丧事，他在动身之前梦见周公替他祭祀道路之神。这回楚使到鲁，鲁昭公也做了一个同样的梦，但替他祭路神的是襄公了。子服惠伯决定请昭公赴召，他说："从前鲁君没有到过楚国，襄公第一个去，所以周公要替他祭路神，因为周公是到过楚的。现在您是鲁君中第二位前去的，因此就由襄公替您设祭了。"在这一段文字里，可见周公是到过楚的。去干什么？就是膺惩他们而不是奉承他们。其实，周公所到的楚在东方，襄、昭所到的楚在南方，并不在一处。这一点小节的出入，《左传》作者就不去理会了。

（四）《墨子·耕柱》："古者周公旦非关（管）叔，辞三公，东处于商盖，人皆谓之狂。后世称其德，扬其名，至今不息。"毕沅《校注》："'商盖'，即'商奄'。"

按"商盖"即商奄，商奄即奄，奄为鲁地的旧主人，说详丁·

壹·（四）。这文所述，所可怪的，是正在管、蔡流言之际，奄和蒲姑跃跃欲试的时候，周公为什么反而轻身避谗东方，住到敌对的奄国去？汪中《周公居东证》云："武王克商，已建商后；洎其晏出，管叔、禄父相倚为奸。周公岂得弃其官位，投身必死之地？此之不实，昭然可见。而'避'之为说，实以此言为之缘起。"他的驳辩固然很对，但他没有研究这个传说是怎样起来的。依我们看，这个"东处"即是"东征"的传讹，"处于商盖"也即是伐奄或伐楚的传讹。"奄"的古文作"莽"，与"楚"相似，也易于看错、钞错，说详丁·肆·一。这个故事虽然变了质，但"东"的方向却没有变。从此可知，《金縢》的"居东二年"也就是这一说的转化。

（五）《史记·蒙恬列传》："昔周成王初立，未离襁褓，周公旦负王以朝，卒定天下。及成王有病，甚殆。公且自揃其爪以沈于河，曰：'王未有识，是旦执事。有罪殃，旦受其不祥！'乃书而藏之记府。……及王能治国，有贼臣言：'周公旦欲为乱久矣，王若不备，必有大事！'王乃大怒，周公旦走而奔于楚。成王观于记府，得周公旦沈书，乃流涕曰：'孰谓周公旦欲为乱乎！'杀言之者而反周公旦。"

按这是秦国的一个传说，虽然周公也是为了避谗，向东面跑，但其事则在成王能治国之后，和《墨子》说的在管叔流言之际的不同。把汪中的《居东证》提出的理由来看，楚国原为祝融族中的大邦，是周公的死对头，决不该选它作政治避难的场所的。然而在人们口头散播的传说本来不受历史事实的拘束，惟其周公伐过楚，所以会得说周公奔楚。在《金縢》里，周公是为了武王的病而请以身代的，但到了秦国的传说里就尽可以说他为了成王的病而请以身代。

（六）《金縢》："既克商二年，王有疾，弗豫。……周公……乃自以为功，为三坛，同墠。为坛于南方，北面，周公立焉，植璧、秉珪，乃告大王、王季、文王。史乃册祝曰：

'惟尔元孙某遘厉虐疾。若尔三王是有丕子之责于天，以旦代某之身！予仁若考，能多材多艺，能事鬼神。……乃卜三龟，一习吉。……'公曰：'体，王其罔害！……'公归，乃纳册于金滕之匮中。王翼日乃瘳。武王既丧，管叔及其群弟乃流言于国曰：'公将不利于孺子！'周公乃告二公曰：'我之弗辟，我无以告我先王。'周公居东二年，则罪人斯得。于后，公乃为诗以贻王，名之曰《鸱鸮》；王亦未敢诮公。秋大熟，未获，天大雷电以风，禾尽偃，大木斯拔，邦人大恐。王与大夫尽弁以启金滕之书，乃得周公所自以为功代武王之说。……王执书以泣曰：'……昔公勤劳王家，惟予冲人弗及知。今天动威以彰周公之德，惟朕小子其新逆；我国家礼亦宜之。'王出郊，天乃雨，反风，禾则尽起。二公命邦人，凡大木所偃，尽起而筑之，岁则大熟。"《伪孔传》："伐纣明年，武王有疾，……周公乃自以请命为己事。因太王、王季、文王请命于天，故为三坛。'坛'，筑土；'墠'，除地。大除地，于中为三坛。……'璧'以礼神，'植'，置也，置于三王之坐。周公秉桓珪以为贽。'告'谓祝辞，史为册书祝辞也。'元孙'，武王；'某'，名，臣讳君，故曰'某'。'厉'，危；'虐'，暴也。'太子之责'，谓疾不可救于天，则当以旦代之。……我周公仁能顺父，又多材多艺，能事鬼神，言可以代武王之意。……'习'，因也。以三王之龟卜一相因而吉。……公视兆曰'如此兆体，王其无害'，言必愈。〔为请命之书，藏之于匮，缄之以金，不欲人开之。〕……'翼'，明；'瘳'，差也。三叔以周公大圣，有次立之势，遂生流言。'孺'，稚也。'稚子'，成王。'辟'，法也。告召公、太公，言：'我不以法法三叔，则我无以成周道，告我先王。'周公既告二公，遂东征之；二年之中，罪人此得。成王信流言而疑周公，故周公既诛三监而作诗，解所以宜诛之意以遗王；王犹未悟，故欲让公而未敢。……周公以成王未寤，故留东未还。改过自新，遣使者迎之，亦国家礼有德之宜。'郊'以玉币谢天，天即反风起禾，明'郊'之是。……筑有其根，桑果无亏，百谷丰熟，周公之德。"《释文》："'辟'，马、郑音'避'，谓避居东都。"蔡沈《集传》："'辟'，读为'避'，郑氏《诗传》（《豳风·七月》）言周公以'管、蔡流言，辟居东都'，是也。汉孔氏（《伪孔传》）以为'致辟于管叔'之'辟'，谓诛杀之也。夫三叔流言，以公将不利于成王，周公岂遽容兴兵以诛之邪！且是时王方疑公，公将请王而诛之邪，将自诛之也？请之，固未必从；不请自诛之，亦非所以为周公矣。'我之弗辟，我无以告我先王'，言我不辟则于义有所不尽，无以告我先王于地下也。……'居东'，居国之东也。郑氏谓'避居东都'，未知何据。孔氏以'居东'为东征，非也。方流言之起，成王未知罪人为谁；二年之后，王始知流言之为管、蔡。'斯得'者，迟之之辞也。……'新'，当作'亲'，……我小子其亲迎公以归，于我国家礼亦宜也。按郑氏《诗传》（《豳风·东山》）：'成王既得金縢之书，亲迎周公。'……'亲'误作'新'，正犹《大学》'新'误作'亲'也。国外曰'郊'。'王出郊'者，成王自往迎公，即上文所谓'亲迎'者也。"

按这是为了一个字的歧义而激起的汉、宋两派经学家的争论问题。"辟"，本是"避"字的古写，却也有"致法"的一个解释。《说文·辟部》："'𤔌'，治也，从辟、从井。《周书》曰：'我之不𤔌。'""井"即古"刑"字，可见汉《古文尚书》已把这字当作致法解，《伪孔传》并非创说。但是战国时的墨子却已有周公"辟三公，东处于商盖"的说法，则马融、郑玄解作"避居"正合古训，不过那时东都还没有建，郑氏说的"避居东都"，在时间上存着矛盾而已。这个问题到了宋代，曾经仔细推敲，就朱熹个人而言，他已有答林少南、董仲重、蔡仲默（沈）诸人的信，对这"辟"字先以为法，后以为"避"。蔡沈作《书集传》，就接受了他的晚年定论，坚决地驳斥了《伪孔传》。这个见解，我们认为是比较妥当的，因为《金縢》这一篇，从语法和辞汇来看，它必不是西周作品，至多只能说是战国时人根据了晚近传说而写出来的西周史，该和其他战国人所说的周公故事平等看待，而战国时人说的周公故事，如墨子，如蒙恬，都和这篇记事是大体一致的。到了汉代，如《史记》，如《越绝书》，如《琴操》，还是这个传说的继续，可见这篇文字决不是某一个人所杜撰，而是有它的一定的社会基础的。如果说为东征，就会发生如蔡沈所揭出的难题，成王和周公的矛盾将无法解决；说为居东，成王便容易把他亲迎了回来，只是"东"的远近有些问题而已。然则居东必是、东征必非吗？那也不然。在历史事实上，周公只有东征，并未居东，居东乃是由东征转化的传说，而《金縢》写出的则是这个传说的全貌。所以我们不但应从《周诰》和金文里看出西周初年的历史事实，而且应从各种文献资料里看出战国、秦、汉间人对于西周初年的史实经过加工改造的传说。这正如我们要从《慈恩三藏法师传》里认识实际的玄奘，但也要从《大唐三藏取经诗话》和《西游演义》里认识神话、传说中的玄奘一样。

又按"周公居东"的"东"，郑玄释为东都，距镐京已远；《伪孔传》释为留在东征所至之处则更远。蔡沈释为"国之东"，依我们看来是对的。古人称"城"为"国"，《孟子·离娄下》写那有一妻一妾的齐人向她们夸口天天和富贵人同餍酒食因而遭到她们在后面跟踪的时候，发见"遍国中无与立谈者；卒之东郭墦间之祭者，乞其余"，可知国外即郭，郭外为郊。在《金縢》的传说里，如说周公住的地方离镐京太远，成王发见他请以身代的册书后就不容易去亲迎。《伪孔传》因为主张"居东"即东征，所以对于"新逆"二字，灭裂地讲作"改过自新，遣使者迎之"，直到不通的地步；对于"王出郊"也讲作"以玉币谢天"，违背了原书的文义。须知《金縢》作者既在下面布置了成王亲迎这一场，那"居东"必然就在国都的东郭或东郊，不会远到千百里外去的。

　　（七）《尚书大传》："周公疾，曰：'吾死，必葬于成周，示天下臣于成王也。'周公死，成王欲葬之于成周；天大雷雨以风，禾尽偃，大木斯拔，国人大恐。王与大夫开金縢之书，执书以泣曰：'周公勤劳王家，予幼人弗及知！'乃不葬于成周而葬之于毕，示天下不敢臣。"（《汉书·梅福传》《儒林传》颜注引）

　　按《尚书大传》是西汉最早的一部解释《尚书》的书，这段文字无疑是讲《金縢》的，却把《金縢》的"天大雷电以风"一段文字放到周公死后，然则成王所郊迎的究竟是活周公呢，还是死周公呢？如果周公真的死在雷风以前，《金縢》里为什么不露出一点痕迹来？王充《论衡·感类》云："《金縢》曰：'秋大熟，未获，天大雷电以风，禾尽偃，大木斯拔，邦人大恐。'当此之时，周公死。儒者说之，以为成王狐疑于（这字下，孙人和《论衡举正》以为当有'葬'字）周公：欲以天子礼葬公，公，人臣也；欲以人臣礼葬公，公有王功。狐疑于葬周公之间，天大雷雨，动怒示变，以彰圣功。古文家以武王崩，周公居摄，管、蔡流言，王意狐疑周公，周公奔楚，故天雷雨以悟成王。"他并列两说，而指出后一说是"古文家"言，可见前一说所谓"儒者说"一定是今文家言，所以和《大传》所述的一致。同样讲《金縢》，同样说"成王狐疑"而今文家说的是成王狐疑于周公的葬礼，古文家说的则是成王狐疑于周公的居心。依《金縢》本文看，当然古文家说的对。然则今文家为什么忽发奇想，创立这一说呢？那无非因为周公摄王政，履天子之位的故事盛传于战国、秦、汉间，既经他活的时候这般煊赫，死后哪能跟普通的臣子同等待遇，所以为他造出以王礼葬（《白虎通·丧服》）及成王赐鲁以天子之礼乐（《礼记·明堂位》）等事情，表示他的特殊的政治地位，并且不惜割裂《金縢》，把后一段归到周公死后。成周是周公为成王造的东都，所以他们说周公将死时遗嘱葬在这里，使天下都知道周公是成王的臣子；但老天爷不答应，他定要用自然的威力感悟成王，把周公葬于毕，因为毕是文王的陵墓所在，好让人们看出周公不是成王之臣。这种封建社会的矛盾心理，传到了司马迁的毫端，竟写出一篇糊涂账来。请看下文。

（八）《史记·鲁世家》："武王克殷二年，天下未集，武王有疾，不豫。……周公于是乃自以为质，……告于太王、王季、文王。……周公藏其策金縢匮中。……其后武王既崩，成王少，在强葆（襁褓）之中，周公恐天下闻武王崩而畔，周公乃践阼代成王摄行政当国。管叔及其群弟流言于国曰：'周公将不利于成王！'周公乃告太公望、召公奭曰：'我之所以弗辟而摄行政者，恐天下畔周，无以告我先王太王、王季、文王……。'于是卒相成王，而使其子伯禽代就封于鲁。……管、蔡、武庚等果率淮夷而反，周公乃奉成王命兴师东伐，……二年而毕定，诸侯咸服宗周。……周公归报成王，乃为诗贻王，命之曰《鸱鸮》；王亦未敢训周公。……成王长，能听政，于是周公乃还政于成王，成王临朝。……初，成王少时病，周公乃自揃其蚤（爪）沈之河，以祝于神曰：'王少未有识，奸（干）神命者乃旦也！'亦藏其策于府。成王病有瘳。及成王用事，人或谮周公，周公奔楚。成王发府，见周公祷书，乃泣，反周公。……周公在丰病，将没，曰：'必葬我成周，以明吾不敢离成王！'周公既卒，成王亦让，葬周公于毕，从文王，'以明予小子不敢臣周公也'。周公卒后，秋未获，暴风雷〔雨〕，禾尽偃，大木尽拔，周国大恐。成王与大夫朝服以开金縢书，王乃得周公所自以为功代武王之说。……成王执书以泣曰：'……今日动威以彰周公之德，惟朕小子其迎，我国家礼亦宜之！'王出郊，天乃雨，反风，禾尽起，……岁则大孰（熟）。于是成王乃命鲁得郊祭文王。鲁有天子礼乐者，以襃周公之德也。"《索隐》："经典无文，其事或别有所出。而谯周云：'秦既燔书，时人欲言《金縢》之事，失其本末，乃云成王少时病，周公祷河欲代王死，藏祝策于府。成王用事，人谮周公，周公奔楚。成王发府见策，乃迎周公。'又与《蒙恬传》同，事或然也。……据《尚书》，武王崩后有此雷风之异，今此言周公卒后更有暴风之变，始开金縢之书，当不然也。盖由史迁不见《古文尚书》，故说乖误。"《正义》："《括地志》云：'周公墓在雍州咸阳北十三里毕原上。'……成王以开金縢之书，知天风雷以彰周公之德，故成王亦设郊天之礼以迎，我国家先祖配食之礼亦当宜之。"

按《史记》这篇文字，我们一看就可以知道它是以《金縢》作骨干，凡《金縢》一篇中所有的节目它都保存，但也有因解释不同而改变了事实的，如"我之弗辟"说成了"弗辟（避）摄行政"，于是坚持到"卒相成王"，好像取消了因管、蔡流言而居东的一目。但看它下文"奉成王命兴师东伐，……二年而毕定"，知道史迁认为"东伐"即是"居东"，则"辟"字自应解作"致法"才妥。这字的歧义他全采用了，于是分成了两件事情。对于末一段的处理，他依照了《大传》放到周公死后，可是《大传》所以说周公死后有雷风之变，原是为的要达到葬周公于毕这一目的，现在《鲁世家》中，成王已把周公葬于毕了，上天蓦然地来一次雷风之变，然后成王发得金縢书，说"惟朕小子其迎"，这"迎"的既不是《金縢》的活周公，也不是《大传》的死周公，然则它的对象究竟是什么呀？张守节为要替它圆谎，说"天风雷以彰周公之德，故成王亦设郊天之礼以迎"，难道迎的竟是"周公之德"吗？这真是越说越不像话！最奇怪的，周公既奉成王命毕定东方，诸侯咸服宗周，正是一片太平景象的时候，周公却无端做了一首《鸱

鸮》诗送给成王，喊出了"鸱鸮，鸱鸮！既取我子，无毁我室！"的危
苦凄厉的呼叫，气氛多么不调和呀？更奇怪的，武王生病，周公祷神请
以身代，而藏其祝册于府，及至成王生病，周公又祷神请以身代，也藏
祝册于府，他老会要这一套把戏；成王先已发见周公为他的病请求代死
的册书而泣反周公了，到周公死后，又发见周公请代武王死的册书，又
泣而出郊，好像周公无论立什么大功，抱什么忠悃，他的心迹总不会给
成王认识，只有成王看到祝册时，头脑才清楚了，可以了解周公的心、
明白周公的德，而周公也只有埋伏了这些祝册然后可以换得成王的谅
解：他们君臣之间多么不团结呀！在武王死后，周王朝两个主脑人物这
般地猜疑，周公出师在外，怎么可以战胜敌人？即使勉强战胜，周公又
怎不做了白起和邓艾的前车之鉴？所以在司马迁这样地处理古代史料之
下，使我们懂得，必须先把传说整理好了，才能够进一步认清楚历史事
实。传说固然会随时变化，会得渐渐地离开史实，甚至转到它的反面，
但只要仔细加以分析，还可以在夹缝里看出若干部分的历史真相。例如
蒙恬所讲的周公奔楚，《金縢》所讲的周公居东，固然和周公东征和伐
楚的史实不合，但总还保存一点周公东征和伐楚的影子。到了司马迁手
里，他漫无别择地一起包了下来，再杂以汉代经师的曲解，再加上他自
己的主观编排，作为叠床架屋式的堆砌，内容固然丰富，可是错得出
奇，不但使人读了看不清历史的真相，连传说的真相也给他弄得一塌糊
涂了。《鲁世家》的混乱性的记载，正是使我们在整理史料时提高警惕
的一面镜子。

（九）《越绝书·吴内传》："武王封周公，使傅相成王。
成王少，周公臣事之。当是之时，……天下家给人足，禾麦茂
美。……于是管叔、蔡叔不知周公而谗之成王。周公乃辞位，
出巡狩于边。一年，天暴风雨，日夜不休，五谷不生，树木尽
偃。成王大恐，乃发金縢之柜，察周公之册，知周公乃有盛
德。王乃夜迎周公，流涕而行。周公反国，天应之福，五谷皆

生，树木皆起，天下皆实。此周公之盛德也。"

按这段文字也是把《金縢》作为底子的，但不言"居东"而说"出巡狩于边"，是特异之笔；又说"王乃夜迎周公，流涕而行"，是它独有的描写。

（一〇）蔡邕《琴操》："武王薨，太子诵袭武王之业，年七岁，不能统理海内，周公为摄政。是时周公囚诛管、蔡之后，有谤公于王者，言：'公专国之权诈策谋，将危社稷，不可置之！'成王闻之，勃然大怒，欲囚周公；周公乃奔于鲁而死。成王闻公死，且怒之，且伤之，以公礼葬之。天乃大暴风、疾雨，禾稼皆偃，木折伤。成王惧，发金縢之书，见周公所为武王祷命，以身赎之书。成王执书而泣曰：'谁言周公欲危社稷者！'取所谮公者而诛之，戮于国。天乃反风、霁雨，禾稼复起。"（《御览》八十四引）

按这是东汉末年的又一种周公故事。它的特点是周公在囚诛管、蔡后方得谤；成王一怒而周公奔鲁，并且死在那里；在大暴风后，成王发得金縢之书，杀了谮周公的人，因而得到反风和霁雨。奄、楚均在周东，鲁国本是奄地，所以这几种传说虽有不同，然而血肉相连，周公出奔的方向没有变，也就是这个故事的中心地点没有变。

四　楚始迁丹阳，继迁荆山

（一）《世本》："楚鬻熊居丹阳。"（《左传·桓二年》孔疏引）

按鬻熊即祝融、陆终的分化，说见前。他是楚、邾等东方各族的宗神，不可能居于后来作为楚都的丹阳。《世本》所记，只该看作它接受传说的成果。

（二）《墨子·非攻下》："昔者楚熊丽始封此睢山之间。"

孙诒让《间诂》："《史记·楚世家》：'熊绎当周成王之时，举文、武勤劳之后嗣，而封熊绎于楚蛮。'是始封者为熊丽之孙绎，与此书不同。梁玉绳云：'丽是绎祖，睢为楚望，然则绎之前已建国楚地，成王盖因而封之，非成王封绎始有国耳。'"（梁氏说见《史记志疑》二十二）

按睢水出今湖北保康县西南，东南流会漳水，又南至江陵县会于大江；字通作"沮"。《左传·哀六年》："江、汉、睢、漳，楚之望也。""睢山"当为睢水所自出的山，其地已在荆山区域。楚都荆山更在丹阳建都之后。熊绎当周成王世，其祖熊丽自当商代末期，那时楚的一族好端端地住在黄河流域的下游，有什么必要搬到尚未开发的睢山去？所以这也是一个传说，不该轻信。梁玉绳说熊丽已建国睢山，成王因而封熊绎，完全为墨子圆谎。我们试想，若鬻熊已居丹阳，熊丽已封睢山，周公东征时又怎么会伐楚呢？

（三）《史记·楚世家》："周文王之时，季连之苗裔曰鬻熊。鬻熊事文王，蚤（早）卒。其子曰熊丽。熊丽生熊狂。熊狂生熊绎。熊绎当周成王之时，举文、武勤劳之后嗣而封熊绎于楚蛮，封以子、男之田，姓芈氏，居丹阳。"《集解》："徐广曰：'在南郡枝江县。'"《正义》："颖容云：'《传例》（杜预《左传释例》）云："楚居丹阳，今枝江县故城是。"'《括地志》云：'归州巴东县东南四里归故城，楚子熊绎之始国也。'又：'熊绎墓在归州秭归县。'《舆地志》云：'秭归县东有丹阳城，周回八里，熊绎始封也。'"

（四）《汉书·地理志》："丹阳郡丹阳，楚之先熊绎所封。十八世，文王迁郢。"王先谦《补注》："《一统志》：'宛陵为丹阳郡治，故此有"小丹阳"之名。故城今当涂县东。'……《吴录》载张纮言于孙权曰：'秣陵，楚武王所置，名为"金陵"。'是春秋之初，江南犹为楚境。……江南乃楚国累世经营之地，始封在此，未必定非。……徐广之言亦无确证，似不若班、张近古，闻见较有可凭也。"

按以上数书都说楚人曾居丹阳。其始居的楚君，《世本》说是鬻熊，《史记》和《汉书》则都说为熊绎。两说比较，《史》《汉》比《世本》为正确，因为熊绎是个历史人物，而鬻熊乃是一个传说人物，熊绎有一定的时代而鬻熊没有，说已见前祝融诸节，所以在这一点上我们不该依从《世本》。但《史记》以为"鬻熊事文王"则是误信传说。《汉书·艺文志》"《鬻子》二十二篇"，班固自注"名熊，为周师，自文王以下问焉，周封为楚祖"，也是误信了秦、汉间的伪书。在武王克殷和周公东征以前，楚在殷之东，周在殷之西，试问两方面的人有什么法子可以互相接近？鬻熊为楚祖是楚族自然形成的，也不可能由于"周封"。至于丹阳所在，则自班固以下至唐人，有丹阳郡、枝江县、巴东县、秭归县四说，算得一个纷纭难理的问题。然而既称为"丹阳"，顾名思义，必然在丹水的北面，试问那四个地方有没有丹水？枝江、巴东、秭归三地都在今湖北西部巫山和西陵峡之间，如果楚人住到那里，困在山峡之中，如何寻取发展的途径？丹阳郡的丹阳，即今安徽当涂县地，有水陆交通的便利，容易发展了，为什么就在熊绎的世里，还要千里迢迢，迁到僻陋的荆山去？这种疑问都是不容易解答的。然而我们在前面懂得了古代地名是会随着部族的迁徙而迁徙的，例如"亳"，就是散得那么远，现在便可用了这个方法来处理这个问题。当周夷王时，熊渠大大地扩张了楚的领土，封少子执疵为越章王，"越章"音转为"豫章"，汉丹阳郡正是楚豫章地，我们可以说在安徽的丹阳是执疵的都。《左传·僖二十六年》，楚人责夔不祀祝融与鬻熊，夔人说："我先王熊挚有疾，鬼神弗赦，而自窜于夔。"这位熊挚，《大戴记·帝系》称作"红"，《史记·楚世家》称作"熊挚红"，是熊渠的次子，受封为鄂王，为了他有病，不能继承王位，因而西迁到夔，别立一国。"夔""归"同声，我们可以说在秭归的丹阳必是熊挚的都。巴东县和秭归隔江相对，很可能是夔的别邑。秭归的"熊绎墓"，分明是"熊挚墓"的传讹。周宣王时，楚王熊霜卒，《史记》说："三弟争立，仲雪死，叔堪亡，避难于濮，而少弟季徇立。"濮之所在，向无定说。杜预《春秋释例》说"建宁郡南有濮夷"，把它推到今云南曲靖县西，太远了。按《左传·昭十九年》："楚子（平王）为舟师以伐濮，费无极……曰：'……王收南方，是得天下也。'"可知濮在楚南，从郢都去有水道交通的便利。同书《文十六年》云："楚大饥，戎伐其西南。……麇人率百濮聚于选，将伐楚。"选在今枝江县南境。枝江县当长江和清江的交会，在江陵的西南，是楚、濮间地，也即叔堪避难时所至。我们得到这一线索，也就可以推断在枝江的丹阳该是叔堪的都。为了熊绎是楚族南迁的首一君，而他立国于丹阳，所以他的子孙们每到一个新地方建立他自己的政权时就名其都城为"丹阳"以表示不忘其本。观于楚文王（一作武王）都郢之后，其后裔所迁之地也名曰"郢"，故有"鄢郢"，有"郢陈"，直到灭亡的前夕，迁到寿春，还是"命曰郢"（《楚世家》）。然则丹阳所在不应限定在某一个地方，事情不就非常明白了吗？可是最早的"丹阳"，即熊绎所都的，我们必该查出一个究竟来。

（五）《史记·秦本纪》："惠文王……〔后〕十三年（前312年），庶长章击楚于丹阳，……又攻楚汉中，置汉中郡。"

（六）同书《楚世家》："怀王……西攻秦，秦亦发兵击之。十七年（前312年）春，与秦战丹阳，秦大败我军，……遂取汉中之郡。"《索隐》："此丹阳在汉中。"

（七）同书《屈原列传》："怀王怒，大兴师伐秦。秦发兵击之，大破楚于丹、淅。"《索隐》："〔丹、淅〕，二水名，谓于丹水之北，淅水之南。丹水、淅水皆县名，在弘农，所谓'丹阳''淅'是也。"

按司马贞在秦击楚丹阳、取汉中郡这一大事件上看出了"此丹阳在汉中"，而且这丹阳在弘农"丹水之北"，这是丹阳最早遗址的发现。依《清一统志》，汉弘农郡丹水县的故城在今河南淅川县西丹水的北面；析县的故城在今河南内乡县西北一百二十里。这两县均在外方山之南，武当山之北。当楚人南迁时，先居于今丹江流域的荆紫关，因为在丹水之北，所以国都唤作"丹阳"。其后又从丹水迁到汉水，又从今湖北谷城县转入南河，到保康县立国，那就是荆山区了。他们越来越往南走，所以住居中原的人们每每用了种族歧视的眼光，轻蔑地称呼他们为"南蛮"。这从楚人所征服的未开化的或半开化的少数民族来说，固然还有几分理由，但从楚国统治集团和随着南迁的楚族人民来说，那就大不确当。祝融一族和夏代的王族同姓，在夏朝就执掌了中原的政权，楚人的原居地在卫、在曹、在宋，都是文化程度很高的地区，他们是华夏文化的创造者之一，只是受了周人的武力压迫，一时抵抗不得，开了晋、宋南渡的先例而已。

（八）《国语·晋语八》："昔成王盟诸侯于岐阳，楚为荆蛮，置茅蕝，设望表，与鲜卑守燎，故不与盟。"韦《解》："'置'，立也。'蕝'，谓束茅而立之，所以缩酒。'望表'，谓望祭山川、立木以为表，表其位也。'鲜卑'，东夷国。'燎'，庭燎也。"

按这是在向戌弭兵之会里，楚人为了争取领导地位而要求先歃血，晋叔向劝赵文子退让时所引的旧事。在这段话中，我们可以知道：当周成王之世，楚虽已对周屈服，可是岐阳之盟，楚君只能在会场上担任些服务性的工作，取不到参加盟会的资格。班固说的鬻熊"为周师，自文王以下问焉"，司马迁说的"熊绎当周成王之时，举文、武勤劳之后嗣而封"的一派冠冕话，到此全被拆穿，因为岐阳之盟即是熊绎在位的时候，那时楚国的政治地位仅仅和东夷的鲜卑同等，在周族压迫下的楚人是盼望不到高级的待遇的。

（九）《左传·昭十二年》："王……曰：'昔我先王熊绎与吕伋、王孙牟、燮父、禽父并事康王；四国皆有分，我独无有。今吾使人于周，求鼎以为分，王其与我乎？'对曰：'与君王哉！昔我先王熊绎辟（僻）在荆山，筚路（柴车）蓝缕（青衣）以处草莽，跋涉山林以事天子，唯是桃弧、棘矢以共御王事。……今周与四国服事君王，……岂其爱鼎！"杜《解》："'分'，珍宝之器。〔荆山〕，在新城沶乡县南。'桃弧、棘矢'，以御不祥，言楚在山林，少所出有。"

按这是楚灵王和右尹子革的对话，从这篇话里可以知道，熊绎始迁荆山，开辟草莽而居，度着极其艰苦的生活。因为他们穷，所以只拿些极粗劣的东西——像桃木制成的弓和荆棘制成的箭——来向周朝进贡。周康王虽然承认他们在荆山的居住权，可是因为他们不在周王封国的系统里，所以不分与镇国的器物，使得楚人对周长期留下了不愉快的情绪。把这"桃弧、棘矢"来比"楛矢、石砮"，就显得周王对肃慎氏的特殊宠遇。周王何以优待东北的肃慎而苛待南方的楚呢？"沶乡县"，三国魏置，故城在今湖北保康县南。这一事实，说明了楚族已自今河南省西南部的丹阳被迫迁徙到湖北省的北部，定居于荆山和汉水之间。不过这儿却发生了一个问题：熊绎在周康王时带着他的部下艰苦地生活在荆山之中，自应不激起周王的嫉忌，周王也无法在楚国压榨出大量的油水来供自己的挥霍，为什么才隔了一代，到周昭王时就要兴师动众去征伐他们，而且一去就是四个年头呢？所以《左传》所描写的楚国贫穷状态大有过火的嫌疑，当时楚的国力必尚相当充实，南迁后依然在扩张领土，掠夺资源，所以周昭王忍不住了才"御驾亲征"的。

（一〇）宋翔凤《楚鬻熊居丹阳考》："鬻熊为周师，以功德受封，当与周京相近。……战国丹阳在商州之东，南阳之西，当丹水、析水入汉水之处。……鬻子所封正在于此。……使封于汉之丹阳（按指当涂），熊绎何能越二千里而西至荆山？揆诸形势，知在南阳之西矣。鬻子后数世至熊绎，始南迁荆山，不通中国，而壹用力于蛮夷，故至熊渠而西连巴、巫，东收豫章，江、汉小国靡不服从。……《左传》……言'昔我先王熊绎辟在荆山，筚路、蓝缕以处草莽'，此言'荆山'而不言'丹阳'，知熊绎是居荆山而非居丹阳者。荆山在今湖北襄阳府南漳县西八十里，汉为临沮县治。《汉志》：'南郡临沮：《禹贡》南条荆山在东北，漳水所出，东至江陵入阳水。'临沮北至丹水三百余里。鬻熊先封丹水之阳，熊绎始迁荆山之麓，……盖居荆山则汉水环其东北，足以北阻中国，东控汉东诸侯；既以诸夏为限，遂能壹用力于蛮夷：是熊渠之强大由得荆山之险也。而《世本》不言'熊绎居荆山'者，以丹阳为周室所封，郢都没有城郭、宫室，荆山则在山林草莽之间，同乎群蛮之俗，无可稽其定处，记载阙而不详，故亦从其略也。"

按这文把楚国迁徙的路线及其强大的由来分析得很合事实，可为定论。熊绎是继续践着太伯、仲雍的足迹而经营南土的，太伯们既可由荆发展到豫，为周初封国铺平道路，熊绎及其子孙当然也可以发愤图强，成为南方的唯一大国。只是宋氏说鬻熊为周师，受封于周，则仍为传统的史说所误。假使真有这史实，还会在岐阳之盟里只和鲜卑守燎，与齐、卫、晋、鲁诸君并事康王而独独分不到彝器吗？楚国由东北迁到西南，自有其茹苦含辛的斗争历程。熊绎之所以又从丹阳搬向荆山去开辟草莽之区，可以推想，这是周人第二次压迫楚族的结果；只是这一页历史已经失传，无法证实而已。

五　周昭王南征不复

（一）《令簋》："隹王于伐楚，白（伯，即下文的伯丁父）才（在）炎。隹九月既死霸丁丑，乍（作）册矢令障圛（尊宜，容庚同志面告："犹言'敬享'"）于王姜，姜商（赏）令贝十朋、臣十家、鬲百人。公尹白（伯）丁父兄（贶）于戍，戍冀嗣三（乞）。令敢鼎（扬）皇王室（休），丁公文报，用颐（启）后人富，隹丁公报。……"

按这器的时代，一般放在周公东征之际；今从唐兰说，移置昭王时。在这铭里，重要的人物是"王姜"，她有很大的权力，矢令请她吃了一顿饭，她一赏就是"贝十朋、臣十家、鬲百人"，可见她的财产多么丰富，这种阔绰行径十足地表现了一个大奴隶主的本色。据唐氏的假定，王姜是康王的后，昭王的母亲。昭王南征固然为了侵略，但一方面也是为了游赏，所以连他的母亲都带着同行，《楚辞·天问》"昭后成游，南土爰底"可证。从铭中"丁公文报"（《国语·鲁语上》："幕，能帅颛顼者也，有虞氏报焉。"韦《解》："'报'，报德之祭也。"）看来，矢令是丁公的后人。据《史记·齐世家》"太公卒，子丁公吕伋立"，《顾命》"俾爰齐侯吕伋……逆子钊于南门之外"，钊就是周康王，可见齐丁公在位是当成、康之世。到矢令作器时，丁公已死，可以推知这器是昭王时作，而首称"王于伐楚"，则必为昭王末年事。矢令之所以多得王姜的赏赐，也许齐国是王姜的母家，所以她特别优待自己的侄儿们吧？炎地无考，但从下举的《中齍》《𰻞貞》诸文看来，这个地方必然在汉水流域。

（二）《中齍》（其二）："隹王令（命）南宫伐反荆方之年，王令中先省（省）南或（国）𢎘（串）行，𰀉王屘（居）在䕫隮𪩘山。……"

按这器发见于北宋。赵明诚《金石录》（十三）云，"重和戊戌岁（1118 年），安州孝感县民耕地得之，自言于州，州以献诸朝，凡方鼎三、圜鼎二、甗一"，总称为"安州所献六器"。今俱佚，惟铭文载薛尚功《历代钟鼎彝器款识》等书。方鼎，向来被人们称作《南宫仲鼎》；今因南宫和中是两人，这器是中所作，方鼎应正名曰"齍"，故从《大系》改题。铭中"荆"字写作"🦌"，很像"虎"字，自来释作"反虎方"，模糊了周王征伐的对象。唐氏以齍簋"荆"作"🦌"，和《中齍》"荆"的下半作"🦌"很接近，故定为同字。甲骨文中也有"虎方"（见《殷虚书契前编》六·六三六及《殷契佚存》九四五），那是商代的一国，不该混同着看。霰霳頁山，它的地望虽不可详，但"王命中先省南国"，豫先布置行宫（"王应"），而《古本纪年》说"昭王十六年（前951年），伐楚荆"（《初学记》七引），可见这器的制作也许就是十六年，也许还在十六年之前。六器发见于今湖北孝感县，即在汉水之北，没有越出古人所谓"汉阳"的区域，那时还是周王朝统治所及的地方。"橐"，《大系》释为"贯串"的"贯"。《春秋·僖二年》："齐侯、宋公、江人、黄人盟于贯。"《公羊经》作"贯泽"。《左传》："盟于贯，服江、黄也。"《大系》云："江、黄故地在今河南潢川、息县境。《汉书·地理志》庐江郡雩娄下注云：'有灌水，北至蓼人决。'贯若贯泽或即灌水下游之地也。灌水名今尚存，在商城县境，与潢川、息县邻近。"此器称楚为"反荆方"，足见楚对周先有反抗的行动，所以周王要去伐它。这次战事，周王派南宫为主将，又命中到前线视察。

（三）《中甗》："王令（命）中先省（省）南国串（串）行，轨㢟（居）在㞷。……中省自方，复徝𢼸邦，在𣥽（霝）台㪅（次）。白（伯）冒父己台（以）毕人戍汉𨷲州，日假，日㫃。……"

按这铭和上节相似，而举其地则为噩（鄂），为汉，都在孝感县附近。"白冒（mé）父"，疑即伯懋（məu）父。伯懋父是康王后期的将帅，到昭王末年容还健在。

（四）《𢼸卣》："隹十又九年（前948年），王才（在）庠。王姜令（命）乍（作）册𢼸安尸白（夷伯）。尸白宾（宾）𢼸贝布。……"

（五）《趞尊》："隹十又三月辛卯，王才庠。易（锡）趞采曰㴱，易（锡）贝五朋。……"

（六）《麦尊》："王令（命）辟井厌（邢侯）出𥙿厌㧀（于）井。……霥（粤）王才（在）䣓，已夕，厌易（锡）者

（赭）觚臣二百家剂。……"

按以上三器，《夨卣》《趞尊》并言"王在斥"，《麦尊》言"粤王在啟"，知"啟"为"斥"的繁文。唐兰说："'斥'字就是《说文》的'庳'字，也就是'斥'字。……《夨卣》的制作是昭王十九年。'王才斥'是昭王伐楚时的所在地。"《夨卣》说到"王姜"，更可与《令簋》相证。《麦尊》铭文，大系云："'辟井侯'：'辟'，君也，犹言我主井侯。……'厌易者觚臣二百家剂'，'者'当读为'赭'；'觚'字，《说文》云：'击踝也，读若踝。'言井侯受天子锡以赭衣踝跣之臣二百家之券契也。"依《左传·僖二十四年》"凡、蒋、邢、茅、胙、祭，周公之胤也"的话，始封的邢侯已是周公的儿子，所以《麦尊》的时代不可能太早。何况已明说了"王在斥"，那必然是昭王之世了。

（七）《中齋》（其一）："隹十又三月庚寅，王在寒𬤊（次），王令大史兄（貺）襄土。王曰：'中，丝（兹）襄人入史易（锡）于珷王乍（作）臣，今兄䢅女（汝）襄土，乍乃采。'……"

按"寒𬤊"地望虽不可详，但那一天是"十有三月庚寅"，恰在《趞尊》的"十又三月辛卯"的上一天，可见寒𬤊和斥必然相距不远，寒𬤊应在斥的北面。《夨卣》说"十又九年（前948年），王在斥"，联系《纪年》"昭王十六年（前951年），伐楚荆"，又可见昭王在斥地有长时间的停留。昭王南征的时候，一路和他的母亲赏赐群臣采地、奴隶、贝布，随处表现出这些大奴隶主的挥霍无度的神态。

（八）《夶馭簋》："夶馭从王南征，伐楚荆，又（有）得。……"

（九）《过伯簋》："過（过）白（伯）从王伐反荆，孚（俘）金。……"

（一〇）《鼒簋》："鼒从王伐荆（荆），孚（俘）。……"

按以上三器，都容易看出是周昭王伐楚时的作品。从这三器的记事上说"有得""俘金""俘"看来，可知他们的南征的目的是掠夺，楚的资源丰富，尤其是铜材，而在周、楚初交锋的时候，周方确是得到胜利的。然而骄傲地凌人和残酷地压迫总是得不到人心的，他们倒霉的命运也快临头了。

（一一）《古本纪年》："昭王十六年（前951年），伐楚荆，涉汉，遇大兕。"（《初学记》七引）"十九年（前948年），天大曀，雉、兔皆震，丧六师于汉。"（同上）"昭王末年，夜有五色光贯紫微。其年，王南巡不反。"（《御览》八七四、《路史发挥》三注引）

按由这文看，昭王十六年伐楚，到十九年丧师，历时至四年之久，可见这一回战役比周公东征和穆王伐瘨戎的日子还长。楚人以一隅之地，抵抗王师四年而终于反击胜利，又可见他们国力的充盈和战略的高超。

（一二）《左传·僖四年》："齐侯以诸侯之师……伐楚。楚子使与师言曰：'君处北海，寡人处南海，……不虞君之涉吾地也，何故？'管仲对曰：'……尔贡包茅不入，王祭不共（供），无以缩酒，寡人是征！昭王南征而不复，寡人是问！'对曰：'贡之不入，寡君之罪也，敢不共（供）给！昭王之不复，君其问诸水滨！'"

（一三）《吕氏春秋·音初》："周昭王亲将征荆，辛馀靡长且多力，为王右。还反，涉汉，梁败，王及蔡公抎于汉中。辛馀靡振王北济，又反振蔡公。周公乃侯之于西翟，实为长公。"高《注》："'右'，兵车之右也。'抎'，坠，音曰'颠陨'之'陨'。'振'，救也。'西翟'，西方也。以辛馀靡有振王之功，故赏之为'长公'。"毕沅《校正》："孙云'振'者，振其尸也。《注》非。"许维遹《集释》："〔蔡公〕，《左·僖四年传》孔疏引作'祭公'，《竹书纪年》同。"

（一四）《史记·周本纪》："昭王之时，王道微缺。昭王南巡狩不返，卒于江上。其卒不赴告，讳之也。"《正义》："《帝王世纪》云：'昭王德衰，南征，济于汉。船人恶之，以胶船进王。王御船至中流，胶液船解，王及祭公俱没于水中而崩。其右辛游靡长臂且多力，游振得王，周人讳之。'"

按从这三条记载看，昭王是在归途中落水而死的，陪他死的有祭公；死的地方，《吕览》和《世纪》说是汉，《史记》独说是江。取《纪年》文勘对，则昭王既丧六师于汉，在兵荒马乱中匆遽撤退，必不会南行涉江，当然死于汉水，《史记》之说是错误的。但《世纪》的船人进胶船之说也是想像下的故事。三说相较，当以《吕览》说为可信。"梁"，当即《诗·大雅·大明》"造舟为梁"的"梁"，是聚舟造成的浮桥。

（一五）《水经注·沔水》："沔水又东，径左桑。昔周昭王南征，船人胶舟以进之。昭王渡沔，中流而没，死于是水。……庚仲雍言村老云：'百姓佐昭王丧事于此，成礼而行，故曰"佐丧"，"左丧"字失体耳。'……沔水又东，得合驿口。庚仲雍言：'须导村，耆旧云："朝廷驿使合王丧于是，因以名焉。"今须导村正有"大敛口"，言昭王于此殡敛矣。'沔水又东，谓之'横桑'，言'得昭王丧处也'。沔水又东，谓之'郑公潭'，言郑武公与王同溺水于是。今（余）谓世数既县（悬），为不近情矣。斯乃楚之郑乡，守邑大夫僭言'公'，故世以为'郑公潭'耳。沔水又东，得死沔，言'昭王济自是死沔（按此句当从戴震校本作"昭王济沔自是死"），故有"死沔"之称'。王尸岂逆流乎？但千古芒昧，难以昭知，推其事类，似是而非矣。"

按沔水是汉水的上游，所以汉水也称"沔水"。郦道元的注文是根据了庚仲雍《汉水记》而写出的汉水流域的人民所传说的周昭王的死地。这里所记的几个地方都在今湖北天门县东南，武汉市的西面。传说当然有不合历史的地方，如说郑武公与周昭王同死，时间上差距约二百五十年；又如说"死沔"由于昭王死在这里而得名，其实这正同"死汝""死过""死沙""死谷"一类，是指枯渎而言（全祖望《七校水经注》说），所以郦氏驳道：是不是人死在下游，他的尸体会逆流而上呢？但这一传说是有它的群众基础的，正好驳倒《史记》的"卒于江上"的异说。以上所记，是周人第三次压迫楚族时彻底的失败。

六　楚人的领土扩张

（一）《大戴礼记·帝系》："娄鲩出自熊渠，有子三人：其孟之名为无康，为句亶王；其中（仲）之名为红，为鄂王；其季之名为疵，为戚章王。"孔广森《补注》："'娄鲩'，未详，或当为'夔越'。《国语》曰：'芈姓夔、越，不足命也。'夔出自红；越出自疵。'红'，《世家》所谓'挚红'也。无康蚤死，无后。熊渠卒，楚人废挚红而立其弟延，挚红遂窜于夔。红尝为鄂王，故夔人称之曰'我先王熊挚'也。《世家》曰：'少子执疵为越章王。''越'即'越章'也。此文云'戚章'，字形之误。……《世本》无'无'字，'康'作'庸'，'亶'作'袒'，'戚'作'就'。"（按《世本》文见《史记索隐》引）

（二）《史记·楚世家》："熊渠生子三人。……熊渠甚得江、汉间民和，乃兴兵伐庸、杨粤，至于鄂。熊渠乃立其长子康为句亶王，中子红为鄂王，少子执疵为越章王，皆在江上楚蛮之地。"《索隐》："有本作'杨雩'，……谯周亦作'杨越'。……〔句亶〕，《地理志》云：江陵，南郡之县也，楚文王自丹阳徙都之。"《正义》："《括地志》云：'房州竹山县，本汉上庸县，古之庸国。昔周武王伐纣，庸蛮在焉。'〔鄂〕，刘伯庄云：'地名，在楚之西，后徙楚，今东鄂州是也。'《括地志》云：'邓州向城县南二十里西鄂故城，是楚西鄂。'"

按上两节文大致相同，惟《史记》较详于《帝系》。熊渠是熊绎的五世孙，而他所开拓的疆域，西北至今湖北竹溪县（陕、鄂边境），东至今武昌市，南至今江陵县，几奄有湖北省的全境。庸本是武王伐纣时的与国，今已被灭，封给长子康为句亶王了。（其后又有庸，见《左传·文十六年》，或熊渠后曾复国，但即于是年又为楚灭。）鄂，即鄂侯驭方的旧境，这时封给仲子红为鄂王了。"越章"，即春秋时的"豫章"，是淮南至江北的一大片土地，出了湖北省的东境。熊渠取得扬越之地而封少子执疵为越章王，可见"越章"就是"扬越"，楚境更广大了。楚境的扩大就是周境的缩小，怪不得"汉阳诸姬"陆续给楚吞食，枉费了太伯、仲雍开辟南土的气力。举凡周公、成王到昭王时代所给予楚人的压迫，到了熊渠的力征经营而吐尽了这口怨气。越王句践的越国的统治集团，当即越章王之后，所以到了春秋后期，晋国联吴以压楚，楚即联越以压吴，原来它们各有其种姓的渊源。不过越国人民则是沿海百越族的一部分，所以他们可有自己的骆姓。

又按王国维《夜雨楚公钟跋》云："《夜雨楚公钟》，宋赵德父（明诚）《金石录》及王复斋（厚之）《钟鼎款识》册已著录。……作钟者为'楚公逆'，瑞安孙仲颂比部（诒让）以为即《史记·楚世家》之'熊咢'，'咢'本从'屰'，二字形、声皆相近，其说不可易矣。此器赵氏《金石录》谓出鄂州嘉鱼县，复斋《款识》引石公弼云：'政和三年（1113年），武昌太平湖所进。'武昌、嘉鱼，南境相接，盖出二县间矣。案《楚世家》言熊绎居丹阳至文王熊赀始都郢，中间无迁都事。惟言周夷王时，熊渠甚得江、汉间民和，乃兴兵伐庸、杨粤，至于鄂，乃立其……中子红为鄂王。……熊渠卒，子熊挚红立。后六世至熊咢。今熊咢之器出于武昌者，武昌即鄂。盖熊渠之卒，熊挚红虽嗣父位，仍居所封之鄂，……越六世至熊咢犹居于此，故有其遗器。楚之中叶曾居武昌，于史无闻，惟赖是器所出地知之耳。"按楚居丹阳，为时最短；其后即迁荆山；不知何时迁至平原，而有熊渠的四方拓地。在熊渠所封的三子中，长子康为句亶王，居江陵，文王熊赀后所都的郢即由此发展；中子红为鄂王，居武昌，即王氏所举六世不迁者（但此与《左传》所云"自鄀于鄩"不合）；少子疵为越章王，居今安徽当涂县。这三个都城以武昌为适中，便于统治全国，也易于控制江、汉两流域。但周人进军也以江、汉为便，楚都在此，或有猝不及防的时候，不如江陵有云梦的阻隔，不是长于车战的周人所易进犯。这大概就是春秋时楚人长期都郢的理由吧？

（三）顾栋高《春秋时楚豫章论》："尝读《春秋》至吴、楚、越之《传》，其称'豫章'者凡六见。《昭六年》：'楚使薳泄伐徐，吴人救之。令尹子荡帅师伐吴，师于豫章而次于乾溪，吴人败其师于房钟。'《昭十三年》：'楚师还自徐，吴人败诸豫章，获其五帅。'案'徐'在泗州北八十里，'乾溪'在今颍州府之亳州，'房钟'在今颍州府蒙城县。《昭三十一年》：'吴师围弦，左司马戌、右司马稽帅师救弦，及豫章。'弦为今河南光州之光山县。又《定二年》：'桐叛楚，吴使舒鸠诱楚人曰："以师临我，我伐桐，为我使之无忌。"秋，楚伐吴，师于豫章。吴人见舟于豫章而潜师于巢。冬十月，吴败楚师于豫章，遂围巢，克之。''桐'为今安庆府之桐城县，'巢'为今庐州府之巢县，'舒鸠'在庐州府之舒城。《定四年》柏举之役：'吴人舍舟淮汭，自豫章与楚夹汉。''淮汭'即今寿州。案数《传》皆吴、楚斗争。杜《注》于前则曰'江北、淮水南'，于柏举之《传》则曰'汉东'，两歧其说；又云'自江北徙于江南'，不知何所据。又《昭二十四年》：'楚子为舟师以略吴疆，越大夫胥犴劳王于豫章之汭，归王乘舟，且帅师从王。'此为楚、越交接，'豫章'当又在楚、越之境。诸儒求其说而不得，或以为两地，或以为三地，迄无一定。然愚尝考之，'豫章'系宽大之语，自江西之九江、饶州二府隔江，为江南之安庆府境，北接颍、亳、庐、寿，西接光、黄，皆为楚之豫章地。盖凤阳以西，寿、霍、光、固之境皆近淮堧，为吴、楚日交兵处。'柏举'在湖广黄州府之麻城县，从寿州循淮而西，历河南光山县、信阳州三关之塞，至麻城六百里，至汉口九百里。杜氏所云'豫章在江北、淮水南'者，正当即指淮汭而言，盖是地之总名，舍舟于此，遵陆亦即在此耳。至'豫章之汭'则为今日之鄱阳湖无疑。何则？饶之余干县为越之西境，鄱阳县为楚之东境，俱滨鄱阳湖，楚以舟师略吴疆而越归王乘舟俱在水际，舍此更无别处交接。总之，吴、楚、越接境之豫章非一地而实非有二名，如秦之会稽、九江两郡统隶俱一二千里，岂可以一州一县当之哉！"

按顾氏从《左传》中道及"豫章"的六处文字归纳出这一个广大区域的地名，除皖南外，几纳入今安徽全境，又兼及今河南东南部、湖北东部、江西北部地，这是楚国的东域，和吴、越接界处，也是同吴国作战频繁的地方。从豫章地区的考定，我们可以约略看出越章王执疵所统治的土地及其所以建都于今安徽当涂县的缘故。不知何时，楚王把这块土地收归他直辖，而执疵的后裔、句践的上代就向东南迁徙，立国于浙江流域。

（四）《诗·小雅·采芑》："蠢尔蛮荆，大邦为仇！方叔元老，克壮其犹。方叔率止，执讯获丑。戎车啴啴，啴啴焞焞，如霆如雷。显允方叔，征伐狁犹，蛮荆来威。"毛《传》："'方叔'，卿士也，受命而为将也。'蠢'，动也。'蛮荆'，荆州之蛮也。'元'，大也。五官之长出于诸侯，曰'天子之老'。'壮'，大；'犹'，道也。'啴啴'，众也。'焞焞'，盛也。"卫《序》："《采芑》，宣王南征也。"郑《笺》："'犹'，谋也。'谋'，兵谋也。方叔率其士众，执其可言，问所获敌人之众以还归也。戎车既众盛，其威又如雷霆，言虽久在外，无罢劳也。方叔先与吉甫征伐猃狁，今特往伐蛮荆，皆使来服于宣王之威，美其功之多也。"陈奂《疏》："'威'，犹'畏'也。"

按周宣王与楚的统治者熊霜、熊徇、熊咢、熊仪（若敖）并世，他命方叔伐楚不知在何年。但熊霜死后有三弟争立之乱，国势或曾一度中衰，周的伐楚可能即在熊徇之世。这是周人对于楚族的第四次压迫。看《采芑》的"戎车啴啴，啴啴焞焞，如霆如雷"的描写，方叔出师的声势着实浩大，似乎可使楚人丧魂失魄。但这一回战事是不是周人真的胜利了呢？这却很难断说，因为熊渠以后，楚已强大，决不像周初时的易于欺侮了。《国语·周语上》"宣王既丧南国之师，乃料民于大原"，韦昭虽因上文有"三十九年（前789年），战于千亩，王师败绩于姜氏之戎"而解为"'丧'，亡也，败于姜戎时所亡也"，似乎宣王以南国之师伐姜戎而遭到了挫败，所以要到太原料民，清查户口；但如果把《采芑》连《周语》看，则也很有宣王伐南国之楚而丧师的可能。韦《解》："'南国'，江、汉之间也。"江、汉之间那时已是楚地，不该解"丧南国之师"为伐楚而丧师吗？如果这样，那是在宣王三十九年以后，即公元前789年以后，当时的楚君是若敖。这已是周人对于楚族的最后一个压迫，而也同昭王时代一样地失利。四五十年后，楚武王、文王兴起，灭掉为周王朝看守南门的申和吕，从此长驱直入，更无阻拦，和周室成了紧挨着的邻邦，如果没有齐桓、晋文的霸业，把楚的有北侵意图强抑下去，那么春秋时代就早已成为楚人统一的天下了。

又按卫宏《毛诗序》说《采芑》是"宣王南征"，和《六月》说是"宣王北伐"同样不可信。《六月》的主帅是吉甫，《采芑》的主帅是方叔，宣王并没有亲自参加。只缘"王于出征"的误解，就生出了宣王两回亲征的误说。详见乙·肆·（五）。

（五）《左传·僖二十八年》："夏四月戊辰，晋侯……次于城濮。公曰：'若楚惠何?'栾贞子曰：'汉阳诸姬，楚实尽之。思小惠而忘大耻，不如战也!'"杜《解》："'贞子'，栾枝也。水北曰'阳'。姬姓之国在汉北者，楚尽灭之。"

（六）《左传·定四年》："斗辛……以王（楚昭王）奔随。吴人从之，谓随人曰：'周之子孙在汉川者，楚实尽之。天诱其衷，致罚于楚，而君又窜之。周室何罪? 君若愿报周室，施及寡人，以奖天衷，君之惠也；汉阳之田，君实有之!'"杜《解》："'窜'，匿也。'奖'，成也。"

按汉水从陕西流入湖北境，开始自西而东；过襄阳后自北而南；过潜江后又自西而东，以入于江。水北曰"阳"，水东亦曰"阳"。楚国始都荆山，继都郢，凡在汉南和汉西的小国，如庸、濮等早已在它的唇吻间，可是汉东和汉北，周室所封的同姓诸侯着实不少，称为"汉阳诸姬"，从《左传》这两条看来，在晋文公霸诸侯之前，已给楚尽数吞并了。因此，当晋、楚战于城濮的时候，晋文公顾念出亡经楚，曾受楚成王的殷勤接待，不忍和他决裂，栾枝就用了民族大义来责备文公，要他报复汉阳许多姬姓之国被灭的仇恨。当吴王阖庐伐楚入郢，楚昭王逃到随国，吴人就也把这个理由劝诱随君，说："在汉川的周室子孙早都为楚吞尽，现在天意亡楚，你如果肯顾全同族的情谊，把楚王交了出来，那么汉阳的土地就统统归您所有。"看来周王朝在这一区域里所封的同姓国家有如星罗棋布，可惜没有传下一张名单，现在无法统计。就我们查得出来的说，其一是文王的少子季载所封的"聃"，这字也写作"那"，即《左传·庄十八年》的"那处"，《史记·管蔡世家》索隐："'聃'，或作'那'。……'聃'与'那'皆音奴甘（nam）反。"今地在湖北荆门县，正是接近荆山的。其二是武王的少子所封的"应"，《左传·僖二十四年》："邘、晋、应、韩，武之穆也。"杜解："'应'，国，在父城县西南。"《汉书·地理志》："颍川郡父城：应乡，故国。"这国入楚后为城父邑，故城在今河南宝丰县东。其三是周公子所封的

"蒋"，《左传》同年："凡、蒋、邢、茅、胙、祭，周公之胤也。"杜《解》："'蒋'在弋阳期思县。"《续汉书·郡国志》："汝南郡期思：有蒋乡，故蒋国。"今地在河南固始县东。这些国都是春秋前灭于楚的。其四是"息"，《左传·隐十一年》："郑、息有违言。"杜解："'息'，国，汝南新息县。"孔《疏》："《世本》：'息国，姬姓。'……其初则不知谁之子，何时封也。"这国到庄十四年（前 680 年）为楚文王所灭，故城在今河南息县西南。其五是"沈"，《左传·定四年》："沈人不会于召陵，晋人使蔡伐之，夏，蔡灭沈。秋，楚为沈故，围蔡。"后来这国入楚为平舆邑，《续汉志》："汝南郡，有沈亭，故国，姬姓。"故城在今河南汝南县东南六十里。其六是"顿"，《左传·定十四年》："楚灭顿。"《汉志》："汝南郡南顿：故顿子国，姬姓。"故城在今河南项城县北五十里。其七是"巴"，《左传·昭十三年》："共王……与巴姬密埋璧于大室之庭。"说明它是姬姓。又《桓九年》："楚子使道朔将巴客以聘于邓，邓南鄙鄾人攻而夺之币。"说明它建国于邓南楚北，它和楚的关系是叛、服不常；不知何时灭于楚，而迁到夔门之内，至今四川重庆市立足。其八是"蔡"，文王子蔡叔之后，都今河南上蔡县，楚灵王把它灭了；楚平王立，又封其后人，迁今新蔡县；为了避楚的凶焰，再迁州来，称为下蔡；到楚惠王十年（前 479 年），重把它灭了。这都是春秋以下亡于楚的。这些楚国鲸吞蚕食的资料，至多只存留十分之一，还有十分之九是无可考的。然而却有终春秋之世没有亡的，如随国即是一个特殊的例子。《左传·桓六年》："楚武王侵随。"杜《解》："'随'，国，今义阳随县。"孔《疏》："《世本》：'随国，姬姓。'不知始封为谁。……《僖二十二年经》书'楚人伐随'，自是以后，遂为楚之私属，不与诸侯会同。至定四年（前 506 年），吴入郢，昭王奔随，随人免之，卒复楚国，楚人德之，使列诸侯，《哀元年》'随侯'见《经》。（按《经》文："楚子、陈侯、随侯、许男围蔡。"）其后不知为谁所灭。"故城在今湖北随县南。（又有一个唐国，《郑语》云："当成周者，南有荆蛮、申、吕、应、邓、陈、蔡、随、唐。"韦《解》："'应、蔡、随、唐'，皆姬姓也。"似乎也是姬姓之国。但《左传·宣十二年》，杜《解》只说"唐，属楚之小国，义阳安昌县东南有上唐乡"，没有提到它的姓，孔《疏》也未引《世本》，不知韦昭有何根据。《左传·哀十七年》有观丁父为楚武王"服随、唐"的话，魏安昌县在今湖北枣阳县东，今有唐县镇，唐和随是毗邻的两国。今因未能确定这一国的姓，故附记于此。）从这些事件看来，可知由西周后期开始，楚的势力骎骎北伸，自汉水、涢水流域发展到了淮河、汝水、颍水流域；及至战国之世，又尽量向南方发展，西南到今贵州、云南，又东灭越、鲁，到今江苏、山东，"地方五千里"（《战国策·楚策一》，两见），成为当时南方统一的大国，建立了一个先于秦的中央集权政府，有发展到全中国的趋势，无法计算，楚的一国曾经融化了多少个少数民族在里头。在这样的大时代里，"汉阳诸姬"的被吞并就算不得一回事了。

（七）《诗·大雅·崧高》："崧高惟岳，骏极于天。惟岳降神，生甫及申。惟申及甫，维周之翰，四国于蕃，四方于宣。亹亹申伯，王缵之事：'于邑于谢，南国是式。……因是谢人，以作尔庸。'王命召伯：'彻申伯土田。'王命傅御：'迁其私人。'……王遣申伯，路车、乘马，'我图尔居，莫如南土！锡尔介圭，以作尔宝。往近（迋）王舅，南土是保！'申伯信迈，王饯于郿。……申伯番番，既入于谢，徒、御啴啴。周邦咸喜：'戎有良翰！'不显申伯，王之元舅，文武是宪。"毛《传》："'崧'，高貌；山大而高曰'崧'。'岳'，四岳也。……'骏'，大；'极'，至也。……'翰'，干也。'谢'，周之南国也。……'庸'，城也。'彻'，治也。'御'，治事之官也。'私人'，家臣也。'乘马'，四马也。'宝'，瑞也。'近'（迋），已也。申伯，宣王之舅也。……'番番'，勇武貌。诸侯有大功则赐虎贲。'徒、御啴啴'，徒行者、御车者啴啴喜乐也。"卫《序》:"崧高，尹吉甫美宣王也。天下复平，能建国亲诸侯，褒赏申伯焉。"郑《笺》:"'申'，申伯也；'甫'，甫侯也。皆以贤知，入为周之桢干之臣，……为之蕃屏四方，恩泽不至则往宣畅之。甫侯相穆王训夏赎刑，美此俱出四岳，故连言之。'亹亹'，勉也。'缵'，继；'于'，往；'于'，於；'式'，法也。……治者，正其井、牧，定其赋、税。……王以正礼遣申伯之国，故复有车马之赐，因告之曰:'我谋女（汝）之所处，无如南土之最善。'……'近'（迊），辞也。……'保'，守也，安也。'迈'，行也。……'饯'，送行饮酒也。时王盖省岐周，故于郿云。……'啴啴'，安舒，言得礼也。礼:入国不驰。'周'，遍也。'戎'，犹'女'（汝）也。……申伯入谢，遍邦内皆喜曰:'女乎有善君也!'相庆之言。'宪'，表也，言为文武之表式。"陈奂《疏》:"申伯者，申侯受命为侯伯也。篇中所叙，命召伯城谢，以及锡命之美、饯礼之盛、入国之喜乐，（见）申侯为侯伯。……此诗当作于《采芑》南征之后，在宣王中兴初年。……'崧'即'崇'之或体。……古邑、国通称，'于邑于谢'，言为国于谢也。……《潜夫论·志氏姓》篇:'申城在南阳宛北序山之下……'古'谢'（ziò）、'序'（zió）声同。……汉人又谓之'北筮山。'《汉书·地理志》:'南阳郡宛:故申伯国，有屈申城，县南有北筮山。'然则……谢在宛县南，不在宛县北矣。……'庸'读为'墉'，古文假借字。……'傅御'，犹'保介'也。……'私人'，即傅御之私人；傅御为诸侯之臣，故《传》以私人为家臣矣。……郭注《尔雅》引《诗》'介'作'玠'，《说文》:"'玠'，大圭也。''介'与'玠'通。《考工记》:'玉人之事，命圭九寸，谓之"桓圭"。'《长发》传:'"桓"，大也。''介'与'桓'

并有'大'义。公所执桓圭，于镇圭为小，而视信圭、躬圭则为大。王肃云'桓圭九寸，诸侯圭之大者，所以朝天子'是也，故桓圭亦称'介圭'矣。……'迁'，各本作'近'，……惟宋廖氏本作'迁'。……'往迁王舅'，言'王舅往'耳，'迁'为句中语助。……《地理志》：'右扶风郿县。'今据《方舆纪要》，郿县在陕西凤翔府东南百四十里，而故郿城在县东北十五里，岐山县在府东五十里，而岐阳废县在县东北五十里，以此核之，则郿地在岐周之南，相去不过五六十里，古者饯必在近郊也。……'番番'与'啴啴'并指从申伯入谢者说，故《传》又申释勇武为虎贲之士也。……天子有虎贲，又有旅贲；诸侯但有旅贲，有大功则赐虎贲。……《左传》：襄王策命晋侯为侯伯，赐之虎贲三百人。……'不显申伯'与'于赫汤孙'句同，'不''于'皆发声。'元舅'，大舅也。"

按"岳"为山名（《周官·职方氏》："正西曰雍州，其山镇曰岳山。"《尔雅·释山》："河西，岳。"）在今陕西陇县西，即吴山，是姜姓一族的发源地。（《国语·周语下》："胙四岳国，……赐姓曰姜，氏曰有吕。"）周人居岐山，在吴山东，相去密迩，因此姬和姜成为世通婚姻的两族，和辽的耶律氏和萧氏一样。及武王克商、周公东征，姜姓中如齐、如纪、如许，受封于东方的不少，可是申、吕两国则封于西方。当周穆王伐瘄戎时，吕伯刚是右军的主将，见《班簋》及《静簋》；穆王颁布刑法时，吕侯又是周的司寇，见《吕刑》。吕国封于山西霍县（说见王国维《邵钟跋》），所以河、汾之间有吕梁山。申伯的原封地则在今陕西北部的米脂、榆林一带，所以《逸周书·王会》和《古本纪年》里都有"西申"，《山海经·西次四经》里有"申山"，又有"上申之山""申首之山"。他们两国深受周王的倚畀，所以《崧高》一篇，一开首就说甫和申是岳神所降生而作周的桢干之臣，为周王宣力于四方〔"甫"（pjwo）即"吕"（ljo），所以《吕刑》在《今文尚书》里称为"甫刑"，当有复辅音即 pljo 或 pljuo〕。到西周后期，这两国都改封到南方。吕伯如何改封，现存文献里已无可征。申伯的改封则有这篇诗在。看这诗写的，周宣王对他多么郑重和亲热，先命谢人为他造城，又命召伯为他定封疆，又命傅御迁去一大批人，又赐给他车、马、大圭、虎贲，又亲自到数十里外的郿地饯行，对他说："我为你打算，没有比南土更好的地方了！"这般洋溢地封赏元舅的热情，使得东汉初的卫宏读了，也认为"天下复平，能建国亲诸侯"。可是实际上全不是那回事！楚国的势焰既盛，周王揣度自己的力量不足以应付，只得封几个大国到国防前线，替他看守着南门。申国改封于今河南唐河县南（原地仍为申国，当由申伯的支庶绍封，称为"西申"，见《古本纪年》，《左传》疏昭二十六年引），吕国改封于今南阳县的宛县故城西（见《史记·齐世家》集解引徐广说及《水经注·淯水》篇），地域邻接，自可期望他们并力守御，达到"南土是保"的目的。可惜的，这仅是周王的主观企图，改变不了那时的客观形势。

（八）同书《王风·扬之水》："扬之水，不流束薪。彼其之子，不与我戍申。怀哉，怀哉，曷月予还归哉？ 扬之水，不流束楚。彼其之子，不与我戍甫。怀哉，怀哉，曷月予还归哉？ 扬之水，不流束蒲。彼其之子，不与我戍许。怀哉，怀哉，曷月予还归哉？"毛《传》："兴也。'扬'，激扬也。'戍'，守也。……'楚'，木也。……'蒲'，草也。"卫《序》："《扬之水》，刺平王也。不抚其民而远屯戍于母家，周人怨思焉。"郑《笺》："平王母家申国在陈、郑之南，迫近强楚，王室微弱而数见侵伐，王是以戍之。……'之子'，是子也。彼其是子独处乡里，不与我来守申，是思之言也。……'怀'，安也。思乡里处者，故曰：'安不（否）哉？安不哉？何月我得还见之哉？'思之甚。"陈奂《疏》："《传》以'激扬'释'扬'。《淮南子·本经》篇：'抑减怒濑，以扬激波。'高

《注》云：'"抑"，止也。"减"，怒水也。"濑"，急流也，而抑止之，故激扬之波起也。'……激扬之水可谓不能流漂束楚乎？言能流漂也。……经中'不'字为发语词。'彼是子'，斥平王也。'我'，我民也。'不'，发声。'与'，犹用也，以也。……此谓远戍，故下文言思念征夫远行，不能还归耳。……'楚'，亦薪材，《汉广》言'翘翘错薪，言刈其楚'是也。……'甫'即吕国，《诗》及《孝经》、《礼记》皆作'甫'，《尚书》《左传》《国语》皆作'吕'。'甫''吕'古同声。……《郑语》，史伯曰'当成周者，南有申、吕'，又曰'申、吕方强'。……案吕在幽王之末称强国，……则平王东迁，吕有力焉，戍甫在所必也。《潜夫论·志氏姓》篇：'宛西三十里有吕城。'……《水经》……郦注云：'淯水南径宛城东，其地故申伯之都。又南，梅溪水注之，水径宛西吕城东。'……西周之末，申在宛南，……吕在宛西。……《地理志》：'颍川郡许：故国，姜姓，四岳后，大叔所封，二十四世为楚所灭。'案《隐十一年左传》疏引《汉书》作'文叔'。今河南许州即春秋时许国。《昭二十六年左传》疏，刘炫引《汲冢纪年》：'平王奔申。申侯、鲁侯、许文公立平王于申。'据此，许有立平王之大功。时有侵伐，故兼戍之与？"

这诗所举三国同为姜姓。周幽王欲废太子宜臼而立褒姒子伯般（亦作"伯服"，是误写；亦作"伯盘"，是增笔），宜臼奔向他的舅父西申之国，申侯与缯、犬戎共攻杀幽王于骊山之下，拥立宜臼为平王（见《郑语》、《古本纪年》〔《左传》疏昭二十六年引〕、《史记·周本纪》）。平王之世，分兵戍申、吕、许三国，其人久戍思归，作《扬之水》以抒怨，直斥平王为"彼其之子"。除起兴只是发韵，并无实义外，大意说："他把我们戍到申、甫、许去，想家呀！想家呀！哪个月里才让我们回去呀？"因为这些戍卒多数是洛邑人，唱的是洛邑的调子，所以这诗列在《王风》。平王之所以戍这三国，根本原因也是为了它们在南方，时常受到楚人威胁的缘故。卫《序》说为"不抚其民而远屯戍于母家"，简直是隔靴搔痒。崔述《读风偶识》云："申与甫、许皆楚北出之冲，而申倚山据险，尤为要地。楚不得申，则不能以凭陵中原，侵扰畿甸。是以城濮还师，楚子入居于申；鄢陵救郑，子反帅师过申。申之于楚，犹函谷之于秦也。宣王之世，荆楚渐强，故封申伯于申以塞其冲。平王之世，楚益强而申渐弱，不能自固，故发王师以戍之耳。……惟许地稍近内，然楚师度申、吕而北则必经许。是以齐桓得许，则能伐楚而至召陵；晋文践土之盟不得许，则于盟后汲汲率诸侯以伐之；晋霸既衰，许折而入于楚，始以争郑为事耳。由此言之，平王之戍三国，非私之也。"这才是合于历史实际的解答。郑玄说的"在陈、郑之南，迫近强楚，王室微弱而数见侵伐，王是以戍之"，确是给他说准了。

（九）《左传·庄六年》："楚文王伐申，过邓。"

按《左传》里从没有提到过吕国，吕亡必在申前。《左传·庄十八年》补记"及文王即位，与巴人伐申"，则这回是楚、巴联军伐申可知。

（一〇）《左传·哀十七年》："彭仲爽，申俘也，文王以为令尹，实县申、息，朝陈、蔡，封畛于汝。"

按这是楚子榖对楚惠王讲的话，表示人无贵贱，只须有用，例如彭仲爽这个人，是楚文王伐申时捉来的俘虏，可谓贱了，但楚文王看出他有才，提拔他做令尹的高官，后来就仗着他的才干，灭了申、息两国作为楚的两个县，又使陈、蔡两国服从了楚，把楚国的北境开展到汝水流域。从这句话里，看出楚文王伐申不止一次，鲁庄公六年是楚文王二年（前688年），那年伐申大约是第一回，他在这次战役里捉住了彭仲爽。楚灭息，据《左传》是庄十四年（前680年），楚文王十年，可以知道楚的灭申也在这年前后，因为他在位才十三年啦。

（一一）《左传·成七年》："楚围宋之役，师还，子重请取于申、吕以为赏田，王许之。申公巫臣曰：'不可！此申、吕所以邑也，是以为赋，以御（御）北方。若取之，是无申、吕也，晋、郑必至于汉！'王乃止。子重是以怨巫臣。"杜《解》："〔围宋之役〕，在宣十四年（前595年）。〔赏田〕，分申、吕之田以自赏。〔是以为赋〕，言申、吕赖此田成邑耳；不得此田，则无以出兵赋而二邑坏也。"

按在这一段话里，足见申、吕两邑是楚在军事上的重要地区。拿现在的地名讲，申、吕的北面是伏牛山脉，南面是桐柏山脉，武胜关在它的东南，老河口在它的西南，楚国有了申、吕之后，对于中原就进可以战，退可以守。周宣王的改封申、吕，周平王的戍守申、吕，用意正与此同。这块地方，周得了它成为周的南门，楚得了它也就成了楚的北门。《左传·文十六年》："楚大饥，戎伐其西南，……庸人帅群蛮以叛楚，麇人帅百濮聚于选，将伐楚，于是申、息之北门不启。"杜《解》："备中国。"这是象征性的门。申、息的北面就是汝水，所以子谷说彭仲爽为令尹后，楚便"封畛于汝"。楚既封畛于汝，那么立国于汝水北面的陈、蔡诸国就不敢不来朝楚，而后来楚庄王伐陆浑戎，自可观兵周疆，周和楚竟成为紧邻的两国了。杜预说的不得申、吕之田，"则无以出兵赋而二邑坏"，说的还不中肯。周、楚两族的斗争到了最后阶段，无疑是楚人取得了全盘的胜利。

柒　鸟夷族的图腾崇拜及其氏族集团的兴亡[①]

一　鸟夷史料的钩沉和遗物的发现

（一）《史记·夏本纪》："禹行自冀州始。冀州：……鸟夷皮服，夹右碣石入于海。"《集解》："郑玄曰：'"鸟夷"，东

---

① 原载《史前研究》（2000），三秦出版社，2000年9月。

北之民，搏食鸟兽者。’”

按《禹贡》一篇中本有两“鸟夷”，一在冀州，一在扬州。但自从《伪孔传》读“鸟”为“岛”之后，卫包就在唐玄宗的使令下奋笔改“鸟”作“岛”。《史记》录《禹贡》文入《夏本纪》，“冀州”章里还保存着这个“鸟”字，所以裴骃引了郑玄的《尚书注》作解。但郑氏这一说是错误的。在原始社会里，每一个氏族都选择了一种动、植物或非生物作为自己的图腾，对它尊崇膜拜，相信这个图腾是自己一族的祖先，自己的生命是从图腾来的，和它发生了亲子的关系，因此对于崇奉同一图腾的人也认为有一种亲属关系的存在，这图腾的名称便成为全民族的称号。这是母系氏族社会中普遍存在的制度，到今天还保存于美洲印第安人和澳洲、非洲的土人中间。摩尔根的《古代社会》即是对于印第安人长期调查研究的一个报告。这些氏族分别以熊、豹、牡鹿、水牛、狼、狐、海狸、野猫、鹰、龟、虾蟆、鼹鼠等动物，芭蕉、夹竹桃等植物，月、石、火、水、雨、弹丸、帐幕等无生物为图腾，每一个氏族里都保存着自己种姓起源的传说，在这些传说里，有的是图腾直接变化为人，有的则是图腾和人类配合而生下了人。为了有这种种的纠缠，所以任何民族的远古史里的神和人都分别不清楚，中国史也决不是例外。为了图腾是人类的祖先，所以每当遇见自己所崇奉的动物时，必然要竭力保全它的生命，有些禁猎及禁食某种肉类的风俗就由此而起。鸟夷是以鸟为图腾的，他们遇见飞鸟或不常接触的鸟方且崇拜之不暇，见本章（七）~（八）节，哪能如郑玄所说去搏食它呢！鸟夷既把鸟作为自己的图腾，所以淮夷就用短尾鸟的“隹”作为该族的称号，而自称太皞之后的人则用长尾鸟的“风”（即凤）作为该族的姓，见本篇四·（一三）。自从进入父系氏族社会之后，图腾的原则渐渐被破坏或改变，可是从那个时代里所遗留下来的旧观念则还能从后世的各种法律和制度里寻找出它的遗迹。“姓”就是一个最显著的遗留，例如“妫”姓是象图腾的标帜，“姜”姓是羊图腾的标帜，“狸”姓（见《国语·

《周语上》）是狸图腾的标帜。族号也是图腾的遗留，所以"狄"从犬，"蛮"和"闽"从虫（即蛇），"貉"从豸（狸属），人们一向认为中原人为了有意侮辱边区的少数民族而造出的名词，其实乃是边区的少数民族所崇奉的图腾本来如此。

又按《禹贡》于冀州说"鸟夷皮服"，可见这部分鸟夷生长于东北的山区，他们冬间打猎，获得了大量兽类如狐、貂、貉、猞猁等，剥取珍贵的皮毛，加工制成皮货。《史记》下文说"夹右碣石入于海"，取《禹贡》校勘，这"海"字是"河"字的讹文。《汉书·地理志》："右北平郡骊成：大揭石山在县西南。"汉的骊成县在今河北乐亭县西南，古代黄河本从现在天津市入海，这就是说居今东北的鸟夷把他们的皮货进贡，沿着渤海湾的西岸航行，到碣石山拐弯，进入黄河而达帝都。近年在东北发见的沙锅屯、魏子窝诸处的文化遗留，相当于仰韶文化，可以猜想它的时代应在典型的龙山文化之前。又根据中国的历代史书所提到的东北各民族的始祖生于鸟卵或吞卵而生的神话，就可以证明古代的东北确实有大量的鸟夷存在，这些遗址是应当属于鸟夷的。

（二）《汉书·地理志》："冀州：……鸟夷皮服。"颜《注》："此东北之夷，搏取鸟兽，食其肉而衣其皮也。一说：居在海曲，被服、容止皆象鸟也。"又："扬州：……鸟夷卉服。"颜《注》："'鸟夷'，东南之夷，善捕鸟者也。'卉服'，绨、葛之属。"

按《汉书》两"鸟夷"字都还保存着原样。颜师古所列的三种解释，第一、三两说固然不合事实，但当时《伪孔传》已盛行，而他竟没有接受读"鸟"为"岛"之说，已属不易。至他所举的第二说，说鸟夷"被服、容止皆象鸟"，则是一个确当的解释。印第安人的文身术和服装都以仿效图腾的形态为目的，例如阿玛巴（Omabas）的龟氏族，他们把头发剪成龟的甲壳同样的形式，四边分成六条小辫，代表龟的四足和头、尾。又如小鸟氏族在额上梳成一条极小的辫子，扮成鸟喙，有的人又在脑后留一小辫，代表鸟尾，在两耳上梳成两簇头发，代表鸟的两翼。这些氏族的人们，身上所刺的花纹都力求和图腾的形态相类似，每当举行跳舞、节日及葬仪时，他们就分别扮成水牛、狼、鸟……的样式，至少也表现了自己图腾的形态特点的某一部分以相辨识。推想我国古代处在原始社会的鸟夷和别的氏族也必有类似的情况。《禹贡》作者心目中的扬州的鸟夷，大约指的是南淮夷，因为"淮、海惟扬州"，扬州的北境是达到淮河的。而商奄、蒲姑诸国，则由东方迁至长江以南，和南淮夷的文化本极接近，可能亦归在鸟夷之内。又冀州的鸟夷以皮服为贡品，扬州的鸟夷以卉服为贡品，本是非常清楚的事实。《禹贡》作者的政治目的性只是胪列了各地方的土特产以供最高统治者的榨取，原不在于叙述各族的生活，所以郑玄、颜师古等的纷纷猜测都绝少是处。

（三）今本《禹贡》："冀州：……岛夷皮服。"《伪孔传》："海曲谓之'岛'。居岛之夷还服其皮，明水害除。"《释文》："'岛'，当老反。马（融）云：'"岛夷"，北夷国。'孔《疏》：孔（指《伪孔》）读'鸟'为'岛'，岛是海中之山。此居岛之夷常衣鸟兽之皮，为遭洪水，衣食不足；今还得衣其皮服，以明水害除也。……王肃云：'"鸟夷"，东北夷国名也。'与孔不同。"又："扬州：……岛夷卉服。"《伪孔传》："南海岛夷，草服葛越。"孔《疏》："《释草》云：'"卉"，草。'……知'卉服'是'草服葛越'也。'葛越'，南方布名，用葛为之。……'冀州'云：'岛夷皮服。'……是夷自服皮，皮非所贡也。此言'岛夷卉服'，亦非所贡也。……郑玄云：'此州下湿，故衣草服。贡其服者，以给天子之官。'与孔异也。"

按孔《疏》说"孔读'鸟'为'岛'"，可知古本《禹贡》本作"鸟夷"，就是《伪孔传》也并未改字，不过读作"岛"音而已。不但《伪孔传》没有改字，即孔《疏》也没有改字，看他引王肃《注》仍作

"鸟夷"可知。自唐玄宗天宝年间以今文（楷字）改定《尚书》，开成石经依照了这改定本，然后各本《尚书》都作了"岛夷"，于是本在大陆上的居民就强迫移徙到海岛上去了。尤其可怪的，陆德明《经典释文》成于陈、隋之际，必不会改字，可是宋太祖开宝年间令陈鄂更定《释文》，竟使马融《注》先期改"鸟"作"岛"，这岂不使东汉这位经师成了未卜先知的预言家？郑玄、王肃都是承受马融之学的，为什么他们两家的本子和注释都是"鸟夷"呢？从这里可以知道，唐、宋皇帝这种蛮不讲理地改字，把古代本来明白的事实搞得非常模糊，直是对于历史的侮辱！至于"皮服""卉服"，《伪孔》只说岛夷自服，不作贡品，他完全不认识《禹贡》的意义是什么，竟比郑玄落后了一大步。

（四）《大戴礼记·五帝德》："帝舜……举贤而天下平；南抚交趾、大、教，〔西〕鲜支、渠廋、氐、羌，北山戎、发、息慎、东长、鸟夷、羽民。"孔广森《补注》："'大'，大人，汪芒氏之国也。'教'，教民也，其为人黑，《山海经》有焉。……'鲜支、渠廋'，《禹贡》所言'析支、渠搜'者也。……'山戎'，荤粥也。'发'，北发也。……'息慎'，肃慎也。……'长'，长夷也。……《归藏·开筮》曰：'羽民之状，鸟喙、赤目而白首。'"

（五）《史记·五帝本纪》："禹……定九州，……方五千里，至于荒服。南抚交址、北发，西戎析枝、渠廋、氐、羌，北山戎、发、息慎，东长、鸟夷。四海之内，咸戴帝舜之功。"《索隐》："此言帝舜之德皆抚及四方夷人，故先以'抚'字总之。'北发'，当云'北户'，南方有地名北户。又案《汉书》，'北发'是北方国名，今以北发为南方之国，误也。此文省略，四夷之名错乱。……'长'字下少一'夷'字。"

（六）《说苑·修文》："南抚交阯、大发，西析支、渠搜、氏、羌，北至山戎、肃慎，东至长夷、岛夷（按刘向此文钞自《五帝德》或《史记》，必是'鸟夷'，而今传《说苑》，如《四部丛刊》影印明钞本、程荣刻《汉魏丛书》本都作'岛夷'，这必是唐以后人根据卫包本《尚书》所改），四海之内皆戴帝舜之功。"

按这是鸟夷的另一记载。《五帝德》的作者要借着舜的德化来叙述四方的著名的少数民族，可是他所知的有限，说得毫无条理。《史记》《说苑》依据这文，仍有错乱，幸而"鸟夷"这一名词却保存下来，不过《说苑》的本子也被后人依着唐代所改的《禹贡》，写作"岛夷"而已。《五帝德》文中，东方所举的是长夷、鸟夷、羽民三种。第一种"长夷"，似乎即是《左传·文十一年》的"长狄"，杜《解》说长狄的国君侨如"长三丈"，《穀梁传》甚至说他"身横九亩"，这些话当然都是极度的夸大之辞。又《国语·鲁语下》："吴伐越，堕会稽，获骨焉，节专车。吴子使来……问之仲尼，……仲尼曰：'……昔禹致群神于会稽之山，防风氏后至，禹杀而戮之，其骨节专车。……'客曰：'防风氏何守?'仲尼曰：'汪芒氏之君也，……在虞、夏、商为汪芒氏，于周为长翟，今为大人。'"这是孔广森《大戴礼记补注》说所本。但按《鲁语》则"长翟"与"大人"为一族，依《五帝德》则"大"和"长夷"为二族，且一在南，一在东，合不拢来。长夷一族的体质比别族人的身子高大一点是很可能的。第三种"羽民"，极像形容鸟夷形态的一个名词，并不能断说为与鸟夷同时存在的两族，所以《史记》和《说苑》都已把它删去。至于"鸟夷"，在《禹贡》里是写在冀州和扬州下面的，而处在东方的兖、青、徐三州都不见，是不是表示这一族分居南、北两方，偏缺着中间一段呢？得到《五帝德》一证，便可确定东方不但有鸟夷，而且那里正是鸟夷的中心地区，这就是说：居住在渤海、黄海和东海的西岸的，在长夷之外，鸟夷是惟一的大族了。古代这样一个大族，想不到它的文献资料乃极度稀少，弄得汉代以下的人们竟忘记了曾有这族的存在而曲解为"岛夷",甚且改"鸟"为"岛"以湮灭它的痕迹,浅薄糊涂到这样,岂不可叹。然而鸟夷既经实际上有过长时期的存在,那就不可能给人们完全湮灭掉,它必然会随时随地暴露出来。我们试看"淮夷"这个名词,《说文》四上说:"'隹',鸟之短尾总名也。"它既以"隹"为名,就说明了它是鸟夷部族里的一个短尾鸟的胞族。又看徐偃王有卵生的传说,而徐姓嬴,"嬴"和"偃"只是一音之变,见本篇二·(三),徐偃王并不是固定的某一个徐王,而是偃姓的徐王所公有的称号,说他生于鸟卵,就是表示徐族是鸟夷的一个分支。这两族,我们都已在上面讲过。在本篇里,我们再要讲殷祖契是由他的母亲简狄吞了玄鸟的卵而生的,秦祖大业也是由他的母亲女修吞了玄鸟的卵而生的,他们为什么会有这样雷同的神话?那就因为殷和秦两族都出于鸟夷,鸟是他们的图腾,他们全族人民的生命都是从鸟图腾里来的,只是第一位祖先的代表性特别强,所以把鸟生的神话集中在它的身上而已。再看太昊以风(凤)为姓,少昊以鸟名官,而"昊"义是煌煌的太阳,那就是鸟夷所崇拜的两位太阳神,拉作了自己的祖先的,见本篇四·(五)。在古典文献里,我们可以替鸟夷族寻出的证据已如此之多,何况他们的宗教活动还可以钩稽出来,而近年出土的遗物更大可作鲜明的对照呢。

(七)《国语·鲁语上》:"海鸟曰爰居,止于鲁东门之外二日。臧文仲使国人祭之。展禽曰:'越哉臧孙之为政也!夫祀,国之大节也,而节,政之所成也,故慎制祀以为国典。今无故而加典,非政之宜也。……今海鸟至,……无功而祀之,非仁也。不知而不问,非知也。今兹海其有灾乎?夫广川之鸟兽恒知而避其灾也。'是岁也,海多大风,冬暖。"韦《解》:"'爰居',杂县也。……文仲不知,以为神也。'越',迂也,言其迂阔不知政要也。'节',制也,言节所以成政也。'典',法也。'加',益也,谓以祭鸟益国法也。……'暖',爰居之所避也。"董增龄《正义》："《尔雅·释鸟》：'"爰居"，杂县。'《释文》引……樊光注：'似凤皇。'《急就篇》谓之'乘风'。……《文选·鹔鷞赋》李周翰注：'爰居避风于鲁东门，臧文仲祭以钟鼓。'其语差为近实。……《淮南·时则训》：'孟冬行夏令，则多暴风，方冬不寒。'……臧孙执国政，不能修德弭灾，而荥国典，故此传备言其咎征也。"

（八）《庄子·至乐》："昔者海鸟止于鲁郊，鲁侯御而觞之于庙，奏《九韶》以为乐，具太牢以为膳。鸟乃眩视忧悲，不敢食一脔，不敢饮一杯，三日而死。"《释文》："司马（彪）云：'《国语》曰"爰居"也。止鲁东门之外三日，臧文仲使国人祭之，不云"鲁侯"也。爰居名杂县，举头高八尺。'"

按以上两节，晋代的司马彪已经看出是一事的分化。《庄子》所记的当然是夸大其辞。但海鸟爰居飞到鲁国东门外，鲁离海滨不太远，似乎是一件平常的事情，执政的臧孙辰（名见《春秋·庄二十八年》）为什么郑重其事，竟使国人去祭它呢？我们从《左传·定四年》里知道鲁都曲阜是"少皞之虚"，而少皞氏正是鸟夷族中的祖先神，可见那里本是鸟夷的中心，在这个地区里鸟夷的遗民必然很多，周的统治阶级分封到鲁的，到臧文仲执政的时候固然已有四百余年的历史，但他们繁衍的人口一定超不过先住民族，所以鸟夷的宗教活动和风俗习惯必然在当地占有压倒一切的力量。鸟夷为了崇奉鸟的图腾，对于希见的大海鸟飞到鲁都东门之外，停留了两天，近郊居民一时轰动起来，纷纷前往烧香叩头，执政的臧文仲顺从本地人的信仰，索性由政府举行一次祭祀的典礼。可是柳下惠（展禽，见《左传·僖二十六年》杜解及孔疏）看着不顺眼，他把臧文仲这次举动大大批评了一顿。童书业《鸟夷》云："鲁本东夷地，盖东夷旧有祀鸟之俗，怪鸟来止，臧文仲依其地旧俗，故使国人祀之，犹用人祭神本东夷旧俗，而春秋时鲁亦尝用人于亳社（按见《左传·昭十年》）者也。展禽之评，理智之言也，抑亦战国人所增饰者也。犹季平子（季孙意如）伐莒献俘，始用人于亳社，而臧武仲（臧孙纥）评之曰：'周公其不飨鲁祭乎？周公飨义，鲁无义。……'此等评语若非出后人增饰，则鲁人以周俗非议殷俗也。"按殷都多名亳，所以他们祭祀社神的地方名为亳社。鲁地在殷代本为商奄之国，因之鲁都中既有亳社，又有周社，东、西两族各有其庙祀，不相侵犯。莒本东夷，故季平子就用夷礼处理其战俘。其后阳虎专鲁政，"盟公及三桓于周社，盟国人于亳社"（《左传·定六年》），分明鲁国的统治阶级和鲁国的人民各有其宗教，故歃血为盟时必须分作两处。周人自有其西方的一套礼制，和东方的殷人及鸟夷不同，所以臧文仲顺了鸟夷的风俗来祭爰居，季平子献莒俘于亳社，都得到本国统治阶级的严厉批评，为的是他们都违反了西方民族的宗教了。

（九）尹达《中国新石器时代》："龙山文化遗址，到现在为止，我们已发现了这二十多处，……大体上可以得到以下三期：两城期：以山东日照两城镇的遗址为标准，这期的……鬶形陶器非常多。龙山期：以山东历城之龙山镇为标准遗址，在这一期里，……鬶形陶器比较少。辛村期：以河南浚县的辛村为标准遗址，这一期里，……鬶形陶器成为非常少见的东西。……就纹饰上看，……器盖上的纽子多象鸟头，鬶形器多象鸟的全身。"

按尹氏于一九三六年到日照的两城镇等处发掘，一九三九年作出这篇文字，首先提供了鸟形鬶器的认识。《说文·鬲部》："'鬶'，三足釜也，有柄、喙，读若'妫'。"可知这有柄有喙的鬶，在许慎时代还看得见。日照为春秋时莒国都城，莒是鲁人称为"夷"的，《史记》《汉书》都说莒是嬴（盈）姓，而那里的龙山文化，鸟头和鸟形的陶器最多，足征嬴姓是鸟夷族，以鸟为图腾，所以在任何器物上都塑制着鸟形，这正和台湾高山族以蛇为图腾，就在任何器物上都塑制着蛇形，是同样崇奉图腾的表现。在龙山文化的遗址里，鬶形陶器的分布以今山东东部为最多，山东中部已较少，河南北部则更少，这就反映出鸟夷族的人口在当时区域里分布的疏密状况。

（一〇）中国科学院考古研究所《新中国的考古收获》："'典型的龙山文化'，以最初发现的山东省为中心，向北沿渤海湾经河北而迄于辽东半岛，南达江苏北部，西止于山东省的西境。……青莲岗文化于一九五一年首次在江苏淮安青莲岗发现而得名。之后，陆续在南京北阴阳营、庙山、新沂花厅村、新海连市二涧水库和无锡仙蠡墩等地都发现这一文化性质的遗存。……从文化面貌上看，它与黄河流域的新石器时代文化有着某些联系，……鬶、豆等陶器又具有山东龙山文化的风格，特别同宁阳大汶口、滕县冈上村等处发现的有彩陶的遗存尤为接近。"

按《禹贡》中两处提到"鸟夷"，一在冀州，一在扬州，而在新中国的十年考古工作中，发现以山东为中心的"典型的龙山文化"（即《五帝德》的鸟夷区，旧称"黑陶文化"）北达辽东半岛（即冀州的鸟夷区），南达江苏的南京和无锡等处（即扬州的鸟夷区），在那些地方都有鬶形陶器出土，足以证明《禹贡》记载的翔实。《古本纪年》："汤遂灭夏，桀逃南巢氏。"（《御览》八十二引）《括地志》："庐州巢县有巢湖，即《尚书》'成汤伐桀，放于南巢'者也。"（《史记·夏本纪》正义引）桀能在亡国之后奔到南巢，可见在夏代时南北交通线早已开辟，这和史前的鸟夷族经营南方当有关系。后来周公东征而东方民族大量迁徙，迁到淮河流域的有南淮夷及江、黄、蓼、六诸国，迁到江南的，有居常州的商奄，居苏州的蒲姑，该是因为那里已有相当高的文化的缘故。至于北达辽东半岛，也足说明武庚在东北建立新国的物质基础。

（一一）刘敦愿《古史传说与典型龙山文化》："山东是古代东夷族聚居所在，……另一方面，山东又是'典型龙山文化'的主要分布地区，……这是山东古史研究中两个很值得研究的问题。在我看来，这也可能就是一个问题：古代东夷族的原始文化应该向'典型龙山文化'中寻找，而'典型龙山文化'应该就是古代东夷族的一种原始文化遗存。……'典型龙山文化'遗址无论是早期的或晚期的，都是以泰山、济水、汶、泗一带最为密集，数量既多，而出土物也最精美丰富。……东夷族以鸟为图腾是其突出的特征，……小型的陶鸟及鸟头组的器盖屡有发现。陶器全形拟立鸟之状，或部分结构形如鸟喙的情况更是多见。陶鬶大都前二足较小而略高，流部尖长前伸或上指。……鬶流之设为便利倾倒食物，原无需过于尖长以避免断折，当时的人未必不知，而实际上鬶流往往尖而且长，晚期益甚，看来实用之外另有目的。较早的陶器上有一种附加装饰形如小钩（见于陶瓶口沿和背水壶腹部），似在模拟鸟喙。可能模拟鸟喙的还有'鬼脸式'鼎足，这种陶鼎是'典型龙山文化'的典型器物，出现较晚而分布极广。……此种鼎足也是极易断折，不利于实用，而实际运用却很广泛，似乎也是鸟图腾崇拜使然，否则亦难于解释。"

按这是对于鸟形陶器的详细描绘及其对于鸟夷族的关系的抉出。泰山、济水、汶、泗一带正是古史传说里太暤、少暤的遗裔的立国所在，详见本篇第四章。从大汶口等处这些遗物的发见，可以确定他们从原始社会进到阶级社会，这个鸟图腾崇拜不但没有改变，而且"晚期益甚"，随着工艺美术的发达，作出许多"极易折断，不利于实用"的尖长鸟喙的器物，表示他们尊重自己的图腾的感情是怎样地热烈。

二 嬴（盈，偃）姓诸国的总叙

（一）《史记·秦本纪》："秦之先为嬴姓。其后分封，以国为姓，有徐氏、郯氏、莒氏、终黎氏、运奄氏、菟裘氏、将梁氏、黄氏、江氏、修鱼氏、白冥氏、蜚廉氏、秦氏。然秦以其先造父封赵城，为赵氏。"《集解》："〔终黎〕徐广曰：'《世本》作"锺离"。'应劭曰：'《氏姓注》（"注"，一本作"谱"）云："有姓'终黎'者，是。"'"梁玉绳《志疑》："史公混姓、氏为一，故凡'氏'皆谓之'姓'，而夏、殷、周三纪之论并误。云'以国为姓'，其实'氏'也。然其所载诸氏亦不尽以国，如《殷》之'目夷'，《秦》之'飞廉'，是以名为氏者；'终黎''菟裘'，以邑为氏者：国云何哉！"

（二）《春秋·襄十一年》："公会晋侯……伐郑，会于萧鱼。"杜《解》："'萧鱼'，郑地。"《路史·国名纪》："'萧鱼'，少昊后，嬴姓国。"董增龄《国语正义》十三："'修鱼'，即'萧鱼'也。"

按《史记》所说的当是根据《世本》，可惜的是：一来《世本》原书已佚，没法作系统的比勘；二来《世本》原是一部工具书，会得随着使用者的需要而随时增添或改变，不容许我们依靠了它而作出一个决定性的论断。即如莒，从这里看是嬴姓；《汉志》"城阳国莒：故国，盈（嬴）姓，三十世为楚所灭，少昊后"，也和《史记》一样。但《春秋·隐二年》："莒人入向。"孔《疏》："《世本》：'莒，己姓。'"就把它归到祝融族中，跟《史》《汉》截然不同；但这是有根据的，《左传·文七年》："穆伯娶于莒，曰戴己；……其娣声己。"就是一个明证。《郑语》说祝融八姓，"曹姓邾、莒"，又把莒国列入曹姓，更纷纭了。杜预《春秋释例·世族谱》云："莒，嬴姓，少昊之后。周武王封兹舆期于莒，初都计，后徙莒。……《世本》自纪公以下为己姓，不知谁赐之姓者？十一世兹丕公方见《春秋》。"他断说莒国的统治者先为嬴姓，自纪公以下改为己姓，可是这事发生在春秋前，已无可考。杜说"周武王封兹舆期于莒"，这话决不可信，武王克殷时，他的势力哪能达到今山东的东南部。杜引《世本》，说"自纪公以下为己姓"，我们以为那时嬴、己两姓的族人必曾展开过一幕争夺战，由于战争而两族融合为一，这该是一个合理的猜想。莒既僻在海滨，所以从据有中原的周人看来，不管它有多么长久的历史和多么高级的文化，只算得"东夷"的一分子。《左传·昭十三年》："邾人、莒人诉于晋曰：'鲁朝夕伐我，几亡矣！……'晋侯（晋昭公）不见公（鲁昭公）。子服惠伯（鲁大夫孟椒）对曰：'君信蛮夷之诉，以绝兄弟之国！……'"足见邾和莒都是在周代几次东征的高压下幸免于被迫迁徙的国家，但是骄傲的周人则始终对他们怀着种族的成见，给予不平等的鄙视。

又按从《春秋》和《国语》看来，"萧鱼"即修鱼，这个嬴姓的一族不知何时向西南迁徙到溱、洧流域而立国，他们迁徙的路线和祝融族的邻国相同，后来灭亡于郑的命运也是一样。又菟裘氏虽没有什么事迹可见，但《左传·隐十一年》记鲁隐公语："使营菟裘，吾将老焉。"杜《解》："'菟裘'，鲁邑，在泰山梁父县南。隐公不欲复居鲁朝，故别营外邑。"汉梁父县在今山东泰安县南六十里。这可见菟裘氏之国早给周人灭掉，成为鲁国的一邑。《史记》此文所述，徐已见前；郯、终黎（即锺离）、江、黄、秦、赵俱见后。将梁或即韩城之梁，其后为秦所灭。其他运奄、白冥等都难考。梁玉绳责备司马迁混姓、氏为一，又混国、氏为一，这固然很对，但当氏族社会趋于崩溃，国家雏形刚刚出现的时候，则一氏即为一国，或一氏即为一国的统治者，实甚可能，姓、氏和国必有不能严格划分之处。周代以下，社会进化，国境开拓，于是从前的一国到这时只缩成了一邑了。

（三）王符《潜夫论·志氏姓》："高阳氏之世有才子八人。……后嗣有皋陶，事舜。……其子伯翳能议百姓（按"姓"当依《郑语》作"物"），……舜赐姓嬴。……嗣及费仲，生恶来、季胜。武王伐纣，并杀恶来。季胜之后有造父，以善御事周穆王，……王封造父于赵城，因以为氏。其后失守。至于赵夙，仕晋卿大夫；十一世而为列侯；五世而为武灵王。……恶来后有非子，以善畜，周孝王封之于秦，……汧秦亭是也。其后列于诸侯，□世而称王。六世而始皇生于邯郸，故曰'赵政'。及梁、葛、江、黄、徐、莒、蓼、六、英，皆皋陶之后也。锺离、运掩、菟裘、寻梁、修鱼、白置、飞廉、密如、东灌、良时、白、巴公巴公巴（按"公巴公巴"四字误衍，当删）、郯、复、蒲，皆嬴姓也。"汪继培《笺》："此文与《世本》同。又以'将'为'寻'，'冥'为'置'，盖误。'密如'以下讹错不可读。〔《路史》〕《国名纪》二、《后纪》七并本此立说，然所见已是误本，复以己意分合，不可据也。"

按王符叙嬴姓一族的国家比《史记》为详，也许同出于《世本》。把这个名单对照《史记》看来，又添出了梁、葛、蓼、六、英、密如、东灌、良时、白、巴、复、蒲等国。梁、蓼、六、英并见下文。英，恐因《史记》而误列，见本篇三·（一七）～（二〇）。"葛"，《春秋·桓十二年》："邾人、牟人、葛人来朝。"杜《解》："'葛'，国，在梁国宁陵县东北。"汉宁陵县即今河南东部的宁陵县。又《左传·僖十七年》记齐桓公的妻妾，云："葛嬴生昭公。"可见葛确为嬴姓。这一国似乎始终在东方，和邾、莒一样。"白"即柏，《左传·僖五年》："楚斗穀於菟灭弦，弦子奔黄。于是江、黄、道、柏方睦于齐，皆弦姻也，弦子恃之而不事楚，又不设备，故亡。"杜《解》："'柏'，国名，汝南西平县有柏亭。"汉西平故城在今河南西平县西四十五里，离江、黄诸国不远。"巴"，《左传》记它的事情都和楚、邓发生关系，当在邓之南、楚之北，邓为今河南西南角的邓县，计巴国当在汉水流域；其后为楚所迫，迁入夔门，立国于今四川重庆市，见童书业《古巴国辨》。刘钧仁作《巴国考》，证明春秋时的巴都即《汉书·地理志》所载南郡的邟县，原来巴为楚灭，属楚为邑，书"巴"为"邟"，后人误省一笔作"邔"。汉的邟县，今湖北宜城县北五十里是。又《左传·昭十三年》云："〔楚〕共王无冢适，……乃与巴姬密埋璧于大室之庭。"杜《解》：

"'巴姬',共王妾。"可见巴为姬姓,非嬴姓,所以常璩《华阳国志》说:"武王既克殷,以其宗姬(疑脱"封"字)于巴,爵之以子。"不知道王符为什么要把巴国列于嬴姓一族之内?其余诸国,多不可考。

又按《潜夫论》这条说皋陶子伯翳受姓嬴,这是一个大可注意的问题。从《世本》的残文看来,见本篇三·(一)看来,皋陶为偃姓之祖,和嬴姓之祖的伯翳根本不生关系,但这里却规定了他们的父子关系。这说固然和《世本》不合,可是并非王符一个人的擅专安排,也许可以说是汉代人所公有的信念。《史记·秦本纪》正义:"《列女传》云:'陶子生五岁而佐禹。'曹大家(班昭)注云:'"陶子"者,皋陶之子伯益也。'"又《吕氏春秋·当染》:"禹染于皋陶、伯益。"高诱注:"'伯益',皋陶之子也。"郑玄《毛诗谱》于《秦风》云:"尧时有伯翳者,实皋陶之子,佐禹治水。"这不是都和王符的说话一致的吗?"益"(iek)和"翳"(jei)只是声音的小转,其人其事又十分相像,其为一个名词的分化,有极大的可能;而"偃"(ján)和"嬴"(ieng)也仅为一声之转,两字都是牙音,不过匣纽和影纽的小变,所以我们很可推想他们这两族实即一族,不必像《世本》那样,硬性地分析蓼、六、舒等国为偃姓,江、黄、徐等国为嬴姓。刘师培偃姓即嬴姓说云:"嬴姓转'偃',犹舜妹(按"妹"字误,应作"妻")'女莹'作'女匽',《左传》'败邾于偃',《公羊》作'缨'。"其说是。不过我们还得进一步问:是"嬴"变作"偃"的呢?还是"偃"变作"嬴"的呢?姓自图腾来,这一姓所崇奉的图腾究竟是什么呢?说到这儿,我们知道他们全是鸟夷族,应当从鸟的方面进行探索。按《尔雅·释鸟》:"'鹥',凤;其雌,皇。"郭《注》:"瑞应鸟,鸡头,蛇颈,燕颔,龟背,鱼尾,五彩色,高六尺许。"《释文》:"'鹥',音偃。"从这条证据上,我们可以确定地说:"鹥"是凤的异名,也就是这一族的图腾;"偃"则是"鹥"的别体,而"嬴"乃是"偃"的同声通假字。这样一讲,这个问题就全解决了。至于徐和舒的分合问题,依照《左传·昭元年》杜解说徐为嬴姓，《文十二年》杜解说舒为偃姓，似乎这两国祖先系统截然不同，然而"徐"和"舒"原只一字，徐的本字是"郐"，而邑旁在左作"𢼒"，见于传世诸徐器；这个邑旁简写为"𠂤"，就容易讹变作"予"，而"余"和"舍"又通作，见魏三体石经，因此又写作"舒"了。看《春秋续经·哀十四年》"齐陈恒执其君，置于舒州"，《史记·齐世家》则作"田常执简公于徐州"，同是一人名而"陈恒"作"田常"，同是一地名而"舒州"作"徐州"，可见古人写字原是如此随便的。我们既知道"舒"之即"徐"而又知道"嬴"之即"偃"，那么《世本》和杜《解》的强生分别之说自可不再纠缠在我们的心目间了。

（四）《左传·哀九年》："宋公伐郑。……晋赵鞅卜求郑，遇水适火。……史龟曰：'是谓"沈阳"，可以兴兵。利以伐姜，不利子商。伐齐则可，敌宋不吉。'史墨曰：'"盈"，水名也。"子"，水位也。名位敌，不可干也。……水胜火，伐姜则可。'……乃止。"杜《解》："火'阳'，得水故'沈'。'兵'，阴类也，故可以兴兵。'姜'，齐姓。'子商'，谓宋。赵鞅姓盈，宋姓子。水盈坎乃行，子姓又得北方水位，二水俱盛，故言'不可干'。"孔《疏》："伯翳之后为嬴姓。……今卜赵鞅伐宋，故以嬴、子二姓为占也。"

按从这一段记载里可以清楚地看出，"嬴""盈"两字为了同音，古人是通用无别的。又因"盈"是"满"的意思，所以执掌占卜的史官就附会了水名来解释它，把它和子姓的宋国一起归入五行中的水行，完全失去了它的图腾的原义。《作雒》所称的"盈族"，即由此来。嬴姓之族本居东方，看没有迁徙的莒、郯、葛，已经灭亡的菀裘便可知道。至徐、群舒、锺离、六、蓼等则是迁今安徽境内的淮河流域的，江、黄、柏、淮夷等是迁今河南境内的淮河流域的，秦、梁是迁今陕西、甘肃境内的渭水流域的，赵是迁今山西境内的汾水流域的，他们散居的地面这样遥远，为我国内地移民史上展开了一幅广阔的画面。这些国家固然未必尽为周公所迁，但周公东征毕竟是促令他们移徙的一个最早的原动力。

（五）《春秋·桓三年》："公会齐侯于嬴。"杜《解》："'嬴'，齐邑，今泰山嬴县。"

（六）《左传·哀十一年》："公会吴子伐齐。五月，克博。壬申，至于嬴。"杜《解》："'博''嬴'，齐邑也。二县皆属泰山。"

（七）《礼记·檀弓下》："延陵季子适齐。于其反也，其长子死，葬于嬴、博之间。"郑《注》："'嬴''博'，齐地，今泰山县是也。"

（八）《孟子·公孙丑下》："孟子自齐葬于鲁；反于齐，止于嬴。"赵《注》："'嬴'，齐南邑。"

（九）《史记·田儋列传》："汉将灌婴追得齐守相田光，至博（原"博"下有"阳"字，衍），而横闻齐王（田广）死，自立为齐王，还击婴，婴败横之军于嬴下，田横亡走梁。"《集解》："晋灼曰：'泰山嬴县也。'"《正义》："故嬴城在兖州博城县东北百里。"

按以上五节均说明嬴为齐地，也即说明这一地是嬴姓一族的旧居；我们虽不可能知道它是嬴姓之族的哪一支的旧居，但说它是古代嬴族的一邑总是可以的。其地汉置嬴县，属泰山郡；唐省入博城县。《清一统志·山东·泰安府》："故城，今莱芜县西北四十里，北汶水之北，俗名'城子县'。"按故嬴城在齐之南，鲁之北，和在今泰安县东南的博同是当时交通线上的大站。

三　皋陶之后与伯翳（益）之后

（一）《世本》："偃姓：舒庸、舒蓼、舒鸠、舒龙、舒鲍、舒龚。"（《左传·文十二年》孔疏引）"舒蓼，偃姓，皋陶之

后。"（《通志·氏族略》二引）"蓼、六，皆偃姓。"（《史记·陈杞世家》索隐引）

按《世本》所记的这些偃姓国家，在春秋时代都是立国于淮河流域的，尤其多的是"舒"，因为舒的一族分为若干国，所以《左传》里称它们为"群舒"（见《文十二年》《成十四年》），又称"众舒"（见《宣八年》）。其中有"舒蓼"，又有"蓼"，孔颖达《左传疏》说为即是一国，见本章（五）节。

（二）《春秋·僖三年》："徐人取舒。"杜《解》："'徐'，国，在下邳僮县东南。'舒'，国，今庐江舒县。"孔《疏》："诸侯相灭亡者，多是土壤邻接，思启封疆。今检杜《注》，徐在下邳，舒在庐江，相去甚遥，而越境灭国，无传无注，不知所以。"

按汉僮县故城在今安徽泗县东北，舒县故城在今安徽庐江县西，这两国一在洪泽湖的西北，一在巢湖的南面，相去四百余里，确实不近。但这两故城是两国的都城所在，至于它们疆域的广袤，今已无从知道，所以孔颖达说的这两国土壤不接，越境灭国，也未必合乎事实。《世本》里的"舒"只是舒族诸国的共名，似乎没有一个单称为"舒"的国家，这是《世本》的脱漏呢，还是鲁史官因不知其详而少写了一字呢？这一问题，今天也无从决定。但看《诗·鲁颂·閟宫》也说"荆、舒是惩"，可见鲁人是惯用单呼之名的。《春秋》所说，究竟徐人取的是哪一个舒？其地是不是在汉代的庐江郡舒县？我们觉得都是问题。又"徐"和"舒"本是由一族分析出来的两国，到公元前657年"徐人取舒"而又合为一国，这和晋灭虞、虢，鲁灭郕，齐灭纪，楚灭夔一样地灭亡同姓。

（三）《春秋·成十七年》："楚人灭舒庸。"《左传》："舒庸人以楚师之败也，道吴人围巢，伐驾，围釐、虺，遂恃吴而不设备。楚公子橐师袭舒庸，灭之。"杜《解》："〔楚〕败于鄢陵。'舒庸'，东夷国。'巢''驾''釐、虺'，楚四邑。"

按这是公元前 575 年晋、楚鄢陵之战以后的事。那时楚败于晋，舒庸人便轻视了楚，引导吴人来伐它，结果楚便灭了舒庸。舒庸所在地不详。

（四）《春秋·文五年》："楚人灭六。"《左传》："六人叛楚即东夷。秋，楚成大心、仲归帅师灭六。冬，楚子燮灭蓼。臧文仲闻六与蓼灭，曰：'皋陶、庭坚不祀忽诸，德之不建，民之无援，哀哉！'"杜《解》："'六'，国，今庐江六县。……'蓼'，国，今安丰蓼县。蓼与六皆皋陶后也。伤二国之君不能建德，结援大国，忽然而亡。"

按杜说由《世本》来，他为了《世本》说"舒蓼，偃姓，皋陶之后"，所以在这一条注里就只提"皋陶"，不解"庭坚"。可是《左传·文十八年》记季孙行父说的"高阳氏有才子八人"，其中之一为"庭坚"，杜《解》"'庭坚'，即皋陶字"，那么，可知这儿的"皋陶庭坚"四个字他是认为一个人的名字的，所以他说"蓼与六皆皋陶后"。推原他所以有这个见解，当是继承郑玄的说法。郑氏《论语注》云："皋陶为士师，号曰'庭坚'。"（《左传疏·文十八年》引）郑氏的证据不知是从哪里来的。如说证据即出在臧文仲这一句话里，那么《左传》对于皋陶既提了他的名为什么又要重复提他的号或字？而且我们在前一篇里知道"高阳"是祝融族所奉的大神，和鸟夷族的偃姓扯不到一块，所以皋陶和庭坚必然是两人。然而六国据《世本》也是偃姓，和蓼出于同一氏族，是则《左传》把"庭坚"这一人名分配到两个族里去就必然有问题了。汉庐江郡六县在今安徽六安县北，一说在今舒城县东南六十里。安丰郡，晋置；蓼县故城在今河南固始县东北七十里。两地俱在淮河南，中间隔着一座大别山。

又按从《史记》起，在"蓼、六"的问题上又发生了"英、六"的问题，详本章（一七）～（二〇）节。

（五）《春秋·宣八年》：“楚人灭舒蓼。”《左传》：“楚为众舒叛，故伐舒蓼，灭之。楚子疆之，及滑汭，盟吴、越而还。”孔《疏》：“盖蓼灭后更复，故楚今更灭之。”

按如孔《疏》说，“舒蓼”即蓼，正如“商奄”即奄，是累呼和单呼的不同。蓼已灭于文五年（前 622 年），舒蓼又灭于宣八年（前 601 年），孔《疏》说是“灭后更复”，这回是“更灭”，这种事情在春秋时代也是不足为奇的，犹之卫灭于狄，陈、蔡灭于楚，都旋即重新建国，这就是《论语·尧曰》所说的“兴灭国，继绝世”。滑水，《春秋传说汇纂》：“滑水当在今江南庐州府东境。”据此，知道这水该在今安徽合肥县东。

（六）《左传·襄二十四年》：“吴人为楚舟师之役故，召舒鸠人。舒鸠人叛楚。楚子师于荒浦，使沈尹寿与师祁犁让之。舒鸠子敬逆二子而告无之，且请受盟。”杜《解》：“‘舒鸠’，楚属国。‘召’，欲与共伐楚。‘荒浦’，舒鸠地。”

（七）《春秋·襄二十五年》：“楚屈建帅师灭舒鸠。”《左传》：“舒鸠人卒叛。楚令尹子木（屈建）伐之，及离城，吴人救之。……简师会之，吴师大败，遂围舒鸠。舒鸠溃。八月，楚灭舒鸠。”杜《解》：“‘离城’，舒鸠城。……〔简师〕，简阅精兵。”

按舒鸠之灭和舒庸一样，都是为了亲吴而反楚。那时吴在东，楚在西，舒族介于两大国之间，自己的实力既不充足，又不愿尽受楚的压迫，起而反抗，所以就在这一百多年里边灭亡殆尽。

又按舒族所建国，见于《春秋》和《左传》的是舒、舒庸、舒蓼、舒鸠和六。至于舒龙、舒鲍、舒龚则但见于《世本》。鲁的惩舒既见于《诗·鲁颂·閟宫》，而同篇《泮水》所盛称的“淑问”的皋陶却是舒族的祖先，所以我们可以推想，舒族原来本是东夷，后来受鲁人的压迫，迁徙到淮河流域，最后又全给楚国同化；他们的祖先皋陶有生于曲阜之说（见《史记·夏本纪》正义引《帝王世纪》），他的故事就在鲁国保留了下来，所以后来儒者鼓吹唐、虞盛世的时候，皋陶就跃上虞廷，成了舜的一员良相。

又按《路史·国名纪》一云："'舒龙'，预（杜预《春秋释例》）云：'六西南有舒城，又西南有龙舒。'今舒城西有龙舒故城，去州三百〔里〕，而舒城、怀宁皆有龙舒乡、大小龙山，曰'龙'以别群舒。……'舒鲍'，《世本》云：'小国。'《寰宇记》：'舒鲍城在舒城西北，龙舒水南，小于诸城。''舒龚'，究之龚丘东南二十里有古龚丘城，然与群舒远，宜别国。"照这所说，"舒龙"在舒城西南，"舒鲍"在舒城西北，都在云雾山一带。"舒龚"，罗泌只在兖州找出一个龚丘，疑它和群舒相距太远，别是一国，然而我们知道了西周时代东方民族曾有大迁徙的事实，而这龚丘即今山东宁阳县治，在曲阜的西北，正是鸟夷族的区域，则龚丘很可能即是舒龚的原居地。又舒族所立国，以"鸠""龙""龚""鲍""蓼"诸动、植物名自标，也很可能是他们的氏族图腾，和少皞一族以"玄鸟""爽鸠"等标名有同样的意义。

（八）《世本》："江、黄二国并赢姓。"（《史记·陈杞世家》索隐引）"徐、奄二国皆赢姓。"（《左传·昭元年》孔疏引）"锺离，赢姓。"（《水经注·淮水》篇引）"淮夷，赢姓。"（《路史·国名纪》注引）

按鸟夷族中，赢姓一支最为兴盛。这里所引的《世本》尚未全载，看本篇第六章，秦、赵、梁诸国都是赢姓，而从未见于诸书所引的《世本》，可见其脱漏之多。奄为商王南庚、阳甲的都城，盘庚以后虽不复都，依然为商的重镇，所以称为"商奄"，其君称为"奄侯"；东土反周时，它助武庚最力；周公平定它时也最旷日持久：从这些地方看来，它应是商王的同族。然则商王姓子，奄为什么姓赢呢？我们已在本篇第五章里，阐明商人虽为中原的大朝，但开始也是鸟夷的一支，从图腾的制度看来，当一个部族因人数众多，扩大范围时，是可以分划成许

639

多小部族的，整个的部族如奉某一动物为图腾，各个小部族就可择取这一动物的某一部分作为自己的图腾，名为"部分的图腾"，所以很可能"鹥"（嬴）为鸟夷的部族图腾，而商姓的"子"则是鹥的部分的图腾，不过这种分化尚在文字未兴的时代，我们不容易用现行的文字来解释它在图腾中的意义而已。

（九）《左传·桓八年》："楚子合诸侯于沈鹿，黄、随不会。使薳章让黄。"杜《解》："'沈鹿'，楚地。'黄'，国，今弋阳县。"

按汉弋阳县属汝南郡，故城在今河南东南角潢川县西。春秋时齐地有黄，《春秋·桓十七年》"公会齐侯、纪侯盟于黄"是；宋地亦有黄，《左传·隐元年》"惠公之季年，败宋师于黄"，杜《解》"'黄'，宋邑，陈留外黄县东有黄城"是。这齐、宋的黄邑，不知道是不是黄人的原居地。

（一〇）《春秋·僖二年》："齐侯、宋公、江人、黄人盟于贯。"杜《解》："'贯'，宋地。……'江'，国，在汝南安阳县。"

按汉汝南郡的安阳故城在今河南正阳县西南。江国在淮北，黄国在淮南。齐桓公霸诸侯，要遏止楚的北侵，所以他尽力联络江、黄。

（一一）《春秋·僖三年》："齐侯、宋公、江人、黄人会于阳谷。"杜《解》："'阳谷'，齐地，在东平须昌县北。"

（一二）《春秋·僖四年》："春，王正月，公会齐侯、宋公、陈侯、卫侯、郑伯、许男、曹伯侵蔡，蔡溃；遂伐楚，次于陉。……楚屈完来盟于师，盟于召陵。齐人执陈辕涛涂。秋，及江人、黄人伐陈。"《左传》："陈辕涛涂谓郑申侯曰：'师出于陈、郑之间，国必甚病。若出于东方，观兵于东夷，循海而归，其可也!'申侯曰：'善!'涛涂以告，齐侯许之。申侯见，曰：'师老矣，若出于东方而遇敌，惧不可用也。若出于陈、郑之间，共（供）其资粮、扉屦，其可也。'齐侯说（悦），与之虎牢，执辕涛涂。秋，伐陈，讨不忠也。"杜《解》："楚强，齐欲绥之以德，故不速进而次陉。'陉'，楚地，颍川召陵县南有陉亭。……'屈完'，楚大夫也。楚子遣完于师以观齐，屈完睹齐之盛，因而求盟，故不称使，以'完来盟'为文。齐桓退舍以礼楚，故盟召陵。'召陵'，颍川县也。'辕涛涂'，陈大夫。〔江人、黄人〕受齐命讨陈之罪。……'申侯'，郑大夫。当有供给之费故。'东夷'，郯、莒、徐、夷也。'观兵'，示威。……'扉'，草屦。……〔不忠〕，以涛涂为误军道。"

按齐桓公既成了霸主，他当然负有保护中原诸国安全的责任，而这时最使中原诸国受到威胁的是楚，所以必该伐楚。但是楚势力方强，这位霸主也不敢轻易和它正式交锋，只得率领八国之师，打败了楚的与国蔡，驻兵在陉，远远地向楚国示威。及至楚成王派使者屈完前来，齐桓公就此趁势收场，和他结盟而归。在将要班师的时候，陈国的大夫辕涛涂为了怕自己国内负担军用的粮秣、草鞋，和郑大夫申侯商量，想走海边东夷的路，这样自己的国内既可没有负担，还可以向东夷表示一下威武。不料申侯是个两面派，当面答应得好好的，背了面就向齐侯报告，说："我们的军队出来半年，已经劳累了。如果照了辕涛涂的话，从东方班师，那时倘使碰到了敌手，是无法抵挡的。还是从陈、郑之间撤兵的好。"齐桓公一听之下，深赞申侯的忠心，就把虎牢关赏给他，同时把辕涛涂看管起来，又令江、黄两国伐陈，为不忠于同盟军之戒。陈都在今河南淮阳县，正当江、黄之北。杜《注》说"东夷"是"郯、莒、徐、夷"，依路线看，应先经过今河南境内的南淮夷，到安徽境内的群舒和徐，然后经山东境内的郯和莒而返齐。

（一三）《春秋·僖十二年》："夏，楚人灭黄。"《左传》："黄人恃诸侯之睦于齐也，不共楚职，曰：'自郢及我九百里，焉能害我!'夏,楚灭黄。"杜《解》:"'郢',楚都。"

按黄本来是楚的属国,所以对楚有一定的职贡。自从齐桓公称霸,黄河流域诸国纷纷归附,又拉拢到淮河流域的江、黄,势力益盛,于是敢于率领诸侯之师,临到楚的北境。黄人依靠了这一位霸主,就大胆地和楚国翻了脸。可是他们的眼睛太近视了,只认为楚国都城离自己远,而没有想到邻国息(今河南息县)早已于三十余年前(鲁庄公十四年,前680年)亡于楚,自己正站在老虎的嘴边,所以它很轻易地于前648年给楚国收拾了。

(一四)《春秋·文三年》:"秋,楚人围江。……晋阳处父伐楚以救江。"《左传》:"楚师围江。……晋以江故告于周。王叔桓公、晋阳处父伐楚以救江,门于方城,遇息公子朱而还。"杜《解》:"欲假天子之威以伐楚。……桓公不书,示威名,不亲伐。'子朱',楚大夫,伐江之帅也。闻晋师起而江兵解,故晋亦还。"

按这时离楚灭黄已二十四年。息公子朱是楚王派治息地的大夫,江国正在息西,兵锋易及。那时中原的霸主是晋襄公,他不愿独力担当救江的任务,就到周襄王那里请兵一同救江,迫使楚国的兵暂时退出。

(一五)《春秋·文四年》:"秋,楚人灭江。"

按周、晋援江之后,才过了三个季度,江竟于前623年的秋天被楚灭了,晋襄公也无可奈何,从此淮河上游的嬴姓之国灭亡殆尽了。这年上距晋、楚城濮之战(前632年)才九个年头,可见中原的霸主对于强大的楚国是发挥不出什么作用的。

(一六)《春秋·成十五年》:"冬,十有一月,叔孙侨如会晋士燮、齐高无咎、宋华元、卫孙林父、郑公子鰌、邾人会吴于锺离。"《左传》:"会吴锺离,始通吴也。"杜《解》:"吴夷昧尝与中国会,今始来通,晋帅诸侯大夫而会之。……'锺离',楚邑,淮南县。"

按锺离从《世本》看来是嬴姓中的一个国，但不知于何时为何国所灭。杜预说它是"楚邑"，那是错误的，晋、齐、鲁、宋诸国的大夫会吴，为什么要到楚邑去见面呢，也敢于到楚邑去集会呢？看成十七年（前574年），楚人灭舒庸，为的是它亲吴，可见那时正是吴、楚关系很紧张的时候，楚人更不可能容许吴人到自己的国土上去和中原诸国会盟，所以锺离必然是吴邑。到昭四年（前538年），楚灵王伐吴，《春秋》书"执齐庆封，杀之"，《穀梁传》说"庆封封乎吴锺离"；因为楚取得了庆封的封地，所以《左传》记"楚……箴尹宜咎城锺离"，足证锺离成为楚邑是公元前538年的事，上距前576年晋、吴锺离之会，已经三十八年了。汉九江郡锺离县故城在今安徽凤阳县东北二十里。

又按从上列诸节看，偃姓的群舒，嬴姓的江、黄、锺离，在春秋时代，它们的疆土都为楚国所并吞。只有徐，是灭于吴的。

（一七）《春秋·僖十七年》："齐人、徐人伐英氏。"《左传》："齐人为徐伐英氏，以报娄林之役也。"杜《解》："'英氏'，楚与国。"

按"英氏"，《史记·夏本纪》《陈杞世家》都说为皋陶之后，见下（一八）～（二〇）节。"娄林之役"在僖十五年（前645年），《春秋》"楚人败徐于娄林"，齐、徐两国用了伐英氏来报复，可见英氏必然是从属于楚的一个国。英氏所在，杜氏无释，汉、魏人已不知其地，直到唐司马贞还说"'英'，地阙，不知所在"（文见下节），可是现在安徽的西南角上竟有英山县，又传六安县西有英氏城，好像春秋时代的英氏确在今安徽西界。可是一查它的根柢，则"英山县"这个名词始见于《元史·地理志二》，属庐州路六安州。《清一统志》安徽六安州："英山故寨，今英山县治。宋淳祐中，立鹰山寨；咸淳初，更名'英山'，因立为县，属安丰军；寻废。德祐二年（1265年），……以罗田县东界直河乡重立为县。"自是至今。可见这还是南宋末年（1265年顷）新立的县，因"鹰""英"同音而改，在历史上是一点没有根据的。

（一八）《史记·夏本纪》："帝禹立，而举皋陶荐之，且授政焉，而皋陶卒。封皋陶之后于英、六，或在许。"《集解》："徐广曰：'《史记》皆作"英"字，而以英布是此苗裔。'《皇览》曰：'皋陶冢在庐江六县。'"《索隐》："《地理志》：'六安国六县，咎（皋）陶后偃姓所封国。''英'，地阙，不知所在，以为黥布是其后也。'许'，在颍川。"《正义》："《帝王纪》云：'皋陶生于曲阜，曲阜，偃地，故帝因之而以赐姓曰"偃"。'《括地志》云：'咎繇（陶）墓在寿州安丰县南一百三十里故六城东，东都陂内大冢也。''英'，盖'蓼'也。《括地志》云：'光州固始县本春秋时蓼国，偃姓，皋陶之后也。《左传》云："子燮灭蓼。"《太康地志》云："蓼国先在南阳故县，今豫州郾县界故胡城是；后徙于此。"'《括地志》云：'故六城在寿州安丰县南一百三十二里。《春秋·文五年》，秋，楚成大心灭之。'《括地志》云：'许故城在许州许昌县南三十里，本汉许县，故许国也。'"梁玉绳《志疑》："许，太岳之后也，姜姓，安得以为皋陶后哉！《史》误。"

按从《史记》这一段文字看，可见司马迁是读得《文五年左传》，知道楚灭蓼、六之事的，不过由于他的主观改作"英、六"，于是就牵涉到僖十七年（前643年）的齐、徐伐英氏上面去，而释为英亦皋陶之后。关于这件事情，徐广、司马贞、张守节都很怀疑，所以《集解》说"《史记》皆作'英'字"，《索隐》说"'英'，地阙，不知所在"，《正义》则说"'英'盖'蓼'也"。在注文里，我们又发见一个事实。皋陶生于曲阜，可是他的坟墓却远在庐江郡六县，这如果不用民族迁徙的眼光来对待这问题，是讲不清楚的。至于是不是他真的葬在那边却是另一问题，因为传统的信仰不容易抹掉，每一个民族都有"饮水思源"

的心理要求，试观飞廉被周公戮于海滨，而他的子孙造父封于赵城之后，山西的霍山上就有了飞廉墓，见本篇六·（五），正可作这事的比例。又《史记》说"皋陶之后……或在许"，这话很有些突兀，所以梁玉绳驳说：许是姜姓，怎得为皋陶之后。但仔细思索，觉得梁说亦未尽然。许的受封虽不知在何时，但必在周公经略东方大定之后。观齐以太公的大功，而其子吕伋受封，《左传·僖四年》说封时为召康公所命，见得已在周公归政之后，许与齐同为姜姓，其封于许昌必不甚早，而周公东征，东方民族大迁徙，嬴姓的修鱼氏已迁到溱、洧流域，见本篇二·（二）。许即在溱、洧之南，是则皋陶之后也容有在这时迁到许的，等到姜姓之许被封到那里时，这个先住民族的政权就宣告结束了。

（一九）同书《陈杞世家》："皋陶之后，或封英、六，楚穆王灭之，无谱。"《索隐》："〔英、六〕本或作'蓼、六'，皆通。然蓼、六皆咎繇之后也。据《系本》，二国皆偃姓。……《地理志》云：'六，故国，皋陶后，偃姓，为楚所灭。'又《僖十七年》：'齐人、徐人伐英氏。'杜预又曰：'英、六皆皋陶后，国名。'（按杜氏实无此语，《索隐》误）是有'英、蓼'（按这是字误，应作"蓼、六"）、'英、六'，实未能详。或者英后改号曰'蓼'也。"

（二〇）同书《黥布列传》："黥布者，六人也，姓英氏。……太史公曰：英布者，其先岂《春秋》所见楚灭英、六，皋陶之后哉？……何其拔兴之暴也？"《索隐》："《地理志》，庐江有六县。苏林曰：'今为六安也。'按布本姓英，'英'，国名也，咎繇之后。"《正义》："故六城在寿州安丰县西南百三十三里。按黥布封淮南王，都六，即此城。又《春秋传》，六与蓼，皋陶之后。或封于英、六，盖'英'后改为'蓼'也。"

按《左传》只把"蓼"与"六"连称，而《史记》则坚持"英"

与"六"连称，这就造成了古史上的混乱。司马贞注《夏本纪》，老实说"英，地阙，不知所在"，实事求是，态度本好；只是禁不住司马迁一而再、再而三地说"英、六"，弄得他胸中失去了主见，于是一则说"英、六皆皋陶后"是杜预的话，窜改了前人的成说来迎合《史记》；再则说"或者英后改号曰蓼"，又杜撰了一个典故；三则说"英，国名也，咎繇之后"，来证实司马迁以英布的拔兴之暴由于他是皋陶的子孙的唯心史观。而推原司马迁之所以会得发生这个奇想，只因他把"项王封诸将，立〔英〕布为九江王，都六"和汉高帝"立布为淮南王，都六"（《史记·黥布列传》）这两件楚、汉之际的历史事件记得太真切了，无意中把"英"和"六"结合了起来，成为难舍难分的两个名词，又因他对于这位失败英雄过度地同情，总想把他说成和皋陶有祖孙的关系，以表示其兴起的渊源，因而造成错觉，误记了《左传》里的楚灭"蓼、六"为"英、六"，随手写进了《史记》。其后研究《史记》的人虽多，然而总慑伏于这部书的权威，固然也曾激起一些怀疑，但终于不敢切实纠正。《索隐》既说"英后改号曰蓼"，又说"盖英后改为'蓼'"，于是在司马迁的"英、六"的错觉之外又平添了一件"蓼是英的改名"的为了弥缝旧说而出现的历史！

（二一）《国语·郑语》："嬴，伯翳之后也。……伯翳，能议百物以佐舜者也。"韦《解》："'伯翳'，舜虞官，少皞之后伯益也。……'百物'，草木、鸟兽也。'议'，使各得其宜。"

（二二）《孟子·滕文公上》："当尧之时，天下犹未平，洪水横流，泛滥于天下，草木畅茂，禽兽繁殖，五谷不登，禽兽逼人，兽蹄、鸟迹之道交于中国。尧独忧之，举舜而敷治焉。舜使益掌火，益烈山泽而焚之，禽兽逃匿。禹疏九河，瀹济、漯而注诸海，决汝、汉，排淮、泗而注之江，然后中国可得而食也。……后稷教民稼穑，树艺五谷，五谷熟而民人育。……使契为司徒，教以人伦。……"赵《注》："'登'，升也，五谷不足升用也。猛兽之迹当在山林，而反交于中国，惧害人，故尧独忧念之。'敷'，治也。……'掌'，主也。主火之官，犹古之火正也。'烈'，炽。益视山泽草木炽盛者而焚之，故禽兽逃匿而远窜也。'疏'，通也。'瀹'，治也。'排'，壅也。于是水害除，故中国之地可耕而食也。……弃为后稷也。'树'，种；'艺'，殖也。'五谷'，谓稻、黍、稷、麦、菽也。……司徒得人，教以人事，父父、子子，君君、臣臣，夫夫、妇妇，兄兄、弟弟，朋友贵信，是为契之所教也。"

（二三）《尧典》："帝曰：'畴若予上下草木、鸟兽？'佥曰：'益哉！'帝曰：'俞，咨益，汝作朕虞！'益拜稽首，让于朱、虎、熊、罴。帝曰：'俞，往哉，汝谐！'"《伪孔传》："'上'谓山，'下'谓泽。'顺'（若）谓施其政教，取之有时，用之有节，言伯益能之。'虞'，掌山、泽之官。'朱虎、熊罴'，二臣名，……在元、凯之中。"孔《疏》："《周礼》山虞、泽虞之官，各掌其教。……《文十八年左传》，八元之内有'伯虎、仲熊'，即此'朱虎、熊罴'是也。"

（二四）《皋陶谟》："禹曰：'洪水滔天，浩浩怀山襄陵，下民昏垫。予乘四载，随山刊木，暨益奏庶鲜食。予决九川距四海，浚畎、浍距川，暨稷播奏庶艰食、鲜食，懋迁有无化居。烝民乃粒，万邦作乂。'"《伪孔传》："言天下民昏瞀垫溺，皆困水灾。所载者四，谓水乘舟，陆乘车，泥乘輴，山乘樏，随行九州之山林，刊槎其木，开通道路以治水也。'奏'谓进于民。鸟兽新杀曰'鲜'。与益槎木，获鸟兽，民以进食。'距'，至也。决九州名川，通之至海。一畎之间，广尺、深尺曰'畎'。方百里之间，广二寻、深二仞曰'浍'。浍、畎深之至川，亦入海。'艰'，难也。众难得食处，则与稷教民播种之。决川有鱼鳖，使民鲜食之。'化'，易也。'居'，谓所宜居积者。勉劝天下徙有之无，鱼、盐徙山，林木徙川泽，交易其所居积。米食曰'粒'，言天下由此为治本。"

按以上四节都是说益佐舜平治天下的。"益"，有时也作"伯益"（如《吕氏春秋·当染》《淮南子·本经》《汉书·地理志》）。伯益的"益"（iek）声音小变则作"翳"（jei），如《郑语》是。这本是古人语言中常有的情况。如《山海经·大荒东经》"帝俊生中容"，郭璞《注》云："'俊'亦'舜'字，假借音也。"因为舜音 sjuèn，俊音 tsuèn，在声音上只是小转，而刘秀（即刘歆）上《山海经表》云"益与伯翳主驱禽兽，命山川，类草木，别水土"，分为二人，崔述《唐虞考信录》又以为"益"只单称，"翳"必加"伯"，因而析以为二，这都是不合事实的判断。《史记·郑世家》云："秦，嬴姓，伯翳之后也，伯翳佐舜怀柔百物。"（南宋黄善夫本）可见"翳"又可写作"翳"。

又按以上四节说明了尧时有洪水之灾，遍地盛长了草木，繁殖了害人的禽兽，尧自己没有办法，把舜请了出来，舜知人善任，擢用了禹主治水，益主治山泽，稷主教民稼穑，契主教民德行，因为这四人都具有大才，不到十年，水患平了，人民不但吃得到野生的动物，而且开了渠道，灌溉田畴，五谷都得到高产，又进一步把平原和山林的生产互相交换，有了商业的行为，人民的生活既过得好，又受了人伦的教育，道德也提高了。舜用了禹、益、稷、契之后，巩固了经济基础，发展了文教工作，使一个在"天造草昧"中的恐怖世界突然一变而为黄金时代和极乐世界，好像尧的知人和舜的治绩确实应该作为千秋万代的典型的。其中益所担任的工作，开头是到处放火，将森林和野草一起烧掉，把那些为害人民的鸷禽和猛兽捕获了许多，又赶走了许多，其捕捉到的就分配给人民作食料，在后稷教民稼穑之前先让人们吃饱了肚子。因此，舜即帝位之后，询问众大臣谁可做虞官的时候，就一致地推举了益，说只有他上至高山，下至低洼地，都能妥善地把草木和鸟兽的繁殖、砍杀工作处理得很好，他一定会"取之有时，用之有节"，为国家和人民完成了生产的任务。可是益很谦虚，让给他的助手朱、虎、熊、罴四人（《伪孔传》说为二人，误，理由见下）。帝舜不答应，还是由他干了。这一件事也表显了虞廷之上崇高的和平雍睦的气氛。然而这些记载，如果我们竟天真地信任它是真实的历史，那我们就是心甘情愿地给二千余年前的儒家蒙住了眼睛，由得他们放手把古代的神话大量地历史化，神话的人物一一改装而为历史的人物，使古代史成为极端唯心主义的幻象的历史。关于这个问题，我们将在下边逐一揭出儒家没有动手以前的神话的本来面目，稍稍回复它原始社会的真相。

（二五）《史记·秦本纪》："秦之先，帝颛顼之苗裔孙曰女修。女修织，玄鸟陨卵，女修吞之，生子大业。大业取少典之子曰女华；女华生大费，与禹平水土。已成，帝锡玄圭。禹受曰：'非予能成，亦大费为辅。'帝舜曰：'咨尔费，赞禹功，其赐尔皂游，尔后嗣将大出！'乃妻之姚姓之玉女。大费拜受，佐舜调驯鸟兽，鸟兽多驯服，是为'柏翳'；舜赐姓嬴氏。"《索隐》："'女修'，颛顼之裔女，吞乙子（燕卵）而生大业，其父不著，而秦、赵以母族而祖颛顼，非生人之义也。按《左传》，郯国，少昊之后，而嬴姓盖其族也，则秦、赵宜祖少昊氏。……秦、赵之祖，嬴姓之先，一名'伯翳'，《尚书》谓之'伯益'（按应删"伯"字），《系本》《汉书》谓之'伯益'是也。寻检《史记》上下诸文，'伯翳'与'伯益'是一人不疑；而《陈杞系家》即叙'伯翳'与'伯益'为二，未知太史公疑而未决耶，抑亦谬误尔？'游'，音旒，谓赐以皂色旌旆之旒，色与玄圭色副。……'出'，犹生也，言尔后嗣繁昌，将大生出子孙也。"《正义》："《列女传》云：'陶子生五岁而佐禹。'曹大家注云：'"陶子"者，皋陶之子伯益也。'按此即知'大业'是皋陶。"

（二六）同书《陈杞世家》："舜之后，周武王封之陈，至楚惠王灭之，有世家言。禹之后，周武王封之杞，楚惠王灭之，有世家言。契之后为殷，殷有本纪言。……后稷之后为周，秦昭王灭之，有本纪言。……伯翳之后，至周平王时封为秦，项羽灭之，有本纪言。垂、益、夔、龙，其后不知所封，不见也。……其五人之后，皆至帝王。"《索隐》："秦祖伯翳，解者以'"翳"，益'则一人。今……叙伯翳而又别言'垂、益'，则是二人也。……然据《秦本纪》叙翳之功云'佐舜驯调鸟兽'，与《舜典》命益作虞，'若予上下草木、鸟兽'文同，则为一人必矣。今未详其由也。〔五人之后〕舜、禹身为帝王，其稷、契及翳则后代皆为帝王也。"梁玉绳《志疑》："〔垂、益、夔、龙〕，'益'字当衍。"

按"益"和"翳"音既相近，职务又同掌鸟兽，其为一个人名的分化了无疑义。"伯"和"柏"则是字体的小变，《汉书》中写"伯"字常常作"柏"，如《古今人表》中的"柏奋""柏虎""柏陵""柏乐"都是。司马迁是西汉时的良史，但他对于古代史却没有用过功夫，对于古典资料又处理得很轻率，因此他看"翳"和"益"是字体不同的两字而就分别作两人，以为翳后为秦而益后则不见。他写《陈杞世家》的后面一段，目的是在把唐、虞时的名人作出一个终讫的交代，而这个名单是以《尧典》为根据的，想不到他竟忘记了《尧典》中只有"益"而没有"翳"，他写"伯翳之后"数语竟成了赘笔！

又按司马迁作《秦本纪》，取材于秦史官所作的《秦记》，这是一部极宝贵的史料，藏在汉帝的宫里，不做汉朝的史官是看不到的。这书里说秦的始祖是女修，这是母系社会的遗留，和殷人托始于有娀氏、周人托始于姜嫄完全一样。它又说女修吞了玄鸟卵而生大业，更和殷人念念不忘的简狄吞了玄鸟卵而生契是一个模子里打出来的（见本篇第五章）。可是嬴姓出于少皞，各种古籍都没有异词，而《秦本纪》独说为

"帝颛顼之苗裔孙"，成为无根之谈，宜乎受到司马贞的批判。推想司马迁之所以敢于这么武断，只因他读《帝系》这篇书太熟，他酷信中国的高级的统治阶级全是黄帝、颛顼的子孙；少皞在这篇书里没有取得地位，因此他就大胆地把少皞的子孙嫁接给颛顼了。然而《帝系》这篇书出于楚人之手，所以它所叙的世系，只限于唐、虞、夏、商、周五代帝王以及陆终氏全族的祖先，暗示人们楚必继周而王，故意不把嬴姓等族收进，这和《世本》的遍记各国世系原有其不同的政治目的在。司马迁擅自把《帝系》的范围扩大到秦、越、匈奴，一古脑儿挂到颛顼的名下，确是失去了史家的"无征不信"的忠实态度。

又按我们在本篇二·（三）里已说"嬴"和"偃"只是一声之转，是一姓的两种写法。本节里张守节引的刘向《列女传》及班昭《注》都说伯益是皋陶的儿子，《秦本纪》中又已说明了"大费"即是益，因此我们很容易推定其父"大业"即是皋陶。可是这仅仅是一个推演出来的论断，我们没有权利断言皋陶必是大业。舜把"姚姓之玉女"嫁给大费，这事固为别处所未见，但我们已知道舜是"东夷之人"（《孟子·离娄下》），他姓姚，似乎在鸟夷中姚和嬴是通婚的两个支族。这件事在《赵世家》里也有朕兆可寻。《世家》载赵简子生病，梦到上帝那里，上帝告他："今余思虞舜之勋，适余将以其胄女配而七世之孙。"后来传到赵武灵王，有一夜他梦见美女鼓琴而歌，觉而言其状，吴广闻之，因进其女孟姚。《索隐》："'虞''吴'音相近，故舜后亦姓吴。"因为赵是嬴姓，在东方的时候已常和姚姓通婚，所以其后虽已迁到了西方，而梦魂中系念着东方的旧事还这般地亲切。

（二七）杨宽《伯益考》："《史记·秦本纪》本于秦史，乃独存其祖先之神话，所谓'女修织，玄鸟陨卵，女修吞之，生子大业。大业……生大费，……佐舜调驯鸟兽，鸟兽多驯服，是为"柏翳"。……大费生子二人，一曰大廉，实鸟俗氏。……大廉玄孙曰孟戏、仲衍，鸟身人言'，可见益在传说中为玄鸟之后裔，其本人又能调驯鸟兽，其后又有鸟俗氏而鸟身人言，其与鸟之关系若是其密切也。《尧典》亦云：'帝曰："畴若予上下草木、鸟兽？"佥曰："益哉！"帝曰："俞！咨益，汝作朕虞。"'《汉书·地理志》并云：'伯益知禽兽。'而《后汉书·蔡邕传》云：'伯翳综声于鸟语。'是益不仅能'调驯'与'知'鸟兽而已，且能'综声于鸟语'也。《孟子·滕文公上》篇云：'舜使益掌火，益烈山泽而焚之，禽兽逃匿。'孟子言益焚山泽，驱禽兽，与诸书言益调驯鸟兽者虽不同，而其职在治理鸟兽则一也。……按《汉书·百官公卿表》云：'萯作朕虞。'应劭曰：'"萯"，伯益也。'颜师古曰：'"萯"，古"益"字也。'《伪古文尚书》'益'作'萯'即本此。而《说文》云：'"嗌"，籀文作"萯"。'据此，'益'古或写作'嗌'，'嗌''咽'同声，《说文》'"嗌"，咽也'，《尔雅》郭注'江东名"咽"为"嗌"'，盖'咽''燕'古同音通假，'臙脂'或作'胭脂'可证也。'嗌'古作'萯'，与'燕'古作'鷰'（见《燕化钱》）类同，'嗌''燕'实亦一字耳。《说文·释例》云：'伯益之名，或本取"嗌"义而借用"益"字也。''嗌'与'燕'既本为一字，而益之传说又多与鸟类有关，并为玄鸟之后，而玄鸟即燕。《诗·玄鸟》云：'天命玄鸟，降而生商。'又《长发》云：'有娀方将，帝立子生商。'《吕氏春秋·音初》篇则云：'有娀氏有二佚女，……帝令燕往视之，鸣若嗌嗌（"嗌嗌"旧作"谥隘"，此从《玉烛宝典》改正），二女爱而争搏之，覆以玉筐；少选，发而视之，遗二卵北飞。……'玄鸟即燕，而'鸣若嗌嗌'，据此益足证'嗌''燕'同字，'燕'像其形，'嗌'则后出之形声字耳。案玄鸟又名'乙'，亦作'鳦'，《说文》云：'"乙"，玄鸟也，齐、鲁谓之"乙"，取其鸣自呼。'燕

'取其鸣自呼'则为'乙乙','乙乙'当即'嗌嗌',……又
'益'又作'嗌',则益之即燕,明证实多也。考《吕氏春
秋·勿躬》篇云'羲和作占日,尚仪作占月,后益作占岁',
而《山海经》谓'羲和者,帝俊之妻,生十日'(《大荒西
经》);'帝俊妻常羲,生月十有二'(同上);'共工生后土,
后土生噎鸣,噎鸣生岁十有二'(《海内经》)。顾颉刚《尚
书研究讲义》因云:'从羲和之生十日而作"占日"、常仪之
生十二月而作"占月"之例推之,则后益即"噎鸣"。……'
然则后益何以得称'噎鸣'耶?曰:'噎''嗌'乃声之转,
扬雄《方言》云:'"癠""嗌",噎也,楚曰"癠",秦、晋或
曰"嗌",又曰"噎"。''噎鸣'即取义于燕之'鸣若嗌嗌'
也。'益'之与'燕',二而一、一而二而已。益之传说盖即
出于'燕'之神话耳。……玄鸟,古人或释为燕,或释以凤。
《楚辞》……'凤鸟受诒'(《离骚》)当即'玄鸟致贻'
(《天问》),则玄鸟即凤鸟也。……玄鸟本东方民族所崇拜,
《吕氏春秋·仲春纪》及《礼记·月令》云:'是月也,玄鸟
至,至之日,以太牢祀于高禖。'《礼记·月令》疏云:'娀简
狄吞凤子。'凤子即凤卵也。……凤之神话化者,更或谓其人
面、鸟身。《大荒北经》云:'……有神九首、人面、鸟身,名
曰九凤。'案古神中人面、鸟身最著者为句芒,《海外东经》云:
'东方句芒,鸟身、人面,乘两龙。'……句芒在《月令》中为
春神,而玄鸟亦以春分至,句芒实亦玄鸟之神也。……案
《左·昭公十七年传》云:'我高祖少皞挚之立也,凤鸟适至,
故纪于鸟,为鸟师而鸟名:凤鸟氏,历正也;玄鸟氏,司分者
也(凤鸟即玄鸟,此分化为二,《左传》记载较晚之故
也)……'益、噎鸣即燕,亦即凤鸟,益占岁,噎鸣生岁,故
凤鸟亦为历正也。秦与淮夷等之祖先神本为鸟神,其所以鸟

身、人面者，盖以其神已人格化。神话中之神每多人格化，其像身类鸟兽而首作人形，中、外各民族多然。"

按益本是鸟夷族所奉的祖先神，他的鸟身可从这一名的古文作"𠴍"即"燕"看出，他的鸟声可从"帝命燕往视之，鸣若嗌嗌"和他又名"噎鸣"看出，他的神职可从仲春祀玄鸟于高禖和生岁十二看出。岁是岁星，即木星，约十二年一周天，古人分天为十二次，因把它作为定年岁的标准，而有"噎鸣生岁十有二"之说，也就有了凤鸟氏为历正之说。古代治历明时，本为耕田作好准备，使一切种植不失其时，试看郯子所述的少皞氏以鸟名官，历正、司分、司至、司启、司闭，在历法上多么井井有条，就可以知道益这一神除了主管人间的生育而降卵之外，还管着农业生产，这本是人类生存最重要的两个项目，不是鸟夷族所专有；不过这一族既以鸟为图腾，便尽把初民的幻想寄托给鸟形的神灵而已。在农业生产方面，周人自有其神灵叫做后稷，从《诗经》的《雅》《颂》里看，渭水流域的农业是够发达的，在武王克殷和周公东征以后，后稷当然随着周室的分封诸侯而取得了合法的全国性的农神的地位，噎鸣生岁之说就几乎被压抑得看不到了，因此益的任务被局限在调驯鸟兽方面，而有《尧典》虞官之说。杨氏这文，发掘古典资料，大体上恢复了当时的神话面貌，给我们认识了鸟夷族的宗教概况。

（二八）同上文："《尧典》云：'……益拜稽首，让于朱、虎、熊、罴。'案朱、虎、熊、罴本皆鸟兽中之佼佼者。《山海经》云：'务隅之山，帝颛顼葬于阳，……爰有熊、罴、文虎、离朱、鸱久、视肉。'（《海外北经》）……'狄山，帝尧葬于阳，帝喾葬于阴，爰有熊、罴、文虎、蜼、豹、离朱、视肉、吁咽……'（《海外南经》）据此，与虎、熊、罴为伍之'朱'当即'离朱'。《庄子·天地》篇云：'黄帝亡其玄珠，使离朱索之。'离朱亦作'离娄'，《汉书·扬雄传》云：'离娄烛千里之隅。'（《孟子》等书亦云"离娄之明"）……离

朱，据《山海经》郭注：'今图作赤乌。'大抵古人即以赤乌为
日神、火神，……故《淮南子》云'日中有踆乌'也。……益
即燕，亦即玄鸟，玄鸟本即凤，为东方氏族崇拜之神鸟，在神
话中为鸟兽之长，故上帝命其治理鸟兽，而燕乃谦逊，欲让与
鴭及虎、熊、罴，其原始本为一幕神话之趣剧也。在东方神话
中，鸟之地位较兽为高，故益、朱在虎、熊、罴之上。"

按《尧典》上益所让的"朱、虎、熊、罴"，自《伪孔传》说了
"皆在元、凯之中"，谁不相信《左传·文十八年》的"高辛氏有才子
八人，……天下之民谓之'八元'"中的"伯虎、仲熊"就是这儿的
"虎"和"熊"。"朱"呢，则孟子说的"离娄之明，公输子之巧，不
以规矩，不能成方员"，赵岐《注》早说："离娄，古之明目者，盖以
为黄帝之时人也。黄帝亡其玄珠，使离朱索之。'离朱'，即离娄也。
能视于百步之外，见秋毫之末，然必须规矩乃成方圆。"《吕氏春秋·
用众》云："故以众勇，无畏乎孟贲矣；以众力，无畏乎乌获矣；以众
视，无患乎离娄矣；以众知，无患乎尧、舜矣。"高诱《注》也说：
"'离娄'，黄帝时明目人，能见针末于百步之外。"然则这位离朱竟是
我国最古的一位明目人而兼工程师，《尧典》的"朱"该是离朱的简称
了。（其所以一称为"离娄"，乃因古代"朱"音的语尾为 l，所以同是
一个邾国，《左氏》本《春秋》称"邾"，而《公羊》本《春秋》则称
"邾娄"，离朱的全名应为"离朱娄"。犹"革"为语尾的 k，而恶来一
名或兼出其语尾称"恶来革"〔《史记·秦本纪》〕，或不兼称，或又
去其首一音节为"来革"〔《楚辞·惜誓》〕，不求一致也。）如今杨氏
在考了伯益之后，顺便一考他所推荐的四人，原来都出于神话。《山海
经》的作者所以要把熊、罴、离朱、文虎等动物一齐放在颛顼、喾、
尧的墓上，就因为这些鸷禽、猛兽足以卫护亡灵，赶走凶神、恶鬼，正
和汉以下的统治阶级的墓道里都有镇墓神及力士作出一副吓唬人的容貌
一样。郭璞《注》于"离朱"云"今图作赤乌"，可见离朱确是鸟，因

为鸟的视力最为锐利，鹰、鹯之属都可从高空中视察地面的食物，直下攫取，所以称之为"离娄之明"。但到孟子时，这种神禽已经拉进了人类，所以他就把离娄和公输子平等看待，说他们都是用了规矩以成方圆的技师了。

四 少皞之后与太皞之后

（一）《左传·昭十七年》："郯子来朝，公与之宴。昭子（叔孙婼）问焉，曰：'少皞氏鸟名官，何故也?'郯子曰：'吾祖也，我知之。……我高祖少皞挚之立也，凤鸟适至，故纪于鸟，为鸟师而鸟名。"凤鸟氏"，历正也。"玄鸟氏"，司分者也。"伯赵氏"，司至者也。"青鸟氏"，司启者也。"丹鸟氏"，司闭者也。"祝鸠氏"，司徒也。"鴡鸠氏"，司马也。"鸤鸠氏"，司空也。"爽鸠氏"，司寇也。"鹘鸠氏"，司事也。"五鸠"，鸠民者也。"五雉"为五工正。利器用，正度量，夷民者也。"九扈"为九农正，扈民无淫者也。自颛顼以来不能纪远，乃纪于近，为民师而命以民事，则不能故也。'仲尼闻之，见于郯子而学之，既而告人曰：'吾闻之"天子失官，学在四夷"，犹信。'"杜《解》："'少皞'，……黄帝之子，己姓之祖也。……'凤鸟'知天时，故以名历正之官。'玄鸟'，燕也，以春分来，秋分去。'伯赵'，伯劳也，以夏至鸣，冬至止。'青鸟'，鸧鹒也，以立春鸣，立夏止。'丹鸟'，鷩雉也，以立秋来，立冬去，入大水为蜃。上四鸟，皆历正之属官。'祝鸠'，鹪鸠也，鹪鸠孝，故为司徒主教民。'鴡鸠'，王鴡也，鸷而有别，故为司马主法制。'鸤鸠'，鹊鹎也，鸤鸠平均，故为司空平水土。'爽鸠'，鹰也，鸷，故为司寇主盗贼。'鹘鸠'，鹘鹎也，春来冬去，故为司事。'鸠'，聚也。治民上聚，故以'鸠'为名。'五雉'，雉有五种：西方曰'鷷雉'，东方曰'鶅雉'，南方曰'翟雉'，北方曰'鵗雉'，伊、洛之南曰'翚雉'。'夷',平也。'扈'有九种也:'春扈',鳻鶞;'夏扈',窃玄;'秋扈',窃蓝;'冬扈',窃黄;'棘扈',窃丹;'行扈',唶唶;'宵扈',啧啧;'桑扈',窃脂;'老扈',鷃鷃。以'九扈'为九农之号,各随其宜以教民事。'扈',止也,止民使不淫放。颛顼氏,代少皞者;德不能致远瑞,而以民事命官。"

按这一大段话,二千余年来从没有人给以正确的解释。现在我们懂得了在古代氏族社会里,各个氏族都有他们自己的固定的图腾,作为全族人民崇拜的对象。而鸟是鸟夷的图腾,这族的居地非常广大。为了他们族大人多,所以又分出五鸟、五鸠、五雉、九扈等二十四个支族,分别以二十四种鸟为图腾。我们在殷系青铜器铭文中常见有"鸟形册"之文,那就是这个图腾的遗迹。推而上之,在龙山文化里发见的立鸟形的陶鬶和鸟头形的器盖,更是表示了这个图腾的形态。殷人的祖先,秦人的祖先,以及徐人的祖先,各有一套"卵生"的传说,我们可以断说他们都属于鸟夷的一个大部族。《汉书·地理志》:"东海郡郯:故国,少昊后,盈姓。"郯故城在今山东郯城县西南,接近周初的徐国和淮夷。郯子能说出少皞氏以鸟名官的一大套话,更可见出郯的立国久远,它和邾、莒等同样是没有被周代屡次东征所逐迁的一国。

又按杜预的注文,大体上是根据《尔雅·释鸟》和贾逵《左传注》的,而不及贾《注》的详细。贾《注》已佚,残存于孔《疏》,兹补录在下面。他于"五雉为五工正"云:"西方曰'鷷雉',攻木之工也。东方曰'鶅雉',抟埴之工也。南方曰'翟雉',攻金之工也。北方曰'鵗雉',攻皮之工也。伊、雒而南曰'翚雉',设五色之工也。"又于"九扈为九农正"云:"'春扈'分循,相五土之宜,趣民耕种者也。'夏扈'窃玄,趣民耘苗者也。'秋扈'窃蓝,趣民收敛者也。'冬扈'窃黄,趣民盖藏者也。'棘扈'窃丹,为果驱鸟者也。'行扈'唶唶,昼为民驱鸟者也。'宵扈'啧啧,夜为农驱兽者也。'桑扈'窃脂,为蚕驱雀者也。'老扈'鹗鹗，趣民收麦，令不得晏起者也。""窃"，是浅色的意思。固然汉人的分配未必真有根据，但工和农的劳动类别大体上有这些项目，则是可信的。又观夏王所伐的是有扈氏，"扈"即郯子所说的农正，齐地的最早主人是爽鸠氏，"爽鸠"即郯子所说的司寇，可以看出这类"鸟师"确实早于夏代而存在。

又按郯本嬴姓，明见《史记·秦本纪》及王符《潜夫论》。杜氏所以说郯为己姓，这个错误是由刘歆造成的。刘歆在《世经》里说："少昊帝：《考德》曰，'少昊曰清。'清者，黄帝之子清阳也。是其子孙名挚立。"《考德》是《逸周书》中的一篇，今本作"耆德"，"考"和"耆"不知道哪一个是正字，因为篇名虽存而其书已亡了。但《逸周书》的《尝麦》篇中也有"乃命少昊清司马（"司马"二字误，应作"嗣为"）鸟师以正五帝之官，故名曰质"的话，"质"（zhi）和"挚"（zhi）是双声字，而察其文义，"清"和"质"乃是一人，"清"为本名而"质"是称号，与"大费"为本名而"伯翳"为称号的相同，与《世经》以"清"为黄帝子而"挚"为清的子孙的却不一样。至于"清"何以成为黄帝之子，则是刘歆把《考德》牵缠《国语》的结果。《国语·晋语四》载胥臣语云："黄帝之子二十五人，其同姓者二人而已，唯青阳与夷鼓皆为己姓。"刘歆擅改"青"作"清"，又把"清阳"硬套在"少昊清"的头上，于是少昊改姓了己，他不知道，少昊是东方鸟夷族在原始社会里崇奉的宗神，到封建领主制社会里还没有变，有它久远的历史，在人民群众间是生了根的，而黄帝只是一种由上帝化身的传说，战国初年才由秦国传到东方，新神和旧神在宗教史上的地位简直无法比拟，哪能任凭主观，分配旧神作新神的儿子！然而就为了刘歆有这逞臆的一改，班固又钞入《汉书》，杜预就误把它看作定论，写进他的《春秋左传集解》里去了。

又按古代原始氏族随着生产的发展和人口的繁殖，氏族必然扩大而为胞族和部落，或部落和胞族分析而为若干氏族。《左传》这段文字，刘敦愿《古史传说与典型的龙山文化》里曾为列出一表，我现在再据贾逵的话替他补充一部分，并注出他们的职事分工如下：

少皞氏　〔部落〕　包括四个胞族：

凤鸟氏　〔胞族〕　包括五个氏族：

凤鸟氏（历正）　玄鸟氏（司分）　伯赵氏（司至）　青鸟氏（司启）　丹鸟氏（司闭）

祝鸠氏　〔胞族〕　包括五个氏族：

祝鸠氏（司徒）　鴡鸠氏（司马）　鳲鸠氏（司空）　爽鸠氏（司寇）　鹘鸠氏（司事）

鶅雉氏　〔胞族〕　包括五个氏族：

鶅雉氏（攻木）　鷷雉氏（抟埴）　翟雉氏（攻金）　鷮雉氏（攻皮）　翚雉氏（设色）

春扈氏　〔胞族〕　包括九个氏族：

春扈氏（耕种）　夏扈氏（耘苗）　秋扈氏（收敛）　冬扈氏（盖藏）　棘扈氏（为果驱鸟）　行扈氏（昼驱鸟）　宵扈氏（夜驱兽）　桑扈氏（为蚕驱雀）　老扈氏（收麦）

试看在这一个表里，少皞氏这个部落，对于定历、行政、手工业、农业生产等许多方面由各个氏族分工，他们多么地条理清楚呀！然而分工到了这样细微的境界，在时代上就不可能太早。所以刘氏说："郯子认为'自颛顼以来，不能纪远，乃纪于近'，实际上，他自己也是如此，所说的并不是太远的事情。少皞族中已有了农官，随农业的发展，历法进步了，手工业专门化了，也各有专司其事的官吏，氏族组织虽然残存着，但地域性的组织已开始在代替血缘性的组织，后者人为地加以整齐划一的倾向已经出现，似乎以五为度、以九为度的在调整之中；这里所说的各个氏族，实际上是一些氏族贵族，他们在向世官、世禄的方向发展，社会已划分为阶级，凌驾社会之上的统治机构已经形成了。中国古代氏族组织逐渐为国家所代替的事实，前人也多少地意识到了，所以唐贾公彦《周礼注疏·序》说：'是以少皞以前，天下之号象其德，百官之号象其征。颛顼以来，天下之号因其地，百官之号因其事，事即"司徒""司马"之类也。若然，前少皞氏言"祝鸠氏"为"司徒"者，本名"祝鸠"，言"司徒"者以后代官况之。'郯子所说虽是野蛮与文明之际的事情，但是原始的残余却为我们推考古代山东氏族制度提供了一把钥匙，十分值得重视。"这段话说的很对。《左传·昭二十年》晏婴说的"昔爽鸠氏始居此地，季萴因之，有逢伯陵因之，蒲姑氏因之，而后太公因之"，可见齐地的原始主人即是爽鸠氏，爽鸠氏的血缘性组织已为地域性组织所代替，于是而有继起的季萴、伯陵、蒲姑诸国。郯子这段话虽只反映了中国古代氏族社会的残余，已不能当作氏族社会的本来面貌看待它；但这样的完整的图腾系统能够流传一些迹象下来，可说已是非常宝贵的我国史前史的资料。

（二）《逸周书·尝麦》："昔天之初，诞作二后，乃设建典，命赤帝分正二卿，命蚩尤宇于少昊以临四方，司□□上天未成之庆。蚩尤乃逐帝，争于涿鹿之河，九隅无遗。赤帝大慑，乃说于黄帝，执蚩尤，杀之于中冀，以甲兵释怒，用大正，顺天思序，纪于大帝，用命之曰'绝辔之野'。乃命少昊清司马鸟师以正五帝之官，故名曰'质'，天用大成，至于今不乱。"陈逢衡《补注》："'于'，往也。'宇'，谓隶其下以佐之。……'中冀'，即'冀州之野'，见《山海经》郭注。……'用大正'者，大刑用甲兵也。……'质''挚'古通。《左氏》：'少昊挚之立也，为鸟师而鸟名。'盖少昊本名清，以能正五帝之官，故改名质；'质'，正也。"朱右曾《校释》："'少昊'，鲁也。蚩尤冢在寿张，亦鲁地也。……'诞'，旧阙，兹依丁本。'宇于'二字旧倒，据《路史》订。……今宣化州保安州南有涿水。……'河'，本或作'阿'。……'清'，一名青阳，黄帝子，己姓，为黄帝司马，代蚩尤居少昊。其后有名质者，代轩辕氏有天下，以鸟师正五帝之官。"孙诒让斠补："'纪于大帝'，……惠（栋）校从《路史》作'太常'。朱骏声云：'当作"常"，《伪君牙》用此文可据也。……'马'，疑当作'为'，……朱（右曾）说谬。'司'，疑当为'始'，声近假借字，言少昊清始为鸟师，以鸟名官。'五帝之官'即五官，配五行者也。又疑'五帝'亦'五常'之误，'五常'与'五行'义同。"刘师培《补正》："《路史》云：'命蚩尤宇于小颢。'朱本改'于宇'为'宇于'，陈本改'四'为'西'。（《路史·后纪》亦改为"西"，《注》云："《周书》作'四方'。黄庭坚云：'当作"西方"。'"）今考《越绝书·计倪内经》云：'臣闻炎帝有天下以传黄帝，黄帝于是上事天、下事地，故少昊治西方，蚩尤佐之。'此言蚩尤佐少昊也。据彼文，自以朱、陈所改为确。'命蚩尤宇少昊'，'宇'当从陈《注》训'隶'，斯与'佐少昊'义符。'于'亦衍文。惟《路史·国名纪一》以'小颢'为地，谓'参卢命蚩尤宇此，今安邑有蚩尤城'，不足据。……《后汉书·张衡传》李注引《衡集》云：'《帝系》"黄帝产青阳、昌意"，《周书》"乃命少昊清"，清即青阳也。'是〔张〕衡以此文之'清'即'青阳'。又《汉书·律历志》述《世经》云：'少昊帝：《考德》曰"清"，清者，黄帝之子青阳也。是其子孙名挚立。土生金，天下号曰金天氏。'由此观之，上文'临西方'之少昊与此文'少昊清'为一人，即青阳也。……名质之少昊则青阳子孙。此文'司'当作'嗣'，'马'当从孙说作'为'。'嗣'即《世经》所谓'子孙'也。'为鸟师'三字当属下读，……分立五鸟、五鸠诸官也。"

按这是战国、秦、汉间盛传的一个故事。《史记·五帝本纪》云：

"蚩尤作乱，不用帝命，于是黄帝乃征师诸侯，与蚩尤战于涿鹿之野，遂禽杀蚩尤，而诸侯咸尊轩辕（黄帝）为天子。"就是这个故事的简化的叙述。《尝麦》写得较早，文不易解，大意是说天命赤帝（炎帝）和黄帝统治人间，赤帝命蚩尤辅佐少昊，可是蚩尤擅以武力逐去赤帝，赤帝为了自己的力量不足以反击他，乃请黄帝出兵，执杀蚩尤；于是命少昊清（清为少昊之名）制定"鸟师"的制度来正定金、木、水、火、土五官，黄帝为他有功，赐他名曰"质"，从此以后地平天成，社会秩序就不乱了。上节所录郯子语，称"我高祖少皞挚"，"质"和"挚"是同音的异写。至于说他本来名"清"，这和《考德》的"少昊曰清"也有联带的关系。这个故事，其实反映了东、西两方的民族斗争。少昊本是东方鸟夷族的祖先神，所以《左传·定四年》说"鲁公……封于少皞之虚"，杜《解》："'少皞虚'，曲阜也，在鲁城内。"同书《昭二十九年》说"少皞氏有四叔，……世不失职，遂济穷桑"，杜《解》："'穷桑'，地，在鲁北。"但因秦、梁等国西迁，把这位神灵带了过去，成为最崇高的祭祀的对象，称为"白帝"。黄帝传说则是起于西北，看《山海经》和《穆天子传》都把他放在昆仑这一区就可以知道。独独蚩尤，他始终是东方的战神。《史记·封禅书》载齐国祭祀的八神："三曰'兵主'，祠蚩尤。蚩尤在东平陆监乡，齐之西境也。"《索隐》引《皇览》云："蚩尤冢在东平郡寿张县阚乡城中也。"寿张故城在今山东西部东平县东南。黄帝与炎帝战于阪泉，取得成功，在春秋时即已盛传于晋国，见《左传·僖二十五年》及《国语·晋语四》。等到黄帝传说流传到了东方，则"物莫能两大"，东方战神蚩尤便不得不和西方战神黄帝为了争夺地盘而开战，结果则胜利归于黄帝，故有黄帝杀蚩尤的传说。少昊虽已西迁，但他在东方人的心目中尚有余威，太昊则依然留在东方，为了保证黄帝在东方的彻底胜利，所以又有"轩辕战涿鹿，杀两暤（太皞、少皞）、蚩尤而为帝"的传说，见于汉桓宽的《盐铁论·结和》篇，这般极度称心适意的胜利故事说不定即是秦始皇吞并六国的反映。《尝麦》是战国人所作，黄帝的统一和集权还不到这个程度，所以只说他杀了蚩尤，而少昊还是用了"以鸟名官"的方式来正定五行。以鸟名官的事已见《昭十七年左传》，以正五行的事则见于《昭二十九年》。那年《左传》记晋史蔡墨的话道："木正曰句芒，火正曰祝融，金正曰蓐收，水正曰玄冥，土正曰后土。……少皞氏有四叔，曰重，曰该，曰修，曰熙，实能金、木及水，使重为句芒，该为蓐收，修及熙为玄冥。"在这里，除把火正让给祝融族、土正让给共工族外（《左传·昭二十九年》："共工氏有子曰句龙，为后土"），金、木、水三正就全由鸟夷族包办，言下也见得这一族在这三种物质的运用上确实有经验。这一族的都邑有曲阜，又有穷桑（一作"空桑"），可知他们的根据地必在东方。蚩尤在传说中虽为黄帝所击败，但东方人对他依然怀有高度的信仰。试看刘邦起兵时，"父老乃率子弟共杀沛令，……立季为沛公，祠黄帝、祭蚩尤于沛庭而衅鼓，……收沛子弟二三千人，攻胡陵、方与"（《史记·高祖本纪》），这东、西方的两位战神不是处于平等地位的吗？又郦食其说齐王田广云："夫汉王发蜀汉，定三秦，涉西河之外，援上党之兵；下井陉，诛成安君；破北魏，举三十二城：此蚩尤之兵也！非人之力也，天之福也！"（《史记·郦生陆贾列传》）他形容刘邦的卓绝的武功，用了"蚩尤之兵"来作比拟，见得蚩尤是最善于用兵的一人，试问东方人对于这位战神的信仰有多么高？至于《越绝书》中《计倪内经》所以说"少昊治西方，蚩尤佐之，使主金"，乃是因为在五行的排列上，西方属金，蚩尤既开始用了金属作兵器（见《吕刑》及《管子·五行》），因此就不得不作出这样的安排来。少昊既由于秦人的奉祀先到了西方，蚩尤又因五行的排列追踪而至，于是山西的安邑也就出现了一座蚩尤城；但这是没有民族文化的基础的，所以后来也就在无形中消失了。再有一个神和少昊发生密切关系的，是蓐收。《国语·晋语二》："虢公梦在庙，有神人面、白毛、虎爪、执钺，立于西阿。……觉，召史嚚占之。对曰：'如君之言，则蓐收也，天之刑神也.'"这位蓐收在《左传》里是金正之官,在《国语》里又是刑神,施刑是要用兵器的,他又是少昊氏四叔之一,所以后来就坐定了少昊之佐的地位。《礼记·月令》于秋三月云:"其帝少皡,其神蓐收。"(《吕氏春秋》同)《淮南子·天文》云:"西方,金也,其帝少昊,其佐蓐收,执矩而治秋,其神为太白,其兽白虎。"《山海经·西次三经》云:"长留之山,其神白帝,少昊居之。……泑山,神蓐收居之。"少昊既和蓐收成为不可分离的搭档,于是不再提起蚩尤,而蚩尤也落到坏人的队伍里去了。

又按《考德》之文今已亡佚,只留下刘歆《世经》所引的一句话。刘歆又给少昊硬配上"金天氏"一个称号,使得他的金德色彩益发浓厚。刘歆既这么定了,又搀入《左传·昭元年》,"少昊金天氏"一名就成为东汉以下的人们的历史常识,虽是有科学头脑创制浑天仪和候风地动仪的张衡也不得不跟着他这么说,而且要求皇帝,把少昊"实定"到史书中去(西汉时的古史说本是把颛顼直接黄帝,看《史记·五帝本纪》便知,自从《世经》在这两人间插入了少昊,张衡就主张把少昊的地位在历史中实定,见《后汉书·张衡传》)。但"清"和"质"两名究竟是否像他们所说的是祖、孙的关系,还是值得研究的问题。"质""挚"双声,且古音相同,所以同为"贽"的异写,《尝麦》中的"故名曰质"和《左传·昭十七年》"昔我高祖少皞挚之立也"所指必系一人,这是可以肯定的。又《左传》里的少皞是在东方独立存在的,保存了少皞的原来面貌,《尝麦》里的少昊是黄帝、炎帝的传说已传到东方,而少昊自身又已转到了西方的,是变了质的少昊,这也可以肯定。

(三)《史记·封禅书》:"秦襄公既侯,居西垂,自以为主少皞之神,作西畤,祀白帝。其牲用骝驹、黄牛、羝羊各一云。"《索隐》:"赤马黑鬣曰'骝'也。《诗传》云:'"羝",牡羊。'"《正义》:"〔西垂〕,汉陇西郡西县也,今在秦州上郏县西南九十里也。"

按《史记》这段记载也长期被人忽略过，大家总以为《月令》五帝，太昊在东方，主春，少昊在西方，主秋；秦居西方，所以就方位上说，他们祀少昊之神，把少昊当作自己的上帝，是天经地义的事。现在根据前面这些资料，知道郯国自说是少昊的子孙，鲁国又都于少昊氏之虚，少昊必然是东方民族的祖先神。秦为嬴（盈）姓，而嬴姓是周公东征时讨伐的对象之一，他们四散奔走，秦的一族迁居到西北；等到他们挤上诸侯的地位，生活比较富裕的时候，要祭祀上帝和祖先，就首先作西畤祭少昊。秦和郯同出于一个部落，现在虽已遥远地隔离开了，但历史文化的传统是割不断的，所以这两国都奉少昊之祀。至于"白帝"这个称谓，乃是后来扩大了上帝的祭祀，有了黄帝、青帝、赤帝之后加上去的；在秦襄公的时候（他的在位自公元前 777—前 766 年，当周幽王至平王世），他只知道把自己认为祖先的少昊当作上帝一般地奉祀而已。约至战国中期以后，五行学说讨论日密，颜色中的"白"和方向中的"西"都归到"金"的一行，又因秦为西方强国，它主祀的神是少昊，所以少昊就被人们固定地分配到西方作上帝而为"白帝"，于是东方的祖先竟安然坐上了西方的神位。直到今天，才知道这是东方民族受了西方民族的压迫而大举迁徙，以致文化也随着流动的结果。

（四）皇甫谧《帝王世纪》："太皞帝庖牺氏，……位在东，主春，象日之明，是以称'太皞'。"（《礼记·月令》疏引）

（五）胡厚宣《楚民族源于东方考》："'昊'字金文作'𣅀'（《师昊父毁》），乃从'天'字'𤴐'变来，故'昊'字有'天意'，亦指太阳。东方民族共推其君主为'昊'，即以其为代表太阳之人。'昊'字后又变为'皇'字，作'𝘘'，又作'𝘘'，其象太阳之形益显。故太昊亦称'泰皇'，《楚辞》之'东皇''西皇'亦即太昊、少昊；后演变为'三皇'，又演变为后世'皇帝'之通称。知太昊、少昊为传说中之东方帝王，而其所代表乃太阳之意，则东方民族之崇拜太阳可知。"

按今通行本《左传》、《礼记》和《史记》中，太昊、少昊的"昊"都作"皞"，《国语》和唐石经本《左传》《礼记》则都作"暤"，《盐铁论》作"曎"，后二者皆是从"日"从"皋（睪）"的形声字，颇疑今本《左传》《礼记》的"白"旁是传写之误；但也说不定由于在五行学说中西方为白色，少昊为西方之帝，所以把"日"旁特意改作"白"旁的。可是太昊始终在东方，决没有改作"白"旁的需要。至于《逸周书·尝麦》和《汉书·古今人表》、《律历志》等则并作"昊"，是象形字，应是这个字的本字。皇甫氏的"象日之明"一语道破了它的意义。胡氏此说，说明了东方民族有崇拜太阳的传统文化，也说明了太昊、少昊都是介乎神和人之间的人物。我们试把鸟夷族这个信仰来看祝融族所崇奉的祖先神祝融，则他"能昭显天地之光明，以生柔嘉材"，正是描绘了太阳的伟大功能，可以认识东方的古老民族，他们的族类虽有不同，信仰却无二致。在《楚辞·九歌》中，头一个歌颂的即是"东皇太一"，第七个又是"东君"。《东君》的开头语是："暾将出兮东方，照吾槛兮扶桑。抚余马兮安驱，夜皎皎兮既明。"王逸《章句》云："谓日始出东方，其容暾暾而盛大也。'吾'，谓日也。'槛'，楯也。言东方有扶桑之木，其高万仞，……日以扶桑为舍槛。……'余'，谓日也。言日既升天，运转而西，将过太阴，徐抚其马，安驱而行，虽幽昧之夜犹皎皎而自明也。"太阳出于东方，东皇和东君都是日神，为了楚人的极度崇拜而分析为二神，这二神即是在祝融神的基础上发展出来的；他还有一个和东皇同等的尊贵名号唤作"帝高阳"呢？

又按"皇"字的解释颇有不同。《说文·王部》："'皇'，大也，从自；'自'，始也。始皇者，三皇大君也。'自'读若'鼻'，今俗以始生子为'鼻子'。"这个解释，自从近代研究金文之后，知道它只是就秦篆说义，和古文形、义全不相合。《礼记·王制》云："有虞氏皇而祭，……夏后氏收而祭，……殷人冔而祭，……周人冕而祭。"郑《注》："'皇'，冕属也，画羽饰焉。"汪荣宝《释皇》以为古彝器中"皇"字屡见，大抵作"㞷"：上形作"㞷"，或省其中注作"屮"，或增多上画作"㞷"，或变形作"㞷"，均可证其必非"自"字。其下形之"土"，今所见的古文皇字下皆作"土"，或作"土"，可见二字分理自别。欧洲古代 Conronne 之图作"㞷"，正与此同，知"囗"象冠卷，"屮"象冠饰，"土"象其架。古文"弁"作"㞷"，上形与"皇"极似，明其同出一源。这是"皇"字的新解。一九六一年，陕西长安县张家坡出土大批铜器，其一为《师旂簋（乙）》，有"盾生皇画内"一语，郭沫若释文云："古人当即插羽于头上而谓之'皇'。原始民族之酋长头饰亦多如此。故于此可得'皇'字之初义，即是有羽饰之王冠。……后由实物的羽毛变而为画文，亦相沿而谓之'皇'。……酋长头上的羽饰既谓之'皇'，故盾牌头上的羽饰亦谓之'皇'。此铭言'盾生皇画内'，……即盾头有真正的五采羽饰，而盾面复有花文画入（古文"人"与"内"为一字）。"由汪、郭两家之说看来，皇是酋长的冠，上有羽饰，辉煌灿烂，照眼生光，所以凡是辉煌灿烂的东西也都可称之为"皇"。太阳是最光明的，神也是最光明的，而又加之以拟人化，所以就常用这个"皇"字或"昊"字来形容太阳神了。

（六）《左传·昭十七年》："宋，大辰之虚也；陈，大皞之虚也；郑，祝融之虚也：皆火房也。"

按这年是公元前 525 年，《春秋经》载："冬，有星孛于大辰。""星孛"是彗星，"大辰"是大火星，彗星进入了大火星的范围，鲁国的预言家梓慎就按照了当时的分野说（这一说是把天上的星宿分为九野或十二野，来印合地上的九州或十二州中的封国），断定宋、卫、陈、郑四国必然会犯大火灾。可是宋居大辰之虚，郑居祝融之虚，都是火神所宅，叫做"火房"，它们受到火灾在当时人的信仰下自可说是分所当然，至于陈，它是太皞之虚，为什么也要碰到这不幸的事件呢？看了上一节的解释，"皞"本作"昊"，太昊是代表太阳的人或竟是太阳神，而太阳则是一团烈火，那就无疑于它所以将陷入与宋、郑同样的命运的缘故了。

（七）《春秋·隐八年》："夏六月……辛亥，宿男卒。"杜《解》（《隐元年》"及宋人盟宿"下）："宿，小国，东平无盐县也。"

按宿为太皞后的一国，而其爵为"男"，表明它的地位只比采、卫高一级。从《隐元年》鲁与宋盟于宿及《庄十年》宋人迁宿两事看来，宋当是宿的宗主国。晋代的东平无盐县，在今山东东平县东二十里。

（八）《春秋·庄十年》："三月，宋人迁宿。"杜《解》："宋强迁之而取其地。"

按宿人被迁的地方即今江苏宿迁县。一个微弱的古国，随人摆布到这样。

（九）《论语·季氏》："季氏将伐颛臾，冉有、季路见于孔子曰：'季氏将有事于颛臾。'孔子曰：'求！无乃尔是过与？夫颛臾，昔者先王以为东蒙主，且在邦域之中矣，是社稷之臣也，何以伐为！'……冉有曰：'今夫颛臾固而近于费，今不取，后世必为子孙忧！'孔子曰：'求！君子疾夫舍曰欲之而必为之辞。……远人不服则修文德以来之，既来之则安之。今由与求也相夫子，远人不服而不能来也，邦分崩离析而不能守也，而谋动干戈于邦内，吾恐季孙之忧不在颛臾而在萧墙之内也！'何晏《集解》："孔（安国）曰：'"颛臾"，伏羲之后，风姓之国，本鲁之附庸，当时臣属鲁，……使主祭蒙山。……'郑（玄）曰：'"萧"之言肃也。"墙"谓屏也。君臣相见之礼，至屏而加肃敬焉，是以谓之"萧墙"。后季氏家臣阳虎果囚季桓子。'"邢昺《疏》："昔者先王始封颛臾为附庸之君，使主祭蒙山，蒙山在东，故曰'东蒙'。……鲁之封域方七百里，颛臾为附庸，在其域中也。……小城曰'附庸'。附庸者，以国事附于大国，未能以其名通也。"

按《孟子·万章下》："子、男五十里。……不能五十里，不达于天子，附于诸侯，曰'附庸'。"像颛臾这样，在鲁的"邦域之中"，看守蒙山，成为鲁的"社稷之臣"，无疑它已成为鲁的附庸国，比宿男更下一级。蒙山，胡渭《禹贡锥指》云："在今蒙阴县南四十里，西南接费县界。……颛臾国在山下。"刘宝楠《论语正义》云："《左传》言颛臾'司有济之祀'，司者，主也。济与东蒙，颛臾并主其祀，《左传》《论语》各举其一耳。"同书引方观旭说云："礼：天子外屏，诸侯内屏。……'萧墙'惟人君有耳。……斯时哀公欲去三桓，季氏实为隐忧，……又畏颛臾世为鲁臣，与鲁犄角以逼己，惟有谋伐颛臾，克之则如武子之取卞以为己有而益其疆，不克则鲁师实已劳惫于外，势不能使有司讨己。……萧墙之内何人？鲁哀公耳。不敢斥君，故婉言之。"此说甚是。为了季孙一家和鲁公室闹矛盾，害得附庸国颛臾遭殃，可见弱小民族寄人篱下的苦痛。何晏《集解》所引的"孔安国"说是后人假托的，所以它会说颛臾为伏羲之后，承用了刘歆的说法，详下。

（一○）《左传·僖二十一年》："任、宿、须句、颛臾，风姓也，实司大皞与有济之祀，以服事诸夏。邾人灭须句，须句子来奔，因成风也。"杜《解》："'司'，主也。'大皞'，伏羲。四国，伏羲之后，故主其祀。'任'，今任城县也。'颛臾'，在泰山南武阳县东北。'须句'，在东平须昌县西北。四国封近于济，故世祀之。……'须句'，成风家。"

（一一）《春秋·僖二十二年》："春，公伐邾，取须句。"杜《解》："须句虽别国，而削弱不能自通，为鲁私属，若颛臾之比，鲁谓之'社稷之臣'，故灭、奔及反其君皆略不备书，惟书'伐邾，取须句'。"《左传》："春，伐邾，取须句，反其君焉，礼也。"杜《解》："得恤寡小之礼。"

（一二）《春秋·文七年》："春，公伐邾，取须句。"杜《解》："'须句'，鲁之封内属国也。僖公反其君之后，邾复灭之。书'取'，易也。"《左传》："春，公伐邾，间晋难也。三月甲戌，取须句，置文公子焉，非礼也。"杜《解》："公因霸国有难而侵小。邾文公子叛在鲁，故公使为守须句大夫也。绝大皞之祀以与邻国叛臣，故曰'非礼'。"

按从以上三节看，知道须句也是一个力不足以自存的小国，和颛臾一样，寄生在鲁的封内。其时邾人有力，把它灭了，须句子只得逃奔到鲁国，请求保护。为了鲁僖公的母亲成风是须句国的女儿，僖公看着舅舅家的面子，第二年就出兵把它夺了回来，还给故君。不知何年，依然被邾国抢了过去。到文公时，成风已死，鲁国虽再次夺回，可是不再还给须句人，却封了邾的叛臣，从此结束了这一古国。为了须句的弱小，政治地位的低微，所以《鲁春秋》里全不把须句的灭亡、须句君的奔鲁、鲁人夺回其地而返国于其君这些事情记在简策上，可见鲁国史官的心眼是多么势利，他们的统治阶级意识又多么浓重！杜预说的"霸国有难"，是指晋襄公死后君位继承问题还没有解决，所以一时还不能顾到国与国间的问题。

（一三）《孟子·告子下》："任人有问屋庐子，……屋庐子不能对，明日至邹以告孟子。"赵《注》："任国之人问孟子弟子屋庐。"阎若璩《四书释地》："'任'，国名，太皞之后，风姓，汉为任城县，后汉为任城国，今济宁州东任城废县是。去古邹城仅百二三十里，宜屋庐子明日即可往问。"

按《春秋·桓五年》，《公羊》《左氏》两经书"天王使仍叔之子来聘"，而《穀梁》则作"天王使任叔之子来聘"，"仍"（réng）"任"（rèn）同音通用，故可假想任国即夏代的有仍氏。《左传·哀元年》："昔有过浇……灭夏后相，后缗方娠，逃出自窦，归于有仍，生少康焉，为仍牧正。"是缗为仍国女子的姓。（《史记·吴世家》集解引贾逵《左传注》云："'有仍'，国名，后缗之家。"）但同书《昭四年》云："夏桀为仍之会，有缗叛之。"又《昭十一年》云："桀克有缗以丧其身。"好像仍和缗是两国。（《左传·昭四年》，杜《解》："'仍''缗'，皆国名。"《路史·国名纪》以缗为少昊后，仍为太昊后。）可是古人的事情很难死扣，例如夏为姒姓，而"沈、姒、蓐、黄"（《昭元年》）则即以"姒"为国名，仍和缗也许是一国而二名，或者是一举其国，一举其姓。如果这样，则这一国对于夏王朝的关系可谓十分重大：夏后相的血统是由后缗传衍下来的，桀的亡国是有缗之叛所促成的。从前人说韩信一生，"成也萧何，败也萧何"，如今我们不是可以说夏的一代，"成也有仍，败也有仍"吗？有仍地望，旧说不详，但缗则可考。《左传·僖二十三年》："齐侯伐宋，围缗。"杜《注》："高平昌邑县东南有东缗城。"按昌邑故城在今山东金乡县西北，离济宁的任城废县不远，可信其同属一国。又《楚辞·天问》："桀伐蒙山，何所得焉？"这蒙山就是《论语》里说的颛臾"昔者先王以为东蒙主"的蒙。蒙山广大，所以分为东、西几个部分。刘宝楠《论语正义》："蒙山高峰数处，俗以在东者为东蒙，中央者为云蒙，在西北为龟蒙，其实一山。"可见蒙山是济水流域的大山。桀伐蒙山是他亡国的根由，其详见于《古本纪年》，文云："后桀伐岷山，进女于桀二人：曰琬，曰琰。桀受二女……而弃其元妃于洛，曰末喜氏；末喜氏以与伊尹交，遂以间夏。"（《御览》一三五引）这"岷（mín）山"并不是今四川的岷山，而只是"蒙"（méng）的声转。《天问》问的"桀伐蒙山"，就是《左传》说的"夏桀为仍之会，有缗叛之"的事。《天问》问的"何所得"，也就是《纪年》说的桀在战事胜利中抢得了琬、琰二女。《左传》说的"桀克有缗以丧其身"，又即是《纪年》说的末喜与伊尹间而亡夏。《孙子·用间》篇说的"殷之兴也，伊挚在夏"，也是此事。蒙山是有仍的东境，故可借蒙以称仍国。桀伐仍虽有所得，然而即以此亡，所以汉张超《诮青衣赋》云："有夏取仍，覆宗绝祀。"（《艺文类聚》三十五引）这故事一经钩出，便可见得仍国的女子对于夏王朝的政治影响是无可比拟的巨大。仍在济宁，"仍"和"任"又同音，所以我们敢于猜想春秋时的任就是夏代的仍。可是任为风姓，仍为缙姓，好像不是一事。再一想，"昔少典娶于有蟜氏，生黄帝、炎帝；黄帝以姬水成，炎帝以姜水成，成而异德，故黄帝为姬，炎帝为姜"，"黄帝之子二十五人，……四母之子别为十二姓"（《国语·晋语四》），祝融一族也分八姓，古代在一个大姓之下每每分析为若干小姓。从图腾制度看，当氏族的范围扩大时，就可分划成许多"分氏族"，即"佛赖德里"（Phratrie），例如一个鹦鹉氏族可分为白鹦鹉和黑鹦鹉两个分族，一个狼氏族也可分为灰狼和白狼两个分族。风姓和缙姓的分别正可用这些例子来看。这个任国，在夏代已经这般地煊赫，历千余年到春秋时还能在周人的统治下生存下去，直到战国中期，无数小国已经像秋风扫落叶一般地归于消灭，而看《孟子》所记，任国却依然存在，这真可说是鸟夷族中的惟一长寿之国了。

又按我们在前面已经认识了少昊这一族所占据的地区面积和他们的宗教、政治的情况，现在又可从上面八节里略略地认识了太昊这一族的面貌。陈为太昊之虚，春秋时的陈都在今河南淮阳县，而《左传》所记的太昊诸国都在济水流域，即今山东西南部，似乎淮阳的陈不是太昊族的中心地区。看典型龙山文化遗物密集于山东东、西部，到河南北部则很少，可以证实这个说法。提到这问题，我们便不得不研究舜的传说，为的是陈是舜裔。这个问题牵涉甚广，留待我们在本篇附录"唐尧、虞舜问题试探"里详考（**编者按**：此附录未作）。舜很可能是太昊族中的一分子，和少昊族是相互通婚的两族，所以他的遗迹都在济水流域。陈君的姓出于周王所赐，陈地又为周王所封，可见这一族的本姓未必是妫，其原始居地也未必即是淮阳，所谓"太皞之虚"是跟着陈国而迁徙的，他的遗墟应当回复到济水一带。按《汉书·地理志》："陈留郡陈留。"颜《注》引臣瓒曰:"留属陈,故称'陈留'也。"是知本为陈之留邑,陈故都当离此不远。但这"留"字如果不作地名解而作动词解,例如宿人所迁,谓之"宿迁",肥人所如,谓之"肥如"(见《汉志》辽西郡颜注引应劭说),则这"陈留"一词,解作陈之遗民所留居,亦未尝不可。陈留在今河南开封市东南,其地正当古济水之阴,获水和睢水之间,鸿沟之西。观"获""睢""鸿"诸名都从隹或鸟,便知其为鸟夷族集居地。"太皞之虚",自当在此。其后盖以不胜宋、卫、曹诸国的压迫,乃南迁至淮水流域。当周公东征以及周王朝历代东向发展时,少昊族已经搬得七零八落,太昊族不容不迁移。只是文献资料过度缺乏,所有迁移的太昊族,除陈国有很大的可能外,其他则我们已一无所知。靠了《左传》中的一点儿记载,才知道没有被迁走的有任、宿、须句、颛臾四国,而这四国自入春秋时代都已奄奄一息,到了由得人家宰割的程度。

又按任、宿、须句、颛臾四国都姓风,为了他们居地近于济水,所以除了祭祀他们的祖先神太昊之外,也祭祀了有济之神。太昊和少昊,单就名号上看,已可决定他们有相互依存的关系;少昊之后为嬴姓,太昊之后为风姓,似乎可以肯定他们是两个部落,但也说不定是一个部落里的两个胞族。"风"就是"凤",是古人传说中的神鸟。这二字,小篆固有分别,但在甲骨文中则只是一个字。卜辞屡云"遘大凤",实际上乃是碰到大风。(《殷虚书契前编》二·三〇·六:"壬寅卜,贞今日王其田暮,不遘大凤?其遘大凤?"《后编》上·三〇·八:"戊午卜,贞今日王其田宫,不遘大凤?"都是。)反过来看,说他们姓"风"也就是表示他们以"凤"为本族的图腾。《说文·鸟部》:"'朋',古文'凤',象形。凤飞,群鸟从以万数,故以为'朋党'字。'鹏',亦古文'凤'。"是凤即鹏。《庄子·逍遥游》:"鹏之背不知其几千里也,怒而飞,其翼若垂天之云。……鹏之徙于南冥也,水击三千里,抟扶摇而上者九万里,去以六月息者也。"这固然是极度的夸大,但也可知鹏

（凤）是世界上希有的大鸟。《淮南子·本经》："尧乃使羿……缴大风于青丘之泽。"高诱《注》："'大风'，鸷鸟（今本脱'鸷鸟'字，据《文选》刘孝标《辨命论》注引）。以缴系矢射杀之。"是"大风"即大凤。少昊既因凤鸟至而以鸟名官，太昊一族又以凤为姓，可见他们两位同在鸟夷之中，为鸟夷人民所崇奉的大神。少昊都于曲阜，他的裔孙所主的郯国在今山东郯城县；太昊裔孙残余四国也都在今山东境内，任在今济宁县，宿在今东平县东二十里，须句也在今东平县，颛臾在今费县西北七十里，有的在鲁国西北，有的在鲁国东南，而鲁国本身又是少昊之虚，是鸟夷族的一个中心地点，我们可以知道这些古国全在今山东南部，即古济水之南和沂蒙山区一带。

又按"太昊"和"伏羲"本出于两种渺不相关的传说。太昊是原始社会的人民因崇拜光明而拟人化的神灵，他有民族文化的基础，和祝融、高阳、高辛一样。伏羲（《易·系辞》传作"庖牺"）则是文明社会中的人们回溯古代社会，因而从理性上推演出来的一个古代社会的渔猎阶段，也来一个拟人化的名词，和有巢、燧人、神农一样。固然两者同是拟人化，但时代的远近简直距离太大了。自从刘歆作《三统历》，把传说中的古代王者的名号任意拼合，务求整齐，突然出现了"太昊伏羲氏"这个名字。这个说法为班固载入《汉书·律历志》，成为最有权威的古史说，于是须句、颛臾等国都说成了伏羲氏的后裔。这是绝对的错误，我们亟应予以辨正的。

五　殷商族和鸟夷的关系

（一）《诗·商颂·玄鸟》："天命玄鸟，降而生商，宅殷土芒芒。"毛《传》："'玄鸟'，鳦也。春分玄鸟降，汤之先祖有娀氏女简狄配高辛氏帝，帝率与之祈于郊禖而生契，故本其为天所命，以玄鸟至而生焉。'芒芒'，大貌。"郑《笺》："'降'，下也。天使鳦下而生商者，谓鳦遗卵，娀氏之女简狄吞之而生契。……自契至汤八迁，始居亳之殷地而受命，国曰以广大芒芒然。"《释文》："'娀'，……契母本国名。'郊禖'，……本亦作'高禖'。"孔《疏》："《释鸟》云：'"燕燕"，鳦也。'色玄，故又名为'玄鸟'。毛氏不信谶纬，以天无命鸟生人之理，而《月令》"仲春"云：'是月也，玄鸟至之日，以大牢祀于高禖，天子亲往，后妃率九嫔御。'玄鸟降日则有祀郊禖之礼也，《大戴礼·帝系》篇说'帝喾卜其四妃之子皆有天下'，云'有娀氏女简狄'，则契为高辛之子，简狄，高辛之妃，而云玄鸟至生商，则是以玄鸟至日祈而得之也，故以'春分玄鸟降，汤之先祖简狄祈郊禖而生契'也。玄鸟以春分而至，气候之常，非天命之使生契，但天之生契将令王有天下，故本其欲为天所命，以玄鸟至而生焉。记其祈福之时，美其得天之命，故言'天命玄鸟，使下生商'也。……郑以《中候·契握》云：'玄鸟翔水遗卵流，娀简吞之，生契封商。'《殷本纪》云：'简狄行浴，见玄鸟堕其卵，简狄取吞之，因孕生契。'此二文及诸《纬》《候》言吞鳦生契者多矣，故郑据之以易《传》也。"陈奂《疏》："郑注《月令》云：'高辛氏之世，玄鸟遗卵，娀简吞之而生契，后世以为媒官嘉祥而立其祠焉。'据此，则禖宫始于殷世矣。郑注《礼记》与《毛诗传》不同，至笺《诗》亦不言郊禖生契，其意亦不从《毛诗传》也。"

（二）同书《长发》："濬哲维商，长发其祥。洪水芒芒，禹敷下土方，外大国是疆，幅陨既长。有娀方将，帝立子生商。"毛《传》："'濬'深；'洪'，大也。诸夏为'外'。'幅'，广也。'陨'，均也。'有娀'，契母也。'将'，大也。契生商也。"郑《笺》："'长'，犹'久'也。'陨'，当作'圆'，圆谓'周'也。深知乎维商家之德也，久发见其祯祥矣。乃用洪水禹敷下土、正四方、定诸夏、广大其竟界之时，始有王天下之萌兆。历虞、夏之世，故为'久'也。'帝'，黑帝也。禹敷下土之时，有娀氏之国亦始广大，有女简狄吞鳦卵而生契，尧封之于商，后汤王，因以为天下号，故云'帝立子生商'。"孔《疏》："郑以……'有娀方将'，谓有娀之国方始广大，黑帝凭依简狄，使之有子，立其子使生商国。……诸夏为'外'，对京师为'内'也。……'有娀'，契母之姓；妇人以姓为字。……禘者，郊天之名，郊祭所感之帝。商是水德，黑帝之精，故云'黑帝'，谓汁光纪也。且以下云'玄王'，故以黑帝言之。以有娀是简狄国名，非简狄之身，言'有娀方将'不得为简狄长大，故以为禹敷下土之时，有娀氏之国亦始广大也。"陈奂《疏》："《史记·殷本纪》云：'桀败于有娀之虚。'盖桀都河南，有娀与桀都相去当不甚远。《淮南子·墬形》篇：'有娀在不周之北。'高诱《注》云：''娀'，读如"嵩高"之"嵩"。'案嵩高山在河南，于声求义，高说自得诸师读。张守节谓有娀当在蒲州北，此由桀都安邑之说而误。"

（三）同书同篇："玄王桓拨，受小国是达，受大国是达，率履不越，遂视既发。"毛《传》："'玄王'，契也。'桓'，大；'拨'，治；'履'，礼也。"郑《笺》："承黑帝而立子，故谓契为'玄王'。'遂'，犹'遍'也。'发'，行也。玄王广大其政治，始尧封之为小国，舜之末年乃益其土地为大国，皆能达其教令，使其民循礼不得逾越；乃遍省视之，教令则尽行也。"孔《疏》："上言有娀生子，此句即言'玄王'，故知玄王即契也。且《国语》云'玄王勤商，十四世而兴'，玄王为契明矣。……'玄'，黑色之别。以其承黑商（当作'黑帝'）立子，故谓契为玄王也。以汤有天下而称王，契即汤之始祖，亦以'王'言之。……《国语》亦云'昔我先王后稷'，又曰'我先王不窋'。韦昭云：'周之禘、祫，文、武不先不窋，故通谓之"王"。《商颂》亦以契为玄王。'是其为王之祖故呼为'王'，非追号为'王'也。"陈奂《疏》："《鲁语》：'自玄王以及主癸，莫若汤。'《荀子·成相》篇："契玄王，生昭明，居于砥石迁于商；十有四世，乃有天乙是成汤。'是玄王为契矣。……'礼'，本字；'履'，假借字。'率礼不越'，'率'，用也，言用礼立教而不碌越也。'遂视既发'，'发'，行也，言巡视述职，已行其教也。"

按这两篇是在《诗经》里保留下来的殷商族始祖的诞生神话。他们追述祖先，自说始于有娀氏的简狄，她的怀胎不像一般妇女，而是天命玄鸟降下来的。"玄"是黑中带赤的颜色。"玄鸟"是乙，即燕。一说是凤凰，见下（六）节。她生下的儿子，是殷商族的第一代男祖先契；因为他是玄鸟降下来的种，所以就称为"玄王"。关于这个始祖的诞生神话，这里虽没有详细地记叙，但它的轮廓已很鲜明，它和"鸟"有着深切的关系。简狄，似乎可说是原始社会母系制末期的一位人物，从母系制转到父系制，契就成为殷商族里最早的一个男祖先（事实并不如此简单，详下）。可是到了封建社会里，人们的理智升高，不免要问：燕子怎么会得生出人来了呢？于是有毛公的《诗传》替它解释道：简狄是有丈夫的，她的丈夫就是高辛帝（帝喾），依着《月令》里所规定的礼节，每年二月春分时节，玄鸟由南方飞回来了，作帝王的就应当带着后妃，到高禖（即郊禖）的庙里烧香（这好像后世的送子娘娘），祈求子嗣。简狄由于在这时怀了孕，生下了契，他的子孙后来做到商王，所以这首诗是商王为了歌颂自己祖宗的功德，"记其祈福之时，美其得天之命"而作。经过这样一讲，本来很奇异的事迹就归于平淡。（关于高禖祀典的实质问题，郭沫若《释祖妣》云："《墨子·明鬼》篇载燕有'驰祖'之习，曰：'燕之有祖，当齐之社稷，宋之有桑林，楚之有云梦也，此男女之所属而观也。'……古人本以牡器为神，或称之'祖'，或谓之'社'。祖而言'驰'，盖荷此牝神而趋也。此习于近时犹有存者。扬州某君为余言，往岁于仲春二月上巳之日，扬州之习以纸为巨大之牝、牡器各一，男女群荷之而趋，以焚化于纯阳观之前，号曰'迎春'。所谓'男女之所属而观'者，殆即此矣。……古人习于神前结婚，所谓'寝庙'乃前庙后寝，寝所以备男女之燕私。……其在未有寝庙时之古代或不能有寝庙者之庶人，在此通淫之仲春则野合而已。"郭氏说这就是《月令》中所记的祀高禖的事。闻一多《高唐神女传说之分析》云："古代各民族所祀的高禖，全是各该民族的先妣。……先妣也就是高禖。齐国祀高禖有'尸女'的仪式。《月令》所载高禖的祀典也有'天子亲往，后妃率九嫔御'一节。而在民间，则《周礼·媒氏》'仲春之月，令会男女'，与夫《桑中》《溱洧》等诗所昭示的风俗，也都是祀高禖的故事。这些事实可以证明高禖这祀典确乎是十足的代表着那以生殖机能为宗教的原始时代的一种礼俗。"按这两说都是揭露古人重视生殖，因之崇拜生殖之神，奉以为宗教的事实；但这和商的先祖由玄鸟降生并不是一件事，毛公作《诗传》，借高禖说"玄鸟"乃是一种曲解。) 可是神话终归是神话，无论学者们怎样想尽方法，用了理性和人事来作平凡的解释，写进传注，改造读者的观点，而神话依然流传在人们的口头，没法消灭。另一方面，五德终始说经邹衍们提倡之后，不久即为秦始皇所采用，成为最高统治阶级装饰自己、愚弄人民的武器。他们说：天上有五帝，分占着木、火、土、金、水五行的德性，人间的每一代开创基业的帝王都是天上某一帝的儿子，所以称为"天子"，也就是在封建社会里人们常说的"真命天子"。依邹衍们的排列，黄帝是土德；木克土，所以代受天命的夏是木德；金又克木，所以灭夏的商是金德；火又克金，所以灭商的周是火德（以上均见《史记·封禅书》、《孟子荀卿列传》及《吕氏春秋·应同》篇等）。这是所谓"五行相胜说"。它虽是一个高度的唯心史观，却许可新生力量起来打倒腐朽的王朝，总算带着些革命的意味。可是到了西汉后期，

"五行相生说"抬头，它改造了五行相胜说中朝代递嬗的意义，不主张革命而主张禅让，好像母亲和儿子似的，后一代出于前一代的产生和培养，就永远成为和平演变的局面。因此，他们说尧为火德，火生土，所以他让位给土德的舜；土生金，舜就让位给金德的夏；金又生水，夏就让位给水德的商；水又生木，商就让位给木德的周……（见《汉书·律历志》引刘歆《三统历·世经》）。西汉后期，为了专制政权过度剥削人民，人们渴望有一个新天子起来，改善人民的生活，为了这个想望，用五行相生说来讲过去的历史以及将来的豫言的书籍大量地涌现，这就是所谓谶、纬、中候。东汉的光武帝刘秀假借了豫言《赤伏符》上写的"刘秀发兵捕不道"，广为宣传，连夺带骗，取得了帝位，于是他把谶、纬书的地位抬高，强令人们诵读，和经典并行，称为"内学"（见《后汉书·光武帝纪》《桓谭传》等篇）。郑玄生于东汉之末，熟读这些书，所以他继承毛公的《诗传》而作《诗笺》时，竟不惜和毛公立异，他说：简狄是没有丈夫的，黑帝名叫汁光纪（在五行中的分配，水与黑是一组），他要传下他的种，所以派了玄鸟（玄也是黑）来到人间，遗下鸟卵，简狄吞了卵就生下契了。因为契是黑帝之子，所以他号为"玄王"。他又在《礼记注》里说：简狄生契之后，才有高禖的祠祀。经他这样一讲，毛公的话就没有一句是正确的。孔颖达作《毛诗正义》，每逢毛、郑有矛盾的地方总喜欢作调人，来个两不得罪，可是在这首诗里他竟没法调和，只得把两家的话分开疏释了。从我们看来，这本来是个神话，应当用神话的眼光去看待它，毛公用了进步的理智的推想来作解释无疑是歪曲它的本来面目；郑玄回复了它的神话面貌是对的，可是他一意遵循后起的谶、纬，又落入了错误，"玄鸟""玄王"固然和五行相生说下的水德巧合，但天上的五色帝象征着统一五方（东、南、中、西、北）的帝王，轮流管理人间，那决不是原始社会所本有，原始社会所有的只是"天命玄鸟，降而生商"，是"有娀方将，帝立子生商"，"帝"（tiei'）即"天"（t'ien）的异名，原没有什么受五行学说支配的所谓"黑帝汁光纪"。

（四）《吕氏春秋·音初》："有娀氏有二佚女，为之九成之台，饮食必以鼓。帝令燕往视之，鸣若谥隘。二女爱而争搏之，覆以玉筐。少选，发而视之，遗二卵北飞，遂不反。二女作歌，一终曰'燕燕往飞'，实始作为北音。"高诱《注》："'成'，犹'重'。'鼓'，乐。'少选'，须臾。'帝'，天也。天令燕降卵于有娀氏女，吞之生契。《诗》云：'天生玄鸟，降而生商。'又曰：'有娀方将，立子生商。'此之谓也。"毕沅《校正》："〔谥隘〕，《安陆昭王碑文》注引作'隘隘'。"许维遹《集释》："作'隘隘'是。《玉烛宝典》引作'夜鸣若嗌嗌'，'嗌''隘'声同，皆象燕鸣也。"

（五）《淮南子·墬形》："有娀在不周之北，长女简翟，少女建疵。"高诱《注》："'有娀'，国名也。'不周'，山名也。'娀'，读如'嵩高'之'嵩'。'简翟''建疵'，姊妹二人，在瑶台，帝喾之妃也。天使玄鸟降卵，简翟吞之以生契，是为玄王，殷之祖也，《诗》云'天命玄鸟，降而生商'也。"

按《吕氏春秋》所说的简狄生契的故事近于它的全貌。这个故事说：有娀氏君生有两个美丽的女儿，为了宠爱她们，特地造了一座九层的高台，叫她们住在上面；她们饮食的时候一定要打鼓作乐。这个消息惊动了上帝，上帝就派燕子去传种。当这燕子飞到台上，嗌嗌地鸣叫时，两个女儿高兴极了，把玉制的筐子覆盖着它。停了一忽儿，打开筐子看，燕子飞走了，却留着两个燕卵，她们就唱歌来怀念它。下文没有交代，当然是大女儿简翟吞了燕卵，后来就生下了契。在这个故事里，她们所接触的只有燕子，没有帝王，和毛《传》所说的"简狄配高辛氏帝，帝率与之祈于郊禖而生契"有本质的不同，这是极显明的一件事。"佚"是"昳"的通假字，《战国策·齐策一》："邹忌修八尺有余而形貌（貌）昳丽。"鲍彪《注》："'昳'，日侧也，故有光耀意；又疑作'佚'。""燕燕往飞",似乎即用《诗·邶风》的"燕燕于飞,差池其羽,……瞻望弗及,涕泣如雨"来表示她们的眷恋,所以说"实始作为北音","北"即"邶"也,和燕子"遗二卵北飞"亦合。至《淮南子》说的"有娀在不周之北",这原是过度夸大的说法。照《山海经·西次三经》所讲,不周山是远在西北的一座山,郭璞《注》以为在今新疆罗布淖尔的西边。陈奂因高《注》说"'娀'读如'嵩高'之'嵩'",就肯定有娀在嵩山的区域里,固然近便得多,但终觉证据薄弱。于省吾《略论图腾与宗教起源和夏商图腾》云:"'娀'字也见于第五期卜辞:'□辰,王卜,才(在)兮□贞,娑毓妧,□王直曰吉,才三月'(《殷虚书契前编》二·十一·三)。'娑'即'娀','有娀氏'即有戎氏。晚期商王娶戎女为妇,因而加'女'旁称之为娀。……由此可见,商代从先世契母简狄一直到乙、辛(帝乙、纣)时期还与有娀氏保持着婚媾关系。"按商和戎世通婚姻,正如周和姜世通婚姻一样;商人祖先的传说推本于有娀,也如周人祖先传说推本于姜嫄一样。周和姜都在渭水流域,《水经注·渭水》篇记姜水即在岐山之东,以此类推,则商和戎亦必相距不远,所以《史记·殷本纪》说"桀败于有娀之虚",这正和纣败牧野一样,即在国都的郊外。按《春秋·隐二年》:"公会戎于潜。"杜《解》:"陈留济阳县东南有戎城。"戎国在济水流域,可见有娀氏也在济水流域。高士奇《春秋地名考略》云:"'济阳',汉县,属陈留郡,晋亦属陈留国,故城在兰阳县(按在今河南开封专区兰考县)东五十里,故戎城则在今曹县境。"《清一统志》则谓"戎城在今曹州府菏泽县(今山东菏泽县)西南"。两说虽不同,但和汤居的亳都是极近的。这可见陈奂因高《注》而推定娀在嵩山之说不足信。

又按《吕氏》《淮南》两书同为高诱所注,而高氏于《吕氏》但云"天令燕降卵于有娀氏女",于《淮南》则横插"帝喾之妃也"于"简翟、建疵姊妹二人在瑶台"之下,其自相抵牾不言可知。而且简狄为帝喾之妃明见于《帝系》及《史记》，高氏生于东汉，自易接受成说；至于建疵为帝喾妃则任何古籍所未言，不知他何以孟浪地自造这个说法？但看本章（一四）节"喾"即是"舜"，舜娶二女是盛传之说，那也无足怪了。

（六）《楚辞·离骚》："望瑶台之偃蹇兮，见有娀之佚女。"王逸《章句》："石次玉曰'瑶'。……'偃蹇'，高貌。'有娀'，国名。'佚'，美也。谓帝喾之妃，契母简狄也。"又："凤皇既受诒兮，恐高辛之先我。"《章句》："'高辛'，帝喾有天下号也。……帝喾次妃有娀氏女生契。言己得贤智之士，若凤皇受礼遗将行，恐帝喾已先我得娀简狄也。"

（七）同书《天问》："简狄在台喾何宜？玄鸟致贻女何喜？"《章句》："'简狄'，帝喾之妃也。'玄鸟'，燕也。'贻'，遗也。言简狄侍帝喾于台上，有飞燕堕遗其卵，喜而吞之，因生契也。'贻'，一作'诒'。'喜'，一作'嘉'。"（按《汉书·礼乐志》和《续汉书·礼仪志》引此文都作"嘉"。古音"嘉""宜"同为《歌部》，音如"俄"，正是谐韵，故知"喜"为讹字。）

（八）同书《九章·思美人》："帝辛之灵盛兮，遭玄鸟而致诒。"《章句》："帝喾之德茂神灵也。……喾妃吞燕卵以生契也。言殷契合神灵之祥知而生。"

按以上三条皆在《楚辞》，纵然不全为屈原所作，也必出楚人的手笔。楚人本居中原，和殷商族为毗邻，所以在他们的口头保存的中原古史传说特多，因此有《天问》这类的长篇史诗出现。这里说"瑶台"，说"佚女"，说"简狄"，说"玄鸟"，都和《吕氏春秋》一致，只有说"凤皇"，说"高辛"，说"喾"，有些不同。帝喾高辛这个名词，从战国中期的《帝系》以来，已确实被认为黄帝的曾孙和稷、契诸人的父亲，既为契父则契母有娀氏必是他的配偶无疑，所以毛《传》和

《楚辞章句》有同样的说法。然而近六十年发见了甲骨文之后，他的神性就愈来愈显著。王国维《殷卜辞中所见先公先王考》云："卜辞有'夋'字，其文曰'贞焚（原注："古'燎'字。"下注俱同）于夋'（《殷虚书契前编》卷六，第十八叶），又曰'焚于夋口牢'（同上），又曰'焚于夋六牛'（同上，卷七，第二十叶），又曰'于夋焚牛六'，又曰'贞焚年于夋九牛'（两见，以上皆罗氏拓本），又曰'（上阙）又于夋'（《殷虚书契后编》卷上，第十四叶。案'夋''夋'二字象人手、足之形，疑即'夋'字。《说文解字·夊部》：'"夋"，行夋夋也。一曰：倨也。从夊，允声。'考古文'允'字作'夋'或'夋'，本象人形；'夋'字复于人形下加'夊'，盖即'夋'字。夋者，帝喾之名。《史记·五帝本纪》索隐引皇甫谧曰：'帝喾名夋。'《初学记》（九）引《帝王世纪》曰：'帝喾生而神异，自言其名曰夋。'《太平御览》（八十）引作'逡'，《史记正义》引作'岌'，'逡'为异文，'岌'则讹字也。……喾为契父，乃商人所自出之帝，故商人祀之。"在这篇中，王氏说"夋"与"夋"是一字，即帝喾之名"夋"，帝喾是受到商王隆重的祭祀的祖先。其后他觉得应当说这字即是"喾"，因此他在《古史新证》中说："'夋'象人首、手、足之形。《说文·夊部》：'"夋"，贪兽也。一曰："母猴，似人。从页，巳、止、夊其手足。'《毛公鼎》'我弗作先王羞'之'羞'作'夋'，《克鼎》'柔远能迩'之'柔'作'夋'，《番生敦》作'夋'，薛氏《款识·盠和钟》之'柔燮百邦'，《晋姜鼎》之'用康柔绥怀远迩'，'柔'并作'夋'，皆是字也。'夒''羞''柔'三字古音同部，故互相通假。此称'高祖夒'（按罗氏藏拓本云：'癸巳，贞于高祖夋'），案卜辞惟王亥称'高祖王亥'（《后编》上，二二），或云'高祖亥'（《戬寿》，一），大乙称'高祖乙'（《后编》上，三），则夒必为殷先祖之最显赫者。以声类求之，盖即帝喾也。帝喾之名已见《逸书》，《书序》：'自契至于成汤八迁，汤始居亳，从先王居，作《帝告》。'《史记·殷本纪》'告'作'俈'，《索隐》曰：
'一作"俈"。'案《史记·三代世表》《封禅书》，《管子·侈靡》篇皆
以'俈'为'詧'。《伪孔传》亦云：'契父帝喾都亳。汤自商邱迁亳，
故曰"从先王居"。'若《书序》之说可信，则帝喾之名已见商初之书
矣。诸书'詧'作'俈'者，与'夒'字声相近；其或作'夋'者，
则又'夒'字之讹也。"他断言"夒"字应依《说文》"夒"字读作
"猱"（'nâung），与"柔"（nźiɐu）、"羞"（.siɐu）等字同声，因而这
字又写作"告"（kâu'）、"俈"（kâu'）、"詧"（kuok）；又因形似写作
"夋"，再加人旁作"俊"。古代的人们对于神和人的界线本来是够模糊
的，尤其对于自己的始祖更想高攀到上帝才可以踌躇满志。试看黄帝这
位人物，本来是秦灵公（前 424—前 415 年）在吴阳造了上畤来祭祀的
一位上帝（见《史记·封禅书》），等到这个传说传到了东方，齐威王
（前 356—前 320 年）就想接受了这位上帝作为自己的祖先，而云"其
惟因脊（齐威王名，《史记》作"因齐"）扬皇考，绍緟高祖黄帝"
（见《陈侯因脊镎铭》）了。生在战国中期的统治阶级尚且如此好弄玄
虚，拉拢上帝作自己的祖先，何况神权时代的商人，他们把上帝请下
来，把自己假想中的形象替他定名为夋或詧，燎了若干头牛，举行盛大
的祭礼，奉之为"高祖"，那还有什么奇怪。至于"高辛"这个名字亦
见于《左传·文十八年》和《昭元年》，或是东周时宋人特创的上帝之
名，和楚人把自己的祖先祝融氏升格为上帝而称为"帝高阳"一样。
因为高辛本是喾的异名，所以后来刘歆作《世经》时联称为"帝喾高
辛氏"就觉得非常合适。在《楚辞》这三条里，所记的简狄生契的神
话本来和《诗经》《吕氏春秋》大体上没有什么出入，可是到了东汉末
王逸注《楚辞》时，就一股劲儿把帝喾拉作人王，把简狄拉作帝喾的
次妃，使本文和注文不相契合。其故，就因他一方面读得《帝系》和
《史记》，一方面又读得《毛诗传》，在无条件地肯定前人的成说下，不
容许他不这样做。可是帝喾既已降为人王，简狄又已正式嫁给他作为次

妃，那么"男女居室以生民"原是天经地义的事情，何劳"飞燕堕卵，喜而吞之以生契"呢？而且如果真有这件事，那么，她既经天天伴随着帝喾，又怎能证明这个胎一定由于吞了燕卵而获得的呢？所以，用了人事来解释神话，就会处处露出马脚来。在这一点上，毛公的解释却比较隐蔽，他只说在"玄鸟至"的时候高辛氏帝带了后妃去祀高禖，因而得子而已。

又按凤皇的问题，郭沫若《屈原赋今译》说："'凤皇既受诒'，以上下文按之，实即玄鸟传说。《天问》篇：'简狄在台喾何宜？玄鸟致贻女何嘉？'……'玄鸟致诒'即'凤皇受诒'。'受'，'授'省。'诒'，'贻'通。知古代传说中之'玄鸟'实是凤皇也。《商颂》'天命玄鸟，降而生商'，注家以玄鸟为燕，乃后来之转变。"按《诗》但言"玄鸟"，《楚辞》则既言"玄鸟"又言"凤皇"，自可决定在原始神话中，所谓"玄鸟"即是凤皇，战国以下乃转变而为燕，如《吕氏春秋》《月令》《毛诗传》等都是。至于《左传·昭十七年》郯子叙述以鸟名官这段话里，既有历正的"凤鸟氏"，又有司分的"玄鸟氏"，好像确不是一种鸟。然而神话传说原是变化多端的，既可合二名为一，又可分一名为二。玄鸟本是燕子，为了它能为上帝到下界来传种，就成了神鸟，再神化些就成了凤皇，这是合二名为一。玄鸟这一名，神化则为凤皇，平凡则仍为燕子，这又分一名为二。

（九）《史记·三代世表》褚少孙补："《诗传》曰：'汤之先为契，无父而生。契母与姊妹浴于玄丘水，有燕衔卵堕之。契母得，故含之。误吞之，即生契。'"

（一〇）刘向《列女传》："契母简狄者，有娀氏之长女也。当尧之时，与其姊妹浴于玄丘之水。有玄鸟衔卵过而坠之，五色甚好。简狄得而含之，误而吞之，遂生契焉。"

按《汉书·儒林传》云："王式为昌邑王师，……昌邑王……废，……归家不教授。山阳张长安幼君先事式，后东平唐长宾、沛褚少孙亦来事式，……由是《鲁诗》有张、唐、褚氏之学。"可见褚少孙所引的《诗传》是《鲁诗》说。同书《楚元王传》："元王……少时，尝与鲁穆生、白生、申公俱受《诗》于浮丘伯。……高后时，浮丘伯在长安，元王遣子郢客与申公俱卒业。……申公始为《诗传》，号《鲁诗》。元王亦次之《诗传》，号曰《元王诗》。"陈乔枞《鲁诗遗说考·自序》云："向为元王子休侯富曾孙，汉人传经最重家学，知向世修其业，著《说苑》《新序》《列女传》诸书，其所称述必出于《鲁诗》无疑矣。"是《列女传》亦演《鲁诗》说。《鲁诗》在汉代出现最早，所以这一学派讲的玄鸟故事同于古说而异于毛公，简狄仍是一个没有丈夫的女子。至于说她在水里洗浴的时候吞了鸟卵，和《吕氏春秋》及《楚辞》说她在高台上得着鸟卵固有地点高下的不同，然而这个神话却和流传在长白山下的非常相像。《东华录》一云："先世发祥于长白山，……山之东有布库里山，山下有池曰布尔湖里。相传有天女三，长思古伦，次正古伦，次佛库伦，浴于池。浴毕，有神鹊衔朱果置季女衣，季女含口中，忽已入腹，遂有身，告二姊曰：'吾身重不能飞升，奈何？'二姊曰：'吾等列仙籍，无他虞也。此天授尔娠，俟免身来未晚。'言已别去。佛库伦寻产一男，生而能言，体貌奇异。"我们用了比较神话学的观点来看它，那么长白山的故事和玄鸟生商的故事必然有其一线相承的血缘关系在。《鲁诗传》和《列女传》说为因浴吞卵，固然和《楚辞》《吕氏春秋》不一样，但这个说法必然有它的群众基础，不是汉代经师故意的改造。至于说为"玄丘水"，则是由"玄鸟"这个名词上联想而来的。《列女传》说的"当尧之时"又是由《尧典》来的，不是这个神话所固有。

（一一）《尚书中候》："玄鸟翔水，遗卵于流。娀简拾吞，生契封商。"（《太平御览》八十三引）

（一二）《诗纬·含神雾》："契母有娀浴于玄丘之水，睇玄鸟衔卵，过而堕之。契母得而吞之，遂生契。"（杨慎《丹

铅总录·怪异类》引）

按以上二节是纬书里记载的玄鸟生契的神话。纬书是西汉末年到东汉初年的一班下级经师结合了方士和天文家、阴阳家的学说所创造的经典。他们说"经"是纺织机上的直线，"纬"是横线，两者必须结合起来才可以织成布匹。因此，他们对于每一部经都作出了若干种纬来伴随着。这些书的政治目的性是想把孔子神化，使他成为中国的教主，好让后世的帝王和政治家们都在这位教主的指导下统治人民，因而有利于最高统治者的地位的保持；他们希望待到这一德的气数终讫时，方始让位给秉受了别一德而该起来的帝王。因此，天上有五位上帝，人间就会有这五天帝的儿子轮流把握政权。这是一种极端宿命论的思想，它具有恫喝和禁止人民起义的作用，它说：凡是没有受到天命的人只该无条件地接受统治者的驱遣，不要梦想造反。班彪的《王命论》即是这种思想的代表。这种思想，无疑是十分反动的。而且人智已经到达了文明的阶段，却来大开倒车，回复到神权社会，也决不为时代潮流所许可。何况孔子生平不语怪、神，他的思想和行事都从社会实践出发，哪有一点神秘性，捧他作教主又怎么会成功。所以，这一个宗教运动虽经东汉皇帝的大力提倡，终于碰到了桓谭、王充、张衡、贾逵一班头脑比较清醒的学者的反对；到了隋文帝时就焚毁完事。现在除了《易纬》尚有八种幸存外，其他各经的纬以及《河图》《洛书》的谶只有依靠别的书上引用的一些句子而存在。从明代的张珷《古微书》到清代的乔松年《纬捃》，辑本日益细密，日本近年有《纬书集成》出版，我们可以在这一鳞片爪里窥见它的体制。现在对它批判地接受，应当说它有两点好处。第一，因为它以"天、人相与"为中心，所以关于两汉时代的天文、历法的知识保留得相当多，这是中国科学史料的一部分遗产。第二，因为它起自民间，所以保存了一些神话和故事，固然这些东西已被作者们涂上了阴阳五行的色彩，然而比较儒书中的历史化的神话总还近些。上引谶纬书中的玄鸟神话两节，可算是保留了"无父而生"的原样，这和毛公、王逸等的理性化的解释就截然相反。郑玄是一个"信而好古"的人，他误信谶纬是和六经同时存在的，所以他注谶纬，又用了谶纬的话写入六经的注，也就有勇气向毛公立异了。

（一三）《大戴礼记·帝系》："黄帝产玄嚣；玄嚣产蟜极；蟜极产高辛，是为帝喾。……黄帝产昌意；昌意产高阳，是为帝颛顼。颛顼产穷蝉；穷蝉产敬康；敬康产句芒；句芒产蟜牛；蟜牛产瞽叟；瞽叟产重华，是为帝舜。……颛顼产鲧；鲧产文命，是为禹。……帝喾卜其四妃之子而皆有天下：上妃，有邰氏之女也，曰姜嫄，氏（用作"是"，下同）产后稷；次妃，有娀氏之女也，曰简狄，氏产契；次妃曰陈丰，氏产帝尧；次妃曰陬訾，氏产帝挚。帝尧娶于散宜氏之子，谓之女皇氏。帝舜娶于帝尧之子，谓之女匽氏。"孔广森《补注》："'产'，生也。古者谓子孙为'子姓'，'姓'之言'生'也，故是篇本其族姓所自出，皆谓之'产'，以代、年校之，往往非父子继世。郭景纯（璞）亦云：'《山海经》诸言"生"者，多谓其苗裔，未必是亲所产也。'……《汉书》称《帝系》曰：'颛顼五世而生鲧。'今文无'五世'，简之脱烂存焉。《山海经》曰：'黄帝生骆明；骆明生白马，是为鲧。'……郑君曰：'帝喾立四妃，象后妃四星。''有邰''有娀'，并姜姓国名。《山海经》曰：'帝俊生后稷'，'俊'即'喾'也。……'陈丰''娵訾'，皆国名。星土，卫为娵訾，盖古娵訾氏居卫地，犹'亥'为豕韦，'子'为颛顼之虚，并以国名其次也。"又《校记》："'蟜'，《古今人表》作'侨'。'蝉'，《世本》作'系'。'芒'，《史记》及《人表》作'望'。……〔《诗》〕《生民正义》云：'次妃，陈锋氏之女，曰庆都，生帝尧。下妃，娵訾之女，曰常仪，生挚。'〔《礼记》〕《檀弓》正义作'次妃，陬氏之女，曰常宜'。'匽'，《人表》作'䣵'，《帝王世纪》作'英'。"

按这是战国时人下了十分决心把各位上帝从天上拉到人间，并排定他们的祖孙、父子、叔侄、兄弟的辈分的。我们就这篇文字画出一张世系表来，应如下列：

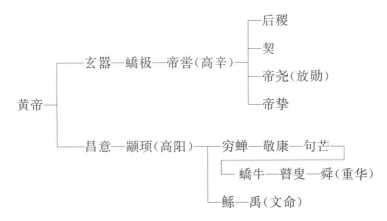

从这幅世系表里可以知道，黄帝的后代分成两大系：周祖后稷、商祖契、唐帝尧，以及鸟夷族的少皞挚（这个"挚"，《左传·昭十七年》明说即是少皞，但到《帝系》却变成喾子。刘歆作《世经》，则说"少昊帝……子孙名挚"，又说"帝喾……帝挚继之"，截然分作二人），都是帝喾的儿子，黄帝的四世孙，是属于玄嚣一系的。虞祖舜是颛顼的六世孙，黄帝的八世孙；夏祖禹是颛顼的孙，黄帝的四世孙：是属于昌意一系的。总而言之，中国的古王朝，唐、虞、夏、商、周五代，以及旁支的少皞氏，无一不出于黄帝，黄帝是他们的共祖，朝代虽屡有更易，而统治集团则二三千年永远是这一个。从这上面看，黄帝的"神功、圣德"，奕世炟赫，流泽无穷，真可说是世界上独一无二的最伟大的帝王。其地位次于黄帝的是帝喾，他娶了四个后妃，生了四个儿子，而这四个儿子或及身作帝王，或子孙作帝王，他们所掌握的政权，虽说在空间上有东西之别，在时间上又有前后之差，然而推到源头，则都是这一个高门华族中的同胞弟兄，岂不"懿欤休哉"。可是它终有若干处没法弥补的罅漏，因为这个世系表并不是从"玉牒"上钞录下来的，它出现的时代已后，和许多先前流传的神话、传说存在着很大的抵触。因此，宋欧阳修作《帝王世次图序》就直接指出它的错缪，说："今依其说，图而考之，尧、舜、夏、商、周皆同出于黄帝。尧之崩也，下传其四世孙舜，舜之崩也，复上传其四世祖禹，而舜、禹皆寿百岁（按说尧、舜寿百岁见《尧典》，说禹寿百岁见《帝王世纪》）。稷、契于高辛为子，乃同父异母之兄弟；今以其世次而下之，汤与王季同世，汤下传十六世而为纣，王季下传一世而为文王，二世而为武王：是文王以十五世祖臣事十五世孙纣，而武王以十四世祖伐十四世孙而代之王：何其谬哉！"我们看商、周代兴的历史分明是民族矛盾和民族斗争的结果，决不能说是长房的子孙起来推倒二房的统治权。司马迁作《三代世表》，根据了《帝系》和《国语》、《世本》等书，排列世次，可是商的传代多，周的传代少，要硬把稷和契算作同胞兄弟，简直没法合拍。又尧以二女妻舜，这是盛传已久的传说，古人"别生分姓"原是为了婚配而建立的制度，尧和舜既发生了婚姻关系，那就必须分为两族，但是有了《帝系》之后，尧和舜便不能不是一族，所以欧阳修又在《帝王世次图后序》中驳它道："舜娶尧二女，据图为曾祖姑，……必不错乱颠倒之如此。"以同族中的曾侄孙和曾祖姑结婚，不但在封建制社会中绝不能许可，即在氏族制社会中也决不能许可，这岂非为了编排历史而闹出笑话来了！

又按《帝系》的作者以极大的勇气把神话一齐改编成历史，他似乎可以把神话洗刷得干干净净，然而他的工作成果毕竟还残留了一点神话的面貌。这只须看他派给帝挚做母亲的"娵訾"，它并不像孔广森说的是一个国名，实际乃是天文学上的一个术语。《左传·襄三十年》记郑裨灶的话："及其（伯有）亡也，岁在娵訾之口。"杜《解》："'娵訾'，营室、东壁。"孔《疏》："李巡曰：'"娵訾"，玄武宿也。"营室、东壁"，北方宿名。'孙炎曰：'娵訾之次，则口开方。营室、东壁四方似口，故因名云。'"原来春秋时的天文家分周天的恒星为二十八宿，营室、东壁各为一宿；再把二十八宿综合为十二次，所以营室和东壁又并作娵訾一次；为了这二宿的形状四方像一张嘴，因此又名为"娵訾之口"。《帝系》作者在无意中竟把这个星次写成了帝挚的外婆家，岂不可笑。不特此也，这位"娵訾之女"的名字，今本《帝系》中虽删去，但在孔颖达《诗疏》里引的《帝系》则有"曰常仪"三字，他的《礼记疏》又引作"常宜"。这常仪或常宜是什么样的人呢？《山海经·大荒南经》云："东南海之外，甘水之间，有羲和之国。有女子名曰羲和，方日浴（按当作"浴日"）于甘渊。羲和者，帝俊之妻，生十日。"又《大荒西经》云："有女子方浴月。帝俊妻常羲，生月十有二，此始浴之。"用现代人们的理智看来，一个女子生下了从甲到癸的十个太阳，又一个女子生下了从子到亥的十二个月亮，当然是无比的荒诞。可是古人的头脑原没有近代的科学理解，他们相信今天的太阳不即是昨天的太阳，也不是明天的太阳，一定有一个神女在逐个地生出，又逐次地运行；月亮也是这样，一年里有十二个月亮轮流在太空中起落。这生太阳的神女名唤羲和，生月亮的神女叫作常羲，他们都是帝俊之妻。帝俊（tsuən）既即帝舜（sjuən），俊、舜一人，说见本章（一四）~（一五）节下，那么羲和与常羲当然是尧的二女了。尧的长女，《五帝德》称为"倪皇"（ngiei-rʷâng），《列女传》称为"娥皇"（ngâ-rʷâng），这都是"羲和"（ngjie'-ru â）的音转。其次女则《列女传》称为"女英"（'n i̯ʷo-ɩ̯ung），自是《帝系》中的"女匽"（n i̯ʷo-'ian），那么她又是"常羲"（d' i̯ang-ngjie）的音变。以舜的二妃能生日、月，这不是神话是什么？甲骨文里就有向她们贞卜和祭祀的事，如云："贞娥，雨"（《前编》六·一八·三），"贞之娥，尞，卯一□"（《后编》二·一四·九），字形作"𨾴"或"𢅀"，左旁是"夋"，右旁是"我"，见得夋与我确有夫妻的关系，但这是牛郎、织女式的夫妻关系，不存在于人间的。甲骨文中又有一个祭祀的对象，云："己未，宜于🦌，芁三，卯十牛，中"（《前编》六·二·三），这个奇字是"义京"二字的合书。郭沫若《卜辞中的古代社会》说："人名合书乃卜辞通例。'义京'由音而言则当即'常羲'若'常仪'。"自注："古'义''羲''仪'均读'我'音，同在《歌部》；'京''常'同在《阳部》。"因此，他以为"娥（娀）"即羲和，"义京"即常羲，也即是舜妃娥皇、女英。按在商代时，舜（夋、喾）和她俩还没有从天上拉到人间，所以她俩会得在天空里生出十个太阳和十二个月亮，商人也乐于用了大量的牲畜祭祀她们，向她们祈求福泽。到后来，这个神话分化了，一部分在天上，一部分在人间；其在人间的，写到历史里又分为二，一是舜妻二女（见《尧典》《孟子》等），一是把羲和改为男性，又析作羲仲、羲叔、和仲、和叔四人，一齐做了帝尧的历官（见《尧典》）；至于保留在神话里的，就成为寂寞得使人可怜的"月里嫦娥"。

又按郑玄说"帝喾立四妃，象后妃四星"，这句话实际上也透露了帝喾四妃的神话素地。《史记·天官书》云："中宫（按"宫"当作"官"）天极星，其一明者，太一常居也。……后句四星：末大星，正妃；余三星，后宫之属也。"《正义》："'泰（太）一'，天帝之别名也。"换了谶纬的话说，这位"太一"就是天皇大帝耀魄宝，是位于五帝之上的上帝，他有一位正妃，三位次妃，这和《帝系》所说，姜嫄是帝喾的"上妃"，简狄、庆都、常仪是帝喾的"次妃"，可说是一个模子印出来的。然则这一段历史不是用天文现象作为它的背景又是什么呢？

又按《帝系》中实定某人"产"某人，说得非常清楚，而孔广森却说"以代、年校之，往往非父子继世"，可见这篇文字确实经不起细勘，又可见我国的史前史，虽有零星的文字资料，然而各说各的，决不可能安排妥帖，得到一致的结论。孔氏又说"有邰、有娀并姜姓国名"，这句话也不全对。按《诗·大雅·生民》，姜嫄生后稷，"即有邰家室"，有邰为姜姓固属有征，至于有娀之姓虽为任何古籍所未提，可是看《春秋·隐二年》的戎国在济水流域，《左传·哀十七年》的"戎州己氏"即其一族，是为久居东方的祝融氏之裔己姓，与姜姓渺不相关。孔氏因姜嫄而比类连提，任情武断，我们必应予以否定。

又按《帝系》文字，它短短的前半篇把历代帝王的系统从黄帝起直贯到周的先世；它长长的后半篇则从"颛顼娶于滕隍氏"起转到了陆终氏，以至楚熊渠封子三人为王，这后一部分已见丁·陆·一·（四），和《郑语》说的"惟荆实有昭德，若周衰，其必兴矣"正是一鼻孔出气，这就招供了写作这篇文字时所承担的政治任务。为了楚国在春秋时已是一个疆域最广阔、军事力量最强大的国家，到了战国中期，在秦还没有称王（秦惠文王于公元前 325 年称王）之际，楚威王又灭了越（楚灭越这事的绝对的年代不可知，但威王在位当公元前 339—前 329 年，总不出这十年内），又"使将军庄蹻将兵循江上，略巴、蜀、黔中以西。……蹻至滇池，地方三百里，旁平地肥饶数千里，以兵威定属楚"（《史记·西南夷列传》）统一了南方中国，它实已具备了"莅中国而抚四夷"的条件，所以作家们纷纷然为它装点，把黄帝、颛顼等大神堆到楚祖吴回、陆终的顶上，使楚的一系和唐、虞、夏、商、周同条共贯，取得统治中原的法统，因而镕化无数族类成为一个整体的大国，这就是孟子所说的"定于一"的时代要求。自从封建领主制社会越来越走下坡路，封建地主制代之而兴，"大一统"的呼声继长增高，于是在历史方面出现了祖先同源说和中央集权说的《帝系》《尧典》，在地理方面也出现了划分"天下"为九州之说的《禹贡》《职方》，这种舆论准备替秦始皇的统一六国的伟大工作铺平了道路，在政治理论上看来，这类新创的"托古改制"式的学说无疑是进步的，可是在历史资料方面却被那时的著作家搞成了一片大混乱，害得二千余年来的人们对于古史的认识好像进了迷宫，晕头转向，得不到出路。到今天，我们只有先耗费了很大的力气去清理它，才可以得到一点点的真事实。这种史料工作是艰苦的，但我们决不能怕麻烦。

（一四）《国语·鲁语》上："有虞氏禘黄帝而祖颛顼，郊尧而宗舜。夏后氏禘黄帝而祖颛顼，郊鲧而宗禹。商人禘舜而祖契，郊冥而宗汤。周人禘喾而郊稷，祖文王而宗武王。"韦《解》："此上四者，谓祭天以配食也。祭昊天于圜丘曰'禘'；祭五帝于明堂曰'祖''宗'；祭上帝于南郊曰'郊'。有虞氏出自黄帝、颛顼之后，故禘黄帝而祖颛顼。舜受禅于尧，故郊尧。《礼·祭法》：'有虞氏郊喾而宗尧。'与此异者，舜在时则宗尧，舜崩而子孙宗舜，故郊尧耳。虞、夏俱黄帝、颛顼之后也，故禘、祖之礼同。虞以上上德，夏以下亲亲，故夏郊鲧也。〔商人禘舜〕'舜'当为'喾'，字之误也。《礼·祭法》曰：'商人禘喾。'喾，契父，商之先，故禘之。……'喾'，稷之父。'稷'，周之始祖也。"董增龄《正义》："虞舜至黄帝八世，黄帝尊，故配圜丘；次则颛顼，故配明堂；尧为位所由受，故配南郊；舜有勤民之功，故自商均以下奉以为宗也。夏以治水之功有天下，而治水之功基于鲧，故以配郊。……郊特牲祭一帝，而在祖、宗上者，以其感生之帝，特尊之。"

（一五）《礼记·祭法》："有虞氏禘黄帝而郊喾，祖颛顼而宗尧。夏后氏亦禘黄帝而郊鲧，祖颛顼而宗禹。殷人禘喾而郊冥，祖契而宗汤。周人禘喾而郊稷，祖文王而宗武王。"郑《注》："郊、禘、祖、宗，谓祭祀以配食也。此'禘'谓祭昊天于圜丘也。祭上帝于南郊曰'郊'。祭五帝、五神于明堂曰'祖''宗'。……《明堂月令》曰：'其帝大昊，其神句芒。……'有虞氏以上尚德，禘、郊、祖、宗配用有德者而已；自夏已下，稍用其姓代之先后之次。"孔《疏》："虞氏冬至祭昊天上帝于圜丘，大禘之时以黄帝配祭；……夏正建寅之月祭感生之帝于南郊，以喾配也。……《经》《传》之文称'禘'非一，其义各殊：《论语》云'禘自既灌'，及《春秋》

'禘于大庙'，谓宗庙之祭也；《丧服小记》云'王者禘其祖之所自出'，及《左传》（按此误，当作《礼记·大传》）云'礼，不王不禘'，谓祭感生之帝于南郊也。……〔王〕肃以'祖''宗'为祖有功，宗有德，其庙不毁，肃又以郊与圜丘是一，……故肃难郑云：'……天唯一而已，何得有六？……郑云"五帝为灵威仰之属"，非也。玄以"圜丘祭昊天，最为首礼"，周人立后稷庙，不立喾庙，是周人尊喾不若后稷及文、武，以喾配至重之天，何轻重颠倒之失所？……'马昭申郑云：'"王者禘其祖之所自出，以其祖配之"，案文自了，不待师说，则始祖之所自出非五帝而谁？……'又张融评云：'若依《大戴礼》及《史记》，稷、契及尧俱帝喾之子，尧有贤弟，七十不用，须舜举之，此不然明矣。……'"

按我们在读了《帝系》之后，再读《鲁语》和《祭法》这两节，便可知道这个祭祀系统即是由帝王系统推阐而来。例如"夏后氏禘黄帝而祖颛顼，郊鲧而宗禹"一语，看了前边那张表，可以知道禹是夏后氏的首一王，鲧是禹的父，颛顼是鲧的父，黄帝是颛顼的祖，几代一系相承，所以历代的夏王要对他们举行禘、郊、祖、宗的四大祭礼。"周人禘喾而郊稷，祖文王而宗武王"，在那张表上，喾为稷父，而文王、武王则是奠定周室基业的功绩最大的两位祖先，自然也毫无问题。所以写这四代祭祀典制的人必先已读得了《帝系》，他把这硬性派定的黄帝、颛顼、帝喾的帝王系统名单作为他笔下的祭祀系统，可说是一件必然性的事实。何况《左传·昭七年》已云"尧殛鲧于羽山，其神化为黄熊以入于羽渊，实为夏郊"，夏的郊鲧是没有问题的；《诗·周颂·思文》云"思文后稷，克配彼天"，祭天于郊是确定了的，周的郊稷也本无疑义呢！但其中却有必须讨论的几件事。其一，鲁语说"有虞氏禘黄帝而祖颛顼，郊尧而宗舜"，舜是虞的首一君，按表，黄帝是舜的八世祖，颛顼是舜的六世祖，禘、祖、宗三项固皆合辙，但为什么昌意系的虞君却要去郊祭那玄嚣系的尧呢？这一问题比较容易解答，因为舜的天下是受之于尧的，而且在《尧典》中，尧禅让时，舜"受终于文祖"，尧死后，舜又"格于文祖"，《伪孔传》："'文祖'者，尧文德之祖庙"，则尧、舜已通为一家，所以虞君也不妨"郊尧"或"宗尧"。至于《祭法》所说的有虞氏郊喾的问题，郑玄只能用"有虞氏以上尚德"的理由来遮掩它的"非其鬼而祭之"的不合世系的行为。可是像舜这样的一个光辉照耀古今的帝王，为什么在《祭法》的支配下，他的后裔有虞氏的祭礼里竟缺去了舜呢？其二，《鲁语》里说"商人禘舜"，依着《帝系》，商祖契是帝喾之子，为什么玄嚣系的商王要去祭那毫不相干的昌意系的舜呢？韦昭无法解释，只得说为"'喾'字之误"。在这一点上，《祭法》出于《鲁语》之后，它改为"殷人禘喾"，对照《帝系》，就见得合理了。我们现在要进一步问：《鲁语》的作者钞袭《帝系》，《祭法》的作者又钞袭《鲁语》（《祭法》窜乱《鲁语》，而颠倒次序，文义不贯，辨见崔述《经传禘祀通考》），他们原应取得一致，何以竟会出现这许多矛盾？说到底，还是因为"喾"和"舜"本是一名的分化的缘故。按"喾"和"夋（俊）"为一字，说已详本章（六）～（八）节。至于"俊"之为"舜"，则《山海经·大荒南经》云"帝俊妻娥皇，……姚姓"，证以《列女传》"有虞二妃者，帝尧之二女也：长娥皇，次女英"，《左传·哀元年》"虞思于是妻之（少康）以二姚"，可见娥皇为舜妻，姚为虞姓，这"帝俊"必然是帝舜。又《大荒西经》云"帝俊妻常羲"，又云"帝俊生后稷"，证以《帝系》中帝喾次妃娵訾之女曰常仪，元妃姜嫄产后稷，则这"帝俊"又必然是帝喾。"帝喾""帝俊""帝舜"虽被后人强制分成三个不同的名词，也敷上不同的事迹，排成了他们不同的世系，但探本穷源，从原始的神话看来，合是一神的分化。"舜"和"俊"只是一声之转，已见前注。又章炳麟《文始》云："'舜'，秦谓之'复'。'舜'可读如'俊'，'复'亦可读如'洵'。《毛诗》'吁嗟洵兮'，《韩诗》作

'敻'。"《礼记·中庸》："其斯以为舜乎。"郑《注》："'舜'之为言
'允'也。"（"允"，今本误作"充"。朱骏声《说文通训定声》云：
"按'充'者，'允'之误字。"）"允"和"夋"古音义俱同，所以
《洪范》的"俊民用章"，《史记·宋世家》"俊"作"畯"，而这
"畯"字就是《盂鼎》"畯正厥民"、《秦公毁》"畯疐在天"的"畯"
字。又《说文·手部》："'捘'，推也。"《广雅·释诂》三则云：
"'舜'，推也。"《方言》十二："'遂'，循也。"《风俗通义·皇霸》
篇则云："舜者，循也。"（以上诸证，录自杨宽《上古史导论》第七
编）从这些资料上，可见"舜"和"夋（俊）"的音、义二项都十分
接近，所以帝舜必然即是帝俊，而从甲骨文的诸证看来，则又即是帝
喾，见本章（八）节下。舜和喾本只是一名的分化，《帝系》作者偏把
这分化的两名分隶于两个世系——喾归到玄嚣系，舜归到昌意系，因此
遗下了这些无聊的纠纷。《鲁语》说"有虞氏宗舜"，《祭法》说"有
虞氏郊喾"，这原是对于同一对象的祭祀，但在《帝系》的编制下便必
须判别成为两系。同样，《鲁语》说"商人禘舜"，《祭法》说"殷人
禘喾"，也恰好印合，可是从《帝系》的角度看来又成了不可解决的矛
盾，只得麻烦经师们想尽方法去弥缝。我们幸而生在今天，依靠了语言
学的研究成果和甲骨文的地下资料而打开了这个汉以来人所猜不透的
谜，肯定了虞和商同出于鸟夷系，也击破了《帝系》这篇竭力为神话
中的古帝王乱拉关系的"家谱"，否定了周人禘喾的这个羌无故实的曲
说。由于我们凭借了《鲁语》和《祭法》这两件资料可以证明"喾"
和"舜"只是一名，所以不惮辞费地把它们抉摘了出来。

又按我们既读了上二节中的郑、韦两注和孔、董两疏，便该附带一
看他们争论的问题的中心究竟是什么。从原始材料看来，郊是祭天的
礼，禘、祖、宗三者都是祭祖先的礼。举禘来说吧。《春秋·僖八年》：
"秋七月，禘于大庙。"鲁的太庙是祭周公的。又《闵二年》："夏五月，
乙酉，吉禘于庄公。"《左传·昭十五年》："春，将禘于武公。"又《昭

二十五年》："将禘于襄公。"是鲁君祭群公之庙的，本来丝毫没有神秘的意味，而且或春、或夏、或秋，也没有一定的行礼时候，就是到了《鲁语》和《祭法》的写作时代，也因他们确认黄帝、喾、舜为历代帝王的早期祖先，对他们举行重大的禘祭，依然没有什么神秘可言，但流衍到了汉代，最高统治者为要提高自己的身份，增加自身神化以愚弄人民，兼因当时阴阳五行思想的盛行，天上有了五帝，到汉武帝时，又在五帝之上增加了一位太一，于是"具太一祠坛，坛三垓（阶层），五帝坛环居其下"，到了武帝行封禅礼时，"作明堂汶上，……祠太一、五帝于明堂上坐，令高皇帝祠坐对之"（以上均见《史记·封禅书》）。这种由皇帝凭臆创造出来的最盛大的祭礼，天上有六位上帝，地下有人帝配享，当然会得耸动了统治集团以及全国封建知识分子的视听，反映到经学里，就有了《礼记·大传》的"礼，不王不禘。王者禘其祖之所自出，以其祖配之"的话（《丧服·小记》同），把禘祭上升为最高级的祭祀，并认为只有帝王才可举行，诸侯不得僭用，那么，为什么鲁君敢于禘祭群公，而《春秋经》里也敢于这样记载呢？为什么《左传·襄十七年》记晋人的话"以寡君之未禘祀"，证明晋君也行禘祭呢？而且"王者禘其祖之所自出，以其祖配之"，把人帝（祖）和天帝（祖之所自出）结合起来，说明了人帝出于天帝，即所谓"感生帝"；在祭祀中，人帝当然只占有配享的地位。因此，郑玄就断说："郊、禘、祖、宗，谓祭祀以配食也。"《礼记·月令》一篇，记的是王者按月在明堂里应举行的祭祀和应发施的政令，所以也唤作《明堂月令》；在这十二个月中，分为五时（除春、夏、秋、冬外，每一季度抽出十八天，共七十二天，送给黄帝），轮流由五帝（太皞、炎帝、黄帝、少皞、颛顼）、五神（句芒、祝融、后土、蓐收、玄冥）管领，因此，郑玄又断说："祭五帝、五神于明堂曰祖、宗"，把本来祖先的祭祀变成了神、帝的祭祀。西汉之末，谶纬书大量地涌现，又替六天帝立了新名，最高的上帝名耀魄宝，东方的上帝名灵威仰，南方的上帝名赤熛怒，中央的上帝名含枢纽，西方的上帝名白招拒，北方的上帝名汁光纪；郑玄也一例信守，载入他的《周礼注》。韦昭跟着他走，就说："祭昊天于圜丘曰'禘'，祭五帝于明堂曰'祖''宗'，把禘、郊、祖、宗诸祭完全脱离了祖先而归之于天帝。为了经典里给他们闹得乌烟瘴气，所以出了一个王肃，他理智较强，比较有批判的精神，成了经学界里的革新派，他毅然地说："祖"是祖有功，"宗"是宗有德，祭的是人鬼，不是天神。又说："天，唯一而已，何得有六？"否定了太一与五帝为"六天"之说。又说周人如果禘喾，为什么只立后稷庙而不立喾庙，把不尊敬的人去配天？这是一个没法强辨的质问，谁在经典里见过周人有祭喾的事呢？这一质问虽然是批判郑玄，其实却是批判了《帝系》和《祭法》，见得这些书都是后出的。稍后又出了一位张融，他说：如果遵从了《帝系》，则稷、契、尧都是帝喾的儿子，为什么《尧典》里记尧在位七十年，他竟不能任用这两位"贤弟"，一定要等待舜即帝位之后才派给他们职务呢？这也是《帝系》作者所没法回答的问题。谚云："不怕不识货，只怕货比货。"古史资料的真伪和是非，禁不起人们的比较，纸总包不住火，所以千余年前的人们早已识破了这个秘密，只是没有系统地加以批判，有待于我们的贯串而已。

(一六)《史记·五帝本纪》："帝喾高辛者，黄帝之曾孙也。高辛父曰蟜极；蟜极父曰玄嚣；玄嚣父曰黄帝。自玄嚣与蟜极皆不得在位，至高辛即帝位。……高辛生而神灵，自言其名。……帝喾娶陈锋氏女，生放勋；娶娵訾氏女，生挚。帝喾崩而挚代立。帝挚立，不善，崩，而弟放勋立，是为帝尧。"《索隐》："宋衷曰：''高辛'，地名，因以为号。'喾'，名也。'皇甫谧云：'帝喾名夋也。……〔娵訾氏〕女名常宜也。'古本作'不著'，……俗本作'不善'，'不善'谓微弱，'不著'犹不著明。卫宏云：'挚立九年而唐侯德盛，因禅位焉。'"《正义》："《帝王纪》云：'帝俈高辛，姬姓也，其母生见其神异，自言其名曰"夋"。……帝俈有四妃，卜其子皆有天下。元妃有邰氏女，曰姜嫄，生后稷。次妃有娀氏女，曰简狄，生离（契）。次妃陈丰氏女，曰庆都，生放勋。次妃娵訾氏女，曰常仪，生帝挚也。……帝挚之母于四人中班最在下，而挚于兄弟最长，得登帝位，封异母弟放勋为唐侯。挚在位九年，政微弱，而唐侯德盛，诸侯归之，挚服其义，乃率群臣造唐而致禅。唐侯自知有天命，乃受帝禅，乃封挚于高辛。'今定州唐县也。"

按《史记》这段文字很明白是袭用《帝系》和《五帝德》（帝喾自言其名云云）的，但《帝系》只说帝挚"有天下"，却没有说明他怎样失去天下，以及帝尧用什么方式得到天下，司马迁为了写有系统的历史，必须补好这漏洞，所以替它加上一个理由，作出交代，说道"帝挚立，不善，崩，而弟放勋立"，断定挚没有做成好皇帝而又早死，因此他的异母弟尧就承继了他的帝位。到刘歆作《世经》，又作出一个说法道："帝喾……号曰高辛氏，帝挚继之，不知世数。"见得挚也传了几代，只是没有记载流传下来。但挚既传了几代，他的异母弟尧怎么等得及即位为帝，而又"在位七十载"才找到舜呢？到东汉初出了一位大言不惭的卫宏，他悍然地说："挚立九年而唐侯德盛，因禅位焉。"于是挚有了在位的年数，而且他在尧禅舜以前早已举行了一次禅让。晋初皇甫谧作《帝王世纪》，觉得卫宏的说法最为美满，表现了古帝王的公而忘私的胸怀，就采用入书，然而他毕竟怀疑这一说没有根据，所以又说："挚在位九年，政软弱，而唐侯德盛，诸侯归之，挚服其义，乃率其群臣造唐朝而致禅，因委至心愿为臣。唐侯于是知有天命，乃受帝禅而封挚于高辛氏。事不经见，汉故议郎东海卫宏所传云尔。"（《御览》八十引），把它的家底揭出，原来这只是卫宏所虚构的史事。他们不想，这"挚"本是少皞氏的名字，他并没有"不善"，也没有早死，更没有禅让。到唐代，司马贞、张守节两家注《史记》，关于喾、挚、尧间的关系也惟有宛转牵就于卫宏、皇甫谧两家之说，于是汉、晋人所造的伪史竟成了远古的实录。我们既知道帝喾是商人崇奉的上帝，所谓喾的四子，只是契和挚有关，而且竟是一名的分化，说见本章（一九）节下，尧和稷则是和喾不生关系的，当然一切附会都可拨除，不但卫宏之说一推就倒，即《帝系》之说也根本站不住了。

（一七）同书《殷本纪》："殷契，母曰简狄，有娀氏之女，为帝喾次妃。三人行浴，见玄鸟堕其卵，简狄取吞之，因孕生契。契长而佐禹治水有功，帝舜乃……封于商，赐姓子氏。"《索隐》："谯周云：'契生尧代，舜始举之，必非喾子。以其父微，故不著名。其母娀氏女，与宗妇三人浴于川，玄鸟遗卵，简狄吞之，则简狄非帝喾次妃明也。'"

按《史记》这文也是把玄鸟神话和《帝系》之说合并起来写的。但《诗·长发》说："洪水芒芒，禹敷下土方。……有娀方将，帝立子生商。"从这诗的文义看来，契的出生必在禹平洪水之后，说"契长而佐禹治水有功"，只是司马迁想当然之辞。谯周生三国时，作《古史考》以辨《史记》的讹说，是我国考辨古史的第一部专著，可惜唐后亡佚了。这里说契"必非喾子"，正和孔《疏》所引张融说合。从这些怀疑之论看来，可见《帝系》的说法从来就不曾取得头脑清楚的人的信仰。司马迁合神话和伪史为一事，像黏土似地捏做一团，为王逸《楚辞章句》作了先导，实际上乃是一件经不起解剖的劳而无功的行为。

（一八）《世本》："少昊，黄帝之子，名契，字青阳。黄帝殁，契立，王以金德，号曰金天氏。同度、量；调律、吕。封泰山。作《九泉》之乐。以鸟纪官。"（董逌《钱谱》引）

（一九）《路史·疏仡纪》："小昊青阳氏，纪姓，名质，是为挈。其父曰清，黄帝之第五子，……胙土于清，是为青阳。"罗苹《注》："《周书》云：'乃命小昊清司马鸟师以正五帝之官，因名曰质。''质'，赞同，故史传多云'名挚'，而以为高辛之子，误矣。《世纪》云：'少皞名挚。'亦见《世本》，宜与'挚'通。即考'挈'本作'栔'，乃契刻字，故《年代历》云：'少昊名栔，或云"名契"。'《沟洫志》：'"栔"，苦计切。'而契刀文正作'栔'。《汗简》直以'栔'为'契'。"

按上两节文字所叙，有些相像而仍多不同，《世本》以为少昊是黄帝之子，《路史》则谓小（少）昊是黄帝之孙；《世本》说少昊字青阳，《路史》则说青阳为小昊之父清。但有一点是很相同的，世本说少昊"名契"，路史说小昊"名质，是为挈"，注中又说"质"和"赘""挚"通，"挈"字又作"栔"或"契"。这便指出了少昊和商契同名。郭沫若《卜辞中的古代社会》说："案少昊金天氏帝挚，其实当即是契。古'挚''契'同部。挚之母常仪、契之母简狄实系一人。"他首先断言少昊和商契是一个人。胡厚宣《甲骨文商族鸟图腾的遗迹》对这问题作更深入的钻研，云："《诗·大雅·绵》：'爰契我龟。'《周礼·辀人》注引郑司农（众）引《诗》和《汉书·叙传》集注引《诗》，'契'都作'挈'。《周礼·菙氏》：'掌共燋契。'《仪礼·土丧礼》注引，'契'作'挈'。《尔雅·释诂》：'"契"，绝也。'《经典释文》：'"契"，本作"挈"。'王筠《说文句读》'栔'字下说：'《经典》"栔""契"亦借"挈"为之。'是'挈'即'契'之借字。……少皞名挚，'挚'即'契'，即'殷契'之'契'。王符《潜夫论》说少皞'是始作书契'，正以少皞即契，所以才有契作书契之说。"这都是从文字、音韵的研究上得出"挚"和"契"为一名的转化的证据。为了商族本是鸟夷中的一部，和郯国之君同出于一个祖先神，所以商人祖契，郯人祖挚，"契"和"挚"只是一字的互文。郯子既称其高祖为"少皞挚"，可证契也就是少皞，我们决不该因为殷商一族入主中原为大君，已列入正统的三王系统，就断绝了它和鸟夷族的关系。

又按"金天氏"一名始见于《左传·昭元年》："昔金天氏有裔子

曰昧，为玄冥师。"这句话正和《昭二十九年传》"少皞氏有四叔，曰重，曰该，曰修，曰熙，使重为句芒，该为蓐收，修及熙为玄冥"遥相呼应，见得"金天氏"就是"少皞氏"，而昧则是修或熙的子孙，所以他能继承"玄冥"的世业。可是"金天氏"这个名词的五行色彩究竟太浓重了，不到五帝系统和五行系统并作一家的时候是不会出现的。《左传》的立学由于刘歆的鼓吹，而刘歆用了五行系统重新编排古帝王系统，成为《世经》一书，凡所记述，和前代史书无不违异，这是一个极为显而易见的事情。《世经》说："少昊帝，《考德》曰'清'，清者，黄帝之子清阳也，是其子孙名挚立。土生金，故为金德，天下号曰金天氏。"按《逸周书·尝麦》明云"乃命少昊清司马（嗣为）鸟师以正五帝之官，故名曰质"，"清"和"质"明是一人，一为本名，一是称号，而"质"即"挚"的音转，正合于郯子所说的"少皞挚"。刘歆说为"是其子孙名挚立"，乃是他臆想把每一个古帝王都扩展为一个长长的朝代，使得有利于他的五德系统的三次循环的设计，别无事实的根据。其他书上，除了《明堂月令》之外，再也没有称少皞为金德的，而《月令》本是神的系统，不是古史的系统，所以太皞、少皞在神话的古史上是必应衔接的，可是在《月令》上就被分开了。刘歆纯任主观，擅把《月令》系统改成古史系统，杜撰了"金天氏"一名算作少昊的称号，一直传讹了两千年。我们现在，正可用了《世经》的"金天氏"来证明《左传》的"金天氏"出于刘歆的增窜。

（二〇）《楚辞·远游》："撰余辔而正策兮，吾将过乎句芒。历太皓以右转兮，前飞廉以启路。"王逸《章句》："就少阳神于东方，……遂过庖牺而谐访也。"朱熹《集注》："'句芒'，木神也。《月令》：'东方甲乙，其帝太皞，其神句芒。'……'太皓'，即太皞也。"

（二一）《淮南子·览冥》："故蒲且子之连鸟于百仞之上，而詹何之鹜鱼于大渊之中，此皆得清净之道、太浩之和也。"

高诱《注》："'蒲且子'，楚人，善弋射者。……'詹何'，楚人，知道术者也，言其善钓，令鱼驰鹜来趋钩饵，故曰'鹜鱼'。得其精微，故曰'太浩之和'也。"

按以上二节称太皞或为"太皓"，或为"太浩"，俱从"告"声，与"喾"和"俈"同，可见太皞即是喾，说见杨宽《中国上古史导论》第七编。在东方的神话中，帝喾（太皞）遣玄鸟降而生契（少皞），因而发生了喾父契子的一说，太皞明是紧紧地居于少皞之先的。胡厚宣《甲骨文商族鸟图腾的遗迹》云："太皞、少皞的'太''少'，如同说'大''小'，所以表示先后的次序，犹之乎夏代的'太康、少康'，殷卜辞的'大甲、小甲''大乙、小乙''大丁、小丁'。……帝喾的'喾'，《管子·侈靡》篇、《史记·三代世表》和《封禅书》亦作'俈'。《集韵》：'"俈"，通作"喾"。''喾'与'俈'都从'告'声。（原注：'《说文》："'喾'，急告之甚也，从'告'，'学'省声。"王筠《说文句读》说："按'告'亦声也。"朱骏声《说文通训定声》说："按从'敄'省，从'告'会意，'告'亦声。"'）太皞的'皞'，《楚辞·远游》作'皓'，《淮南子·览冥训》作'浩'，'皓'与'浩'也都是从'告'声。'喾''皞'音近通假，所以太皞即是帝喾。"有了这许多证明，我们可以断言"喾""告""俈""浩""皞"都是同声通假的字，"挚""质""契""清"也一样，因此太皞和少皞的关系即是帝喾和契的关系，从而知道风姓、嬴姓、偃姓、子姓都出于一个氏族的扩展，或是一个部落的分化。这些古帝王本来都是神话里的人物，后来渐渐历史化了，于是太皞（舜）成为陈国的高祖，少皞挚成为郯国的高祖，帝喾和契成为殷商族的高祖。又由于有了《帝系》的组织而由一字分化的契和挚并列为帝喾的儿子；有了《世经》的组织而太昊继天而王，为百王先首，少昊挚则帝于黄帝和颛顼之间，帝喾高辛氏则帝于颛顼和帝尧之间；有了《路史》的组织而太昊帝于《禅通纪》，小昊、高辛和舜并帝于《疏仡纪》：总之他们都是捕风捉影地把几个浮飘不定的名词极度主观地凑成一个有先后次序的历史系统，我们都不该相信。

（二二）《墨子·明鬼下》："昔者秦穆公（旧误作'郑穆公'，孙诒让《墨子间诂》据《山海经》郭注、《玉烛宝典》引文及《论衡·福虚》、《无形》校正）当昼日中处于庙，有神入门而左，鸟身，素服三绝，面状正方。秦穆公见之，乃恐惧奔。神曰：'无惧！帝享女（汝）明德，使予锡女寿十年又九，使若国家蕃昌，子孙茂，毋失！'秦穆公再拜稽首曰：'敢问神名？'曰：'予为句芒。'"

（二三）《山海经·海外东经》："东方句芒，鸟身人面，乘两龙。"郭璞《注》："木神也，方面，素服。墨子曰：'昔秦穆公有明德，上帝使句芒赐之寿十九年。'"

（二四）《随巢子》："昔三苗大乱，天命殛之，夏后受于玄宫。有大神，人面、鸟身，降而福之。司禄益食而民不饥，司金益富而国家实，司命益年而民不夭，四方归之。禹乃克三苗，而神、民不违，辟土以王。"（孙诒让据《艺文类聚》十、《太平御览》八十二又八百八十二、《海录碎事》合辑本）

（二五）《山海经·大荒北经》："大荒之中，有山名曰北极天樻，海水北注焉。有神人面、鸟身，名曰九凤。"

按以上四节都是记载的人面、鸟身的神，他常奉上帝的命令，赐人以寿和福，巩固国君们的统治。他的名是句芒，或是九凤。他所居的土地在东方或北方，正是鸟夷的区域，因此我们可以猜想他是鸟夷族所奉的神。秦虽立国西方，但它是由东方迁去的嬴姓之族，也是鸟夷的一支（说详下章），所以句芒也锡秦穆公以久远的福泽。杨宽《伯益考》说："句芒为谁？当即九凤。九凤与句芒同为鸟身、人面之神，'九'与'句'，'凤'与'芒'，又一声之转。"这个说法当然可供我们的参考。

（二六）《礼记·月令》："孟春之月，……其帝大皞，其神句芒。”“仲春”“季春”同。郑《注》：“此苍精之君，木官之臣，自古以来著德立功者也。‘大皥’，宓戏氏。‘句芒’，少皥氏之子，曰重，为木官。”孔《疏》：“‘其帝大皥’者，谓自古以来木德之君，其帝大皥也。谓之‘皥’者，按《异义》（许慎《五经异义》），《古尚书》说：‘元气广大，谓之“皥天”。’则‘皥皥’，广大之意。以伏牺德能同天，故称‘皥’。以东方生养，元气盛大，西方收敛，元气便小，故东方之帝谓之‘大皥’，西方之帝谓之‘少皥’。其神句芒者，谓自古以来主春立功之臣，其祀以为神，是句芒者，生木之官。木初生之时句屈而有芒角，故云‘句芒’。言‘大皥、句芒’者，以此二人生时木王主春，立德、立功，及其死后春祀之时，则祀此大皥、句芒，故言也。此之言据死后享祭之时，不论生存之日，故曰‘其神句芒’。句芒言‘其神’，则大皥亦神也，大皥言‘帝’，则句芒当云‘臣’也，互而相通。大皥在前，句芒在后，相去县（悬）远，非是一时。大皥木王，句芒有主木之功，故取以相配也。”

（二七）《尚书大传·洪范五行传》：“东方之极，自碣石东至日出、榑木之野，帝太皥、神句芒司之。”皮锡瑞《疏证》：“案‘太皥’乃古者五行天帝之号，以伏戏木王，德合苍精，故即以‘太皥’之名加之，死即以配太皥。句芒亦然，如句龙配社，柱、弃配稷之比。《传》与《月令》所云‘帝’‘神’，皆谓天帝、天神，非伏羲与重也。若谓伏戏与重即太皥、句芒，则此二人之前岂无分司四时之帝、神乎？斯不然矣。《周官·大宗伯》：‘以青圭礼东方。’郑《注》：‘礼东方以立春，谓苍精之帝，而太皥、句芒食焉。’是太皥、句芒当配食于苍精之帝，而不宜即以‘帝’为伏戏也。……《郑志》云：‘春曰“其帝太皥，其神句芒”，祭苍帝灵威仰，太皥食焉，句芒祭之于庭。'皆视《月令》注疏为确。然则太皥、句芒是天帝、天神。"

（二八）《淮南子·时则》："东方之极，自碣石山过朝鲜，贯大人之国，东至日出之次，榑木之地，青土、树木之野，太皥、句芒之所司者，万二千里。"高诱《注》："'碣石'，在辽西界，海水西畔。'朝鲜'，乐浪之县也。'贯'，通也。大人之国在其东。'榑木'，扶桑。'太皥'，伏羲氏，东方木德之帝也。'句芒'，木神。'司'，主也。"刘文典《集解》："王引之云：'"青土"当为"青丘"，字之误也。《本经》篇："缴大风于青丘之野。"高《注》曰"'青丘'，东方之丘名"，即此所云"东至青丘之野"也。《吕氏春秋·求人》篇亦云："禹东至榑木之地、日出之野、青丘之乡。"'"

按以上三节都是按着五行的原则来规定主管东方的帝和神的。这所谓"东方"乃是中国海岸线以东的许多地方，可以远推到传说中太阳出来的榑木（即"扶桑"）。在这一万二千里之内，主管的帝是太皥，佐助太皥的神是句芒。五行是指木、火、土、金、水五类民生日用的物质。这种朴素的唯物思想，也许在我国发生甚早，但它发展而成为一种系统的学说，阐明物质的相生、相克的原理，更进一步而把这种物质的原理推演到宗教和政治的上层建筑，成为"天、人合一"的系统思想，那必然起在战国时期。《荀子·非十二子》云："略法先王而不知其统，犹然而材剧志大，闻见杂博，案往旧造说，谓之'五行'，甚僻违而无类，幽隐而无说，闭约而无解；案饰其辞而只敬之曰：'此真先君子之言也！'子思唱之，孟轲和之，世俗之沟犹瞀儒嚾嚾然不知其所非也，遂受而传之，以为仲尼、子游为兹厚于后世，是则子思、孟轲之罪也。"子思是战国前期人，孟轲是战国中期人，荀卿是战国后期人。荀卿说子思倡造五行说，说得"僻违""幽隐""闭约"，并托之于孔子所传，孟轲附和着他的说法。固然为了历史资料的缺乏，我们不能证实荀卿的话，然而他断的这般确定，时代又比较接近，当然我们可以给予相当程度的信任。这只消看邹衍生于战国后期，他创立了朝代和五行相适应而又永远循环的五德终始说，"称引天地剖判以来，五德转移，治各有宜，而符应若兹"（《史记·孟子荀卿列传》），他把五行说发展得很具体，就可以推见在他以前的五行说已有了比较深厚的基础。从战国到西汉，这个学说越推越细密，也越推越扩大。试把《管子·幼官》比较《礼记》和《吕氏春秋》中的《月令》，就可看出它的发展程序。这一问题十分复杂，只好放到《洪范篇》去讨论。如今但说太皞和句芒，他俩都是东方人们所崇奉的神圣或传说中的祖先，五行学家把他俩安置在东方，掌管春季三月，在五行说上自是最适宜的。但是到了汉代，太皞已不是东方独尊的"帝"，他的上面又出现了一个苍帝灵威仰，即郑玄所说的"苍精之君"，他才是真正的东方的天帝，太皞只是一个"配食"于苍精的死去了的人帝。这和他注《礼记·祭法》时说"禘、郊、祖、宗"都是天神之祭，而"喾、冥、契、汤"则都是配食于天神的人世帝王，意义是一贯的，见上（一五）节。孔《疏》说"伏牺德能同天，故称'皞'"，实以人鬼上同天神，和郑氏的心意不一样。皮锡瑞生于清末，他一方面要拥郑反孔，一方面又嫌苍帝灵威仰等名出于谶纬，其文不雅驯，所以他修正郑说，说太皞已是天帝之号，伏戏才是配食于太皞的死去了的人帝；句芒也是天神之号，少皞之子为木正的重则是死了之后配食于句芒的。他和郑玄同一宗旨，都是蓄意要把神和人的界限分清，可是古代人却没有这个分清神、人的头脑，太皞、少皞们都是升则为上帝，降则为人王或祖先的。只有"伏牺"是战国时人从当时少数民族的生活里认识到古代社会有游牧的历史阶段，从而替这历史阶段起了一个拟人化的名词，列为古帝王之一；刘歆因而合之于"太皞"，成为首出御世的圣王，说见上章（一三）节。然而皮氏之说确实比郑玄进步，因为他说"太皞、句芒是天帝、天神"，毕竟揭出了些神话的初相。

又按"太皞"的名义，孔《疏》说是表示元气皞皞然广大，和春天万物生长的意义相符，那分配到西方去表示秋气肃杀的当然该称作"少皞"；至于"句芒"的名义则是表示"木初生之时，句屈而有芒角"。这些都是所谓汉学家用了训诂学来处理神话的一种技巧，战国以前人是想像不到的，可是实际上除了"望文生义"之外再有什么呢？

又按我们在前面已经说到舜祖有"幕"，亦作"句芒"，见本章（一三），而孟子称舜为"东夷之人"，舜又是陈君所奉的祖先，陈的地方，《左传·昭十七年》也称为"太皞之虚"，太皞即喾，也即舜，可见这一族原是鸟夷的一个分支。今观《墨子》和《山海经》中所记句芒的神话，他鸟身、人面，又是佐助太皞管理东方的，其衣"素服"又和《史记·殷本纪》的"色尚白"同。殷商族之为鸟夷，就在古典文献里已是证据重重，何况更有考古资料足相印证。

（二九）《玄鸟妇壶》："玄鸟妇。"于省吾《略论图腾与宗教起源和夏商图腾》："《玄鸟妇壶》箸录于《西清古鉴》十九·十四。……'玄鸟妇'三字系合书。'玄'字作'𢀖'，金文习见。右侧鸟形象双翅展飞。……我以为'玄鸟妇'三字合文是研究商人图腾的唯一珍贵史料，系商代金文中所保留下来的先世玄鸟图腾的残余。……壶铭既为'玄鸟妇'三字合文，它的含义是作壶者系以玄鸟为图腾的妇人。再就壶的形制瑰玮和纹饰精美考之，可以判定此妇既为简狄的后裔，又属商代的贵族。玄鸟妇壶系商代晚期铜器，其合文格式，与商代晚期金文上限相衔接的中期卜辞的合文中，可以找出同样的例子。第三期卜辞'辛亥贞'三字合文作'𤔲'（《后》下·三四·六），其读法自左而右而下，不仅同为三字合文，并且读法也一样。"

按这是在殷商末期的青铜器上见到的"玄鸟"的遗痕。用郯子的话来看，这个贵族妇女可能出于凤鸟氏胞族里的玄鸟氏氏族。这个壶上三个字的排列形式为"𪔂"，是由左而右，再由上而下的。《西清古鉴》称为"周妇壶"，当然是个错误的器名。

（三〇）明义士编《殷虚卜辞》（七三八）："□□卜，王圆、其燎田上甲父国曑？"胡厚宣《甲骨文商族鸟图腾的遗遗》："这是一片龟腹甲，加拿大人明义士早年在安阳购得。……一九五一年归南京博物院保存。……由'王贞'云云，知为祖庚、祖甲时所卜。卜辞大意说：'某日占卜，殷王亲自问卦，问要燎祭于上甲的父亲王亥好不好？'王亥的'亥'字，从亥，从鸟，作'𩾃'形。"

（三一）胡厚宣编《战后京津新获甲骨集》（三九二六）："其告于高祖王曑，三牛？其五牛？"同前文："这是一片牛胛骨，箸者旧藏。……据字体，当为廪辛、康丁时所卜。自下而上，两辞同卜一事。贞问：'要是祷告于高祖王亥，是用三条牛好呢？还是用五条牛好呢？'王亥之'亥'，从亥，从'又'持鸟，作'𩾃'形。"

（三二）胡厚宣编《甲骨续存补》（三〇七八）："囷巳卜，圆王宾河？辛巳卜，贞王曑、上甲即于河？"同前文："这是一片牛胛骨，现藏吉林大学历史系。……据字体，当为武乙、文丁时所卜。……'王宾'之'宾'乃祭名。'宾'当为'傧'和'摈'的古字。'王宾'即是'王傧'。《礼运》：'礼者，所以傧鬼神。'即卜辞所用'宾'字之义。'河'，为一先公名。卜辞'燎年于河'与'燎年于嫛（罃）'对贞，知河必殷之先世。'即'，《说文》：'"即"，即食也。''其即'，犹言'其来就享祀'。这一片牛胛骨，两辞同时卜一事。一辞说：'辛巳日占卜，贞问殷王要宾祭先公河好不好？'二辞说：'辛巳日占卜，贞问以王亥、上甲就先公河同祭好不好？'王亥之'亥'，从亥，从隹，作'𩾃'形。"

（三三）郭沫若编《殷契粹编》（五一）："□□□，贞□□羌□□夒?"同前文："这是一片龟腹甲，现藏北京图书馆。……据字体，当为武乙、文丁时所卜。卜辞残缺，只剩下了三个字，当为某一天卜用几个羌人以祭祀王亥之辞。王亥的'亥'字，从亥，从萑，作'[illegible]'形。"

（三四）方法敛编《库方二氏藏甲骨卜辞》（一〇四）："……夒，四羊、四豕、五羌？□□卜，四羊、四犬？……"同前文："这是一片牛胛骨，现藏美国卡内基博物馆。……《库方二氏藏甲骨卜辞》，因系摹本，不知正确程度如何。疑'[illegible]'字当与前引《粹编》五一片字同，应作'[illegible]'，或作'[illegible]'。乃占卜用四羊、四豕、五羌，或四羊、四犬和几个羌人以祭王亥之辞。王亥之'亥'，从亥，从[illegible]或[illegible]，作'[illegible]'或'[illegible]'形。"

（三五）日本编《京都大学人文科学研究所藏甲骨文字》（S三〇四七）："又伐五羌囗王夒?"同前文："这是一片龟腹甲，……于一九二六年归日本。……'又'读为'侑'。'伐'之义为'杀'，在甲骨文乃人祭的专名。伐字，甲骨文作'[illegible]'，殷金文作'[illegible]'，象以戈砍伐人头之形。甲骨文又或作'[illegible]''[illegible]'，知殷代人祭所杀恒为征伐羌族所获的俘虏。卜辞大意是：'贞问要杀伐五个羌人以祭祀王亥好不好?''[illegible]'下当残去'亥'字。王亥之'亥'，也应该是从亥、从[illegible]，作'[illegible]'形。"

（三六）胡厚宣《甲骨文商族鸟图腾的遗迹》："以上六片甲骨、九条卜辞中，王亥的'亥'字或从'鸟'；或从'隹'，隹亦即鸟；或从'萑'，萑亦即鸟；或从'又'持鸟，更与《山海经·大荒东经》'有人曰王亥，两手操鸟'之说相合。

王亥的'亥'字为什么要加一个'鸟'旁呢？我们以为这便是早期商族以鸟为图腾的遗迹。……商朝人为什么要把鸟图腾的符号加在王亥的名字上呢？我们认为这首先就因为他是上甲的父亲。……上甲是商代先公、先王中第一个以日为名的人。皇甫谧说：'商家生子，以日为名，盖自微始。'（原注：《史记·殷本纪》索隐引）因而上甲微是一个极被重视的先公。甲骨卜辞中凡合祭先公、先王的，常常从上甲开始。……《国语·鲁语》说：'上甲微，能帅契者也，商人报焉。'……而王亥是上甲微之父，为上甲微之所自出（原注：《礼记·丧服小记》说"王者禘其祖之所自出"，又见《大传》），所以就在王亥的'亥'字旁边加上这一鸟图腾的符号。在上甲以前，商朝传说中的先公，王亥也是一个极被重视的高祖。……王亥这一先公，在商朝人的心目中，不但关系着农业生产的收成，而且他还可以使对外征伐得到胜利。因而在武丁时凡祭王亥常用燎。……'燎'在经传都用为燎天之祭。《说文》：'"燎"，柴祭天也。'……《礼记·祭法》：'燔柴于泰坛，祭天也。'……燎字甲骨文作'米'，正象以火烧木柴之形。其义本为祭天，而商朝人却用以祭王亥。……武丁时祭王亥，用牲多的，或多到卅牛、卌牛、五十牛。……在古典文献的神话传说中还保存着好多关于王亥牧牛的故事。……王亥之所以名'亥'，也就因为他是畜牧业的创始者。……《说文》说：'"亥"为"豕"，与豕同。'……王亥是商朝这样重要的一个先公，所以才在王亥的'亥'字上边加上一个'鸟'，以表示早期商族是以鸟为图腾的。"

按殷商族崇拜鸟图腾，所以就在他们看作伟大的祖先王亥的"亥"字上加一个鸟形，以表示其为本图腾的代表人物。这一事实，得胡氏的爬梳抉剔而显现了出来。胡文引证详备，不可能尽量钞在这里，因此只摘录了一个纲要。《山海经·大荒东经》说："有人曰王亥，两手操鸟。"现在可从甲骨文证明其有据了；但它下文却说"方食其头"，那却显出了《大荒经》的作者已在鸟图腾的意义被人们忘掉了之后所加上去的违背事实的解释，正和郑玄解释"鸟夷"为"东北之民搏食鸟兽者"一样地误解。又《周易》（《大壮》《旅》）、《楚辞》（《天问》）、《竹书纪年》（《大荒东经》郭注引）都说王亥牧牛、羊，而王亥的名却由"豕"来，那又见得在他的世里已由游牧而进于定居的阶段，因为牛、羊可逐水草而迁移，豕性却迟钝，行路蹒跚，不可能与牛、羊同走，以此必得定居始能养豕，"家"字象屋宇下有豕，就是此义。历代的商王所以对于王亥的祀典这样地隆重举行，大概是为了商族人民的生活由于有了他而得改进了吧？商族本居东方的黄土冲积地带，自从成汤灭了夏桀，进据主要的黄土层地区，生产提高，文明大启，已和其他的鸟夷族分了家，然而提到祖先，还念念不忘一贯崇拜的鸟图腾，所以说"玄鸟"，说"玄王"，说"王夒"，说"夒（喾、太皞）"，贵族妇女也自称为"玄鸟妇"，可见原始宗教的深入人心，虽绵延千年而有如一日。

又按胡氏此文，除"王夒"一名表示早期商族以鸟为图腾之外，又在甲骨文中找出商王祭祀各种神鸟的事实。武丁时卜辞云："于帝史（使）凤二犬？"（《卜辞通纂》三九八）是贞卜以二犬祭祀于天帝的使者凤的卜辞。又一条云："尞帝史凤一牛？"（《续补》九一八）则更用祭天的尞礼来祭凤了。这二条和《商颂》的"玄鸟"、《离骚》的"凤皇"都有密切的关系。武丁时卜辞又说："丁巳卜，贞帝鳦？贞帝鳦三羊、三豕、三犬？"（《殷虚书契前编》四·一七·五）这个"鳦"字，王襄释为"雉"。他说："鸟"和"隹"为一字，从"一"者象矢形。《说文》"雉"和"彘"都从"矢"声。雉之作"鳦"，犹彘之作"彘"。雉字，甲骨文作"鳦"，亦作"鳦"，犹之彘字，甲骨文作"彘"，亦作"彘"。"帝"读作"禘"，大祭也。这里一辞说："丁巳日占卜，贞问禘祭雉鸟用三羊、三豕、三犬好不好?"雉是普通的鸟，但武丁时也把它看作神鸟，要对它举行隆重的禘祭，怪不得《尚书》里说"高宗肜日，越有雊雉"，把雉的偶然飞来，惶骇地当作一件了不得的事情，并引出祖己的一篇训话来了。武丁时卜辞又有关于集鸟的记载，如云："……梦集鸟。……告于丁。四月。"（《簠室殷契征文》帝二〇七，又文四〇）大概因为夜间梦着集鸟，以为不祥，白天就告祭于丁。武丁时卜辞又有祭祀鸟星的记载，如云："丙申卜，㱿，贞来乙巳酒下乙?王固曰：'酒隹出祟，其业酸。'乙巳酒，明雨；伐、既，雨；咸伐，亦雨；㩉、卯鸟星。乙巳夕，业酸于西。"（《殷虚文字乙编》六六六四正，六六六五反）都是龟腹甲大字涂朱，见得对于这事的重视。其中"酒""伐""既""㩉""卯"都是祭名。"酒"，是用酒祭。"伐"，是杀人祭。"既"，读作"饩"，生牲的祭名。"㩉"，《说文》读与"施"同，乃裂牲的祭名。"卯"，是对剖用牲的祭名。"祟"读作"祟"。"酸"亦是祸祟的意思。"业"是"有"。"咸"是汤名之一，《酒诰》云"自成汤咸至于帝乙"可证。这条卜辞的大意是说："丙申日占卜，贞人㱿问卦，问从丙申起第十天到快来的乙巳日用酒祭祀祖乙好不好?王武丁看了卜兆，判断说：'酒祭则有祟，将有酸祸来临。'到乙巳这天举行酒祭，天刚明就下雨；当即杀人并用生牲祭祀，仍然下雨；用人祭祀成汤咸，还是下雨；最后决定用裂牲和剖牲的祭法去祭祀鸟星。在乙巳这天晚上，果然在西方有了酸祸。"因为崇拜鸟图腾，连天上的鸟星也作了他们的最大的靠山。怪不得伯禽建国于少皞之虚，这种宗教思想便遗留给鲁国人民，当一只叫作爰居的海鸟栖止鲁郊时，臧文仲要为它设祭（见《鲁语》上）；而"鹳鹆来巢"，就看作预言鲁昭公快要失国，《春秋经》上也大书特书了（事见《春秋》《左传·昭二十五年》）。

六　秦、赵、梁的西迁

（一）《春秋·庄三十一年》："秋，筑台于秦。"杜《解》："东平范县西北有秦亭。"

按汉范县故城在今山东范县东南二十里。当春秋前期，这地是鲁的西境。后来地入于晋，成了士会的食邑，所以人们称他为"范武子"（见《左传·宣十七年》）。当鲁庄公末年，正是齐桓公灭遂、降鄣，锋铓毕露的时候，鲁和齐国境相接，在军事上不得不有所准备，所以他在二十九年（前665年）就"城诸及防"，到这年又在郎、薛、秦三处筑台这些台的建筑原不是为了游观，而是为了瞭望和防御。鲁庄公"筑台于秦"，正可证明秦人的原居地在鲁。

（二）《急就篇》第二章："秦妙房。"颜师古《注》："秦本地名，后为国号，因又命氏。鲁有秦堇父、秦丕兹、秦遄，皆秦姓也。"王应麟《补注》："《左传》，鲁有秦周。孔子弟子有秦祖、秦冉、秦商、秦非。"

（三）《通志·氏族略》二："鲁又有秦氏，居于秦邑。今濮州范县北旧秦亭是其地。"

按鲁不但有秦地，且有秦氏。颜氏所举，皆出《左传》，秦堇父和秦丕兹均见《襄十年》，秦遄见《昭二十五年》及《定五年》。王氏所举，秦周见《襄十八年》；孔子弟子则俱见《史记·仲尼弟子列传》。这可见鲁国的秦氏是人数相当多的一族，所以史家笔触所及有这些人见于记载。但这秦氏是秦族西迁时留下的遗民呢，还是鲁国贵族以封邑为氏呢？这个问题，现在为了资料缺乏，无法解决。又《史记集解》于"秦祖，字子南"下引郑玄曰"秦人"，这说恐不足信。那时山川阻隔，道路艰难，一个秦国的青年不可能千里迢迢地越崤、函，涉河、济，到鲁国来寻师问业，看来只缘郑玄笔滑，因为他氏秦，就派他作秦国人而已。

（四）《左传·僖元年》："公赐季友汶阳之田及费。"

（五）《春秋·襄七年》："春，……城费。"《左传》："南遗为费宰。叔仲昭伯为隧正，欲善季氏而求媚于南遗，谓遗：'请城费，吾多与而役。'故季氏城费。"杜《解》："'费'，

季氏邑。'隧正'，主役徒。……《传》言禄去公室，季氏所
以强。"

按鲁僖公为季友所拥立，故即位之后就赐以汶阳之田和费邑，其后季氏日大，至战国时自立为诸侯，《孟子·万章下》的"费惠公"即此离鲁独立的季氏之国。费邑所在，《汉书·地理志》："东海郡费：故鲁季氏邑。"故城在今山东费县西北二十里。《史记·秦本纪》："女华生大费，与禹平水土，……是为柏翳。……大费生子二人，……二曰若木，实费氏。其玄孙曰费昌。"可见柏翳以"大费"为号（《路史·发挥》云："伯翳盖封于费者也，是以有'大费'之称"），而其子、孙则以"费"为氏。鲁地本少昊之虚，鲁的费邑很可能即是秦祖费氏的分封地。秦亭在曲阜的西北，费邑在曲阜的东南，由此可知秦人在未西迁时的居地原是环绕着这少昊之虚的。

（六）《孟子·滕文公下》："周公……伐奄三年讨其君，驱飞廉于海隅而戮之。"

按飞廉是秦和赵的直系祖先，飞廉既被驱、被戮，他的子孙就必然被赶走。《世本》中的蜚廉氏，当即指秦、赵诸国而言。又我们在这儿可以知道：恶来是纣的近臣，故在武王伐纣时即已被杀；其父飞廉则直至周公东征的最后阶段，才赶到海边去杀了。

（七）《水经注·汾水》："汾水又南（按朱谋㙔本作"东"，全祖望、赵一清、戴震本均改"南"，今从之），与巢水合。水出东北太岳山，《禹贡》所谓'岳阳'也，即霍太山矣。上有飞廉墓。飞廉以善走事纣；恶来以多力见知。周武王伐纣，兼杀恶来。飞廉先为纣使北方，还，无所报，乃为坛于霍太山而致命焉。得石棺，铭曰：'帝令处父不与殷乱，赐汝石棺以葬！'死，遂以葬。"

按这事亦见《史记·秦本纪》，而彼文传钞讹误，"使"作"石"，"葬"作"华氏"，错至不可读，故录此文。这一故事与孟子所言"驱

飞廉于海隅而戮之"适反，本来被杀于东方海边的，现在善终于山西高原了。为什么会有这般变化？我们可以猜想：造父封于赵城，北距霍山不远，因为飞廉是赵的直系祖先，所以赵人就替他装点古迹于霍山，说他独得天佑，寿终在这里。至于恶来则是他们的旁系亲属，就不妨实说他凶死了。

（八）《史记·秦本纪》："秦之先，……大业……生大费，……舜赐姓嬴氏。大费生子二人：一曰大廉，实鸟俗氏；二曰若木，实费氏。其玄孙曰费昌，……为汤御以败桀于鸣条。大廉玄孙曰孟戏、中衍，鸟身人言。……中衍之后遂世有功以佐殷国，故嬴姓多显，遂为诸侯。其玄孙曰中潏，……生蜚廉。蜚廉生恶来。恶来有力，蜚廉善走，父子俱以材力事殷纣。周武王之伐纣，并杀恶来。……蜚廉复有子曰季胜。季胜生孟增。孟增幸于周成王，是谓'宅皋狼'。皋狼生衡父。衡父生造父。造父以善御幸于周缪（穆）王，……缪王以赵城封造父，造父族由此为赵氏。……恶来……有子曰女防。女防生旁皋。旁皋生太几。太几生大骆。大骆生非子。……非子居犬丘，好马及畜，善养息之，……孝王使主马于汧、渭之间，……分土为附庸，邑之秦，使复续嬴氏祀，号曰'秦嬴'。……秦嬴生秦侯。"《索隐》："以仲衍鸟身、人言，故为鸟俗氏。'俗'，一作'洛'。"《正义》："身体是鸟而能人言。又云口及手、足似鸟也。……〔皋狼〕，《地理志》云：'西河郡皋狼县也。'……《括地志》云：'"赵城"，今晋州赵城县是，本彘县地，后改曰永安，即造父之邑。……"犬丘"故城一名槐里，……在雍州始平县东南十里。……秦州清水县本名"秦"，嬴姓邑。'"

（九）同书《赵世家》："赵氏之先与秦共祖。……其后世蜚廉有子二人，而命其一子曰恶来，事纣，……其后为秦；恶来弟曰季胜，其后为赵。……自造父以下六世至奄父，曰公仲，周宣王时伐戎为御；及千亩战，奄父脱宣王。奄父生叔带。叔带之时，周幽王无道，去周如晋，事晋文侯，始建赵氏于晋国。晋献公之十六年（前661年），伐霍、魏、耿，而赵夙为将；……晋献公赐赵夙耿。"《正义》："今河东皮氏县耿乡。"

按如上所记，大廉为"鸟俗氏"，孟戏、仲衍"鸟身、人言"，见出他们对于鸟的特别崇拜，如果大廉、孟戏、仲衍不是他们神话中的人物，也定是他们喜欢把自己的祖先鸟形化，总之，这是秦、赵族属于鸟夷的一个明证。就是飞廉这个人，虽然他的时代已到了商末周初，而传下来的他的形状也还是一头鸟。《楚辞·离骚》："前望舒使先驱兮，后飞廉使奔属。鸾、皇为余先戒兮，雷师告余以未具。吾令凤鸟飞腾兮，继之以日夜。"朱熹《集注》："'望舒'，月御也。'飞廉'，风伯也。'属'，连也。'鸾'，凤之佐也。'皇'，雌凤也。'雷师'，丰隆也。'凤'，灵鸟也。"在屈原极端苦闷、想到御风飞行以舒畅心胸的时候，他幻想征用一批行动最快速的神和鸟，而"飞廉"正和"鸾、凤、皇"为类，他所担任的神性的官职是"风伯"。我们在前边已经知道，"风"和"凤"在甲骨文中只是一字，而在《说文》里则"风"和"鹏"又是一字，鹏在《庄子》里是被描写成"水击三千里，抟（搏）扶摇而上者九万里"的，它是一种有非常巨大和长久的飞行力气盘旋于高空中的动物。飞廉既和这些善飞的神禽在一起，反映到历史上，自然有"飞廉善走"（《史记·秦本纪》）的一说了。这个神话传到汉代，就有了具体的表现。《汉书·武帝纪》元封二年（前109年）："作长安蜚廉馆。"颜《注》："应劭曰：'"飞廉"，神禽，能致风气者也。'……晋灼曰：'身似鹿，头如爵（雀），有角而蛇尾，文如豹文。'"汉武帝在长安造飞廉馆一定塑造出飞廉的样子，而应劭、晋灼所描写的飞廉的形状也必然依照了飞廉馆的造型，它是鸟头、鹿身、蛇尾、豹文而又有角的动物；因为是鸟头，所以应劭径称作"神禽"。"能致风气"，即《庄子》所说的"抟扶摇而上"，马叙伦《庄子义证》："扶摇者，'飙'之缓言。《说文》曰：'"飙"，扶摇风也。'"又《汉书·司马相如传》记其《上林赋》云："推蜚廉。"颜《注》："郭璞曰：'"飞廉"，神雀也，鸟身、鹿头。'"和晋灼的"鹿身、爵头"的位置恰恰相反，郭氏时代较晚，当是他的错记。从以上诸证看来，可知飞廉这人，就使他的时代已晚，不是神话中的人物，他也必在生时遵守鸟夷的习惯，"被服、容止皆象鸟"，死了之后，他的子孙祀他于庙时，为了表示他的部族图腾的形象，又把他鸟形化，因此在传说中他转化为"风伯"和"神禽"，屈原作《骚》就把他夸大化，汉武作馆又把这传说具体化了。

又按《史记》上说飞廉有两个儿子：大儿子恶来为周武王所杀，他的子孙非子迁到了渭水流域，为周孝王养马，受封于秦，为了周的东迁，他的一家就从附庸蔚为大国；二儿子季胜，他的一家也到了西方，出了一位善于御车的造父，因御周穆王西征有功，被封于汾水流域，到他的六世孙奄父，又在周宣王被姜戎打败的千亩之战（见《国语·周语》上）中把宣王救了出来，其后去周事晋，晋献公灭耿而封之，是为赵氏。"赵"的一名，恐与郯子所说的"伯赵氏，司至者也"有关，即是以伯劳鸟作为图腾的氏族。他们善于畜牧，该是迁到西方后学成的本领，伯翳佐舜调驯鸟兽的传说当即由此而来。

又按非子住的"犬丘"，于汉为右扶风槐里县，今在陕西兴平县东南十里；其后所封的"秦"，于汉为天水郡清水县，今在甘肃天水县西五十里故秦城。造父的祖父孟增住的"皋狼"，于汉为西河郡皋狼县，今在山西离石县西北；造父所封的"赵城"，于汉为河东郡嬴县，今在山西洪赵县境；其后赵夙所封的"耿"，于汉为河东郡皮氏县，今在山西河津县西。从这里可以知道，从东方驱走的飞廉一族，秦的一系长期住在今陕西和甘肃，所以得占周畿；赵的一系始终住在今山西，所以得秉晋政。又可以知道，"秦"本是东方的地名，随着移民而迁到西方，正如"吴"本是西方的地名，随着移民而迁到东方，一样地生了根，再也迁不走了。

又按《秦本纪》于蜚廉之父中潏下云："在西戎，保西陲。"似乎商的末年中潏已受封西土。但细想起来，这句话是不可信的。首先是和商纣交战的对象只有东夷，在经典和金文中，纣并没有跟西戎作过交涉；而且那时周人已很强大，不会允许商王朝在西垂拓土。第二个理由是中潏的子蜚廉和孙恶来都留在纣的身边，做纣的股肱心膂之臣，所以都给周人杀死在东方，和西戎不生毫末的关系。若说中潏另有儿子袭封西垂，那是谁呢？所以这如果不是司马迁的错记，就应该是秦人西迁之后，为了掩盖他们被迫移徙的耻辱，进一步表示自己和西戎的历史渊源，是由于夸耀门第的需要而杜撰出来的故事。

（一〇）《左传·僖六年》："晋侯使贾华伐屈，夷吾不能守，……将奔狄。郤芮曰：'……不如之梁，梁近秦而幸焉。'乃之梁。"杜《解》："以梁为秦所亲幸，秦既大国，且穆姬在焉，故欲因以求之。"

按《汉书·地理志》："左冯翊夏阳：故少梁，……《禹贡》梁山在西北。"即梁国所在地。今陕西韩城县南二十里有古少梁城，即其都。韩城县濒临黄河西岸，对岸即今山西河津县。晋献公宠爱骊姬，为要立骊姬所生的儿子奚齐为太子，所以把别的儿子都分发出去，名义上是镇守边地，实际上则是把他们驱逐出宫庭。那时公子夷吾（后来的晋惠公）出居在屈，屈即今山西石楼县地。才住了两年，献公就派人去伐他。他本想北行奔狄（山西、陕西的北部），听了郤芮的劝，兼想到有自己的姊姊穆姬嫁在秦国，有个依靠，就西向奔梁了。这可见在那时，从晋国人的眼光看来，梁和秦的关系还是好的。梁为什么叫做"少梁"？想来战国初叶魏文侯时代，曾经越河攻秦，取得河西不少地方，而梁为其一。《史记·魏世家》文侯"六年（前440年），城少梁"，是其证。到魏惠王"十七年（前354年），与秦战元里，秦取我少梁"，又夺了回去。《古本纪年》"梁惠成王九年（前362年）四月甲寅，徙都大梁"（《史记·魏世家》集解引。《汉书·高帝纪》颜注引臣瓒引《汲郡古文》作"六年"。《史记》说为三十一年（前340年），秦将商君袭破魏公子卬军而迁都，误），即今河南开封市。依据"新鬼大、故鬼小"（《左传·文二年》）这条新陈代谢的定律，地名上的"大、小"往往是表示它的"新、旧"。例如蚌埠本在淮水之北，自从筑了津浦铁路，市面移到淮水之南，那原来的蚌埠就改称为"小蚌埠"了。青岛本是胶州湾里的一个小岛，自从胶州湾南端开辟了青岛市，那原来的青岛也就被人们唤作"小青岛"了。因此，我们可以猜想，本来只有"梁"名，"少梁"之名乃是由于后来有了"大梁"之名而出现的。

（一一）《左传·僖十七年》："〔晋〕惠公之在梁也，梁伯妻之。梁嬴孕过期。……"

按梁国君主的女儿叫作"梁嬴"，可知这一国也是从东方迁去的嬴姓之族。嬴姓迁到西北去的，就现在所知，有这秦、赵、梁三国。为了武王伐纣和周公东征，在这两大战役间，飞廉、恶来父子先后惨死，逼得他们整个氏族不得不从山东搬到山西，更从山西渡过黄河，搬到陕西去了。

（一二）《史记·秦本纪》："德公元年（前677年），初居雍城大郑宫。……梁伯、芮伯来朝。"《索隐》："'梁'，嬴姓；'芮'，姬姓。梁国在冯翊夏阳；芮国在冯翊临晋。"《正义》："《括地志》云：'岐州雍县南七里故雍城，秦德公大郑宫城也。'"

按自周平王东迁洛邑之后，秦国就一步步逼近西周的王畿。秦德公是武公的弟弟，《秦本纪》说："武公元年（前697年），伐彭戏氏，至于华山下。居平阳封宫。……十一年（前687年），初县杜、郑。"《集解》："《地理志》，京兆有郑县、杜县也。"《正义》："〔彭戏氏〕，戎号也，盖同州彭衙故城是也。……〔封宫〕，宫名，在岐州平阳城内也。《括地志》云：'下杜故城在雍州长安县东南九里，古杜伯国。'《毛诗谱》云：'郑国者，周畿内之地，宣王封其弟于咸林之地，是为郑桓公。'按秦皆得县之。"据此，彭衙故城在今陕西白水县东北，杜县今西安市，郑县今华县。当秦武公时，他的武力已到达渭水下游及洛水下游，立国在今韩城县的梁和大荔县（临晋）的芮，感到秦的矛头已刺向自己的咽喉，哪敢不在德公即位之年（前677年）联袂赶到凤翔县南的大郑宫去朝见秦君，希冀延长旦夕之命呢！

（一三）同书同篇："成公元年（前663年），梁伯、芮伯来朝。"

按这又是秦的新君即位时，梁、芮两国之君同来朝见，表示他们对于大国的恭敬。这年是公元前663年。

（一四）同书同篇："缪（穆）公……十五年（前645年），……与晋惠公夷吾合战于韩地，……虏晋君以归。……是时秦地东至河。……二十年（前640年），秦灭梁、芮。"

按周王东迁后，秦的国势日盛，到穆公时达到春秋一代的顶峰，所以后人数春秋五霸，秦穆居其一；不过那时晋在中原诸国中已取得了主动的地位，晋惠公虽暂屈于秦，但到晋文公时即"挟天子以令诸侯"，在三家分晋以前延续了二百年的霸业，所以秦穆只能在今陕、甘两省称霸，那就是《左传·文三年》所说的"霸西戎"。梁是秦的同姓国，芮是周的同姓国，本不在"西戎"范围之内，但它们既处在秦的唇吻之间，又当韩原战场的附近，秦、晋战于韩，秦既获得大胜利，自然就顺手牵羊了。这事《十二诸侯年表》里记在秦穆十九年（前641年），比《本纪》早了一年。

（一五）《春秋·僖十九年》："冬，……梁亡。"杜《解》："以自亡为文，非取者之罪，所以恶梁。"孔《疏》："诸侯受命天子，分地建国，无相灭之理。此以自亡为文，不书所取之国，以为梁国自亡，非复取者之罪，所以深恶梁耳，非言秦得灭人国也。"

（一六）《春秋公羊传·僖十九年》："'梁亡。'此未有伐者，其言'梁亡'何？自亡也。其自亡奈何？鱼烂而亡也。"何休《注》："梁君隆刑峻法，一家犯罪，四家坐之，一国之中无不被刑者。百姓一旦相率俱去，状若鱼烂。鱼烂从内发，故云尔。著其'自亡'者，明百姓得去之，君当绝者。"

（一七）《春秋穀梁传·僖十九年》："'梁亡'，自亡也，湎于酒，淫于色，心昏，耳目塞，上无正长之治，大臣背叛，民为寇盗。梁亡，自亡也。如加力役焉，湎不足道也。"范甯《集解》："如使伐之而灭亡，则淫湎不足记也。使其自亡，然后其恶明。"

（一八）《左传·僖十九年》："'梁亡'，不书其主，自取之也。初，梁伯好土功，亟城而弗处，民罢而弗堪，则曰：'某寇将至！'乃沟公宫，曰：'秦将袭我！'民惧而溃。秦遂取梁。"杜《解》："〔不书其主〕，不书取梁者主名。'沟'，堑。"

按这是《春秋经》对于"梁亡"的记载和《公》《穀》《左》三传对于"梁亡"的解释。《春秋经》出于鲁国史官逐年记载国内外大事的《鲁春秋》，即《公羊传》所谓的"不修春秋"（《庄七年》）。孔子或其弟子把它笔削，删去了许多不重要的事情（削），又有些修改的地方（笔），作为《春秋》一经。因为有了这逐年逐月的记载，所以后人对于春秋一代的事迹有了一个绝对年代的认识，远胜于西周和战国史事的杂乱无章，这是必该肯定的一大优点。可是这部书因为说是"孔子作"的，读者无条件地信奉它，以为其中必然处处存在着圣人的大义微言，因此要把每一条的文字的褒或贬的意义都猜测出来，那就落入了绝对主观主义的深渊，跳不出来了。他们不知道二百四十二年的《春秋》，该有多少鲁国史官前后执笔，他们的知识或广或狭，他们的文笔或繁或简，必不可以把一个型式概括其他；同时，那时用作记事工具的竹简，是很容易朽蠹的一种物质，如果不是累经誊写，必不可能保持到百年以上（近代发现的居延汉简、武威汉简所以能够保存下来，为的是埋在最干燥的地区，不可与中原的气候条件等量齐观。至于长沙、信阳的楚墓中的战国时代竹木简之所以保存到今天，乃是因为墓封严密，空气侵袭不进之故）。《论语·卫灵公》："子曰：'吾犹及史之阙文也，……今亡矣夫！'"何晏《集解》引包咸《注》："古之良史，于书字有疑则阙之，以待知者。……至今无有矣，言此者以俗多穿凿。"竹简文字，经久断烂，成为"史之阙文"；后人不安于其残阙，恣意填补或修改，就失掉了史料的原有面貌，所以说"俗多穿凿"。试看《春秋·桓四年》："春正月，甲戌，己丑，陈侯鲍卒。""甲戌"到"己丑"相距十五天，陈侯鲍只能死一次，不能死两次，所以这里一定有阙文，大概是"甲戌"一天的事情，竹简上的文字已经湮灭，后人不加分别，接写了"己丑，陈侯鲍卒"，好像他在十六天内死了两次，就成为一个费人猜索的谜语。又如《桓六年》"春正月，实来"，究竟是谁来到鲁国呢？《桓十四年》有"夏五"，下无"月"字及其记事，《庄二十四年》有"郭公"而没有下文：这都可见鲁史旧文有缺或编成了《春秋经》后有残。后人保存原样，不加穿凿，这原是一件好事。但战国是封建制社会的开始时期，负有"托古改制"的任务，他们必须使古史料达到为新制度服务的目的，所以也不能不有所穿凿。例如周初封国有"侯、甸、男、采、卫"五级制，所以《康诰》有"侯、甸、男邦、采、卫"之文，《酒诰》有"侯、甸、男、卫"之文，《顾命》有"庶邦侯、甸、男、卫"之文。到了战国，西周制度早已忘却，于是有了新定封建领主的等级的要求，《孟子》书中就出现了"公、侯皆方百里，伯七十里，子、男五十里"（《万章下》）的话。而现在《春秋经》里倒已先期确守了这个新制度，所以宋必称"公"，齐、晋、陈、蔡、卫必称

"侯"，秦、郑、曹、薛必称"伯"，楚、邾、莒、徐、吴必称"子"，许、宿必称"男"，使得两千余年来的人们确认为这五等爵是封国的定型。可是想不到地下埋藏着的它的死对头——青铜器——陆续出土，它的铭辞经过人们的整理研究，才知道满不是那么一回事。例如有了《许子钟》《许子妆簠》，知许亦称"子"；有了《邾公牼钟》《邾公华钟》《邾伯鬲》，知邾亦称"公"或"伯"；有了《铸公钟》《铸子簠》，知"公"和"子"可互称；有了《曾伯霥簠》《曾子屖簠》，知"伯"和"子"也可互称。研究的结果，看出了可以确信为爵位的只有"侯"和"男"两级，至于"公""伯""子"乃是一般的通称，正如后世人尊称朋友，"君"也可，"兄"也可，"先生"也可，"足下"也可，随便得很，和对方的职位毫无关系。《矢令方彝铭》"罙（暨）诸侯：侯、甸、男"，才是真正的爵位。《左传·定四年》"曹为伯甸"，是说曹为甸级中之长；又《昭十三年》"郑，伯男也"，是说郑为男级中之长：依然是西周的五级制。战国时人对这固有的制度已经模糊，在另定新五等制时，只记得曹是"伯"而忽略了它的主要的"甸"，郑是"伯"而放过了它的主要的"男"，于是把形容词当作名词而一概称为"曹伯""郑伯"。这就显出了《鲁春秋》改为《春秋经》时所遭受的润饰的痕迹。像这类事，细细考究起来，可以揭发的很不少，因为不在本题之下，暂止于此。如今回复到"梁亡"的问题。鲁国的史官对于西方情况不甚了了，他们听说梁国亡了，就记上这一笔，他们也许不知道梁是给秦国所亡的，更可能不知道同亡的还有芮国，然而也许知道了只是笔懒，想少费一点力，因此只写了"梁亡"两字。可是《春秋经》自从儒家编辑以来，成为统治阶级必读的一部经典，既为必读之书，就必须有教师讲解，而在当时重重束缚的条件下的教师们不可能读很多书，他们只会就经说经。他们看到梁亡而"未有伐者"，就释为它自己"鱼烂而亡"。这是《公羊传》的说法。继起的《穀梁传》的作者看到这说不太圆满，就替梁君加上许多罪状，一是"湎于酒"，二是"淫于色"，这是使他"心昏，耳目塞"的缘故；三是"上无正长之治"，这是使得"大臣背叛，民为寇盗"的缘故。他把殷王纣作为模特儿，《微子》《牧誓》所写的便是这一套。他并说如果只是被人伐灭，则梁君湎酒和淫色的罪恶不显，所以必须以"自亡"为文，然后梁君之罪可以彰著于天下。这就是所谓"一字之贬，严于铁钺"的《春秋》大义。《左传》这书，固然绝大部分保存了春秋时的史料，但它的作者所得到的国别史只限于晋、楚、鲁、卫、齐、郑数国，关于秦国的很寥寥，所以他只知道灭梁的是秦，而不明白秦所以灭梁的原因；但他既要做《春秋》的传，便不得不造出故事来敷衍一番。他看"梁亡"之上有"冬"字，就想起农事既毕，正是兴举土功的时候（《诗·豳风·七月》："十月纳禾稼。……嗟我农夫，我稼既同，上入执宫功。"《礼记·月令》："仲秋之月，……可以筑城郭，建都邑，穿窦窖，修囷仓。……孟冬之月，……坏（益）城郭，……固边竟（境），完要塞，……涂阙廷门间，筑囹圄。"均可证），就为梁君"亟城""沟公宫"，使"民惧而溃"的事作成定案。何休生于东汉之末，他为《公羊传》作注，有心与《左传》立异，又为梁君想出"隆刑峻法，一家犯罪，四家坐之，一国之中无不被刑者"的事来。可怜这位梁君为强秦所灭，只缘鲁国史官省写了几个字，便遭到经学家的恶毒的罗织，落下了千秋的唾骂。他们不谴责侵略者，反而一个劲儿谴责被侵略的受害者，难道可以算作公平的判断？然则《春秋》所未记的芮国，它的君主又因何种失德而被灭，鲁史的缺记不是让他幸逃于法网之外了吗？司马迁作汉皇朝的史官，读得秦国史官留下来的《秦纪》，保存了第一手资料，可以补充鲁史的缺佚，更可以纠正三《传》和何休的妄说。两相比较，去伪存真，就大足以清洗经学上的渣滓，这是司马迁的绝大功绩。

又按秦与梁为同姓国，亦为同迁国，而秦穆公竟不顾这种历史关系，仗着自己的武力，一下子灭了它，这可见奴隶主统治集团的酷虐行为。这和晋灭虞、虢，徐灭舒，齐灭纪，楚灭夔、越，完全是一样的自残同种。那《礼记·大传》说的"亲亲故尊祖，尊祖故敬宗，敬宗故收族"这一套氏族社会乃至宗法社会的道德观念早已为私有财产的扩张欲望抛到九霄云外去了！

（一九）《汉书·地理志》："右扶风武功：大壹山，古文以为终南；垂山，古文以为敦物：皆在县东。斜水，出衙领山北，至郿入渭。褒水，亦出衙领，至南郑入沔。有垂山、斜水、淮水祠三所。"王先谦《补注》："赵一清云：'"淮"疑"雍"之误。'……汪士铎云：'"淮水"当作"褒水"。'先谦案：作'褒'是。"

按这文所记的武功县的山、水凡四：山有大壹、垂山；水有斜水、褒水。可是它说到的三所祠庙，却为垂山、斜水、淮水。这里没有淮水，何来这淮水祠？因此，清代两位《水经注》专家都说这"淮"是错字。究竟这是哪一个字所错？则赵一清说是"雍水"的误文，汪士铎说是"褒水"的误文。"褒水"虽见本条，但"淮"和"褒"两字，无论在声音或形体上都绝无相似之处，所以这还得寻求适当的资料来解决这个问题。

（二〇）《散氏盘铭》："用矢𣃘（扑）𢽢（散）邑，乃即𢽢用田。……矢人有嗣（司）㲞（眉）田薾（鲜）、且（祖）、𢾫（微）、武父、西宫襄、豆人虞丂（考）、录（麓）贞、师氏右、眚、小门人繇、原（原）人虞萃、淮嗣工虎孝、𢽢丰父、唯人有嗣荆、万，凡十有五夫正𣝅矢舍（予）𢽢田……"

按王国维《散氏盘跋》，他把这盘和《克鼎》比较的结果，知道两器的地名颇多相涉，《克鼎》出于陕西宝鸡县南的渭水南岸，他因定这器所说的"散氏"，其地更在克南。铭首云"用矢𣃘散邑，乃即散用田"，是矢国前去侵犯了散国的城邑，结果矢国失败了，就用田去向散国赔偿。其所偿的田地名甚多，总谓之"眉田"和"井邑田"。这个"眉"字，王国维谓即汉右扶风的郿县。在矢人和散人双方交易的时候，矢方派出有司十五人，散方派出有司十人，分两组参加验界，宣誓执行。在矢方的十五人中，有虞、麓、师氏等官，还有"淮司工（即汉以后误写的"司空"）虎孝"，这个"淮"字即是《汉书·地理志》中右扶风武功的"淮水"，它是渭水流域的一条水，在宝鸡县之东和武功县之西的。有了这个证据，可知《汉书》并没有错写。下面还有"唯人有司"，"唯"即"鸿"，也是以鸟名地的，很可能是鸟夷迁徙到那里后的新名。

（二一）《水经注·渭水》篇："渭水又东，雍水注之，水出雍县雍山。"杨守敬《疏》："全（祖望）、赵（一清）作'渭水又东径雍县雍山'。赵云：'"雍山"上当云"雍水出雍山"。《汉志》：右扶风武功县有"淮水祠"，疑"雍水祠"之误。……李应祥《雍胜略》云："雍山在凤翔县西北三十里，雍水出。"'戴（震）增作'渭水又东径雍县南，雍水注之，水出雍县雍山'。熊会贞按：雍县在今凤翔县南。……以今雍水之道言之，出凤翔县西北，东南流径凤翔、岐山、武功、扶风四县南，又东南至盩厔县北入渭，则《注》就水入处言，不得云'渭水径雍县雍山'。赵、戴知有脱文，校补是也，而仍'径雍县'之文则非，当作'渭水又东，雍水注之，水出雍县雍山'方合。今订。"

按《水经注》今存本中最早的是《永乐大典》本，源出宋刻，其次为明万历中朱谋㙔《笺》本，亦积累多年校订之功而成，可是渭水一篇都有大片地脱佚。至清代，全祖望、赵一清、戴震、杨守敬诸家相继而起，订正缺误，而熊会贞集其大成，写定了杨氏《注疏》。雍水一条，即出熊氏所订。从他所说，可知这条水出于凤翔县西北，东南流至盩厔县北入渭。因为秦德公元年（前677年）始都于雍，经历春秋、战国的漫长时期，成为我国西部的政治、经济和文化的中心，所以山名"雍山"，水名"雍水"，《禹贡》分州曰"雍州"，汉人立县亦曰"雍县"。这似乎都是不成问题的事情。"雝"之与"淮",在后世固然是截然不相同的两字,但在甲骨文中则"雝"作"𦥑"(《前编》二·三六)或"𦥑"(《前编》二·二八),即"雝",左旁从水省(或缺),右旁从隹,其下从邑,表示是淮水边的都邑;金文《伯雝父鼎》作"𦥑",形更明晰。而甲文"淮"作"𦥑"(《前编》二·七),表示是鸟夷区域内的水道,与"𦥑"绝近。所以罗振玉在《殷虚书契考释》云:"此(淮)疑与'雝'为一字,省'口'耳。"

(二二)《汉书·沟洫志》:"卒塞瓠子,……而梁、楚之地复宁,无水灾。自是之后,用事者争言水利,……而关中灵轵、成国、湋渠引诸川。"颜《注》:"如淳曰:'《地理志》,盩厔有"灵轵渠"。"成国",渠名,在陈仓。"湋"音韦,水出韦谷。'"

按汉武帝塞瓠子决河,依《汉书·武帝纪》是元封二年(前109年)事。自此之后,好些人建议兴办水利工程,于是许多地方都开凿了灌溉的渠道,其在关中的有灵轵渠、成国渠、湋渠等。因为关中的地形西高于东,所以这些渠道都在右扶风境内。《汉书·地理志》于"盩厔"下云"灵轵渠,武帝穿也",于"郿"下云"成国渠首受渭,东北至上林入蒙笼渠",独有湋渠没作出交代来。如淳注所说的"水出韦谷",也不知道它的确实所在。

(二三)《说文·水部》:"'湋',回也。一曰:水名。"
(依徐锴《系传》本)

按《说文》此解,用回旋的动词解释"湋"义,而徐锴本有"一曰:水名"之文,见出有湋水的存在。但湋水在何处,则和《汉书》一样,未作说明。

(二四)李吉甫《元和郡县志》二:"凤翔府……扶风县:武德三年(620年),分岐山县置围川县,属岐州,取今县南沣川水为名。近代讹作'围'。四年（621年），隶入稷州。"

（二五）《旧唐书·地理志一》："凤翔府……扶风：武德三年，分岐山县置围川县，取沣川为名，俗讹改为'围'。四年，以围川隶稷州。"

（二六）《新唐书·地理志》一："凤翔府……扶风：本沣川，武德三年析岐山置，以沣水名之。贞观八年（634年）更名。"

（二七）乐史《太平寰宇记》二十七："雍州……武功县：雍水俗名别水，亦曰围州水（按此字误，当作"围川水"），西北自扶风界流入。"

（二八）同书三十："凤翔府……扶风县：……唐武德三年，分岐山县，于围川城置围川县；四年，隶稷州。……又按《说文》云：'围川'字作'沣'，近代讹舛，故为'围'。……沣水，县南三十里。"

按以上四书五节里所说的话都一样，在唐高祖武德三年曾分岐山县置围川县，这个县虽仅仅只有一年的历史，但其地有围川这条水则是明确的事实。"围"，都说本作"沣"，近代作"围"，则这水即是《汉书》和《说文》中的沣水可无疑义。唐的岐山县即今陕西岐山县，也即汉的雍县。那里有沣水，"沣"字也写作"围"，而刘熙《释名》云"'淮'，围也"（《释水》），则"沣"和"淮"同音可知，于是我们在今陕西中部找得了《散氏盘》和《汉书·地理志》里的"淮水"。然则何以又作"雍水"呢？这个问题，请丁山来为我们解决。

（二九）丁山《由三代都邑论其民族文化》："《水经·渭水》注：'……岐水又东径姜氏城南，为姜水，东注雍水。……'雍水，今名'沣水'。'沣''淮'古音相近。'淮'，《曾伯霙簠》'克狄淮夷'作'𤄷'；'雍'，《遹鼎》作'𤅷'：二字形亦相似。深疑雍水本名'淮水'，淮水即《散盘》所称'淮嗣工虎’国也，故汉时武功县犹有淮水祠。《地理志》：扶风郡武功县有垂山、斜水、淮水祠三所，赵一清云：‘“淮”疑“雍”之误。’由《散盘》推之，秦、汉以来所谓‘雍水’者，固皆‘淮水’之误。”

按丁氏从金文中找出了淮水在西土的证据，又找出了“雍”和“淮”是一字的形变的证据，雍水今名“沣水”，“沣”（iuəi）和“淮”（huəi）声音又近，因此他确断“雍水”本即“淮水”，《汉志》文不误。这是他的锐敏的观察。从我们上面搜集的证据看来，这条淮水虽是汉、唐以下写成了“沣水”或“围水”，而它的原音终于保存下来，更可以证明他这一论断的正确。“雍”，古文作“雝”，见于《诗·召南·何彼襛矣》、《小雅·无将大车》（相台本）和《周颂·雝》。“雝”和“雝”“雝”的字形，都是从“隹”从“邑”，说明它的本义乃是鸟夷的都邑；《诗经》“雝”字的偏旁“巛”无疑是“川”的讹变，又说明了它是淮水崖岸上的一个都邑，而“肃雍”的“雍”乃是一个假借字。《史记·秦本纪》：“德公元年（前 677 年），初居雍城。”秦都所以名“雍”，就因为它在雍水的旁边，正确地说，就因为它在淮水的旁边。而这条水之所以名“淮”，即是表示秦族本居潍水流域，他们这一族迁到渭水流域的凤翔，是在作《散氏盘》（《散盘》，郭沫若定为厉王时代作）之前，这些秦人已经把这条出于凤翔流至盩厔的水称作“淮水”了；到秦德公时建为都城，东方的遗民住到那边去的就更多了。其后“雍城”的字音虽因它的假借字而读作 iung，但“雍水”的音则始终不变，直到现在还是被呼作“沣水”。为了秦人住在那里有根深蒂固的历史，所以《禹贡》的作者就规定了西河到黑水这一区域的名称为“雍州”。他万万想不到“雍”即是“淮”，这个水名和邑名都是在周公东征之后原来居于潍水流域的鸟夷族西徙后的新名词，在传说的大禹时代是不可能存在的。为着东方民族大迁徙，恶来这一族被迫迁移到渭水流域，于是本在东方的“淮（潍）水”一名西迁了，东方民族所崇奉的上帝和祖先神少皞也西迁了，甚至后起的"凤翔"这个地名也很可能由于秦人的"高祖少皞挚之立也，凤鸟适至"及"凤鸟氏，历正也"这些古老的传说而来。这同是不忘其本的民族意识的一种深刻的表现。

又按历史本是人类精神界里最难摆脱的东西，秦既如此，楚也这样。试看《楚辞·九歌》，其中便有"河伯"一篇，首云"与女（汝）游兮九河"，中云"登昆仑兮四望"，又云"与女游兮河之渚"。然而《左传·哀六年》说："初，〔楚〕昭王有疾，卜曰：'河为祟。'王弗祭。大夫请祭诸郊，王曰：'三代命祀，祭不越望。江、汉、雎（沮）、章（漳），楚之望也。……不穀虽不德，河非所获罪也！'遂弗祭。"江、汉、沮、漳四条水都在楚国境内，为楚国的"望"，所以楚昭王以为该祭；至于黄河则远在楚北，楚国人既看不见，又怎么会得罪河神，所以他以为不该祭。这很明白，楚昭王是一个现实主义者，对于远地方不存什么幻想。那么楚的卜人为什么又要说"河为祟"？楚的大夫们又为什么"请祭诸郊"？《楚辞·九歌》为什么要有《河伯》这一篇？他们为什么尽是空想着国境以外的黄河？现在，我们已在前一篇里知道了卫都楚丘即是楚国在商代的旧居，同时曹、宋诸国也都有名为"楚丘"的地方，说明楚人本散布在黄河下游，所以他们虽为周公及周公以后的周人所逼，迁到丹阳、荆山和纪郢，然而他们对于黄河永远有丢不掉的历史的情感。现在拿"淮水"来作比较，可不是一模一样？

按从上面列举的资料看来，可以知道熊、盈两族都是一大群东方的旧国，熊为祝融族，盈为鸟夷族。商是华夏正统文化的三代之一，现在揭开底子，原来是鸟夷的一支，可以说是惊人的发现。但如果没有甲骨文的出土和研究甲骨文到了现阶段，也还是不能想像的事情。夏代的文物，现在尚未出土，但即从古典文献中搜集资料，也可以看出夏王朝和熊、盈两族关系的深切。祝融族的首一姓是己姓，也即是姒姓，而斟是姒姓明见《世本》（《左传·襄四年》疏引），是夏亦祝融族人，一也。《郑语》说"昆吾为夏伯"，有如齐桓、晋文之于东周，是夏王朝的主要支持者，二也。夏后相失国，依靠斟灌、斟寻而生存，三也。汤灭夏时，先伐韦、顾，继伐昆吾，可见韦、顾、昆吾诸己姓国家都是卫护夏政权的主要力量，四也。这四端，都是夏和祝融族的关系。夏后相为寒浞所灭，赖后缗抚育遗孤少康，延夏室一线之传，五也。桀伐有缗，获其二女，遂种亡国之因，六也。这二端，都是夏和鸟夷族的关系。夏代历史，流传下来的本极鲜少，但其荦荦大者竟无一不与东方这两大族息息相通。我们可以说：祝融族和夏王是同姓，所以握有王朝的政权；鸟夷族和夏王是异姓，所以成为通婚的对象。加上《竹书纪年》所记，"后相元年，征淮夷、畎夷。二年，征风夷及黄夷"（均《御览》八十二引），"七年，于夷来宾"，"少康即位，方夷来宾"，"后芬即位三年，九夷来御"，"后泄二十一年，命畎夷、白夷、赤夷、玄夷、风夷、阳夷"，"后发即位，元年，诸夷宾于王门，诸夷入舞"（以上均见后《汉书·东夷传》注引），可见夏王朝和东夷的关系何等密切，往来何等频繁。其中"风夷"疑即指风姓的太皞族，"玄夷"也可能是指以"玄鸟"和"玄王"自标的商族。近人为了周人自称为"夏"（例如《书·康诰》的"肇造我区夏"，《立政》的"乃伻我有夏式商受命"，《诗·周颂·时迈》的"肆于时夏"），《史记·六国表》又说"禹兴于西羌"，便以为夏族起源西方，夷和夏是对立的两族。不知道周人自称为夏，乃是夏为商灭之后遗族西迁的结果，正和商亡之后，武庚北迁，空桐西北迁，亳王西迁有类同的情形，我们不该倒果为因，而说夏、商都起于西方。因为这个问题不在本篇讨论的范围之内，所以只暂发其端于此。

又按周族自从周公东征，以至康、昭、穆、宣诸王的东征或南征，东方旧国一而再、再而三地受到高度的压迫，或灭亡，或迁徙，似乎周人确实统一了"天下"。但是熊族的楚迁到荆山之后便崛然兴起，仗着它的组织力和武力把南方逐渐统一起来，形成一个最早的中央集权制的大国。他们巩固了南方之后，骎骎北进，使得春秋时代第一件重要事情就是晋国用着"尊王、攘夷"这个口号来团结中原各国，并培植自己势力，和楚人争霸。推原楚人所以能有这样的大发展，实因他们懂得发挥人民的积极性和警惕性。《左传·宣十二年》说："楚自克庸以来，其君无日不讨国人而训之，于民生之不易，祸至之无日，戒惧之不可以怠，……训之以若敖、蚡冒筚路、蓝缕以启山林，箴之曰：'民生在勤，勤则不匮。'"可以想见他们的统治阶级是怎样地用了全力去教育人民群众。嬴族的秦在犬戎击灭周幽王之后占据了西周的旧畿，逐步统一了西方。在《秦誓》里，秦穆公说"惟受责俾如流"，又说"尚猷询兹黄发，则罔所愆"，可见他们的统治阶级也懂得人民群众的意见是不该不接受的，他们是怎样地奋发图强。到战国时，秦孝公任用商鞅，施行"废井田，开阡陌"的改革，提高了生产，又以二十级爵制奖励军功，积累一百四十年的力量，终于扫平六国，建立了一个空前的中央集权的秦帝国。这可见熊、嬴两族的长期奋斗的历程，既由于它们有着自己的悠久文化，而又励精图治，组织人民发挥潜力，先从抵抗力较小的地方扩展，终于争取中原，尤其秦人西迁以后，在和东、西各族长期斗争和融合的过程里，采取了有利于当时社会发展的措施，适应了社会发展的趋势，所以终能代周而兴，完成它统一全中国的历史任务。其后为了它过度地使用暴力专制的政策，对于人民群众作了严重的压迫，激起了陈胜、吴广的农民暴动，楚人就乘机起来，进行民族斗争，实现了"楚虽三户，亡秦必楚"（《史记·项羽本纪》）这句誓言，结果楚人又占了上风，建立了汉帝国，而政治制度则大体因秦不改。我们即此可以看出，熊、嬴两族在一部中国历史里所占的地位是如何地重要，所起的作用又是如何地巨大？我们应该怎样拨除封建社会里所传播的《春秋经》的"攘夷"思想，不再以"西戎"看秦，以"南蛮"看楚，而给它们以应有的新的估价？

附　古代东方民族在周王朝统治下迁留兴亡表（见插页）

附　少皞氏鸟名官诸种解释表（见插页）

戊　东土的新封国[①]

周公东征胜利之后，就在今洛阳市建立东都，号为成周，迁徙商的贵族住到那里，并驻守重兵，防御东方的叛变。又把商族的根据地及所灭的商的属国和鸟夷族的许多部落的土地和人民分封给自己人，主要的是封康叔封于卫，以统治商的中心地区；封周公子伯禽于鲁，以统治鸟夷族南部一片地。稍后，又封太公望子吕伋于齐，以统治鸟夷族北部的一片地；封召公奭子旨于燕，以统治商的北土。康叔的封土几乎是整个的商王畿，面积太大，因此别封康叔的儿子王孙牟于东（卫的东部），共同管理。康叔死后，王孙牟继位，两国复合为一。这些人或其家族，在周王朝扩张东方领土和镇压东方人民的民族斗争当中都建树了特大的功勋，所以受封的疆域也特别广大。

其他，周王季的庶子封于东虢，文王的庶子封于郕、曹、滕、郜、雍、原，武王的庶子封于邗、应，周公的庶子封于凡、蒋、邢、茅、胙、祭，也都统治了东方的某些地点。至于周室的姻亲，属于后稷元妃的有南燕，属于太姜一系的有许、纪、向，属于太任一系的有铸、薛、谢，属于太姒一系的有杞、鄫，属于太姬一系的有陈、遂，这些国家有的本在东方，有的出于周室的特封。真个是星罗棋布，指挥灵活，具备了大一统的雏形。

为了对于商遗民的怀柔和羁縻，封商的王族微子于宋，以奉商先王的祭祀。这是周王对于前代所赐的特别恩典。

----

① 原载《中国史学集刊》第一辑，江苏古籍出版社，1987年4月。

在这节节设防之下，周王朝既解除了东顾之忧，又掠夺了东方大量人民做统治集团的奴隶，强迫他们从事劳动生产来供给本集团的物质享受，这个奴隶主统治的国家基础才算稳固了。

壹 伯禽封鲁，康叔、王孙牟（髦、中旄父）封卫

（一）《诗·鲁颂·閟宫》："王曰：'叔父！建尔元子，俾侯于鲁。大启尔宇，为周室辅！'乃命鲁公，俾侯于东。锡之山川、土田、附庸。"毛《传》："'王'，成王也。'元'，首；'宇'，居也。"郑《笺》："'叔父'，谓周公也。……封鲁公以为周公后，故云'大开女（汝）居以为我周家之辅'，谓封以七百里，欲其强于众国。"

按这里明显地指出伯禽是成王时代所封，其国为鲁，其地为"东"。这"东"就是《诗·小雅·大东》"小东、大东"的"大东"，所以《閟宫》说"奄有龟、蒙，遂荒大东"。"大""小"是由周人定的，周都丰、镐，以距离的远近分称为大、小，"大东"就等于说"远东"。《左传》说鲁"因商奄之民"，鲁地又有"淹中"（见《汉书·艺文志》），分明鲁的疆土，基本上是奄的旧地。我们知道，必须周公践了奄，成王才可以把这块地方移封给周公的儿子鲁公伯禽；在后人的著作里说封鲁在武王时的，都忘记了《诗经》中的最亲切的证据。

又按鲁的国土，不但有奄，也有嬴姓诸国如徐、秦及淮夷的旧地，面积固然很大，但还不到方七百里。郑《笺》所以说"封以七百里"，为的是《礼记·明堂位》说："成王以周公为有勋劳于天下，是以封周公于曲阜，地方七百里。"郑玄在那里注道："鲁地，上公之封，地方五百里。加鲁以四等之附庸，方百里者二十四，并五五二十五，积四十九，开方之得七百里。"他说"上公之封，地方五百里"，是由《周礼·夏官·职方氏》"封公以方五百里"来的。他说"加鲁以四等之附庸"，是由《周礼·地官·大司徒》"诸公之地，封疆方五百里"，郑

《注》说："凡诸侯为牧正帅长及有德者，乃有附庸。……公无附庸；侯附庸九同，伯附庸七同，子附庸五同，男附庸三同。……鲁于周法不得有附庸，故言'锡之'也"来的。《明堂位》和《周礼》的出现，早则战国，迟则西汉，作者讲的周制本来大有问题；郑玄不但据为典要，而且为它加油加酱，说公无附庸，侯到男的附庸共有四等，这四等附庸共数二十四，而鲁兼有之，加上鲁本封方五百里，一共是方七百里，杜撰典故，可嗤可笑！鲁受封的疆域，汉人想得那么大，可是孟子却把它缩得非常小。《告子下》："鲁欲使慎子为将军，孟子曰：'……周公之封于鲁，为方百里也。地非不足，而俭于百里。……今鲁方百里者五，子以为有王者作，则鲁在所损乎，在所益乎？……'"因为孟子是一贯主张"公、侯皆方百里"，又说"汤以七十里，文王以百里"发迹的，所以他也不愿让鲁的封地超过百里。然而孟子时的鲁，确已有"方百里者五"的面积。是不是"上公之封"，真的"地方五百里"呢？那也不然。成王既说"大启尔宇"，那必然比别国大些，可是还到不了方五百里。受封之后，鲁国向东，向南发展，激起了和徐戎、淮夷的斗争（见《费誓》）。入春秋后，隐二年（前721年）入极，隐十年（前713年）取宋的郜、防，僖三十三年（前627年）取邾的訾娄，宣四年（前605年）取莒的向，宣九年（前600年）取根牟，宣十年（前599年）取邾的绎，成六年（前585年）取鄟，襄十三年（前560年）取邾，襄二十一年（前552年）取邾的漆、闾丘，昭元年（前541年）取莒的郓，昭四年（前538年）取莒的鄫，昭五年（前537年）取莒的牟娄、防、兹，昭十年（前532年）取莒的郠，昭三十一年（前511年）取邾的滥，哀二年（前493年）取邾的漷东田和沂西田，哀三年（前492年）取邾的启阳（均见《春秋经》），除极、鄟、邦、根牟等小国被灭外，凡取宋二邑，取邾八邑，取莒七邑。为了鲁和邾、莒是邻国，鲁的武力又强于这两国，所以他们受鲁的侵略尤为酷烈。怪不得《左传·昭十三年》记道"邾人、莒人诉于晋曰：'鲁朝夕伐我，几亡矣！我之不共，鲁故之以。（杜《解》："不共〔供〕晋贡，以鲁故也"）'晋侯（晋昭公）不见公，使叔向来辞曰：'诸侯将以甲戌盟，寡君知不得事君矣，请君无勤！（杜《解》："托谦辞以绝鲁"）'……鲁人惧，听命。（杜《解》：'不敢与盟'）"这就是为了侵略过度而碰到霸主的一个大钉子。春秋末期，越王句践灭吴，周元王命句践为伯（霸），他摆出霸王的气派，"归吴所侵宋地于宋，与鲁泗东方百里"（见《史记·越王句践世家》）。这就是鲁地方五百里的由来。

（二）《左传·定四年》："昔武王克商，成王定之，选建明德以藩屏周。故周公相王室以尹天下，于周为睦。分鲁公以大路、大旂、夏后氏之璜、封父之繁弱，殷民六族——条氏、徐氏、萧氏、索氏、长勺氏、尾勺氏，使帅其宗氏，辑其分族，将其类丑，以法则周公，用即命于周；是使之职事于鲁，以昭周公之明德。分之土田、陪敦，祝、宗、卜、史，备物典策，官司、彝器，因商奄之民，命以伯禽而封于少皞之虚。分康叔以大路、少帛、綪茷、旃、旌、大吕，殷民七族——陶氏、施氏、繁氏、锜氏、樊氏、饥氏、终葵氏。封畛土略，自武父以南及圃田之北竟；取于有阎之土以共王职；取于相土之东都以会王之东蒐；聃季授土，陶叔授民，命以《康诰》而封于殷虚。皆启以商政，疆以周索。"杜《解》："'尹'，正也。'睦'，亲厚也，以威德见亲厚。'鲁公'，伯禽也。此'大路'，金路，锡同姓诸侯车也。交龙为'旂'，《周礼》同姓以封。'璜'，美玉名。'封父'，古诸侯也。'繁弱'，大弓名。'丑'，众也。'即'，就也，使六族就周，受周公之法制，共（供）鲁公之职事。……时周公唯遣伯禽之国，故皆以付伯禽。'少皞虚'，曲阜也，在鲁城内。'少帛'，杂帛也。'綪茷'，大赤，取染草名也。通帛为'旃'，析羽为'旌'。……'畛'，涂所径也。'略'，界也。'武父'，卫北界。'圃田'，郑薮。'有阎'，卫所受朝宿邑，盖近京畿。〔相土之东都〕为汤沐邑，王东巡狩，以助祭泰山。'聃季'，周公弟，司空。'陶叔'，司徒。……'启'，开也，居殷故地，因其风俗，开用其政。疆理土地以周法，'索'，法也。"孙诒让《名原》下："《召白虎敦》云：'余考正公仆**畗**、土田'，'**畗**'当即'墉'之古文。古音'仆'（buok）与'附'（bjuo'）相近字通。'仆墉、土田'犹《诗·鲁颂·闷宫》云'土田、附庸'也。《定四年左传》：成王分鲁公以'土田、倍敦'，……与此可互证，盖'仆''倍'声近，'敦''**畗**'形近，皆得通也。"

按这是卫祝佗的话，述鲁、卫受封时事最详，而卫尤详于鲁。从这里我们可以知道，当时是怎样地重视这两国，给予伯禽和康叔以镇抚东土的责任。在他们受封的时候，器物有多少，部族有多少，土地有多少，以及怎样管理这些土地和人民，备举不遗，是古代以一民族统治若干被征服民族的重要文献。周公为什么要这样"以盛德见亲厚"？只为伯禽是自己的长子，随从东征有功，康叔是自己的亲弟，又是一个得力的助手（《康诰》"已！汝惟小子，未其有若汝封之心，朕心、朕德惟乃知"，《左传·定六年》"太姒之子，唯周公、康叔为相睦也"，都可证），而卫和鲁两地都是殷族的腹地，东方的重心，所以康叔分到殷民七个氏族，伯禽分到殷民六个氏族，而这六族之中有徐氏，见得徐国也有一部分未被迁走的人民给鲁了。卫的国土，据前文所考，不但是殷，也有楚和昆吾的旧地，这儿又说除了所封的本土之外，还有近畿的朝宿邑，还有会王巡狩的汤沐邑，更可看出它的疆域的恢扩。

又按《史记·汉兴以来诸侯王年表》序云："周封五等：公、侯、伯、子、男。然封伯禽、康叔于鲁、卫，地各四百里，亲亲之义，褒有德也。"这可见鲁、卫封地之广，不同于其他诸侯，从前人早有认识，不过他们总以为亲亲之义，理所当然，不以为鲁、卫的剥削量特大而已。

（三）李亚农《西周几个国家的奴隶制》："所谓施行'商政'，就是要仍旧实行殷代的法律，维持殷代的阶级压迫，继承殷代的奴隶制度。……所谓'疆以周索'，就是根据周族的制度来分封或分配土地。……周族的土地制度是氏族公有制。他们局蹐在岐、丰之时，虽已达到了固定分配的阶段，由于地少人多，每一个体家族所分得的'私田'固然不会多，即为整个氏族保留的'公田'也必不广。……但在周族进入中原以后，情况变了。广大的天下都变成了他们的，此时，为整个氏族保留的公田固然极其广大，即每一个体家族也分得了不少的土地，而尤以大宗、小宗的家长们所分得的土地特别多。所以灭殷之后，他们的公田、私田都没有可能由他们自身来耕种，而是依靠大量的奴隶群来进行生产的。所谓'启以商政，疆以周索'的内容就是如此。"

按《左传》中说的鲁和卫都是"启以商政，疆以周索"，可是这两句话从来不曾讲通过。经李同志研究的结果，使我们知道这话的意义，就是维持商代的奴隶制法律，而用周族的氏族公有制来分地，可以说是接触到实际了。（《左传》下文说"唐叔……封于夏虚，启以夏政，疆以戎索"。李氏解"夏政"为把怀姓九宗作为集体来剥削，"戎索"是共耕的土地氏族公有制或个体家族的轮流分配制。）周代的统治阶级本来是自己参加或亲自管理生产的，《无逸》的"文王卑服，即康功、田功"可证。（章炳麟《古文尚书拾遗定本》云："'康'，《释宫》云：'五达谓之康。'字亦作'庚'，《诗》有'由庚'，《春秋传》有'夷庚'，以为道路大名。'康功'者，谓平易道路之事；'田功'者，谓服田力穑之事。前者职在司空，后者职在农官，文王皆亲莅之，故曰'卑服'。"其说甚是。）但到克殷和东征以后，灭了多少国，杀戮了和赶走了多少人民，土地重新分配，大宗、小宗的家长们所取得的公田和个体家族所取得的私田数量必然大增，他们以一个少数民族统治东方广大的人民和土地，只有利用了商代管理奴隶的法律，奴役大量的奴隶群替他们生产。《康诰》的"师兹殷罚有伦"和"罚蔽殷彝"都可以说明这一事实。

（四）《书序》："成王既伐管叔、蔡叔，以殷余民封康叔，作《康诰》《酒诰》《梓材》。"

按这和上引《左传》文义略同。封康叔于卫，必然是平管、蔡以后的事。云"殷余民"，是周公东征时被杀和被迁后的孑遗之民。只是这儿说成王伐管、蔡是不合当时事实的。

（五）《逸周书·作雒》："周公……俾康叔宇于殷，俾中旄父宇于东。"孔《注》："康叔代霍叔；中旄代管叔。"

按孔《注》"康叔代霍叔"，据甲·肆所考，即是康叔代蔡叔。《作雒》先说"建管叔于东"，后说"俾中旄父宇于东"，东有大东、小东的区别，鲁既在大东，那么这里的两个"东"字必然是小东无疑。小东有两处，其一在今河南、山东交界的清丰、寿张、鄄城一带，是中旄父所受的封地，后并入卫；其一在今河南的东部，本为管叔所监地，后改封微子，即宋国。说见甲·伍·（三）。

（六）《左传·昭十二年》："昔我先王熊绎与吕伋、王孙牟、燮父、禽父并事康王。四国皆有分，我独无有。"杜《解》："〔熊绎〕楚始封君。〔王孙牟〕卫康叔子康伯。〔燮父〕晋唐叔之子。〔禽父〕周公子伯禽。'四国'，齐、晋、鲁、卫。'分'，珍宝之器。"

按这是楚灵王的话，说明卫君王孙牟和楚君熊绎、齐君吕伋、晋君燮父、鲁君伯禽是同时代的人；而齐、晋、鲁、卫之君为周王所信任，都分有许多珍贵的器物，如《左传·定四年》所记，楚君则是异族，而且是压迫的对象，所以不能享有这个待遇。"王孙牟"，即《作雒》的中旄父，说见下（八）节。

（七）王应麟《困学纪闻》二："《周书·作雒》曰：'俾

康叔宇于殷，俾中旄父宇于东。'《注》云：'"东"，谓卫。"殷"，邶、鄘。'……'康叔宇于殷'，即卫也。《注》以'殷'为邶、鄘，非是。殷地在周之东，故曰'东征'。邶、鄘、卫，皆'东'也。《康诰》曰：'在兹东土。'中旄父其邶、鄘之一欤？"

按这已一扫孔晁《注》的谬说，确定康叔所封的卫即"殷"，但中旄父所封的"东"则尚未能定其为邶或鄘，有待于进一步的探索。

（八）孙诒让《邶鄘卫考》："'中旄'，古书别无所见，孔亦无释。今以声类求之，乃知其即康叔之子康伯也。《史记·卫世家》云'康叔卒，子康伯代立'，不著其名。杜氏《春秋释例·世族谱》及《史记索隐》引《世本》并云'名髦'，宋忠谓即《左·昭十二年传》之'王孙牟'，司马贞亦谓'牟'（əu-muə）、'髦'（mau）声相近。今按'旄'（mau）与'髦'为同声假借字，'中旄父'亦即王孙牟也。盖周公以武庚故地封康叔，实尽得三卫全境。以其地阔广难治，故依其旧壤，仍区殷、东为二，以其子弟别治之，如晋文侯弟成师别治曲沃、东周惠公子班别治巩为西周君之比。是中旄宇东，虽专治其邑而仍属于其父，则与三监分属微异。逮康叔卒，康伯嗣立，而东遂不复置君，故采诗者于三卫不复析别。是三卫始则三监鼎峙，中则殷、东虽分二字而实统于一属，终乃夷东为邑而与殷并合为一，其事可推迹而得也。然自汉以来，儒者于三卫分合之故咸莫能稽核。故郑君《诗谱》谓'成王杀武庚，伐三监，更于此三国建诸侯；以殷余民封康叔于卫，使为之长；后世子孙稍并彼二国'（《书疏》引郑《书注》同）。不知康叔初封时已以子弟治二国，不待后世始兼并也。《汉志》则云：'三监叛，周公诛之，以其地封康叔，迁邶、鄘之民于雒邑。'《诗·豳风》孔疏云：'如《志》所言，则康叔初即兼彼二国，非子孙矣。服虔依以为说。'据孔推班、服义，虽知康叔已兼三卫，非其子孙，而亦未能实证其事，则皆由不知'中旄'之即康伯，故不能得其详也。至三监分治三卫，说者复多舛异。《汉志》云：'邶以封纣子武庚；庸，管叔尹之；卫，蔡叔尹之：以监殷民，谓之"三监"。'郑《诗谱》则云：'自纣城而北谓之邶，南谓之鄘，东谓之卫。'《史记正义》引《帝王世纪》则云：'自殷都以东为卫，管叔监之；殷都以西为鄘，蔡叔监之；殷都以北为邶，霍叔监之。'依班说，则邶、卫为旧殷而庸在其东，中旄所治者即卫也。二说不同，窃疑班说近是。盖中旄别封于庸，因以为称，犹康叔初封康，亦即以为称，'康伯'即'庸伯'也。'庸'（iong）、'康'（k'ong）声类同，古多通用，史籍讹捝，遂并'康叔''康伯'为一。实则康叔之'康'当读如字，而康伯之'康'自当作'庸'，二字本异。后人不察，谓其父子不嫌同称，遂不能析别。……"

按这说邶、鄘、卫三国，自从武庚、管、蔡失败之后，周公把邶、卫之地封给康叔，别封康叔子中旄父（王孙牟）于其东的庸（鄘）地，为庸伯；康叔死，庸伯继立，三卫又并为一。此说固亦言之成理，只是把三监之地（即殷王畿）全封给康叔父子，究嫌太大，似不如王国维说邶为燕，鄘为鲁（？），与卫鼎立的近于事实。而且孙氏后来在《康侯鼎拓本跋》中说："疑康叔初封康侯，后封卫为卫侯，而以康侯封中旄，虽宇东犹兼其故封不改，故此鼎犹称'康侯'。余曩校《周书》，疑康伯宇东即三卫之庸，谓'康伯'或当为'庸伯'。今见此鼎，乃知前说殊未审。"知孙氏旋已悔其旧说，然而局限于资料之缺乏，还不能作出一个决定性的论断。现在依我们的猜测，《作雒》所说的"俾中旄父宇于东"的"东"乃是《诗·小雅》的"小东"，相当于秦的东郡，在今河南东北部及山东西北部；至于"奄有龟、蒙"所荒的"大东"，相当于秦的薛郡和琅邪郡的一部，在今山东东南部，则是伯禽的封土。康叔子中旄父，即金文中的伯懋父，在康王时征过东夷，见丁·贰·（四）。中旄父即康叔子王孙牟，这一史实是孙诒让的发见，故详记其说。

贰 太公望子吕伋封齐

（一）《礼记·檀弓上》："大（太）公封于营丘；比及五世，皆反葬于周。"郑玄《注》："齐大公受封，留为大师。死，葬于周，子孙生焉，不忍离也。五世之后，乃葬于齐。齐日营丘。"

按太公望封于齐，自来无异说；只有郑玄说他留周为太师。留周之说，从下二节看来是正确的，封于齐的乃是他的儿子吕伋。太公在周畿内自有其封地，而且其一子袭他的周畿之封，和周、召二公一样，所以他的五世子孙皆葬于周，这本不是"反葬"。后来这一系绝了，而齐系则昌盛，所以人们就错认太公封于齐而反葬于周。

（二）《顾命》："乙丑，王（成王）崩。大保命仲桓、南宫毛俾爰齐侯吕伋以二干戈、虎贲百人，逆子钊于南门之外，延入翼室，恤宅宗。"《伪孔传》："将正太子之尊，故出于路寝门外，使桓、毛二臣各执干戈，于齐侯吕伋索虎贲百人，更新（亲）逆门外，所以殊之。伋为天子虎贲氏。明堂路寝，延之使居忧，为天下宗主。"

按这是周成王死后，召公（大保）遣仲桓等迎接康王钊入宫，使为丧主。在迎接的时候，带着虎贲士百人，以示郑重，而统领虎贲的则是"齐侯吕伋"，可见伋在成王之世已作齐侯，他是以齐侯的身份兼任王朝虎贲氏的职务的。

（三）《古本纪年》："康王六年（前999年），齐太公望卒。"（晋汲郡《太公吕望墓表》引）

按太公望到康王六年才死，而吕伋则早在成王世已作齐侯，可见太公望并没有封齐，他同周公、召公一样，在朝中任职，所以《金縢》有"周公乃告二公"之文，这"二公"从来解作"召公、太公"不误。伋封于齐，和周公子伯禽封于鲁也是一样。这件事情给后人弄模糊了，于是有了太公封齐的种种故事传说，如《史记·齐世家》所记载的，一则曰"武王已平商而王天下，封师尚父于齐营丘，东就国，道宿行迟，……莱侯来伐，与之争营丘"，二则曰"太公至国，修政，因其俗，简其礼，通商、工之业，便鱼、盐之利，而人民多归齐，齐为大国"，三则曰"盖太公之卒百有余年（岁），子丁公吕伋立"，坐实了武王克殷之后太公立即就封。我们在上列两条证据里，可以确定封齐的时代是在周公东征之后，受封于齐的人是太公子吕伋。这件事，战国时的《檀弓》作者已弄错了，何况西汉时的《史记》。至于太公的墓葬所在，《檀弓》说是在周，《史记·齐世家》集解引《皇览》说是"在临菑县城南"，而晋人的《太公墓表》又说在汲县，扑朔迷离，不可究诘。但我们想，太公既在王朝任官，死了当然葬于周都，《檀弓》的话可说它对了一半。

（四）《左传·僖四年》："昔召康公命我先君大公曰：'五侯、九伯，女实征之，以夹辅周室！'赐我先君履：东至于海，西至于河，南至于穆陵，北至于无棣。"杜《解》："'召康公'，周大保召公奭也。……'履'，所践履之界。"

按这是齐桓公伐楚时，管仲对楚使说的话。召康公是在周公之后执周政的，到成王死时还在，可知吕伋受封于齐比较伯禽封鲁、康叔封卫迟了一些时候。《左传》说太公受封，又可见春秋时人对这事实已不甚了然。

（五）同书《昭九年》："及武王克商，蒲姑、商奄，吾东土也。"

（六）同书《昭二十年》："昔爽鸠氏始居此地，季荝因之，有逢伯陵因之，蒲姑氏因之，而后太公因之。"

（七）《汉书·地理志》："殷末有薄姑氏。……至周成王时，薄姑氏与四国共作乱；成王灭之，以封师尚父，是为太公，《诗·风·齐国》是也。"

按上数节说的"武王""太公"事都误，但从这里可以知道，吕伋受封之地的旧主人是蒲姑氏。"蒲（bwo）姑"亦作"薄（bwok）姑"，是字音和字体的小变。《左传》说到周的东境，把蒲姑和商奄并举，商奄是鲁，蒲姑是齐，知道必待周公东征灭了这两国，才能分封这些新国家。齐的国土，据前篇所考，不但有东夷的蒲姑，也有嬴姓的徐及淮夷的旧地。

（八）《左传·襄二十五年》："闾丘婴……与申鲜虞乘而出，……行及弇中，将舍，婴曰：'崔、庆其追我？'鲜虞曰：'一与一，谁能惧我！'遂舍。……出弇中，谓婴曰：'速驱之，崔、庆之众不可当也！'遂来奔。"杜《解》："'弇中'，狭道。言道狭，虽众无所用。……道广，众得用，故不可当。"

（九）《左传·哀十四年》："子我（阚止）归，属徒攻闱与大门，皆不胜，乃出。陈氏追之。失道于弇中，适丰丘。"杜《解》："'弇中'，狭路。'丰丘'，陈氏邑。"

按以上两节都是齐国事。上一节记崔杼杀齐庄公后，立景公，崔杼和庆封为相。庄公的近臣闾丘婴和申鲜虞二人逃了出来，行到弇中准备歇息，闾丘婴怕追兵将及，不敢歇，申鲜虞安慰他将就过了一夜，第二天早晨就赶快逃往鲁国。下一节记齐简公有宠臣阚止，他看到陈恒一族人骄横过甚，想用力量压服他们，但陈家势力已成，他打不胜，逃了出来，但还给他们追杀了，后来简公也给陈恒送到舒州杀了。在这两节里都有"弇中"这个地名，这地离齐都不远，可以说是临淄的近郊。这又是到鲁国去的道路，则该是临淄的西南郊。杜预解为"狭道"，看闾丘婴们的对话确实相像。今山东临淄县西南有金岭，疑即此。王国维《北伯鼎跋》把《汉书·艺文志》的"鲁淹中"相拟，认为同一地方，而说"奄地在鲁,《左·襄二十五年传》,鲁地有'弅中'",则大误。今因"奄"（·joʼm）、"弅"（·joʼm）同音,甲骨文亦屡出"弅"这一地名,见丙·壹·（二）,容有原为奄地的可能性,故暂附于此以供参考。

叁　召公子旨封燕

（一）《匽侯旨鼎》（一）："匽侯旨初见事于宗周,王賣（赏）旨贝廿朋。……"

（二）《匽侯旨鼎》（二）："匽侯旨作父辛尊。"

按此第二鼎为潘祖荫藏器,见《攀古楼彝器款识》,他作解释道："此'匽'当为'燕'之假借字。据《左传》'高鄗'（《昭十二年》）,《世本》作'偃',董遇《注》亦作'偃',《正义》谓一人,声相近而为二字耳。"张之洞云："'晏''燕',古相通借者多矣,如'享宴'作'飨燕''暖温'作'曣暒'之类。"（见上书）方濬益云："又有《郾矦镰》、……《郾王戈》,字又作'郾'。其器皆出燕、齐之交。是'匽'即'燕'之通用字无疑也。"（《缀遗斋彝器考释》四·十）按今河南的郾城县应是燕的始封地;等到周公东征后拓地广大,乃有这回的更封。看这铭文,知道匽侯旨是父辛之子,这父辛该是召公奭。

（三）富鼎："隹九月既生霸辛酉,才（在）匽。厌易（锡）富贝、金。扬厌休,用乍（作）匿（召）白（伯）父辛宝奠彝。富万年子子孙孙宝。光用大僚（太保）。"

按此器于清末出土,铭文为土锈所掩,不能通读全文。方濬益集合各家拓本,仅摹出二十七字。一九四九年,器归清华大学,经剔清后,由陈梦家写定如上。他在《西周铜器断代》（三）释云："据铭文,作器者富是召伯父辛之子,于九月在匽,侯（当是匽侯）锡以贝、金,乃作其父的奠彝以光大保。《令方彝》:'用乍父丁宝奠彝,敢追明公赏于父丁,用光父丁。'所光者即作奠彝所祭之'父丁',则此鼎所光之

‘大保’当即作奠彝所祭之‘召伯父辛’。此‘父辛’是燕侯旨之父，……旨、宪等人都是兄弟行。……此鼎之‘侯’应是匽侯旨，乃召伯父辛之子，……是召公奭之子而非召公；就封于燕者是召公次子，故鼎铭曰‘才匽’，……可证召公本人不曾受封于燕。据《顾命》之文，召公奭在成王既没之后、康王即位之时犹为大保，则凡有‘召伯父辛’的诸器应属召公以后，至少在康王初以后。《匽侯旨鼎》（一）形制同于成王时的《旅鼎》，而铭曰‘匽侯旨初见事于宗周’，则当在成王时；《匽侯旨鼎》（二）形制略晚于前者而铭有‘召伯父辛’之语，当属于康王初以后的康王时代。……匽侯旨当为召公次子而就封于燕者，可能是第一个燕侯。”按旨为召公奭子固可定，但他究竟是长子还是次子则尚无法确指，陈氏说“就封于燕者是召公次子”，这说没有一定的根据。

（四）《小臣摅鼎》：“䜭（召）公𩰫匽，休于小臣摅贝五朋。……”

按此器见陈梦家《西周铜器断代》（二）。他说：“‘召公’应是召公奭的生称。第三字构形复杂，不能识，但它介于两名词之间，必须是表示行动、作为的动词。它和《宪鼎》的‘才匽’有所不同。……此器之‘小臣’乃燕侯（召公元子）之小臣，故……是燕器而非召器。召公至燕而以五朋赏于其子燕侯之小臣，此人乃作器以记其光宠。”如这说，召公奭虽不封燕，但他是到过燕国的。

（五）郑玄《毛诗谱·周南》《召南》：“周公封鲁，死，谥曰文公；元子伯禽封鲁，次子君陈世守采地。召公封燕，死，谥曰康公，元子世之；其次子亦世守采地，在王官。春秋时周公、召公是也。”孔《疏》：“《閟宫》云‘建尔元子，……乃命鲁公’，是元子世之也。《燕世家》云‘自召公以下九世至惠公，当厉王之时’，则是失其世次，不得召公元子名谥；传国于后，是元子可知。《僖九年》：‘公会宰周公于葵丘’，

《文五年》'召伯来会葬'，是春秋时周公、召公也。……平王以西都赐秦，则春秋时周公、召公别于东都受采，存本'周、召'之名也，非复岐周之地。《晋书·地道记》云'河东郡垣县有召亭'，周则未闻，今为召州是也。"

按郑玄此说虽未能摆脱周公封鲁、召公封燕的旧观念，但他说周公元子封鲁，次子守采地而为周公，用这方式比拟召公，因而得出他的元子封燕，次子守采地而为召公，两国、两采，代代传袭，可说是正确的推论。

（六）《史记·燕世家》索隐："召者，畿内菜（采）地。奭始食于召，故曰召公。或说者以为文王受命，取岐周故墟周、召地分爵二公，故《诗》有周、召二《南》，言皆在岐山之阳，故言'南'也。后武王封之北燕，在今幽州蓟县故城是也。亦以元子就封，而次子留周室代为召公。至宣王时，召穆公虎其后也。"

按司马贞这说和郑玄差同，召公元子就封于燕，是他们公同的信念，也是我们可以接受的结论。但他把《周南》《召南》两名说成是因为封于岐山之阳故名"南"，则是不合于历史事实的。"南"是一种南方的乐调，所以《左传·成七年》记晋俘楚冷人锺仪，"使与之琴，操南音"。《礼记·文王世子》也说"胥鼓南"，郑《注》："南，南夷之乐也。"二《南》里的水名有"江""汉""汝"，也可作证。想来西周一代中开拓南方的土地广了，因此周、召二公在那里也有采地（齐桓公伐楚时所到的召陵，可以猜想是召穆公南征胜利后的新封地），人们也就用了那里的乐调来谱诗，所以会有这二《南》，这是和"岐山之阳"根本不生关系的。

（七）《左传·昭九年》："及武王克商，……肃慎、燕、亳，吾北土也。"

按燕的史书自给秦始皇尽情烧毁后，司马迁虽勉强拼凑成一篇

《燕世家》，然而燕国的历史还是一片空白。封于燕的召公子，其名为谁，杳不可知。想不到竟在清末发见的铜器中，搜得这位始封之君的名曰旨。凭了上面三件器铭，和《尚书》中的《君奭》和《顾命》合看，知道召公奭是周室的重臣，他和周公、太公一样，朝中事务繁忙，不可能就封于远地，但是他的功业崇高，也不可能不给他的儿子以大国之封，所以燕的国土，除殷畿的邶外，也有徐的旧地，又有武庚北奔后新建的亳。

肆　微子启封宋

（一）《书序》："成王既黜殷命，杀武庚，命微子启代殷后，作《微子之命》。"

（二）《史记·宋世家》："周公既承成王命诛武庚，……乃命微子开代殷后，奉其先祀，作《微子之命》以申之，国于宋。"（汉景帝名启，所以汉人讳"启"为"开"。）

按宋都商丘，本是商的旧都，《左传·襄九年》"阏伯居商丘，……相土因之"可证。其北即是汤都的亳，《左传·哀十四年》："宋桓魋……请以鞌易薄，公（宋景公）曰：'不可！薄，宗邑也。'乃益鞌七邑。"鞌是宋臣桓魋的封邑，他想拿它来换薄，宋景公把薄为宋的宗邑的理由拒绝了他，宁可加封他七邑。"亳（bok）和"薄"（bwok）同音通用。其地在汉为山阳郡薄县，今山东曹县南二十余里，正在商丘之北。因为是汤的都，所以称为"宗邑"。武庚受封于邶，到他失败之后为什么周公要改封微子于宋？想来其地在卫、曹之南，邶之西，祭之东，处于周人的势力圈中，包围很紧，易于防范的缘故。或说微子已前封，这固然是可能的事，但"奉其先祀"的必然是大宗，当武庚没有反周的时候，奉祀商先王的是武庚；武庚已灭，微子代为商的大宗，才由微子主祀：这是一个极明显的事实。微子本封于微，《水经注·济水》云："济水又径微乡东。《春秋·庄公二十八年经》书'冬，筑郿'，京相璠曰：'《公羊传》谓之"微"，在东平寿张县西北三十里，有故微乡，鲁邑也。'杜预曰：'有微子冢。'"这是说微子的国在今山东西部的寿张县。今山西黎城县西南又有微子镇，似乎微子原封也有在今山西东南部的可能。这或由纣封，或由武王封，均不可知。到了周公东征后，他改封于宋而"微子"之名不变，他的后一代仍称"微仲"；这正如康叔本封于康，称为"康叔"，后来改封于卫而不改其称谓，他的后一代仍称"康伯"，同是当时的一种不成文的习惯。

伍 周初"封建亲戚"的史实和传说

（一）《左传·僖二十四年》："昔周公吊二叔之不咸，故封建亲戚以蕃屏周。管、蔡、郕、霍、鲁、卫、毛、聃、郜、雍、曹、滕、毕、原、酆、郇，文之昭也。邘、晋、应、韩，武之穆也。凡、蒋、邢、茅、胙、祭，周公之胤也。"杜《解》："'吊'，伤也。'咸'，同也。周公伤夏、殷之叔世疏其亲戚以至灭亡，故广封其兄弟。十六国，皆文王子也。管国在荥阳京县东北。雍国在河内山阳县西。毕国在长安县西北。酆国在始平鄠县东。〔邘、晋、应、韩〕四国，皆武王子。应国在襄阳城父县西南。韩国在河东郡界。河内野王县西北有邘城。'胤'，嗣也。蒋在弋阳期思县。高平昌邑县西有茅乡。东郡燕县西南有胙亭。"

按这段记的周富辰的话，实际上是把武王所封和周公东征后所封的国家一起叙述，不免有些凌乱；但他把文王子、武王子、周公子的封国系统地列出，却是讲西周封国史的一篇最好的资料。只因他开头就把"周公"作为"封建亲戚"的主脑人物，而举出的却是"管、蔡"，这就把杜预弄迷糊了，以致"吊二叔之不咸"一语不敢直释为"伤管、蔡二叔"，而勉强地解释为"伤夏、殷之叔世"。可是周公封蔡尚有《左传·定四年》的"其子蔡仲改行帅德，周公……见诸王而命之以蔡"可据，至于周公封管却杳无踪迹，这怎么办呢？所以，这只是杜预的望文生义，并不能看作历史事实。这二十六个国家，如毛、毕、酆等都是周王畿内的采地，那些采地的主人都是周王朝的卿士，和周公的封于周而执周政一样，当是封的比较早。至于鲁，原不是封周公而是封的周公元子，《閟宫》诗说得非常明白，和凡、蒋等六国封周公庶子也是一样，不该列在"文之昭"的一面。左氏文字随笔抒写，不够谨严，本有其模糊历史的一面，读者不可以辞害义。

又按顾栋高根据《世本》及杜预《春秋释例》等书写了《列国爵姓及存灭表》，爬梳抉剔，给予研究古史的人以不少的方便。就他的《表》看来，封于今河南东部的姬姓之国，除卫外，有修武县的雍、济源县的原、沁阳县的邘、辉县西南的凡、延津县北的胙、郑州市的祭（管的原址）、汜水县的东虢、商丘县的顿、偃师县的滑。封于今河南南部的姬姓之国，有汝南县东南的沈、固始县西北的蒋、鲁山县东的应（鲁的原址）；姜姓之国则有许昌县的许。封于今山东境内的姬姓之国，除鲁外，还有汶上县北的郕、城武县东南的郜、定陶县的曹、滕县的滕、金乡县西北的茅、沂水县或益都县的阳；姜姓之国除齐外，还有寿光县东南的纪、东平县东的鄣、安丘县东北的州。封于今河北境内的姬姓之国，除燕外，还有邢台县的邢。封于今安徽境内的姜姓之国，有怀远县东北的向。封于今湖北境内的姬姓之国，有荆门县东南的聃、随县的随。虽然这《表》为了史料不足，还不能完成全面记载的任务，但是我们已经可以看出周人经营东方是何等地积极布置，好像下围棋一般，把未迁走的东方民族紧紧地包围起来，他们反周的旗帜也就不容许轻易地高举了。这就是所谓"封建亲戚以蕃屏周"的真实意义。

（二）同书《昭二十八年》："昔武王克商，光（广）有天下，其兄弟之国者十有五人，姬姓之国者四十人，皆举亲也。"

按这是晋成鱄对魏献子说的话，由此可见周所封的同姓很多，比富辰所说的加倍还不止，只是史事湮灭，无可稽考。富辰说文昭十六国而这说武王兄弟之国十五人，反少一人，不知道是不是因为管叔无后的缘故。大概这些史事传到春秋、战国时代，人们已经不甚了然，所以有这异说。

（三）同书《昭二十六年》："昔武王克殷，成王靖四方，康王息民，并建母弟以蕃屏周。"

按这是王子朝告诸侯之辞，左氏钞录原文入书，不曾经过修改，史料价值特别高。周人分封诸侯经历好几代，不可能单属武王，亦不应专属周公，所以这话最可信据。康王时代曾经再度东征，必然开发新地，又封了若干诸侯，最近出土的《宜侯矢簋》可为明证。只是他所建的"母弟"，古书里绝未记载，现在只有等待古器出土才可知道。

（四）《荀子·儒效》："周公……兼制天下，立七十一国，姬姓独居五十三人，而天下不称偏焉。"

（五）同书同篇："周公……兼制天下，立七十一国，姬姓独居五十三人焉。周之子孙苟不狂惑者，莫不为天下之显诸侯。"（同书《君道》篇文同）

按这一说把封国专属周公，数量更多，颇疑它和《左传》所记成鱄的话把封国专属武王都含有夸大的成分。

（六）《吕氏春秋·观世》："亡国相望，囚主相及；得士则无此之患。此周之所封四百余，服国八百余，今无存者矣；虽存，皆尝亡矣。"

按这说周朝服了八百余国，封了四百余国，当然是更高度的夸大。但就此可以知道：在人们的印象里，周的封国和服国之多是无可比拟的，而服国和封国则尤以周公东征一役达到了最高峰，因为他把周人的统治区域拓展得太广了，所以这事成为中国历史上的一件大事。郑玄在他的《礼记·王制》注中说："大界方三千里，三三而九，方千里者九，……此殷制也。周公制礼，九州大界方七千里，七七四十九，方千里者四十有九也。"这固然是他的乱说，决不可信，但他所以有这乱说的原因，就为周公拓土和封国太多，经过一千余年的夸大，才成为这远远脱离历史的传说。

陆　自战国迄明对于周初东方封国史实的误解和误说

（一）《礼记·乐记》："武王克殷，反商，未及下车而封黄帝之后于蓟，封帝尧之后于祝，封帝舜之后于陈；下车而封夏后氏之后于杞，投殷之后于宋。"郑《注》："'反'当为'及'，字之误也。'及商'，谓至纣都也。……'封'，谓故无土地者也。'投'，举徙之辞也。时武王封纣子武庚于殷墟，所徙者微子也；后周公更封而大之。……'蓟'或为'续'；'祝'或为'铸'。"《释文》："'蓟'，……今涿郡蓟县是也，即燕国之都也。……邵（召）公与周同姓。按黄帝姓姬，君奭盖其后也。或黄帝之后封蓟者灭绝而更封燕郡（按"郡"字误，疑当作"君"）乎？疑不能明也。"孔《疏》："'未及下车'者，言速封诸侯，未遑暇及下车，即封黄帝、尧、舜之后也。下车而封夏、殷之后者，以二王之后，以其礼大，故待下车而封之。"

按《乐记》这篇文字道及魏文侯，可知它的著作时代至早是战国，那时黄帝已由神转化为人，和尧、舜同在五帝之列，所以武王克殷而后，为了表示尊崇古帝王，在还没有下车的时候就封了他们的后代。至于夏、商的后代，为了时代近，礼数大，所以要在下车以后才封。可是它说"投殷之后于宋"，竟把封于殷纣故都的武庚忘记了。郑玄为了弥缝这一漏洞，所以训"投"为"徙"，说是只把微子徙封，而所封的殷后还是武庚。但是微子封宋是周公灭了武庚以后的事，这个历史事实抹煞不了，郑玄为了弥缝第二个漏洞，只得又加上一句"后周公更封而大之"。至于它说"封黄帝之后于蓟"，蓟即燕，燕是召公子所封国，如何他的卧榻之旁容得下黄帝之后来酣睡？这个矛盾无法解决，所以陆德明想出两种说法：一是黄帝姓姬，召公也姓姬，封召公即是封黄帝之后；一是封蓟的黄帝之后不久就灭绝了，才把召公封到那边。可是这两个说法，就是他本人也不敢自信，只好加上一句"疑莫能明也"。

（二）《吕氏春秋·慎大》："武王胜殷，入殷，未下舆，命封黄帝之后于铸，封帝尧之后于黎，封帝舜之后于陈；下舆，命封夏后之后于杞，立成汤之后于宋，以奉桑林。"高《注》："'铸'，国名。桑山之林，汤所祷也，故使奉之。"毕《校》："《乐记》云'封帝尧之后于祝'，'铸'与'祝'声相近。此云'封黄帝之后'，殆误也。梁仲子（梁玉绳）云：'《淮南·俶真训》："冶工之铸器。"《注》云："'铸'，读如'唾祝'之'祝'。""祝"不读如字。《周礼·疡医》注："'祝'，读如'注病'之'注'。"则知"祷""祝"同一音也。'〔黎〕，《御览》二百一作'犁'。按《乐记》云'封黄帝之后于蓟'，'黎'与'蓟'声亦相近，此皆互易。"

按《吕氏春秋》这文和《乐记》非常相像，这两书究竟谁先谁后，现在还不能急遽地决定；要之，后出的必然钞袭了先出的，而且总容易把先出的钞错。黄帝之后，《乐记》说是封蓟，而这里则说是封铸；帝尧之后，《乐记》说是封祝，而这里则说是封黎。郑玄说"'祝'或为'铸'"，他已见出这两名是一名的分化。毕沅和梁玉绳也说"铸"（tjuə'）和"祝"（tjuək）声相近，只是一字，这个问题已达到解决的地步。按祝为任姓，见于《世本》（《急就篇》注引）。传世有《铸公簠》，铭云"鼄（铸）公乍（作）孟妊车母媵（媵）舍（簠）"（《西清古鉴》二九·一），是铸公嫁女儿车母时所制的陪嫁器。又有《铸叔皮簠》，"铸"作"鼄"（《敬吾心室彝器款识》下册）。这两器中的"铸"字都从金，寿声，而又画出冶炼金属的火盆，从这个象形字上可知"铸"是接近本字的简化字，"祝"则为声同的通假字。"孟妊"的"妊"是铸国的姓，或从人旁，或从女旁，只是一字。这个国到春秋后期尚存在。《左传·襄二十三年》：“初，臧宣叔（臧孙许）娶于铸，生贾及为而死。继室以其侄，穆姜（鲁宣公夫人）之姨子也，生纥（臧武仲），长于公宫；姜氏爱之，故立之。臧贾、臧为出在铸。”杜《解》：“‘铸’，国，济北蛇丘县所治。……〔出在铸〕，还舅氏也。”这是说，为了穆姜的私宠，以致臧孙氏废嫡立庶，而臧宣叔元配夫人生下的两个儿子只得避居到舅父之国去了。汉蛇丘县故城在今山东肥城县境。郭沫若《大系考释》：“铸国在古盖屡有迁移。《春秋·桓五年》：‘城祝丘。’殆本铸之故地，为鲁所略者，地在山东临沂县东南。同年‘冬，州公如曹’，《左传》作‘淳于公如曹，度其国危，遂不复’。王国维谓‘州公’亦即铸公，云：‘古“祝”音与“州”同。《春秋》、《左氏》及《公羊传》之“州吁”，《穀梁传》作“祝吁”。《说文》：“‘鄩’，从叩，从州声，读若祝。”’（按见其所著之《铸公簠跋》，《观堂集林》十八）盖铸受鲁人逼迫，北迁于淳于，淳于在今山东安丘县境。然《铸公簠》出于齐东县，此铸子臣诸器出土于桓台县，二县接壤，同在安丘之西北，盖淳于为杞所略而铸又迁避也。最后则迁于长清、肥城境地。《春秋·襄十九年》：‘诸侯盟于祝柯’，《左传》作‘督扬’，杜《注》：‘“督扬”，即祝柯’，《公羊》作‘祝阿’。汉为县，属平原郡，地在今长清县东北。……《后汉·郡国志》：‘济北国蛇丘县有铸乡城’，今山东肥城县南尚有铸乡也。盖铸终受齐人之压迫而灭国于此。此出土于桓台齐南之器，当在淳于入杞以后，大率在鲁之闵、僖时代也。”（《铸子簠》）读此，知铸国当西周及春秋初居今临沂县，在鲁国的东南；为了受鲁人的压迫而迁到今安丘县，远在鲁国的东北了，可是又密迩于杞，那时杞都在今昌乐县，它的国力强于铸，安丘即在它的东南，不久这块土地又被杞人抢去，作为杞的新都。于是铸人又向西北迁移，到今桓台县。然而桓台就在齐都临淄的西边，齐是东方最强大的国家，铸人冒的风险更大，结果又向西南搬到今长清、肥城两县间，不知何年给齐人灭掉。在整个的山东半岛上，那些琐尾流离的铸国人民在二百年中就绕了一个大圈子，这可以使我们认识那时的小国为了求取生存，曾经付出何等艰苦的代价！

铸国的面貌既略略看清，便可进一步推求任姓各国的情况。按经典中最早记及这姓的，是《诗·大雅·大明》，文云："挚仲氏任，自彼殷商，来嫁于周，曰嫔于京；乃及王季，维德之行。大任有身，生此文王。"毛《传》："'挚'，国。'任'，姓。'仲'，中女也。……'大任'，仲任也。"是挚国的女儿仲任从殷商统治的区域里嫁到周家，为王季的妻，生了文王。周人为了尊敬她，称她为"大（太）任"。又《国语·周语》中"昔挚、畴之国也由太任"，韦《解》："挚、畴，二国，奚仲、仲虺之后，太任之家也。"在《大明》里已说明挚国是大任的母家，而这里又说明挚和畴两国在周得封由于大任的关系。"挚"（t's'i）和"铸"既声近，而"畴"和"铸"又形似，是不是一讹为二，还是确有这并立的两国，现在得不到比较资料，未能确定。至于"奚仲、仲虺之后"是薛不是挚，韦昭错引了。《左传·隐十一年》，鲁隐公对来朝的薛侯说："周之宗盟，异姓为后。寡人若朝于薛，不敢与诸任齿。"孔《疏》引《世本·氏姓篇》云："任姓：谢、章、薛、舒、吕、祝、终、泉、毕、过"，一共举出十个国，其中却无"挚"和"畴"，是否有漏略抑即包括在"祝"内；又依照历史常识看来，舒是偃姓，吕是姜姓，毕是姬姓，是否有他姓溷入抑只是异族的国名相同：这些问题也都无法解决。就其可考的讲一下：谢是任姓中的一个大国，而在西周末却已被灭，改封了申。《大雅·崧高》："亹亹申伯，王缵之事，于邑于谢，南国是式。……王命申伯：'式是南邦。因是谢人，以作尔庸。'"毛《传》："'谢'，周之南国也。……'庸'，城也。"这首诗是周宣王封申伯于谢时所作，那时谢国已亡，谢的人民转为申的奴隶，所以王命他们为申伯服役筑城。《汉书·地理志》："南阳郡宛，故申伯国。县南有北筮山。"《潜夫论·志氏姓》"申城在南阳宛北序山之下"，又引《诗》云"于邑于序"。"谢"（xiè）、"筮"（shì）、"序"

（xù）三字声俱近，明其为一字的异写。其地在今河南南阳市。《国语·郑语》记郑桓公在周幽王世为司徒，他见王室多难，意欲迁居谢西，问于史伯，对曰："其民沓贪而忍，不可因也。惟谢、郏之间，其冢君侈骄，其民怠沓其君而未及周德，若更君而周训之，是易取也，且可长用也。"韦《解》："'因'，就也。'间'，谓郏南谢北，虢、郐在焉。郏后属郑；郑衰，楚取之。……忠信为'周'，言民慢黩其君而未及于忠信也。'更'，更以君道导之。'长用'，久处也。"其后郑武公果灭虢、郐而立新国，都于今河南新郑县。谢西之地，即秦、汉以来的武关。《史记·高祖本纪》："〔沛公〕略南阳郡，南阳守齮走保城守宛。高祖引兵过而西。张良谏曰：'沛公虽欲急入关，秦兵尚众距险。今不下宛，宛从后击，强秦在前，此危道也！'于是沛公乃夜引兵从他道还，……围宛城三匝。……约降，……以宛守为殷侯，……引兵西，无不下者，……因袭攻武关破之。"从这文里可以看谢国和谢西的形势。为了这是一个险要之地，所以周宣王封申伯在那里，希望他为周王朝控制南方之国；郑桓公又想迁都到那里，希望能在这山区里保卫住自己的身家财产。至于韦昭所说的郑衰楚取的郏，按《左传·昭元年》记楚公子围（楚灵王）弑其君麇，"葬王于郏，谓之'郏敖'"。汉郏县属颍川郡，今河南临汝县境。丁山《九州通考》谓禹贡豫（xu'）州得名于谢，云："《仪礼·乡射》：'豫则钩楹内。'郑《注》：'豫者，谓州学也，读如"成周宣榭灾"之"榭"。'……《孟子·滕文公》：'设为庠、序、学、校以教之；序者，射也。'刘宝楠《正义》谓'"序"即"榭"，榭、射声通，是榭因乡射而立名。'按'宣榭'之'榭'，《虢季子白盘铭》作'庿'，从广，从射，正《趞曹鼎铭》所谓'射庐'。篆文'庌'字当即古文'廊'之形讹。……《水经·比水》注谓'谢水出谢城北，其源微小，至城渐大。城周回侧水，申伯之都邑。……'谢邑附近，有序山，有谢水；而史伯所谓'谢、郏之间'，与《禹贡》'荆、河惟豫州'说约略相当：余故谓豫州得名于谢国。"这一说的理由是充分的。谢国可作豫州的代表，使我们想见它的全盛时代。章，疑即《春秋·庄三十年》"齐人降鄣"的"鄣"。杜《解》："'鄣'，纪附庸国，东平无盐县东北有鄣城。"汉无盐县故城在今山东东平县东二十里。这个国除了它的灭亡之年以外，其他事迹杳不可知。薛国，虽在春秋时代只算一个三等国，但它有很长久的历史。《左传·定元年》记薛宰的话道："薛之皇祖奚仲居薛，以为夏车正。奚仲迁于邳。仲虺居薛，以为汤左相。"杜《解》："'皇'，大也。奚仲为夏禹掌车服大夫。'邳'，下邳县。仲虺，奚仲之后。"按《左传》说奚仲"为夏车正"，并没有指定他在四百年的夏王朝里的确实年代，而杜预却说他"为夏禹掌车服大夫"，则是硬判他生于夏的初叶，这是杜氏的主观成见，不可信。由《左传》所说，可以知道奚仲在夏王朝做车正的官，先封于薛，在汉为鲁国薛县，今山东滕县南四十里；后迁于邳，在汉为东海郡下邳县，今江苏邳县。到了奚仲的子孙仲虺，重行搬回到薛，他做了汤的左相，可见薛在商代曾经成为一个显赫的侯国。又《左传·哀二十四年》："周公及武公娶于薛。"杜《解》："'武公'，敖也。"以周初国势的隆盛，周公东征的酷烈，而乃肯娶东方薛国的女儿，可见薛在当时诸侯间必有相当尊崇的地位，才能使周公认为门当户对，定下了终身大事。到他的子孙鲁武公敖，就在老亲的基础上重结新亲，这姬、任两姓的关系自然更加密切了。《古本纪年》："梁惠王后元十三年（前322年）四月，齐威王封田婴于薛。十月，齐城薛。十四年（前321年），薛子婴来朝（魏）。"（《史记·孟尝君列传》索隐引）这就是田氏的薛而非任姓的薛了。《孟子》里说的"齐人将筑薛"（《梁惠王下》），"于薛，馈五十镒而受"（《公孙丑下》），就都是这个田氏的薛国的事。综计从夏到战国，任姓的薛国约历一千九百年，可说是一个长寿的封国。泉，《郑语》："当成周者，……北有卫、燕、翟、鲜虞、路、泉、徐、蒲。"是其国在成周的北面。《左传·僖十一年》："扬拒、泉皋、伊、雒之戎同伐京师，入王城，焚东门，王子带召之也。"杜

《解》："'扬拒''泉皋'，皆戎邑，及诸杂戎居伊水、雒水之间者。今伊阙北有泉亭。"这是一个极近成周的戎国，不知道那里的人民是不是任姓。过，在《左传》中两见。其一，《襄四年》："昔有夏之方衰也，后羿自鉏迁于穷石，因夏民以代夏政。恃其射也，不修民事，……而用寒浞。寒浞，伯明氏之谗子弟也，伯明后寒弃之，夷羿收之，信而使之，以为己相。浞行媚于内而施赂于外，愚弄其民而虞羿于田。……羿犹不悛，将归自田，家众杀而亨（烹）之。靡奔有鬲氏。浞因羿室，生浇及豷。……使浇用师，灭斟灌及斟寻氏。处浇于过，处豷于戈。靡自有鬲氏收二国之烬，以灭浞而立少康。少康灭浇于过，后杼灭豷于戈，有穷由是遂亡。"杜《解》："禹孙大康淫放失国，夏人立其弟仲康。……仲康卒，子相立。羿遂代相，号曰'有穷'。'鉏'，羿本国名。……'寒'，国，北海平寿县东有寒亭。'伯明'，其君名。'夷'，〔羿〕氏。……'靡'，夏遗臣事羿者。'有鬲'，国名，今平原鬲县。〔因羿室〕，就其妃妾。〔斟灌、斟寻〕二国，夏同姓诸侯，仲康之子后相所依，乐安寿光县东南有灌亭，北海平寿县东南有斟亭。'过、戈'，皆国名，东莱掖县北有过乡，戈在宋、郑之间。'少康'，夏后相之子。'后杼'，少康子。浞因羿室，故不改'有穷'之号。"这段话是说在夏代，有一个鉏国的君主夷羿，迁国穷石，他夺取夏后相的政权，建立有穷氏的统治。他用了寒浞为相，自恃射箭有高明的技术，尽到郊外行猎；不料寒浞存心篡夺，就嗾使羿的部下，在他的归途中把他杀了。浞既夺得了羿国，便住在羿的宫里，和原来的妃妾们生了两个儿子——浇和豷。等到他们大了，派浇师师灭掉斟灌和斟寻，为了这二国是夏后相的同党，来个斩草除根。他拓地既广，就封浇于过，封豷于戈。当浞杀羿时，有个夏遗臣靡乘乱逃奔到有鬲氏。及二斟亡国，靡就出来收二国的烬余，灭掉寒浞而立少康，恢复夏后氏的基业。少康即位之后，亲自出兵到过，把浇灭掉，又派他的儿子杼到戈灭了豷，有穷氏就此完蛋。照杜预的注解，除鉏和穷石未能确定其地点之外，寒在北海平寿县，今山东平度县境。有鬲氏在平原鬲县，今山东安德县境。斟灌在乐安寿光县，今山东寿光县境。斟寻在北海平寿县，今山东潍县境。过在东莱掖县，今山东掖县境。这些地方都在山东半岛上。只是斟灌、斟寻两国，别处尚有证据，说斟灌在今山东范县西，即旧观城县，斟寻在今河南巩县，见丁·陆·一。这二国既不一定在山东半岛上，那么过国是否在掖县就成问题了。其二，《哀元年》："昔有过浇杀斟灌以伐斟鄩，灭夏后相。后缗方娠，逃出自窦，归于有仍，生少康焉，为仍牧正。……浇使椒求之，逃奔有虞，为之庖正，以除其害。虞思于是妻之以二姚而邑诸纶，有田一成，有众一旅。能布其德而兆其谋，以收夏众，抚其官职。使女艾谍浇，使季杼诱豷，遂灭过、戈，复禹之绩，祀夏配天，不失旧物。"杜《解》："'虞'，舜后诸侯也，梁国有虞县。……'纶'，虞邑。方十里为'成'，五百人为'旅'。……'谍'，候也。"这段话足以补充前面文字，知道少康是夏后相的遗腹子，随着他母亲生长于仍国，为仍君管理畜牧。浇派人找他，他又逃到虞国，为虞君掌庖厨的事；虞君把两个女儿嫁给他，又把土田和人民分一部分给他。他定居下来，和他的儿子季杼一起灭了过、戈，恢复了夏的王位。少康的母亲是后缗，她的母家在今山东金乡县西北，见丁·柒·四·（一三），少康逃奔的虞国在今河南虞城县，南北相去只一百五六十华里。在这两国间，浇能使椒去求少康，少康也能使女艾去谍浇，可见过国决不会远在山东半岛东头的掖县。过国的地点既不能确定，其君的一族是否为任姓也不可知。但说不定在浇灭亡之后，夏王曾把过的国土封给任姓，只在文字资料里已经得不到一些证据了。春秋时所谓"诸任"，略可指实的只这七国，而这七国最南到汉水流域（谢）和沂水流域（邳），最北到汶水流域（章），兼及伊水流域（泉），都在今河南、山东两省境，略及江苏北部。

对于任姓之国有了这样一个粗疏的了解，然后我们可以把《乐记》和《吕氏春秋》所说的武王克殷之后，未下车而封先圣王的后代为某某国、已下车而封先圣王的后代为某某国这些记载审查一下，看它有多少可信任的程度。如上所述，《周语》中所记富辰的话的全文是："昔挚、畴之国也由太任，杞、缯由太姒，齐、许、申、吕由太姜，陈由太姬，是皆能内利亲亲者也。"他举出四个妇女和九个国家，除首句已在前文说明之外，韦《解》："杞、缯二国，姒姓，夏禹之后，太姒之家也。太姒，文王之妃，武王之母。〔齐、许、申、吕〕四国皆姜姓，四岳之后，太姜之家。太姜，太王之妃，王季之母。陈，妫姓，舜后。太姬，周武王之女，成王之姊。《传》曰：'以元女太姬配虞胡公而封诸陈。'"（按语见《左传·襄二十五年》）这就揭发了周王朝所以封异姓诸国的秘密。原来周太王的妻子是太姜，王季的妻子是太任，文王的妻子是太姒，武王的大女儿嫁给虞胡公的是太姬，这许多异姓都是周室的姻亲，武王既克殷，地盘拓大得多了，周公东征后更拓大了，于是在分封子、弟之外，更封给自己的姻亲，不论舅爷和姑爷都给予一部分财产，本来的小国变成大国了，本来只是一个国的分成许多国了。这在汉代，有一个特定的名词，叫做"外戚恩泽侯"，《汉书》里有一个专为他们立的表。战国时人不知，只去尽量美化武王，说他是褒封古先圣王之后，其实周初人哪里有这历史观念！而且这两书里都首言"封黄帝之后"，这更是不可想像的事情。周人尊信上帝，加重其语气则曰"皇天上帝"（《召诰》），曰"皇矣上帝"（《诗·大雅·皇矣》），曰"皇皇后帝"（《诗·鲁颂·閟宫》），简呼之则曰"皇帝"（《吕刑》）。"皇"本是"帝"的形容词，伟大的意思，和经籍及金文中的"皇祖""皇考""皇王""皇后"一例。想不到到了战国，五行学说发生之后，把天上的上帝分为白帝、青帝、炎帝（即赤帝）等名（见《史记·封禅书》），于是"皇（huáng）帝"遂由同音字变作"黄（huáng）帝"，来和白、青诸帝相配。进一步又把他从天上拉了下来，替他凑合了许多氏族的谱系，说："凡黄帝之子二十五宗，其得姓者十四人，为十二姓：姬、酉、祁、己、滕、箴、任、荀、僖、姞、儇、依是也。"

（见《晋语四》）自从氏族社会以来，所以立下了同姓不婚的制度，为的是发现了同姓结婚所生下的子女在肉体上及智力上都比不上非血缘氏族的成员婚姻的后代强健和聪慧这一规律，这是自然选择的结果。现在习惯通婚的异姓竟被改造成同是黄帝的子孙了。例如姬姓和任姓的通婚，王季娶太任是一例，周公娶于薛亦是一例。又如姬姓和姞姓的通婚，《左传·宣三年》"吾闻姬、姞耦，其子孙必蕃。姞，吉人也，后稷之元妃也"是一例，《诗·大雅·韩奕》"为韩姞相攸"（韩是武王的庶子所封国，这一位韩侯娶的是蹶父之女，姞姓；称为"韩姞"，正与《诗·大雅·思齐》称太姜为"周姜"同，上一字是她所适的国，下一字是她本身的姓）又是一例。如今经过战国人这一编排，姬、任、姞诸姓都属于黄帝一系，那又何需乎有这姓别，何需乎有这自然选择的规律？所以，这只是在封建社会初期大一统的要求下的产物，是不可能看作实际存在的历史。《吕氏春秋》所以说武王"封黄帝之后于铸"，就因为任姓是黄帝之子十二姓中的一姓而来。两文相较，《吕览》还有些影子，《乐记》则直是乱说。这样看来，《乐记》该出于《吕览》之后。至于两文同说封殷之后于宋，也是作者对于周初史事太不了解的表现。克殷之后，武庚本封于邶，必待周公东征胜利，武庚北奔，方封微子于宋；微子代武庚做了殷的大宗，才可以承奉殷先王和桑林的祭祀。司马迁作《史记》，虽然他很不能考辨古史资料的真伪，留下了许多待清除的问题，而且他从《吕氏春秋》里承袭下来的东西着实不少，可是他究竟参考的书籍较多，所以他不惜放弃这武王封汤后于宋的一说，可见他也已看出了这一说是站不住脚的。

（三）《史记·周本纪》："武王追思先圣王，乃褒封神农之后于焦，黄帝之后于祝，帝尧之后于蓟，帝舜之后于陈，大禹之后于杞。于是封功臣、谋士，而师尚父为首封。封尚父于营丘，曰齐。封弟周公旦于曲阜，曰鲁。封召公奭于燕。封弟叔鲜于管，弟叔度于蔡。余各以次受封。"《集解》："《地理志》，弘农陕县有焦城，故焦国也。《地理志》，燕国有蓟县。"
《正义》："《左传》云：'祝其，实夹谷。'……服虔云：'东
海郡祝其县也。'《括地志》云：'陈州宛丘县在陈城中，即古
陈国也。……汴州雍丘县，古杞国也。'……'封帝尧之后于
蓟'，'封召公奭于燕'，观其文似稍重也。《水经注》云：'蓟
城内西北隅有蓟丘，因取名焉。'《括地志》云：'燕山在幽州
渔阳县东南六十里。'……蓟、燕二国俱武王立，因燕山、蓟
丘为名。……蓟微燕盛，乃并蓟居之，蓟名遂绝焉。今幽州蓟
县，古燕国也。"

按《史记》此文，比较《乐记》，说这些国家是"武王追思先圣
王"而封，并不是"未及下车"时所封，是比较近情的安排；又多出
了神农之后的焦，而将黄帝、帝尧之后的"蓟""祝"二国互调；又把
齐、鲁、燕三大国之封一并放到武王初克殷而未归周时，使得他一下子
占领了整个的东方，倒也爽快利落。可是张守节看出了蓟丘和燕山同是
唐代的幽州蓟县（现在的北京市），感觉到迷惘，因而说尧后封蓟，召
公封燕，"观其文似稍重"，可见司马迁写作时实在不甚检点。结果，
张守节对于燕、蓟并立的问题，只得赞同陆德明的后一说，说蓟是为燕
所灭的。

（四）同书《齐世家》："武王已平商而王天下，封师尚父
于齐营丘。"

（五）同书《鲁世家》："武王……已杀纣，……封周公旦
于少昊之虚曲阜，是为鲁公。周公不就封，留佐武王。……于
是卒相成王而使其子伯禽代就封于鲁。"

（六）同书《燕世家》："周武王之灭纣，封召公于北燕。"

（七）同书《管蔡世家》："武王已克殷纣，……封叔旦于
鲁而相周，为周公；封叔振铎于曹；封叔武于成。"

按这些条文全是《史记》的误说，从《周本纪》一路错了下来。

武王之世，必不可能封诸侯于东方的齐、鲁、燕、曹、郦等处。如果真能封到那里，那么周人已经节节驻防，成王初年哪会有这样声势浩大的东方各族的叛变？而且营丘一地而同时有蒲姑、齐二国，曲阜一地而同时有奄、鲁二国，这也是无法想像的事。可是自从司马迁有此误说，为了《史记》一书在历史界地位的崇高，大家信守不疑，竟成为人们的常识。现在我们站在鉴定史料的工作岗位上，就决不能容许它这样长期地承讹袭谬下去了。

（八）皇甫谧《帝王世纪》："武王伐纣之年（前 1027年），夏四月乙卯，祀于周庙，将帅之士皆封诸侯国，四百人；兄弟之国十五人，同姓之国四十人。"（《诗·周颂·赉》疏及《外纪》三上引）

按这说"四月乙卯，祀于周庙"，原是用的《逸周书·世俘》的文字，但在《世俘》里，那一天只有"祀庶国馘"的献俘一事，并没有提到同日封四百诸侯，想来皇甫氏是把《吕氏春秋·观世》之文和《世俘》拼合起来了。实际上，武王原不是如后世人所想像的一位统一天下的帝王，所以他所封的国多数在周的畿内，那时管叔封到现在的郑州市，以及管、蔡监殷，恐怕已是处在最东头的。《管子·版法解》云："武王伐纣，士卒往者，人有书社。"这倒是很可能的，因为二十五家为一社，武王把小块土地赐给随军的武士，再分与少量的奴隶为他们劳动生产，是应有的论功行赏；但得赏的人数应以千计，四百又嫌太少，而且所封的是社不是国，是无法替皇甫谧圆谎的。

（九）同书："成王……八年（前 1017 年），春正月朔，王始躬亲政事，以周公为太师，封伯禽于鲁，父子并命；周公拜于前，鲁公拜于后。王以周公有勋劳于天下，故加鲁以四等之上，兼二十四附庸，地方七百里，革车千乘。"（《艺文类聚》十二、《御览》八十四引）

按这文决定伯禽封鲁在成王八年，是由周公摄政七年的传说来，而摄政七年的传说则是由《洛诰》的"惟周公诞保文、武受命，惟七年"来，这个问题比较复杂，当在《洛诰》篇中详论。因为《洛诰》说了"戊辰，王在新邑，烝祭岁，……在十有二月"，所以皇甫谧就推断伯禽之封在八年的"春正月朔"，这扣的何等紧密。"周公为师"见《书序》，成王封伯禽见《诗·闷宫》，只是他们父子二人同时拜受王命却是皇甫氏从想像中得来的。下文云云，则全《袭礼记·明堂位》之文和郑玄的《注》，把汉人夸大的臆测写进了历史。

（一〇）司马光《稽古录》八："武王……十三年（前1012年），……灭纣，……封姬姓之国五十三。"

（一一）刘恕《通鉴外纪》三上："武王……十三年：春，……入商国。……罢兵西归。四月，至丰，荐俘，馘于太室。……封功臣、谋士，以师尚父为首封，封于营邱，曰齐；周公于少皞之虚曲阜，曰鲁；召公奭于北燕；……叔振铎于曹；叔武于郕。……兼制天下，立七十一国：封兄弟之国十五人，姬姓之国四十人。……惟周公留周佐王。……成王元年（前1024年）：……管、蔡果挟武庚，率奄、淮夷叛，周公奉王命兴师东伐。……二年（前1023年）：周公居东，罪人斯得，诛武庚、管叔。……遂定奄及淮夷，东土以宁，诸侯复宗周。"

按荀子把周的封国都属于周公固然不合，但司马光把这事都归到武王名下，而且即在克商之年，可说是同样的谬误。他的朋友刘恕又把《荀子》"立七十一国"的文字直钞于"武王十三年"，早于东方叛周者三年，又把平定东方诸国的事并在"成王二年"一岁之中，看得非常轻易，他竟忘记了《孟子》的"伐奄三年"的话，错得更厉害了。他所以看成这样轻易，则因齐、鲁、燕等国的受封早给成鱄、司马迁等实定在武王之世，所以在他的想像中，东土的叛乱是不难令弟兄和姻戚们双方夹攻，因而可以一举讨平的。

（一二）胡宏《皇王大纪·武王纪》："大建公侯于天下：……封尚父于齐，都营丘，……封周公于鲁，都曲阜，……封召公于燕，……皆留相周。……以殷余民封康叔于朝歌，国号卫。封叔振铎于曹，叔武于成，……庶弟叔绣于滕。……又封诸叔于郜，于雍，于原。……封四岳姜姓文叔于许。……新受封者八百国，兄弟之君十有五人，同姓者四十余人。……康叔之国，王训之，作《康诰》《酒诰》《梓材》。"又《成王纪》："二年（前1023年）：三监及淮夷叛，挟武庚西伐周。……周公委召公、毕公以内事，帅师而东，作《大诰》。……四年（前1021年），周人执武庚，杀之。"

按胡宏生刘恕后，更把武王的功绩拓大。《外纪》说"立七十一国"，他竟说"新受封者八百国"，放大了十一倍多。《外纪》没有说在武王时封康叔，而他则说"武王……以殷余民封康叔"。为什么他要这样改？因为《康诰》里有"王若曰：'孟侯，朕其弟，小子封'"的话，"王"而称康叔为"弟"，从宋人的尊君观念看来，这"王"定是武王，因此，他就把《康诰》《酒诰》《梓材》三篇卤莽地移转到《金縢》《大诰》之前去了。他不想，武庚未叛，周公未东征，则殷民在武庚、管、蔡的统治下还是完整的，哪里来的"殷余民"？又"卫"即是"郼"，"郼"即是"殷"，见甲·贰·（三），这原是一个音的几种写法，在三监监殷的时候哪里插得下一个康叔的卫国？又《作雒》说霍叔监殷，《汉志》说蔡叔监殷，则殷已有统治的专人，为什么要重床叠屋，再封一个康叔到那里？所以宋儒习于武断的态度，在这里很清楚地暴露了出来。至于成王二年，东方反周，到四年杀武庚，合于"三年"之数，在这件事情上，他比刘恕的定在一年的急性病，却是较为合适。又《外纪》说"留周佐王"的只有周公，而他说太公、召公"皆留相周"，这是由于《金縢》所说武王病时有"周公乃告二公"的话，"二公"该是太公、召公，所以把他们留在朝廷里，也是合于事实的。

（一三）金履祥《通鉴前编》六："周武王……十有三年：……三月，诸弟以次受封。封康叔于殷东。……庶邦冢君暨百工受命于周。……周成王元年（前1024年）：……命周公子伯禽代就封于鲁。……管叔及蔡叔、霍叔流言，周公居东。二年（前1023年）：周公居东。三年（前1022年）：……秋，大雷风，王迎周公于东。……管叔及蔡叔、霍叔与武庚叛，奄、淮夷、徐戎皆叛。作《大诰》东征。杀武庚。……致辟管叔于商；囚蔡叔于郭邻；降霍叔于庶人。四年（前1021年）：……王东伐淮夷，遂践奄。五年（前1020年）：迁奄君于蒲姑。"

按金履祥生胡宏后，所以他的说法大体上承袭了《大纪》，只是他把《大纪》的成王二年到四年的事情改置于三年到五年。他所以这样改，为的是要插进《金縢》的"居东二年"之文，说周公恐惧流言，避居东方，到第二年成王感悟，亲去郊迎，才出师东征的。因为这一说比较和《尚书》接近，所以后来的《通鉴辑览》等书都沿用了。成王封鲁，据的是《诗·閟宫》文，这当然比《史记》《外纪》《大纪》的编排一概妥帖；只是他把"封康叔于殷东"放在武王克商之年，"伯禽代就封于鲁"放在成王元年，都在三监未叛的时候，依然无法讲通。

（一四）《今本纪年》下："周武王……十三年：遂大封诸侯。……十六年：……王师灭蒲姑。……成王……元年：……武庚以殷叛。周文公出居于东。二年：奄人、徐人及淮夷入于邶以叛。秋，大雷电以风，王逆周文公于郊，遂伐殷。三年：王师灭殷，杀武庚禄父。迁殷民于卫。遂伐奄，灭蒲姑。四年：……王师伐淮夷，遂入奄。五年：春正月，王在奄，迁其君于蒲姑。夏五月，王至自奄。"

按《今本纪年》辑于明代，除《古本纪年》的零星资料外，杂有汉、宋诸家作出的"整理"成果，还放进了编辑者的主观意图。在这一段里，作者把"大封诸侯"置于武王十三年，分明他用的是《外纪》；把"周公居东"插在"殷叛"和"伐殷"的中间，又分明用的是《前编》而又小异（改"流言"为"殷叛"）。其中成王三年到五年事则全用《前编》说，但插进了"迁殷民于卫"一语，见得"以殷余民封康叔"是杀武庚以后事，好像比了宋代各家说为妥帖。可是"卫"即是"殷"，又何劳有这一迁？至于说"奄人、徐人及淮夷入于邶以叛"则是他自己的设想，他根据《作雒》和《汉志》之文，知道东方各族一齐反周，必然推武庚为盟主，而武庚的封地是邶，各国军队又必然集中在那里，所以他就加进了这一条。又武王十六年已灭蒲姑，何以成王三年又灭蒲姑？要解这个谜，应该寻它的根据。《左传·昭九年》说："及武王克商，蒲姑、商奄，吾东土也。"他想武王既以蒲姑为东土，那么蒲姑已在武王时灭掉，所以他便在武王的账上记了这一笔。可是《汉志》又说"薄姑氏与四国共作乱，成王灭之"，成王灭蒲姑既有明文，所以他再在成王的账上写进了这一笔。这两笔账实在有不可调和的矛盾，他却不管了。从我们看来，《左传》作者的文字往往是"连刀切"式的，所以管、蔡明明是武王时所封，他却说成周公；蒲姑氏明明是成王时所灭，他却说作武王：因为在他看来，反正是周初的事，归给谁都一样。《今本纪年》的作者要一一实定它的年代了，那就不该跟着《左传》随便说话。而且他也不想，在《左传》文中，"蒲姑"是和"商奄"并举的，商奄之灭既已确定在成王四年，那么蒲姑氏之灭又何必放到武王十六年呢？为了顾全古籍中的矛盾记载而使得蒲姑氏在周初灭亡了两回，这就是伪书的作者在无可奈何的迁就下所露出的马脚，也是我们在"去伪存真"的科学工作下所必当抓住的应该驳辨的伪证。商、周时代去今已远，各家传说错杂纷纭，凭着古书作研究的人已经闹成一片混乱，而从战国到明代的伪书作者又因不了解古史真相因而臆造伪史，历史和传说，真史和伪史，都交织在一起，如果不细加分析，怎不教人彷徨失措。现在，在关于《大诰》一篇的史说里，我们已经做出了如上所举的一些扫除工作；希望同志们多多兴起，拨开旧社会里一切歪曲附会的尘障，为无数古代史实清洗出它的真面目来！

附　图（插页）

原孝铨